CAW
铝车轮质量协会

2020年量产乘用车特征参数分析报告

2020 PRODUCTION PASSENGER CAR
CHARACTERISTIC PARAMETER ANALYSIS REPORT

主编 徐 佐 王孝东

铝车轮质量协会会址——江苏泗阳轮毂大厦

北京理工大学出版社
BEIJING INSTITUTE OF TECHNOLOGY PRESS

图书在版编目（CIP）数据

2020 年量产乘用车特征参数分析报告 / 徐佐，王孝东主编. —北京：北京理工大学出版社，2021. 3
ISBN 978-7-5682-9639-7

Ⅰ. ①2… Ⅱ. ①徐… ②王… Ⅲ. ①乘用型-汽车-参数分析-研究报告-中国-2020 Ⅳ. ①U469

中国版本图书馆 CIP 数据核字（2021）第 047963 号

出版发行 / 北京理工大学出版社有限责任公司
社　　址 / 北京市海淀区中关村南大街 5 号
邮　　编 / 100081
电　　话 / （010）68914775（总编室）
　　　　　（010）82562903（教材售后服务热线）
　　　　　（010）68948351（其他图书服务热线）
网　　址 / http：//www. bitpress. com. cn
经　　销 / 全国各地新华书店
印　　刷 / 三河市华骏印务包装有限公司
开　　本 / 889 毫米×1194 毫米　1/16
印　　张 / 16. 75
字　　数 / 580 千字
版　　次 / 2021 年 3 月第 1 版　2021 年 3 月第 1 次印刷
定　　价 / 108. 00 元

责任编辑 / 孙　澍
文案编辑 / 施胜娟
责任校对 / 周瑞红
责任印制 / 李志强

编 委 会

序　言1

标准是世界的通用语言。世界上各种社会行为都依赖于人们对基本规范、理念或价值观的一致尊重。一项产品或服务符合国际标准，就意味着其质量、安全或兼容性能够得到充分保证。2015 年，我作为国际标准化组织（ISO）主席在与国际电信联盟（ITU）秘书长赵厚麟、时任国际电工委员会（IEC）主席野村淳二共同发出的世界标准日祝词中提出过这样一个问题：“如果没有标准化的计量单位，因为每个人对于‘大’‘中’和‘小’的概念都不同，那么面向全球供应商采购产品和零部件将会多么困难。”这个问题看似简单，却又至关重要，当今世界如果离开了标准化，我们将寸步难行。中信戴卡股份有限公司的徐佐、王孝东两位汽车行业资深专家合作编写的《2020 年量产乘用车特征参数分析报告》一书，正是为了在整车标准化领域破解这样的难题。

中国自 2009 年跃居世界第一汽车产销大国，但汽车总质量、整备质量、外廓尺寸（长宽高）、轴距、前后轮距等主要特征参数指标的规范化、标准化工作还存在短板。各厂家特征参数指标表达不系统、不规范，缺乏实际参考价值，制约了汽车产业标准化的发展。徐佐、王孝东两位专家经过对一百余家乘用车制造厂家三千余款量产车型的八个主要技术参数进行数据跟踪分析，形成了极具参考价值的量产乘用车特征参数分析报告。该项研究有利于推进整车关键特征参数的标准化，有助于国内汽车企业之间的协作联合，符合未来汽车制造企业之间强强联手趋势，将对优化国内汽车行业结构，推动组建国际一流汽车企业，发挥重要作用。

标准化是我们值得为之奋斗终身的伟大事业，推动我国标准走向世界是我们责无旁贷的使命。习近平总书记在致第 39 届国际标准化组织大会的贺信中指出，“标准助推创新发展，标准引领时代进步”，并援引中国古代“车同轨、书同文”的创举来佐证标准化的重要作用。今天，在中国开启全面建设社会主义现代化国家新征程与实现中华民族伟大复兴的关键时期，徐佐、王孝东两位专家所做的整车标准化研究工作与历史上“车同轨”的创举何等相似，相信也定会创造巨大的贡献。如今新书即将付梓，特表祝贺，是为序。

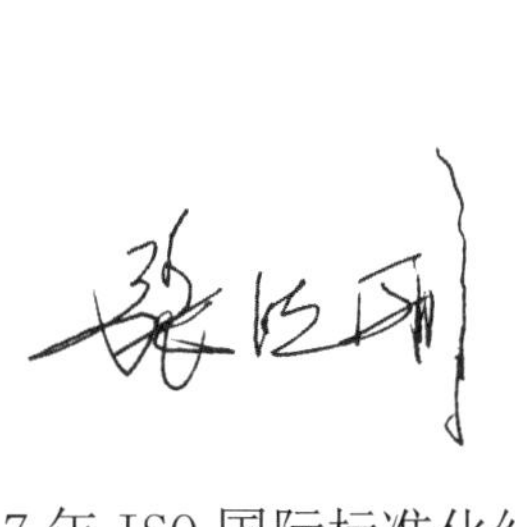

2015—2017 年 ISO 国际标准化组织主席

序　言 2

得知《2020 年量产乘用车特征参数分析报告》一书即将出版，特向作者徐佐、王孝东两位专家致以祝贺。

总质量与整备质量、外廓尺寸与轴距、前后轮距等参数，是汽车设计的起点，是汽车“初心”的主要特征。由于多种原因，我国乘用车总质量、外廓尺寸等参数，数量庞杂，设置随意，给车型开发带来不少困难，也让零部件模块化供应无法实现。作为汽车行业专家，徐佐、王孝东两位同仁，在对大量数据进行挖掘分析的基础上，提出规范乘用车总质量、外廓尺寸的政策建议，符合国家汽车产业发展政策，有利于汽车零部件企业开发通用型系列化产品，缩短开发周期，降低开发费用，既有大局观念，站位高远，又具现实意义，切实可行。

随着我国汽车消费的飞速发展，汽车特征参数测评已经成为产业与消费者的重要信息。当前，面向消费者的汽车性能参数测评比较成熟，而针对生产厂商和行业主管部门对汽车的特征参数测评研究却是空白。徐佐、王孝东敏锐察觉国内汽车特征参数存在的需求，创造性地提出汽车特征参数的标准化和规范化建议，并对数千款国内量产乘用车进行数据分析，得出的结论具有很强的指导意义。

中国汽车工业将在“十四五”期间迎来难得的调整改革机遇，不仅面临“电动化、智能化、网联化”挑战，而且需要“集约化、标准化、模块化”变革。徐佐、王孝东两人来自产业一线，长期从事汽车零部件研发制造，具有很强的实践能力，更可贵的是，他们潜心研究汽车产业发展战略，敢于直面我国汽车产品存在系统性、深层次矛盾和问题，所提出的分析报告信息量大、梳理系统、归纳清晰，既有对比分析又有规律探寻，提出了标准建议并做出延伸思考，值得行业和学界重视与深思。

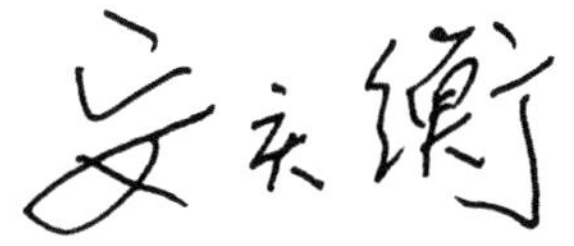

中国汽车工业咨询委员会主任

前　言

2020年7月23日，习近平总书记在考察中国一汽集团研发总院时指出，现在，国际上汽车制造业竞争很激烈，信息化、智能化等趋势不断发展，对我们来讲有危有机，危中有机。一定要把关键核心技术掌握在自己手里，我们要立这个志向，把民族汽车品牌搞上去。2021年3月11日，十三届全国人大四次会议表决通过了《中华人民共和国国民经济和社会发展第十四个五年规划和2035年远景目标纲要》，其中提出要深入实施制造强国战略，加强产业基础能力建设，实施产业基础再造工程，加快补齐基础零部件及元器件、基础软件、基础材料、基础工艺和产业技术基础等瓶颈短板，还特别提出要完善技术、工艺等工业基础数据库。

中国作为全球最大的汽车生产国和消费国，有责任和义务带领全球汽车行业规范化发展，从中国汽车行业顶层设计入手，制定标准引领世界汽车规范化发展。但长期以来，由于引进的欧美日韩等汽车厂家在中国建立合资厂，汽车的特征参数指标在中国都普遍采用相应国家的标准要求，没有形成中国特色的规范化标准体系，汽车的总质量、整备质量、外廓长度、外廓宽度、外廓高度、轴距、前轮距、后轮距等主要特征参数的规范化、标准化长期未被行业重视，造成特征参数指标表达不系统、不规范，缺乏实际参考价值，制约了汽车产业标准化的发展，乘用车特征参数的标准化工作亟需顶层设计。此项工作的开展势必带动相关汽车零部件的标准化工作的开展，特别是对乘用车旋转零部件类别，铝车轮、制动盘和轮毂轴承单元等关键零部件，意义非常重大。

为了准确擘画乘用车特征参数标准化规范化发展蓝图，由中信戴卡股份有限公司徐佐同志主导，铝车轮行业资深专家王孝东同志负责开展行业调查研究工作，经过对2020年101家乘用车制造厂家3318款量产车型8个特征参数进行数据分类系统分析，形成极具参考价值的《2020年量产乘用车特征参数分析报告》（以下简称《报告》）。本《报告》中有一条显著的规律值得大家深思，在101家乘用车厂家各品牌车型的8大特征参数数值指标中，末位数值为0的最多，末位数值为5的其次，二者相加占比普遍在50%以上。在此基础上，创新性提出了特征参数标准化的建议和途径：一是特征参数中总质量、整备质量、外廓长度、外廓宽度、外廓高度、轴距6项参数末位数值取0的建议；二是特征参数中前轮距、后轮距2项参数末位数值取0和5的建议；三是按照轮胎载荷数值乘以4作为乘用车总质量的推荐数值的思路建议。这样特征参数总质量推荐标准数值将规范在60个数值以内，非常有利于与总质量相关的汽车零部件（铝车轮、制动盘和轮毂轴承单元）的标准化、规格的系列化工作开展。

本《报告》还提供了4类车型，3318款量产车型四方面特别翔实的分析数据。《排量与总质量参数一览表》《车型与外廓尺寸参数一览表》《特征参数明细表》《车型与轮胎规格一览表》，方便阅读及分析对比。

希望本《报告》能给汽车生产厂家、轮胎生产厂家、车轮制造厂家、制动盘及轮毂轴承单元等相关零部件厂家工程技术人员和销售人员，大中专院校相关师生带来参考。由于疫情原因对资料现场收集的不利影响，报告内容还比较粗浅，许多方面甚至未有涉及，收集到的特征参数个别数值有可能与实际情况不符，敬请广大读者不吝赐教，多提宝贵建议和意见。

铝车轮质量协会

2021年3月

目　录

第一章　基本型乘用车（BV）

第二章　运动型多用途乘用车（SUV）

第三章　多功能型乘用车（MPV）

第四章　交叉型乘用车（CV）

附录　部分乘用车铭牌

2020 年量产乘用车特征参数分析报告

《2020 年量产乘用车特征参数分析报告》（以下简称《报告》）收集整理了 2020 年 101 家量产乘用车制造商生产的 4 类车型的 8 个特征参数（总质量、整备质量、外廓长度、外廓宽度、外廓高度、轴距、前轮距、后轮距）共 3318 条，包括 31 个发动机排量和 131 个轮胎规格逾 3 万个数值。分成基本型乘用车（BV）、运动型多用途乘用车（SUV）、多功能型乘用车 (MPV)、交叉型乘用车（CV）四个章节。采用计算机统计分析软件对 8 个特征参数末位数值进行了多维度的透视分析，发现末位数值为 0 的最多，为 5 的其次，二者相加占比普遍在 50% 以上；特别值得关注的是交叉型乘用车（CV）8 家制造商全部是自主品牌，其 8 个特征参数数值末位数值为 0 和 5 占比全部在 80% 以上，其中总质量和轴距 2 项特征参数更是全部末位数值均为 0 和 5，末位数值 0 和 5 占比为 100%。《报告》创新性提出了乘用车特征参数标准化的建议途径：一是按照轮胎载荷数值乘以 4 作为乘用车总质量的推荐数值的思路建议；二是乘用车总质量、整备质量、外廓长度、外廓宽度、外廓高度和轴距 6 个特征参数末位数值取 0 的建议；三是前轮距、后轮距 2 个特征参数末位数值取 5 和 0 的建议。伴随着乘用车特征参数的标准化和系列化，将带动与之相关的汽车零部件标准化和系列化，特别是对铝车轮、制动盘、轮毂轴承单元等替换和易损件尤为重要，这对于践行国家高质量发展战略，提升产品质量，降低制造成本，有非常突出的行业引领作用，社会效益明显。

一、总体特征参数数据

《报告》共计收集了 101 家量产乘用车制造商的 3318 条特征参数信息，其中基本型乘用车（BV）有 1042 条，运动型多用途乘用车（SUV）有 1789 条，多功能型乘用车（MPV）有 390 条，交叉型乘用车（CV）有 97 条。具体信息见表 1 2020 年乘用车制造商与车型特征参数一览表。

表 1　2020 年乘用车制造商与车型特征参数一览表

序号	制造商简称	BV	MPV	SUV	CV	合计
1	爱驰汽车			3		3
2	宝沃汽车			10		10
3	北京奔驰	33		19		52
4	北京汽车	12		36		48
5	北京现代	41		22		63
6	北汽福田		12		3	15
7	北汽新能源	11		10		21
8	北汽有限	2		25		27
9	比亚迪汽车	28	13	29		70
10	昌河汽车	7	5			12
11	成功汽车	1				1
12	大运汽车		1	3		4
13	东风本田	34	6	44		84
14	东风乘用车	17		18		35
15	东风风行	5	45	33		83
16	东风雷诺			25		25
17	东风日产	79	1	68		148
18	东风小康		10	35	6	51
19	东风英菲尼迪	10		13		23
20	东风裕隆			2		2
21	东风悦达起亚	20		15		35
22	东南汽车	2		14		16
23	枫盛汽车		1	1		2
24	福建奔驰		18			18
25	福建新龙马		2	1	1	4
26	观致汽车	2		4		6
27	广汽本田	35	12	64		111
28	广汽乘用车	17	16	51		84
29	广汽菲克			26		26
30	广汽丰田	41		22		63
31	广汽三菱			23		23
32	广汽蔚来			2		2
33	贵航工业集团	1				1
34	国机智骏	4		2		6
35	国能汽车	1				1
36	海马汽车	6	3	7		16
37	汉龙汽车			4		4
38	汉腾汽车	1	5	14		20
39	合众新能源			13		13
40	河北中兴			1		1
41	湖南恒润			2		2
42	华晨宝马	36		20		56

序号	制造商简称	BV	MPV	SUV	CV	合计
43	华晨汽车	4	7	21		32
44	华晨鑫源		1	18	26	45
45	华泰汽车			4		4
46	吉利汽车	59	15	97		171
47	吉麦新能源	3				3
48	江淮大众			15		15
49	江淮汽车	21	38	15		74
50	江铃福特		5	17		22
51	江铃汽车	9		15		24
52	江苏九龙		8			8
53	江西大乘			4		4
54	江西五十铃			13		13
55	金康新能源			3		3
56	卡威汽车			1	1	2
57	雷丁汽车	3		1		4
58	理想智造汽车			1		1
59	猎豹汽车			5		5
60	零跑汽车	4				4
61	领途汽车	1				1
62	敏安汽车			2		2
63	明君汽车	2				2
64	南海富迪			1		1
65	南京金龙			2	5	7
66	奇瑞捷豹路虎	8		15		23
67	奇瑞汽车	30		140		170
68	前途汽车	1				1
69	山东梅拉德	1				1
70	上汽乘用车	30	1	58		89
71	上汽大众	46	6	60		112
72	上汽商用车		41	24		65
73	上汽通用	53	18	61		132
74	上汽通用五菱	48	60	46	33	187
75	神龙汽车	18		32		50
76	四川工业		6	9		15
77	速达汽车	3				3
78	特斯拉汽车	4				4
79	腾势汽车			3		3
80	天际汽车			3		3
81	威马汽车			15		15
82	潍柴汽车		1	4		5
83	蔚来汽车			7		7
84	沃尔沃亚太	12		10		22
85	小鹏汽车	6		6		12
86	一汽大众	81		53		134
87	一汽丰田	43		19		62
88	一汽吉林			8		8
89	一汽轿车	22		34		56
90	云度汽车			2		2
91	长安标致雪铁龙			4		4
92	长安福特	24		55		79
93	长安铃木	6		5		11
94	长安马自达	5		14		19
95	长安汽车	41	30	80	22	173
96	长城汽车	7		91		98
97	郑州日产		3	3		6
98	知豆电动汽车	1				1
99	中恒天汽车			1		1
100	众泰汽车			6		6
101	重庆力帆			5		5
总计		1042	390	1789	97	3318

二、派系与车型对应关系分析

在收集到的2020年量产乘用车3318个特征参数信息中，自主品牌乘用车有1950个规格，规格数量超过半数，占比为58.8%。交叉型乘用车有97个规格，全部是自主品牌。

韩系车规格最少有98个，美系车有262个规格，日系车有503个规格，欧系车有505个规格。具体信息见表2 2020年乘用车按照派系型号分类数量表。

表2 2020年乘用车按照派系型号分类数量表

序号	派系	BV	MPV	SUV	CV	合计	占比
1	韩系	61		37		98	3.0%
2	美系	81	23	158		262	7.8%
3	欧系	234	24	247		505	15.2%
4	日系	242	18	243		503	15.2%
5	自主	424	325	1104	97	1950	58.8%
总计		1042	390	1789	97	3318	100.0%

三、特征参数末 2 位数值分析

表 3 ~ 表 10 是全部 3318 个量产乘用车型 8 个特征参数末 2 位数值的归纳分析表，从中可以清晰地看出，末位数值为 0 和 5 的占比居多，特别是交叉型乘用车（CV）表现得尤为突出。其次是多功能型乘用车（MPV）。特征参数轴距末 2 位数值最少，仅有 78 个。

（一）总质量末 2 位数值分析

在 2020 年量产乘用车 3318 条特征参数中，总质量末 2 位数值为 00 的有 356 个，数量最多，占比达 10.7%；末 2 位数值为 50 的有 215 个，数量第二多，占比达 6.5%。共计有 97 个总质量末 2 位数值，交叉型乘用车仅有 15 个总质量特征数值。具体信息见表 3 2020 年乘用车总质量末 2 位数值汇总分析表。

表 3　2020 年乘用车总质量末 2 位数值汇总分析表

序号	总质量末 2 位	BV	MPV	SUV	CV	合计	占比
	总计	1042	390	1789	97	3318	100.0%
1	00	143	80	125	8	356	10.7%
2	50	50	32	109	24	215	6.5%
3	30	50	15	95	7	167	5.0%
4	20	42	24	86	3	155	4.7%
5	60	58	11	72	10	151	4.6%
6	10	43	11	90	5	149	4.5%
7	40	50	9	90		149	4.5%
8	95	33	16	98	2	149	4.5%
9	25	42	33	62	6	143	4.3%
10	80	45	22	68	8	143	4.3%
11	70	48	6	74	6	134	4.0%
12	75	29	14	75	11	129	3.9%
13	05	47	9	61		117	3.5%
14	90	45	11	53		109	3.3%
15	15	36	14	54	3	107	3.2%
16	45	35	10	51	2	98	3.0%
17	65	19	13	65		97	2.9%
18	35	28	11	55	1	95	2.9%
19	55	33	14	46	1	94	2.8%
20	85	28	7	42		77	2.3%
21	43	3		19		22	0.7%
22	87	11		8		19	0.6%
23	99	7		9		16	0.5%
24	01	8		6		14	0.4%
25	14	2	8	3		13	0.4%
26	26	2	5	5		12	0.4%
27	33	4		8		12	0.4%
28	32	5		6		11	0.3%
29	63	3		8		11	0.3%
30	78	5	4	2		11	0.3%
31	04			10		10	0.3%
32	17	1		9		10	0.3%
33	23	1		9		10	0.3%
34	39	2		8		10	0.3%
35	56	6		4		10	0.3%
36	57	2		8		10	0.3%
37	83	4		6		10	0.3%
38	91	7		3		10	0.3%
39	96	4		6		10	0.3%
40	22	1		8		9	0.3%
41	69	5		4		9	0.3%
42	02	3		5		8	0.2%
43	38	2		6		8	0.2%
44	71		4	4		8	0.2%
45	79	1		7		8	0.2%
46	86		2	6		8	0.2%
47	94	3		5		8	0.2%
48	67			7		7	0.2%
49	89	1		6		7	0.2%
50	93	3		4		7	0.2%
51	06			6		6	0.2%
52	27	1	2	3		6	0.2%
53	41	3		3		6	0.2%
54	42	2		4		6	0.2%
55	44	1		5		6	0.2%
56	52			6		6	0.2%
57	72	1		5		6	0.2%
58	11		1	4		5	0.2%
59	12			5		5	0.2%
60	13	2	1	2		5	0.2%
61	29			5		5	0.2%
62	36	2		3		5	0.2%
63	53	2		3		5	0.2%
64	59	1		4		5	0.2%
65	64	3		2		5	0.2%
66	16			4		4	0.1%
67	18	2		2		4	0.1%
68	19	1		3		4	0.1%
69	54			4		4	0.1%
70	58			4		4	0.1%
71	61	2		2		4	0.1%
72	62			4		4	0.1%
73	76	1		3		4	0.1%
74	81	2		2		4	0.1%
75	84	2	1	1		4	0.1%
76	97			4		4	0.1%
77	07			3		3	0.1%
78	24	1		2		3	0.1%
79	74	2		1		3	0.1%
80	88	1		2		3	0.1%
81	92	2		1		3	0.1%
82	98	1		2		3	0.1%
83	03	1		1		2	0.1%
84	09			2		2	0.1%
85	21			2		2	0.1%

序号	总质量末 2 位	BV	MPV	SUV	CV	合计	占比
86	37	1		1		2	0.1%
87	51	2				2	0.1%
88	68	1		1		2	0.1%
89	77			2		2	0.1%
90	08	1				1	0.0%
91	28			1		1	0.0%
92	46			1		1	0.0%
93	47	1				1	0.0%
94	48			1		1	0.0%
95	49			1		1	0.0%
96	66			1		1	0.0%
97	73			1		1	0.0%
	计数	73	29	94	15	97	97

（二）整备质量末 2 位数值分析

在 2020 年量产乘用车 3318 条特征参数中，整备质量末 2 位数值为 50 的有 189 个，数量第一多，占比达 5.7%；末 2 位数值为 00 的有 187 个，数量第二多，占比达 5.6%。共计有 100 个整备质量末 2 位数值，交叉型乘用车仅有 23 个整备质量特征数值。具体信息见表 4 2020 年乘用车整备质量末 2 位数值汇总分析表。

表 4 2020 年乘用车整备质量末 2 位数值汇总分析表

序号	整备质量末 2 位	BV	MPV	SUV	CV	合计	占比
	总计	1042	390	1789	97	3318	100.0%
1	50	50	40	97	2	189	5.7%
2	00	47	36	92	12	187	5.6%
3	60	48	27	82	6	163	4.9%
4	20	54	30	69	9	162	4.9%
5	10	49	32	75	4	160	4.8%
6	80	40	22	94	3	159	4.8%
7	30	61	15	68	7	151	4.6%
8	70	47	22	70	6	145	4.4%
9	40	51	11	57	9	128	3.9%
10	85	39	13	61	1	114	3.4%
11	90	27	13	66	5	111	3.3%
12	75	24	15	68	2	109	3.3%
13	65	31	14	55	6	106	3.2%
14	35	36	17	40	7	100	3.0%
15	25	42	9	42	4	97	2.9%
16	05	30	2	57	1	90	2.7%
17	45	29	5	50	4	88	2.7%
18	95	25	10	45		80	2.4%
19	15	26	8	38		72	2.2%
20	55	28	6	26		60	1.8%
21	58	3	1	20		24	0.7%
22	18	7		16		23	0.7%
23	21	7	3	13		23	0.7%
24	61	4	4	15		23	0.7%
25	06	2	4	12	3	21	0.6%
26	12	10		11		21	0.6%
27	41	2	2	15		19	0.6%
28	42	4		15		19	0.6%
29	81	5	1	10	1	17	0.5%
30	44	4	2	10		16	0.5%
31	78	5	1	10		16	0.5%
32	88	6	3	7		16	0.5%
33	68	2		13		15	0.5%
34	77	7		8		15	0.5%
35	09	2	1	11		14	0.4%
36	11	11		3		14	0.4%
37	29	1		13		14	0.4%
38	71	2	1	11		14	0.4%
39	98	4	1	9		14	0.4%
40	56	3	1	8	1	13	0.4%
41	92	2		11		13	0.4%
42	57	1		11		12	0.4%
43	63	3	4	5		12	0.4%
44	69	3		9		12	0.4%
45	04	5		6		11	0.3%
46	07	3		8		11	0.3%
47	08	5		6		11	0.3%
48	48	4		7		11	0.3%
49	74	4	2	5		11	0.3%
50	82	2		9		11	0.3%
51	89	4		7		11	0.3%
52	97	3		6	2	11	0.3%
53	03	6		4		10	0.3%
54	16	5		5		10	0.3%
55	23	6		4		10	0.3%
56	26	5		5		10	0.3%
57	31	2	1	7		10	0.3%
58	33	4	1	5		10	0.3%
59	37	5		5		10	0.3%
60	38	3		6	1	10	0.3%
61	51	3		7		10	0.3%
62	64		1	9		10	0.3%
63	66	4		6		10	0.3%
64	72	3	2	5		10	0.3%
65	76	3		7		10	0.3%
66	01	3		6		9	0.3%
67	22	4	1	4		9	0.3%
68	27	1		8		9	0.3%
69	46	3	2	4		9	0.3%
70	53	2		7		9	0.3%
71	54	1		8		9	0.3%
72	67	3		6		9	0.3%
73	84	5	1	3		9	0.3%
74	99	4	1	4		9	0.3%
75	34		2	6		8	0.2%

序号	整备质量末 2 位	BV	MPV	SUV	CV	合计	占比
76	39	4		4		8	0.2%
77	49	3		5		8	0.2%
78	52	1		7		8	0.2%
79	59	4		4		8	0.2%
80	02	2		5		7	0.2%
81	73	7				7	0.2%
82	19	3		3		6	0.2%
83	28	3		3		6	0.2%
84	32	4		2		6	0.2%
85	43	5		1		6	0.2%
86	62	3		3		6	0.2%
87	79	1		5		6	0.2%
88	87			6		6	0.2%
89	93	2		4		6	0.2%
90	94	2		4		6	0.2%
91	14	1		4		5	0.2%
92	17			5		5	0.2%
93	47			5		5	0.2%
94	86	1		4		5	0.2%
95	91	1		4		5	0.2%
96	36	1		2	1	4	0.1%
97	83	2		2		4	0.1%
98	13	1		2		3	0.1%
99	24	1		2		3	0.1%
100	96	1				1	0.0%
	计数	95	44	98	23	100	

（三）外廓长度末 2 位数值分析

在 2020 年量产乘用车 3318 条特征参数中，外廓长度末 2 位数值为 00 的有 187 个，数量第一多，占比达 5.6%；末 2 位数值为 80 的有 134 个，数量第二多，占比达 4.0%。共计有 100 个外廓长度末 2 位数值，交叉型乘用车仅有 15 个外廓长度特征数值。具体信息见表 5 2020 年乘用车外廓长度末 2 位数值汇总分析表。

表 5　2020 年乘用车外廓长度末 2 位数值汇总分析表

序号	外廓长度末 2 位	BV	MPV	SUV	CV	合计	占比
	总计	1042	390	1789	97	3318	100.0%
1	00	35	25	114	13	187	5.6%
2	80	43	33	56	2	134	4.0%
3	05	13	15	101	2	131	3.9%
4	50	34	28	68		130	3.9%
5	20	34	22	67		123	3.7%
6	40	29	16	74	4	123	3.7%
7	10	43	8	71		122	3.7%
8	30	28	2	62	6	98	3.0%
9	70	17	17	56	3	93	2.8%
10	45	11	44	36		91	2.7%
11	65	30	8	45	4	87	2.6%
12	25	33	21	23	8	85	2.6%
13	75	34	8	42		84	2.5%
14	90	18	5	56	5	84	2.5%
15	35	17	7	51	8	83	2.5%
16	15	3	24	49	5	81	2.4%
17	60	29	3	41		73	2.2%
18	95	12		37	21	70	2.1%
19	56	36	4	25		65	2.0%
20	85	20		39		59	1.8%
21	55	15		29		44	1.3%
22	01	24	1	16		41	1.2%
23	06	9	16	12		37	1.1%
24	78	12		20		32	1.0%
25	93	23		7		30	0.9%
26	58	16		13		29	0.9%
27	72	10		19		29	0.9%
28	12	5		23		28	0.8%
29	62	19		9		28	0.8%
30	74	9		19		28	0.8%
31	98	2	5	13	8	28	0.8%
32	68	7	20			27	0.8%
33	97	4	3	12	7	26	0.8%
34	18	3		22		25	0.8%
35	92	6	4	15		25	0.8%
36	02	11		12		23	0.7%
37	71	7		15	1	23	0.7%
38	49	1	2	19		22	0.7%
39	03	12	3	6		21	0.6%
40	21	2		19		21	0.6%
41	22	13		8		21	0.6%
42	39	3		18		21	0.6%
43	96	5		16		21	0.6%
44	19	4	5	11		20	0.6%
45	24	4		15		19	0.6%
46	53	8		11		19	0.6%
47	87	19				19	0.6%
48	88	10		9		19	0.6%
49	32	6		12		18	0.5%
50	37	8	2	8		18	0.5%
51	38	6	4	7		17	0.5%
52	47	5	7	5		17	0.5%
53	63	11		6		17	0.5%
54	64	5		12		17	0.5%
55	23	10		6		16	0.5%
56	26	2	5	9		16	0.5%
57	33	13		3		16	0.5%
58	34	1		15		16	0.5%
59	46	1	2	13		16	0.5%
60	86	7		9		16	0.5%
61	08		1	14		15	0.5%
62	09	13		2		15	0.5%
63	17	10		5		15	0.5%
64	51	9	6			15	0.5%
65	91	9		6		15	0.5%

序号	外廓长度末 2 位	BV	MPV	SUV	CV	合计	占比
66	14	4		10		14	0.4%
67	16	2	1	11		14	0.4%
68	44	5		9		14	0.4%
69	04	13				13	0.4%
70	28			13		13	0.4%
71	99	4		9		13	0.4%
72	57	12				12	0.4%
73	81	1		11		12	0.4%
74	52	2		9		11	0.3%
75	66	4	3	4		11	0.3%
76	67	11				11	0.3%
77	79	1		10		11	0.3%
78	83	11				11	0.3%
79	13	3		7		10	0.3%
80	27	6	2	2		10	0.3%
81	31	10				10	0.3%
82	73	4		6		10	0.3%
83	84	8	1	1		10	0.3%

序号	外廓长度末 2 位	BV	MPV	SUV	CV	合计	占比
84	94	6		4		10	0.3%
85	48	2		7		9	0.3%
86	41	8				8	0.2%
87	54			8		8	0.2%
88	82			8		8	0.2%
89	89		2	6		8	0.2%
90	11			7		7	0.2%
91	29	6		1		7	0.2%
92	69	4		3		7	0.2%
93	76		5	2		7	0.2%
94	77	5		1		6	0.2%
95	61	5				5	0.2%
96	42			4		4	0.1%
97	59	4				4	0.1%
98	36	2		1		3	0.1%
99	07			2		2	0.1%
100	43	1				1	0.0%
	计数	91	40	88	15	100	

（四）外廓宽度末 2 位数值分析

在 2020 年量产乘用车 3318 条特征参数中，外廓宽度末 2 位数值为 60 的有 198 个，数量第一多，占比达 6.0%；末 2 位数值为 25 的有 190 个，数量第二多，占比达 5.7%。共计有 95 个外廓宽度末 2 位数值，交叉型乘用车仅有 11 个外廓宽度特征数值。具体信息见表 6 2020 年乘用车外廓宽度末 2 位数值汇总分析表。

表 6 2020 年乘用车外廓宽度末 2 位数值汇总分析表

序号	外廓宽度末 2 位	BV	MPV	SUV	CV	合计	占比
	总计	1042	390	1789	97	3318	100.0%
1	60	50	16	129	3	198	6.0%
2	25	42	28	112	8	190	5.7%
3	20	53	47	64		164	4.9%
4	80	50	36	21	46	153	4.6%
5	00	58	11	79	4	152	4.6%
6	40	44	26	62		132	4.0%
7	50	50	7	71		128	3.9%
8	55	5		112	6	123	3.7%
9	10	40	12	52	7	111	3.3%
10	30	20	10	61		91	2.7%
11	65	21	19	44	5	89	2.7%
12	70	27	9	41	8	85	2.6%
13	85	19	22	44		85	2.6%
14	35	19	14	38		71	2.1%
15	90	18	7	45		70	2.1%
16	45	6	3	48	4	61	1.8%
17	06	37	14	2		53	1.6%
18	04	34		18		52	1.6%
19	03	27		23		50	1.5%
20	15	27		14	5	46	1.4%
21	95	6	9	30		45	1.4%
22	42	3	3	37		43	1.3%
23	48	21		21		42	1.3%
24	05	8	9	23		40	1.2%
25	62	20		18		38	1.1%
26	75	22		13		35	1.1%
27	02	18	5	11		34	1.0%

序号	外廓宽度末 2 位	BV	MPV	SUV	CV	合计	占比
28	89	5		29		34	1.0%
29	26	10	1	22		33	1.0%
30	68	23		10		33	1.0%
31	37	11	5	16		32	1.0%
32	43	3		27		30	0.9%
33	32	6		22		28	0.8%
34	09		17	9		26	0.8%
35	93	14		11		25	0.8%
36	98	12		12		24	0.7%
37	78	1	13	9		23	0.7%
38	31			22		22	0.7%
39	72			22		22	0.7%
40	96	21		1		22	0.7%
41	91			20		20	0.6%
42	18	17		2		19	0.6%
43	28		18	1		19	0.6%
44	36	6		13		19	0.6%
45	47	19				19	0.6%
46	79	10		9		19	0.6%
47	86	13		6		19	0.6%
48	33			18		18	0.5%
49	34		2	15		17	0.5%
50	39	2		15		17	0.5%
51	76	1	2	14		17	0.5%
52	19			15		15	0.5%
53	14	6		8		14	0.4%
54	23	10		4		14	0.4%
55	57			14		14	0.4%

序号	外廓宽度末 2 位	BV	MPV	SUV	CV	合计	占比
56	94	8	4	2		14	0.4%
57	97	5		9		14	0.4%
58	27	9		4		13	0.4%
59	41			13		13	0.4%
60	63	9		4		13	0.4%
61	66	13				13	0.4%
62	81			13		13	0.4%
63	83	2		11		13	0.4%
64	46	3		9		12	0.4%
65	58	7	5			12	0.4%
66	84	2	10			12	0.4%
67	53			11		11	0.3%
68	56			11		11	0.3%
69	08			10		10	0.3%
70	12	5		5		10	0.3%
71	52	5		5		10	0.3%
72	59	1		9		10	0.3%
73	74	1	3	6		10	0.3%
74	24			9		9	0.3%
75	92			9		9	0.3%
76	99	9				9	0.3%

序号	外廓宽度末 2 位	BV	MPV	SUV	CV	合计	占比
77	21			7		7	0.2%
78	22			7		7	0.2%
79	54	7				7	0.2%
80	07	3	1	2		6	0.2%
81	73			6		6	0.2%
82	11			5		5	0.2%
83	13	2		3		5	0.2%
84	61	5				5	0.2%
85	69	3		2		5	0.2%
86	77	2		2	1	5	0.2%
87	82			5		5	0.2%
88	64			4		4	0.1%
89	17	3				3	0.1%
90	29		2	1		3	0.1%
91	38			3		3	0.1%
92	87			2		2	0.1%
93	88	2				2	0.1%
94	16	1				1	0.0%
95	67			1		1	0.0%
计数		69	33	85	11	95	

（五）外廓高度末 2 位数值分析

在 2020 年量产乘用车 3318 条特征参数中，外廓高度末 2 位数值为 90 的有 185 个，数量第一多，占比达 5.6%；末 2 位数值为 80 的有 158 个，数量第二多，占比达 4.8%。共计有 99 个外廓高度末 2 位数值，交叉型乘用车仅有 13 个外廓高度特征数值。具体信息见表 7 2020 年乘用车外廓高度末 2 位数值汇总分析表。

表 7　2020 年乘用车外廓高度末 2 位数值汇总分析表

序号	外廓高度末 2 位	BV	MPV	SUV	CV	合计	占比
	总计	1042	390	1789	97	3318	100.0%
1	90	72	32	58	23	185	5.6%
2	80	30	29	99		158	4.8%
3	70	48	25	66	8	147	4.4%
4	00	35	28	66	5	134	4.0%
5	60	42	16	62	8	128	3.9%
6	10	12	17	84	7	120	3.6%
7	15	21	12	70	3	106	3.2%
8	50	57	9	30	5	101	3.0%
9	75	31	6	54	2	93	2.8%
10	30	23	19	36	13	91	2.7%
11	20	11	15	56	8	90	2.7%
12	25	21	13	55		89	2.7%
13	85	21	2	56		79	2.4%
14	55	40	7	31		78	2.4%
15	35	11	20	29	6	66	2.0%
16	45	17	9	39		65	2.0%
17	95	18	9	29	8	64	1.9%
18	40	5	14	39		58	1.7%
19	78	15	8	34		57	1.7%
20	05	20	3	32		55	1.7%
21	65	21	7	23		51	1.5%
22	28	2	25	23		50	1.5%
23	73	9	1	38		48	1.4%
24	79	4		39		43	1.3%

序号	外廓高度末 2 位	BV	MPV	SUV	CV	合计	占比
25	09	21	1	15		37	1.1%
26	58	7	2	25		34	1.0%
27	62	24		8		32	1.0%
28	89	10	1	21		32	1.0%
29	16	17		14		31	0.9%
30	69	24		7		31	0.9%
31	82	14	3	14		31	0.9%
32	59	6	2	22		30	0.9%
33	13	10	3	14		27	0.8%
34	19			27		27	0.8%
35	46	8		19		27	0.8%
36	22	3	10	12		25	0.8%
37	53	2		23		25	0.8%
38	72	6		19		25	0.8%
39	88	10		15		25	0.8%
40	93	15		10		25	0.8%
41	68	13		11		24	0.7%
42	56	16		6		22	0.7%
43	37	8		12		20	0.6%
44	47	18		2		20	0.6%
45	71	7		13		20	0.6%
46	76	14	2	4		20	0.6%
47	06	3		15		18	0.5%
48	36	5		13		18	0.5%
49	38	1		17		18	0.5%

序号	外廓高度末2位	BV	MPV	SUV	CV	合计	占比
50	49	12		6		18	0.5%
51	48	2		15		17	0.5%
52	87	15		2		17	0.5%
53	26	4	4	8		16	0.5%
54	32	4		12		16	0.5%
55	34	4		12		16	0.5%
56	94	6		10		16	0.5%
57	64	8	2	5		15	0.5%
58	74	7		8		15	0.5%
59	18	1	3	10		14	0.4%
60	27		1	13		14	0.4%
61	43	5		9		14	0.4%
62	54	10		4		14	0.4%
63	99		4	10		14	0.4%
64	03	13				13	0.4%
65	12		6	7		13	0.4%
66	17	6		7		13	0.4%
67	21	7	5	1		13	0.4%
68	91	1		12		13	0.4%
69	39	12				12	0.4%
70	86	4		8		12	0.4%
71	11	2	4	5		11	0.3%
72	61	10		1		11	0.3%
73	63	10		1		11	0.3%
74	77	3		8		11	0.3%
75	83		2	9		11	0.3%

序号	外廓高度末2位	BV	MPV	SUV	CV	合计	占比
76	97		5	6		11	0.3%
77	33			10		10	0.3%
78	57	6		4		10	0.3%
79	84	6		4		10	0.3%
80	24	5		4		9	0.3%
81	31	1		8		9	0.3%
82	42			9		9	0.3%
83	52	1		8		9	0.3%
84	29	4		4		8	0.2%
85	92	4		3		7	0.2%
86	02		1	4	1	6	0.2%
87	14	1		5		6	0.2%
88	51	2		4		6	0.2%
89	66	6				6	0.2%
90	81		2	4		6	0.2%
91	96	4		2		6	0.2%
92	01			5		5	0.2%
93	07		1	4		5	0.2%
94	67	4		1		5	0.2%
95	41	1		3		4	0.1%
96	44			4		4	0.1%
97	04			3		3	0.1%
98	08	1		1		2	0.1%
99	98	2				2	0.1%
计数		85	44	95	13	99	

（六）轴距末 2 位数值分析

在 2020 年量产乘用车 3318 条特征参数中，轴距末 2 位数值为 00 的有 629 个，数量第一多，占比达 19.0%；末 2 位数值为 50 的有 371 个，数量第二多，占比达 11.2%。共计有 78 个轴距末 2 位数值，交叉型乘用车仅有 9 个轴距特征数值。具体信息见表 8 2020 年乘用车轴距末 2 位数值汇总分析表。

表 8 2020 年乘用车轴距末 2 位数值汇总分析表

序号	轴距末2位	BV	MPV	SUV	CV	合计	占比
	总计	1042	390	1789	97	3318	100.0%
1	00	233	122	234	40	629	19.0%
2	50	85	55	215	16	371	11.2%
3	70	100		118		218	6.6%
4	30	73	26	80		179	5.4%
5	80	24	16	121		161	4.9%
6	20	16	21	118	5	160	4.8%
7	10	17	31	107		155	4.7%
8	60	22	10	112	7	151	4.6%
9	25	34	14	56	10	114	3.4%
10	40	34		65		99	3.0%
11	90	26	5	50		81	2.4%
12	05	28	15	21	8	72	2.2%
13	45			60	8	68	2.0%
14	98	15	31	13		59	1.8%
15	15	27		27		54	1.6%
16	65	7		43		50	1.5%
17	08	22		22		44	1.3%
18	61	12		28		40	1.2%
19	35	19		14	1	34	1.0%

序号	轴距末2位	BV	MPV	SUV	CV	合计	占比
20	75	26		5		31	0.9%
21	29	23		8		31	0.9%
22	88	14	13	2		29	0.9%
23	85	5	10	14		29	0.9%
24	55	5		24		29	0.9%
25	31	12		13		25	0.8%
26	91		4	20		24	0.7%
27	79	11		12		23	0.7%
28	03	13		10		23	0.7%
29	12	8		13		21	0.6%
30	63			15		15	0.5%
31	41	7		8		15	0.5%
32	53			13		13	0.4%
33	24	13				13	0.4%
34	02	2		11		13	0.4%
35	51	3		9		12	0.4%
36	89	11				11	0.3%
37	73			11		11	0.3%
38	71	11				11	0.3%
39	56	4		6		10	0.3%

序号	轴距末2位	BV	MPV	SUV	CV	合计	占比
40	34			10		10	0.3%
41	06			10		10	0.3%
42	09	9				9	0.3%
43	86	8				8	0.2%
44	64	2		6		8	0.2%
45	38			8		8	0.2%
46	36			8		8	0.2%
47	18	8				8	0.2%
48	97	3		4		7	0.2%
49	87	7				7	0.2%
50	46			7		7	0.2%
51	72	6				6	0.2%
52	52	6				6	0.2%
53	16			6		6	0.2%
54	96		5			5	0.2%
55	95		3		2	5	0.2%
56	33		5			5	0.2%
57	26	5				5	0.2%
58	23			5		5	0.2%
59	19			5		5	0.2%

序号	轴距末2位	BV	MPV	SUV	CV	合计	占比
60	07	1	1	3		5	0.2%
61	04	5				5	0.2%
62	81			4		4	0.1%
63	57			4		4	0.1%
64	21		3	1		4	0.1%
65	11	2		2		4	0.1%
66	68			3		3	0.1%
67	48	3				3	0.1%
68	32	1		2		3	0.1%
69	28			3		3	0.1%
70	14	3				3	0.1%
71	49	2				2	0.1%
72	47	2				2	0.1%
73	01	2				2	0.1%
74	78	1				1	0.0%
75	77	1				1	0.0%
76	42	1				1	0.0%
77	39	1				1	0.0%
78	37	1				1	0.0%
	计数	57	19	54	9	78	

（七）前轮距末2位数值分析

在2020年量产乘用车3318条特征参数中，前轮距末2位数值为60的有179个，数量第一多，占比达5.4%；末2位数值为00的有174个，数量第二多，占比达5.2%。共计有99个前轮距末2位数值，交叉型乘用车仅有9个前轮距特征数值。具体信息见表9 2020年乘用车前轮距末2位数值汇总分析表。

表9　2020年乘用车前轮距末2位数值汇总分析表

序号	前轮距末2位	BV	MPV	SUV	CV	合计	占比
	总计	1042	390	1789	97	3318	100.0%
1	60	50	40	74	15	179	5.4%
2	00	49	32	93		174	5.2%
3	40	42	14	89		145	4.4%
4	85	43	12	72		127	3.8%
5	70	25	15	79		119	3.6%
6	25	16	33	35	28	112	3.4%
7	20	53	28	12	13	106	3.2%
8	50	28	14	56		98	3.0%
9	80	27	34	34		95	2.9%
10	90	25	5	55	7	92	2.8%
11	10	25		62	3	90	2.7%
12	30	36	7	37		80	2.4%
13	45	7	30	32	8	77	2.3%
14	35	6	1	60	9	76	2.3%
15	65	7	1	63		71	2.1%
16	75	9	11	48		68	2.0%
17	55	35		25		60	1.8%
18	01	5		48		53	1.6%
19	82	6	7	39		52	1.6%
20	08	7		39		46	1.4%
21	74	8		37		45	1.4%
22	95	16	1	27		44	1.3%
23	54	11		29		40	1.2%
24	96	15	11	14		40	1.2%
25	47	30		7		37	1.1%

序号	前轮距末2位	BV	MPV	SUV	CV	合计	占比
26	68	14		22		36	1.1%
27	98	16		20		36	1.1%
28	86	8		14	13	35	1.1%
29	46	14	7	13		34	1.0%
30	56	15		19		34	1.0%
31	72	14	8	11		33	1.0%
32	97	17		16		33	1.0%
33	79	13		18		31	0.9%
34	53	15		15		30	0.9%
35	66	12	18			30	0.9%
36	06	6	15	8		29	0.9%
37	03	7		21		28	0.8%
38	15	15	3	9		27	0.8%
39	52			27		27	0.8%
40	49	21		5		26	0.8%
41	87	3		23		26	0.8%
42	02	8	5	11		24	0.7%
43	04		2	22		24	0.7%
44	16			24		24	0.7%
45	43	15	1	8		24	0.7%
46	48	6		18		24	0.7%
47	84	10		13		23	0.7%
48	05	15		7		22	0.7%
49	51	18		4		22	0.7%
50	59	10	10	2		22	0.7%
51	63		2	20		22	0.7%

序号	前轮距末 2 位	BV	MPV	SUV	CV	合计	占比
52	76			22		22	0.7%
53	12	4	8	9		21	0.6%
54	36	10	5	5		20	0.6%
55	22	7		12		19	0.6%
56	26	1		18		19	0.6%
57	57	10		9		19	0.6%
58	62	10		8		18	0.5%
59	38	12		4		16	0.5%
60	33	7		8		15	0.5%
61	44	4	1	10		15	0.5%
62	09	6		8		14	0.4%
63	18	8		6		14	0.4%
64	94	11		3		14	0.4%
65	99	13	1			14	0.4%
66	67	10		3		13	0.4%
67	91	2		11		13	0.4%
68	07			12		12	0.4%
69	27	12				12	0.4%
70	31	6		5		11	0.3%
71	58	8		3		11	0.3%
72	21			10		10	0.3%
73	73			10		10	0.3%
74	92		1	9		10	0.3%
75	28	6		3		9	0.3%
76	42	2		7		9	0.3%
77	78			9		9	0.3%
78	17	8				8	0.2%
79	88	7		1		8	0.2%
80	14	1		6		7	0.2%
81	71	1		6		7	0.2%
82	81	1		6		7	0.2%
83	32			6		6	0.2%
84	34	6				6	0.2%
85	61			6		6	0.2%
86	93	6				6	0.2%
87	11			5		5	0.2%
88	64	1		4		5	0.2%
89	83		5			5	0.2%
90	37	3		1		4	0.1%
91	77	1		2	1	4	0.1%
92	13			2		2	0.1%
93	19			2		2	0.1%
94	24	2				2	0.1%
95	41			2		2	0.1%
96	69		2			2	0.1%
97	23	1				1	0.0%
98	29	1				1	0.0%
99	89	1				1	0.0%
	计数	81	35	87	9	99	

（八）后轮距末 2 位数值分析

在 2020 年量产乘用车 3318 条特征参数中，后轮距末 2 位数值为 40 的有 171 个，数量第一多，占比达 5.2%；末 2 位数值为 20 的有 158 个，数量第二多，占比达 4.8%。共计有 97 个后轮距末 2 位数值，交叉型乘用车仅有 9 个后轮距特征数值。具体信息见表 10 2020 年乘用车后轮距末 2 位数值汇总分析表。

表 10　2020 年乘用车后轮距末 2 位数值汇总分析表

序号	后轮距末 2 位	BV	MPV	SUV	CV	合计	占比
	总计	1042	390	1789	97	3318	100.0%
1	40	43	37	72	19	171	5.2%
2	20	66	40	52		158	4.8%
3	70	24	18	87		129	3.9%
4	60	31	47	43	7	128	3.9%
5	30	25	10	74		109	3.3%
6	45	21	36	52		109	3.3%
7	00	35	8	50		93	2.8%
8	10	35	1	54	3	93	2.8%
9	65	7		85		92	2.8%
10	35	8	26	19	37	90	2.7%
11	50	26	3	59		88	2.7%
12	90	30	5	40	7	82	2.5%
13	95	31	1	50		82	2.5%
14	85	21	6	54		81	2.4%
15	80	35	18	22		75	2.3%
16	75	4	28	31		63	1.9%
17	72	13		46		59	1.8%
18	05	16	5	29		50	1.5%
19	93	3		44		47	1.4%
20	21	8	2	36		46	1.4%
21	08	11		18	14	43	1.3%
22	46	12	18	12		42	1.3%
23	66	26		16		42	1.3%
24	06	11	15	10	2	38	1.1%
25	15	4	5	29		38	1.1%
26	58	7		31		38	1.1%
27	48	17	1	19		37	1.1%
28	55	33		3		36	1.1%
29	02	18		17		35	1.1%
30	49	23	1	11		35	1.1%
31	41	23	7	4		34	1.0%
32	67	10		24		34	1.0%
33	12	19		14		33	1.0%
34	16	12	1	20		33	1.0%
35	17	5		26		31	0.9%
36	71	6		25		31	0.9%
37	62	8		21		29	0.9%
38	32			28		28	0.8%
39	04	5		22		27	0.8%
40	25	7	4	12	4	27	0.8%
41	26	12	8	7		27	0.8%

序号	后轮距末2位	BV	MPV	SUV	CV	合计	占比
42	88	5	12	10		27	0.8%
43	96	1		26		27	0.8%
44	63	19		7		26	0.8%
45	97	20		6		26	0.8%
46	86	2		23		25	0.8%
47	83	9		15		24	0.7%
48	89	2		21		23	0.7%
49	57	7		15		22	0.7%
50	42	9	2	10		21	0.6%
51	92	14		7		21	0.6%
52	03	3		17		20	0.6%
53	44		1	19		20	0.6%
54	18	6		13		19	0.6%
55	68	2	9	8		19	0.6%
56	84	2		17		19	0.6%
57	87	6		13		19	0.6%
58	13			18		18	0.5%
59	78	15		3		18	0.5%
60	82	3		13		16	0.5%
61	94	12		4		16	0.5%
62	14	3	12			15	0.5%
63	34	8		7		15	0.5%
64	51	1		14		15	0.5%
65	73	8		7		15	0.5%
66	23	1		13		14	0.4%
67	29	11		2		13	0.4%
68	33	10	3			13	0.4%
69	36			13		13	0.4%
70	22	12				12	0.4%

序号	后轮距末2位	BV	MPV	SUV	CV	合计	占比
71	43	1		11		12	0.4%
72	54	12				12	0.4%
73	61	3		9		12	0.4%
74	64			12		12	0.4%
75	81	5		7		12	0.4%
76	69	11				11	0.3%
77	77	9		2		11	0.3%
78	09	6		4		10	0.3%
79	38	10				10	0.3%
80	47	4		6		10	0.3%
81	59	5		5		10	0.3%
82	99	5		5		10	0.3%
83	52			5	4	9	0.3%
84	53	6		3		9	0.3%
85	91	6		1		7	0.2%
86	56	5		1		6	0.2%
87	28	5				5	0.2%
88	39			5		5	0.2%
89	98	1		4		5	0.2%
90	07	2		2		4	0.1%
91	11			4		4	0.1%
92	19			4		4	0.1%
93	37			4		4	0.1%
94	76			4		4	0.1%
95	01	2				2	0.1%
96	24			2		2	0.1%
97	74	2				2	0.1%
计数		85	32	88	9	97	

四、特征参数末位数值分析

（一）基本型乘用车（BV）分析

在基本型乘用车（BV）1042 个特征参数中，末位数值为 0 的第一多，其次是 5，其中轴距特征参数末位数值为 0 的有 630 个，数量第一多，占比为 60.5%；其次为总质量特征参数，有 574 个，占比为 55.1%。具体信息见表 11 2020 年基本型乘用车（BV）特征参数末位数值汇总分析表和表 12 2020 年基本型乘用车（BV）特征参数末位数值汇总比例分析表。

表 11　2020 年基本型乘用车（BV）特征参数末位数值汇总分析表

序号	特征参数	0	1	2	3	4	5	6	7	8	9	合计
1	总质量 /kg	574	24	14	23	14	330	15	17	13	18	1042
2	整备质量 /kg	474	40	35	38	23	310	28	23	42	29	1042
3	外廓长度 /mm	310	75	72	96	55	188	68	80	58	40	1042
4	外廓宽度 /mm	410	5	57	67	58	175	105	52	83	30	1042
5	外廓高度 /mm	335	31	56	64	47	221	81	60	54	93	1042
6	轴距 /mm	630	49	24	13	23	151	17	15	63	57	1042
7	前轮距 /mm	360	33	51	51	54	169	81	94	84	65	1042
8	后轮距 /mm	350	54	96	60	44	152	81	63	79	63	1042

表 12　2020 年基本型乘用车（BV）特征参数末位数值汇总比例分析表

序号	特征参数	0	1	2	3	4	5	6	7	8	9	合计
1	总质量 /kg	55.1%	2.3%	1.3%	2.2%	1.3%	31.7%	1.5%	1.7%	1.2%	1.7%	100.0%
2	整备质量 /kg	45.5%	3.8%	3.4%	3.6%	2.2%	29.8%	2.7%	2.2%	4.0%	2.8%	100.0%
3	外廓长度 /mm	29.8%	7.2%	6.9%	9.2%	5.3%	18.0%	6.5%	7.7%	5.6%	3.8%	100.0%

序号	特征参数	0	1	2	3	4	5	6	7	8	9	合计
4	外廓宽度 /mm	39.3%	0.5%	5.5%	6.4%	5.6%	16.8%	10.0%	5.0%	8.0%	2.9%	100.0%
5	外廓高度 /mm	32.1%	3.0%	5.4%	6.1%	4.5%	21.2%	7.8%	5.8%	5.2%	8.9%	100.0%
6	轴距 /mm	60.5%	4.7%	2.3%	1.2%	2.2%	14.5%	1.7%	1.4%	6.0%	5.5%	100.0%
7	前轮距 /mm	34.5%	3.2%	4.9%	4.9%	5.2%	16.2%	7.8%	9.0%	8.1%	6.2%	100.0%
8	后轮距 /mm	33.6%	5.2%	9.2%	5.8%	4.2%	14.6%	7.8%	6.0%	7.6%	6.0%	100.0%

（二）运动型多用途乘用车（SUV）分析

在运动型多用途乘用车（SUV）1789 个特征参数中，末位数值为 0 的第一多，其次是 5，其中轴距特征参数末位数值为 0 的有 1220 个，数量第一多，占比为 68.2%；其次为总质量特征参数，有 862 个，占比为 48.2%。具体信息见表 13 2020 年运动型多用途乘用车（SUV）特征参数末位数值汇总分析表和表 14 2020 年运动型多用途乘用车（SUV）特征参数末位数值汇总比例分析表。

表 13 2020 年运动型多用途乘用车（SUV）特征参数末位数值汇总分析表

序号	特征参数	0	1	2	3	4	5	6	7	8	9	合计
1	总质量 /kg	862	26	44	61	33	609	39	45	21	49	1789
2	整备质量 /kg	770	91	72	34	57	482	53	68	97	65	1789
3	外廓长度 /mm	665	74	119	52	93	452	102	35	118	79	1789
4	外廓宽度 /mm	625	80	141	118	62	478	78	50	68	89	1789
5	外廓高度 /mm	596	56	96	114	59	418	89	59	151	151	1789
6	轴距 /mm	1220	85	26	54	16	264	37	11	51	25	1789
7	前轮距 /mm	591	103	139	84	124	378	137	73	125	35	1789
8	后轮距 /mm	553	100	161	135	83	364	132	98	106	57	1789

表 14 2020 年运动型多用途乘用车（SUV）特征参数末位数值汇总比例分析表

序号	特征参数	0	1	2	3	4	5	6	7	8	9	合计
1	总质量 /kg	48.2%	1.5%	2.5%	3.4%	1.8%	34.0%	2.2%	2.5%	1.2%	2.7%	100.0%
2	整备质量 /kg	43.0%	5.1%	4.0%	1.9%	3.2%	26.9%	3.0%	3.9%	5.4%	3.6%	100.0%
3	外廓长度 /mm	37.2%	4.1%	6.7%	2.9%	5.2%	25.3%	5.7%	1.9%	6.6%	4.4%	100.0%
4	外廓宽度 /mm	34.9%	4.5%	7.9%	6.6%	3.5%	26.7%	4.4%	2.7%	3.8%	5.0%	100.0%
5	外廓高度 /mm	33.3%	3.1%	5.4%	6.4%	3.3%	23.4%	5.0%	3.3%	8.4%	8.4%	100.0%
6	轴距 /mm	68.2%	4.8%	1.5%	3.0%	0.9%	14.8%	2.1%	0.5%	2.8%	1.4%	100.0%
7	前轮距 /mm	33.0%	5.8%	7.8%	4.7%	6.9%	21.1%	7.7%	4.0%	7.0%	2.0%	100.0%
8	后轮距 /mm	30.9%	5.6%	9.0%	7.5%	4.6%	20.3%	7.4%	5.6%	5.9%	3.2%	100.0%

（三）多功能型乘用车（MPV）分析

在多功能型乘用车（MPV）390 个特征参数中，末位数值为 0 的第一多，其次是 5，其中轴距特征参数末位数值为 0 的有 286 个，数量第一多，占比为 73.3%；其次为整备质量特征参数，有 248 个，占比为 63.6%。具体信息见表 15 2020 年多功能型乘用车（MPV）特征参数末位数值汇总分析表和表 16 2020 年多功能型乘用车（MPV）特征参数末位数值汇总比例分析表。

表 15 2020 年多功能型乘用车（MPV）特征参数末位数值汇总分析表

序号	特征参数	0	1	2	3	4	5	6	7	8	9	合计
1	总质量 /kg	221	5		1	9	141	7	2	4		390
2	整备质量 /kg	248	12	3	5	8	99	7		6	2	390
3	外廓长度 /mm	159	7	4	3	1	127	36	14	30	9	390

序号	特征参数	0	1	2	3	4	5	6	7	8	9	合计
4	外廓宽度 /mm	181		8		19	104	17	6	36	19	390
5	外廓高度 /mm	204	11	20	6	2	88	6	7	38	8	390
6	轴距 /mm	286	7		5		42	5	1	44		390
7	前轮距 /mm	189		29	8	3	92	56			13	390
8	后轮距 /mm	187	9	2	3	13	111	42		22	1	390

表 16　2020 年多功能型乘用车（MPV）特征参数末位数值汇总比例分析表

序号	特征参数	0	1	2	3	4	5	6	7	8	9	合计
1	总质量 /kg	56.7%	1.3%	0.0%	0.3%	2.3%	36.2%	1.7%	0.5%	1.0%	0.0%	100.0%
2	整备质量 /kg	63.6%	3.1%	0.8%	1.3%	2.1%	25.4%	1.7%	0.0%	1.5%	0.5%	100.0%
3	外廓长度 /mm	40.8%	1.8%	1.0%	0.8%	0.3%	32.6%	9.1%	3.6%	7.7%	2.3%	100.0%
4	外廓宽度 /mm	46.4%	0.0%	2.1%	0.0%	4.9%	26.7%	4.3%	1.5%	9.2%	4.9%	100.0%
5	外廓高度 /mm	52.3%	2.8%	5.1%	1.5%	0.5%	22.6%	1.6%	1.8%	9.7%	2.1%	100.0%
6	轴距 /mm	73.3%	1.8%	0.0%	1.3%	0.0%	10.8%	1.2%	0.3%	11.3%	0.0%	100.0%
7	前轮距 /mm	48.5%	0.0%	7.4%	2.1%	0.8%	23.6%	14.3%	0.0%	0.0%	3.3%	100.0%
8	后轮距 /mm	47.9%	2.3%	0.5%	0.8%	3.3%	28.5%	10.8%	0.0%	5.6%	0.3%	100.0%

（四）交叉型乘用车（CV）分析

在交叉型乘用车（CV）97 个特征参数中，末位数值为 0 的第一多，其次是 5，其中外廓高度特征参数末位数值为 0 的有 77 个，数量第一多，占比为 79.4%；其次为总质量特征参数末位数值为 0 的有 71 个，占比为 73.2%，其中总质量和轴距 2 个特征参数末位数值均为 0 和 5，占比达 100%。交叉型乘用车 8 个制造厂家全部是自主品牌，8 个车辆特征参数末位数值为 0 和 5 的占比均在 80% 以上。在四大类车型中是特征参数标准化最好的。具体信息见表 17　2020 年交叉型乘用车（CV）特征参数末位数值汇总分析表和表 18　2020 年交叉型乘用车（CV）特征参数末位数值汇总比例分析表。

表 17　2020 年交叉型乘用车（CV）特征参数末位数值汇总分析表

序号	特征参数	0	1	2	3	4	5	6	7	8	9	合计
1	总质量 /kg	71					26					97
2	整备质量 /kg	63	1				25	5	2	1		97
3	外廓长度 /mm	33	1				48		7	8		97
4	外廓宽度 /mm	68					28		1			97
5	外廓高度 /mm	77		1			19					97
6	轴距 /mm	68					29					97
7	前轮距 /mm	38					45	13	1			97
8	后轮距 /mm	36		4			41	2		14		97

表 18　2020 年交叉型乘用车（CV）特征参数末位数值汇总比例分析表

序号	特征参数	0	1	2	3	4	5	6	7	8	9	合计
1	总质量 /kg	73.2%	0.0%	0.0%	0.0%	0.0%	26.8%	0.0%	0.0%	0.0%	0.0%	100.0%
2	整备质量 /kg	64.9%	1.0%	0.0%	0.0%	0.0%	25.8%	5.2%	2.1%	1.0%	0.0%	100.0%
3	外廓长度 /mm	34.0%	1.0%	0.0%	0.0%	0.0%	49.5%	0.0%	7.2%	8.3%	0.0%	100.0%
4	外廓宽度 /mm	70.1%	0.0%	0.0%	0.0%	0.0%	28.9%	0.0%	1.0%	0.0%	0.0%	100.0%
5	外廓高度 /mm	79.4%	0.0%	1.0%	0.0%	0.0%	19.6%	0.0%	0.0%	0.0%	0.0%	100.0%
6	轴距 /mm	70.1%	0.0%	0.0%	0.0%	0.0%	29.9%	0.0%	0.0%	0.0%	0.0%	100.0%
7	前轮距 /mm	39.2%	0.0%	0.0%	0.0%	0.0%	46.4%	13.4%	1.0%	0.0%	0.0%	100.0%
8	后轮距 /mm	37.1%	0.0%	4.1%	0.0%	0.0%	42.3%	2.1%	0.0%	14.4%	0.0%	100.0%

五、特征参数末位（0 和 5）数值分析

（一）具体分析

2020 年量产乘用车特征参数（末位数 0 和 5）的车型有 561 个，涉及乘用车制造商有 41 家。

其中：运动型多用途乘用车（SUV）有 253 个车型，占比为 45%，多功能型乘用车（MPV）有 134 个车型，占比为 24%，基本型乘用车（BV）有 120 个车型，占比为 21%，交叉型乘用车（CV）有 54 个车型，占比为 10%。

长安汽车有 74 车型、东风风行有 53 车型、广汽丰田有 51 车型 8 个参数末位数值全部为 0 和 5，详细数据见表 19 2020 年乘用车（特征参数末位数 0 和 5）制造商与车型对应表。

表 19　2020 年乘用车（特征参数末位数 0 和 5）制造商与车型对应表

序号	制造商	SUV	MPV	BV	CV	合计
1	成功汽车			1		1
2	贵航工业集团			1		1
3	合众新能源	1				1
4	猎豹汽车	1				1
5	敏安汽车	1				1
6	北汽新能源			2		2
7	广汽本田	2				2
8	湖南恒润	2				2
9	金康新能源	2				2
10	卡威汽车	1			1	2
11	零跑汽车			2		2
12	明君汽车			2		2
13	一汽吉林	2				2
14	腾势汽车	3				3
15	长城汽车	3				3
16	昌河汽车			4		4
17	重庆力帆	4				4
18	北京汽车	5				5
19	江苏九龙		5			5
20	南京金龙				5	5
21	上汽商用车		5			5
22	东风乘用车			7		7
23	四川工业	1	6			7
24	一汽轿车	4		3		7
25	长安铃木	4		4		8
26	江西五十铃	9				9
27	北汽有限	10				10
28	广汽三菱	10				10
29	江铃汽车	8		2		10
30	北汽福田		9		2	11
31	华晨汽车	5	6			11
32	奇瑞汽车	24				24
33	比亚迪汽车	16	9	6		31
34	上汽通用五菱	7	15		10	32
35	华晨鑫源	17	1		16	34
36	东风小康	20	10		6	36
37	江淮汽车	10	11	15		36
38	一汽丰田	11		34		45
39	广汽丰田	22		29		51
40	东风风行	16	37			53
41	长安汽车	32	20	8	14	74
	总计	253	134	120	54	561
	占比	45%	24%	21%	10%	100%

（二）总体分析

2020 年乘用车特征参数（末位数 0 和 5）41 家制造商，车型共计 561 个，占全部 101 家制造商 3318 个车型的 16.9%。其中有腾势汽车、湖南恒润、卡威汽车、明君汽车、成功汽车、贵航工业集团等 6 家造车新势力公司所生产的车型全部特征参数末位数值全部为 0 和 5。广汽丰田生产 63 个车型中有 51 个 8 个主要参数末位数值全部为 0 和 5，占比高达 81%。具体信息见表 20 2020 年乘用车（特征参数末位数 0 和 5）制造商车型与全部车型占比分析表。

表 20　2020 年乘用车（特征参数末位数 0 和 5）制造商车型与全部车型占比分析表

序号	制造商	0 和 5 / 个	总表 / 个	差值 / 个	占比
0	总计	561	3318	2757	16.9%
1	腾势汽车	3	3	0	100.0%
2	湖南恒润	2	2	0	100.0%
3	卡威汽车	2	2	0	100.0%
4	明君汽车	2	2	0	100.0%
5	成功汽车	1	1	0	100.0%
6	贵航工业集团	1	1	0	100.0%
7	广汽丰田	51	63	12	81.0%
8	重庆力帆	4	5	1	80.0%
9	华晨鑫源	34	45	11	75.6%
10	北汽福田	11	15	4	73.3%
11	长安铃木	8	11	3	72.7%
12	一汽丰田	45	62	17	72.6%
13	南京金龙	5	7	2	71.4%
14	东风小康	36	51	15	70.6%
15	江西五十铃	9	13	4	69.2%

序号	制造商	0和5/个	总表/个	差值/个	占比
16	金康新能源	2	3	1	66.7%
17	东风风行	53	83	30	63.9%
18	江苏九龙	5	8	3	62.5%
19	零跑汽车	2	4	2	50.0%
20	敏安汽车	1	2	1	50.0%
21	江淮汽车	36	74	38	48.6%
22	四川工业	7	15	8	46.7%
23	比亚迪汽车	31	70	39	44.3%
24	广汽三菱	10	23	13	43.5%
25	长安汽车	74	173	99	42.8%
26	江铃汽车	10	24	14	41.7%
27	北汽有限	10	27	17	37.0%
28	华晨汽车	11	32	21	34.4%
29	昌河汽车	4	12	8	33.3%
30	一汽吉林	2	8	6	25.0%
31	东风乘用车	7	35	28	20.0%
32	猎豹汽车	1	5	4	20.0%
33	上汽通用五菱	32	187	155	17.1%
34	奇瑞汽车	24	170	146	14.1%
35	一汽轿车	7	56	49	12.5%
36	北京汽车	5	48	43	10.4%
37	北汽新能源	2	21	19	9.5%
38	上汽商用车	5	65	60	7.7%
39	合众新能源	1	13	12	7.7%
40	长城汽车	3	98	95	3.1%
41	广汽本田	2	111	109	1.8%
42	国能汽车		1	1	
43	河北中兴		1	1	
44	理想智造汽车		1	1	
45	领途汽车		1	1	
46	南海富迪		1	1	
47	前途汽车		1	1	
48	山东梅拉德		1	1	
49	知豆电动汽车		1	1	
50	中恒天汽车		1	1	
51	东风裕隆		2	2	
52	枫盛汽车		2	2	
53	广汽蔚来		2	2	
54	云度汽车		2	2	
55	爱驰汽车		3	3	
56	吉麦新能源		3	3	
57	速达汽车		3	3	
58	天际汽车		3	3	
59	大运汽车		4	4	
60	福建新龙马		4	4	
61	汉龙汽车		4	4	
62	华泰汽车		4	4	
63	江西大乘		4	4	
64	雷丁汽车		4	4	
65	特斯拉汽车		4	4	
66	长安标致雪铁龙		4	4	
67	潍柴汽车		5	5	
68	观致汽车		6	6	
69	国机智骏		6	6	
70	郑州日产		6	6	
71	众泰汽车		6	6	
72	蔚来汽车		7	7	
73	宝沃汽车		10	10	
74	小鹏汽车		12	12	
75	江淮大众		15	15	
76	威马汽车		15	15	
77	东南汽车		16	16	
78	海马汽车		16	16	
79	福建奔驰		18	18	
80	长安马自达		19	19	
81	汉腾汽车		20	20	
82	江铃福特		22	22	
83	沃尔沃亚太		22	22	
84	东风英菲尼迪		23	23	
85	奇瑞捷豹路虎		23	23	
86	东风雷诺		25	25	
87	广汽菲克		26	26	
88	东风悦达起亚		35	35	
89	神龙汽车		50	50	
90	北京奔驰		52	52	
91	华晨宝马		56	56	
92	北京现代		63	63	
93	长安福特		79	79	
94	东风本田		84	84	
95	广汽乘用车		84	84	
96	上汽乘用车		89	89	
97	上汽大众		112	112	
98	上汽通用		132	132	
99	一汽大众		134	134	
100	东风日产		148	148	
101	吉利汽车		171	171	

六、标准化建议

建议 1：乘用车总质量特征参数采用轮胎载荷 4 的倍数。进一步讲就是轮胎载荷乘以 4，之后四舍五入，最后末位数值取值为 0。具体建议数值见表 21 常用乘用车轮胎负荷指数和负荷能力及建议乘用车总质量对照表。

建议 2：乘用车外廓长度、外廓宽度、外廓高度和轴距 4 项特征参数采用末位数值为 0。进一步讲就是工程数值间距为 10mm，类似轮胎宽度数值采用末位数值为 5，工程数值间距为 10mm。

建议 3：乘用车整备质量特征参数采用末位数值为 0。进一步讲就是工程数值间距为 10kg。

建议 4：对于乘用车前轮距和后轮距 2 项特征参数，建议工程数值采用末位数值为 0 和 5，工程数值间距为 5mm。

参考 GB38900—2020《机动车安全技术检验项目和方法》， 2021 年 1 月 1 日开始实施。该标准中 6.3 条车辆特征参数，6.3.1 外廓尺寸和 6.3.2 轴距实测数值与出厂合格证数值相比，标准规定误差为 ±1% 或 ±50mm；在 6.8.1 条中，整备质量应与机动车产品公告误差为 ±3% 或 ±100kg。

参考 GB/T 1804—2000《一般公差未注公差的线性和角度尺寸的公差》标准规定：

长度为 1000~2000 mm 粗糙 C 级公差为 ±3%；

长度为 2000~4000 mm 粗糙 C 级公差为 ±4%。

表 21 常用乘用车轮胎负荷指数和负荷能力及建议乘用车总质量对照表

序号	轮胎负荷指数	轮胎负荷能力 /kg	建议乘用车总质量 /kg	序号	轮胎负荷指数	轮胎负荷能力 /kg	建议乘用车总质量 /kg
1	55	218	880	31	85	515	2060
2	56	224	900	32	86	530	2120
3	57	230	920	33	87	545	2180
4	58	236	950	34	88	560	2240
5	59	243	980	35	89	580	2320
6	60	250	1000	36	90	600	2400
7	61	257	1030	37	91	615	2460
8	62	265	1060	38	92	630	2520
9	63	272	1090	39	93	650	2600
10	64	280	1120	40	94	670	2680
11	65	290	1160	41	95	690	2760
12	66	300	1200	42	96	710	2840
13	67	307	1230	43	97	730	2920
14	68	315	1260	44	98	750	3000
15	69	325	1300	45	99	775	3100
16	70	335	1340	46	100	800	3200
17	71	345	1380	47	101	825	3300
18	72	355	1420	48	102	850	3400
19	73	365	1460	49	103	875	3500
20	74	375	1500	50	104	900	3600
21	75	387	1550	51	105	925	3700
22	76	400	1600	52	106	950	3800
23	77	412	1650	53	107	975	3900
24	78	425	1700	54	108	1000	4000
25	79	437	1750	55	109	1030	4120
26	80	450	1800	56	110	1060	4240
27	81	462	1850	57	111	1090	4360
28	82	475	1900	58	112	1120	4480
29	83	487	1950	59	113	1150	4600
30	84	500	2000	60	114	1180	4720

七、轮胎规格分析

2020 年量产乘用车 4 类车型，共计采用 131 款规格轮胎，其中 215/60R17 规格轮胎有 197 款车型采用，数量第一，占比为 5.9%；215/55R17 规格轮胎有 185 款车型采用，数量第二，占比为 4.8%。具体信息见表 22 2020 年量产乘用车轮胎规格一览表。

表 22 2020 年量产乘用车轮胎规格一览表

序号	轮胎规格	BV	MPV	SUV	CV	合计	占比	序号	轮胎规格	BV	MPV	SUV	CV	合计	占比
1	215/60R17		18	179		197	5.9%	8	225/60R18			112		112	3.4%
2	215/55R17	65	33	87		185	5.6%	9	195/65R15	62	27	6	8	103	3.1%
3	205/60R16	83	6	71		160	4.8%	10	225/60R17	8	26	52		86	2.6%
4	205/55R16	136	13	10		159	4.8%	11	225/55R17	43	15	12		70	2.1%
5	225/55R18	10	29	102		141	4.2%	12	215/50R17	34		29		63	1.9%
6	235/60R18		2	135		137	4.1%	13	175/70R14	15	13		35	63	1.9%
7	225/65R17			123		123	3.7%	14	235/55R19			58		58	1.7%

序号	轮胎规格	BV	MPV	SUV	CV	合计	占比
15	215/65R16		19	38		57	1.7%
16	195/60R16	43	11	2		56	1.7%
17	205/65R16	15	11	30		56	1.7%
18	215/60R16	18	20	16		54	1.6%
19	185/60R15	52				52	1.6%
20	235/55R18			51		51	1.5%
21	215/55R18	1		48		49	1.5%
22	185/65R15	28	10	9		47	1.4%
23	245/55R19			46		46	1.4%
24	235/50R18	6		40		46	1.4%
25	235/50R19			44		44	1.3%
26	225/50R17	27	5	12		44	1.3%
27	245/45R18	41				41	1.2%
28	215/65R17	2		38		40	1.2%
29	205/50R17	34		5		39	1.2%
30	225/45R18	28	2	6		36	1.1%
31	235/65R17			34		34	1.0%
32	215/55R16	31	2			33	1.0%
33	225/50R18	3	9	18		30	0.9%
34	225/45R17	30				30	0.9%
35	225/55R19			29		29	0.9%
36	265/60R18			25		25	0.8%
37	215/70R16		7	18		25	0.8%
38	145/70R12	23				23	0.7%
39	235/45R18	23				23	0.7%
40	185/70R14	2	20			22	0.7%
41	255/45R20			22		22	0.7%
42	205/55R17	5		17		22	0.7%
43	255/60R18			20		20	0.6%
44	215/65R15		20			20	0.6%
45	195/70R15		14		6	20	0.6%
46	265/65R17			19		19	0.6%
47	245/50R18	8	10			18	0.5%
48	245/60R18			18		18	0.5%
49	265/75R16			17		17	0.5%
50	265/45R21			17		17	0.5%
51	235/65R18			17		17	0.5%
52	165/65R15	16				16	0.5%
53	255/55R19			16		16	0.5%
54	165/80R14				15	15	0.5%
55	165/65R14	15				15	0.5%
56	205/65R15	4	10			14	0.4%
57	235/55R20			14		14	0.4%
58	165/70R14	1		5	7	13	0.4%
59	185/80R14				12	12	0.4%
60	255/55R20			12		12	0.4%
61	245/45R19	11		1		12	0.4%
62	235/55R17	2	8	1		11	0.3%
63	175/65R14	11				11	0.3%
64	245/40R18	10				10	0.3%
65	195/60R15	5	4			9	0.3%
66	245/40R19	9				9	0.3%
67	205/70R15		7	2		9	0.3%
68	275/45R21			8		8	0.2%
69	215/80R16			8		8	0.2%
70	195/80R15		7			7	0.2%
71	175/60R15	7				7	0.2%
72	245/45R20			7		7	0.2%
73	165/70R13				7	7	0.2%
74	265/65R18			7		7	0.2%
75	205/50R16	2		5		7	0.2%
76	195/55R16	1	5	1		7	0.2%
77	185/65R14		7			7	0.2%
78	155/65R14	6				6	0.2%
79	265/40R22			6		6	0.2%
80	255/60R19			6		6	0.2%
81	245/50R20			6		6	0.2%
82	165/60R14	6				6	0.2%
83	255/50R19			6		6	0.2%
84	255/40R19	5				5	0.2%
85	225/45R19	3		2		5	0.2%
86	155/70R13	5				5	0.2%
87	245/50R19			5		5	0.2%
88	235/40R19	5				5	0.2%
89	255/50R20			5		5	0.2%
90	195/50R18	4				4	0.1%
91	165/65R13	4				4	0.1%
92	165/80R13				4	4	0.1%
93	195/55R15	4				4	0.1%
94	245/35R19	4				4	0.1%
95	235/45R19			4		4	0.1%
96	185/55R16			3		3	0.1%
97	175/75R14				3	3	0.1%
98	245/40R21			3		3	0.1%
99	215/50R18			3		3	0.1%
100	145/60R13	2				2	0.1%
101	245/70R17			2		2	0.1%
102	275/40R20	2				2	0.1%
103	235/35R19	2				2	0.1%
104	255/40R21			2		2	0.1%
105	235/40R18	2				2	0.1%
106	195/50R16	2				2	0.1%
107	235/60R17			2		2	0.1%
108	255/65R17			2		2	0.1%
109	185/60R16	2				2	0.1%
110	205/60R15			2		2	0.1%
111	235/45R20			2		2	0.1%
112	215/45R18	2				2	0.1%
113	245/65R17			2		2	0.1%
114	225/40R19	2				2	0.1%
115	285/70R17			1		1	0.0%
116	185/55R15	1				1	0.0%
117	275/30R21	1				1	0.0%
118	175/55R16	1				1	0.0%
119	275/55R19			1		1	0.0%
120	165/55R12	1				1	0.0%
121	175/60R14	1				1	0.0%
122	235/50R17	1				1	0.0%
123	295/40R21			1		1	0.0%
124	155/60R15	1				1	0.0%
125	275/50R20			1		1	0.0%
126	175/60R13	1				1	0.0%
127	285/60R18			1		1	0.0%
128	235/50R20			1		1	0.0%
129	235/45R17	1				1	0.0%
130	235/85R16			1		1	0.0%
131	155/65R13	1				1	0.0%
	总计	1042	390	1789	97	3318	100.0%
	计数	70	31	78	9	131	

八、发动机排量分析

2020 年量产乘用车 4 类车型，共计采用 31 个发动机排量，其中 1.5T 有 751 款车型采用，数量第一，2.0T 有 590 款车型采用，数量第二。具体信息见表 23 2020 年量产乘用车发动机排量一览表。

表 23　2020 年量产乘用车发动机排量一览表

序号	排量	BV	MPV	SUV	CV	合计	占比
1	1.5T	143	68	540		751	22.6%
2	2.0T	151	81	358		590	17.8%
3	1.5L	158	80	121	44	403	12.1%
4	1.6L	100	30	60	5	195	5.9%
5	2.0L	36	30	116		182	5.5%
6	1.4T	54	5	62		121	3.6%
7	1.6T	14	2	98		114	3.4%
8	1.3T	22	14	45		81	2.4%
9	2.5L	29		36		65	2.0%
10	1.8T	14	10	37		61	1.8%
11	1.8L	22	14	16		52	1.6%
12	1.2T	28		18		46	1.4%
13	1.0T	31		9		40	1.2%
14	1.2L	1	4		24	29	0.9%
15	3.0T	7		22		29	0.9%
16	1.4L	18		2	6	26	0.8%
17	2.3T			26		26	0.8%
18	2.4L	1	13	5		19	0.6%
19	1.9T		7	11		18	0.5%
20	2.4T			16		16	0.5%
21	2.5T	1		11		12	0.4%
22	1.3L	6			2	8	0.2%
23	3.5L			6		6	0.2%
24	4.0T	1		1		2	0.1%
25	4.6L			1		1	0.0%
26	1.0L				1	1	0.0%
27	2.7T			1		1	0.0%
28	6.0L	1				1	0.0%
29	2.2T			1		1	0.0%
30	3.0L	1				1	0.0%
31	2.8T			1		1	0.0%
32	纯电	203	32	169	15	419	12.6%
总计		1042	390	1789	97	3318	
计数		23	14	27	7	32	

九、参考标准

1. GB 38900—2020《机动车安全技术检验项目和方法》

2. GB/T 1804—2000《一般公差未注公差的线性和角度尺寸的公差》

3. GB/T 3730.1 《汽车和挂车类型的术语和定义》

4. GB/T 3730.2 《道路车辆质量词汇和代码》

5. GB/T 3730.3 《汽车和挂车的术语及其定义车辆尺寸》

十、特别说明

本《报告》的特征参数数据来自多渠道（车辆宣传样本、车辆制造厂家铭牌、汽车能源消耗量标识、机动车登记证书、机动车行驶证、相关网站），仅供分析参考使用（见表 24）。

表 24　8 大特征参数体现媒介位置及频次分析表

特征参数	车辆宣传样本	车辆制造厂家铭牌	汽车能源消耗量标识	机动车登记证书	机动车行驶证	相关网站
总质量	B	A	A	A	A	B
整备质量	A		A	A	A	A
外廓长度	A		A	A	A	A
外廓宽度	A		A	A	A	A
外廓高度	A		A	A	A	A
轴距	A			A		A
前轮距	A			A		A
后轮距	A			A		A

注释：特征参数总质量指标，在车辆宣传样本和相关网站不经常出现，为此标注为“B”。

第一章

基本型乘用车（BV）

Basic Vehicle

《报告》共计收集整理了2020年量产基本型乘用车（BV）56家1042个车型特征参数数值。

对于总质量等6个特征参数末位数值为0的厂家占比分析见表B01 2020年基本型乘用车（BV）特征参数末位数值为0厂家数分析表，详见本章内具体数据表。

表B01　2020年基本型乘用车（BV）特征参数末位数值为0厂家数分析表

序号	特征参数	特征参数末位数值为0/家	基本型乘用车/家	特征参数末位数值为0/%
1	总质量/kg	12	56	21.4
2	整备质量/kg	10	56	17.9
3	外廓长度/mm	8	56	14.3
4	外廓宽度/mm	11	56	19.6
5	外廓高度/mm	4	56	7.1
6	轴距/mm	17	56	30.4

《报告》共计收集整理了2020年量产基本型乘用车（BV）56家1042个车型特征参数数值。

对于前轮距和后轮距2个特征参数末位数值为0和5的厂家占比分析见表B02 2020年基本型乘用车（BV）特征参数末位数值为0和5厂家数分析表；详见本章内具体数据表。

表B02　2020年基本型乘用车（BV）特征参数末位数值为0和5厂家数分析表

序号	特征参数	特征参数末位数值为0和5/家	基本型乘用车/家	特征参数末位数值为0和5/%
1	前轮距/mm	18	56	32.1
2	后轮距/mm	17	56	30.4

《报告》分析整理了2020年基本型乘用车（BV）车型与外廓尺寸参数对应数据，详细数据见表BX01 2020年基本型乘用车（BV）车型与外廓尺寸参数一览表。

《报告》分析整理了2020年基本型乘用车（BV）排量与总质量参数对应数据，详细数据见表BX02 2020年基本型乘用车（BV）排量与总质量参数一览表。

《报告》分析整理了2020年基本型乘用车（BV）车型与轮胎规格对应数据，详细数据见表BT05 2020年基本型乘用车（BV）车型与轮胎规格一览表。

《报告》分析整理了2020年基本型乘用车（BV）特征参数（末位0和5）120条数据，详细数据见表BM01 2020年基本型乘用车（BV）特征参数（末位0和5）明细表。

《报告》分析整理了2020年基本型乘用车（BV）特征参数（末位0和5）1042条数据，详细数据见表BM02 2020年基本型乘用车（BV）特征参数明细表。

通过对 2020 年基本型乘用车 56 家 1042 车型总质量参数数值分析，末位数为 0 的共计有 574 个，占比为 55.1%。有 12 个汽车厂家总质量末位数值全部为 0，占比为 21.4%。具体数值参见表 BA01 2020 年基本型乘用车（BV）总质量末位数值分析表和表 BB01 2020 年基本型乘用车（BV）总质量数值汇总表。

表 BA01 2020 年基本型乘用车（BV）总质量末位数值分析表

序号	制造商	0	1	2	3	4	5	6	7	8	9	合计	差值
1	北汽有限	2										2	0
2	东风英菲尼迪	10										10	0
3	东南汽车	2										2	0
4	观致汽车	2										2	0
5	国能汽车	1										1	0
6	雷丁汽车	3										3	0
7	领途汽车	1										1	0
8	明君汽车	2										2	0
9	奇瑞捷豹路虎	8										8	0
10	前途汽车	1										1	0
11	山东梅拉德	1										1	0
12	沃尔沃亚太	12										12	0
13	成功汽车						1					1	1
14	贵航工业集团						1					1	1
15	吉麦新能源	2					1					3	1
16	知豆电动汽车						1					1	1
17	汉腾汽车										1	1	1
18	东风悦达起亚	18					2					20	2
19	海马汽车	4					2					6	2
20	华晨汽车	2					2					4	2
21	国机智骏	2					1			1		4	2
22	零跑汽车	2				1	1					4	2
23	北京现代	39				2						41	2
24	特斯拉汽车	2				1			1			4	2
25	昌河汽车	4					3					7	3
26	速达汽车						3					3	3
27	小鹏汽车	3					3					6	3
28	长安铃木	2					4					6	4
29	长城汽车	3		1					3			7	4
30	东风风行						4	1				5	5
31	长安马自达				1		3	1				5	5
32	北京奔驰	27					6					33	6
33	上汽通用五菱	42		1			2	1			2	48	6
34	江铃汽车	2					6			1		9	7
35	北汽新能源	3			2		4			2		11	8
36	广汽丰田	32					9					41	9
37	北京汽车	3			1		6	2				12	9
38	一汽丰田	33					10					43	10
39	江淮汽车	10					10		1			21	11
40	一汽大众	69					12					81	12
41	广汽本田	23	12									35	12
42	广汽乘用车	3					11		3			17	14
43	一汽轿车	8	1	1	2		9			1		22	14
44	东风乘用车	3		1	2		6	1			4	17	14
45	东风本田	19	4		3		8					34	15
46	神龙汽车	3	2	4		3	2	2	1	1		18	15
47	长安福特	5		3	3	1	5	5		1	1	24	19
48	比亚迪汽车	7					21					28	21
49	东风日产	55					24					79	24
50	华晨宝马	12					24					36	24
51	长安汽车	17					24					41	24
52	上汽大众	21					23			2		46	25

序号	制造商	0	1	2	3	4	5	6	7	8	9	合计	差值
53	上汽通用	27					26					53	26
54	奇瑞汽车	4	5		3		12	2			4	30	26
55	上汽乘用车	4		3	3	6	4		2	2	6	30	26
56	吉利汽车	14			3		34		6	2		59	45
总计		574	24	14	23	14	330	15	17	13	18	1042	468
占比		55.1%	2.3%	1.3%	2.2%	1.3%	31.7%	1.4%	1.6%	1.2%	1.7%	100.0%	44.9%

通过对 2020 年基本型乘用车 56 家 1042 车型整备质量参数数值分析，末位数为 0 的共计有 474 个，占比为 45.5%。有 10 个汽车厂家外廓宽度末位数值全部为 0，占比为 17.9%。具体数值参见表 BA02 2020 年基本型乘用车（BV）整备质量末位数值分析表和表 BB02 2020 年基本型乘用车（BV）整备质量数值汇总表。

表 BA02　2020 年基本型乘用车（BV）整备质量末位数值分析表

序号	制造商	0	1	2	3	4	5	6	7	8	9	合计	差值
1	北汽有限	2										2	0
2	东南汽车	2										2	0
3	贵航工业集团	1										1	0
4	吉麦新能源	3										3	0
5	雷丁汽车	3										3	0
6	领途汽车	1										1	0
7	明君汽车	2										2	0
8	前途汽车	1										1	0
9	山东梅拉德	1										1	0
10	速达汽车	3										3	0
11	成功汽车						1					1	1
12	观致汽车	1					1					2	1
13	国能汽车						1					1	1
14	华晨汽车	3					1					4	1
15	知豆电动汽车						1					1	1
16	东风风行	4	1									5	1
17	汉腾汽车										1	1	1
18	昌河汽车	5					2					7	2
19	小鹏汽车	4					2					6	2
20	长安铃木	4					2					6	2
21	国机智骏	2					1			1		4	2
22	海马汽车	3					3					6	3
23	奇瑞捷豹路虎	5					3					8	3
24	零跑汽车	1				1	2					4	3
25	特斯拉汽车					1	2	1				4	4
26	长城汽车	3		1					3			7	4
27	北汽新能源	6			4		1					11	5
28	长安马自达						1		2	2		5	5
29	比亚迪汽车	21					7					28	7
30	江铃汽车	2					6			1		9	7
31	东风乘用车	10	1		2		4					17	7
32	江淮汽车	13		1			7					21	8
33	神龙汽车	10					7			1		18	8
34	广汽乘用车	8		1			7			1		17	9
35	北京汽车	3	1				6	1		1		12	9
36	沃尔沃亚太	3		4	1	3					1	12	9
37	东风悦达起亚	10	3	2			3	1	1			20	10
38	东风英菲尼迪		8		1				1			10	10
39	北京奔驰	21			3	1	1	1	1		5	33	12
40	广汽丰田	28					13					41	13
41	长安汽车	28		1			12					41	13
42	上汽乘用车	14					15			1		30	16
43	一汽轿车	5			2	2	10		1	1	1	22	17

序号	制造商	0	1	2	3	4	5	6	7	8	9	合计	差值
44	上汽通用	34					18			1		53	19
45	吉利汽车	39		5			15					59	20
46	上汽通用五菱	28	1	3	1		10	2		1	2	48	20
47	华晨宝马	14			3		14	1		4		36	22
48	奇瑞汽车	7	1			1	12	4	1	4		30	23
49	长安福特	1	1	4	4		6	5	2		1	24	23
50	一汽丰田	19					24					43	24
51	上汽大众	21					23			2		46	25
52	北京现代	15	4	1	1		13		1	3	3	41	26
53	东风本田	4	4	4	4	2	4	4	1	2	5	34	30
54	广汽本田	2	3	1	5	5	2	4	4	7	2	35	33
55	一汽大众	43					38					81	38
56	东风日产	11	12	7	7	7	9	4	5	9	8	79	68
总计		474	40	35	38	23	310	28	23	42	29	1042	568
占比		45.5%	3.8%	3.4%	3.6%	2.2%	29.8%	2.7%	2.2%	4.0%	2.8%	100.0%	54.5%

通过对 2020 年基本型乘用车 56 家 1042 车型外廓长度参数数值分析，末位数为 0 的共计有 310 个，占比为 29.8%。有 8 个汽车厂家外廓长度末位数值全部为 0，占比为 14.3%。具体数值参见表 BA03 2020 年基本型乘用车（BV）外廓长度末位数值分析表和表 BB03 2020 年基本型乘用车（BV）外廓长度数值汇总表。

表 BA03　2020 年基本型乘用车（BV）外廓长度末位数值分析表

序号	制造商	0	1	2	3	4	5	6	7	8	9	合计	差值
1	成功汽车	1										1	0
2	贵航工业集团	1										1	0
3	国机智骏	4										4	0
4	江铃汽车	9										9	0
5	领途汽车	1										1	0
6	明君汽车	2										2	0
7	山东梅拉德	1										1	0
8	小鹏汽车	6										6	0
9	东风风行	4					1					5	1
10	雷丁汽车	2					1					3	1
11	昌河汽车	6				1						7	1
12	国能汽车					1						1	1
13	汉腾汽车		1									1	1
14	吉麦新能源	2				1						3	1
15	前途汽车					1						1	1
16	知豆电动汽车							1				1	1
17	零跑汽车	2					2					4	2
18	北汽有限						1				1	2	2
19	东南汽车									2		2	2
20	观致汽车				1				1			2	2
21	海马汽车	4		1						1		6	2
22	华晨汽车	2			2							4	2
23	速达汽车							1	2			3	3
24	东风悦达起亚	16					4					20	4
25	特斯拉汽车					4						4	4
26	北京汽车	7	1				4					12	5
27	江淮汽车	16		2			3					21	5
28	长安马自达			5								5	5
29	长安铃木						6					6	6
30	东风乘用车	11					4		1		1	17	6
31	长安汽车	34					7					41	7
32	长城汽车						7					7	7
33	北汽新能源	4		4		1	1	1				11	7
34	神龙汽车	10					4		4			18	8
35	奇瑞捷豹路虎				4					4		8	8
36	奇瑞汽车	21		8			1					30	9

序号	制造商	0	1	2	3	4	5	6	7	8	9	合计	差值
37	东风英菲尼迪								10			10	10
38	沃尔沃亚太	2	4		4			2				12	10
39	广汽丰田	26		3			12					41	15
40	北京现代	26		4	2		9					41	15
41	一汽轿车	6		1			10		5			22	16
42	广汽乘用车		3	2	7					5		17	17
43	比亚迪汽车	9			2		16		1			28	19
44	东风本田	10						7	4	12	1	34	24
45	长安福特		1		3	1			12	7		24	24
46	上汽乘用车	2	8	3		10	6				1	30	28
47	一汽丰田	12					31					43	31
48	广汽本田	4	1		10			16			4	35	31
49	上汽通用五菱	16		1		2	16		7	6		48	32
50	北京奔驰			10		10	7		1	5		33	33
51	华晨宝马			7				10	10		9	36	36
52	上汽大众	5		4	9	5	12		2	2	7	46	41
53	上汽通用	8		3	15	14	2	2		3	6	53	45
54	吉利汽车	10	1	7			16	9	11		5	59	49
55	一汽大众	8	17	7	18	1	5	3	6	11	5	81	73
56	东风日产		38		19	3		16	3			79	79
总计		310	75	72	96	55	188	68	80	58	40	1042	732
占比		29.8%	7.2%	6.9%	9.2%	5.3%	18.0%	6.5%	7.7%	5.6%	3.8%	100.0%	70.2%

通过对 2020 年基本型乘用车 56 家 1042 车型外廓宽度参数数值分析，末位数为 0 的共计有 410 个，占比为 39.3%。有 11 个汽车厂家外廓宽度末位数值全部为 0，占比为 19.6%。具体数值参见表 BA04 2020 年基本型乘用车（BV）外廓宽度末位数值分析表和表 BB04 2020 年基本型乘用车（BV）外廓宽度数值汇总表。

表 BA04　2020 年基本型乘用车（BV）外廓宽度末位数值分析表

序号	制造商	0	1	2	3	4	5	6	7	8	9	合计	差值
1	东风风行	5										5	0
2	东南汽车	2										2	0
3	贵航工业集团	1										1	0
4	雷丁汽车	3										3	0
5	明君汽车	2										2	0
6	奇瑞捷豹路虎	8										8	0
7	山东梅拉德	1										1	0
8	特斯拉汽车	4										4	0
9	长安铃木	6										6	0
10	长城汽车	7										7	0
11	知豆电动汽车	1										1	0
12	北汽有限	1					1					2	1
13	成功汽车						1					1	1
14	领途汽车						1					1	1
15	国能汽车									1		1	1
16	海马汽车	5						1				6	1
17	汉腾汽车									1		1	1
18	前途汽车										1	1	1
19	观致汽车										2	2	2
20	零跑汽车	2		2								4	2
21	吉麦新能源						2	1				3	3
22	华晨汽车	1								3		4	3
23	江铃汽车	6						3				9	3
24	速达汽车								3			3	3
25	北京汽车	8					4					12	4
26	昌河汽车	3					4					7	4
27	国机智骏						4					4	4
28	广汽丰田	36					5					41	5
29	一汽丰田	38					5					43	5

序号	制造商	0	1	2	3	4	5	6	7	8	9	合计	差值
30	长安马自达								5			5	5
31	北汽新能源	5				4	1	1				11	6
32	小鹏汽车					1		5				6	6
33	东风悦达起亚	13					7					20	7
34	东风乘用车	10		5						2		17	7
35	江淮汽车	13					8					21	8
36	广汽乘用车	9					2			6		17	8
37	沃尔沃亚太	4								1	7	12	8
38	东风英菲尼迪				10							10	10
39	北京奔驰	22						11				33	11
40	长安福特	12		3		2	7					24	12
41	神龙汽车	6					3			9		18	12
42	北京现代	28					11		2			41	13
43	一汽轿车	8				5	7			2		22	14
44	比亚迪汽车	12					3	1	8	4		28	16
45	长安汽车	23					18					41	18
46	东风本田	13		10		7					4	34	21
47	奇瑞汽车	6					15	2		7		30	24
48	上汽乘用车			3		1	9			17		30	30
49	东风日产	45			17		8	9				79	34
50	广汽本田			10		17	8					35	35
51	上汽通用五菱	12			6		2	22	6			48	36
52	华晨宝马				10				9	17		36	36
53	上汽大众	2			5	6	6	27				46	44
54	吉利汽车	13	5	14		4	12		4		7	59	46
55	上汽通用	3		4	13	6	4	4	3	12	4	53	50
56	一汽大众	11		6	6	5	17	18	12	1	5	81	70
总计		410	5	57	67	58	175	105	52	83	30	1042	632
占比		39.3%	0.5%	5.5%	6.4%	5.6%	16.8%	10.1%	5.0%	8.0%	2.9%	100.0%	60.7%

通过对 2020 年基本型乘用车 56 家 1042 车型外廓高度参数数值分析，末位数为 0 的共计有 335 个，占比为 32.1%。有 4 个汽车厂家外廓高度末位数值全部为 0，占比为 7.1%。具体数值参见表 BA05 2020 年基本型乘用车（BV）外廓高度末位数值分析表和表 BB05 2020 年基本型乘用车（BV）外廓高度数值汇总表。

表 BA05　2020 年基本型乘用车（BV）外廓高度末位数值分析表

序号	制造商	0	1	2	3	4	5	6	7	8	9	合计	差值
1	雷丁汽车	3										3	0
2	明君汽车	2										2	0
3	山东梅拉德	1										1	0
4	长城汽车	7										7	0
5	成功汽车						1					1	1
6	观致汽车	1					1					2	1
7	贵航工业集团						1					1	1
8	领途汽车						1					1	1
9	知豆电动汽车						1					1	1
10	北京汽车	11		1								12	1
11	北汽有限	1	1									2	1
12	国能汽车					1						1	1
13	海马汽车	5							1			6	1
14	汉腾汽车			1								1	1
15	前途汽车				1							1	1
16	小鹏汽车	5			1							6	1
17	东南汽车						2					2	2
18	华晨汽车	2					2					4	2
19	零跑汽车	2							2			4	2
20	吉麦新能源						3					3	3
21	速达汽车							3				3	3

序号	制造商	0	1	2	3	4	5	6	7	8	9	合计	差值
22	国机智骏						4					4	4
23	东风风行	1						4				5	4
24	特斯拉汽车				4							4	4
25	长安马自达						5					5	5
26	昌河汽车	2		1			4					7	5
27	东风乘用车	12					4	1				17	5
28	长安铃木						6					6	6
29	广汽乘用车	11					5			1		17	6
30	江淮汽车	15		2			4					21	6
31	江铃汽车	3				3	3					9	6
32	沃尔沃亚太	6		2					4			12	6
33	北汽新能源	4					4		1	2		11	7
34	奇瑞捷豹路虎							4			4	8	8
35	比亚迪汽车	19					9					28	9
36	东风英菲尼迪							10				10	10
37	东风悦达起亚	9					10	1				20	11
38	长安福特	10				2		2		10		24	14
39	一汽丰田	28					15					43	15
40	神龙汽车	2			2		6	4		4		18	16
41	奇瑞汽车	14		6	7			3				30	16
42	一汽轿车	5	2		5		8			2		22	17
43	华晨宝马	17			6			8		2	3	36	19
44	北京现代	21					20					41	20
45	东风本田	10				4		13			7	34	24
46	长安汽车	16					24			1		41	25
47	上汽乘用车	3	1	3	7	5	1	5		1	4	30	27
48	广汽丰田	13					28					41	28
49	北京奔驰	5		7	1	14			6			33	28
50	上汽通用五菱	14	6	3			10	5		10		48	34
51	广汽本田						6		7		22	35	35
52	吉利汽车	22	3	8	10		1			13	2	59	37
53	上汽大众	7			2	5	6				26	46	39
54	上汽通用	2	12	6	3	1	8	12	2	4	3	53	51
55	东风日产	19			9	8	7	2	29		5	79	60
56	一汽大众	5	6	16	6	4	11	4	8	4	17	81	76
总计		335	31	56	64	47	221	81	60	54	93	1042	707
占比		32.1%	3.0%	5.4%	6.1%	4.5%	21.2%	7.8%	5.8%	5.2%	8.9%	100.0%	67.9%

通过对 2020 年基本型乘用车 56 家 1042 车型轴距参数数值分析，末位数为 0 的共计有 630 个，占比为 60.5%。有 17 个汽车厂家轴距末位数值全部为 0，占比为 30.4%。具体数值参见表 BA06　2020 年基本型乘用车（BV）轴距末位数值分析表和表 BB06　2020 年基本型乘用车（BV）轴距数值汇总表。

表 BA06　2020 年基本型乘用车（BV）轴距末位数值分析表

序号	制造商	0	1	2	3	4	5	6	7	8	9	合计	差值
1	北汽有限	2										2	0
2	成功汽车	1										1	0
3	东风本田	34										34	0
4	东风风行	5										5	0
5	广汽本田	35										35	0
6	贵航工业集团	1										1	0
7	国机智骏	4										4	0
8	汉腾汽车	1										1	0
9	华晨汽车	4										4	0
10	江铃汽车	9										9	0
11	零跑汽车	4										4	0
12	明君汽车	2										2	0
13	奇瑞汽车	30										30	0

序号	制造商	0	1	2	3	4	5	6	7	8	9	合计	差值
14	前途汽车	1										1	0
15	上汽通用五菱	48										48	0
16	速达汽车	3										3	0
17	长安铃木	6										6	0
18	北京汽车	11					1					12	1
19	北汽新能源	10					1					11	1
20	江淮汽车	20					1					21	1
21	领途汽车						1					1	1
22	知豆电动汽车						1					1	1
23	国能汽车								1			1	1
24	山东梅拉德								1			1	1
25	东南汽车						2					2	2
26	吉麦新能源	1					2					3	2
27	一汽丰田	41					2					43	2
28	海马汽车	4		1			1					6	2
29	东风乘用车	15		1						1		17	2
30	观致汽车			2								2	2
31	雷丁汽车	1							2			3	2
32	北京现代	38					3					41	3
33	东风悦达起亚	16					4					20	4
34	奇瑞捷豹路虎	4					4					8	4
35	特斯拉汽车						4					4	4
36	长城汽车	3					4					7	4
37	广汽乘用车	13					3		1			17	4
38	小鹏汽车	1								5		6	5
39	长安马自达							5				5	5
40	一汽轿车	16		1			5					22	6
41	吉利汽车	53					4	2				59	6
42	昌河汽车			2			5					7	7
43	长安汽车	33					8					41	8
44	比亚迪汽车	19					1			8		28	9
45	东风英菲尼迪									10		10	10
46	沃尔沃亚太		6	5			1					12	12
47	神龙汽车	5		4			6			3		18	13
48	广汽丰田	26					15					41	15
49	上汽乘用车	9					21					30	21
50	长安福特	3					12		7		2	24	21
51	北京奔驰	10									23	33	23
52	华晨宝马	10	9				7			10		36	26
53	上汽通用	24	2				6		2		19	53	29
54	东风日产	45	2	8			24					79	34
55	上汽大众	4	8		13	2		10		4	5	46	42
56	一汽大众	5	22			21	2		1	22	8	81	76
总计		630	49	24	13	23	151	17	15	63	57	1042	412
占比		60.5%	4.7%	2.3%	1.2%	2.2%	14.5%	1.6%	1.4%	6.0%	5.5%	100.0%	39.5%

通过对 2020 年基本型乘用车 56 家 1042 车型前轮距参数数值分析，末位数为 0 和 5 的共计有 529 个，占比为 50.8%。有 18 个汽车厂家前轮距末位数值全部为 0 和 5，占比为 32.1%。具体数值参见表 BA07 2020 年基本型乘用车（BV）前轮距末位数值分析表和表 BB07 2020 年基本型乘用车（BV）前轮距数值汇总表。

表 BA07 2020 年基本型乘用车（BV）前轮距末位数值分析表

序号	制造商	0	1	2	3	4	5	6	7	8	9	合计	差值
1	昌河汽车	7										7	0
2	成功汽车	1										1	0
3	东风风行	5										5	0
4	东南汽车	2										2	0
5	贵航工业集团	1										1	0

序号	制造商	0	1	2	3	4	5	6	7	8	9	合计	差值
6	吉麦新能源	3										3	0
7	江铃汽车	9										9	0
8	雷丁汽车	3										3	0
9	零跑汽车	4										4	0
10	领途汽车						1					1	0
11	明君汽车						2					2	0
12	山东梅拉德	1										1	0
13	速达汽车	3										3	0
14	特斯拉汽车	4										4	0
15	小鹏汽车						6					6	0
16	长安铃木	3					3					6	0
17	长城汽车	7										7	0
18	知豆电动汽车						1					1	0
19	北京汽车	4				1	7					12	1
20	北汽有限	1						1				2	1
21	比亚迪汽车	21					6	1				28	1
22	国能汽车					1						1	1
23	汉腾汽车					1						1	1
24	前途汽车									1		1	1
25	观致汽车			1							1	2	2
26	广汽乘用车	12				2	3					17	2
27	华晨汽车			1	2		1					4	3
28	国机智骏										4	4	4
29	海马汽车				4		2					6	4
30	江淮汽车						17		4			21	4
31	奇瑞捷豹路虎						4			2	2	8	4
32	北汽新能源	1		4			5		1			11	5
33	广汽本田	26	2			1	4	2				35	5
34	长安马自达									5		5	5
35	东风乘用车	4	1		5		7					17	6
36	一汽轿车	12	1		5		4					22	6
37	东风日产	49		2			22			6		79	8
38	沃尔沃亚太	3		1	1		1			6		12	8
39	广汽丰田	12	2				20		7			41	9
40	神龙汽车	5	4				4				5	18	9
41	一汽丰田	19	4				15		5			43	9
42	东风英菲尼迪								10			10	10
43	上汽通用五菱	36		5				6		1		48	12
44	东风悦达起亚	3		2		1	2		6	2	4	20	15
45	长安汽车	12					14			15		41	15
46	东风本田	17							17			34	17
47	长安福特	3		12		7				2		24	21
48	奇瑞汽车	6				7	2	15				30	22
49	上汽大众	23		2	6	8		4	3			46	23
50	上汽乘用车	3		10		4				7	6	30	27
51	北京奔驰	1				10	2	6	14			33	30
52	北京现代	8		5	1	2	2		4	2	17	41	31
53	华晨宝马				10				1	13	12	36	36
54	上汽通用	5			8	4	7	7	4	12	6	53	41
55	吉利汽车	6	14	5			4	10	13	7		59	49
56	一汽大众	15	5	1	9	5	1	29	5	3	8	81	65
总计		360	33	51	51	54	169	81	94	84	65	1042	513
占比		34.5%	3.2%	4.9%	4.9%	5.2%	16.2%	7.8%	9.0%	8.1%	6.2%	100.0%	49.2%

通过对 2020 年基本型乘用车 56 家 1042 车型后轮距参数数值分析，末位数为 0 和 5 的共计有 502 个，占比为 48.2%。有 17 个汽车厂家后轮距末位数值全部为 0 和 5，占比为 30.4%。具体数值参见表 BA08 2020 年基本型乘用车（BV）后轮距末位数值分析表和表 BB08 2020 年基本型乘用车（BV）后轮距数值汇总表。

表 BA08　2020 年基本型乘用车（BV）后轮距末位数值分析表

序号	制造商	0	1	2	3	4	5	6	7	8	9	合计	差值
1	昌河汽车						7					7	0
2	成功汽车	1										1	0
3	东南汽车	2										2	0
4	观致汽车						2					2	0
5	贵航工业集团	1										1	0
6	国机智骏						4					4	0
7	汉腾汽车	1										1	0
8	吉麦新能源	1					2					3	0
9	江淮汽车	17					4					21	0
10	江铃汽车	9										9	0
11	零跑汽车	4										4	0
12	领途汽车						1					1	0
13	明君汽车	2										2	0
14	速达汽车						3					3	0
15	特斯拉汽车	4										4	0
16	长安铃木	3					3					6	0
17	长城汽车	7										7	0
18	北汽有限	1						1				2	1
19	比亚迪汽车	27						1				28	1
20	东风风行				1		4					5	1
21	国能汽车									1		1	1
22	海马汽车	4		1			1					6	1
23	前途汽车		1									1	1
24	山东梅拉德				1							1	1
25	知豆电动汽车		1									1	1
26	雷丁汽车	1			2							3	2
27	华晨汽车			2		1				1		4	4
28	广汽乘用车	12		5								17	5
29	小鹏汽车		5				1					6	5
30	一汽丰田	22					16	5				43	5
31	长安马自达		5									5	5
32	东风乘用车	7			5		4			1		17	6
33	奇瑞捷豹路虎	2		2							4	8	6
34	北汽新能源	4			1	1				5		11	7
35	东风日产	49				6	22		2			79	8
36	沃尔沃亚太	3	1		1				1		6	12	9
37	东风英菲尼迪							10				10	10
38	广汽丰田	13		3			18	7				41	10
39	北京汽车	1				7				4		12	11
40	神龙汽车	4		2	3		3	2		4		18	11
41	上汽通用五菱	24					12	6		6		48	12
42	一汽轿车	5	1	2			5			4	5	22	12
43	东风悦达起亚	1	3			3	3		3	3	4	20	16
44	北京奔驰	15		1	1				10	6		33	18
45	上汽大众	28		3	3	10		2				46	18
46	广汽本田	8		13	6	2	6					35	21
47	奇瑞汽车	8		16							6	30	22
48	东风本田	10		7	17							34	24
49	长安福特				7				3	14		24	24
50	华晨宝马			7		6	10		6	1	6	36	26
51	长安汽车	13			9			13		1	5	41	28
52	上汽乘用车	1	6		3	2		5	8	4	1	30	29

序号	制造商	0	1	2	3	4	5	6	7	8	9	合计	差值
53	北京现代	4	8	8			4	1	8	4	4	41	33
54	吉利汽车	6		5			12	2	13	17	4	59	41
55	上汽通用	4	16	7		4	2	4	9	1	6	53	47
56	一汽大众	21	7	12		2	3	22		2	12	81	57
总计		350	54	96	60	44	152	81	63	79	63	1042	540
占比		33.6%	5.2%	9.2%	5.8%	4.2%	14.6%	7.8%	6.0%	7.6%	6.0%	100.0%	51.8%

表 BB01　2020 年基本型乘用车（BV）总质量数值汇总表

单位：kg

序号	制造商	总质量	汇总
1	北京奔驰	1905	4
2	北京奔驰	1910	4
3	北京奔驰	2050	2
4	北京奔驰	2090	2
5	北京奔驰	2100	1
6	北京奔驰	2105	1
7	北京奔驰	2150	3
8	北京奔驰	2155	1
9	北京奔驰	2160	1
10	北京奔驰	2180	1
11	北京奔驰	2220	1
12	北京奔驰	2250	1
13	北京奔驰	2350	6
14	北京奔驰	2440	4
15	北京奔驰	2660	1
16	北京奔驰 汇总		33
17	北京汽车	1615	1
18	北京汽车	1630	1
19	北京汽车	1640	2
20	北京汽车	1656	1
21	北京汽车	1663	1
22	北京汽车	1685	1
23	北京汽车	1785	1
24	北京汽车	1795	2
25	北京汽车	1875	1
26	北京汽车	2026	1
27	北京汽车 汇总		12
28	北京现代	1460	1
29	北京现代	1500	1
30	北京现代	1510	2
31	北京现代	1560	1
32	北京现代	1640	6
33	北京现代	1664	2
34	北京现代	1680	2
35	北京现代	1700	3
36	北京现代	1720	1
37	北京现代	1760	1
38	北京现代	1780	2
39	北京现代	1800	4
40	北京现代	1860	6
41	北京现代	1900	2
42	北京现代	1930	2
43	北京现代	1990	2
44	北京现代	2000	1
45	北京现代	2080	1
46	北京现代	2230	1
47	北京现代 汇总		41
48	北汽新能源	1180	1
49	北汽新能源	1440	1
50	北汽新能源	1918	1
51	北汽新能源	1938	1
52	北汽新能源	1975	2
53	北汽新能源	2013	1
54	北汽新能源	2015	1
55	北汽新能源	2033	1
56	北汽新能源	2055	1
57	北汽新能源	2100	1
58	北汽新能源 汇总		11
59	北汽有限	760	1
60	北汽有限	1170	1
61	北汽有限 汇总		2
62	比亚迪汽车	1425	2
63	比亚迪汽车	1445	2
64	比亚迪汽车	1585	2
65	比亚迪汽车	1625	1
66	比亚迪汽车	1635	1
67	比亚迪汽车	1645	1
68	比亚迪汽车	1650	1
69	比亚迪汽车	1700	2
70	比亚迪汽车	1705	1
71	比亚迪汽车	1730	1
72	比亚迪汽车	1755	1
73	比亚迪汽车	1895	1
74	比亚迪汽车	1915	1
75	比亚迪汽车	1980	1
76	比亚迪汽车	2025	2
77	比亚迪汽车	2040	1
78	比亚迪汽车	2065	1
79	比亚迪汽车	2085	1
80	比亚迪汽车	2150	1
81	比亚迪汽车	2395	3
82	比亚迪汽车	2545	1
83	比亚迪汽车 汇总		28
84	昌河汽车	1265	1
85	昌河汽车	1330	3
86	昌河汽车	1405	1
87	昌河汽车	1610	1
88	昌河汽车	1645	1
89	昌河汽车 汇总		7
90	成功汽车	1945	1
91	成功汽车 汇总		1
92	东风本田	1641	1
93	东风本田	1685	4
94	东风本田	1693	3
95	东风本田	1740	9
96	东风本田	1775	4
97	东风本田	1801	3
98	东风本田	2000	7
99	东风本田	2100	3
100	东风本田 汇总		34
101	东风乘用车	1626	1
102	东风乘用车	1639	1
103	东风乘用车	1650	2
104	东风乘用车	1660	1
105	东风乘用车	1663	2
106	东风乘用车	1705	2
107	东风乘用车	1925	4
108	东风乘用车	1932	1
109	东风乘用车	1939	1
110	东风乘用车	1969	2
111	东风乘用车 汇总		17
112	东风风行	1645	2
113	东风风行	1655	1
114	东风风行	1675	1
115	东风风行	2036	1
116	东风风行 汇总		5
117	东风日产	1595	2
118	东风日产	1600	2
119	东风日产	1620	2
120	东风日产	1625	3
121	东风日产	1630	4
122	东风日产	1640	3
123	东风日产	1650	4
124	东风日产	1655	4
125	东风日产	1660	3
126	东风日产	1670	10
127	东风日产	1680	3
128	东风日产	1690	3
129	东风日产	1700	4
130	东风日产	1870	3
131	东风日产	1900	3
132	东风日产	1915	7
133	东风日产	1940	3
134	东风日产	1950	3
135	东风日产	1990	3
136	东风日产	1995	8
137	东风日产	2000	2
138	东风日产 汇总		79
139	东风英菲尼迪	2200	10
140	东风英菲尼迪 汇总		10
141	东风悦达起亚	1460	1
142	东风悦达起亚	1500	1
143	东风悦达起亚	1520	1
144	东风悦达起亚	1560	1
145	东风悦达起亚	1600	1
146	东风悦达起亚	1620	1
147	东风悦达起亚	1680	1
148	东风悦达起亚	1700	1
149	东风悦达起亚	1860	2
150	东风悦达起亚	1900	1
151	东风悦达起亚	1930	1
152	东风悦达起亚	1940	1
153	东风悦达起亚	1980	1
154	东风悦达起亚	1990	2
155	东风悦达起亚	1995	2
156	东风悦达起亚	2040	1
157	东风悦达起亚	2200	1
158	东风悦达起亚 汇总		20
159	东南汽车	1590	1
160	东南汽车	1630	1
161	东南汽车 汇总		2
162	观致汽车	1850	1
163	观致汽车	2180	1
164	观致汽车 汇总		2
165	广汽本田	1470	1
166	广汽本田	1500	5
167	广汽本田	1610	6
168	广汽本田	1641	1
169	广汽本田	1691	7
170	广汽本田	1801	4
171	广汽本田	2000	6
172	广汽本田	2100	5
173	广汽本田 汇总		35
174	广汽乘用车	1695	1
175	广汽乘用车	1740	1
176	广汽乘用车	1887	3
177	广汽乘用车	2035	3
178	广汽乘用车	2090	2
179	广汽乘用车	2105	6
180	广汽乘用车	2165	1
181	广汽乘用车 汇总		17
182	广汽丰田	1500	9
183	广汽丰田	1770	6
184	广汽丰田	1845	5
185	广汽丰田	1975	3
186	广汽丰田	2030	10
187	广汽丰田	2035	1
188	广汽丰田	2090	2
189	广汽丰田	2100	5
190	广汽丰田 汇总		41
191	贵航工业集团	1435	1
192	贵航工业集团 汇总		1
193	国机智骏	1335	1
194	国机智骏	1350	1
195	国机智骏	1418	1
196	国机智骏	1430	1
197	国机智骏 汇总		4
198	国能汽车	2200	1
199	国能汽车 汇总		1
200	海马汽车	1130	1
201	海马汽车	1260	1
202	海马汽车	1320	1
203	海马汽车	1335	2
204	海马汽车	1700	1
205	海马汽车 汇总		6
206	汉腾汽车	1389	1
207	汉腾汽车 汇总		1
208	华晨宝马	1845	2
209	华晨宝马	1855	6
210	华晨宝马	1940	2
211	华晨宝马	2030	1
212	华晨宝马	2050	1
213	华晨宝马	2055	4
214	华晨宝马	2060	1
215	华晨宝马	2160	1
216	华晨宝马	2165	1
217	华晨宝马	2225	3
218	华晨宝马	2245	4
219	华晨宝马	2260	2
220	华晨宝马	2305	1
221	华晨宝马	2315	1
222	华晨宝马	2320	2
223	华晨宝马	2525	2
224	华晨宝马	2540	2

序号	制造商	总质量	汇总
225	华晨宝马 汇总		36
226	华晨汽车	1630	1
227		1660	1
228		1725	1
229		2075	1
230	华晨汽车 汇总		4
231	吉利汽车	1585	2
232		1625	1
233		1630	1
234		1637	1
235		1640	2
236		1655	3
237		1660	1
238		1685	2
239		1695	1
240		1700	2
241		1715	1
242		1725	1
243		1733	1
244		1735	2
245		1743	1
246		1768	1
247		1775	3
248		1783	1
249		1788	1
250		1800	1
251		1815	1
252		1835	1
253		1887	5
254		1945	2
255		1970	1
256		2025	5
257		2035	2
258		2050	2
259		2075	1
260		2100	3
261		2105	3
262		2165	1
263		2215	1
264		2510	1
265		2735	1
266	吉利汽车 汇总		59
267	吉麦新能源	1280	1
268		1330	1
269		1795	1
270	吉麦新能源 汇总		3
271	江淮汽车	1450	2
272		1485	2
273		1530	5
274		1675	2
275		1725	1
276		1857	1
277		1865	1
278		2045	1
279		2075	1
280		2150	3
281		2175	1
282		2365	1
283	江淮汽车 汇总		21
284	江铃汽车	1278	1
285		1305	1
286		1325	1
287		1385	2
288		1415	2
289		1440	2
290	江铃汽车 汇总		9
291	雷丁汽车	1190	2
292		1360	1
293	雷丁汽车 汇总		3
294	零跑汽车	1394	1
295		1425	1
296		1490	1
297		1530	1
298	零跑汽车 汇总		4
299	领途汽车	1010	1
300	领途汽车 汇总		1
301	明君汽车	1190	1
302		1260	1
303	明君汽车 汇总		2
304	奇瑞捷豹路虎	2180	4
305		2280	2
306		2330	1
307		2350	1
308	奇瑞捷豹路虎 汇总		8
309	奇瑞汽车	1225	1
310		1275	2
311		1285	1
312		1305	2
313		1583	3
314		1605	2
315		1650	1
316		1651	2
317		1655	1
318		1696	2
319		1699	4
320		1700	1
321		1701	1
322		1715	2
323		1761	2
324		1920	2
325		1935	1
326	奇瑞汽车 汇总		30
327	前途汽车	2110	1
328	前途汽车 汇总		1
329	山东梅拉德	1190	1
330	山东梅拉德 汇总		1
331	上汽乘用车	1153	1
332		1610	1
333		1644	1
334		1647	1
335		1664	1
336		1692	1
337		1694	1
338		1699	1
339		1715	1
340		1732	1
341	上汽乘用车	1743	2
342		1745	1
343		1757	1
344		1769	2
345		1778	2
346		1859	1
347		1905	1
348		1919	1
349		1940	1
350		1950	1
351		1974	2
352		1979	1
353		1994	1
354		2002	1
355		2050	1
356		2085	1
357	上汽乘用车 汇总		30
358	上汽大众	1560	3
359		1575	1
360		1580	4
361		1595	2
362		1615	4
363		1620	1
364		1670	3
365		1685	1
366		1705	2
367		1725	1
368		1735	1
369		1755	1
370		1760	2
371		1778	2
372		1785	1
373		1790	1
374		1830	1
375		1865	1
376		1900	1
377		1915	1
378		1930	1
379		1970	1
380		1995	1
381		2010	1
382		2035	1
383		2055	1
384		2190	1
385		2285	1
386		2315	2
387		2380	1
388		2525	1
389	上汽大众 汇总		46
390	上汽通用	1450	1
391		1490	1
392		1505	1
393		1535	1
394		1550	1
395		1655	1
396		1660	1
397		1675	1
398		1680	1
399	上汽通用	1695	1
400		1700	1
401		1705	3
402		1710	1
403		1720	1
404		1725	1
405		1770	1
406		1820	3
407		1900	3
408		1905	5
409		1910	5
410		1940	1
411		1960	1
412		1980	1
413		1985	1
414		1990	1
415		1995	2
416		2055	1
417		2060	2
418		2075	1
419		2085	3
420		2105	1
421		2215	3
422		2270	1
423	上汽通用 汇总		53
424	上汽通用五菱	980	4
425		990	3
426		992	1
427		996	1
428		999	2
429		1015	1
430		1020	4
431		1110	1
432		1210	5
433		1360	2
434		1405	1
435		1680	5
436		1800	7
437		1860	5
438		1920	4
439		1960	2
440	上汽通用五菱 汇总		48
441	神龙汽车	1580	1
442		1614	2
443		1625	1
444		1630	1
445		1656	1
446		1708	1
447		1715	1
448		1742	1
449		1802	1
450		1932	1
451		1981	1
452		1984	1
453		2027	1
454		2032	1
455		2050	1
456		2056	1

序号	制造商	总质量	汇总
457	神龙汽车	2241	1
458	神龙汽车 汇总		18
459	速达汽车	1725	1
460		1765	2
461	速达汽车 汇总		3
462	特斯拉汽车	2017	1
463		2170	1
464		2184	1
465		2300	1
466	特斯拉汽车 汇总		4
467	沃尔沃亚太	2190	3
468		2300	3
469		2330	1
470		2510	1
471		2600	1
472		2620	2
473		2670	1
474	沃尔沃亚太 汇总		12
475	小鹏汽车	2265	2
476		2270	1
477		2310	2
478		2435	1
479	小鹏汽车 汇总		6
480	一汽大众	1560	2
481		1600	3
482		1690	1
483		1700	2
484		1720	1
485		1730	4
486		1760	1
487		1780	4
488		1790	5
489		1795	3
490		1810	1
491		1820	3
492		1840	2
493		1850	2
494	一汽大众	1860	5
495		1890	2
496		1900	1
497		1910	1
498		1920	1
499		1980	2
500		1990	2
501		2000	2
502		2015	2
503		2050	5
504		2060	2
505		2110	2
506		2120	2
507		2130	4
508		2210	1
509		2320	4
510		2350	2
511		2385	2
512		2505	4
513		2645	1
514	一汽大众 汇总		81
515	一汽丰田	1500	17
516		1770	6
517		1845	3
518		1975	3
519		2070	8
520		2140	2
521		2145	4
522	一汽丰田 汇总		43
523	一汽轿车	1760	1
524		1838	1
525		1890	1
526		1935	1
527		1970	1
528		1972	1
529		1981	1
530		2023	1
531	一汽轿车	2033	1
532		2035	1
533		2065	1
534		2200	4
535		2325	2
536		2505	3
537		3550	1
538		3625	1
539	一汽轿车 汇总		22
540	长安福特	1656	2
541		1670	1
542		1675	1
543		1680	1
544		1700	1
545		1722	1
546		1730	1
547		1733	1
548		1735	1
549		1755	1
550		1776	1
551		1796	1
552		1798	1
553		1803	1
554		1820	1
555		1824	1
556		1832	1
557		1845	1
558		2002	1
559		2035	1
560		2069	1
561		2156	1
562		2213	1
563	长安福特 汇总		24
564	长安铃木	1440	2
565		1495	1
566		1535	2
567		1555	1
568	长安铃木 汇总		6
569	长安马自达	1765	1
570		1805	2
571		1853	1
572		1936	1
573	长安马自达 汇总		5
574	长安汽车	945	1
575		1425	2
576		1455	3
577		1470	1
578		1490	2
579		1555	1
580		1595	2
581		1615	2
582		1645	2
583		1700	5
584		1720	3
585		1740	2
586		1755	1
587		1810	2
588		1835	2
589		1865	5
590		2010	2
591		2025	3
592	长安汽车 汇总		41
593	长城汽车	1287	3
594		1300	1
595		1310	1
596		1320	1
597		1342	1
598	长城汽车 汇总		7
599	知豆电动汽车	1015	1
600	知豆电动汽车 汇总		1
总计			1042

表 BB02　2020 年基本型乘用车（BV）整备质量数值汇总表

单位：kg

序号	制造商	整备质量	汇总
1	北京奔驰	1369	1
2		1397	1
3		1399	2
4		1403	1
5		1423	2
6		1426	1
7		1544	1
8		1549	1
9		1620	3
10		1639	1
11		1640	1
12		1660	4
13		1710	1
14		1750	1
15		1770	1
16		1800	5
17	北京奔驰	1870	3
18		1950	2
19		2115	1
20	北京奔驰 汇总		33
21	北京汽车	1215	1
22		1240	2
23		1255	1
24		1281	1
25		1288	1
26		1310	1
27		1345	1
28		1355	1
29		1365	1
30		1435	1
31		1586	1
32	北京汽车 汇总		12
33	北京现代	990	1
34		1020	1
35		1070	1
36		1085	1
37		1120	3
38		1150	2
39		1167	1
40		1190	1
41		1208	1
42		1238	1
43		1240	3
44		1261	1
45		1270	1
46		1275	2
47		1289	2
48		1300	1
49	北京现代	1315	2
50		1319	1
51		1325	1
52		1365	1
53		1385	1
54		1411	1
55		1435	2
56		1455	1
57		1480	1
58		1481	2
59		1542	1
60		1545	2
61		1603	1
62		1768	1
63	北京现代 汇总		41
64	北汽新能源	1030	1

序号	制造商	整备质量	汇总
65	北汽新能源	1140	1
66		1543	1
67		1563	1
68		1573	1
69		1593	1
70		1600	2
71		1640	1
72		1680	1
73		1725	1
74	北汽新能源 汇总		11
75	北汽有限	600	1
76		870	1
77	北汽有限 汇总		2
78	比亚迪汽车	1050	2
79		1070	2
80		1210	2
81		1250	1
82		1260	1
83		1270	1
84		1275	1
85		1325	2
86		1330	1
87		1355	1
88		1380	1
89		1520	1
90		1540	1
91		1605	1
92		1650	2
93		1665	1
94		1690	1
95		1710	1
96		1775	1
97		2020	3
98		2170	1
99	比亚迪汽车 汇总		28
100	昌河汽车	865	1
101		890	2
102		900	1
103		930	1
104		1210	1
105		1245	1
106	昌河汽车 汇总		7
107	成功汽车	1555	1
108	成功汽车 汇总		1
109	东风本田	1251	1
110		1261	1
111		1266	1
112		1270	1
113		1274	1
114		1277	1
115		1282	1
116		1299	1
117		1305	1
118		1309	2
119		1318	1
120		1320	1
121		1322	1
122		1325	1
123	东风本田	1330	1
124		1331	1
125		1333	1
126		1343	1
127		1353	1
128		1360	1
129		1385	1
130		1415	1
131		1426	1
132		1479	1
133		1482	1
134		1508	1
135		1511	1
136		1516	1
137		1519	1
138		1522	1
139		1574	1
140		1616	1
141		1633	1
142	东风本田 汇总		34
143	东风乘用车	1210	1
144		1235	1
145		1250	1
146		1255	1
147		1270	1
148		1273	2
149		1280	1
150		1305	1
151		1500	1
152		1530	2
153		1541	1
154		1550	2
155		1555	1
156		1570	1
157	东风乘用车 汇总		17
158	东风风行	1270	2
159		1280	1
160		1300	1
161		1661	1
162	东风风行 汇总		5
163	东风日产	1180	2
164		1188	2
165		1189	1
166		1198	1
167		1203	1
168		1204	2
169		1211	1
170		1212	4
171		1221	1
172		1225	1
173		1226	1
174		1228	2
175		1229	1
176		1230	2
177		1231	1
178		1235	1
179		1237	3
180		1238	1
181	东风日产	1239	2
182		1243	2
183		1244	1
184		1250	1
185		1253	1
186		1257	1
187		1258	1
188		1259	2
189		1260	2
190		1261	1
191		1262	1
192		1265	1
193		1271	1
194		1278	1
195		1288	1
196		1435	2
197		1456	2
198		1463	1
199		1466	1
200		1471	1
201		1473	1
202		1474	1
203		1481	1
204		1497	1
205		1500	1
206		1501	1
207		1505	2
208		1511	1
209		1520	3
210		1521	1
211		1539	1
212		1544	1
213		1551	1
214		1554	1
215		1569	1
216		1572	2
217		1574	1
218		1575	2
219		1583	1
220		1601	1
221	东风日产 汇总		79
222	东风英菲尼迪	1677	1
223		1711	3
224		1721	4
225		1723	1
226		1751	1
227	东风英菲尼迪 汇总		10
228	东风悦达起亚	1020	1
229		1060	1
230		1100	1
231		1140	1
232		1180	1
233		1220	1
234		1230	1
235		1265	1
236		1450	2
237		1465	1
238		1472	1
239	东风悦达起亚	1501	1
240		1511	1
241		1530	1
242		1541	1
243		1545	1
244		1567	1
245		1602	1
246		1776	1
247	东风悦达起亚 汇总		20
248	东南汽车	1210	1
249		1250	1
250	东南汽车 汇总		2
251	观致汽车	1425	1
252		1700	1
253	观致汽车 汇总		2
254	广汽本田	1058	1
255		1073	1
256		1077	1
257		1080	1
258		1084	1
259		1088	1
260		1107	1
261		1110	1
262		1124	1
263		1128	1
264		1137	1
265		1144	1
266		1266	1
267		1281	1
268		1284	1
269		1296	1
270		1302	1
271		1307	1
272		1311	1
273		1316	1
274		1378	1
275		1391	1
276		1399	1
277		1426	1
278		1478	1
279		1493	1
280		1494	1
281		1495	1
282		1513	1
283		1523	1
284		1548	1
285		1578	1
286		1619	1
287		1623	1
288		1625	1
289	广汽本田 汇总		35
290	广汽乘用车	1270	1
291		1285	1
292		1455	1
293		1498	1
294		1512	1
295		1610	2
296		1620	1

序号	制造商	整备质量	汇总
297	广汽乘用车	1625	1
298		1660	1
299		1705	4
300		1730	2
301		1740	1
302	广汽乘用车 汇总		17
303	广汽丰田	1070	1
304		1085	1
305		1105	1
306		1110	1
307		1115	1
308		1120	1
309		1125	3
310		1320	1
311		1350	1
312		1360	1
313		1370	3
314		1390	1
315		1410	1
316		1420	1
317		1430	2
318		1510	1
319		1530	1
320		1535	1
321		1540	1
322		1550	1
323		1555	1
324		1560	1
325		1565	1
326		1570	2
327		1580	1
328		1585	1
329		1610	2
330		1625	1
331		1650	1
332		1660	3
333		1665	1
334		1695	1
335	广汽丰田 汇总		41
336	贵航工业集团	1060	1
337	贵航工业集团 汇总		1
338	国机智骏	1035	1
339		1050	1
340		1118	1
341		1130	1
342	国机智骏 汇总		4
343	国能汽车	1675	1
344	国能汽车 汇总		1
345	海马汽车	830	1
346		960	1
347		1020	1
348		1035	2
349		1325	1
350	海马汽车 汇总		6
351	汉腾汽车	1089	1
352	汉腾汽车 汇总		1
353	华晨宝马	1348	2
354		1366	1

序号	制造商	整备质量	汇总
355	华晨宝马	1373	2
356		1385	1
357		1398	2
358		1420	1
359		1433	1
360		1605	1
361		1610	2
362		1620	1
363		1630	2
364		1650	1
365		1690	1
366		1700	1
367		1705	2
368		1710	2
369		1745	1
370		1755	1
371		1765	1
372		1775	2
373		1780	1
374		1795	1
375		1815	1
376		1830	1
377		2005	2
378		2020	1
379		2055	1
380	华晨宝马 汇总		36
381	华晨汽车	1240	1
382		1270	1
383		1335	1
384		1700	1
385	华晨汽车 汇总		4
386	吉利汽车	1210	2
387		1250	2
388		1255	1
389		1262	1
390		1265	2
391		1270	1
392		1275	1
393		1280	2
394		1285	1
395		1310	1
396		1320	2
397		1325	2
398		1335	2
399		1340	1
400		1350	1
401		1360	2
402		1375	1
403		1380	1
404		1400	2
405		1425	1
406		1440	1
407		1460	3
408		1500	1
409		1512	3
410		1542	1
411		1555	2
412		1570	3

序号	制造商	整备质量	汇总
413	吉利汽车	1615	2
414		1620	1
415		1650	3
416		1660	2
417		1680	1
418		1700	1
419		1730	2
420		1790	1
421		1840	1
422		2210	2
423	吉利汽车 汇总		59
424	吉麦新能源	980	1
425		1030	1
426		1420	1
427	吉麦新能源 汇总		3
428	江淮汽车	1125	2
429		1150	2
430		1185	3
431		1230	2
432		1270	2
433		1350	1
434		1432	1
435		1440	1
436		1670	1
437		1700	1
438		1710	1
439		1775	2
440		1800	1
441		1990	1
442	江淮汽车 汇总		21
443	江铃汽车	978	1
444		1005	1
445		1025	1
446		1085	2
447		1115	2
448		1140	2
449	江铃汽车 汇总		9
450	雷丁汽车	810	1
451		830	1
452		1010	1
453	雷丁汽车 汇总		3
454	零跑汽车	1094	1
455		1125	1
456		1215	1
457		1270	1
458	零跑汽车 汇总		4
459	领途汽车	710	1
460	领途汽车 汇总		1
461	明君汽车	890	1
462		960	1
463	明君汽车 汇总		2
464	奇瑞捷豹路虎	1730	4
465		1825	1
466		1840	1
467		1905	1
468		1915	1
469	奇瑞捷豹路虎 汇总		8
470	奇瑞汽车	925	1

序号	制造商	整备质量	汇总
471	奇瑞汽车	975	2
472		985	1
473		1005	2
474		1208	3
475		1230	2
476		1270	1
477		1275	1
478		1276	2
479		1280	2
480		1284	1
481		1307	1
482		1310	1
483		1311	1
484		1316	1
485		1325	3
486		1326	1
487		1358	1
488		1545	2
489		1560	1
490	奇瑞汽车 汇总		30
491	前途汽车	1960	1
492	前途汽车 汇总		1
493	山东梅拉德	830	1
494	山东梅拉德 汇总		1
495	上汽乘用车	950	1
496		1195	1
497		1205	1
498		1215	1
499		1235	1
500		1240	1
501		1245	1
502		1260	1
503		1265	1
504		1280	1
505		1300	2
506		1305	1
507		1318	1
508		1320	2
509		1335	2
510		1420	1
511		1480	1
512		1495	1
513		1515	1
514		1530	1
515		1535	2
516		1540	1
517		1555	1
518		1560	1
519		1600	1
520		1635	1
521	上汽乘用车 汇总		30
522	上汽大众	1100	3
523		1120	4
524		1135	2
525		1145	1
526		1155	4
527		1190	1
528		1210	3

序号	制造商	整备质量	汇总
529	上汽大众	1225	1
530		1245	2
531		1265	1
532		1275	1
533		1295	1
534		1300	2
535		1318	2
536		1325	1
537		1330	1
538		1365	1
539		1370	1
540		1440	1
541		1455	1
542		1470	1
543		1535	1
544		1550	1
545		1560	1
546		1575	1
547		1595	1
548		1730	1
549		1805	1
550		1835	2
551		1900	1
552		2025	1
553	上汽大众 汇总		46
554	上汽通用	1030	1
555		1050	1
556		1088	1
557		1120	2
558		1220	1
559		1225	1
560		1240	1
561		1245	1
562		1260	1
563		1265	2
564		1270	2
565		1285	3
566		1310	1
567		1320	1
568		1350	2
569		1430	10
570		1465	2
571		1470	1
572		1525	1
573		1530	1
574		1535	2
575		1540	2
576		1580	1
577		1600	1
578		1640	3
579		1660	2
580		1675	1
581		1685	1
582		1695	1
583		1755	2
584		1835	1
585	上汽通用 汇总		53
586	上汽通用五菱	665	2
587	上汽通用五菱	700	2
588		705	2
589		830	2
590		840	3
591		842	1
592		846	1
593		849	2
594		860	1
595		920	1
596		940	1
597		945	1
598		948	1
599		962	1
600		980	1
601		985	1
602		1040	1
603		1052	1
604		1206	1
605		1210	1
606		1225	1
607		1240	2
608		1250	2
609		1315	3
610		1321	1
611		1340	1
612		1360	1
613		1380	1
614		1390	1
615		1410	1
616		1420	1
617		1440	1
618		1470	1
619		1510	1
620		1530	1
621		1533	1
622		1540	1
623	上汽通用五菱 汇总		48
624	神龙汽车	1155	1
625		1190	1
626		1210	1
627		1230	2
628		1260	1
629		1300	1
630		1310	1
631		1325	1
632		1385	1
633		1490	1
634		1538	1
635		1580	1
636		1590	1
637		1615	1
638		1645	1
639		1655	1
640		1795	1
641	神龙汽车 汇总		18
642	速达汽车	1350	1
643		1390	2
644	速达汽车 汇总		3
645	特斯拉汽车	1614	1
646		1745	2
647		1836	1
648	特斯拉汽车 汇总		4
649	沃尔沃亚太	1704	1
650		1712	1
651		1722	1
652		1769	1
653		1784	2
654		1832	1
655		2030	1
656		2090	2
657		2132	1
658		2343	1
659	沃尔沃亚太 汇总		12
660	小鹏汽车	1865	1
661		1890	2
662		1910	1
663		1935	1
664		2060	1
665	小鹏汽车 汇总		6
666	一汽大众	1125	2
667		1165	3
668		1240	1
669		1245	2
670		1275	1
671		1285	5
672		1315	1
673		1320	4
674		1330	3
675		1345	3
676		1350	3
677		1355	1
678		1360	2
679		1380	2
680		1395	2
681		1400	2
682		1410	2
683		1435	1
684		1440	1
685		1445	1
686		1455	2
687		1540	2
688		1560	2
689		1580	3
690		1585	2
691		1600	2
692		1610	2
693		1615	2
694		1640	1
695		1655	1
696		1670	1
697		1680	2
698		1685	3
699		1750	1
700		1795	2
701		1800	2
702		1830	2
703	一汽大众	1880	2
704		1995	4
705		2150	1
706	一汽大众 汇总		81
707	一汽丰田	1045	1
708		1070	2
709		1085	4
710		1105	2
711		1110	2
712		1115	2
713		1120	1
714		1125	3
715		1335	1
716		1340	1
717		1350	1
718		1360	2
719		1370	1
720		1410	1
721		1420	1
722		1430	1
723		1505	1
724		1535	1
725		1540	1
726		1575	1
727		1585	2
728		1595	2
729		1605	1
730		1620	1
731		1630	1
732		1665	1
733		1670	1
734		1680	1
735		1690	1
736		1705	1
737		1725	1
738	一汽丰田 汇总		43
739	一汽轿车	1310	1
740		1440	1
741		1463	1
742		1485	1
743		1518	1
744		1520	1
745		1527	1
746		1559	1
747		1575	1
748		1583	1
749		1615	1
750		1804	2
751		1825	2
752		1875	2
753		1995	3
754		3100	1
755		3150	1
756	一汽轿车 汇总		22
757	长安福特	1242	1
758		1245	1
759		1246	1
760		1265	2

序号	制造商	整备质量	汇总
761	长安福特	1290	1
762		1303	1
763		1306	1
764		1312	1
765		1323	1
766		1345	2
767		1356	1
768		1367	1
769		1377	1
770		1392	1
771		1403	1
772		1411	1
773		1416	1
774		1592	1
775		1625	1
776		1659	1
777	长安福特	1746	1
778		1803	1
779	长安福特 汇总		24
780	长安铃木	1065	2
781		1120	1
782		1160	2
783		1180	1
784	长安铃木 汇总		6
785	长安马自达	1297	1
786		1318	1
787		1337	1
788		1385	1
789		1468	1
790	长安马自达 汇总		5
791	长安汽车	795	1
792		1050	2
793	长安汽车	1080	3
794		1095	2
795		1115	1
796		1180	1
797		1220	2
798		1240	3
799		1270	3
800		1285	1
801		1300	2
802		1322	1
803		1335	1
804		1340	1
805		1345	2
806		1380	1
807		1420	1
808		1435	2
809	长安汽车	1460	3
810		1490	3
811		1600	1
812		1605	1
813		1635	1
814		1650	2
815	长安汽车 汇总		41
816	长城汽车	977	3
817		990	1
818		1000	1
819		1010	1
820		1032	1
821	长城汽车 汇总		7
822	知豆电动汽车	865	1
823	知豆电动汽车 汇总		1
	总计		1042

表 BB03　2020 年基本型乘用车（BV）外廓长度数值汇总表

单位：mm

序号	制造商	外廓长度	汇总
1	北京奔驰	4622	10
2		4637	1
3		4704	4
4		4784	6
5		4925	1
6		5065	6
7		5078	5
8	北京奔驰 汇总		33
9	北京汽车	4630	7
10		4785	4
11		4861	1
12	北京汽车 汇总		12
13	北京现代	4300	2
14		4405	3
15		4510	4
16		4602	4
17		4603	2
18		4610	4
19		4660	8
20		4680	4
21		4705	1
22		4710	4
23		4855	1
24		4955	4
25	北京现代 汇总		41
26	北汽新能源	2986	1
27		3684	1
28		4602	4
29		4650	4
30		4805	1
31	北汽新能源 汇总		11
32	北汽有限	2365	1
33		3239	1
34	北汽有限 汇总		2
35	比亚迪汽车	3465	4
36		4240	2
37		4450	1
38	比亚迪汽车	4533	2
39		4617	1
40		4675	4
41		4680	1
42		4740	1
43		4765	8
44		4960	1
45		4980	3
46	比亚迪汽车 汇总		28
47	昌河汽车	3400	4
48		3664	1
49		4620	2
50	昌河汽车 汇总		7
51	成功汽车	4510	1
52	成功汽车 汇总		1
53	东风本田	4517	4
54		4649	1
55		4658	12
56		4756	7
57		4910	10
58	东风本田 汇总		34
59	东风乘用车	4427	1
60		4619	1
61		4660	4
62		4665	4
63		4680	6
64		4700	1
65	东风乘用车 汇总		17
66	东风风行	4630	2
67		4700	2
68		4705	1
69	东风风行 汇总		5
70	东风日产	4393	9
71		4631	9
72		4641	8
73		4677	3
74		4683	7
75	东风日产	4756	14
76		4764	3
77		4891	6
78		4901	15
79		4903	3
80		5016	2
81	东风日产 汇总		79
82	东风英菲尼迪	4867	10
83	东风英菲尼迪 汇总		10
84	东风悦达起亚	4300	2
85		4400	1
86		4510	3
87		4660	4
88		4720	3
89		4855	4
90		4980	3
91	东风悦达起亚 汇总		20
92	东南汽车	4588	2
93	东南汽车 汇总		2
94	观致汽车	4627	1
95		4633	1
96	观致汽车 汇总		2
97	广汽本田	4090	2
98		4096	4
99		4100	2
100		4109	4
101		4756	12
102		4893	10
103		4981	1
104	广汽本田 汇总		35
105	广汽乘用车	4692	2
106		4768	5
107		4891	3
108		5003	7
109	广汽乘用车 汇总		17
110	广汽丰田	4160	5
111		4440	4
112	广汽丰田	4630	2
113		4640	9
114		4645	3
115		4792	3
116		4885	9
117		4900	6
118	广汽丰田 汇总		41
119	贵航工业集团	3970	1
120	贵航工业集团 汇总		1
121	国机智骏	3310	2
122		3710	2
123	国机智骏 汇总		4
124	国能汽车	4684	1
125	国能汽车 汇总		1
126	海马汽车	3662	1
127		3680	4
128		4698	1
129	海马汽车 汇总		6
130	汉腾汽车	3721	1
131	汉腾汽车 汇总		1
132	华晨宝马	4456	3
133		4462	7
134		4719	3
135		4829	6
136		5087	10
137		5106	7
138	华晨宝马 汇总		36
139	华晨汽车	4523	2
140		4640	1
141		4740	1
142	华晨汽车 汇总		4
143	吉利汽车	4599	4
144		4631	1
145		4632	4
146		4639	1
147		4657	9
148		4677	2

序号	制造商	外廓长度	汇总
149	吉利汽车	4680	10
150		4692	1
151		4725	14
152		4736	2
153		4752	2
154		4785	2
155		4866	2
156		4986	5
157	吉利汽车 汇总		59
158	吉麦新能源	3460	2
159		3974	1
160	吉麦新能源 汇总		3
161	江淮汽车	3630	4
162		3660	3
163		3690	2
164		3775	2
165		4320	1
166		4590	1
167		4640	3
168		4770	2
169		4772	2
170		4995	1
171	江淮汽车 汇总		21
172	江铃汽车	3500	3
173		3720	6
174	江铃汽车 汇总		9
175	雷丁汽车	3420	2
176		4055	1
177	雷丁汽车 汇总		3
178	零跑汽车	3620	2
179		4075	2
180	零跑汽车 汇总		4
181	领途汽车	2980	1
182	领途汽车 汇总		1
183	明君汽车	3610	2
184	明君汽车 汇总		2
185	奇瑞捷豹路虎	4778	2
186		4788	2
187		5093	4
188	奇瑞捷豹路虎 汇总		8
189	奇瑞汽车	3200	6
190		4250	2
191		4450	7
192		4572	8
193		4605	1
194		4710	6
195	奇瑞汽车 汇总		30
196	前途汽车	4634	1
197	前途汽车 汇总		1
198	山东梅拉德	3420	1
199	山东梅拉德 汇总		1
200	上汽乘用车	3140	1
201		4544	5
202		4550	1

序号	制造商	外廓长度	汇总
203	上汽乘用车	4579	1
204		4601	4
205		4671	4
206		4675	3
207		4695	3
208		4704	3
209		4722	3
210		4724	2
211	上汽乘用车 汇总		30
212	上汽大众	4053	2
213		4312	2
214		4473	1
215		4475	4
216		4509	4
217		4512	2
218		4598	1
219		4605	1
220		4613	2
221		4615	3
222		4670	5
223		4675	4
224		4687	2
225		4869	3
226		4933	4
227		4948	1
228		5074	5
229	上汽大众 汇总		46
230	上汽通用	4468	2
231		4474	3
232		4539	1
233		4609	5
234		4614	4
235		4630	2
236		4648	1
237		4650	2
238		4665	2
239		4723	4
240		4760	2
241		4902	3
242		4904	5
243		4913	1
244		4924	2
245		4933	6
246		5026	2
247		5030	2
248		5223	4
249	上汽通用 汇总		53
250	上汽通用五菱	2488	6
251		2497	4
252		2625	6
253		2894	2
254		2917	3
255		2920	3
256		4032	1

序号	制造商	外廓长度	汇总
257	上汽通用五菱	4620	5
258		4650	8
259		4685	4
260		4925	6
261	上汽通用五菱 汇总		48
262	神龙汽车	4427	4
263		4505	2
264		4590	2
265		4750	2
266		4825	2
267		4870	3
268		4980	3
269	神龙汽车 汇总		18
270	速达汽车	4046	1
271		4417	2
272	速达汽车 汇总		3
273	特斯拉汽车	4694	4
274	特斯拉汽车 汇总		4
275	沃尔沃亚太	4586	1
276		4606	1
277		4761	4
278		5083	4
279		5090	2
280	沃尔沃亚太 汇总		12
281	小鹏汽车	4490	1
282		4880	5
283	小鹏汽车 汇总		6
284	一汽大众	4259	3
285		4262	1
286		4267	1
287		4296	1
288		4312	1
289		4321	1
290		4330	1
291		4343	1
292		4351	4
293		4457	2
294		4462	2
295		4471	1
296		4501	5
297		4559	1
298		4562	2
299		4663	11
300		4671	1
301		4753	6
302		4757	1
303		4818	1
304		4837	2
305		4851	5
306		4858	4
307		4862	1
308		4864	1
309		4865	5
310		4866	2

序号	制造商	外廓长度	汇总
311	一汽大众	4869	1
312		5038	6
313		5050	7
314	一汽大众 汇总		81
315	一汽丰田	4140	3
316		4155	3
317		4420	7
318		4435	4
319		4635	12
320		4975	11
321		4985	1
322		5020	2
323	一汽丰田 汇总		43
324	一汽轿车	4625	1
325		4632	1
326		4810	2
327		4870	4
328		4945	3
329		5095	4
330		5137	5
331		5555	2
332	一汽轿车 汇总		22
333	长安福特	4378	5
334		4404	1
335		4587	7
336		4647	5
337		4671	1
338		4873	3
339		5018	2
340	长安福特 汇总		24
341	长安铃木	4545	5
342		4605	1
343	长安铃木 汇总		6
344	长安马自达	4662	5
345	长安马自达 汇总		5
346	长安汽车	2770	1
347		3770	1
348		4390	8
349		4505	2
350		4535	1
351		4575	4
352		4710	3
353		4730	8
354		4740	4
355		4780	3
356		4800	6
357	长安汽车 汇总		41
358	长城汽车	3495	4
359		3625	3
360	长城汽车 汇总		7
361	知豆电动汽车	2806	1
362	知豆电动汽车 汇总		1
	总计		1042

表 BB04　2020 年基本型乘用车（BV）外廓宽度数值汇总表

单位：mm

序号	制造商	外廓宽度	汇总
1	北京奔驰	1796	11
2		1810	10
3		1860	12
4	北京奔驰 汇总		33
5	北京汽车	1820	8
6		1835	4
7	北京汽车 汇总		12
8	北京现代	1705	2
9		1720	3
10		1765	8
11		1777	2
12		1790	9
13		1800	4
14		1810	4
15		1820	4
16		1835	1
17		1860	4
18	北京现代 汇总		41
19	北汽新能源	1630	1
20		1676	1
21		1794	4
22		1820	4
23		1835	1
24	北汽新能源 汇总		11
25	北汽有限	1400	1
26		1585	1
27	北汽有限 汇总		2
28	比亚迪汽车	1618	4
29		1705	2
30		1716	1
31		1760	3
32		1765	1
33		1770	5
34		1837	8
35		1910	4
36	比亚迪汽车 汇总		28
37	昌河汽车	1575	4
38		1610	1
39		1810	2
40	昌河汽车 汇总		7
41	成功汽车	1725	1
42	成功汽车 汇总		1
43	东风本田	1799	4
44		1800	13
45		1804	7
46		1862	10
47	东风本田 汇总		34
48	东风乘用车	1700	4
49		1718	1
50		1720	6
51		1748	1
52		1812	5
53	东风乘用车 汇总		17
54	东风风行	1790	5
55	东风风行 汇总		5
56	东风日产	1760	12
57	东风日产	1766	9
58		1780	7
59		1803	17
60		1815	8
61		1830	8
62		1850	15
63		1860	3
64	东风日产 汇总		79
65	东风英菲尼迪	1823	10
66	东风英菲尼迪 汇总		10
67	东风悦达起亚	1700	2
68		1740	1
69		1750	3
70		1780	4
71		1815	3
72		1835	4
73		1860	3
74	东风悦达起亚 汇总		20
75	东南汽车	1780	2
76	东南汽车 汇总		2
77	观致汽车	1839	2
78	观致汽车 汇总		2
79	广汽本田	1694	4
80		1695	6
81		1725	2
82		1804	12
83		1854	1
84		1862	10
85	广汽本田 汇总		35
86	广汽乘用车	1805	2
87		1850	3
88		1868	6
89		1880	5
90		1910	1
91	广汽乘用车 汇总		17
92	广汽丰田	1700	7
93		1720	2
94		1775	5
95		1780	9
96		1840	15
97		1880	3
98	广汽丰田 汇总		41
99	贵航工业集团	1730	1
100	贵航工业集团 汇总		1
101	国机智骏	1675	4
102	国机智骏 汇总		4
103	国能汽车	1778	1
104	国能汽车 汇总		1
105	海马汽车	1570	5
106		1806	1
107	海马汽车 汇总		6
108	汉腾汽车	1658	1
109	汉腾汽车 汇总		1
110	华晨宝马	1803	10
111		1827	9
112		1868	17
113	华晨宝马 汇总		36
114	华晨汽车	1758	2
115		1788	1
116		1790	1
117	华晨汽车 汇总		4
118	吉利汽车	1747	4
119		1785	10
120		1789	5
121		1802	14
122		1804	4
123		1840	13
124		1861	5
125		1869	2
126		1945	2
127	吉利汽车 汇总		59
128	吉麦新能源	1475	2
129		1636	1
130	吉麦新能源 汇总		3
131	江淮汽车	1670	7
132		1685	4
133		1710	1
134		1765	4
135		1820	4
136		1890	1
137	江淮汽车 汇总		21
138	江铃汽车	1640	6
139		1646	3
140	江铃汽车 汇总		9
141	雷丁汽车	1500	2
142		1630	1
143	雷丁汽车 汇总		3
144	零跑汽车	1652	2
145		1760	2
146	零跑汽车 汇总		4
147	领途汽车	1485	1
148	领途汽车 汇总		1
149	明君汽车	1660	2
150	明君汽车 汇总		2
151	奇瑞捷豹路虎	1850	4
152		1880	4
153	奇瑞捷豹路虎 汇总		8
154	奇瑞汽车	1670	6
155		1726	2
156		1748	7
157		1825	15
158	奇瑞汽车 汇总		30
159	前途汽车	2069	1
160	前途汽车 汇总		1
161	山东梅拉德	1500	1
162	山东梅拉德 汇总		1
163	上汽乘用车	1648	1
164		1804	1
165		1818	10
166		1835	9
167		1842	3
168		1848	6
169	上汽乘用车 汇总		30
170	上汽大众	1706	13
171		1740	2
172		1765	3
173		1806	5
174		1814	6
175		1826	4
176		1836	5
177		1865	3
178		1893	5
179	上汽大众 汇总		46
180	上汽通用	1730	3
181		1765	2
182		1798	12
183		1802	4
184		1813	2
185		1815	2
186		1817	3
187		1854	6
188		1863	9
189		1866	4
190		1879	4
191		1883	2
192	上汽通用 汇总		53
193	上汽通用五菱	1493	6
194		1506	6
195		1526	4
196		1647	6
197		1655	2
198		1680	1
199		1710	5
200		1806	12
201		1880	6
202	上汽通用五菱 汇总		48
203	神龙汽车	1748	6
204		1820	4
205		1855	3
206		1858	3
207		1860	2
208	神龙汽车 汇总		18
209	速达汽车	1737	3
210	速达汽车 汇总		3
211	特斯拉汽车	1850	4
212	特斯拉汽车 汇总		4
213	沃尔沃亚太	1850	4
214		1859	1
215		1879	6
216		1958	1
217	沃尔沃亚太 汇总		12
218	小鹏汽车	1874	1
219		1896	5
220	小鹏汽车 汇总		6
221	一汽大众	1704	5
222		1785	3
223		1788	1
224		1793	3

序号	制造商	外廓宽度	汇总
225	一汽大众	1796	5
226		1799	5
227		1800	7
228		1807	3
229		1815	14
230		1832	6
231		1843	3
232		1847	9
233		1870	4
234		1886	13
235	一汽大众 汇总		81
236	一汽丰田	1700	17

序号	制造商	外廓宽度	汇总
237	一汽丰田	1775	3
238		1780	9
239		1805	2
240		1850	12
241	一汽丰田 汇总		43
242	一汽轿车	1790	2
243		1840	6
244		1845	3
245		1875	4
246		1904	5
247		2018	2
248	一汽轿车 汇总		22

序号	制造商	外廓宽度	汇总
249	长安福特	1810	12
250		1825	7
251		1852	3
252		1884	2
253	长安福特 汇总		24
254	长安铃木	1730	6
255	长安铃木 汇总		6
256	长安马自达	1797	5
257	长安马自达 汇总		5
258	长安汽车	1545	1
259		1650	1
260		1725	8

序号	制造商	外廓宽度	汇总
261	长安汽车	1750	4
262		1820	18
263		1825	9
264	长安汽车 汇总		41
265	长城汽车	1660	7
266	长城汽车 汇总		7
267	知豆电动汽车	1540	1
268	知豆电动汽车 汇总		1
总计			1042

表 BB05　2020 年基本型乘用车（BV）外廓高度数值汇总表

单位：mm

序号	制造商	外廓高度	汇总
1	北京奔驰	1422	1
2		1454	8
3		1457	6
4		1462	6
5		1463	1
6		1470	1
7		1484	6
8		1490	4
9	北京奔驰 汇总		33
10	北京汽车	1462	1
11		1480	7
12		1490	4
13	北京汽车 汇总		12
14	北京现代	1415	4
15		1425	8
16		1435	1
17		1445	3
18		1450	5
19		1455	3
20		1460	2
21		1470	12
22		1475	1
23		1490	2
24	北京现代 汇总		41
25	北汽新能源	1510	4
26		1515	4
27		1517	1
28		1518	1
29		1528	1
30	北汽新能源 汇总		11
31	北汽有限	1541	1
32		1680	1
33	北汽有限 汇总		2
34	比亚迪汽车	1480	4
35		1490	2
36		1495	6
37		1500	10
38		1515	3
39		1520	1
40		1530	2
41	比亚迪汽车 汇总		28

序号	制造商	外廓高度	汇总
42	昌河汽车	1485	2
43		1670	2
44		1705	1
45		1722	1
46		1735	1
47	昌河汽车 汇总		7
48	成功汽车	1685	1
49	成功汽车 汇总		1
50	东风本田	1416	13
51		1434	4
52		1450	10
53		1509	7
54	东风本田 汇总		34
55	东风乘用车	1476	1
56		1480	1
57		1490	4
58		1515	4
59		1530	3
60		1540	4
61	东风乘用车 汇总		17
62	东风风行	1526	4
63		1540	1
64	东风风行 汇总		5
65	东风日产	1436	2
66		1439	1
67		1447	15
68		1450	8
69		1465	7
70		1487	14
71		1490	8
72		1494	3
73		1503	9
74		1520	3
75		1524	5
76		1539	4
77	东风日产 汇总		79
78	东风英菲尼迪	1456	10
79	东风英菲尼迪 汇总		10
80	东风悦达起亚	1445	3
81		1450	3
82		1456	1

序号	制造商	外廓高度	汇总
83	东风悦达起亚	1460	3
84		1465	3
85		1470	3
86		1475	4
87	东风悦达起亚 汇总		20
88	东南汽车	1485	2
89	东南汽车 汇总		2
90	观致汽车	1445	1
91		1510	1
92	观致汽车 汇总		2
93	广汽本田	1447	1
94		1449	10
95		1509	12
96		1525	6
97		1537	4
98		1567	2
99	广汽本田 汇总		35
100	广汽乘用车	1500	2
101		1505	5
102		1508	1
103		1520	4
104		1530	5
105	广汽乘用车 汇总		17
106	广汽丰田	1435	1
107		1455	23
108		1480	4
109		1485	1
110		1490	4
111		1495	3
112		1520	2
113		1530	3
114	广汽丰田 汇总		41
115	贵航工业集团	1615	1
116	贵航工业集团 汇总		1
117	国机智骏	1535	4
118	国机智骏 汇总		4
119	国能汽车	1514	1
120	国能汽车 汇总		1
121	海马汽车	1477	1
122		1530	2
123		1550	1

序号	制造商	外廓高度	汇总
124	海马汽车	1560	2
125	海马汽车 汇总		6
126	汉腾汽车	1522	1
127	汉腾汽车 汇总		1
128	华晨宝马	1446	8
129		1448	2
130		1459	3
131		1463	6
132		1490	4
133		1500	13
134	华晨宝马 汇总		36
135	华晨汽车	1445	1
136		1460	2
137		1505	1
138	华晨汽车 汇总		4
139	吉利汽车	1460	16
140		1461	3
141		1469	2
142		1470	4
143		1472	4
144		1478	13
145		1482	4
146		1493	1
147		1495	1
148		1503	4
149		1513	5
150		1880	2
151	吉利汽车 汇总		59
152	吉麦新能源	1615	2
153		1625	1
154	吉麦新能源 汇总		3
155	江淮汽车	1475	3
156		1490	4
157		1492	2
158		1500	4
159		1510	2
160		1515	1
161		1520	1
162		1570	4
163	江淮汽车 汇总		21
164	江铃汽车	1450	3

序号	制造商	外廓高度	汇总
165	江铃汽车	1485	3
166		1494	3
167	江铃汽车 汇总		9
168	雷丁汽车	1510	1
169		1570	2
170	雷丁汽车 汇总		3
171	零跑汽车	1380	2
172		1577	2
173	零跑汽车 汇总		4
174	领途汽车	1545	1
175	领途汽车 汇总		1
176	明君汽车	1500	2
177	明君汽车 汇总		2
178	奇瑞捷豹路虎	1429	4
179		1456	4
180	奇瑞捷豹路虎 汇总		8
181	奇瑞汽车	1482	6
182		1490	6
183		1493	7
184		1496	3
185		1510	2
186		1550	3
187		1590	3
188	奇瑞汽车 汇总		30
189	前途汽车	1253	1
190	前途汽车 汇总		1
191	山东梅拉德	1570	1
192	山东梅拉德 汇总		1
193	上汽乘用车	1458	1
194		1460	1
195		1462	2
196		1463	1
197		1464	5
198		1465	1
199		1466	2
200		1473	2
201		1480	1
202		1489	4
203		1490	1
204		1493	2
205		1513	1
206		1531	1
207		1532	1
208		1536	3
209		1543	1
210	上汽乘用车 汇总		30
211	上汽大众	1425	4
212		1449	2
213		1460	7
214		1463	2
215		1469	16
216		1474	5
217		1475	2
218		1489	6
219		1509	2
220	上汽大众 汇总		46
221	上汽通用	1421	1
222		1428	1
223		1445	1
224		1453	1
225		1456	1
226		1459	1
227		1461	7
228		1462	2
229		1464	1
230		1466	3
231		1467	2
232		1469	2
233		1471	3
234		1472	2
235		1473	1
236		1475	1
237		1476	4
238		1485	6
239		1486	4
240		1491	1
241		1492	2
242		1498	2
243		1510	2
244		1513	1
245		1538	1
246	上汽通用 汇总		53
247	上汽通用五菱	1450	1
248		1458	4
249		1465	1
250		1466	1
251		1470	1
252		1482	3
253		1485	2
254		1515	2
255		1535	3
256		1570	2
257	上汽通用五菱	1580	4
258		1588	6
259		1595	2
260		1616	4
261		1621	6
262		1670	6
263	上汽通用五菱 汇总		48
264	神龙汽车	1455	3
265		1475	3
266		1476	4
267		1480	2
268		1488	4
269		1513	2
270	神龙汽车 汇总		18
271	速达汽车	1576	2
272		1606	1
273	速达汽车 汇总		3
274	特斯拉汽车	1443	4
275	特斯拉汽车 汇总		4
276	沃尔沃亚太	1352	1
277		1437	4
278		1450	6
279		1482	1
280	沃尔沃亚太 汇总		12
281	小鹏汽车	1450	5
282		1613	1
283	小鹏汽车 汇总		6
284	一汽大众	1411	2
285		1417	5
286		1432	3
287		1439	7
288		1447	2
289		1458	2
290		1459	2
291		1460	5
292		1462	13
293		1464	2
294		1468	2
295		1469	4
296		1471	4
297		1473	6
298		1475	11
299		1476	3
300		1479	4
301		1487	1
302		1574	2
303	一汽大众	1596	1
304	一汽大众 汇总		81
305	一汽丰田	1435	1
306		1450	12
307		1455	8
308		1470	3
309		1480	2
310		1490	11
311		1495	6
312	一汽丰田 汇总		43
313	一汽轿车	1445	2
314		1451	2
315		1455	2
316		1470	3
317		1485	4
318		1493	5
319		1500	2
320		1578	2
321	一汽轿车 汇总		22
322	长安福特	1454	2
323		1468	10
324		1470	3
325		1490	7
326	长安福特	1506	2
327	长安福特 汇总		24
328	长安铃木	1475	6
329	长安铃木 汇总		6
330	长安马自达	1445	5
331	长安马自达 汇总		5
332	长安汽车	1465	9
333		1468	1
334		1490	7
335		1500	2
336		1505	13
337		1525	2
338		1530	5
339		1570	1
340		1690	1
341	长安汽车 汇总		41
342	长城汽车	1530	3
343		1560	4
344	长城汽车 汇总		7
345	知豆电动汽车	1555	1
346	知豆电动汽车 汇总		1
总计			1042

表 BB06　2020 年基本型乘用车（BV）轴距数值汇总表

单位：mm

序号	制造商	轴距	汇总
1	北京奔驰	2789	11
2		2840	4
3		2920	6
4		2939	1
5		3079	11
6	北京奔驰 汇总		33
7	北京汽车	2670	7
8		2755	1
9	北京汽车	2780	4
10	北京汽车 汇总		12
11	北京现代	2570	2
12		2600	3
13		2650	8
14		2675	2
15		2700	13
16		2720	4
17	北京现代	2770	4
18		2805	1
19		2890	4
20	北京现代 汇总		41
21	北汽新能源	1870	1
22		2360	1
23		2650	4
24		2670	4
25	北汽新能源	2785	1
26	北汽新能源 汇总		11
27	北汽有限	1560	1
28		2240	1
29	北汽有限 汇总		2
30	比亚迪汽车	2340	4
31		2600	2
32		2610	3

序号	制造商	轴距	汇总
33	比亚迪汽车	2615	1
34		2660	1
35		2670	5
36		2718	8
37		2920	4
38	比亚迪汽车 汇总		28
39	昌河汽车	2335	4
40		2485	1
41		2672	2
42	昌河汽车 汇总		7
43	成功汽车	2680	1
44	成功汽车 汇总		1
45	东风本田	2700	17
46		2730	7
47		2830	10
48	东风本田 汇总		34
49	东风乘用车	2652	1
50		2678	1
51		2680	5
52		2700	10
53	东风乘用车 汇总		17
54	东风风行	2700	5
55	东风风行 汇总		5
56	东风日产	2700	43
57		2701	2
58		2712	8
59		2775	9
60		2825	15
61		2900	2
62	东风日产 汇总		79
63	东风英菲尼迪	2898	10
64	东风英菲尼迪 汇总		10
65	东风悦达起亚	2570	2
66		2600	1
67		2650	3
68		2700	4
69		2770	3
70		2805	4
71		2900	3
72	东风悦达起亚 汇总		20
73	东南汽车	2625	2
74	东南汽车 汇总		2
75	观致汽车	2702	2
76	观致汽车 汇总		2
77	广汽本田	2530	12
78		2730	12
79		2830	10
80		2900	1
81	广汽本田 汇总		35
82	广汽乘用车	2660	2
83		2750	5
84		2815	3
85		2900	6
86		2907	1
87	广汽乘用车 汇总		17
88	广汽丰田	2550	9
89		2700	14
90		2750	3
91		2825	15
92	广汽丰田 汇总		41
93	贵航工业集团	2450	1
94	贵航工业集团 汇总		1
95	国机智骏	2100	2
96		2500	2
97	国机智骏 汇总		4
98	国能汽车	2677	1
99	国能汽车 汇总		1
100	海马汽车	2332	1
101		2340	4
102		2685	1
103	海马汽车 汇总		6
104	汉腾汽车	2360	1
105	汉腾汽车 汇总		1
106	华晨宝马	2670	10
107		2851	3
108		2961	6
109		3105	7
110		3108	10
111	华晨宝马 汇总		36
112	华晨汽车	2580	2
113		2660	1
114		2700	1
115	华晨汽车 汇总		4
116	吉利汽车	2615	4
117		2650	5
118		2670	10
119		2700	18
120		2730	13
121		2800	2
122		2870	5
123		2986	2
124	吉利汽车 汇总		59
125	吉麦新能源	2455	2
126		2650	1
127	吉麦新能源 汇总		3
128	江淮汽车	2390	11
129		2500	1
130		2710	4
131		2760	4
132		2915	1
133	江淮汽车 汇总		21
134	江铃汽车	2340	3
135		2390	6
136	江铃汽车 汇总		9
137	雷丁汽车	2297	2
138		2400	1
139	雷丁汽车 汇总		3
140	零跑汽车	2400	2
141		2500	2
142	零跑汽车 汇总		4
143	领途汽车	1815	1
144	领途汽车 汇总		1
145	明君汽车	2390	2
146	明君汽车 汇总		2
147	奇瑞捷豹路虎	2935	4
148		3100	4
149	奇瑞捷豹路虎 汇总		8
150	奇瑞汽车	2150	6
151	奇瑞汽车	2510	2
152		2570	7
153		2670	15
154	奇瑞汽车 汇总		30
155	前途汽车	2650	1
156	前途汽车 汇总		1
157	山东梅拉德	2297	1
158	山东梅拉德 汇总		1
159	上汽乘用车	2000	1
160		2660	1
161		2665	6
162		2680	7
163		2715	15
164	上汽乘用车 汇总		30
165	上汽大众	2564	2
166		2603	13
167		2610	3
168		2656	4
169		2680	1
170		2686	6
171		2688	4
172		2841	3
173		2871	5
174		3009	5
175	上汽大众 汇总		46
176	上汽通用	2600	3
177		2611	2
178		2640	12
179		2660	5
180		2700	4
181		2775	2
182		2829	15
183		2905	4
184		2947	2
185		3109	4
186	上汽通用 汇总		53
187	上汽通用五菱	1600	10
188		1750	6
189		1940	6
190		2020	2
191		2550	1
192		2700	12
193		2750	5
194		2800	6
195	上汽通用五菱 汇总		48
196	神龙汽车	2652	4
197		2655	2
198		2675	2
199		2730	2
200		2815	2
201		2848	3
202		2900	3
203	神龙汽车 汇总		18
204	速达汽车	2500	3
205	速达汽车 汇总		3
206	特斯拉汽车	2875	4
207	特斯拉汽车 汇总		4
208	沃尔沃亚太	2735	1
209		2742	1
210	沃尔沃亚太	2872	4
211		3061	6
212	沃尔沃亚太 汇总		12
213	小鹏汽车	2750	1
214		2998	5
215	小鹏汽车 汇总		6
216	一汽大众	2604	5
217		2614	3
218		2629	8
219		2630	2
220		2631	5
221		2637	1
222		2680	3
223		2685	2
224		2688	10
225		2731	7
226		2841	4
227		2871	6
228		2908	12
229		3024	13
230	一汽大众 汇总		81
231	一汽丰田	2550	17
232		2700	12
233		2870	12
234		2925	2
235	一汽丰田 汇总		43
236	一汽轿车	2630	1
237		2652	1
238		2800	2
239		2830	4
240		2875	3
241		2970	4
242		3060	5
243		3435	2
244	一汽轿车 汇总		22
245	长安福特	2687	7
246		2705	12
247		2850	3
248		2949	2
249	长安福特 汇总		24
250	长安铃木	2650	6
251	长安铃木 汇总		6
252	长安马自达	2726	5
253	长安马自达 汇总		5
254	长安汽车	1680	1
255		2410	1
256		2535	8
257		2610	4
258		2700	18
259		2770	9
260	长安汽车 汇总		41
261	长城汽车	2475	4
262		2490	3
263	长城汽车 汇总		7
264	知豆电动汽车	1765	1
265	知豆电动汽车 汇总		1
总计			1042

表 BB07　2020 年基本型乘用车（BV）前轮距数值汇总表

单位：mm

序号	制造商	前轮距	汇总
1	北京奔驰	1557	6
2		1565	2
3		1567	4
4		1570	1
5		1574	8
6		1594	2
7		1596	6
8		1597	4
9	北京奔驰 汇总		33
10	北京汽车	1524	1
11		1555	7
12		1570	4
13	北京汽车 汇总		12
14	北京现代	1509	2
15		1512	3
16		1530	7
17		1542	1
18		1549	12
19		1554	2
20		1555	1
21		1567	4
22		1579	3
23		1585	1
24		1602	1
25		1610	1
26		1618	2
27		1623	1
28	北京现代 汇总		41
29	北汽新能源	1405	1
30		1447	1
31		1522	4
32		1555	4
33		1570	1
34	北汽新能源 汇总		11
35	北汽有限	1126	1
36		1360	1
37	北汽有限 汇总		2
38	比亚迪汽车	1420	4
39		1480	2
40		1486	1
41		1490	3
42		1525	6
43		1580	8
44		1640	4
45	比亚迪汽车 汇总		28
46	昌河汽车	1360	5
47		1560	2
48	昌河汽车 汇总		7
49	成功汽车	1460	1
50	成功汽车 汇总		1
51	东风本田	1520	7
52		1547	17
53		1590	2
54		1600	8
55	东风本田 汇总		34
56	东风乘用车	1460	2
57	东风乘用车	1475	7
58		1480	2
59		1501	1
60		1553	5
61	东风乘用车 汇总		17
62	东风风行	1540	5
63	东风风行 汇总		5
64	东风日产	1530	7
65		1540	26
66		1550	9
67		1555	2
68		1572	2
69		1575	1
70		1585	11
71		1588	6
72		1595	2
73		1605	6
74		1620	7
75	东风日产 汇总		79
76	东风英菲尼迪	1537	3
77		1547	7
78	东风英菲尼迪 汇总		10
79	东风悦达起亚	1509	2
80		1512	1
81		1530	3
82		1549	1
83		1558	2
84		1564	1
85		1567	2
86		1579	1
87		1597	3
88		1602	1
89		1617	1
90		1625	2
91	东风悦达起亚 汇总		20
92	东南汽车	1520	2
93	东南汽车 汇总		2
94	观致汽车	1579	1
95		1582	1
96	观致汽车 汇总		2
97	广汽本田	1480	6
98		1485	4
99		1496	2
100		1520	12
101		1591	2
102		1594	1
103		1600	8
104	广汽本田 汇总		35
105	广汽乘用车	1554	2
106		1585	3
107		1600	12
108	广汽乘用车 汇总		17
109	广汽丰田	1460	9
110		1525	4
111		1527	7
112		1531	2
113	广汽丰田	1535	1
114		1585	14
115		1595	1
116		1600	3
117	广汽丰田 汇总		41
118	贵航工业集团	1450	1
119	贵航工业集团 汇总		1
120	国机智骏	1459	4
121	国机智骏 汇总		4
122	国能汽车	1524	1
123	国能汽车 汇总		1
124	海马汽车	1303	4
125		1315	1
126		1545	1
127	海马汽车 汇总		6
128	汉腾汽车	1414	1
129	汉腾汽车 汇总		1
130	华晨宝马	1553	10
131		1577	1
132		1579	8
133		1598	13
134		1599	4
135	华晨宝马 汇总		36
136	华晨汽车	1533	2
137		1542	1
138		1545	1
139	华晨汽车 汇总		4
140	吉利汽车	1502	5
141		1510	4
142		1536	10
143		1551	14
144		1565	4
145		1587	3
146		1597	10
147		1608	5
148		1618	2
149		1620	2
150	吉利汽车 汇总		59
151	吉麦新能源	1300	2
152		1420	1
153	吉麦新能源 汇总		3
154	江淮汽车	1415	7
155		1457	4
156		1475	1
157		1505	4
158		1555	4
159		1615	1
160	江淮汽车 汇总		21
161	江铃汽车	1420	9
162	江铃汽车 汇总		9
163	雷丁汽车	1330	2
164		1420	1
165	雷丁汽车 汇总		3
166	零跑汽车	1410	2
167		1500	2
168	零跑汽车 汇总		4
169	领途汽车	1265	1
170	领途汽车 汇总		1
171	明君汽车	1445	2
172	明君汽车 汇总		2
173	奇瑞捷豹路虎	1598	2
174		1599	2
175		1605	4
176	奇瑞捷豹路虎 汇总		8
177	奇瑞汽车	1435	2
178		1450	6
179		1494	7
180		1556	15
181	奇瑞汽车 汇总		30
182	前途汽车	1798	1
183	前途汽车 汇总		1
184	山东梅拉德	1330	1
185	山东梅拉德 汇总		1
186	上汽乘用车	1430	1
187		1544	4
188		1548	1
189		1558	6
190		1559	6
191		1562	10
192		1570	2
193	上汽乘用车 汇总		30
194	上汽大众	1460	13
195		1517	3
196		1522	2
197		1540	1
198		1543	6
199		1546	4
200		1580	4
201		1584	8
202		1620	5
203	上汽大众 汇总		46
204	上汽通用	1494	1
205		1495	2
206		1500	2
207		1529	1
208		1534	3
209		1535	2
210		1538	12
211		1540	3
212		1545	2
213		1585	1
214		1589	1
215		1593	6
216		1596	7
217		1599	4
218		1603	2
219		1617	4
220	上汽通用 汇总		53
221	上汽通用五菱	1290	6
222		1310	10
223		1470	8
224		1482	5

序号	制造商	前轮距	汇总
225	上汽通用五菱	1488	1
226		1550	12
227		1606	6
228	上汽通用五菱 汇总		48
229	神龙汽车	1501	4
230		1509	2
231		1555	4
232		1590	2
233		1599	3
234		1600	3
235	神龙汽车 汇总		18
236	速达汽车	1500	3
237	速达汽车 汇总		3
238	特斯拉汽车	1580	4
239	特斯拉汽车 汇总		4
240	沃尔沃亚太	1600	3
241		1602	1
242		1603	1
243		1628	6
244		1645	1
245	沃尔沃亚太 汇总		12
246	小鹏汽车	1585	1
247	小鹏汽车	1615	5
248	小鹏汽车 汇总		6
249	一汽大众	1451	4
250		1460	1
251		1518	3
252		1534	3
253		1535	1
254		1540	2
255		1543	9
256		1546	10
257		1547	5
258		1549	8
259		1566	12
260		1581	1
261		1584	2
262		1586	7
263		1622	1
264		1630	12
265	一汽大众 汇总		81
266	一汽丰田	1460	16
267		1470	1
268		1525	3
269	一汽丰田	1527	5
270		1530	1
271		1531	4
272		1540	1
273		1585	6
274		1595	6
275	一汽丰田 汇总		43
276	一汽轿车	1530	2
277		1571	1
278		1580	1
279		1585	2
280		1595	2
281		1600	3
282		1610	4
283		1633	5
284		1690	2
285	一汽轿车 汇总		22
286	长安福特	1554	7
287		1572	12
288		1590	3
289		1608	2
290	长安福特 汇总		24
291	长安铃木	1490	3
292		1495	3
293	长安铃木 汇总		6
294	长安马自达	1568	5
295	长安马自达 汇总		5
296	长安汽车	1318	1
297		1415	1
298		1470	8
299		1490	4
300		1548	5
301		1555	13
302		1568	9
303	长安汽车 汇总		41
304	长城汽车	1410	4
305		1420	3
306	长城汽车 汇总		7
307	知豆电动汽车	1325	1
308	知豆电动汽车 汇总		1
	总计		1042

表 BB08　2020 年基本型乘用车（BV）后轮距数值汇总表

单位：mm

序号	制造商	后轮距	汇总
1	北京奔驰	1540	8
2		1547	4
3		1557	6
4		1558	2
5		1573	1
6		1578	4
7		1580	6
8		1582	1
9		1590	1
10	北京奔驰 汇总		33
11	北京汽车	1530	1
12		1554	7
13		1578	4
14	北京汽车 汇总		12
15	北京现代	1515	2
16		1517	3
17		1541	8
18		1549	2
19		1558	4
20		1562	8
21		1569	1
22		1577	4
23		1590	3
24		1596	1
25		1609	1
26		1617	1
27		1625	2
28		1630	1
29	北京现代 汇总		41
30	北汽新能源	1400	1
31		1443	1
32	北汽新能源	1528	4
33		1554	1
34		1560	3
35		1578	1
36	北汽新能源 汇总		11
37	北汽有限	1146	1
38		1350	1
39	北汽有限 汇总		2
40	比亚迪汽车	1410	4
41		1460	2
42		1466	1
43		1470	3
44		1520	6
45		1580	6
46		1590	2
47		1640	4
48	比亚迪汽车 汇总		28
49	昌河汽车	1355	5
50		1555	2
51	昌河汽车 汇总		7
52	成功汽车	1470	1
53	成功汽车 汇总		1
54	东风本田	1512	7
55		1563	17
56		1600	2
57		1610	8
58	东风本田 汇总		34
59	东风乘用车	1475	2
60		1478	1
61		1480	7
62		1485	2
63	东风乘用车	1553	5
64	东风乘用车 汇总		17
65	东风风行	1523	1
66		1545	4
67	东风风行 汇总		5
68	东风日产	1525	2
69		1530	5
70		1535	1
71		1540	25
72		1550	11
73		1570	1
74		1577	2
75		1585	11
76		1594	6
77		1595	2
78		1605	6
79		1620	7
80	东风日产 汇总		79
81	东风英菲尼迪	1556	3
82		1566	7
83	东风英菲尼迪 汇总		10
84	东风悦达起亚	1515	2
85		1517	1
86		1541	3
87		1549	2
88		1555	1
89		1558	1
90		1577	2
91		1589	1
92		1604	3
93		1609	1
94	东风悦达起亚	1610	1
95		1618	2
96	东风悦达起亚 汇总		20
97	东南汽车	1530	2
98	东南汽车 汇总		2
99	观致汽车	1555	1
100		1585	1
101	观致汽车 汇总		2
102	广汽本田	1465	6
103		1473	4
104		1484	2
105		1512	12
106		1602	1
107		1603	2
108		1610	8
109	广汽本田 汇总		35
110	广汽乘用车	1550	2
111		1570	3
112		1590	7
113		1602	5
114	广汽乘用车 汇总		17
115	广汽丰田	1460	9
116		1520	4
117		1526	7
118		1535	3
119		1595	14
120		1602	3
121		1605	1
122	广汽丰田 汇总		41
123	贵航工业集团	1440	1
124	贵航工业集团 汇总		1

序号	制造商	后轮距	汇总
125	国机智骏	1445	4
126	国机智骏 汇总		4
127	国能汽车	1508	1
128	国能汽车 汇总		1
129	海马汽车	1290	4
130		1302	1
131		1545	1
132	海马汽车 汇总		6
133	汉腾汽车	1410	1
134	汉腾汽车 汇总		1
135	华晨宝马	1555	10
136		1567	2
137		1568	1
138		1569	6
139		1594	6
140		1597	4
141		1622	7
142	华晨宝马 汇总		36
143	华晨汽车	1502	2
144		1514	1
145		1548	1
146	华晨汽车 汇总		4
147	吉利汽车	1490	4
148		1492	5
149		1538	10
150		1546	2
151		1555	12
152		1569	4
153		1587	3
154		1597	10
155		1608	5
156		1618	2
157		1620	2
158	吉利汽车 汇总		59
159	吉麦新能源	1295	2
160		1410	1
161	吉麦新能源 汇总		3
162	江淮汽车	1400	7
163		1430	4
164		1460	1
165		1495	4
166		1550	4
167		1600	1
168	江淮汽车 汇总		21
169	江铃汽车	1420	9
170	江铃汽车 汇总		9
171	雷丁汽车	1333	2
172		1410	1
173	雷丁汽车 汇总		3
174	零跑汽车	1410	2
175	零跑汽车	1500	2
176	零跑汽车 汇总		4
177	领途汽车	1265	1
178	领途汽车 汇总		1
179	明君汽车	1450	2
180	明君汽车 汇总		2
181	奇瑞捷豹路虎	1582	2
182		1600	2
183		1609	4
184	奇瑞捷豹路虎 汇总		8
185	奇瑞汽车	1430	6
186		1450	2
187		1492	7
188		1542	9
189		1549	6
190	奇瑞汽车 汇总		30
191	前途汽车	1791	1
192	前途汽车 汇总		1
193	山东梅拉德	1333	1
194	山东梅拉德 汇总		1
195	上汽乘用车	1430	1
196		1548	4
197		1549	1
198		1553	1
199		1563	2
200		1566	5
201		1567	8
202		1571	6
203		1574	2
204	上汽乘用车 汇总		30
205	上汽大众	1493	3
206		1500	13
207		1506	2
208		1510	1
209		1520	4
210		1534	6
211		1554	4
212		1570	5
213		1572	3
214		1610	5
215	上汽大众 汇总		46
216	上汽通用	1498	1
217		1502	2
218		1504	2
219		1541	12
220		1546	2
221		1551	1
222		1555	2
223		1556	2
224		1561	2
225	上汽通用	1572	1
226		1577	1
227		1589	1
228		1591	1
229		1597	6
230		1599	5
231		1602	4
232		1607	2
233		1634	2
234		1640	4
235	上汽通用 汇总		53
236	上汽通用五菱	1290	6
237		1320	10
238		1478	1
239		1480	8
240		1488	5
241		1545	12
242		1606	6
243	上汽通用五菱 汇总		48
244	神龙汽车	1478	4
245		1486	2
246		1550	4
247		1572	2
248		1573	3
249		1585	3
250	神龙汽车 汇总		18
251	速达汽车	1495	3
252	速达汽车 汇总		3
253	特斯拉汽车	1580	4
254	特斯拉汽车 汇总		4
255	沃尔沃亚太	1600	3
256		1601	1
257		1603	1
258		1629	6
259		1657	1
260	沃尔沃亚太 汇总		12
261	小鹏汽车	1585	1
262		1621	5
263	小鹏汽车 汇总		6
264	一汽大众	1491	4
265		1500	1
266		1506	3
267		1510	3
268		1514	2
269		1520	15
270		1521	3
271		1522	5
272		1525	3
273		1546	7
274		1549	12
275	一汽大众	1568	1
276		1570	2
277		1572	7
278		1608	1
279		1616	12
280	一汽大众 汇总		81
281	一汽丰田	1460	16
282		1470	1
283		1520	3
284		1526	5
285		1530	1
286		1535	4
287		1540	1
288		1595	6
289		1605	6
290	一汽丰田 汇总		43
291	一汽轿车	1520	2
292		1561	1
293		1575	2
294		1585	3
295		1590	3
296		1608	4
297		1629	5
298		1692	2
299	一汽轿车 汇总		22
300	长安福特	1533	7
301		1548	12
302		1587	3
303		1618	2
304	长安福特 汇总		24
305	长安铃木	1500	3
306		1505	3
307	长安铃木 汇总		6
308	长安马自达	1581	5
309	长安马自达 汇总		5
310	长安汽车	1328	1
311		1430	1
312		1470	8
313		1480	4
314		1559	5
315		1566	13
316		1583	9
317	长安汽车 汇总		41
318	长城汽车	1420	4
319		1430	3
320	长城汽车 汇总		7
321	知豆电动汽车	1301	1
322	知豆电动汽车 汇总		1
总计			1042

通过对 2020 年基本型乘用车 56 家 1042 车型派系数据分析，自主品牌车型有 424 款，位居第一。制造厂家中一汽大众车型有 81 个，位居第一。详细数据见表 BH01 2020 年基本型乘用车（BV）制造商派系数量表。

表 BH01 2020 年基本型乘用车（BV）制造商派系数量表

序号	制造商	韩系	美系	欧系	日系	自主	合计	占比
0	总计	61	81	234	242	424	1042	100.0%
1	一汽大众			81			81	7.8%
2	东风日产				62	17	79	7.6%
3	吉利汽车					59	59	5.7%
4	上汽通用		53				53	5.1%
5	上汽通用五菱					48	48	4.6%
6	上汽大众			46			46	4.4%
7	一汽丰田				43		43	4.1%
8	北京现代	41					41	3.9%
9	广汽丰田				38	3	41	3.9%
10	长安汽车					41	41	3.9%
11	华晨宝马			36			36	3.5%
12	广汽本田				35		35	3.4%
13	东风本田				34		34	3.3%
14	北京奔驰			33			33	3.2%
15	奇瑞汽车					30	30	2.9%
16	上汽乘用车					30	30	2.9%
17	比亚迪汽车					28	28	2.7%
18	长安福特		24				24	2.3%
19	一汽轿车				4	18	22	2.1%
20	江淮汽车					21	21	2.0%
21	东风悦达起亚	20					20	1.9%
22	神龙汽车			18			18	1.7%
23	东风乘用车					17	17	1.6%
24	广汽乘用车					17	17	1.6%
25	北京汽车					12	12	1.2%
26	沃尔沃亚太			12			12	1.2%
27	北汽新能源					11	11	1.1%
28	东风英菲尼迪				10		10	1.0%
29	江铃汽车					9	9	0.9%
30	奇瑞捷豹路虎			8			8	0.8%
31	昌河汽车				5	2	7	0.7%
32	长城汽车					7	7	0.7%
33	海马汽车					6	6	0.6%
34	小鹏汽车					6	6	0.6%
35	长安铃木				6		6	0.6%
36	东风风行					5	5	0.5%
37	长安马自达				5		5	0.5%
38	国机智骏					4	4	0.4%
39	华晨汽车					4	4	0.4%
40	零跑汽车					4	4	0.4%
41	特斯拉汽车		4				4	0.4%
42	吉麦新能源					3	3	0.3%
43	雷丁汽车					3	3	0.3%
44	速达汽车					3	3	0.3%
45	北汽有限					2	2	0.2%
46	东南汽车					2	2	0.2%
47	观致汽车					2	2	0.2%
48	明君汽车					2	2	0.2%
49	成功汽车					1	1	0.1%
50	贵航工业集团					1	1	0.1%
51	国能汽车					1	1	0.1%
52	汉腾汽车					1	1	0.1%
53	领途汽车					1	1	0.1%
54	前途汽车					1	1	0.1%
55	山东梅拉德					1	1	0.1%
56	知豆电动汽车					1	1	0.1%

通过对 2020 年基本型乘用车 56 家 1042 车型按照排量数据分析，排量共计有 22 个，外加纯电车类，纯电车有 203 个车型，占比为 19.5%。排量为 1.5L 有 158 个车型，占比为 15.2%，位居第一。详细数据见表 BH02 2020 年基本型乘用车（BV）发动机排量数值表。

表 BH02 2020 年基本型乘用车（BV）发动机排量数值表

序号	排量	韩系	美系	欧系	日系	自主	合计	占比
1	1.0T		7		16	8	31	3.0%
2	1.2L					1	1	0.1%
3	1.2T			16	12		28	2.7%
4	1.3L		4		2		6	0.6%
5	1.3T		13	8		1	22	2.1%
6	1.4L	8			4	6	18	1.7%
7	1.4T	7		32		15	54	5.2%
8	1.5L	6	14	36	46	56	158	15.2%
9	1.5T	3	18	20	26	76	143	13.7%
10	1.6L	15		2	39	44	100	9.6%
11	1.6T	9		5			14	1.3%
12	1.8L	4			14	4	22	2.1%
13	1.8T			4		10	14	1.3%
14	2.0L	3			33		36	3.5%
15	2.0T	4	17	98	17	15	151	14.5%
16	2.4L				1		1	0.1%
17	2.5L				28	1	29	2.8%
18	2.5T					1	1	0.1%
19	3.0L					1	1	0.1%
20	3.0T			5		2	7	0.7%
21	4.0T					1	1	0.1%
22	6.0L					1	1	0.1%
23	纯电	2	8	8	4	181	203	19.5%
总计		61	81	234	242	424	1042	100.0%

表 BX01　2020 年基本型乘用车（BV）车型与外廓尺寸参数一览表

单位：mm

序号	制造商	车型	排量	外廓长度	外廓宽度	外廓高度	汇总
1	北京奔驰	奔驰 A 级	1.3T	4622	1796	1454	4
2						1462	4
3			2.0T	4622	1796	1462	2
4		奔驰 A 级 AMG	2.0T	4637	1796	1422	1
5		奔驰 C 级	1.5T	4704	1810	1454	3
6				4784	1810	1457	5
7			2.0T	4704	1810	1454	1
8				4784	1810	1457	1
9		奔驰 E 级	1.5T	5065	1860	1484	1
10						1490	1
11				5078	1860	1484	1
12						1490	1
13			2.0T	4925	1860	1470	1
14				5065	1860	1484	2
15						1490	1
16				5078	1860	1484	2
17						1490	1
18		奔驰 E 级 HEV	2.0T	5065	1860	1463	1
19	北京汽车	U5	1.5L	4630	1820	1480	1
20			1.5T	4630	1820	1480	1
21		绅宝 D70	1.8T	4861	1820	1462	1
22		新绅宝 D50	1.5L	4630	1820	1480	4
23			1.5T	4630	1820	1480	1
24		智道 U7	1.5T	4785	1835	1490	4
25	北京现代	第七代伊兰特	1.4T	4680	1810	1415	1
26			1.5L	4680	1810	1415	3
27		菲斯塔	1.4T	4660	1790	1425	4
28			1.6T	4660	1790	1425	4
29		菲斯塔 BEV	纯电	4705	1790	1435	1
30		领动	1.4T	4610	1800	1450	1
31			1.5L	4610	1800	1450	2
32		领动 HEV	1.6L	4610	1800	1450	1
33		名图	1.6T	4710	1820	1470	2
34			1.8L	4710	1820	1470	2
35		瑞纳	1.4L	4300	1705	1460	2
36		索纳塔九	2.0L	4855	1835	1475	1
37		索纳塔十	1.5T	4955	1860	1445	2
38			2.0T	4955	1860	1445	1
39						1450	1
40		新伊兰特悦动	1.6L	4510	1765	1470	4
41				4602	1765	1470	4
42		伊兰特悦动	1.6L	4603	1777	1490	2
43		悦纳	1.4L	4405	1720	1455	3
44	北汽新能源	ARCFOX Lite	纯电	2986	1676	1517	1
45		EC 系列	纯电	3684	1630	1518	1
46		EU300		4602	1794	1515	4
47		EU5		4650	1820	1510	4
48		EU7		4805	1835	1528	1
49	北汽有限	大猫	纯电	3239	1585	1541	1
50		小猫		2365	1400	1680	1
51	比亚迪汽车	比亚迪 E1	纯电	3465	1618	1500	4
52		比亚迪 E2		4240	1760	1530	2
53		比亚迪 E3		4450	1760	1520	1
54		比亚迪 E5		4680	1765	1500	1
55		比亚迪 F3	1.5L	4533	1705	1490	2
56				4617	1716	1480	1
57	比亚迪汽车	比亚迪汉 BEV	纯电	4980	1910	1495	2
58		比亚迪汉 HEV	2.0T	4960	1910	1495	1
59				4980	1910	1495	1
60		比亚迪秦	1.5L	4675	1770	1480	2
61		比亚迪秦 BEV	纯电	4675	1770	1500	2
62		比亚迪秦 HEV	1.5T	4740	1770	1480	1
63		比亚迪秦 ro	1.5L	4765	1837	1500	1
64			1.5T	4765	1837	1500	2
65		比亚迪秦 ro BEV	纯电	4765	1837	1515	3
66		比亚迪秦 ro HEV	1.5T	4765	1837	1495	2
67	昌河汽车	昌河 A6	1.5L	4620	1810	1485	2
68		北斗星	1.4L	3400	1575	1670	2
69						1705	1
70		北斗星 EC100	纯电	3400	1575	1735	1
71		北斗星 X5	1.4L	3664	1610	1722	1
72	成功汽车	企鹅	纯电	4510	1725	1685	1
73	东风本田	本田 INSIRE	1.5T	4910	1862	1450	7
74			2.0L	4910	1862	1450	3
75		享域	1.0T	4756	1804	1509	4
76			1.5L	4756	1804	1509	3
77		新思域	1.0T	4658	1800	1416	4
78			1.5T	4517	1799	1434	4
79				4649	1800	1416	1
80				4658	1800	1416	8
81	东风乘用车	风神 A60	1.6L	4680	1720	1515	3
82		风神 E60	纯电	4619	1718	1515	1
83		风神 E70	纯电	4680	1720	1530	3
84		奕炫	1.0T	4660	1812	1490	2
85			1.5T	4660	1812	1490	1
86				4700	1812	1490	1
87		奕炫 BEV	纯电	4660	1812	1480	1
88		俊风 E11K	纯电	4665	1700	1540	4
89		俊风 EV30	纯电	4427	1748	1476	1
90	东风风行	景逸 S50	1.5L	4630	1790	1526	2
91			1.6L	4700	1790	1526	2
92			纯电	4705	1790	1540	1
93	东风日产	启辰 D60	1.6L	4756	1803	1487	14
94		启辰 D60 BEV	纯电	4764	1803	1494	3
95		蓝鸟	1.6L	4683	1780	1465	7
96		骐达	1.6L	4393	1766	1524	5
97						1539	4
98		天籁	2.0L	4891	1830	1490	3
99			2.5L	4891	1830	1490	3
100		天籁 ALTIMA	2.0L	4901	1850	1447	8
101						1450	2
102			2.0T	4901	1850	1447	5
103		天籁公爵	2.5L	5016	1830	1490	2
104		西玛	2.5L	4903	1860	1436	2
105						1439	1
106		新轩逸	1.6L	4631	1760	1503	9
107				4641	1815	1447	2
108						1450	6
109			纯电	4677	1760	1520	3
110	东风英菲尼迪	Q50L	2.0T	4867	1823	1456	10
111	东风悦达起亚	福瑞迪	1.6L	4510	1750	1470	3
112		焕驰	1.4L	4300	1700	1460	2

序号	制造商	车型	排量	外廓长度	外廓宽度	外廓高度	汇总
113	东风悦达起亚	凯绅	1.6T	4720	1815	1465	1
114			1.8L	4720	1815	1465	2
115		起亚 K3	1.4T	4660	1780	1450	1
116			1.5L	4660	1780	1450	1
117		起亚 K3 BEV	纯电	4660	1780	1456	1
118		起亚 K3 HEV	1.6L	4660	1780	1450	1
119		新起亚 K2	1.4L	4400	1740	1460	1
120		新起亚 K5	1.5T	4980	1860	1445	1
121			1.6T	4855	1835	1475	2
122			2.0L	4855	1835	1475	2
123			2.0T	4980	1860	1445	2
124	东南汽车	A5 翼舞	1.5L	4588	1780	1485	2
125	观致汽车	观致 3	1.5T	4627	1839	1445	1
126		观致 3 EV500	纯电	4633	1839	1510	1
127	广汽本田	飞度	1.5L	4090	1725	1567	2
128				4096	1695	1525	4
129				4100	1695	1525	2
130				4109	1694	1537	4
131		凌派	1.0T	4756	1804	1509	8
132			1.5L	4756	1804	1509	4
133		雅阁	1.5T	4893	1862	1449	6
134			2.0L	4893	1862	1449	4
135		讴歌 TLX-L	2.4L	4981	1854	1447	1
136	广汽乘用车	传祺 AION.S	纯电	4768	1880	1530	5
137		传祺 GA4	1.3T	4692	1805	1500	1
138			1.5L	4692	1805	1500	1
139		传祺 GA6	1.5T	4891	1850	1505	3
140		传祺 GA8	1.8T	5003	1868	1505	1
141						1520	2
142					1910	1508	1
143			2.0T	5003	1868	1505	1
144						1520	2
145	广汽丰田	雷凌	1.2T	4630	1775	1480	1
146				4640	1780	1435	1
147						1455	4
148			1.8L	4630	1775	1485	1
149				4640	1780	1455	4
150				4645	1775	1480	3
151		新凯美瑞	2.0L	4885	1840	1455	3
152				4900	1840	1455	2
153			2.5L	4885	1840	1455	6
154				4900	1840	1455	4
155		致享	1.5L	4440	1700	1490	4
156		致炫	1.5L	4160	1700	1495	3
157					1720	1520	2
158		广汽 iA5	纯电	4792	1880	1530	3
159	贵航工业集团	云雀 Q1	1.4L	3970	1730	1615	1
160	国机智骏	智骏 GC1	纯电	3710	1675	1535	2
161		智骏 GC2		3310	1675	1535	2
162	国能汽车	国能 93	纯电	4684	1778	1514	1
163	海马汽车	爱尚	纯电	3662	1570	1550	1
164				3680	1570	1530	1
165						1560	2
166		福美来 M5	1.6L	4698	1806	1477	1
167		海马 E1	纯电	3680	1570	1530	1
168	汉腾汽车	小幸福 BEV	纯电	3721	1658	1522	1
169	华晨宝马	宝马 1 系	1.5T	4456	1803	1446	3
170				4462	1803	1446	5

序号	制造商	车型	排量	外廓长度	外廓宽度	外廓高度	汇总
171	华晨宝马	宝马 1 系	2.0T	4462	1803	1448	2
172		宝马 3 系	2.0T	4719	1827	1459	3
173				4829	1827	1463	6
174		宝马 5 系	2.0T	5087	1868	1490	2
175						1500	8
176				5106	1868	1490	2
177						1500	5
178	华晨汽车	中华 H3	1.5T	4640	1790	1445	1
179		中华 H330	1.5L	4523	1758	1460	2
180		中华 H530	纯电	4740	1788	1505	1
181	吉利汽车	帝豪 GL	1.4T	4725	1802	1478	8
182			1.5T	4725	1802	1478	3
183						1493	1
184			1.8L	4725	1802	1478	2
185		新帝豪 NB	1.5L	4632	1789	1470	3
186			1.8L	4632	1789	1470	1
187			纯电	4631	1789	1495	1
188		缤瑞	1.0T	4680	1785	1460	6
189			1.4T	4680	1785	1460	4
190		博瑞 GE	1.5T	4986	1861	1513	3
191			1.8T	4986	1861	1513	2
192		吉利 TX	1.5T	4866	1945	1880	1
193		星瑞	2.0T	4785	1869	1469	2
194		英伦 TX5	1.5T	4866	1945	1880	1
195		几何 A	纯电	4736	1804	1503	2
196				4752	1804	1503	2
197		领克 03	1.5T	4639	1840	1460	1
198				4657	1840	1460	4
199						1472	3
200			2.0T	4657	1840	1460	1
201						1472	1
202				4677	1840	1461	2
203				4692	1840	1461	1
204		新远景	1.5L	4599	1747	1482	3
205			1.8L	4599	1747	1482	1
206	吉麦新能源	凌宝 BOX	纯电	3460	1475	1615	2
207		凌宝 K23	纯电	3974	1636	1625	1
208	江淮汽车	嘉悦 A5	1.5T	4772	1820	1492	2
209		江淮 iC5	纯电	4770	1820	1510	2
210		江淮 iEV6E	纯电	3630	1670	1475	3
211						1500	1
212				3660	1670	1500	3
213				3690	1685	1570	2
214				3775	1685	1570	2
215		江淮 iEV7	纯电	4320	1710	1515	1
216		江淮 iEVA50	纯电	4590	1765	1490	1
217				4640	1765	1490	3
218		江淮 iEVA60	纯电	4995	1890	1520	1
219	江铃汽车	易至 EV2	纯电	3500	1646	1450	3
220		易至 EV3	纯电	3720	1640	1485	3
221						1494	3
222	雷丁汽车	雷丁 i3	纯电	3420	1500	1570	2
223		雷丁 i5	纯电	4055	1630	1510	1
224	零跑汽车	零跑 S01	纯电	4075	1760	1380	2
225		零跑 T03	纯电	3620	1652	1577	2
226	领途汽车	领途 V3S	纯电	2980	1485	1545	1
227	明君汽车	华凯 360EV	纯电	3610	1660	1500	2
228	奇瑞捷豹路虎	捷豹 XEL	2.0T	4778	1850	1429	2

序号	制造商	车型	排量	外廓长度	外廓宽度	外廓高度	汇总
229	奇瑞捷豹路虎	捷豹 XFL	2.0T	4788	1850	1429	2
230				5093	1880	1456	4
231	奇瑞汽车	凯翼 C3	纯电	4250	1726	1510	2
232		凯翼 E3	1.5L	4450	1748	1493	2
233			1.6L	4450	1748	1493	2
234		艾瑞泽 5	1.5L	4572	1825	1482	1
235			1.5T	4572	1825	1482	1
236			1.6L	4572	1825	1482	1
237				4605	1825	1482	1
238			纯电	4572	1825	1496	3
239		艾瑞泽 EX	1.5L	4572	1825	1482	2
240		艾瑞泽 GX	1.5L	4710	1825	1490	4
241			1.5T	4710	1825	1490	2
242		奇瑞 E3	1.5L	4450	1748	1493	1
243			1.6L	4450	1748	1493	2
244		奇瑞 EQ1	纯电	3200	1670	1550	3
245						1590	3
246	前途汽车	前途 K50	纯电	4634	2069	1253	1
247	山东梅拉德	比德文 E3	纯电	3420	1500	1570	1
248	上汽乘用车	Clever	纯电	3140	1648	1531	1
249		名爵 5	1.5L	4675	1842	1473	2
250			1.5T	4675	1842	1480	1
251		新名爵 6	1.5T	4695	1848	1458	1
252						1462	2
253				4704	1848	1463	1
254						1466	2
255		荣威 360	1.5L	4579	1804	1490	1
256		荣威 ei5	纯电	4544	1818	1513	1
257						1532	1
258						1536	2
259						1543	1
260				4550	1818	1536	1
261		荣威 ei6	1.5T	4671	1835	1460	1
262			纯电	4724	1835	1493	1
263		荣威 ER6	纯电	4724	1835	1493	1
264		荣威 i5	1.5L	4601	1818	1489	2
265			1.5T	4601	1818	1489	2
266		荣威 i6	1.5T	4671	1835	1464	1
267			1.6L	4671	1835	1464	2
268				4722	1835	1464	1
269		荣威 i6 MAX	1.5T	4722	1835	1464	1
270						1465	1
271	上汽大众	波罗	1.5L	4053	1740	1449	2
272		辉昂	2.0T	5074	1893	1463	1
273						1489	3
274			3.0T	5074	1893	1463	1
275		朗逸	1.5L	4613	1765	1460	2
276		凌渡	1.4T	4598	1826	1425	1
277				4615	1826	1425	3
278		帕萨特	1.4T	4933	1836	1469	2
279				4948	1836	1469	1
280			2.0T	4933	1836	1469	2
281		新朗逸	1.4T	4670	1806	1474	2
282			1.5L	4605	1765	1460	1
283				4670	1806	1474	2
284			纯电	4670	1806	1474	1
285		新桑塔纳尚纳	1.5L	4473	1706	1469	1
286				4475	1706	1469	4

序号	制造商	车型	排量	外廓长度	外廓宽度	外廓高度	汇总
287	上汽大众	新桑塔纳尚纳	1.5L	4509	1706	1469	4
288		昕动	1.5L	4312	1706	1475	2
289		昕锐	1.5L	4512	1706	1469	2
290		新明锐	1.2T	4675	1814	1460	1
291				4687	1814	1509	1
292			1.4T	4675	1814	1460	1
293				4687	1814	1509	1
294			1.5L	4675	1814	1460	2
295		新速派	1.4T	4869	1865	1489	1
296			2.0T	4869	1865	1489	2
297	上汽通用	别克 Velite 6	1.5L	4648	1817	1491	1
298			纯电	4650	1817	1510	2
299		君威	1.3T	4904	1863	1456	1
300						1461	2
301			1.5T	4902	1863	1461	3
302				4904	1863	1461	2
303			2.0T	4913	1863	1462	1
304			1.5T	5026	1866	1459	1
305			2.0T	5026	1866	1462	1
306				5030	1866	1467	2
307		凯越	1.3L	4468	1765	1469	2
308		威朗	1.0T	4723	1802	1466	1
309			1.3T	4723	1802	1466	2
310						1476	1
311		英朗 GT	1.0T	4609	1798	1486	2
312			1.3T	4609	1798	1486	2
313			1.5L	4609	1798	1464	1
314		阅朗	1.3T	4539	1798	1475	1
315		凯迪拉克 CT4	2.0T	4760	1815	1421	1
316						1428	1
317		凯迪拉克 CT5	2.0T	4924	1883	1445	1
318						1453	1
319		凯迪拉克 CT6	2.0T	5223	1879	1492	2
320						1498	2
321		畅巡	纯电	4665	1813	1513	1
322						1538	1
323		科鲁泽	1.0T	4614	1798	1485	3
324			1.3T	4630	1798	1485	2
325			1.5L	4614	1798	1485	1
326		科沃兹	1.0T	4474	1730	1471	1
327			1.3L	4474	1730	1471	2
328		迈锐宝 XL	1.3T	4933	1854	1472	1
329						1476	1
330			1.5T	4933	1854	1472	1
331						1476	2
332			2.0T	4933	1854	1473	1
333	上汽通用五菱	宝骏 310	1.2L	4032	1680	1450	1
334		宝骏 310W	1.5L	4620	1710	1515	2
335						1535	3
336		宝骏 E100	纯电	2488	1506	1670	6
337		宝骏 E200	纯电	2497	1526	1616	4
338		宝骏 E300	纯电	2625	1647	1588	6
339		宝骏 E300 LUS	纯电	2894	1655	1595	2
340		宝骏 RC-5	1.5L	4650	1806	1458	4
341						1466	1
342			1.5T	4650	1806	1482	3
343		宝骏 RC-5W	1.5L	4685	1806	1465	1
344						1470	1

序号	制造商	车型	排量	外廓长度	外廓宽度	外廓高度	汇总
345	上汽通用五菱	宝骏 RC-5W	1.5T	4685	1806	1485	2
346		宝骏 RC-6	1.5T	4925	1880	1570	2
347						1580	4
348		宏光 MINI	纯电	2917	1493	1621	3
349				2920	1493	1621	3
350	神龙汽车	标致 408	1.2T	4750	1820	1488	1
351			1.6T	4750	1820	1488	1
352		标致 508L	1.6T	4870	1855	1455	1
353			1.8T	4870	1855	1455	1
354		标致 508LHEV	1.6T	4870	1855	1455	1
355		新标致 308	1.2T	4590	1820	1488	2
356		爱丽舍	1.6L	4427	1748	1476	2
357		爱丽舍 BEV	纯电	4427	1748	1476	2
358		雪铁龙 C3L	1.2T	4505	1748	1513	2
359		雪铁龙 C5	1.6T	4825	1860	1480	1
360			1.8T	4825	1860	1480	1
361		雪铁龙 C6	1.6T	4980	1858	1475	1
362			1.8T	4980	1858	1475	2
363	速达汽车	速达 SA01	纯电	4417	1737	1576	2
364		速达 SD01	纯电	4046	1737	1606	1
365	特斯拉汽车	Model 3	纯电	4694	1850	1443	4
366	沃尔沃亚太	极星 1	2.0T	4586	1958	1352	1
367		极星 2	纯电	4606	1859	1482	1
368		S60L	2.0T	4761	1850	1437	4
369		S90	2.0T	5083	1879	1450	4
370				5090	1879	1450	2
371	小鹏汽车	小鹏 7	纯电	4490	1874	1613	1
372				4880	1896	1450	5
373	一汽大众	奥迪 A3	1.4T	4312	1785	1460	1
374				4321	1785	1460	1
375				4330	1785	1460	1
376				4343	1815	1458	1
377				4351	1815	1458	1
378				4457	1796	1417	1
379				4462	1796	1417	1
380				4471	1796	1417	1
381			2.0T	4457	1796	1417	1
382				4462	1796	1417	1
383		奥迪 A4L	2.0T	4818	1843	1432	1
384				4837	1843	1432	2
385				4851	1847	1411	1
386						1439	4
387				4858	1847	1411	1
388						1439	3
389		新奥迪 A6L	2.0T	5038	1886	1475	4
390				5050	1886	1475	5
391			3.0T	5038	1886	1460	1
392						1475	1
393				5050	1886	1460	1
394						1475	1
395		e- 宝来	纯电	4663	1815	1473	1
396				4671	1815	1473	1
397		e- 高尔夫	纯电	4259	1799	1479	1
398				4267	1799	1479	1
399		宝来	1.2T	4663	1815	1462	1
400						1473	1
401			1.4T	4663	1815	1462	1
402						1473	1

序号	制造商	车型	排量	外廓长度	外廓宽度	外廓高度	汇总
403	一汽大众	宝来	1.5L	4562	1793	1468	2
404				4663	1815	1462	4
405						1473	2
406		大众 CC	2.0T	4862	1870	1447	1
407				4864	1870	1447	1
408				4865	1870	1459	1
409				4869	1870	1459	1
410		高尔夫 7	1.2T	4259	1799	1476	1
411			1.4T	4259	1799	1476	1
412				4262	1799	1476	1
413		高尔夫 8	1.4T	4296	1788	1471	1
414		高尔夫嘉旅	1.2T	4351	1807	1574	2
415			1.4T	4351	1807	1596	1
416		迈腾	1.4T	4865	1832	1469	1
417						1471	1
418				4866	1832	1464	1
419			2.0T	4865	1832	1471	2
420		速腾	1.2T	4753	1800	1462	4
421			1.4T	4753	1800	1462	2
422				4757	1800	1462	1
423		蔚领	1.5L	4559	1793	1487	1
424		新迈腾	2.0T	4866	1832	1464	1
425		捷达 VA3	1.5L	4501	1704	1469	3
426						1479	2
427	一汽丰田	威驰	1.5L	4420	1700	1490	5
428				4435	1700	1490	4
429		威驰 FS	1.5L	4140	1700	1495	3
430				4155	1700	1495	3
431		新皇冠	2.0T	5020	1805	1480	2
432		新卡罗拉	1.2T	4635	1780	1435	1
433						1455	5
434			1.8L	4635	1780	1455	3
435		新卡罗拉 HEV	1.8L	4635	1775	1470	3
436		新威驰	1.3L	4420	1700	1490	2
437		亚洲龙	2.0L	4975	1850	1450	4
438			2.5L	4975	1850	1450	3
439				4985	1850	1450	1
440		亚洲龙 HEV	2.5L	4975	1850	1450	4
441	一汽轿车	奔腾 B30	1.6L	4625	1790	1500	1
442			纯电	4632	1790	1500	1
443		新奔腾 B70	1.5T	4810	1840	1455	2
444		红旗 H5	1.5T	4945	1845	1470	1
445			1.8T	4945	1845	1470	2
446		红旗 H7	1.8T	5095	1875	1485	1
447			2.0T	5095	1875	1485	1
448			2.5L	5095	1875	1485	1
449			3.0L	5095	1875	1485	1
450		红旗 H9	2.0T	5137	1904	1493	2
451			2.5T	5137	1904	1493	1
452			3.0T	5137	1904	1493	2
453		红旗 HQE	6.0L	5555	2018	1578	1
454		红旗 L5	4.0T	5555	2018	1578	1
455		阿特兹	2.0L	4870	1840	1445	2
456			2.5L	4870	1840	1451	2
457	长安福特	福睿斯	1.5L	4587	1825	1490	7
458		金牛座	2.0T	5018	1884	1506	2
459		新福克斯 HB	1.5L	4378	1810	1468	2
460			1.5T	4378	1810	1468	3

序号	制造商	车型	排量	外廓长度	外廓宽度	外廓高度	汇总
461	长安福特	新福克斯 HB	1.5T	4404	1810	1454	1
462		新福克斯 NB	1.5L	4647	1810	1468	2
463			1.5T	4647	1810	1468	3
464				4671	1810	1454	1
465		新蒙迪欧	1.5T	4873	1852	1470	1
466			2.0T	4873	1852	1470	2
467	长安铃木	启悦	1.6L	4545	1730	1475	5
468				4605	1730	1475	1
469	长安马自达	昂克赛拉	1.5L	4662	1797	1445	3
470			2.0L	4662	1797	1445	2
471	长安汽车	尼欧Ⅱ	纯电	2770	1545	1690	1
472		锐程 CC	1.5T	4780	1825	1465	3
473				4800	1825	1465	6
474		新奔奔	纯电	3770	1650	1570	1
475		新逸动	1.6L	4710	1820	1505	3
476	长安汽车	新悦翔	1.4L	4390	1725	1468	1
477						1490	4
478			1.5L	4390	1725	1490	3
479		逸动	1.4T	4730	1820	1505	2
480			1.6L	4730	1820	1505	6
481			纯电	4740	1820	1530	4
482		逸动 DT	1.6L	4575	1750	1500	2
483						1525	2
484		逸动 XT	1.4T	4505	1820	1505	1
485			1.6L	4505	1820	1505	1
486			纯电	4535	1820	1530	1
487	长城汽车	欧拉 R1	纯电	3495	1660	1560	4
488		欧拉白猫	纯电	3625	1660	1530	3
489	知豆电动汽车	知豆 D2	纯电	2806	1540	1555	1
总计							1042

表 BX02　2020 年基本型乘用车（BV）排量与总质量参数一览表

单位：kg

序号	排量	总质量	制造商	品牌	汇总
1	1.0T	1550	上汽通用	雪佛兰	1
2		1626	东风乘用车	风神	1
3		1639	东风乘用车	风神	1
4		1641	东风本田	本田	1
5			广汽本田	本田	1
6		1655	吉利汽车	吉利	3
7			上汽通用	别克	1
8		1660	上汽通用	雪佛兰	1
9		1675	上汽通用	别克	1
10		1680	上汽通用	雪佛兰	1
11		1685	东风本田	本田	4
12		1691	广汽本田	本田	7
13		1693	东风本田	本田	3
14		1700	吉利汽车	吉利	2
15			上汽通用	雪佛兰	1
16		1725	吉利汽车	吉利	1
17		1770	上汽通用	别克	1
18	1.2L	1405	上汽通用五菱	宝骏	1
19	1.2T	1614	神龙汽车	雪铁龙	2
20		1708	神龙汽车	标致	1
21		1715	神龙汽车	标致	1
22		1735	上汽大众	斯柯达	1
23		1742	神龙汽车	标致	1
24		1755	上汽大众	斯柯达	1
25		1760	一汽大众	大众	1
26		1770	广汽丰田	丰田	6
27			一汽丰田	丰田	6
28		1780	一汽大众	大众	2
29		1790	一汽大众	大众	2
30		1820	一汽大众	大众	2
31		1850	一汽大众	大众	2
32	1.3L	1450	上汽通用	雪佛兰	1
33		1490	上汽通用	雪佛兰	1
34		1500	一汽丰田	丰田	2
35		1505	上汽通用	别克	1
36		1535	上汽通用	别克	1
37	1.3T	1695	上汽通用	别克	1
38		1705	上汽通用	雪佛兰	1
39		1710	上汽通用	别克	1
40		1720	上汽通用	别克	1
41		1725	上汽通用	雪佛兰	1
42		1740	广汽乘用车	传祺	1
43		1820	上汽通用	别克	3
44		1905	北京奔驰	奔驰	4
45			上汽通用	雪佛兰	2
46		1910	北京奔驰	奔驰	4
47			上汽通用	别克	3
48	1.4L	1330	昌河汽车	铃木	3
49		1405	昌河汽车	铃木	1
50		1425	长安汽车	长安	2
51		1435	贵航工业集团	莲花	1
52		1455	长安汽车	长安	3
53		1460	北京现代	现代	1
54			东风悦达起亚	起亚	1
55		1500	北京现代	现代	1
56			东风悦达起亚	起亚	1
57		1510	北京现代	现代	2
58		1520	东风悦达起亚	起亚	1
59		1560	北京现代	现代	1
60	1.4T	1685	吉利汽车	吉利	2
61		1700	东风悦达起亚	起亚	1
62		1720	北京现代	现代	1
63		1733	吉利汽车	帝豪	1
64		1735	吉利汽车	吉利	2
65		1740	长安汽车	长安	2
66		1743	吉利汽车	帝豪	1
67		1755	长安汽车	长安	1
68		1760	上汽大众	大众	1
69				斯柯达	1
70		1768	吉利汽车	帝豪	1
71		1775	吉利汽车	帝豪	3
72		1778	上汽大众	大众	2
73		1780	北京现代	现代	1
74			一汽大众	大众	2
75		1785	上汽大众	大众	1
76		1788	吉利汽车	帝豪	1
77		1790	上汽大众	斯柯达	1
78			一汽大众	奥迪	3
79		1795	一汽大众	奥迪	3
80		1800	北京现代	现代	4
81		1815	吉利汽车	帝豪	1
82		1820	一汽大众	大众	1
83		1830	上汽大众	大众	1
84		1840	一汽大众	大众	2
85		1860	一汽大众	奥迪	2
86				大众	3
87		1865	上汽大众	大众	1
88		1900	上汽大众	斯柯达	1
89			一汽大众	大众	1
90		1910	一汽大众	大众	1
91		1915	上汽大众	大众	1
92		1920	一汽大众	大众	1
93		1930	上汽大众	大众	1
94		2190	上汽大众	大众	1
95		2210	一汽大众	大众	1
96	1.5L	1470	广汽本田	本田	1
97			长安汽车	长安	1
98		1490	长安汽车	长安	2
99		1500	广汽本田	本田	5
100			广汽丰田	丰田	9
101			一汽丰田	丰田	15
102		1560	上汽大众	大众	3
103			一汽大众	捷达	2
104		1575	上汽大众	大众	1
105		1580	上汽大众	大众	2
106				斯柯达	2
107		1583	奇瑞汽车	凯翼	1
108		1585	比亚迪汽车	比亚迪	2
109			吉利汽车	全球鹰	2
110		1590	东南汽车	东南	1
111		1595	上汽大众	大众	2
112		1600	一汽大众	捷达	3
113		1605	奇瑞汽车	凯翼	1
114				奇瑞	1
115		1610	昌河汽车	昌河	1
116			广汽本田	本田	6

序号	排量	总质量	制造商	品牌	汇总
117			上汽乘用车	荣威	1
118		1615	北京汽车	绅宝	1
119			上汽大众	大众	2
120				斯柯达	2
121		1620	上汽大众	大众	1
122		1625	吉利汽车	帝豪	1
123		1630	北京汽车	绅宝	1
124			东南汽车	东南	1
125			华晨汽车	中华	1
126			吉利汽车	帝豪	1
127		1635	比亚迪汽车	比亚迪	1
128		1640	北京汽车	绅宝	2
129			吉利汽车	全球鹰	1
130		1644	上汽乘用车	名爵	1
131		1645	比亚迪汽车	比亚迪	1
132			昌河汽车	昌河	1
133			东风风行	东风	2
134		1647	上汽乘用车	荣威	1
135		1650	比亚迪汽车	比亚迪	1
136		1655	奇瑞汽车	奇瑞	1
137		1656	长安福特	福特	2
138		1660	华晨汽车	中华	1
139			吉利汽车	帝豪	1
140		1670	上汽大众	大众	2
141				斯柯达	1
142			长安福特	福特	1
143		1675	长安福特	福特	1
144		1680	东风悦达起亚	起亚	1
145			上汽通用五菱	宝骏	5
146			长安福特	福特	1
147		1685	北京汽车	绅宝	1
148			上汽大众	大众	1
149		1690	一汽大众	大众	1
150		1692	上汽乘用车	荣威	1
151		1695	广汽乘用车	传祺	1
152		1696	奇瑞汽车	奇瑞	2
153		1699	奇瑞汽车	奇瑞	4
154			上汽乘用车	名爵	1
155		1700	北京现代	现代	3
156			比亚迪汽车	比亚迪	1
157			一汽大众	大众	2
158			长安福特	福特	1
159		1705	上汽大众	大众	1
160				斯柯达	1
161			上汽通用	别克	1
162				雪佛兰	1
163		1720	一汽大众	大众	1
164		1722	长安福特	福特	1
165		1725	上汽大众	大众	1
166		1730	一汽大众	大众	4
167			长安福特	福特	1
168		1733	长安福特	福特	1
169		1735	长安福特	福特	1
170		1755	长安福特	福特	1
171		1760	北京现代	现代	1
172		1765	长安马自达	马自达	1
173		1780	北京现代	现代	1
174		1800	上汽通用五菱	宝骏	7
175		1801	东风本田	本田	3
176			广汽本田	本田	4
177		1805	长安马自达	马自达	2
178		1810	一汽大众	大众	1
179		1980	上汽通用	别克	1
180	1.5T	1656	北京汽车	绅宝	1
181		1663	北京汽车	绅宝	1
182			东风乘用车	风神	2
183		1701	奇瑞汽车	奇瑞	1
184		1725	华晨汽车	中华	1
185		1730	比亚迪汽车	比亚迪	1
186		1732	上汽乘用车	荣威	1
187		1740	东风本田	本田	9
188		1743	上汽乘用车	名爵	2
189		1745	上汽乘用车	荣威	1
190		1755	比亚迪汽车	比亚迪	1
191		1757	上汽乘用车	名爵	1
192		1761	奇瑞汽车	奇瑞	2
193		1769	上汽乘用车	荣威	2
194		1775	东风本田	本田	4
195		1776	长安福特	福特	1
196		1778	上汽乘用车	名爵	2
197		1783	吉利汽车	帝豪	1
198		1785	北京汽车	绅宝	1
199		1795	北京汽车	绅宝	2
200		1796	长安福特	福特	1
201		1798	长安福特	福特	1
202		1800	吉利汽车	帝豪	1
203		1803	长安福特	福特	1
204		1810	长安汽车	长安	2
205		1820	长安福特	福特	1
206		1824	长安福特	福特	1
207		1832	长安福特	福特	1
208		1835	吉利汽车	帝豪	1
209			长安汽车	长安	2
210		1845	华晨宝马	宝马	2
211			长安福特	福特	1
212		1850	观致汽车	观致	1
213		1855	华晨宝马	宝马	6
214		1857	江淮汽车	江淮	1
215		1860	上汽通用五菱	宝骏	5
216		1865	江淮汽车	江淮	1
217			长安汽车	长安	5
218		1875	北京汽车	绅宝	1
219		1887	广汽乘用车	传祺	3
220			吉利汽车	领克	5
221		1890	一汽轿车	奔腾	1
222		1900	上汽通用	别克	3
223		1905	上汽乘用车	荣威	1
224			上汽通用	雪佛兰	3
225		1910	上汽通用	别克	2
226		1919	上汽乘用车	名爵	1
227		1920	上汽通用五菱	宝骏	4
228		1930	北京现代	现代	2
229			东风悦达起亚	起亚	1
230		1935	一汽轿车	奔腾	1
231		1940	上汽乘用车	荣威	1
232		1950	上汽乘用车	名爵	1
233		1960	上汽通用五菱	宝骏	2
234		1970	一汽轿车	红旗	1

序号	排量	总质量	制造商	品牌	汇总
235		1995	上汽通用	别克	1
236		2000	东风本田	本田	7
237			广汽本田	本田	6
238		2002	长安福特	福特	1
239		2025	吉利汽车	帝豪	1
240		2035	吉利汽车	吉利	1
241		2040	比亚迪汽车	比亚迪	1
242		2065	比亚迪汽车	比亚迪	1
243		2090			2
244		2100	北京奔驰	奔驰	1
245		2105	吉利汽车	领克	3
246		2150	北京奔驰	奔驰	3
247			比亚迪汽车	比亚迪	1
248		2165	吉利汽车	吉利	1
249		2180	北京奔驰	奔驰	1
250		2215	吉利汽车	吉利	1
251		2220	北京奔驰	奔驰	1
252		2350	北京奔驰	奔驰	2
253		2440	北京奔驰	奔驰	2
254		2510	吉利汽车	吉利	1
255		2735	吉利汽车	吉利	1
256	1.6L	1440	长安铃木	铃木	2
257		1495	长安铃木	铃木	1
258		1535	长安铃木	铃木	2
259		1555	长安铃木	铃木	1
260		1560	东风悦达起亚	起亚	1
261		1580	神龙汽车	雪铁龙	1
262		1583	奇瑞汽车	凯翼	1
263				奇瑞	1
264		1595	东风日产	日产	2
265			长安汽车	长安	2
266		1600	东风日产	日产	2
267			东风悦达起亚	起亚	1
268		1615	长安汽车	长安	2
269		1620	东风日产	日产	2
270			东风悦达起亚	起亚	1
271		1625	东风日产	日产	3
272		1630	东风日产	日产	4
273			神龙汽车	雪铁龙	1
274		1640	北京现代	现代	6
275			东风日产	启辰	3
276		1645	长安汽车	长安	2
277		1650	东风日产	日产	4
278		1651	奇瑞汽车	凯翼	1
279				奇瑞	1
280		1655	东风风行	东风	1
281			东风日产	日产	4
282		1660	东风乘用车	风神	1
283			东风日产	启辰	3
284		1664	北京现代	现代	2
285			上汽乘用车	荣威	1
286		1670	东风日产	启辰	4
287				日产	6
288		1675	东风风行	东风	1
289		1680	北京现代	现代	2
290			东风日产	日产	3
291		1690	东风日产	日产	3
292		1694	上汽乘用车	荣威	1
293		1700	东风日产	启辰	4
294			海马汽车	海马	1
295			长安汽车	长安	5
296		1705	东风乘用车	风神	2
297		1715	奇瑞汽车	奇瑞	2
298			上汽乘用车	荣威	1
299		1720	长安汽车	长安	3
300		1760	一汽轿车	奔腾	1
301		1980	东风悦达起亚	起亚	1
302		2000	北京现代	现代	1
303	1.6T	1802	神龙汽车	标致	1
304		1860	北京现代	现代	4
305		1900	北京现代	现代	2
306			东风悦达起亚	起亚	1
307		1932	神龙汽车	标致	1
308		1984	神龙汽车	雪铁龙	1
309		1990	东风悦达起亚	起亚	2
310		2032	神龙汽车	雪铁龙	1
311		2241	神龙汽车	标致	1
312	1.8L	1637	吉利汽车	帝豪	1
313		1640	吉利汽车	全球鹰	1
314		1695	吉利汽车	帝豪	1
315		1715	吉利汽车	帝豪	1
316		1845	广汽丰田	丰田	5
317			一汽丰田	丰田	3
318		1860	北京现代	现代	2
319			东风悦达起亚	起亚	2
320		1975	广汽丰田	丰田	3
321			一汽丰田	丰田	3
322	1.8T	1981	神龙汽车	标致	1
323		2026	北京汽车	绅宝	1
324		2027	神龙汽车	雪铁龙	1
325		2033	一汽轿车	红旗	1
326		2035	吉利汽车	吉利	1
327		2050	神龙汽车	雪铁龙	1
328		2056	神龙汽车	雪铁龙	1
329		2065	一汽轿车	红旗	1
330		2075	吉利汽车	吉利	1
331		2105	广汽乘用车	传祺	3
332		2165	广汽乘用车	传祺	1
333		2200	一汽轿车	红旗	1
334	2.0L	1853	长安马自达	马自达	1
335		1870	东风日产	日产	3
336		1915	东风日产	日产	7
337		1936	长安马自达	马自达	1
338		1940	东风悦达起亚	起亚	1
339		1972	一汽轿车	马自达	1
340		1981	一汽轿车	马自达	1
341		1995	东风日产	日产	3
342		2030	广汽丰田	丰田	5
343		2070	一汽丰田	丰田	4
344		2100	东风本田	本田	3
345			广汽本田	本田	4
346		2200	东风悦达起亚	起亚	1
347		2230	北京现代	现代	1
348	2.0T	1890	一汽大众	奥迪	2
349		1940	华晨宝马	宝马	2
350		1945	吉利汽车	领克	2
351		1960	上汽通用	雪佛兰	1
352		1985	上汽通用	凯迪拉克	1

序号	排量	总质量	制造商	品牌	汇总
353		1990	北京现代	现代	2
354			上汽通用	别克	1
355		1995	东风日产	日产	5
356			东风悦达起亚	起亚	2
357			上汽大众	斯柯达	1
358			上汽通用	凯迪拉克	1
359		2000	一汽大众	大众	2
360		2010	上汽大众	斯柯达	1
361		2015	一汽大众	奥迪	2
362		2030	华晨宝马	宝马	1
363		2035	上汽大众	大众	1
364			长安福特	福特	1
365		2050	北京奔驰	奔驰	2
366			华晨宝马	宝马	1
367			吉利汽车	吉利	2
368			一汽大众	奥迪	4
369				大众	1
370		2055	华晨宝马	宝马	4
371			上汽大众	大众	1
372			上汽通用	凯迪拉克	1
373		2060	华晨宝马	宝马	1
374			一汽大众	大众	2
375		2069	长安福特	福特	1
376		2085	上汽通用	别克	3
377		2100	吉利汽车	领克	3
378		2105	北京奔驰	奔驰	1
379			广汽乘用车	传祺	3
380			上汽通用	凯迪拉克	1
381		2110	一汽大众	奥迪	1
382				大众	1
383		2120	一汽大众	奥迪	2
384		2130	一汽大众	奥迪	3
385				大众	1
386		2140	一汽丰田	丰田	2
387		2155	北京奔驰	奔驰	1
388		2156	长安福特	福特	1
389		2160	北京奔驰	奔驰	1
390			华晨宝马	宝马	1
391		2165	华晨宝马	宝马	1
392		2180	奇瑞捷豹路虎	捷豹	4
393		2190	沃尔沃亚太	沃尔沃	3
394		2200	东风英菲尼迪	英菲尼迪	10
395			一汽轿车	红旗	1
396		2213	长安福特	福特	1
397		2215	上汽通用	凯迪拉克	3
398		2225	华晨宝马	宝马	3
399		2245	华晨宝马	宝马	4
400		2250	北京奔驰	奔驰	1
401		2260	华晨宝马	宝马	2
402		2270	上汽通用	凯迪拉克	1
403		2280	奇瑞捷豹路虎	捷豹	2
404		2285	上汽大众	大众	1
405		2300	沃尔沃亚太	沃尔沃	3
406		2305	华晨宝马	宝马	1
407		2315	华晨宝马	宝马	1
408			上汽大众	大众	2
409		2320	华晨宝马	宝马	2
410			一汽大众	奥迪	4
411		2325	一汽轿车	红旗	2
412		2330	奇瑞捷豹路虎	捷豹	1
413			沃尔沃亚太	沃尔沃	1
414		2350	北京奔驰	奔驰	4
415			奇瑞捷豹路虎	捷豹	1
416			一汽大众	奥迪	2
417		2380	上汽大众	大众	1
418		2385	一汽大众	奥迪	2
419		2395	比亚迪汽车	比亚迪	2
420		2440	北京奔驰	奔驰	2
421		2510	沃尔沃亚太	沃尔沃	1
422		2525	华晨宝马	宝马	2
423		2540	华晨宝马	宝马	2
424		2620	沃尔沃亚太	沃尔沃	2
425		2645	一汽大众	奥迪	1
426		2660	北京奔驰	奔驰	1
427		2670	沃尔沃亚太	极星	1
428	2.4L	2100	广汽本田	讴歌	1
429	2.5L	1900	东风日产	日产	3
430		1990	东风日产	日产	3
431		2000	东风日产	日产	2
432		2023	一汽轿车	马自达	1
433		2030	广汽丰田	丰田	5
434		2035	一汽轿车	马自达	1
435		2070	一汽丰田	丰田	4
436		2100	广汽丰田	丰田	5
437		2145	一汽丰田	丰田	4
438		2200	一汽轿车	红旗	1
439	2.5T	2505	一汽轿车	红旗	1
440	3.0L	2200	一汽轿车	红旗	1
441	3.0T	2505	一汽大众	奥迪	4
442			一汽轿车	红旗	2
443		2525	上汽大众	大众	1
444	4.0T	3550	一汽轿车	红旗	1
445	6.0L	3625	一汽轿车	红旗	1
446	纯电	760	北汽有限	北京	1
447		945	长安汽车	长安	1
448		980	上汽通用五菱	宝骏	2
449				五菱	2
450		990	上汽通用五菱	宝骏	3
451		992	上汽通用五菱	宝骏	1
452		996	上汽通用五菱	宝骏	1
453		999	上汽通用五菱	宝骏	2
454		1010	领途汽车	领途	1
455		1015	上汽通用五菱	宝骏	1
456			知豆电动汽车	知豆	1
457		1020	上汽通用五菱	五菱	4
458		1110	上汽通用五菱	宝骏	1
459		1130	海马汽车	海马	1
460		1153	上汽乘用车	科莱威	1
461		1170	北汽有限	北京	1
462		1180	北汽新能源	北京	1
463		1190	雷丁汽车	雷丁	2
464			明君汽车	华凯	1
465			山东梅拉德	雷丁	1
466		1210	上汽通用五菱	宝骏	5
467		1225	奇瑞汽车	奇瑞	1
468		1260	海马汽车	海马	1
469			明君汽车	华凯	1
470		1265	昌河汽车	铃木	1

序号	排量	总质量	制造商	品牌	汇总
471		1275	奇瑞汽车	奇瑞	2
472		1278	江铃汽车	江铃	1
473		1280	吉麦新能源	凌宝	1
474		1285	奇瑞汽车	奇瑞	1
475		1287	长城汽车	欧拉	3
476		1300	长城汽车	欧拉	1
477		1305	江铃汽车	江铃	1
478			奇瑞汽车	奇瑞	2
479		1310	长城汽车	欧拉	1
480		1320	海马汽车	海马	1
481			长城汽车	欧拉	1
482		1325	江铃汽车	江铃	1
483		1330	吉麦新能源	凌宝	1
484		1335	国机智骏	智骏	1
485			海马汽车	海马	2
486		1342	长城汽车	欧拉	1
487		1350	国机智骏	智骏	1
488		1360	雷丁汽车	雷丁	1
489			上汽通用五菱	宝骏	2
490		1385	江铃汽车	江铃	2
491		1389	汉腾汽车	汉腾	1
492		1394	零跑汽车	零跑	1
493		1415	江铃汽车	江铃	2
494		1418	国机智骏	智骏	1
495		1425	比亚迪汽车	比亚迪	2
496			零跑汽车	零跑	1
497		1430	国机智骏	智骏	1
498		1440	北汽新能源	北京	1
499			江铃汽车	江铃	2
500		1445	比亚迪汽车	比亚迪	2
501		1450	江淮汽车	江淮	2
502		1485	江淮汽车	江淮	2
503		1490	零跑汽车	零跑	1
504		1530	江淮汽车	江淮	5
505			零跑汽车	零跑	1
506		1555	长安汽车	长安	1
507		1625	比亚迪汽车	比亚迪	1
508			神龙汽车	雪铁龙	1
509		1650	东风乘用车	风神	1
510				俊风	1
511			奇瑞汽车	凯翼	1
512		1656	神龙汽车	雪铁龙	1
513		1675	江淮汽车	江淮	2
514		1700	比亚迪汽车	比亚迪	1
515			奇瑞汽车	凯翼	1
516		1705	比亚迪汽车	比亚迪	1
517		1725	江淮汽车	江淮	1
518			速达汽车	速达	1
519		1765	速达汽车	速达	2
520		1795	吉麦新能源	凌宝	1
521		1838	一汽轿车	奔腾	1
522		1859	上汽乘用车	荣威	1
523		1895	比亚迪汽车	比亚迪	1
524		1915	比亚迪汽车	比亚迪	1
525		1918	北汽新能源	北京	1
526		1920	奇瑞汽车	奇瑞	2
527		1925	东风乘用车	俊风	4
528		1932	东风乘用车	风神	1
529		1935	奇瑞汽车	奇瑞	1

序号	排量	总质量	制造商	品牌	汇总
530		1938	北汽新能源	北京	1
531		1939	东风乘用车	风神	1
532		1940	东风日产	日产	3
533			上汽通用	别克	1
534		1945	成功汽车	太行成功	1
535		1950	东风日产	启辰	3
536		1969	东风乘用车	风神	2
537		1970	吉利汽车	帝豪	1
538			上汽大众	大众	1
539		1974	上汽乘用车	荣威	2
540		1975	北汽新能源	北京	2
541		1979	上汽乘用车	荣威	1
542		1980	比亚迪汽车	比亚迪	1
543			一汽大众	大众	2
544		1990	一汽大众	大众	2
545		1994	上汽乘用车	荣威	1
546		2002	上汽乘用车	荣威	1
547		2010	长安汽车	长安	2
548		2013	北汽新能源	北京	1
549		2015	北汽新能源	北京	1
550		2017	特斯拉汽车	特斯拉	1
551		2025	比亚迪汽车	比亚迪	2
552			吉利汽车	几何	4
553			长安汽车	长安	3
554		2033	北汽新能源	北京	1
555		2035	广汽乘用车	传祺	3
556			广汽丰田	广汽	1
557		2036	东风风行	东风	1
558		2040	东风悦达起亚	起亚	1
559		2045	江淮汽车	江淮	1
560		2050	上汽乘用车	荣威	1
561		2055	北汽新能源	北京	1
562		2060	上汽通用	雪佛兰	2
563		2075	华晨汽车	中华	1
564			江淮汽车	江淮	1
565			上汽通用	别克	1
566		2080	北京现代	现代	1
567		2085	比亚迪汽车	比亚迪	1
568			上汽乘用车	荣威	1
569		2090			4
570		2100	北汽新能源	北京	1
571		2110	前途汽车	前途	1
572		2150	江淮汽车	江淮	3
573		2170	特斯拉汽车	特斯拉	1
574		2175	江淮汽车	江淮	1
575		2180	观致汽车	观致	1
576		2184	特斯拉汽车	特斯拉	1
577		2200	国能汽车	国能	1
578		2265	小鹏汽车	小鹏	2
579		2270	小鹏汽车	小鹏	1
580		2300	特斯拉汽车	特斯拉	1
581		2310	小鹏汽车	小鹏	2
582		2365	江淮汽车	江淮	1
583		2395	比亚迪汽车	比亚迪	1
584		2435	小鹏汽车	小鹏	1
585		2545	比亚迪汽车	比亚迪	1
586		2600	沃尔沃亚太	极星	1
总计					1042

通过对2020年基本型乘用车56家1042车型轮胎参数数据分析，共计配置有70款轮胎。其中规格型号为205/55R16的轮胎被5大派系全部使用，有136个车型，位居第一位，占比达13.1%。具体数据参见表BT01 2020年基本型乘用车（BV）轮胎规格一览表。

表BT01 2020年基本型乘用车（BV）轮胎规格一览表

序号	轮胎规格	韩系	美系	欧系	日系	自主	合计	占比
	总计	61	81	234	242	424	1042	100.0%
1	205/55R16	14	5	24	15	78	136	13.1%
2	205/60R16	5	9	13	9	47	83	8.0%
3	215/55R17	8	4	6	24	23	65	6.2%
4	195/65R15	12	16	16	8	10	62	6.0%
5	185/60R15			7	35	10	52	5.0%
6	195/60R16				23	20	43	4.1%
7	225/55R17		8	11	7	17	43	4.1%
8	245/45R18		2	37	2		41	3.9%
9	205/50R17		2		5	27	34	3.3%
10	215/50R17	2	2	1	11	18	34	3.3%
11	215/55R16			3	27	1	31	3.0%
12	225/45R17	7	2	18	3		30	2.9%
13	185/65R15	5	2	6	4	11	28	2.7%
14	225/45R18			20		8	28	2.7%
15	225/50R17			10	17		27	2.6%
16	145/70R12					23	23	2.2%
17	235/45R18	2	1	1	19		23	2.2%
18	215/60R16		1	11	3	3	18	1.7%
19	165/65R15					16	16	1.5%
20	165/65R14					15	15	1.4%
21	175/70R14	4		11			15	1.4%
22	205/65R16		6		9		15	1.4%
23	175/65R14				1	10	11	1.1%
24	245/45R19		3	2		6	11	1.1%
25	225/55R18			4		6	10	1.0%
26	245/40R18			7		3	10	1.0%
27	245/40R19	2	1		6		9	0.9%
28	225/60R17			8			8	0.8%
29	245/50R18					8	8	0.8%
30	175/60R15					7	7	0.7%
31	155/65R14					6	6	0.6%
32	165/60R14					6	6	0.6%
33	235/50R18		5			1	6	0.6%
34	155/70R13					5	5	0.5%
35	195/60R15					5	5	0.5%
36	205/55R17			4		1	5	0.5%
37	235/40R19		4	1			5	0.5%
38	255/40R19			5			5	0.5%
39	165/65R13				4		4	0.4%
40	195/50R18					4	4	0.4%
41	195/55R15					4	4	0.4%
42	205/65R15					4	4	0.4%
43	245/35R19			4			4	0.4%
44	225/45R19				2	1	3	0.3%
45	225/50R18				1	2	3	0.3%
46	145/60R13					2	2	0.2%
47	185/60R16				2		2	0.2%
48	185/70R14		2				2	0.2%
49	195/50R16					2	2	0.2%
50	205/50R16				2		2	0.2%
51	215/45R18				2		2	0.2%
52	215/65R17					2	2	0.2%
53	225/40R19			2			2	0.2%
54	235/35R19			1		1	2	0.2%
55	235/40R18		2				2	0.2%
56	235/55R17		2				2	0.2%
57	275/40R20					2	2	0.2%
58	155/60R15					1	1	0.1%
59	155/65R13					1	1	0.1%
60	165/55R12					1	1	0.1%
61	165/70R14					1	1	0.1%
62	175/55R16					1	1	0.1%
63	175/60R13					1	1	0.1%
64	175/60R14				1		1	0.1%
65	185/55R15					1	1	0.1%
66	195/55R16		1				1	0.1%
67	215/55R18					1	1	0.1%
68	235/45R17					1	1	0.1%
69	235/50R17		1				1	0.1%
70	275/30R21			1			1	0.1%

通过对2020年基本型乘用车56家1042车型轮胎参数数据分析，共计使用有13个轮胎宽度。其中轮胎宽度为205的轮胎被5大派系全部使用，有279个车型，位居第一位，占比达26.8%。具体数据参见表BT02 2020年基本型乘用车（BV）轮胎宽度分析表。

表BT02 2020年基本型乘用车（BV）轮胎宽度分析表

序号	轮胎宽度	韩系	美系	欧系	日系	自主	合计	占比
1	145					25	25	2.4%
2	155					13	13	1.2%
3	165				4	39	43	4.1%
4	175	4		11	2	19	36	3.5%
5	185	5	4	13	41	22	85	8.2%
6	195	12	17	16	31	45	121	11.6%
7	205	19	22	41	40	157	279	26.8%
8	215	10	7	21	67	48	153	14.7%
9	225	7	10	73	30	34	154	14.8%
10	235	2	15	3	19	3	42	4.0%
11	245	2	6	50	8	17	83	8.0%
12	255			5			5	0.5%
13	275			1		2	3	0.3%
总计		61	81	234	242	424	1042	100.0%

通过对2020年基本型乘用车56家1042车型轮胎参数数据分析，共计使用有9个轮胎高宽比。其中轮胎高宽比为55的轮胎被5大派系全部使用，有301个车型，位居第一位，占比达28.9%。具体数据参见表BT03 2020年基本型乘用车（BV）轮胎高宽比分析表。

表BT03 2020年基本型乘用车（BV）轮胎高宽比分析表

序号	轮胎高宽比	韩系	美系	欧系	日系	自主	合计	占比
1	/30			1			1	0.1%
2	/35			5		1	6	0.6%
3	/40	2	7	15	6	5	35	3.4%
4	/45	9	8	78	28	16	139	13.3%
5	/50	2	10	11	36	62	121	11.6%
6	/55	22	20	52	73	134	301	28.9%
7	/60	5	10	39	73	102	229	22.0%
8	/65	17	24	22	26	75	164	15.7%
9	/70	4	2	11		29	46	4.4%
总计		61	81	234	242	424	1042	100.0%

通过对2020年基本型乘用车56家1042车型轮胎参数数据分析，共计使用有10个轮胎内径。其中轮胎内径为R16的轮胎被5大派系全部使用，有334个车型，位居第一位，占比达32.1%。具体数据参见表BT04 2020年基本型乘用车（BV）轮胎内径分析表。

表BT04 2020年基本型乘用车（BV）轮胎内径分析表

序号	轮胎内径	韩系	美系	欧系	日系	自主	合计	占比
1	R12					24	24	2.3%
2	R13				4	9	13	1.2%
3	R14	4	2	11	2	38	57	5.5%
4	R15	17	18	29	47	69	180	17.3%
5	R16	19	22	51	90	152	334	32.1%
6	R17	17	21	58	67	89	252	24.2%
7	R18	2	10	69	24	33	138	13.2%
8	R19	2	8	15	8	8	41	3.9%
9	R20					2	2	0.2%
10	R21			1			1	0.1%
总计		61	81	234	242	424	1042	100.0%

表 BT05　2020 年基本型乘用车（BV）车型与轮胎规格一览表

序号	制造商	车型	排量	轮胎规格	汇总
1	北京奔驰	奔驰 A 级	1.3T	225/45R18	4
2				205/60R16	2
3				205/55R17	2
4			2.0T	225/45R18	2
5		奔驰 A 级 AMG	2.0T	235/35R19	1
6		奔驰 C 级	1.5T	225/50R17	5
7				225/45R18	2
8				225/40R19	1
9			2.0T	225/45R18	2
10		奔驰 E 级	1.5T	245/45R18	4
11			2.0T	245/45R18	7
12		奔驰 E 级 HEV	2.0T	245/45R18	1
13	北京汽车	U5	1.5L	205/55R16	1
14			1.5T	205/50R17	1
15		绅宝 D70	1.8T	235/45R17	1
16		新绅宝 D50	1.5L	205/55R16	3
17				205/50R17	1
18			1.5T	205/55R16	1
19		智道 U7	1.5T	205/60R16	4
20	北京现代	第七代伊兰特	1.4T	225/45R17	1
21			1.5L	225/45R17	2
22				205/55R16	1
23		菲斯塔	1.4T	225/45R17	2
24				205/55R16	2
25			1.6T	205/55R16	4
26		菲斯塔 BEV	纯电	225/45R17	1
27		领动	1.4T	205/55R16	1
28			1.5L	205/55R16	2
29		领动 HEV	1.6L	205/55R16	1
30		名图	1.6T	215/50R17	1
31				205/60R16	1
32			1.8L	215/50R17	1
33				205/60R16	1
34		瑞纳	1.4L	175/70R14	2
35		索纳塔九	2.0L	215/55R17	1
36		索纳塔十	1.5T	235/45R18	1
37			1.5T	215/55R17	1
38			2.0T	245/40R19	1
39			2.0T	235/45R18	1
40		新伊兰特悦动	1.6L	195/65R15	8
41		伊兰特悦动	1.6L	195/65R15	1
42				185/65R15	1
43		悦纳	1.4L	185/65R15	3
44	北汽新能源	ARCFOX Lite	纯电	155/60R15	1
45		EC 系列		165/60R14	1
46		EU300		205/60R16	4
47		EU5		215/50R17	4
48		EU7		225/45R18	1
49	北汽有限	大猫	纯电	165/60R14	1
50		小猫		165/55R12	1
51	比亚迪汽车	比亚迪 E1	纯电	165/60R14	4
52		比亚迪 E2		205/60R16	2
53		比亚迪 E3		205/60R16	1
54		比亚迪 E5		205/55R16	1
55		比亚迪 F3	1.5L	195/60R15	3
56		比亚迪汉 BEV	纯电	245/50R18	2
57	比亚迪汽车	比亚迪汉 HEV	2.0T	245/50R18	2
58		比亚迪秦	1.5L	205/55R16	2
59		比亚迪秦 BEV	纯电	205/55R16	2
60		比亚迪秦 HEV	1.5T	205/50R17	1
61		比亚迪秦 ro	1.5L	205/60R16	1
62			1.5T	205/60R16	2
63		比亚迪秦 ro BEV	纯电	225/55R17	3
64		比亚迪秦 ro HEV	1.5T	215/55R17	2
65	昌河汽车	昌河 A6	1.5L	205/55R16	2
66		北斗星	1.4L	165/65R13	3
67		北斗星 EC100	纯电	165/65R13	1
68		北斗星 X5	1.4L	175/60R14	1
69	成功汽车	企鹅	纯电	185/65R15	1
70	东风本田	本田 INSIRE	1.5T	225/50R17	7
71			2.0L	235/45R18	2
72				225/50R17	1
73		享域	1.0T	215/55R16	4
74			1.5L	215/55R16	2
75				215/50R17	1
76		新思域	1.0T	215/55R16	4
77			1.5T	215/55R16	5
78				215/50R17	8
79	东风乘用车	风神 A60	1.6L	195/60R16	3
80		风神 E60	纯电	195/60R16	1
81		风神 E70		205/50R17	3
82		奕炫	1.0T	205/55R16	2
83			1.5T	205/55R16	2
84		奕炫 BEV	纯电	205/50R17	1
85		俊风 E11K		205/60R16	4
86		俊风 EV30		185/65R15	1
87	东风风行	景逸 S50	1.5L	195/65R15	1
88				195/60R16	1
89			1.6L	195/60R16	2
90			纯电	195/60R16	1
91	东风日产	启辰 D60	1.6L	205/50R17	5
92				195/60R16	9
93		启辰 D60 BEV	纯电	195/60R16	3
94		蓝鸟	1.6L	205/50R17	3
95				195/60R16	4
96		骐达	1.6L	205/50R17	2
97				195/60R16	7
98		天籁	2.0L	215/60R16	2
99				215/55R17	1
100			2.5L	215/60R16	1
101				215/55R17	2
102		天籁 ALTIMA	2.0L	215/55R17	3
103				205/65R16	7
104			2.0T	215/55R17	4
105				205/65R16	1
106		天籁公爵	2.5L	215/55R17	2
107		西玛	2.5L	245/45R18	2
108				245/40R19	1
109		新轩逸	1.6L	215/50R17	2
110				205/60R16	6
111				195/60R16	9
112			纯电	195/60R16	3

序号	制造商	车型	排量	轮胎规格	汇总
113	东风英菲尼迪	Q50L	2.0T	245/40R19	5
114				225/55R17	4
115				225/50R18	1
116	东风悦达起亚	福瑞迪	1.6L	195/65R15	3
117		焕驰	1.4L	175/70R14	2
118		凯绅	1.6T	205/60R16	1
119			1.8L	205/60R16	2
120		起亚 K3	1.4T	205/55R16	1
121			1.5L	205/55R16	1
122		起亚 K3 BEV	纯电	225/45R17	1
123		起亚 K3 HEV	1.6L	205/55R16	1
124		新起亚 K2	1.4L	185/65R15	1
125		新起亚 K5	1.5T	215/55R17	1
126			1.6T	215/55R17	2
127			2.0L	215/55R17	2
128			2.0T	245/40R19	1
129				215/55R17	1
130	东南汽车	A5 翼舞	1.5L	195/65R15	2
131	观致汽车	观致 3	1.5T	205/60R16	1
132		观致 3 EV500	纯电	215/55R18	1
133	广汽本田	飞度	1.5L	185/60R16	2
134				185/60R15	10
135		凌派	1.0T	215/55R16	8
136			1.5L	215/55R16	4
137		雅阁	1.5T	225/50R17	6
138			2.0L	235/45R18	2
139				225/50R17	2
140		讴歌 TLX-L	2.4L	225/55R17	1
141	广汽乘用车	传祺 AION.S	纯电	215/55R17	5
142		传祺 GA4	1.3T	205/55R16	1
143			1.5L	205/55R16	1
144		传祺 GA6	1.5T	215/60R16	3
145		传祺 GA8	1.8T	225/55R17	4
146			2.0T	225/55R17	3
147	广汽丰田	雷凌	1.2T	225/45R17	2
148				205/55R16	3
149				195/65R15	1
150			1.8L	225/45R17	1
151				205/55R16	6
152				195/65R15	1
153		新凯美瑞	2.0L	235/45R18	2
154				215/55R17	2
155				205/65R16	1
156			2.5L	235/45R18	10
157		致享	1.5L	185/60R15	4
158		致炫	1.5L	185/60R15	5
159		广汽 iA5	纯电	215/55R17	3
160	贵航工业	云雀 Q1	1.4L	185/55R15	1
161	国机智骏	智骏 GC1	纯电	165/65R15	2
162		智骏 GC2		165/65R15	2
163	国能汽车	国能 93	纯电	225/55R17	1
164	海马汽车	爱尚	纯电	155/65R14	3
165				155/65R13	1
166		福美来 M5	1.6L	195/65R15	1
167		海马 E1	纯电	155/65R14	1
168	汉腾汽车	小幸福 BEV	纯电	175/65R14	1
169	华晨宝马	宝马 1 系	1.5T	225/45R17	2
170				205/55R16	6
171	华晨宝马	宝马 1 系	2.0T	225/45R17	2
172		宝马 3 系	2.0T	225/45R18	9
173		宝马 5 系	2.0T	245/45R18	16
174				225/55R17	1
175	华晨汽车	中华 H3	1.5T	205/55R16	1
176		中华 H330	1.5L	195/65R15	2
177		中华 H530	纯电	205/55R17	1
178	吉利汽车	帝豪 GL	1.4T	205/55R16	8
179			1.5T	215/55R16	1
180				205/55R16	3
181			1.8L	205/55R16	2
182		新帝豪 NB	1.5L	205/65R15	3
183			1.8L	205/65R15	1
184			纯电	205/50R17	1
185		缤瑞	1.0T	205/55R16	5
186				195/65R15	1
187			1.4T	205/55R16	4
188		博瑞 GE	1.5T	215/55R17	3
189			1.8T	215/55R17	2
190		吉利 TX	1.5T	215/65R17	1
191		星瑞	2.0T	225/45R18	2
192		英伦 TX5	1.5T	215/65R17	1
193		几何 A	纯电	195/50R18	4
194		领克 03	1.5T	225/45R18	3
195				215/50R17	5
196			2.0T	245/40R18	3
197				225/45R18	2
198		新远景	1.5L	205/55R16	1
199				195/60R15	2
200			1.8L	205/55R16	1
201	吉麦新能源	凌宝 BOX	纯电	165/65R14	2
202		凌宝 K23		175/65R14	1
203	江淮汽车	嘉悦 A5	1.5T	215/50R17	2
204		江淮 iC5	纯电	215/55R17	2
205		江淮 iEV6E		185/65R15	4
206				165/65R14	7
207		江淮 iEV7		185/60R15	1
208		江淮 iEVA50		205/50R17	4
209		江淮 iEVA60		225/55R17	1
210	江铃汽车	易至 EV2	纯电	165/65R14	3
211		易至 EV3		175/60R15	6
212	雷丁汽车	雷丁 i3	纯电	155/70R13	2
213		雷丁 i5		165/65R14	1
214	零跑汽车	零跑 S01	纯电	195/50R16	2
215		零跑 T03		165/65R14	2
216	领途汽车	领途 V3S	纯电	145/70R12	1
217	明君汽车	华凯 360EV	纯电	155/65R14	2
218	奇瑞捷豹路虎	捷豹 XEL	2.0T	225/45R18	1
219				225/40R19	1
220				205/55R17	2
221		捷豹 XFL	2.0T	245/45R18	3
222				225/55R17	1
223	奇瑞汽车	凯翼 C3	纯电	185/60R15	2
224		凯翼 E3	1.5L	185/60R15	2
225			1.6L	185/60R15	2
226		艾瑞泽 5	1.5L	205/50R17	1
227			1.5T	205/50R17	1
228			1.6L	205/55R16	2

序号	制造商	车型	排量	轮胎规格	汇总
229	奇瑞汽车	艾瑞泽 5	纯电	205/55R16	3
230		艾瑞泽 EX	1.5L	205/50R17	2
231		艾瑞泽 GX	1.5L	205/50R17	4
232			1.5T	205/50R17	2
233		奇瑞 E3	1.5L	185/60R15	1
234			1.6L	185/60R15	2
235		奇瑞 EQ1	纯电	165/65R15	6
236	前途汽车	前途 K50	纯电	235/35R19	1
237	梅拉德	比德文 E3	纯电	155/70R13	1
238	上汽乘用车	Clever	纯电	175/60R13	1
239		名爵 5	1.5L	205/55R16	2
240			1.5T	205/55R16	1
241		新名爵 6	1.5T	215/50R17	1
242				205/55R16	5
243		荣威 360	1.5L	205/55R16	1
244		荣威 ei5	纯电	205/60R16	6
245		荣威 ei6	1.5T	215/50R17	1
246			纯电	205/55R16	1
247		荣威 ER6	纯电	205/55R16	1
248		荣威 i5	1.5L	195/65R15	2
249			1.5T	205/55R16	2
250		荣威 i6	1.5T	205/55R16	1
251			1.6L	205/55R16	3
252		荣威 i6 MAX	1.5T	205/55R16	2
253	上汽大众	波罗	1.5L	185/65R15	2
254		辉昂	2.0T	245/45R18	1
255				225/55R17	3
256			3.0T	245/45R18	1
257		朗逸	1.5L	195/65R15	2
258		凌渡	1.4T	225/50R17	2
259			1.4T	205/60R16	2
260		帕萨特	1.4T	215/60R16	3
261			2.0T	215/60R16	2
262		新朗逸	1.4T	225/45R17	1
263				195/65R15	1
264			1.5L	195/65R15	3
265			纯电	195/65R15	1
266		新桑塔纳尚纳	1.5L	175/70R14	9
267		昕动	1.5L	185/60R15	2
268		昕锐	1.5L	185/60R15	2
269		新明锐	1.2T	195/65R15	2
270			1.4T	195/65R15	2
271			1.5L	195/65R15	2
272		新速派	1.4T	215/60R16	1
273			2.0T	215/60R16	2
274	上汽通用	别克 Velite 6	1.5L	205/60R16	1
275			纯电	215/55R17	2
276		君威	1.3T	225/55R17	1
277				205/65R16	2
278			1.5T	225/55R17	3
279				205/65R16	2
280			2.0T	245/45R18	1
281		君越	1.5T	235/55R17	1
282			2.0T	245/45R19	1
283				235/50R18	2
284		凯越	1.3L	185/70R14	2
285		威朗	1.0T	205/55R16	1
286			1.3T	205/55R16	3

序号	制造商	车型	排量	轮胎规格	汇总
287	上汽通用	英朗 GT	1.0T	195/65R15	2
288			1.3T	195/65R15	2
289			1.5L	195/65R15	1
290		阅朗	1.3T	205/55R16	1
291		凯迪拉克 CT4	2.0T	225/45R17	2
292		凯迪拉克 CT5	2.0T	245/45R18	1
293				245/40R19	1
294		凯迪拉克 CT6	2.0T	245/45R19	1
295				235/50R18	3
296		畅巡	纯电	215/55R17	2
297		科鲁泽	1.0T	195/65R15	3
298			1.3T	195/65R15	2
299			1.5L	195/65R15	1
300		科沃兹	1.0T	195/55R16	1
301			1.3L	185/65R15	2
302		迈锐宝 XL	1.3T	225/55R17	1
303				205/65R16	1
304			1.5T	225/55R17	2
305				205/65R16	1
306			2.0T	225/55R17	1
307	上汽通用五菱	宝骏 310	1.2L	165/70R14	1
308		宝骏 310W	1.5L	185/65R15	5
309		宝骏 E100	纯电	145/70R12	6
310		宝骏 E200		145/70R12	4
311		宝骏 E300		145/70R12	6
312		宝骏 E300 LUS		155/70R13	2
313		宝骏 RC-5	1.5L	205/55R16	5
314			1.5T	215/55R17	3
315		宝骏 RC-5W	1.5L	205/55R16	2
316			1.5T	215/55R17	2
317		宝骏 RC-6	1.5T	225/55R18	6
318		宏光 MINI	纯电	145/70R12	6
319	神龙汽车	标致 408	1.2T	215/55R16	1
320			1.6T	215/50R17	1
321		标致 508L	1.6T	215/55R17	1
322		标致 508L	1.8T	215/55R17	1
323		标致 508LHEV	1.6T	215/55R17	1
324		新标致 308	1.2T	215/55R16	2
325		爱丽舍	1.6L	185/65R15	2
326		爱丽舍 BEV	纯电	185/65R15	2
327		雪铁龙 C3L	1.2T	205/60R16	2
328		雪铁龙 C5	1.6T	225/55R17	1
329			1.8T	225/55R17	1
330		雪铁龙 C6	1.6T	225/55R17	1
331			1.8T	245/45R18	1
332				225/55R17	1
333	速达汽车	速达 SA01	纯电	205/55R16	2
334		速达 SD01		205/55R16	1
335	特斯拉	Model 3	纯电	235/40R19	4
336	沃尔沃亚太	极星 1	2.0T	275/30R21	1
337		极星 2	纯电	245/45R19	1
338		S60L	2.0T	235/45R18	1
339				235/40R19	1
340				225/50R17	2
341		S90	2.0T	255/40R19	5
342				245/45R18	1
343	小鹏汽车	小鹏 7	纯电	245/50R18	4
344				245/45R19	2

序号	制造商	车型	排量	轮胎规格	汇总
345	一汽大众	奥迪 A3	1.4T	225/45R17	8
346			2.0T	225/45R17	2
347		奥迪 A4L	2.0T	245/40R18	7
348				245/35R19	4
349				225/50R17	1
350		新奥迪 A6L	2.0T	245/45R19	1
351				225/60R17	8
352			3.0T	225/55R18	4
353		e- 宝来	纯电	225/45R17	2
354		e- 高尔夫	纯电	205/55R16	2
355		宝来	1.2T	205/55R16	2
356			1.4T	205/55R16	2
357			1.5L	205/55R16	5
358				195/65R15	3
359		大众 CC	2.0T	245/45R18	2
360				225/55R17	2
361		高尔夫 7	1.2T	205/55R16	1
362			1.4T	205/55R16	2
363		高尔夫 8	1.4T	225/45R17	1
364		高尔夫嘉旅	1.2T	205/55R16	2
365			1.4T	205/55R16	1
366		迈腾	1.4T	215/60R16	2
367				215/55R17	1
368			2.0T	215/60R16	1
369				215/55R17	1
370		速腾	1.2T	205/60R16	4
371			1.4T	205/60R16	3
372		蔚领	1.5L	205/55R16	1
373		新迈腾	2.0T	215/55R17	1
374		捷达 VA3	1.5L	185/60R15	3
375				175/70R14	2
376	一汽丰田	威驰	1.5L	185/60R15	9
377		威驰 FS	1.5L	185/60R15	6
378		新皇冠	2.0T	235/45R18	1
379				225/50R17	1
380		新卡罗拉	1.2T	205/55R16	1
381				195/65R15	5
382			1.8L	205/55R16	2
383				195/65R15	1
384		新卡罗拉 HEV	1.8L	205/55R16	3
385		新威驰	1.3L	185/60R15	1
386				175/65R14	1
387		亚洲龙	2.0L	235/45R18	2
388				215/55R17	2
389			2.5L	215/55R17	4
390		亚洲龙 HEV	2.5L	215/55R17	4
391	一汽轿车	奔腾 B30	1.6L	195/65R15	1
392			纯电	205/55R16	1
393		新奔腾 B70	1.5T	225/50R18	2
394		红旗 H5	1.5T	225/55R17	1
395			1.8T	225/45R19	1
396	一汽轿车	红旗 H5	1.8T	215/55R17	1
397		红旗 H7	1.8T	225/55R17	1
398			2.0T	225/55R17	1
399			2.5L	225/55R17	1
400			3.0L	225/55R17	1
401		红旗 H9	2.0T	245/45R19	1
402				235/50R18	1
403			2.5T	245/45R19	1
404			3.0T	245/45R19	2
405		红旗 HQE	6.0L	275/40R20	1
406		红旗 L5	4.0T	275/40R20	1
407		阿特兹	2.0L	225/55R17	2
408			2.5L	225/45R19	2
409	长安福特	福睿斯	1.5L	205/50R17	2
410				195/65R15	5
411		金牛座	2.0T	245/45R19	1
412				235/55R17	1
413		新福克斯 HB	1.5L	205/60R16	2
414			1.5T	235/40R18	1
415				215/50R17	1
416				205/60R16	2
417		新福克斯 NB	1.5L	205/60R16	2
418			1.5T	235/40R18	1
419				215/50R17	1
420				205/60R16	2
421		新蒙迪欧	1.5T	215/60R16	1
422			2.0T	235/50R17	1
423				235/45R18	1
424	长安铃木	启悦	1.6L	205/50R16	2
425				185/65R15	4
426	长安马自达	昂克赛拉	1.5L	205/60R16	3
427			2.0L	215/45R18	2
428	长安汽车	尼欧Ⅱ	纯电	145/60R13	1
429		锐程 CC	1.5T	205/60R16	9
430		新奔奔	纯电	175/60R15	1
431		新逸动	1.6L	205/60R16	3
432		新悦翔	1.4L	175/65R14	5
433			1.5L	175/65R14	3
434		逸动	1.4T	205/60R16	2
435			1.6L	205/60R16	6
436			纯电	215/50R17	4
437		逸动 DT	1.6L	195/55R15	4
438		逸动 XT	1.4T	205/60R16	1
439			1.6L	205/60R16	1
440			纯电	215/50R17	1
441	长城汽车	欧拉 R1	纯电	175/55R16	1
442				165/65R15	3
443		欧拉白猫	纯电	165/65R15	3
444	知豆电动	知豆 D2	纯电	145/60R13	1
总计					1042

表 BM01　2020 年基本型乘用车（BV）特征参数（末位 0 和 5）明细表

序号	制造商	品牌	车型	排量	总质量/kg	整备质量/kg	外廓长度/mm	外廓宽度/mm	外廓高度/mm	轴距/mm	前轮距/mm	后轮距/mm	轮胎规格	派系
1	北汽新能源	北京	EU5	纯电	2015	1640	4650	1820	1510	2670	1555	1560	215/50R17	自主
2	北汽新能源	北京	EU5	纯电	2055	1680	4650	1820	1510	2670	1555	1560	215/50R17	自主
3	比亚迪汽车	比亚迪	比亚迪 E2	纯电	1625	1250	4240	1760	1530	2610	1490	1470	205/60R16	自主
4	比亚迪汽车	比亚迪	比亚迪 E3	纯电	1705	1330	4450	1760	1520	2610	1490	1470	205/60R16	自主
5	比亚迪汽车	比亚迪	比亚迪 E5	纯电	2025	1650	4680	1765	1500	2660	1525	1520	205/55R16	自主
6	比亚迪汽车	比亚迪	比亚迪汉 HEV	2.0T	2395	2020	4960	1910	1495	2920	1640	1640	245/50R18	自主
7	比亚迪汽车	比亚迪	比亚迪汉 HEV	2.0T	2395	2020	4980	1910	1495	2920	1640	1640	245/50R18	自主
8	比亚迪汽车	比亚迪	比亚迪汉 BEV	纯电	2545	2170	4980	1910	1495	2920	1640	1640	245/50R18	自主
9	昌河汽车	铃木	北斗星 EC100	纯电	1265	865	3400	1575	1735	2335	1360	1355	165/65R13	日系
10	昌河汽车	铃木	北斗星	1.4L	1330	890	3400	1575	1705	2335	1360	1355	165/65R13	日系
11	昌河汽车	铃木	北斗星	1.4L	1330	890	3400	1575	1670	2335	1360	1355	165/65R13	日系
12	昌河汽车	铃木	北斗星	1.4L	1330	900	3400	1575	1670	2335	1360	1355	165/65R13	日系
13	成功汽车	太行成功	企鹅	纯电	1945	1555	4510	1725	1685	2680	1460	1470	185/65R15	自主
14	东风乘用车	风神	风神 A60	1.6L	1660	1210	4680	1720	1515	2700	1475	1480	195/60R16	自主
15	东风乘用车	风神	风神 A60	1.6L	1705	1280	4680	1720	1515	2700	1475	1480	195/60R16	自主
16	东风乘用车	风神	风神 A60	1.6L	1705	1305	4680	1720	1515	2700	1475	1480	195/60R16	自主
17	东风乘用车	俊风	俊风 E11K	纯电	1925	1500	4665	1700	1540	2700	1480	1485	205/60R16	自主
18	东风乘用车	俊风	俊风 E11K	纯电	1925	1530	4665	1700	1540	2700	1460	1475	205/60R16	自主
19	东风乘用车	俊风	俊风 E11K	纯电	1925	1530	4665	1700	1540	2700	1480	1485	205/60R16	自主
20	东风乘用车	俊风	俊风 E11K	纯电	1925	1550	4665	1700	1540	2700	1460	1475	205/60R16	自主
21	广汽丰田	丰田	致享	1.5L	1500	1070	4440	1700	1490	2550	1460	1460	185/60R15	日系
22	广汽丰田	丰田	致炫	1.5L	1500	1085	4160	1700	1495	2550	1460	1460	185/60R15	日系
23	广汽丰田	丰田	致享	1.5L	1500	1105	4440	1700	1490	2550	1460	1460	185/60R15	日系
24	广汽丰田	丰田	致享	1.5L	1500	1110	4440	1700	1490	2550	1460	1460	185/60R15	日系
25	广汽丰田	丰田	致炫	1.5L	1500	1115	4160	1700	1495	2550	1460	1460	185/60R15	日系
26	广汽丰田	丰田	致炫	1.5L	1500	1120	4160	1720	1520	2550	1460	1460	185/60R15	日系
27	广汽丰田	丰田	致享	1.5L	1500	1125	4440	1700	1490	2550	1460	1460	185/60R15	日系
28	广汽丰田	丰田	致炫	1.5L	1500	1125	4160	1720	1520	2550	1460	1460	185/60R15	日系
29	广汽丰田	丰田	致炫	1.5L	1500	1125	4160	1700	1495	2550	1460	1460	185/60R15	日系
30	广汽丰田	丰田	雷凌	1.2T	1770	1320	4630	1775	1480	2700	1535	1535	195/65R15	日系
31	广汽丰田	丰田	雷凌	1.8L	1845	1390	4630	1775	1485	2700	1525	1520	195/65R15	日系
32	广汽丰田	丰田	雷凌	1.8L	1975	1510	4645	1775	1480	2700	1525	1520	205/55R16	日系
33	广汽丰田	丰田	新凯美瑞	2.0L	2030	1530	4885	1840	1455	2825	1595	1605	205/65R16	日系
34	广汽丰田	丰田	雷凌	1.8L	1975	1535	4645	1775	1480	2700	1525	1520	205/55R16	日系
35	广汽丰田	丰田	雷凌	1.8L	1975	1540	4645	1775	1480	2700	1525	1520	205/55R16	日系
36	广汽丰田	丰田	新凯美瑞	2.0L	2030	1550	4885	1840	1455	2825	1585	1595	215/55R17	日系
37	广汽丰田	丰田	新凯美瑞	2.0L	2030	1555	4885	1840	1455	2825	1585	1595	215/55R17	日系
38	广汽丰田	丰田	新凯美瑞	2.0L	2030	1560	4900	1840	1455	2825	1585	1595	235/45R18	日系
39	广汽丰田	丰田	新凯美瑞	2.5L	2030	1565	4900	1840	1455	2825	1585	1595	235/45R18	日系
40	广汽丰田	丰田	新凯美瑞	2.5L	2030	1570	4900	1840	1455	2825	1585	1595	235/45R18	日系
41	广汽丰田	丰田	新凯美瑞	2.0L	2030	1570	4900	1840	1455	2825	1585	1595	235/45R18	日系
42	广汽丰田	丰田	新凯美瑞	2.5L	2030	1580	4885	1840	1455	2825	1585	1595	235/45R18	日系
43	广汽丰田	丰田	新凯美瑞	2.5L	2030	1585	4885	1840	1455	2825	1585	1595	235/45R18	日系
44	广汽丰田	丰田	新凯美瑞	2.5L	2030	1610	4885	1840	1455	2825	1585	1595	235/45R18	日系
45	广汽丰田	丰田	新凯美瑞	2.5L	2100	1650	4900	1840	1455	2825	1585	1595	235/45R18	日系
46	广汽丰田	丰田	新凯美瑞	2.5L	2100	1660	4885	1840	1455	2825	1585	1595	235/45R18	日系
47	广汽丰田	丰田	新凯美瑞	2.5L	2100	1660	4900	1840	1455	2825	1585	1595	235/45R18	日系
48	广汽丰田	丰田	新凯美瑞	2.5L	2100	1665	4885	1840	1455	2825	1585	1595	235/45R18	日系
49	广汽丰田	丰田	新凯美瑞	2.5L	2100	1695	4885	1840	1455	2825	1585	1595	235/45R18	日系
50	贵航工业集团	莲花	云雀 Q1	1.4L	1435	1060	3970	1730	1615	2450	1450	1440	185/55R15	自主
51	江淮汽车	江淮	江淮 iEV6E	纯电	1450	1125	3660	1670	1500	2390	1415	1400	165/65R14	自主
52	江淮汽车	江淮	江淮 iEV6E	纯电	1450	1125	3630	1670	1475	2390	1415	1400	165/65R14	自主
53	江淮汽车	江淮	江淮 iEV6E	纯电	1530	1185	3630	1670	1500	2390	1415	1400	165/65R14	自主
54	江淮汽车	江淮	江淮 iEV6E	纯电	1530	1185	3660	1670	1500	2390	1415	1400	165/65R14	自主
55	江淮汽车	江淮	江淮 iEV6E	纯电	1530	1185	3630	1670	1475	2390	1415	1400	165/65R14	自主
56	江淮汽车	江淮	江淮 iEV6E	纯电	1530	1230	3660	1670	1500	2390	1415	1400	165/65R14	自主
57	江淮汽车	江淮	江淮 iEV6E	纯电	1530	1230	3630	1670	1475	2390	1415	1400	165/65R14	自主
58	江淮汽车	江淮	江淮 iEV7	纯电	1725	1350	4320	1710	1515	2500	1475	1460	185/60R15	自主
59	江淮汽车	江淮	江淮 iC5	纯电	2045	1670	4770	1820	1510	2760	1555	1550	215/55R17	自主

序号	制造商	品牌	车型	排量	总质量/kg	整备质量/kg	外廓长度/mm	外廓宽度/mm	外廓高度/mm	轴距/mm	前轮距/mm	后轮距/mm	轮胎规格	派系
60	江淮汽车	江淮	江淮 iC5	纯电	2075	1700	4770	1820	1510	2760	1555	1550	215/55R17	自主
61	江淮汽车	江淮	江淮 iEVA50	纯电	2150	1710	4640	1765	1490	2710	1505	1495	205/50R17	自主
62	江淮汽车	江淮	江淮 iEVA50	纯电	2150	1775	4590	1765	1490	2710	1505	1495	205/50R17	自主
63	江淮汽车	江淮	江淮 iEVA50	纯电	2150	1775	4640	1765	1490	2710	1505	1495	205/50R17	自主
64	江淮汽车	江淮	江淮 iEVA50	纯电	2175	1800	4640	1765	1490	2710	1505	1495	205/50R17	自主
65	江淮汽车	江淮	江淮 iEVA60	纯电	2365	1990	4995	1890	1520	2915	1615	1600	225/55R17	自主
66	江铃汽车	江铃	易至 EV3	纯电	1385	1085	3720	1640	1485	2390	1420	1420	175/60R15	自主
67	江铃汽车	江铃	易至 EV3	纯电	1440	1140	3720	1640	1485	2390	1420	1420	175/60R15	自主
68	零跑汽车	零跑	零跑 S01	纯电	1490	1215	4075	1760	1380	2500	1500	1500	195/50R16	自主
69	零跑汽车	零跑	零跑 S01	纯电	1530	1270	4075	1760	1380	2500	1500	1500	195/50R16	自主
70	明君汽车	华凯	华凯 360EV	纯电	1190	890	3610	1660	1500	2390	1445	1450	155/65R14	自主
71	明君汽车	华凯	华凯 360EV	纯电	1260	960	3610	1660	1500	2390	1445	1450	155/65R14	自主
72	一汽丰田	丰田	新威驰	1.3L	1500	1045	4420	1700	1490	2550	1470	1470	175/65R14	日系
73	一汽丰田	丰田	威驰	1.5L	1500	1070	4420	1700	1490	2550	1460	1460	185/60R15	日系
74	一汽丰田	丰田	威驰	1.5L	1500	1070	4435	1700	1490	2550	1460	1460	185/60R15	日系
75	一汽丰田	丰田	威驰	1.5L	1500	1085	4420	1700	1490	2550	1460	1460	185/60R15	日系
76	一汽丰田	丰田	威驰 FS	1.5L	1500	1085	4140	1700	1495	2550	1460	1460	185/60R15	日系
77	一汽丰田	丰田	威驰 FS	1.5L	1500	1085	4155	1700	1495	2550	1460	1460	185/60R15	日系
78	一汽丰田	丰田	新威驰	1.3L	1500	1085	4420	1700	1490	2550	1460	1460	185/60R15	日系
79	一汽丰田	丰田	威驰	1.5L	1500	1105	4420	1700	1490	2550	1460	1460	185/60R15	日系
80	一汽丰田	丰田	威驰	1.5L	1500	1105	4435	1700	1490	2550	1460	1460	185/60R15	日系
81	一汽丰田	丰田	威驰	1.5L	1500	1110	4420	1700	1490	2550	1460	1460	185/60R15	日系
82	一汽丰田	丰田	威驰	1.5L	1500	1110	4435	1700	1490	2550	1460	1460	185/60R15	日系
83	一汽丰田	丰田	威驰 FS	1.5L	1500	1115	4140	1700	1495	2550	1460	1460	185/60R15	日系
84	一汽丰田	丰田	威驰 FS	1.5L	1500	1115	4155	1700	1495	2550	1460	1460	185/60R15	日系
85	一汽丰田	丰田	威驰	1.5L	1500	1120	4435	1700	1490	2550	1460	1460	185/60R15	日系
86	一汽丰田	丰田	威驰	1.5L	1500	1125	4420	1700	1490	2550	1460	1460	185/60R15	日系
87	一汽丰田	丰田	威驰 FS	1.5L	1500	1125	4140	1700	1495	2550	1460	1460	185/60R15	日系
88	一汽丰田	丰田	威驰 FS	1.5L	1500	1125	4155	1700	1495	2550	1460	1460	185/60R15	日系
89	一汽丰田	丰田	新卡罗拉 HEV	1.8L	1975	1505	4635	1775	1470	2700	1525	1520	205/55R16	日系
90	一汽丰田	丰田	新卡罗拉 HEV	1.8L	1975	1535	4635	1775	1470	2700	1525	1520	205/55R16	日系
91	一汽丰田	丰田	新卡罗拉 HEV	1.8L	1975	1540	4635	1775	1470	2700	1525	1520	205/55R16	日系
92	一汽丰田	丰田	亚洲龙	2.0L	2070	1575	4975	1850	1450	2870	1595	1605	215/55R17	日系
93	一汽丰田	丰田	亚洲龙	2.0L	2070	1585	4975	1850	1450	2870	1595	1605	215/55R17	日系
94	一汽丰田	丰田	亚洲龙	2.5L	2070	1585	4975	1850	1450	2870	1595	1605	215/55R17	日系
95	一汽丰田	丰田	亚洲龙	2.0L	2070	1595	4975	1850	1450	2870	1585	1595	235/45R18	日系
96	一汽丰田	丰田	亚洲龙	2.5L	2070	1595	4975	1850	1450	2870	1595	1605	215/55R17	日系
97	一汽丰田	丰田	亚洲龙	2.0L	2070	1605	4975	1850	1450	2870	1585	1595	235/45R18	日系
98	一汽丰田	丰田	亚洲龙	2.5L	2070	1620	4985	1850	1450	2870	1585	1595	215/55R17	日系
99	一汽丰田	丰田	亚洲龙	2.5L	2070	1630	4975	1850	1450	2870	1585	1595	215/55R17	日系
100	一汽丰田	丰田	亚洲龙 HEV	2.5L	2145	1665	4975	1850	1450	2870	1595	1605	215/55R17	日系
101	一汽丰田	丰田	亚洲龙 HEV	2.5L	2145	1670	4975	1850	1450	2870	1595	1605	215/55R17	日系
102	一汽丰田	丰田	新皇冠	2.0T	2140	1680	5020	1805	1480	2925	1540	1540	225/50R17	日系
103	一汽丰田	丰田	新皇冠	2.0T	2140	1690	5020	1805	1480	2925	1530	1530	235/45R18	日系
104	一汽丰田	丰田	亚洲龙 HEV	2.5L	2145	1705	4975	1850	1450	2870	1585	1595	215/55R17	日系
105	一汽丰田	丰田	亚洲龙 HEV	2.5L	2145	1725	4975	1850	1450	2870	1585	1595	215/55R17	日系
106	一汽轿车	奔腾	奔腾 B30	1.6L	1760	1310	4625	1790	1500	2630	1530	1520	195/65R15	自主
107	一汽轿车	奔腾	新奔腾 B70	1.5T	1935	1485	4810	1840	1455	2800	1580	1585	225/50R18	自主
108	一汽轿车	红旗	红旗 H5	1.5T	1970	1520	4945	1845	1470	2875	1600	1590	225/55R17	自主
109	长安铃木	铃木	启悦	1.6L	1440	1065	4545	1730	1475	2650	1490	1500	205/50R16	日系
110	长安铃木	铃木	启悦	1.6L	1440	1065	4545	1730	1475	2650	1490	1500	185/65R15	日系
111	长安铃木	铃木	启悦	1.6L	1495	1120	4545	1730	1475	2650	1490	1500	205/50R16	日系
112	长安铃木	铃木	启悦	1.6L	1555	1180	4545	1730	1475	2650	1495	1505	185/65R15	日系
113	长安汽车	长安	新悦翔	1.4L	1425	1050	4390	1725	1490	2535	1470	1470	175/65R14	自主
114	长安汽车	长安	新悦翔	1.4L	1455	1050	4390	1725	1490	2535	1470	1470	175/65R14	自主
115	长安汽车	长安	新悦翔	1.4L	1425	1080	4390	1725	1490	2535	1470	1470	175/65R14	自主
116	长安汽车	长安	新悦翔	1.4L	1455	1080	4390	1725	1490	2535	1470	1470	175/65R14	自主
117	长安汽车	长安	逸动 DT	1.6L	1595	1220	4575	1750	1525	2610	1490	1480	195/55R15	自主
118	长安汽车	长安	逸动 DT	1.6L	1595	1220	4575	1750	1500	2610	1490	1480	195/55R15	自主
119	长安汽车	长安	逸动 DT	1.6L	1615	1240	4575	1750	1525	2610	1490	1480	195/55R15	自主
120	长安汽车	长安	逸动 DT	1.6L	1615	1240	4575	1750	1500	2610	1490	1480	195/55R15	自主

表 BM02　2020 年基本型乘用车（BV）特征参数明细表

序号	制造商	品牌	车型	排量	总质量/kg	整备质量/kg	外廓长度/mm	外廓宽度/mm	外廓高度/mm	轴距/mm	前轮距/mm	后轮距/mm	轮胎规格	派系
1	北京奔驰	奔驰	奔驰 E 级 HEV	2.0T	2660	2115	5065	1860	1463	3079	1597	1582	245/45R18	欧系
2	北京奔驰	奔驰	奔驰 E 级	2.0T	2350	1770	5078	1860	1484	3079	1596	1580	245/45R18	欧系
3	北京奔驰	奔驰	奔驰 E 级	1.5T	2350	1800	5065	1860	1484	3079	1596	1580	245/45R18	欧系
4	北京奔驰	奔驰	奔驰 E 级	2.0T	2350	1800	5065	1860	1484	3079	1596	1580	245/45R18	欧系
5	北京奔驰	奔驰	奔驰 E 级	1.5T	2350	1800	5078	1860	1484	3079	1596	1580	245/45R18	欧系
6	北京奔驰	奔驰	奔驰 E 级	2.0T	2350	1800	5078	1860	1484	3079	1596	1580	245/45R18	欧系
7	北京奔驰	奔驰	奔驰 E 级	2.0T	2250	1800	4925	1860	1470	2939	1597	1590	245/45R18	欧系
8	北京奔驰	奔驰	奔驰 E 级	1.5T	2440	1870	5065	1860	1490	3079	1594	1578	245/45R18	欧系
9	北京奔驰	奔驰	奔驰 E 级	1.5T	2440	1870	5078	1860	1490	3079	1597	1578	245/45R18	欧系
10	北京奔驰	奔驰	奔驰 E 级	2.0T	2350	1870	5065	1860	1484	3079	1596	1580	245/45R18	欧系
11	北京奔驰	奔驰	奔驰 E 级	2.0T	2440	1950	5065	1860	1490	3079	1594	1578	245/45R18	欧系
12	北京奔驰	奔驰	奔驰 E 级	2.0T	2440	1950	5078	1860	1490	3079	1597	1578	245/45R18	欧系
13	北京奔驰	奔驰	奔驰 C 级	1.5T	2100	1620	4784	1810	1457	2920	1574	1540	225/50R17	欧系
14	北京奔驰	奔驰	奔驰 C 级	1.5T	2090	1620	4704	1810	1454	2840	1574	1540	225/50R17	欧系
15	北京奔驰	奔驰	奔驰 C 级	1.5T	2090	1620	4704	1810	1454	2840	1565	1547	225/50R17	欧系
16	北京奔驰	奔驰	奔驰 C 级	2.0T	2105	1640	4704	1810	1454	2840	1574	1540	225/45R18	欧系
17	北京奔驰	奔驰	奔驰 C 级	2.0T	2155	1660	4784	1810	1457	2920	1574	1540	225/45R18	欧系
18	北京奔驰	奔驰	奔驰 C 级	1.5T	2150	1660	4784	1810	1457	2920	1574	1540	225/50R17	欧系
19	北京奔驰	奔驰	奔驰 C 级	1.5T	2150	1660	4784	1810	1457	2920	1565	1547	225/50R17	欧系
20	北京奔驰	奔驰	奔驰 C 级	1.5T	2150	1660	4784	1810	1457	2920	1574	1540	225/40R19	欧系
21	北京奔驰	奔驰	奔驰 C 级	1.5T	2180	1710	4704	1810	1454	2840	1574	1540	225/45R18	欧系
22	北京奔驰	奔驰	奔驰 C 级	1.5T	2220	1750	4784	1810	1457	2920	1574	1540	225/45R18	欧系
23	北京奔驰	奔驰	奔驰 A 级 AMG	2.0T	2160	1639	4637	1796	1422	2789	1570	1573	235/35R19	欧系
24	北京奔驰	奔驰	奔驰 A 级	1.3T	1905	1369	4622	1796	1454	2789	1567	1558	205/60R16	欧系
25	北京奔驰	奔驰	奔驰 A 级	1.3T	1910	1397	4622	1796	1454	2789	1567	1558	205/55R17	欧系
26	北京奔驰	奔驰	奔驰 A 级	1.3T	1905	1399	4622	1796	1462	2789	1557	1557	225/45R18	欧系
27	北京奔驰	奔驰	奔驰 A 级	1.3T	1905	1399	4622	1796	1454	2789	1567	1547	205/60R16	欧系
28	北京奔驰	奔驰	奔驰 A 级	1.3T	1905	1403	4622	1796	1462	2789	1557	1557	225/45R18	欧系
29	北京奔驰	奔驰	奔驰 A 级	1.3T	1910	1423	4622	1796	1462	2789	1557	1557	225/45R18	欧系
30	北京奔驰	奔驰	奔驰 A 级	1.3T	1910	1423	4622	1796	1454	2789	1567	1547	205/55R17	欧系
31	北京奔驰	奔驰	奔驰 A 级	1.3T	1910	1426	4622	1796	1462	2789	1557	1557	225/45R18	欧系
32	北京奔驰	奔驰	奔驰 A 级	2.0T	2050	1544	4622	1796	1462	2789	1557	1557	225/45R18	欧系
33	北京奔驰	奔驰	奔驰 A 级	2.0T	2050	1549	4622	1796	1462	2789	1557	1557	225/45R18	欧系
34	北京汽车	绅宝	智道 U7	1.5T	1785	1345	4785	1835	1490	2780	1570	1578	205/60R16	自主
35	北京汽车	绅宝	智道 U7	1.5T	1795	1355	4785	1835	1490	2780	1570	1578	205/60R16	自主
36	北京汽车	绅宝	智道 U7	1.5T	1795	1365	4785	1835	1490	2780	1570	1578	205/60R16	自主
37	北京汽车	绅宝	智道 U7	1.5T	1875	1435	4785	1835	1490	2780	1570	1578	205/60R16	自主
38	北京汽车	绅宝	新绅宝 D50	1.5L	1615	1215	4630	1820	1480	2670	1555	1554	205/55R16	自主
39	北京汽车	绅宝	新绅宝 D50	1.5L	1640	1240	4630	1820	1480	2670	1555	1554	205/55R16	自主
40	北京汽车	绅宝	新绅宝 D50	1.5L	1640	1240	4630	1820	1480	2670	1555	1554	205/50R17	自主
41	北京汽车	绅宝	新绅宝 D50	1.5L	1630	1255	4630	1820	1480	2670	1555	1554	205/55R16	自主
42	北京汽车	绅宝	新绅宝 D50	1.5T	1663	1288	4630	1820	1480	2670	1555	1554	205/55R16	自主
43	北京汽车	绅宝	绅宝 D70	1.8T	2026	1586	4861	1820	1462	2755	1524	1530	235/45R17	自主
44	北京汽车	绅宝	U5	1.5T	1656	1281	4630	1820	1480	2670	1555	1554	205/50R17	自主
45	北京汽车	绅宝	U5	1.5L	1685	1310	4630	1820	1480	2670	1555	1554	205/55R16	自主
46	北京现代	现代	悦纳	1.4L	1510	1070	4405	1720	1455	2600	1512	1517	185/65R15	韩系
47	北京现代	现代	悦纳	1.4L	1510	1085	4405	1720	1455	2600	1512	1517	185/65R15	韩系
48	北京现代	现代	悦纳	1.4L	1560	1120	4405	1720	1455	2600	1512	1517	185/65R15	韩系
49	北京现代	现代	伊兰特悦动	1.6L	1664	1289	4603	1777	1490	2675	1554	1549	195/65R15	韩系
50	北京现代	现代	伊兰特悦动	1.6L	1664	1289	4603	1777	1490	2675	1554	1549	185/65R15	韩系
51	北京现代	现代	新伊兰特悦动	1.6L	1640	1120	4510	1765	1470	2650	1530	1541	195/65R15	韩系
52	北京现代	现代	新伊兰特悦动	1.6L	1640	1120	4602	1765	1470	2650	1530	1541	195/65R15	韩系
53	北京现代	现代	新伊兰特悦动	1.6L	1640	1150	4602	1765	1470	2650	1530	1541	195/65R15	韩系
54	北京现代	现代	新伊兰特悦动	1.6L	1640	1150	4510	1765	1470	2650	1530	1541	195/65R15	韩系
55	北京现代	现代	新伊兰特悦动	1.6L	1680	1167	4510	1765	1470	2650	1530	1541	195/65R15	韩系
56	北京现代	现代	新伊兰特悦动	1.6L	1680	1190	4510	1765	1470	2650	1530	1541	195/65R15	韩系

序号	制造商	品牌	车型	排量	总质量/kg	整备质量/kg	外廓长度/mm	外廓宽度/mm	外廓高度/mm	轴距/mm	前轮距/mm	后轮距/mm	轮胎规格	派系
57	北京现代	现代	新伊兰特悦动	1.6L	1640	1240	4602	1765	1470	2650	1530	1541	195/65R15	韩系
58	北京现代	现代	新伊兰特悦动	1.6L	1640	1240	4602	1765	1470	2650	1542	1541	195/65R15	韩系
59	北京现代	现代	索纳塔十	1.5T	1930	1455	4955	1860	1445	2890	1623	1630	215/55R17	韩系
60	北京现代	现代	索纳塔十	1.5T	1930	1480	4955	1860	1445	2890	1618	1625	235/45R18	韩系
61	北京现代	现代	索纳塔十	2.0T	1990	1542	4955	1860	1445	2890	1618	1625	235/45R18	韩系
62	北京现代	现代	索纳塔十	2.0T	1990	1545	4955	1860	1450	2890	1610	1617	245/40R19	韩系
63	北京现代	现代	索纳塔九	2.0L	2230	1768	4855	1835	1475	2805	1602	1609	215/55R17	韩系
64	北京现代	现代	瑞纳	1.4L	1460	990	4300	1705	1460	2570	1509	1515	175/70R14	韩系
65	北京现代	现代	瑞纳	1.4L	1500	1020	4300	1705	1460	2570	1509	1515	175/70R14	韩系
66	北京现代	现代	名图	1.8L	1860	1435	4710	1820	1470	2770	1567	1577	215/50R17	韩系
67	北京现代	现代	名图	1.8L	1860	1435	4710	1820	1470	2770	1567	1577	205/60R16	韩系
68	北京现代	现代	名图	1.6T	1900	1481	4710	1820	1470	2770	1567	1577	215/50R17	韩系
69	北京现代	现代	名图	1.6T	1900	1481	4710	1820	1470	2770	1567	1577	205/60R16	韩系
70	北京现代	现代	领动 HEV	1.6L	2000	1545	4610	1800	1450	2700	1555	1569	205/55R16	韩系
71	北京现代	现代	领动	1.5L	1760	1238	4610	1800	1450	2700	1549	1558	205/55R16	韩系
72	北京现代	现代	领动	1.5L	1780	1300	4610	1800	1450	2700	1549	1558	205/55R16	韩系
73	北京现代	现代	领动	1.4T	1780	1319	4610	1800	1450	2700	1549	1558	205/55R16	韩系
74	北京现代	现代	菲斯塔 BEV	纯电	2080	1603	4705	1790	1435	2700	1549	1558	225/45R17	韩系
75	北京现代	现代	菲斯塔	1.4T	1800	1275	4660	1790	1425	2700	1549	1562	225/45R17	韩系
76	北京现代	现代	菲斯塔	1.4T	1800	1275	4660	1790	1425	2700	1549	1562	205/55R16	韩系
77	北京现代	现代	菲斯塔	1.4T	1800	1315	4660	1790	1425	2700	1549	1562	225/45R17	韩系
78	北京现代	现代	菲斯塔	1.4T	1800	1315	4660	1790	1425	2700	1549	1562	205/55R16	韩系
79	北京现代	现代	菲斯塔	1.6T	1860	1325	4660	1790	1425	2700	1549	1562	205/55R16	韩系
80	北京现代	现代	菲斯塔	1.6T	1860	1365	4660	1790	1425	2700	1549	1562	205/55R16	韩系
81	北京现代	现代	菲斯塔	1.6T	1860	1385	4660	1790	1425	2700	1549	1562	205/55R16	韩系
82	北京现代	现代	菲斯塔	1.6T	1860	1411	4660	1790	1425	2700	1549	1562	205/55R16	韩系
83	北京现代	现代	第七代伊兰特	1.5L	1700	1208	4680	1810	1415	2720	1585	1596	205/55R16	韩系
84	北京现代	现代	第七代伊兰特	1.5L	1700	1240	4680	1810	1415	2720	1579	1590	225/45R17	韩系
85	北京现代	现代	第七代伊兰特	1.5L	1700	1261	4680	1810	1415	2720	1579	1590	225/45R17	韩系
86	北京现代	现代	第七代伊兰特	1.4T	1720	1270	4680	1810	1415	2720	1579	1590	225/45R17	韩系
87	北汽新能源	北京	EU7	纯电	2100	1725	4805	1835	1528	2785	1570	1578	225/45R18	自主
88	北汽新能源	北京	EU5	纯电	1975	1600	4650	1820	1510	2670	1555	1560	215/50R17	自主
89	北汽新能源	北京	EU5	纯电	1975	1600	4650	1820	1510	2670	1555	1554	215/50R17	自主
90	北汽新能源	北京	EU5	纯电	2015	1640	4650	1820	1510	2670	1555	1560	215/50R17	自主
91	北汽新能源	北京	EU5	纯电	2055	1680	4650	1820	1510	2670	1555	1560	215/50R17	自主
92	北汽新能源	北京	EU300	纯电	1918	1543	4602	1794	1515	2650	1522	1528	205/60R16	自主
93	北汽新能源	北京	EU300	纯电	1938	1563	4602	1794	1515	2650	1522	1528	205/60R16	自主
94	北汽新能源	北京	EU300	纯电	2013	1573	4602	1794	1515	2650	1522	1528	205/60R16	自主
95	北汽新能源	北京	EU300	纯电	2033	1593	4602	1794	1515	2650	1522	1528	205/60R16	自主
96	北汽新能源	北京	EC 系列	纯电	1440	1140	3684	1630	1518	2360	1405	1400	165/60R14	自主
97	北汽新能源	北京	ARCFOX Lite	纯电	1180	1030	2986	1676	1517	1870	1447	1443	155/60R15	自主
98	北汽有限	北京	小猫	纯电	760	600	2365	1400	1680	1560	1126	1146	165/55R12	自主
99	北汽有限	北京	大猫	纯电	1170	870	3239	1585	1541	2240	1360	1350	165/60R14	自主
100	比亚迪汽车	比亚迪	比亚迪秦 roHEV	1.5T	2040	1665	4765	1837	1495	2718	1580	1590	215/55R17	自主
101	比亚迪汽车	比亚迪	比亚迪秦 roHEV	1.5T	2065	1690	4765	1837	1495	2718	1580	1590	215/55R17	自主
102	比亚迪汽车	比亚迪	比亚迪秦 ro BEV	纯电	1980	1605	4765	1837	1515	2718	1580	1580	225/55R17	自主
103	比亚迪汽车	比亚迪	比亚迪秦 ro BEV	纯电	2025	1650	4765	1837	1515	2718	1580	1580	225/55R17	自主
104	比亚迪汽车	比亚迪	比亚迪秦 ro BEV	纯电	2085	1710	4765	1837	1515	2718	1580	1580	225/55R17	自主
105	比亚迪汽车	比亚迪	比亚迪秦 ro	1.5L	1645	1270	4765	1837	1500	2718	1580	1580	205/60R16	自主
106	比亚迪汽车	比亚迪	比亚迪秦 ro	1.5T	1730	1355	4765	1837	1500	2718	1580	1580	205/60R16	自主
107	比亚迪汽车	比亚迪	比亚迪秦 ro	1.5T	1755	1380	4765	1837	1500	2718	1580	1580	205/60R16	自主
108	比亚迪汽车	比亚迪	比亚迪秦 HEV	1.5T	2150	1775	4740	1770	1480	2670	1525	1520	205/50R17	自主
109	比亚迪汽车	比亚迪	比亚迪秦 BEV	纯电	1895	1520	4675	1770	1500	2670	1525	1520	205/55R16	自主
110	比亚迪汽车	比亚迪	比亚迪秦 BEV	纯电	1915	1540	4675	1770	1500	2670	1525	1520	205/55R16	自主
111	比亚迪汽车	比亚迪	比亚迪秦	1.5L	1635	1260	4675	1770	1480	2670	1525	1520	205/55R16	自主
112	比亚迪汽车	比亚迪	比亚迪秦	1.5L	1700	1325	4675	1770	1480	2670	1525	1520	205/55R16	自主
113	比亚迪汽车	比亚迪	比亚迪汉 HEV	2.0T	2395	2020	4960	1910	1495	2920	1640	1640	245/50R18	自主
114	比亚迪汽车	比亚迪	比亚迪汉 HEV	2.0T	2395	2020	4980	1910	1495	2920	1640	1640	245/50R18	自主

序号	制造商	品牌	车型	排量	总质量/kg	整备质量/kg	外廓长度/mm	外廓宽度/mm	外廓高度/mm	轴距/mm	前轮距/mm	后轮距/mm	轮胎规格	派系
115	比亚迪汽车	比亚迪	比亚迪汉 BEV	纯电	2395	2020	4980	1910	1495	2920	1640	1640	245/50R18	自主
116	比亚迪汽车	比亚迪	比亚迪汉 BEV	纯电	2545	2170	4980	1910	1495	2920	1640	1640	245/50R18	自主
117	比亚迪汽车	比亚迪	比亚迪 F3	1.5L	1585	1210	4533	1705	1490	2600	1480	1460	195/60R15	自主
118	比亚迪汽车	比亚迪	比亚迪 F3	1.5L	1585	1210	4617	1716	1480	2615	1486	1466	195/60R15	自主
119	比亚迪汽车	比亚迪	比亚迪 F3	1.5L	1650	1275	4533	1705	1490	2600	1480	1460	195/60R15	自主
120	比亚迪汽车	比亚迪	比亚迪 E5	纯电	2025	1650	4680	1765	1500	2660	1525	1520	205/55R16	自主
121	比亚迪汽车	比亚迪	比亚迪 E3	纯电	1705	1330	4450	1760	1520	2610	1490	1470	205/60R16	自主
122	比亚迪汽车	比亚迪	比亚迪 E2	纯电	1625	1250	4240	1760	1530	2610	1490	1470	205/60R16	自主
123	比亚迪汽车	比亚迪	比亚迪 E2	纯电	1700	1325	4240	1760	1530	2610	1490	1470	205/60R16	自主
124	比亚迪汽车	比亚迪	比亚迪 E1	纯电	1425	1050	3465	1618	1500	2340	1420	1410	165/60R14	自主
125	比亚迪汽车	比亚迪	比亚迪 E1	纯电	1425	1050	3465	1618	1500	2340	1420	1410	165/60R14	自主
126	比亚迪汽车	比亚迪	比亚迪 E1	纯电	1445	1070	3465	1618	1500	2340	1420	1410	165/60R14	自主
127	比亚迪汽车	比亚迪	比亚迪 E1	纯电	1445	1070	3465	1618	1500	2340	1420	1410	165/60R14	自主
128	昌河汽车	昌河	昌河 A6	1.5L	1610	1210	4620	1810	1485	2672	1560	1555	205/55R16	自主
129	昌河汽车	昌河	昌河 A6	1.5L	1645	1245	4620	1810	1485	2672	1560	1555	205/55R16	自主
130	昌河汽车	铃木	北斗星 X5	1.4L	1405	930	3664	1610	1722	2485	1360	1355	175/60R14	日系
131	昌河汽车	铃木	北斗星 EC100	纯电	1265	865	3400	1575	1735	2335	1360	1355	165/65R13	日系
132	昌河汽车	铃木	北斗星	1.4L	1330	890	3400	1575	1705	2335	1360	1355	165/65R13	日系
133	昌河汽车	铃木	北斗星	1.4L	1330	890	3400	1575	1670	2335	1360	1355	165/65R13	日系
134	昌河汽车	铃木	北斗星	1.4L	1330	900	3400	1575	1670	2335	1360	1355	165/65R13	日系
135	成功汽车	太行成功	企鹅	纯电	1945	1555	4510	1725	1685	2680	1460	1470	185/65R15	自主
136	东风本田	本田	新思域	1.0T	1685	1251	4658	1800	1416	2700	1547	1563	215/55R16	日系
137	东风本田	本田	新思域	1.0T	1685	1261	4658	1800	1416	2700	1547	1563	215/55R16	日系
138	东风本田	本田	新思域	1.0T	1685	1270	4658	1800	1416	2700	1547	1563	215/55R16	日系
139	东风本田	本田	新思域	1.0T	1685	1274	4658	1800	1416	2700	1547	1563	215/55R16	日系
140	东风本田	本田	新思域	1.5T	1740	1277	4658	1800	1416	2700	1547	1563	215/55R16	日系
141	东风本田	本田	新思域	1.5T	1740	1305	4658	1800	1416	2700	1547	1563	215/55R16	日系
142	东风本田	本田	新思域	1.5T	1740	1309	4649	1800	1416	2700	1547	1563	215/55R16	日系
143	东风本田	本田	新思域	1.5T	1740	1309	4658	1800	1416	2700	1547	1563	215/55R16	日系
144	东风本田	本田	新思域	1.5T	1740	1320	4658	1800	1416	2700	1547	1563	215/50R17	日系
145	东风本田	本田	新思域	1.5T	1775	1322	4517	1799	1434	2700	1547	1563	215/50R17	日系
146	东风本田	本田	新思域	1.5T	1740	1325	4658	1800	1416	2700	1547	1563	215/50R17	日系
147	东风本田	本田	新思域	1.5T	1740	1330	4658	1800	1416	2700	1547	1563	215/50R17	日系
148	东风本田	本田	新思域	1.5T	1740	1331	4658	1800	1416	2700	1547	1563	215/50R17	日系
149	东风本田	本田	新思域	1.5T	1740	1333	4658	1800	1416	2700	1547	1563	215/50R17	日系
150	东风本田	本田	新思域	1.5T	1775	1343	4517	1799	1434	2700	1547	1563	215/55R16	日系
151	东风本田	本田	新思域	1.5T	1775	1353	4517	1799	1434	2700	1547	1563	215/50R17	日系
152	东风本田	本田	新思域	1.5T	1775	1360	4517	1799	1434	2700	1547	1563	215/50R17	日系
153	东风本田	本田	享域	1.0T	1641	1266	4756	1804	1509	2730	1520	1512	215/55R16	日系
154	东风本田	本田	享域	1.0T	1693	1282	4756	1804	1509	2730	1520	1512	215/55R16	日系
155	东风本田	本田	享域	1.0T	1693	1299	4756	1804	1509	2730	1520	1512	215/55R16	日系
156	东风本田	本田	享域	1.0T	1693	1318	4756	1804	1509	2730	1520	1512	215/55R16	日系
157	东风本田	本田	享域	1.5L	1801	1385	4756	1804	1509	2730	1520	1512	215/55R16	日系
158	东风本田	本田	享域	1.5L	1801	1415	4756	1804	1509	2730	1520	1512	215/55R16	日系
159	东风本田	本田	享域	1.5L	1801	1426	4756	1804	1509	2730	1520	1512	215/50R17	日系
160	东风本田	本田	本田 INSIRE	1.5T	2000	1479	4910	1862	1450	2830	1600	1610	225/50R17	日系
161	东风本田	本田	本田 INSIRE	1.5T	2000	1482	4910	1862	1450	2830	1600	1610	225/50R17	日系
162	东风本田	本田	本田 INSIRE	1.5T	2000	1508	4910	1862	1450	2830	1600	1610	225/50R17	日系
163	东风本田	本田	本田 INSIRE	1.5T	2000	1511	4910	1862	1450	2830	1600	1610	225/50R17	日系
164	东风本田	本田	本田 INSIRE	1.5T	2000	1516	4910	1862	1450	2830	1600	1610	225/50R17	日系
165	东风本田	本田	本田 INSIRE	1.5T	2000	1519	4910	1862	1450	2830	1600	1610	225/50R17	日系
166	东风本田	本田	本田 INSIRE	1.5T	2000	1522	4910	1862	1450	2830	1600	1610	225/50R17	日系
167	东风本田	本田	本田 INSIRE	2.0L	2100	1574	4910	1862	1450	2830	1600	1610	225/50R17	日系
168	东风本田	本田	本田 INSIRE	2.0L	2100	1616	4910	1862	1450	2830	1590	1600	235/45R18	日系
169	东风本田	本田	本田 INSIRE	2.0L	2100	1633	4910	1862	1450	2830	1590	1600	235/45R18	日系
170	东风乘用车	风神	奕炫 BEV	纯电	1932	1541	4660	1812	1480	2680	1553	1553	205/50R17	自主
171	东风乘用车	风神	奕炫	1.0T	1626	1235	4660	1812	1490	2680	1553	1553	205/55R16	自主
172	东风乘用车	风神	奕炫	1.0T	1639	1255	4660	1812	1490	2680	1553	1553	205/55R16	自主

序号	制造商	品牌	车型	排量	总质量 /kg	整备质量 /kg	外廓长度 /mm	外廓宽度 /mm	外廓高度 /mm	轴距 /mm	前轮距 /mm	后轮距 /mm	轮胎规格	派系
173	东风乘用车	风神	奕炫	1.5T	1663	1273	4700	1812	1490	2680	1553	1553	205/55R16	自主
174	东风乘用车	风神	奕炫	1.5T	1663	1273	4660	1812	1490	2680	1553	1553	205/55R16	自主
175	东风乘用车	俊风	俊风 EV30	纯电	1650	1250	4427	1748	1476	2652	1501	1478	185/65R15	自主
176	东风乘用车	俊风	俊风 E11K	纯电	1925	1500	4665	1700	1540	2700	1480	1485	205/60R16	自主
177	东风乘用车	俊风	俊风 E11K	纯电	1925	1530	4665	1700	1540	2700	1460	1475	205/60R16	自主
178	东风乘用车	俊风	俊风 E11K	纯电	1925	1530	4665	1700	1540	2700	1480	1485	205/60R16	自主
179	东风乘用车	俊风	俊风 E11K	纯电	1925	1550	4665	1700	1540	2700	1460	1475	205/60R16	自主
180	东风乘用车	风神	风神 E70	纯电	1939	1550	4680	1720	1530	2700	1475	1480	205/50R17	自主
181	东风乘用车	风神	风神 E70	纯电	1969	1555	4680	1720	1530	2700	1475	1480	205/50R17	自主
182	东风乘用车	风神	风神 E70	纯电	1969	1570	4680	1720	1530	2700	1475	1480	205/50R17	自主
183	东风乘用车	风神	风神 E60	纯电	1650	1270	4619	1718	1515	2678	1475	1480	195/60R16	自主
184	东风乘用车	风神	风神 A60	1.6L	1660	1210	4680	1720	1515	2700	1475	1480	195/60R16	自主
185	东风乘用车	风神	风神 A60	1.6L	1705	1280	4680	1720	1515	2700	1475	1480	195/60R16	自主
186	东风乘用车	风神	风神 A60	1.6L	1705	1305	4680	1720	1515	2700	1475	1480	195/60R16	自主
187	东风风行	东风	景逸 S50	1.5L	1645	1270	4630	1790	1526	2700	1540	1545	195/65R15	自主
188	东风风行	东风	景逸 S50	1.5L	1645	1270	4630	1790	1526	2700	1540	1545	195/60R16	自主
189	东风风行	东风	景逸 S50	1.6L	1655	1280	4700	1790	1526	2700	1540	1523	195/60R16	自主
190	东风风行	东风	景逸 S50	1.6L	1675	1300	4700	1790	1526	2700	1540	1545	195/60R16	自主
191	东风风行	东风	景逸 S50	纯电	2036	1661	4705	1790	1540	2700	1540	1545	195/60R16	自主
192	东风日产	日产	新轩逸	1.6L	1630	1188	4631	1760	1503	2700	1540	1540	195/60R16	日系
193	东风日产	日产	新轩逸	1.6L	1600	1188	4631	1760	1503	2700	1540	1540	195/60R16	日系
194	东风日产	日产	新轩逸	1.6L	1650	1211	4631	1760	1503	2700	1540	1540	195/60R16	日系
195	东风日产	日产	新轩逸	1.6L	1630	1212	4631	1760	1503	2700	1540	1540	195/60R16	日系
196	东风日产	日产	新轩逸	1.6L	1630	1212	4641	1815	1450	2712	1588	1594	205/60R16	日系
197	东风日产	日产	新轩逸	1.6L	1600	1212	4631	1760	1503	2700	1540	1540	195/60R16	日系
198	东风日产	日产	新轩逸	1.6L	1630	1229	4641	1815	1450	2712	1588	1594	205/60R16	日系
199	东风日产	日产	新轩逸	1.6L	1650	1230	4631	1760	1503	2700	1540	1540	195/60R16	日系
200	东风日产	日产	新轩逸	1.6L	1650	1237	4631	1760	1503	2700	1540	1540	195/60R16	日系
201	东风日产	日产	新轩逸	1.6L	1680	1238	4641	1815	1450	2712	1588	1594	205/60R16	日系
202	东风日产	日产	新轩逸	1.6L	1690	1243	4641	1815	1450	2712	1588	1594	205/60R16	日系
203	东风日产	日产	新轩逸	1.6L	1650	1243	4631	1760	1503	2700	1540	1540	195/60R16	日系
204	东风日产	日产	新轩逸	1.6L	1670	1253	4631	1760	1503	2700	1540	1540	195/60R16	日系
205	东风日产	日产	新轩逸	1.6L	1680	1258	4641	1815	1450	2712	1588	1594	205/60R16	日系
206	东风日产	日产	新轩逸	1.6L	1690	1271	4641	1815	1450	2712	1588	1594	205/60R16	日系
207	东风日产	日产	新轩逸	1.6L	1680	1278	4641	1815	1447	2712	1572	1577	215/50R17	日系
208	东风日产	日产	新轩逸	1.6L	1690	1288	4641	1815	1447	2712	1572	1577	215/50R17	日系
209	东风日产	日产	新轩逸	纯电	1940	1501	4677	1760	1520	2700	1530	1525	195/60R16	日系
210	东风日产	日产	新轩逸	纯电	1940	1520	4677	1760	1520	2700	1530	1525	195/60R16	日系
211	东风日产	日产	新轩逸	纯电	1940	1520	4677	1760	1520	2700	1540	1535	195/60R16	日系
212	东风日产	日产	西玛	2.5L	1990	1521	4903	1860	1436	2775	1585	1585	245/45R18	日系
213	东风日产	日产	西玛	2.5L	1990	1554	4903	1860	1436	2775	1585	1585	245/45R18	日系
214	东风日产	日产	西玛	2.5L	1990	1569	4903	1860	1439	2775	1585	1585	245/40R19	日系
215	东风日产	日产	天籁公爵	2.5L	2000	1544	5016	1830	1490	2900	1585	1585	215/55R17	日系
216	东风日产	日产	天籁公爵	2.5L	2000	1574	5016	1830	1490	2900	1585	1585	215/55R17	日系
217	东风日产	日产	天籁 ALTIMA	2.0L	1915	1435	4901	1850	1450	2825	1620	1620	205/65R16	日系
218	东风日产	日产	天籁 ALTIMA	2.0L	1915	1435	4901	1850	1447	2825	1620	1620	205/65R16	日系
219	东风日产	日产	天籁 ALTIMA	2.0L	1915	1456	4901	1850	1450	2825	1620	1620	205/65R16	日系
220	东风日产	日产	天籁 ALTIMA	2.0L	1915	1463	4901	1850	1447	2825	1620	1620	205/65R16	日系
221	东风日产	日产	天籁 ALTIMA	2.0L	1915	1474	4901	1850	1447	2825	1605	1605	215/55R17	日系
222	东风日产	日产	天籁 ALTIMA	2.0L	1915	1500	4901	1850	1447	2825	1620	1620	205/65R16	日系
223	东风日产	日产	天籁 ALTIMA	2.0L	1915	1511	4901	1850	1447	2825	1605	1605	215/55R17	日系
224	东风日产	日产	天籁 ALTIMA	2.0T	1995	1539	4901	1850	1447	2825	1620	1620	205/65R16	日系
225	东风日产	日产	天籁 ALTIMA	2.0T	1995	1551	4901	1850	1447	2825	1605	1605	215/55R17	日系
226	东风日产	日产	天籁 ALTIMA	2.0L	1995	1572	4901	1850	1447	2825	1605	1605	205/65R16	日系
227	东风日产	日产	天籁 ALTIMA	2.0L	1995	1572	4901	1850	1447	2825	1620	1620	205/65R16	日系
228	东风日产	日产	天籁 ALTIMA	2.0T	1995	1575	4901	1850	1447	2825	1595	1595	215/55R17	日系
229	东风日产	日产	天籁 ALTIMA	2.0T	1995	1575	4901	1850	1447	2825	1605	1605	215/55R17	日系
230	东风日产	日产	天籁 ALTIMA	2.0T	1995	1583	4901	1850	1447	2825	1605	1605	215/55R17	日系

序号	制造商	品牌	车型	排量	总质量/kg	整备质量/kg	外廓长度/mm	外廓宽度/mm	外廓高度/mm	轴距/mm	前轮距/mm	后轮距/mm	轮胎规格	派系
231	东风日产	日产	天籁 ALTIMA	2.0L	1995	1601	4901	1850	1447	2825	1595	1595	215/55R17	日系
232	东风日产	日产	天籁	2.0L	1870	1456	4891	1830	1490	2775	1585	1585	215/60R16	日系
233	东风日产	日产	天籁	2.0L	1870	1466	4891	1830	1490	2775	1585	1585	215/60R16	日系
234	东风日产	日产	天籁	2.0L	1870	1471	4891	1830	1490	2775	1585	1585	215/55R17	日系
235	东风日产	日产	天籁	2.5L	1900	1473	4891	1830	1490	2775	1585	1585	215/60R16	日系
236	东风日产	日产	天籁	2.5L	1900	1481	4891	1830	1490	2775	1585	1585	215/55R17	日系
237	东风日产	日产	天籁	2.5L	1900	1497	4891	1830	1490	2775	1585	1585	215/55R17	日系
238	东风日产	启辰	启辰 D60 BEV	纯电	1950	1505	4764	1803	1494	2701	1575	1570	195/60R16	自主
239	东风日产	启辰	启辰 D60 BEV	纯电	1950	1505	4764	1803	1494	2701	1555	1550	195/60R16	自主
240	东风日产	启辰	启辰 D60 BEV	纯电	1950	1520	4764	1803	1494	2700	1555	1550	195/60R16	自主
241	东风日产	启辰	启辰 D60	1.6L	1660	1198	4756	1803	1487	2700	1550	1550	195/60R16	自主
242	东风日产	启辰	启辰 D60	1.6L	1640	1204	4756	1803	1487	2700	1550	1550	195/60R16	自主
243	东风日产	启辰	启辰 D60	1.6L	1660	1212	4756	1803	1487	2700	1550	1550	195/60R16	自主
244	东风日产	启辰	启辰 D60	1.6L	1660	1225	4756	1803	1487	2700	1540	1540	205/50R17	自主
245	东风日产	启辰	启辰 D60	1.6L	1700	1228	4756	1803	1487	2700	1550	1550	195/60R16	自主
246	东风日产	启辰	启辰 D60	1.6L	1670	1228	4756	1803	1487	2700	1550	1550	195/60R16	自主
247	东风日产	启辰	启辰 D60	1.6L	1640	1231	4756	1803	1487	2700	1550	1550	195/60R16	自主
248	东风日产	启辰	启辰 D60	1.6L	1640	1235	4756	1803	1487	2700	1540	1540	205/50R17	自主
249	东风日产	启辰	启辰 D60	1.6L	1700	1237	4756	1803	1487	2700	1550	1550	195/60R16	自主
250	东风日产	启辰	启辰 D60	1.6L	1700	1250	4756	1803	1487	2700	1540	1540	205/50R17	自主
251	东风日产	启辰	启辰 D60	1.6L	1670	1260	4756	1803	1487	2700	1550	1550	195/60R16	自主
252	东风日产	启辰	启辰 D60	1.6L	1700	1261	4756	1803	1487	2700	1540	1540	205/50R17	自主
253	东风日产	启辰	启辰 D60	1.6L	1670	1262	4756	1803	1487	2700	1550	1550	195/60R16	自主
254	东风日产	启辰	启辰 D60	1.6L	1670	1265	4756	1803	1487	2700	1540	1540	205/50R17	自主
255	东风日产	日产	骐达	1.6L	1595	1180	4393	1766	1539	2700	1540	1540	195/60R16	日系
256	东风日产	日产	骐达	1.6L	1595	1180	4393	1766	1524	2700	1540	1540	195/60R16	日系
257	东风日产	日产	骐达	1.6L	1625	1204	4393	1766	1524	2700	1540	1540	195/60R16	日系
258	东风日产	日产	骐达	1.6L	1625	1221	4393	1766	1524	2700	1540	1540	195/60R16	日系
259	东风日产	日产	骐达	1.6L	1625	1230	4393	1766	1524	2700	1540	1540	195/60R16	日系
260	东风日产	日产	骐达	1.6L	1655	1237	4393	1766	1539	2700	1540	1540	195/60R16	日系
261	东风日产	日产	骐达	1.6L	1655	1244	4393	1766	1539	2700	1540	1540	195/60R16	日系
262	东风日产	日产	骐达	1.6L	1655	1259	4393	1766	1539	2700	1530	1530	205/50R17	日系
263	东风日产	日产	骐达	1.6L	1655	1259	4393	1766	1524	2700	1530	1530	205/50R17	日系
264	东风日产	日产	蓝鸟	1.6L	1620	1189	4683	1780	1465	2700	1540	1540	195/60R16	日系
265	东风日产	日产	蓝鸟	1.6L	1620	1203	4683	1780	1465	2700	1540	1540	195/60R16	日系
266	东风日产	日产	蓝鸟	1.6L	1670	1226	4683	1780	1465	2700	1540	1540	195/60R16	日系
267	东风日产	日产	蓝鸟	1.6L	1670	1239	4683	1780	1465	2700	1530	1530	205/50R17	日系
268	东风日产	日产	蓝鸟	1.6L	1670	1239	4683	1780	1465	2700	1540	1540	195/60R16	日系
269	东风日产	日产	蓝鸟	1.6L	1670	1257	4683	1780	1465	2700	1530	1530	205/50R17	日系
270	东风日产	日产	蓝鸟	1.6L	1670	1260	4683	1780	1465	2700	1530	1530	205/50R17	日系
271	东风英菲尼迪	英菲尼迪	Q50L	2.0T	2200	1677	4867	1823	1456	2898	1547	1566	225/55R17	日系
272	东风英菲尼迪	英菲尼迪	Q50L	2.0T	2200	1711	4867	1823	1456	2898	1537	1556	245/40R19	日系
273	东风英菲尼迪	英菲尼迪	Q50L	2.0T	2200	1711	4867	1823	1456	2898	1547	1566	245/40R19	日系
274	东风英菲尼迪	英菲尼迪	Q50L	2.0T	2200	1711	4867	1823	1456	2898	1547	1566	225/55R17	日系
275	东风英菲尼迪	英菲尼迪	Q50L	2.0T	2200	1721	4867	1823	1456	2898	1537	1556	245/40R19	日系
276	东风英菲尼迪	英菲尼迪	Q50L	2.0T	2200	1721	4867	1823	1456	2898	1547	1566	245/40R19	日系
277	东风英菲尼迪	英菲尼迪	Q50L	2.0T	2200	1721	4867	1823	1456	2898	1547	1566	225/55R17	日系
278	东风英菲尼迪	英菲尼迪	Q50L	2.0T	2200	1721	4867	1823	1456	2898	1547	1566	225/50R18	日系
279	东风英菲尼迪	英菲尼迪	Q50L	2.0T	2200	1723	4867	1823	1456	2898	1547	1566	225/55R17	日系
280	东风英菲尼迪	英菲尼迪	Q50L	2.0T	2200	1751	4867	1823	1456	2898	1537	1556	245/40R19	日系
281	东风悦达起亚	起亚	新起亚 K5	1.5T	1930	1472	4980	1860	1445	2900	1625	1618	215/55R17	韩系
282	东风悦达起亚	起亚	新起亚 K5	2.0L	1940	1501	4855	1835	1475	2805	1597	1604	215/55R17	韩系
283	东风悦达起亚	起亚	新起亚 K5	2.0T	1995	1511	4980	1860	1445	2900	1625	1618	215/55R17	韩系
284	东风悦达起亚	起亚	新起亚 K5	1.6T	1990	1530	4855	1835	1475	2805	1597	1604	215/55R17	韩系
285	东风悦达起亚	起亚	新起亚 K5	1.6T	1990	1541	4855	1835	1475	2805	1597	1604	215/55R17	韩系
286	东风悦达起亚	起亚	新起亚 K5	2.0T	1995	1567	4980	1860	1445	2900	1617	1610	245/40R19	韩系
287	东风悦达起亚	起亚	新起亚 K5	2.0L	2200	1776	4855	1835	1475	2805	1602	1609	215/55R17	韩系
288	东风悦达起亚	起亚	新起亚 K2	1.4L	1520	1100	4400	1740	1460	2600	1512	1517	185/65R15	韩系

序号	制造商	品牌	车型	排量	总质量 /kg	整备质量 /kg	外廓长度 /mm	外廓宽度 /mm	外廓高度 /mm	轴距 /mm	前轮距 /mm	后轮距 /mm	轮胎规格	派系
289	东风悦达起亚	起亚	起亚 K3 HEV	1.6L	1980	1545	4660	1780	1450	2700	1564	1555	205/55R16	韩系
290	东风悦达起亚	起亚	起亚 K3 BEV	纯电	2040	1602	4660	1780	1456	2700	1549	1558	225/45R17	韩系
291	东风悦达起亚	起亚	起亚 K3	1.5L	1680	1230	4660	1780	1450	2700	1558	1549	205/55R16	韩系
292	东风悦达起亚	起亚	起亚 K3	1.4T	1700	1265	4660	1780	1450	2700	1558	1549	205/55R16	韩系
293	东风悦达起亚	起亚	凯绅	1.8L	1860	1450	4720	1815	1465	2770	1567	1577	205/60R16	韩系
294	东风悦达起亚	起亚	凯绅	1.8L	1860	1450	4720	1815	1465	2770	1579	1589	205/60R16	韩系
295	东风悦达起亚	起亚	凯绅	1.6T	1900	1465	4720	1815	1465	2770	1567	1577	205/60R16	韩系
296	东风悦达起亚	起亚	焕驰	1.4L	1460	1020	4300	1700	1460	2570	1509	1515	175/70R14	韩系
297	东风悦达起亚	起亚	焕驰	1.4L	1500	1060	4300	1700	1460	2570	1509	1515	175/70R14	韩系
298	东风悦达起亚	起亚	福瑞迪	1.6L	1560	1140	4510	1750	1470	2650	1530	1541	195/65R15	韩系
299	东风悦达起亚	起亚	福瑞迪	1.6L	1600	1180	4510	1750	1470	2650	1530	1541	195/65R15	韩系
300	东风悦达起亚	起亚	福瑞迪	1.6L	1620	1220	4510	1750	1470	2650	1530	1541	195/65R15	韩系
301	东南汽车	东南	A5 翼舞	1.5L	1590	1210	4588	1780	1485	2625	1520	1530	195/65R15	自主
302	东南汽车	东南	A5 翼舞	1.5L	1630	1250	4588	1780	1485	2625	1520	1530	195/65R15	自主
303	观致汽车	观致	观致 3 EV500	纯电	2180	1700	4633	1839	1510	2702	1582	1555	215/55R18	自主
304	观致汽车	观致	观致 3	1.5T	1850	1425	4627	1839	1445	2702	1579	1585	205/60R16	自主
305	广汽本田	本田	雅阁	1.5T	2000	1478	4893	1862	1449	2830	1600	1610	225/50R17	日系
306	广汽本田	本田	雅阁	1.5T	2000	1493	4893	1862	1449	2830	1600	1610	225/50R17	日系
307	广汽本田	本田	雅阁	1.5T	2000	1494	4893	1862	1449	2830	1600	1610	225/50R17	日系
308	广汽本田	本田	雅阁	1.5T	2000	1495	4893	1862	1449	2830	1600	1610	225/50R17	日系
309	广汽本田	本田	雅阁	1.5T	2000	1513	4893	1862	1449	2830	1600	1610	225/50R17	日系
310	广汽本田	本田	雅阁	1.5T	2000	1523	4893	1862	1449	2830	1600	1610	225/50R17	日系
311	广汽本田	本田	雅阁	2.0L	2100	1548	4893	1862	1449	2830	1600	1610	225/50R17	日系
312	广汽本田	本田	雅阁	2.0L	2100	1578	4893	1862	1449	2830	1600	1610	225/50R17	日系
313	广汽本田	本田	雅阁	2.0L	2100	1619	4893	1862	1449	2830	1591	1603	235/45R18	日系
314	广汽本田	本田	雅阁	2.0L	2100	1623	4893	1862	1449	2830	1591	1603	235/45R18	日系
315	广汽本田	讴歌	讴歌 TLX-L	2.4L	2100	1625	4981	1854	1447	2900	1594	1602	225/55R17	日系
316	广汽本田	本田	凌派	1.0T	1641	1266	4756	1804	1509	2730	1520	1512	215/55R16	日系
317	广汽本田	本田	凌派	1.0T	1691	1281	4756	1804	1509	2730	1520	1512	215/55R16	日系
318	广汽本田	本田	凌派	1.0T	1691	1284	4756	1804	1509	2730	1520	1512	215/55R16	日系
319	广汽本田	本田	凌派	1.0T	1691	1296	4756	1804	1509	2730	1520	1512	215/55R16	日系
320	广汽本田	本田	凌派	1.0T	1691	1302	4756	1804	1509	2730	1520	1512	215/55R16	日系
321	广汽本田	本田	凌派	1.0T	1691	1307	4756	1804	1509	2730	1520	1512	215/55R16	日系
322	广汽本田	本田	凌派	1.0T	1691	1311	4756	1804	1509	2730	1520	1512	215/55R16	日系
323	广汽本田	本田	凌派	1.0T	1691	1316	4756	1804	1509	2730	1520	1512	215/55R16	日系
324	广汽本田	本田	凌派	1.5L	1801	1378	4756	1804	1509	2730	1520	1512	215/55R16	日系
325	广汽本田	本田	凌派	1.5L	1801	1391	4756	1804	1509	2730	1520	1512	215/55R16	日系
326	广汽本田	本田	凌派	1.5L	1801	1399	4756	1804	1509	2730	1520	1512	215/55R16	日系
327	广汽本田	本田	凌派	1.5L	1801	1426	4756	1804	1509	2730	1520	1512	215/55R16	日系
328	广汽本田	本田	飞度	1.5L	1470	1058	4096	1695	1525	2530	1480	1465	185/60R15	日系
329	广汽本田	本田	飞度	1.5L	1500	1073	4096	1695	1525	2530	1480	1465	185/60R15	日系
330	广汽本田	本田	飞度	1.5L	1500	1077	4100	1695	1525	2530	1480	1465	185/60R15	日系
331	广汽本田	本田	飞度	1.5L	1500	1080	4096	1695	1525	2530	1480	1465	185/60R15	日系
332	广汽本田	本田	飞度	1.5L	1500	1084	4100	1695	1525	2530	1480	1465	185/60R15	日系
333	广汽本田	本田	飞度	1.5L	1610	1088	4109	1694	1537	2530	1485	1473	185/60R15	日系
334	广汽本田	本田	飞度	1.5L	1610	1107	4109	1694	1537	2530	1485	1473	185/60R15	日系
335	广汽本田	本田	飞度	1.5L	1500	1110	4096	1695	1525	2530	1480	1465	185/60R15	日系
336	广汽本田	本田	飞度	1.5L	1610	1124	4109	1694	1537	2530	1485	1473	185/60R15	日系
337	广汽本田	本田	飞度	1.5L	1610	1128	4090	1725	1567	2530	1496	1484	185/60R16	日系
338	广汽本田	本田	飞度	1.5L	1610	1137	4109	1694	1537	2530	1485	1473	185/60R15	日系
339	广汽本田	本田	飞度	1.5L	1610	1144	4090	1725	1567	2530	1496	1484	185/60R16	日系
340	广汽乘用车	传祺	传祺 GA8	1.8T	2105	1705	5003	1868	1520	2900	1600	1590	225/55R17	自主
341	广汽乘用车	传祺	传祺 GA8	2.0T	2105	1705	5003	1868	1520	2900	1600	1590	225/55R17	自主
342	广汽乘用车	传祺	传祺 GA8	1.8T	2105	1705	5003	1868	1505	2900	1600	1590	225/55R17	自主
343	广汽乘用车	传祺	传祺 GA8	2.0T	2105	1705	5003	1868	1505	2900	1600	1590	225/55R17	自主
344	广汽乘用车	传祺	传祺 GA8	1.8T	2105	1730	5003	1868	1520	2900	1600	1590	225/55R17	自主
345	广汽乘用车	传祺	传祺 GA8	2.0T	2105	1730	5003	1868	1520	2900	1600	1590	225/55R17	自主
346	广汽乘用车	传祺	传祺 GA8	1.8T	2165	1740	5003	1910	1508	2907	1600	1590	225/55R17	自主

序号	制造商	品牌	车型	排量	总质量/kg	整备质量/kg	外廓长度/mm	外廓宽度/mm	外廓高度/mm	轴距/mm	前轮距/mm	后轮距/mm	轮胎规格	派系
347	广汽乘用车	传祺	传祺 GA6	1.5T	1887	1455	4891	1850	1505	2815	1585	1570	215/60R16	自主
348	广汽乘用车	传祺	传祺 GA6	1.5T	1887	1498	4891	1850	1505	2815	1585	1570	215/60R16	自主
349	广汽乘用车	传祺	传祺 GA6	1.5T	1887	1512	4891	1850	1505	2815	1585	1570	215/60R16	自主
350	广汽乘用车	传祺	传祺 GA4	1.5L	1695	1270	4692	1805	1500	2660	1554	1550	205/55R16	自主
351	广汽乘用车	传祺	传祺 GA4	1.3T	1740	1285	4692	1805	1500	2660	1554	1550	205/55R16	自主
352	广汽乘用车	传祺	传祺 AION.S	纯电	2090	1610	4768	1880	1530	2750	1600	1602	215/55R17	自主
353	广汽乘用车	传祺	传祺 AION.S	纯电	2035	1610	4768	1880	1530	2750	1600	1602	215/55R17	自主
354	广汽乘用车	传祺	传祺 AION.S	纯电	2035	1620	4768	1880	1530	2750	1600	1602	215/55R17	自主
355	广汽乘用车	传祺	传祺 AION.S	纯电	2035	1625	4768	1880	1530	2750	1600	1602	215/55R17	自主
356	广汽乘用车	传祺	传祺 AION.S	纯电	2090	1660	4768	1880	1530	2750	1600	1602	215/55R17	自主
357	广汽丰田	丰田	致炫	1.5L	1500	1085	4160	1700	1495	2550	1460	1460	185/60R15	日系
358	广汽丰田	丰田	致炫	1.5L	1500	1115	4160	1700	1495	2550	1460	1460	185/60R15	日系
359	广汽丰田	丰田	致炫	1.5L	1500	1120	4160	1720	1520	2550	1460	1460	185/60R15	日系
360	广汽丰田	丰田	致炫	1.5L	1500	1125	4160	1720	1520	2550	1460	1460	185/60R15	日系
361	广汽丰田	丰田	致炫	1.5L	1500	1125	4160	1700	1495	2550	1460	1460	185/60R15	日系
362	广汽丰田	丰田	致享	1.5L	1500	1070	4440	1700	1490	2550	1460	1460	185/60R15	日系
363	广汽丰田	丰田	致享	1.5L	1500	1105	4440	1700	1490	2550	1460	1460	185/60R15	日系
364	广汽丰田	丰田	致享	1.5L	1500	1110	4440	1700	1490	2550	1460	1460	185/60R15	日系
365	广汽丰田	丰田	致享	1.5L	1500	1125	4440	1700	1490	2550	1460	1460	185/60R15	日系
366	广汽丰田	丰田	新凯美瑞	2.0L	2030	1530	4885	1840	1455	2825	1595	1605	205/65R16	日系
367	广汽丰田	丰田	新凯美瑞	2.0L	2030	1550	4885	1840	1455	2825	1585	1595	215/55R17	日系
368	广汽丰田	丰田	新凯美瑞	2.0L	2030	1555	4885	1840	1455	2825	1585	1595	215/55R17	日系
369	广汽丰田	丰田	新凯美瑞	2.0L	2030	1560	4900	1840	1455	2825	1585	1595	235/45R18	日系
370	广汽丰田	丰田	新凯美瑞	2.5L	2030	1565	4900	1840	1455	2825	1585	1595	235/45R18	日系
371	广汽丰田	丰田	新凯美瑞	2.5L	2030	1570	4900	1840	1455	2825	1585	1595	235/45R18	日系
372	广汽丰田	丰田	新凯美瑞	2.0L	2030	1570	4900	1840	1455	2825	1585	1595	235/45R18	日系
373	广汽丰田	丰田	新凯美瑞	2.5L	2030	1580	4885	1840	1455	2825	1585	1595	235/45R18	日系
374	广汽丰田	丰田	新凯美瑞	2.5L	2030	1585	4885	1840	1455	2825	1585	1595	235/45R18	日系
375	广汽丰田	丰田	新凯美瑞	2.5L	2030	1610	4885	1840	1455	2825	1585	1595	235/45R18	日系
376	广汽丰田	丰田	新凯美瑞	2.5L	2100	1650	4900	1840	1455	2825	1585	1595	235/45R18	日系
377	广汽丰田	丰田	新凯美瑞	2.5L	2100	1660	4885	1840	1455	2825	1585	1595	235/45R18	日系
378	广汽丰田	丰田	新凯美瑞	2.5L	2100	1660	4900	1840	1455	2825	1585	1595	235/45R18	日系
379	广汽丰田	丰田	新凯美瑞	2.5L	2100	1665	4885	1840	1455	2825	1585	1595	235/45R18	日系
380	广汽丰田	丰田	新凯美瑞	2.5L	2100	1695	4885	1840	1455	2825	1585	1595	235/45R18	日系
381	广汽丰田	丰田	雷凌	1.2T	1770	1320	4630	1775	1480	2700	1535	1535	195/65R15	日系
382	广汽丰田	丰田	雷凌	1.2T	1770	1350	4640	1780	1455	2700	1527	1526	205/55R16	日系
383	广汽丰田	丰田	雷凌	1.2T	1770	1360	4640	1780	1455	2700	1527	1526	205/55R16	日系
384	广汽丰田	丰田	雷凌	1.2T	1770	1370	4640	1780	1455	2700	1531	1535	225/45R17	日系
385	广汽丰田	丰田	雷凌	1.2T	1770	1370	4640	1780	1435	2700	1531	1535	225/45R17	日系
386	广汽丰田	丰田	雷凌	1.2T	1770	1370	4640	1780	1455	2700	1527	1526	205/55R16	日系
387	广汽丰田	丰田	雷凌	1.8L	1845	1390	4630	1775	1485	2700	1525	1520	195/65R15	日系
388	广汽丰田	丰田	雷凌	1.8L	1845	1410	4640	1780	1455	2700	1527	1526	205/55R16	日系
389	广汽丰田	丰田	雷凌	1.8L	1845	1420	4640	1780	1455	2700	1527	1526	205/55R16	日系
390	广汽丰田	丰田	雷凌	1.8L	1845	1430	4640	1780	1455	2700	1527	1526	225/45R17	日系
391	广汽丰田	丰田	雷凌	1.8L	1845	1430	4640	1780	1455	2700	1527	1526	205/55R16	日系
392	广汽丰田	丰田	雷凌	1.8L	1975	1510	4645	1775	1480	2700	1525	1520	205/55R16	日系
393	广汽丰田	丰田	雷凌	1.8L	1975	1535	4645	1775	1480	2700	1525	1520	205/55R16	日系
394	广汽丰田	丰田	雷凌	1.8L	1975	1540	4645	1775	1480	2700	1525	1520	205/55R16	日系
395	广汽丰田	广汽	广汽 iA5	纯电	2090	1610	4792	1880	1530	2750	1600	1602	215/55R17	自主
396	广汽丰田	广汽	广汽 iA5	纯电	2035	1625	4792	1880	1530	2750	1600	1602	215/55R17	自主
397	广汽丰田	广汽	广汽 iA5	纯电	2090	1660	4792	1880	1530	2750	1600	1602	215/55R17	自主
398	贵航工业集团	莲花	云雀 Q1	1.4L	1435	1060	3970	1730	1615	2450	1450	1440	185/55R15	自主
399	国机智骏	智骏	智骏 GC2	纯电	1335	1035	3310	1675	1535	2100	1459	1445	165/65R15	自主
400	国机智骏	智骏	智骏 GC2	纯电	1350	1050	3310	1675	1535	2100	1459	1445	165/65R15	自主
401	国机智骏	智骏	智骏 GC1	纯电	1418	1118	3710	1675	1535	2500	1459	1445	165/65R15	自主
402	国机智骏	智骏	智骏 GC1	纯电	1430	1130	3710	1675	1535	2500	1459	1445	165/65R15	自主
403	国能汽车	国能	国能 93	纯电	2200	1675	4684	1778	1514	2677	1524	1508	225/55R17	自主
404	海马汽车	海马	海马 E1	纯电	1320	1020	3680	1570	1530	2340	1303	1290	155/65R14	自主

序号	制造商	品牌	车型	排量	总质量/kg	整备质量/kg	外廓长度/mm	外廓宽度/mm	外廓高度/mm	轴距/mm	前轮距/mm	后轮距/mm	轮胎规格	派系
405	海马汽车	海马	福美来 M5	1.6L	1700	1325	4698	1806	1477	2685	1545	1545	195/65R15	自主
406	海马汽车	海马	爱尚	纯电	1130	830	3662	1570	1550	2332	1315	1302	155/65R13	自主
407	海马汽车	海马	爱尚	纯电	1260	960	3680	1570	1560	2340	1303	1290	155/65R14	自主
408	海马汽车	海马	爱尚	纯电	1335	1035	3680	1570	1560	2340	1303	1290	155/65R14	自主
409	海马汽车	海马	爱尚	纯电	1335	1035	3680	1570	1530	2340	1303	1290	155/65R14	自主
410	汉腾汽车	汉腾	小幸福 BEV	纯电	1389	1089	3721	1658	1522	2360	1414	1410	175/65R14	自主
411	华晨宝马	宝马	宝马 5 系	2.0T	2225	1700	5087	1868	1500	3108	1598	1622	245/45R18	欧系
412	华晨宝马	宝马	宝马 5 系	2.0T	2225	1705	5106	1868	1500	3105	1598	1622	225/55R17	欧系
413	华晨宝马	宝马	宝马 5 系	2.0T	2260	1710	5106	1868	1500	3105	1598	1594	245/45R18	欧系
414	华晨宝马	宝马	宝马 5 系	2.0T	2225	1710	5087	1868	1500	3108	1598	1622	245/45R18	欧系
415	华晨宝马	宝马	宝马 5 系	2.0T	2245	1745	5087	1868	1500	3108	1598	1594	245/45R18	欧系
416	华晨宝马	宝马	宝马 5 系	2.0T	2245	1755	5087	1868	1500	3108	1598	1594	245/45R18	欧系
417	华晨宝马	宝马	宝马 5 系	2.0T	2245	1765	5087	1868	1500	3108	1598	1594	245/45R18	欧系
418	华晨宝马	宝马	宝马 5 系	2.0T	2260	1775	5106	1868	1500	3105	1598	1594	245/45R18	欧系
419	华晨宝马	宝马	宝马 5 系	2.0T	2320	1775	5106	1868	1500	3105	1599	1597	245/45R18	欧系
420	华晨宝马	宝马	宝马 5 系	2.0T	2245	1780	5087	1868	1500	3108	1598	1594	245/45R18	欧系
421	华晨宝马	宝马	宝马 5 系	2.0T	2320	1795	5106	1868	1500	3105	1599	1597	245/45R18	欧系
422	华晨宝马	宝马	宝马 5 系	2.0T	2315	1815	5087	1868	1500	3108	1599	1597	245/45R18	欧系
423	华晨宝马	宝马	宝马 5 系	2.0T	2305	1830	5087	1868	1500	3108	1599	1597	245/45R18	欧系
424	华晨宝马	宝马	宝马 5 系	2.0T	2540	2005	5106	1868	1490	3105	1598	1622	245/45R18	欧系
425	华晨宝马	宝马	宝马 5 系	2.0T	2525	2005	5087	1868	1490	3108	1598	1622	245/45R18	欧系
426	华晨宝马	宝马	宝马 5 系	2.0T	2540	2020	5106	1868	1490	3105	1598	1622	245/45R18	欧系
427	华晨宝马	宝马	宝马 5 系	2.0T	2525	2055	5087	1868	1490	3108	1598	1622	245/45R18	欧系
428	华晨宝马	宝马	宝马 3 系	2.0T	2050	1605	4719	1827	1459	2851	1579	1569	225/45R18	欧系
429	华晨宝马	宝马	宝马 3 系	2.0T	2060	1610	4719	1827	1459	2851	1579	1569	225/45R18	欧系
430	华晨宝马	宝马	宝马 3 系	2.0T	2030	1610	4719	1827	1459	2851	1579	1569	225/45R18	欧系
431	华晨宝马	宝马	宝马 3 系	2.0T	2055	1620	4829	1827	1463	2961	1579	1569	225/45R18	欧系
432	华晨宝马	宝马	宝马 3 系	2.0T	2055	1630	4829	1827	1463	2961	1579	1569	225/45R18	欧系
433	华晨宝马	宝马	宝马 3 系	2.0T	2055	1630	4829	1827	1463	2961	1577	1568	225/45R18	欧系
434	华晨宝马	宝马	宝马 3 系	2.0T	2055	1650	4829	1827	1463	2961	1579	1569	225/45R18	欧系
435	华晨宝马	宝马	宝马 3 系	2.0T	2160	1690	4829	1827	1463	2961	1579	1567	225/45R18	欧系
436	华晨宝马	宝马	宝马 3 系	2.0T	2165	1705	4829	1827	1463	2961	1579	1567	225/45R18	欧系
437	华晨宝马	宝马	宝马 1 系	1.5T	1855	1348	4456	1803	1446	2670	1553	1555	205/55R16	欧系
438	华晨宝马	宝马	宝马 1 系	1.5T	1855	1348	4462	1803	1446	2670	1553	1555	205/55R16	欧系
439	华晨宝马	宝马	宝马 1 系	1.5T	1845	1366	4462	1803	1446	2670	1553	1555	225/45R17	欧系
440	华晨宝马	宝马	宝马 1 系	1.5T	1855	1373	4456	1803	1446	2670	1553	1555	205/55R16	欧系
441	华晨宝马	宝马	宝马 1 系	1.5T	1855	1373	4462	1803	1446	2670	1553	1555	205/55R16	欧系
442	华晨宝马	宝马	宝马 1 系	1.5T	1845	1385	4462	1803	1446	2670	1553	1555	225/45R17	欧系
443	华晨宝马	宝马	宝马 1 系	1.5T	1855	1398	4456	1803	1446	2670	1553	1555	205/55R16	欧系
444	华晨宝马	宝马	宝马 1 系	1.5T	1855	1398	4462	1803	1446	2670	1553	1555	205/55R16	欧系
445	华晨宝马	宝马	宝马 1 系	2.0T	1940	1420	4462	1803	1448	2670	1553	1555	225/45R17	欧系
446	华晨宝马	宝马	宝马 1 系	2.0T	1940	1433	4462	1803	1448	2670	1553	1555	225/45R17	欧系
447	华晨汽车	中华	中华 H530	纯电	2075	1700	4740	1788	1505	2700	1545	1514	205/55R17	自主
448	华晨汽车	中华	中华 H330	1.5L	1630	1240	4523	1758	1460	2580	1533	1502	195/65R15	自主
449	华晨汽车	中华	中华 H330	1.5L	1660	1270	4523	1758	1460	2580	1533	1502	195/65R15	自主
450	华晨汽车	中华	中华 H3	1.5T	1725	1335	4640	1790	1445	2660	1542	1548	205/55R16	自主
451	吉利汽车	吉利	英伦 TX5	1.5T	2735	2210	4866	1945	1880	2986	1620	1620	215/65R17	自主
452	吉利汽车	吉利	星瑞	2.0T	2050	1500	4785	1869	1469	2800	1618	1618	225/45R18	自主
453	吉利汽车	吉利	星瑞	2.0T	2050	1542	4785	1869	1469	2800	1618	1618	225/45R18	自主
454	吉利汽车	全球鹰	新远景	1.5L	1585	1210	4599	1747	1482	2615	1510	1490	205/55R16	自主
455	吉利汽车	全球鹰	新远景	1.5L	1585	1210	4599	1747	1482	2615	1510	1490	195/60R15	自主
456	吉利汽车	全球鹰	新远景	1.8L	1640	1265	4599	1747	1482	2615	1510	1490	205/55R16	自主
457	吉利汽车	全球鹰	新远景	1.5L	1640	1265	4599	1747	1482	2615	1510	1490	195/60R15	自主
458	吉利汽车	帝豪	新帝豪 NB	1.5L	1625	1250	4632	1789	1470	2650	1502	1492	205/65R15	自主
459	吉利汽车	帝豪	新帝豪 NB	1.5L	1630	1255	4632	1789	1470	2650	1502	1492	205/65R15	自主
460	吉利汽车	帝豪	新帝豪 NB	1.8L	1637	1262	4632	1789	1470	2650	1502	1492	205/65R15	自主
461	吉利汽车	帝豪	新帝豪 NB	1.5L	1660	1285	4632	1789	1470	2650	1502	1492	205/65R15	自主
462	吉利汽车	帝豪	新帝豪 NB	纯电	1970	1570	4631	1789	1495	2650	1502	1492	205/50R17	自主

序号	制造商	品牌	车型	排量	总质量/kg	整备质量/kg	外廓长度/mm	外廓宽度/mm	外廓高度/mm	轴距/mm	前轮距/mm	后轮距/mm	轮胎规格	派系
463	吉利汽车	领克	领克 03	1.5T	1887	1460	4657	1840	1472	2730	1597	1597	215/50R17	自主
464	吉利汽车	领克	领克 03	1.5T	1887	1460	4657	1840	1460	2730	1597	1597	215/50R17	自主
465	吉利汽车	领克	领克 03	1.5T	1887	1512	4657	1840	1472	2730	1597	1597	215/50R17	自主
466	吉利汽车	领克	领克 03	1.5T	1887	1512	4639	1840	1460	2730	1597	1597	215/50R17	自主
467	吉利汽车	领克	领克 03	1.5T	1887	1512	4657	1840	1460	2730	1597	1597	215/50R17	自主
468	吉利汽车	领克	领克 03	2.0T	1945	1570	4657	1840	1472	2730	1597	1597	225/45R18	自主
469	吉利汽车	领克	领克 03	2.0T	1945	1570	4657	1840	1460	2730	1597	1597	225/45R18	自主
470	吉利汽车	领克	领克 03	2.0T	2100	1615	4677	1840	1461	2730	1587	1587	245/40R18	自主
471	吉利汽车	领克	领克 03	2.0T	2100	1615	4692	1840	1461	2730	1587	1587	245/40R18	自主
472	吉利汽车	领克	领克 03	2.0T	2100	1620	4677	1840	1461	2730	1587	1587	245/40R18	自主
473	吉利汽车	领克	领克 03	1.5T	2105	1680	4657	1840	1460	2730	1597	1597	225/45R18	自主
474	吉利汽车	领克	领克 03	1.5T	2105	1730	4657	1840	1472	2730	1597	1597	225/45R18	自主
475	吉利汽车	领克	领克 03	1.5T	2105	1730	4657	1840	1460	2730	1597	1597	225/45R18	自主
476	吉利汽车	几何	几何 A	纯电	2025	1555	4736	1804	1503	2700	1565	1569	195/50R18	自主
477	吉利汽车	几何	几何 A	纯电	2025	1555	4752	1804	1503	2700	1565	1569	195/50R18	自主
478	吉利汽车	几何	几何 A	纯电	2025	1650	4736	1804	1503	2700	1565	1569	195/50R18	自主
479	吉利汽车	几何	几何 A	纯电	2025	1650	4752	1804	1503	2700	1565	1569	195/50R18	自主
480	吉利汽车	吉利	吉利 TX	1.5T	2510	2210	4866	1945	1880	2986	1620	1620	215/65R17	自主
481	吉利汽车	帝豪	帝豪 GL	1.8L	1695	1320	4725	1802	1478	2700	1551	1546	205/55R16	自主
482	吉利汽车	帝豪	帝豪 GL	1.4T	1733	1325	4725	1802	1478	2700	1551	1555	205/55R16	自主
483	吉利汽车	帝豪	帝豪 GL	1.4T	1743	1335	4725	1802	1478	2700	1551	1555	205/55R16	自主
484	吉利汽车	帝豪	帝豪 GL	1.4T	1775	1335	4725	1802	1478	2700	1551	1555	205/55R16	自主
485	吉利汽车	帝豪	帝豪 GL	1.8L	1715	1340	4725	1802	1478	2700	1551	1546	205/55R16	自主
486	吉利汽车	帝豪	帝豪 GL	1.4T	1768	1360	4725	1802	1478	2700	1551	1555	205/55R16	自主
487	吉利汽车	帝豪	帝豪 GL	1.5T	1783	1375	4725	1802	1478	2700	1551	1555	205/55R16	自主
488	吉利汽车	帝豪	帝豪 GL	1.4T	1788	1380	4725	1802	1478	2700	1551	1555	205/55R16	自主
489	吉利汽车	帝豪	帝豪 GL	1.4T	1775	1400	4725	1802	1478	2700	1551	1555	205/55R16	自主
490	吉利汽车	帝豪	帝豪 GL	1.4T	1775	1400	4725	1802	1478	2700	1551	1555	205/55R16	自主
491	吉利汽车	帝豪	帝豪 GL	1.5T	1800	1425	4725	1802	1478	2700	1551	1555	205/55R16	自主
492	吉利汽车	帝豪	帝豪 GL	1.4T	1815	1440	4725	1802	1478	2700	1551	1555	205/55R16	自主
493	吉利汽车	帝豪	帝豪 GL	1.5T	1835	1460	4725	1802	1478	2700	1551	1555	205/55R16	自主
494	吉利汽车	帝豪	帝豪 GL	1.5T	2025	1650	4725	1802	1493	2700	1551	1555	215/55R16	自主
495	吉利汽车	吉利	博瑞 GE	1.5T	2035	1660	4986	1861	1513	2870	1608	1608	215/55R17	自主
496	吉利汽车	吉利	博瑞 GE	1.8T	2035	1660	4986	1861	1513	2870	1608	1608	215/55R17	自主
497	吉利汽车	吉利	博瑞 GE	1.8T	2075	1700	4986	1861	1513	2870	1608	1608	215/55R17	自主
498	吉利汽车	吉利	博瑞 GE	1.5T	2165	1790	4986	1861	1513	2870	1608	1608	215/55R17	自主
499	吉利汽车	吉利	博瑞 GE	1.5T	2215	1840	4986	1861	1513	2870	1608	1608	215/55R17	自主
500	吉利汽车	吉利	缤瑞	1.0T	1655	1250	4680	1785	1460	2670	1536	1538	205/55R16	自主
501	吉利汽车	吉利	缤瑞	1.4T	1685	1270	4680	1785	1460	2670	1536	1538	205/55R16	自主
502	吉利汽车	吉利	缤瑞	1.0T	1700	1275	4680	1785	1460	2670	1536	1538	205/55R16	自主
503	吉利汽车	吉利	缤瑞	1.0T	1655	1280	4680	1785	1460	2670	1536	1538	205/55R16	自主
504	吉利汽车	吉利	缤瑞	1.0T	1655	1280	4680	1785	1460	2670	1536	1538	195/65R15	自主
505	吉利汽车	吉利	缤瑞	1.4T	1685	1310	4680	1785	1460	2670	1536	1538	205/55R16	自主
506	吉利汽车	吉利	缤瑞	1.4T	1735	1320	4680	1785	1460	2670	1536	1538	205/55R16	自主
507	吉利汽车	吉利	缤瑞	1.0T	1700	1325	4680	1785	1460	2670	1536	1538	205/55R16	自主
508	吉利汽车	吉利	缤瑞	1.0T	1725	1350	4680	1785	1460	2670	1536	1538	205/55R16	自主
509	吉利汽车	吉利	缤瑞	1.4T	1735	1360	4680	1785	1460	2670	1536	1538	205/55R16	自主
510	吉麦新能源	凌宝	凌宝 K23	纯电	1795	1420	3974	1636	1625	2650	1420	1410	175/65R14	自主
511	吉麦新能源	凌宝	凌宝 BOX	纯电	1280	980	3460	1475	1615	2455	1300	1295	165/65R14	自主
512	吉麦新能源	凌宝	凌宝 BOX	纯电	1330	1030	3460	1475	1615	2455	1300	1295	165/65R14	自主
513	江淮汽车	江淮	江淮 iEVA60	纯电	2365	1990	4995	1890	1520	2915	1615	1600	225/55R17	自主
514	江淮汽车	江淮	江淮 iEVA50	纯电	2150	1710	4640	1765	1490	2710	1505	1495	205/50R17	自主
515	江淮汽车	江淮	江淮 iEVA50	纯电	2150	1775	4590	1765	1490	2710	1505	1495	205/50R17	自主
516	江淮汽车	江淮	江淮 iEVA50	纯电	2150	1775	4640	1765	1490	2710	1505	1495	205/50R17	自主
517	江淮汽车	江淮	江淮 iEVA50	纯电	2175	1800	4640	1765	1490	2710	1505	1495	205/50R17	自主
518	江淮汽车	江淮	江淮 iEV7	纯电	1725	1350	4320	1710	1515	2500	1475	1460	185/60R15	自主
519	江淮汽车	江淮	江淮 iEV6E	纯电	1450	1125	3660	1670	1500	2390	1415	1400	165/65R14	自主
520	江淮汽车	江淮	江淮 iEV6E	纯电	1450	1125	3630	1670	1475	2390	1415	1400	165/65R14	自主

序号	制造商	品牌	车型	排量	总质量 /kg	整备质量 /kg	外廓长度 /mm	外廓宽度 /mm	外廓高度 /mm	轴距 /mm	前轮距 /mm	后轮距 /mm	轮胎规格	派系
521	江淮汽车	江淮	江淮 iEV6E	纯电	1485	1150	3775	1685	1570	2390	1457	1430	185/65R15	自主
522	江淮汽车	江淮	江淮 iEV6E	纯电	1485	1150	3690	1685	1570	2390	1457	1430	185/65R15	自主
523	江淮汽车	江淮	江淮 iEV6E	纯电	1530	1185	3630	1670	1500	2390	1415	1400	165/65R14	自主
524	江淮汽车	江淮	江淮 iEV6E	纯电	1530	1185	3660	1670	1500	2390	1415	1400	165/65R14	自主
525	江淮汽车	江淮	江淮 iEV6E	纯电	1530	1185	3630	1670	1475	2390	1415	1400	165/65R14	自主
526	江淮汽车	江淮	江淮 iEV6E	纯电	1530	1230	3660	1670	1500	2390	1415	1400	165/65R14	自主
527	江淮汽车	江淮	江淮 iEV6E	纯电	1530	1230	3630	1670	1475	2390	1415	1400	165/65R14	自主
528	江淮汽车	江淮	江淮 iEV6E	纯电	1675	1270	3775	1685	1570	2390	1457	1430	185/65R15	自主
529	江淮汽车	江淮	江淮 iEV6E	纯电	1675	1270	3690	1685	1570	2390	1457	1430	185/65R15	自主
530	江淮汽车	江淮	江淮 iC5	纯电	2045	1670	4770	1820	1510	2760	1555	1550	215/55R17	自主
531	江淮汽车	江淮	江淮 iC5	纯电	2075	1700	4770	1820	1510	2760	1555	1550	215/55R17	自主
532	江淮汽车	江淮	嘉悦 A5	1.5T	1857	1432	4772	1820	1492	2760	1555	1550	215/50R17	自主
533	江淮汽车	江淮	嘉悦 A5	1.5T	1865	1440	4772	1820	1492	2760	1555	1550	215/50R17	自主
534	江铃汽车	江铃	易至 EV3	纯电	1385	1085	3720	1640	1494	2390	1420	1420	175/60R15	自主
535	江铃汽车	江铃	易至 EV3	纯电	1385	1085	3720	1640	1485	2390	1420	1420	175/60R15	自主
536	江铃汽车	江铃	易至 EV3	纯电	1415	1115	3720	1640	1485	2390	1420	1420	175/60R15	自主
537	江铃汽车	江铃	易至 EV3	纯电	1415	1115	3720	1640	1494	2390	1420	1420	175/60R15	自主
538	江铃汽车	江铃	易至 EV3	纯电	1440	1140	3720	1640	1485	2390	1420	1420	175/60R15	自主
539	江铃汽车	江铃	易至 EV3	纯电	1440	1140	3720	1640	1494	2390	1420	1420	175/60R15	自主
540	江铃汽车	江铃	易至 EV2	纯电	1278	978	3500	1646	1450	2340	1420	1420	165/65R14	自主
541	江铃汽车	江铃	易至 EV2	纯电	1305	1005	3500	1646	1450	2340	1420	1420	165/65R14	自主
542	江铃汽车	江铃	易至 EV2	纯电	1325	1025	3500	1646	1450	2340	1420	1420	165/65R14	自主
543	雷丁汽车	雷丁	雷丁 i5	纯电	1360	1010	4055	1630	1510	2400	1420	1410	165/65R14	自主
544	雷丁汽车	雷丁	雷丁 i3	纯电	1190	810	3420	1500	1570	2297	1330	1333	155/70R13	自主
545	雷丁汽车	雷丁	雷丁 i3	纯电	1190	830	3420	1500	1570	2297	1330	1333	155/70R13	自主
546	零跑汽车	零跑	零跑 T03	纯电	1394	1094	3620	1652	1577	2400	1410	1410	165/65R14	自主
547	零跑汽车	零跑	零跑 T03	纯电	1425	1125	3620	1652	1577	2400	1410	1410	165/65R14	自主
548	零跑汽车	零跑	零跑 S01	纯电	1490	1215	4075	1760	1380	2500	1500	1500	195/50R16	自主
549	零跑汽车	零跑	零跑 S01	纯电	1530	1270	4075	1760	1380	2500	1500	1500	195/50R16	自主
550	领途汽车	领途	领途 V3S	纯电	1010	710	2980	1485	1545	1815	1265	1265	145/70R12	自主
551	明君汽车	华凯	华凯 360EV	纯电	1190	890	3610	1660	1500	2390	1445	1450	155/65R14	自主
552	明君汽车	华凯	华凯 360EV	纯电	1260	960	3610	1660	1500	2390	1445	1450	155/65R14	自主
553	奇瑞捷豹路虎	捷豹	捷豹 XFL	2.0T	2280	1825	5093	1880	1456	3100	1605	1609	225/55R17	欧系
554	奇瑞捷豹路虎	捷豹	捷豹 XFL	2.0T	2280	1840	5093	1880	1456	3100	1605	1609	245/45R18	欧系
555	奇瑞捷豹路虎	捷豹	捷豹 XFL	2.0T	2330	1905	5093	1880	1456	3100	1605	1609	245/45R18	欧系
556	奇瑞捷豹路虎	捷豹	捷豹 XFL	2.0T	2350	1915	5093	1880	1456	3100	1605	1609	245/45R18	欧系
557	奇瑞捷豹路虎	捷豹	捷豹 XEL	2.0T	2180	1730	4778	1850	1429	2935	1598	1582	205/55R17	欧系
558	奇瑞捷豹路虎	捷豹	捷豹 XEL	2.0T	2180	1730	4788	1850	1429	2935	1599	1600	225/45R18	欧系
559	奇瑞捷豹路虎	捷豹	捷豹 XEL	2.0T	2180	1730	4788	1850	1429	2935	1599	1600	225/40R19	欧系
560	奇瑞捷豹路虎	捷豹	捷豹 XEL	2.0T	2180	1730	4778	1850	1429	2935	1598	1582	205/55R17	欧系
561	奇瑞汽车	奇瑞	奇瑞 EQ1	纯电	1225	925	3200	1670	1550	2150	1450	1430	165/65R15	自主
562	奇瑞汽车	奇瑞	奇瑞 EQ1	纯电	1275	975	3200	1670	1590	2150	1450	1430	165/65R15	自主
563	奇瑞汽车	奇瑞	奇瑞 EQ1	纯电	1275	975	3200	1670	1550	2150	1450	1430	165/65R15	自主
564	奇瑞汽车	奇瑞	奇瑞 EQ1	纯电	1285	985	3200	1670	1590	2150	1450	1430	165/65R15	自主
565	奇瑞汽车	奇瑞	奇瑞 EQ1	纯电	1305	1005	3200	1670	1590	2150	1450	1430	165/65R15	自主
566	奇瑞汽车	奇瑞	奇瑞 EQ1	纯电	1305	1005	3200	1670	1550	2150	1450	1430	165/65R15	自主
567	奇瑞汽车	奇瑞	奇瑞 E3	1.6L	1583	1208	4450	1748	1493	2570	1494	1492	185/60R15	自主
568	奇瑞汽车	奇瑞	奇瑞 E3	1.5L	1605	1230	4450	1748	1493	2570	1494	1492	185/60R15	自主
569	奇瑞汽车	奇瑞	奇瑞 E3	1.6L	1651	1276	4450	1748	1493	2570	1494	1492	185/60R15	自主
570	奇瑞汽车	凯翼	凯翼 E3	1.5L	1583	1208	4450	1748	1493	2570	1494	1492	185/60R15	自主
571	奇瑞汽车	凯翼	凯翼 E3	1.6L	1583	1208	4450	1748	1493	2570	1494	1492	185/60R15	自主
572	奇瑞汽车	凯翼	凯翼 E3	1.5L	1605	1230	4450	1748	1493	2570	1494	1492	185/60R15	自主
573	奇瑞汽车	凯翼	凯翼 E3	1.6L	1651	1276	4450	1748	1493	2570	1494	1492	185/60R15	自主
574	奇瑞汽车	凯翼	凯翼 C3	纯电	1650	1275	4250	1726	1510	2510	1435	1450	185/60R15	自主
575	奇瑞汽车	凯翼	凯翼 C3	纯电	1700	1325	4250	1726	1510	2510	1435	1450	185/60R15	自主
576	奇瑞汽车	奇瑞	艾瑞泽 GX	1.5L	1699	1280	4710	1825	1490	2670	1556	1549	205/50R17	自主
577	奇瑞汽车	奇瑞	艾瑞泽 GX	1.5L	1699	1284	4710	1825	1490	2670	1556	1549	205/50R17	自主
578	奇瑞汽车	奇瑞	艾瑞泽 GX	1.5L	1699	1310	4710	1825	1490	2670	1556	1549	205/50R17	自主

序号	制造商	品牌	车型	排量	总质量/kg	整备质量/kg	外廓长度/mm	外廓宽度/mm	外廓高度/mm	轴距/mm	前轮距/mm	后轮距/mm	轮胎规格	派系
579	奇瑞汽车	奇瑞	艾瑞泽 GX	1.5L	1699	1311	4710	1825	1490	2670	1556	1549	205/50R17	自主
580	奇瑞汽车	奇瑞	艾瑞泽 GX	1.5T	1761	1326	4710	1825	1490	2670	1556	1549	205/50R17	自主
581	奇瑞汽车	奇瑞	艾瑞泽 GX	1.5T	1761	1358	4710	1825	1490	2670	1556	1549	205/50R17	自主
582	奇瑞汽车	奇瑞	艾瑞泽 EX	1.5L	1696	1270	4572	1825	1482	2670	1556	1542	205/50R17	自主
583	奇瑞汽车	奇瑞	艾瑞泽 EX	1.5L	1655	1280	4572	1825	1482	2670	1556	1542	205/50R17	自主
584	奇瑞汽车	奇瑞	艾瑞泽 5	1.5L	1696	1307	4572	1825	1482	2670	1556	1542	205/50R17	自主
585	奇瑞汽车	奇瑞	艾瑞泽 5	1.5T	1701	1316	4572	1825	1482	2670	1556	1542	205/50R17	自主
586	奇瑞汽车	奇瑞	艾瑞泽 5	1.6L	1715	1325	4572	1825	1482	2670	1556	1542	205/55R16	自主
587	奇瑞汽车	奇瑞	艾瑞泽 5	1.6L	1715	1325	4605	1825	1482	2670	1556	1542	205/55R16	自主
588	奇瑞汽车	奇瑞	艾瑞泽 5	纯电	1920	1545	4572	1825	1496	2670	1556	1542	205/55R16	自主
589	奇瑞汽车	奇瑞	艾瑞泽 5	纯电	1920	1545	4572	1825	1496	2670	1556	1542	205/55R16	自主
590	奇瑞汽车	奇瑞	艾瑞泽 5	纯电	1935	1560	4572	1825	1496	2670	1556	1542	205/55R16	自主
591	前途汽车	前途	前途 K50	纯电	2110	1960	4634	2069	1253	2650	1798	1791	235/35R19	自主
592	山东梅拉德	雷丁	比德文 E3	纯电	1190	830	3420	1500	1570	2297	1330	1333	155/70R13	自主
593	上汽乘用车	名爵	新名爵 6	1.5T	1743	1300	4704	1848	1466	2715	1562	1567	205/55R16	自主
594	上汽乘用车	名爵	新名爵 6	1.5T	1743	1300	4695	1848	1462	2715	1562	1567	205/55R16	自主
595	上汽乘用车	名爵	新名爵 6	1.5T	1778	1335	4704	1848	1466	2715	1562	1567	205/55R16	自主
596	上汽乘用车	名爵	新名爵 6	1.5T	1778	1335	4695	1848	1462	2715	1562	1567	205/55R16	自主
597	上汽乘用车	名爵	新名爵 6	1.5T	1919	1495	4695	1848	1458	2715	1558	1567	215/50R17	自主
598	上汽乘用车	名爵	新名爵 6	1.5T	1950	1530	4704	1848	1463	2715	1558	1567	205/55R16	自主
599	上汽乘用车	荣威	荣威 i6 MAX	1.5T	1769	1320	4722	1835	1464	2715	1558	1563	205/55R16	自主
600	上汽乘用车	荣威	荣威 i6 MAX	1.5T	1940	1515	4722	1835	1465	2715	1558	1567	205/55R16	自主
601	上汽乘用车	荣威	荣威 i6	1.6L	1664	1215	4671	1835	1464	2715	1562	1571	205/55R16	自主
602	上汽乘用车	荣威	荣威 i6	1.6L	1694	1245	4671	1835	1464	2715	1562	1571	205/55R16	自主
603	上汽乘用车	荣威	荣威 i6	1.6L	1715	1265	4722	1835	1464	2715	1562	1571	205/55R16	自主
604	上汽乘用车	荣威	荣威 i6	1.5T	1769	1320	4671	1835	1464	2715	1562	1571	205/55R16	自主
605	上汽乘用车	荣威	荣威 i5	1.5L	1647	1195	4601	1818	1489	2680	1544	1548	195/65R15	自主
606	上汽乘用车	荣威	荣威 i5	1.5L	1692	1240	4601	1818	1489	2680	1544	1548	195/65R15	自主
607	上汽乘用车	荣威	荣威 i5	1.5T	1732	1280	4601	1818	1489	2680	1544	1548	205/55R16	自主
608	上汽乘用车	荣威	荣威 i5	1.5T	1745	1305	4601	1818	1489	2680	1544	1548	205/55R16	自主
609	上汽乘用车	荣威	荣威 ER6	纯电	2085	1635	4724	1835	1493	2715	1562	1571	205/55R16	自主
610	上汽乘用车	荣威	荣威 ei6	1.5T	1905	1480	4671	1835	1460	2715	1558	1567	215/50R17	自主
611	上汽乘用车	荣威	荣威 ei6	纯电	2050	1600	4724	1835	1493	2715	1562	1571	205/55R16	自主
612	上汽乘用车	荣威	荣威 ei5	纯电	1859	1420	4544	1818	1532	2665	1559	1566	205/60R16	自主
613	上汽乘用车	荣威	荣威 ei5	纯电	1974	1535	4544	1818	1513	2665	1559	1566	205/60R16	自主
614	上汽乘用车	荣威	荣威 ei5	纯电	1974	1535	4550	1818	1536	2665	1559	1566	205/60R16	自主
615	上汽乘用车	荣威	荣威 ei5	纯电	1979	1540	4544	1818	1536	2665	1559	1566	205/60R16	自主
616	上汽乘用车	荣威	荣威 ei5	纯电	1994	1555	4544	1818	1536	2665	1559	1566	205/60R16	自主
617	上汽乘用车	荣威	荣威 ei5	纯电	2002	1560	4544	1818	1543	2665	1558	1553	205/60R16	自主
618	上汽乘用车	荣威	荣威 360	1.5L	1610	1235	4579	1804	1490	2660	1548	1549	205/55R16	自主
619	上汽乘用车	名爵	名爵 5	1.5L	1644	1205	4675	1842	1473	2680	1570	1574	205/55R16	自主
620	上汽乘用车	名爵	名爵 5	1.5L	1699	1260	4675	1842	1473	2680	1570	1574	205/55R16	自主
621	上汽乘用车	名爵	名爵 5	1.5T	1757	1318	4675	1842	1480	2680	1559	1563	205/55R16	自主
622	上汽乘用车	科莱威	Clever	纯电	1153	950	3140	1648	1531	2000	1430	1430	175/60R13	自主
623	上汽大众	斯柯达	新速派	1.4T	1900	1440	4869	1865	1489	2841	1584	1572	215/60R16	欧系
624	上汽大众	斯柯达	新速派	2.0T	1995	1535	4869	1865	1489	2841	1584	1572	215/60R16	欧系
625	上汽大众	斯柯达	新速派	2.0T	2010	1550	4869	1865	1489	2841	1584	1572	215/60R16	欧系
626	上汽大众	大众	新桑塔纳尚纳	1.5L	1560	1100	4473	1706	1469	2603	1460	1500	175/70R14	欧系
627	上汽大众	大众	新桑塔纳尚纳	1.5L	1560	1100	4475	1706	1469	2603	1460	1500	175/70R14	欧系
628	上汽大众	大众	新桑塔纳尚纳	1.5L	1560	1100	4509	1706	1469	2603	1460	1500	175/70R14	欧系
629	上汽大众	大众	新桑塔纳尚纳	1.5L	1580	1120	4475	1706	1469	2603	1460	1500	175/70R14	欧系
630	上汽大众	大众	新桑塔纳尚纳	1.5L	1580	1120	4509	1706	1469	2603	1460	1500	175/70R14	欧系
631	上汽大众	大众	新桑塔纳尚纳	1.5L	1595	1135	4475	1706	1469	2603	1460	1500	175/70R14	欧系
632	上汽大众	大众	新桑塔纳尚纳	1.5L	1595	1135	4509	1706	1469	2603	1460	1500	175/70R14	欧系
633	上汽大众	大众	新桑塔纳尚纳	1.5L	1615	1155	4475	1706	1469	2603	1460	1500	175/70R14	欧系
634	上汽大众	大众	新桑塔纳尚纳	1.5L	1615	1155	4509	1706	1469	2603	1460	1500	175/70R14	欧系
635	上汽大众	斯柯达	新明锐	1.5L	1670	1210	4675	1814	1460	2686	1543	1534	195/65R15	欧系
636	上汽大众	斯柯达	新明锐	1.5L	1705	1245	4675	1814	1460	2686	1543	1534	195/65R15	欧系

序号	制造商	品牌	车型	排量	总质量 /kg	整备质量 /kg	外廓长度 /mm	外廓宽度 /mm	外廓高度 /mm	轴距 /mm	前轮距 /mm	后轮距 /mm	轮胎规格	派系
637	上汽大众	斯柯达	新明锐	1.2T	1735	1275	4675	1814	1460	2686	1543	1534	195/65R15	欧系
638	上汽大众	斯柯达	新明锐	1.2T	1755	1295	4687	1814	1509	2686	1543	1534	195/65R15	欧系
639	上汽大众	斯柯达	新明锐	1.4T	1760	1300	4675	1814	1460	2686	1543	1534	195/65R15	欧系
640	上汽大众	斯柯达	新明锐	1.4T	1790	1330	4687	1814	1509	2686	1543	1534	195/65R15	欧系
641	上汽大众	大众	新朗逸	1.5L	1670	1210	4605	1765	1460	2610	1517	1493	195/65R15	欧系
642	上汽大众	大众	新朗逸	1.5L	1685	1225	4670	1806	1474	2688	1546	1520	195/65R15	欧系
643	上汽大众	大众	新朗逸	1.5L	1725	1265	4670	1806	1474	2688	1546	1520	195/65R15	欧系
644	上汽大众	大众	新朗逸	1.4T	1778	1318	4670	1806	1474	2688	1546	1520	225/45R17	欧系
645	上汽大众	大众	新朗逸	1.4T	1778	1318	4670	1806	1474	2688	1546	1520	195/65R15	欧系
646	上汽大众	大众	新朗逸	纯电	1970	1560	4670	1806	1474	2680	1540	1510	195/65R15	欧系
647	上汽大众	斯柯达	昕锐	1.5L	1580	1120	4512	1706	1469	2603	1460	1500	185/60R15	欧系
648	上汽大众	斯柯达	昕锐	1.5L	1615	1155	4512	1706	1469	2603	1460	1500	185/60R15	欧系
649	上汽大众	斯柯达	昕动	1.5L	1580	1120	4312	1706	1475	2603	1460	1500	185/60R15	欧系
650	上汽大众	斯柯达	昕动	1.5L	1615	1155	4312	1706	1475	2603	1460	1500	185/60R15	欧系
651	上汽大众	大众	帕萨特	1.4T	1915	1455	4933	1836	1469	2871	1584	1570	215/60R16	欧系
652	上汽大众	大众	帕萨特	1.4T	1930	1470	4933	1836	1469	2871	1584	1570	215/60R16	欧系
653	上汽大众	大众	帕萨特	2.0T	2035	1575	4933	1836	1469	2871	1584	1570	215/60R16	欧系
654	上汽大众	大众	帕萨特	2.0T	2055	1595	4933	1836	1469	2871	1584	1570	215/60R16	欧系
655	上汽大众	大众	帕萨特	1.4T	2190	1730	4948	1836	1469	2871	1584	1570	215/60R16	欧系
656	上汽大众	大众	凌渡	1.4T	1760	1300	4615	1826	1425	2656	1580	1554	205/60R16	欧系
657	上汽大众	大众	凌渡	1.4T	1785	1325	4615	1826	1425	2656	1580	1554	205/60R16	欧系
658	上汽大众	大众	凌渡	1.4T	1865	1365	4598	1826	1425	2656	1580	1554	225/50R17	欧系
659	上汽大众	大众	凌渡	1.4T	1830	1370	4615	1826	1425	2656	1580	1554	225/50R17	欧系
660	上汽大众	大众	朗逸	1.5L	1670	1210	4613	1765	1460	2610	1517	1493	195/65R15	欧系
661	上汽大众	大众	朗逸	1.5L	1705	1245	4613	1765	1460	2610	1517	1493	195/65R15	欧系
662	上汽大众	大众	辉昂	2.0T	2285	1805	5074	1893	1489	3009	1620	1610	225/55R17	欧系
663	上汽大众	大众	辉昂	2.0T	2315	1835	5074	1893	1489	3009	1620	1610	245/45R18	欧系
664	上汽大众	大众	辉昂	2.0T	2315	1835	5074	1893	1489	3009	1620	1610	225/55R17	欧系
665	上汽大众	大众	辉昂	2.0T	2380	1900	5074	1893	1463	3009	1620	1610	225/55R17	欧系
666	上汽大众	大众	辉昂	3.0T	2525	2025	5074	1893	1463	3009	1620	1610	245/45R18	欧系
667	上汽大众	大众	波罗	1.5L	1575	1145	4053	1740	1449	2564	1522	1506	185/65R15	欧系
668	上汽大众	大众	波罗	1.5L	1620	1190	4053	1740	1449	2564	1522	1506	185/65R15	欧系
669	上汽通用	别克	阅朗	1.3T	1710	1285	4539	1798	1475	2640	1538	1541	205/55R16	美系
670	上汽通用	别克	英朗 GT	1.0T	1655	1220	4609	1798	1486	2640	1538	1541	195/65R15	美系
671	上汽通用	别克	英朗 GT	1.0T	1675	1240	4609	1798	1486	2640	1538	1541	195/65R15	美系
672	上汽通用	别克	英朗 GT	1.3T	1695	1260	4609	1798	1486	2640	1538	1541	195/65R15	美系
673	上汽通用	别克	英朗 GT	1.5L	1705	1270	4609	1798	1464	2640	1538	1541	195/65R15	美系
674	上汽通用	别克	英朗 GT	1.3T	1720	1285	4609	1798	1486	2640	1538	1541	195/65R15	美系
675	上汽通用	别克	威朗	1.0T	1770	1310	4723	1802	1466	2700	1540	1561	205/55R16	美系
676	上汽通用	别克	威朗	1.3T	1820	1320	4723	1802	1466	2700	1540	1561	205/55R16	美系
677	上汽通用	别克	威朗	1.3T	1820	1350	4723	1802	1476	2700	1534	1555	205/55R16	美系
678	上汽通用	别克	威朗	1.3T	1820	1350	4723	1802	1466	2700	1534	1555	205/55R16	美系
679	上汽通用	雪佛兰	迈锐宝 XL	1.5T	1905	1430	4933	1854	1472	2829	1596	1599	225/55R17	美系
680	上汽通用	雪佛兰	迈锐宝 XL	1.5T	1905	1430	4933	1854	1476	2829	1596	1599	205/65R16	美系
681	上汽通用	雪佛兰	迈锐宝 XL	1.3T	1905	1430	4933	1854	1472	2829	1596	1599	205/65R16	美系
682	上汽通用	雪佛兰	迈锐宝 XL	1.5T	1905	1465	4933	1854	1476	2829	1596	1599	225/55R17	美系
683	上汽通用	雪佛兰	迈锐宝 XL	1.3T	1905	1470	4933	1854	1476	2829	1596	1599	225/55R17	美系
684	上汽通用	雪佛兰	迈锐宝 XL	2.0T	1960	1525	4933	1854	1473	2829	1589	1591	225/55R17	美系
685	上汽通用	雪佛兰	科沃兹	1.3L	1450	1030	4474	1730	1471	2600	1500	1504	185/65R15	美系
686	上汽通用	雪佛兰	科沃兹	1.3L	1490	1050	4474	1730	1471	2600	1500	1504	185/65R15	美系
687	上汽通用	雪佛兰	科沃兹	1.0T	1550	1120	4474	1730	1471	2600	1494	1498	195/55R16	美系
688	上汽通用	雪佛兰	科鲁泽	1.0T	1660	1225	4614	1798	1485	2640	1538	1541	195/65R15	美系
689	上汽通用	雪佛兰	科鲁泽	1.0T	1680	1245	4614	1798	1485	2640	1538	1541	195/65R15	美系
690	上汽通用	雪佛兰	科鲁泽	1.0T	1700	1265	4614	1798	1485	2640	1538	1541	195/65R15	美系
691	上汽通用	雪佛兰	科鲁泽	1.3T	1705	1265	4630	1798	1485	2640	1538	1541	195/65R15	美系
692	上汽通用	雪佛兰	科鲁泽	1.5L	1705	1270	4614	1798	1485	2640	1538	1541	195/65R15	美系
693	上汽通用	雪佛兰	科鲁泽	1.3T	1725	1285	4630	1798	1485	2640	1538	1541	195/65R15	美系
694	上汽通用	别克	凯越	1.3L	1505	1088	4468	1765	1469	2611	1495	1502	185/70R14	美系

序号	制造商	品牌	车型	排量	总质量 /kg	整备质量 /kg	外廓长度 /mm	外廓宽度 /mm	外廓高度 /mm	轴距 /mm	前轮距 /mm	后轮距 /mm	轮胎规格	派系
695	上汽通用	别克	凯越	1.3L	1535	1120	4468	1765	1469	2611	1495	1502	185/70R14	美系
696	上汽通用	凯迪拉克	凯迪拉克 CT6	2.0T	2215	1695	5223	1879	1492	3109	1617	1640	235/50R18	美系
697	上汽通用	凯迪拉克	凯迪拉克 CT6	2.0T	2215	1755	5223	1879	1498	3109	1617	1640	235/50R18	美系
698	上汽通用	凯迪拉克	凯迪拉克 CT6	2.0T	2215	1755	5223	1879	1492	3109	1617	1640	235/50R18	美系
699	上汽通用	凯迪拉克	凯迪拉克 CT6	2.0T	2270	1835	5223	1879	1498	3109	1617	1640	245/45R19	美系
700	上汽通用	凯迪拉克	凯迪拉克 CT5	2.0T	2055	1640	4924	1883	1453	2947	1596	1634	245/45R18	美系
701	上汽通用	凯迪拉克	凯迪拉克 CT5	2.0T	2105	1685	4924	1883	1445	2947	1596	1634	245/40R19	美系
702	上汽通用	凯迪拉克	凯迪拉克 CT4	2.0T	1985	1535	4760	1815	1421	2775	1534	1577	225/45R17	美系
703	上汽通用	凯迪拉克	凯迪拉克 CT4	2.0T	1995	1540	4760	1815	1428	2775	1529	1572	225/45R17	美系
704	上汽通用	别克	君越	1.5T	1995	1535	5026	1866	1459	2905	1599	1602	235/55R17	美系
705	上汽通用	别克	君越	2.0T	2085	1600	5026	1866	1462	2905	1599	1602	235/50R18	美系
706	上汽通用	别克	君越	2.0T	2085	1640	5030	1866	1467	2905	1599	1602	245/45R19	美系
707	上汽通用	别克	君越	2.0T	2085	1640	5030	1866	1467	2905	1599	1602	235/50R18	美系
708	上汽通用	别克	君威	1.5T	1910	1430	4904	1863	1461	2829	1603	1607	225/55R17	美系
709	上汽通用	别克	君威	1.3T	1910	1430	4904	1863	1461	2829	1593	1597	205/65R16	美系
710	上汽通用	别克	君威	1.5T	1910	1430	4904	1863	1461	2829	1593	1597	205/65R16	美系
711	上汽通用	别克	君威	1.3T	1910	1430	4904	1863	1456	2829	1593	1597	205/65R16	美系
712	上汽通用	别克	君威	1.5T	1900	1430	4902	1863	1461	2829	1593	1597	225/55R17	美系
713	上汽通用	别克	君威	1.5T	1900	1430	4902	1863	1461	2829	1603	1607	225/55R17	美系
714	上汽通用	别克	君威	1.5T	1900	1430	4902	1863	1461	2829	1593	1597	205/65R16	美系
715	上汽通用	别克	君威	1.3T	1910	1465	4904	1863	1461	2829	1593	1597	225/55R17	美系
716	上汽通用	别克	君威	2.0T	1990	1530	4913	1863	1462	2829	1585	1589	245/45R18	美系
717	上汽通用	雪佛兰	畅巡	纯电	2060	1660	4665	1813	1538	2660	1545	1556	215/55R17	美系
718	上汽通用	雪佛兰	畅巡	纯电	2060	1660	4665	1813	1513	2660	1545	1556	215/55R17	美系
719	上汽通用	别克	别克 Velite 6	纯电	1940	1540	4650	1817	1510	2660	1535	1546	215/55R17	美系
720	上汽通用	别克	别克 Velite 6	1.5L	1980	1580	4648	1817	1491	2660	1540	1551	205/60R16	美系
721	上汽通用	别克	别克 Velite 6	纯电	2075	1675	4650	1817	1510	2660	1535	1546	215/55R17	美系
722	上汽通用五菱	五菱	宏光 MINI	纯电	980	665	2917	1493	1621	1940	1290	1290	145/70R12	自主
723	上汽通用五菱	五菱	宏光 MINI	纯电	980	665	2920	1493	1621	1940	1290	1290	145/70R12	自主
724	上汽通用五菱	五菱	宏光 MINI	纯电	1020	700	2917	1493	1621	1940	1290	1290	145/70R12	自主
725	上汽通用五菱	五菱	宏光 MINI	纯电	1020	700	2920	1493	1621	1940	1290	1290	145/70R12	自主
726	上汽通用五菱	五菱	宏光 MINI	纯电	1020	705	2917	1493	1621	1940	1290	1290	145/70R12	自主
727	上汽通用五菱	五菱	宏光 MINI	纯电	1020	705	2920	1493	1621	1940	1290	1290	145/70R12	自主
728	上汽通用五菱	宝骏	宝骏 RC-6	1.5T	1920	1440	4925	1880	1580	2800	1606	1606	225/55R18	自主
729	上汽通用五菱	宝骏	宝骏 RC-6	1.5T	1920	1470	4925	1880	1580	2800	1606	1606	225/55R18	自主
730	上汽通用五菱	宝骏	宝骏 RC-6	1.5T	1920	1510	4925	1880	1580	2800	1606	1606	225/55R18	自主
731	上汽通用五菱	宝骏	宝骏 RC-6	1.5T	1920	1530	4925	1880	1580	2800	1606	1606	225/55R18	自主
732	上汽通用五菱	宝骏	宝骏 RC-6	1.5T	1960	1533	4925	1880	1570	2800	1606	1606	225/55R18	自主
733	上汽通用五菱	宝骏	宝骏 RC-6	1.5T	1960	1540	4925	1880	1570	2800	1606	1606	225/55R18	自主
734	上汽通用五菱	宝骏	宝骏 RC-5W	1.5L	1800	1250	4685	1806	1465	2700	1550	1545	205/55R16	自主
735	上汽通用五菱	宝骏	宝骏 RC-5W	1.5L	1800	1315	4685	1806	1470	2700	1550	1545	205/55R16	自主
736	上汽通用五菱	宝骏	宝骏 RC-5W	1.5T	1860	1390	4685	1806	1485	2700	1550	1545	215/55R17	自主
737	上汽通用五菱	宝骏	宝骏 RC-5W	1.5T	1860	1420	4685	1806	1485	2700	1550	1545	215/55R17	自主
738	上汽通用五菱	宝骏	宝骏 RC-5	1.5L	1800	1250	4650	1806	1458	2700	1550	1545	205/55R16	自主
739	上汽通用五菱	宝骏	宝骏 RC-5	1.5L	1800	1315	4650	1806	1466	2700	1550	1545	205/55R16	自主
740	上汽通用五菱	宝骏	宝骏 RC-5	1.5L	1800	1315	4650	1806	1458	2700	1550	1545	205/55R16	自主
741	上汽通用五菱	宝骏	宝骏 RC-5	1.5L	1800	1321	4650	1806	1458	2700	1550	1545	205/55R16	自主
742	上汽通用五菱	宝骏	宝骏 RC-5	1.5T	1860	1340	4650	1806	1482	2700	1550	1545	215/55R17	自主
743	上汽通用五菱	宝骏	宝骏 RC-5	1.5L	1800	1360	4650	1806	1458	2700	1550	1545	205/55R16	自主
744	上汽通用五菱	宝骏	宝骏 RC-5	1.5T	1860	1380	4650	1806	1482	2700	1550	1545	215/55R17	自主
745	上汽通用五菱	宝骏	宝骏 RC-5	1.5T	1860	1410	4650	1806	1482	2700	1550	1545	215/55R17	自主
746	上汽通用五菱	宝骏	宝骏 E300 LUS	纯电	1360	1040	2894	1655	1595	2020	1470	1480	155/70R13	自主
747	上汽通用五菱	宝骏	宝骏 E300 LUS	纯电	1360	1052	2894	1655	1595	2020	1470	1480	155/70R13	自主
748	上汽通用五菱	宝骏	宝骏 E300	纯电	1210	920	2625	1647	1588	1750	1470	1480	145/70R12	自主
749	上汽通用五菱	宝骏	宝骏 E300	纯电	1210	940	2625	1647	1588	1750	1470	1480	145/70R12	自主
750	上汽通用五菱	宝骏	宝骏 E300	纯电	1210	945	2625	1647	1588	1750	1470	1480	145/70R12	自主
751	上汽通用五菱	宝骏	宝骏 E300	纯电	1110	948	2625	1647	1588	1750	1470	1480	145/70R12	自主
752	上汽通用五菱	宝骏	宝骏 E300	纯电	1210	962	2625	1647	1588	1750	1470	1480	145/70R12	自主

序号	制造商	品牌	车型	排量	总质量/kg	整备质量/kg	外廓长度/mm	外廓宽度/mm	外廓高度/mm	轴距/mm	前轮距/mm	后轮距/mm	轮胎规格	派系
753	上汽通用五菱	宝骏	宝骏 E300	纯电	1210	980	2625	1647	1588	1750	1470	1480	145/70R12	自主
754	上汽通用五菱	宝骏	宝骏 E200	纯电	980	830	2497	1526	1616	1600	1310	1320	145/70R12	自主
755	上汽通用五菱	宝骏	宝骏 E200	纯电	992	842	2497	1526	1616	1600	1310	1320	145/70R12	自主
756	上汽通用五菱	宝骏	宝骏 E200	纯电	996	846	2497	1526	1616	1600	1310	1320	145/70R12	自主
757	上汽通用五菱	宝骏	宝骏 E200	纯电	1015	860	2497	1526	1616	1600	1310	1320	145/70R12	自主
758	上汽通用五菱	宝骏	宝骏 E100	纯电	980	830	2488	1506	1670	1600	1310	1320	145/70R12	自主
759	上汽通用五菱	宝骏	宝骏 E100	纯电	990	840	2488	1506	1670	1600	1310	1320	145/70R12	自主
760	上汽通用五菱	宝骏	宝骏 E100	纯电	990	840	2488	1506	1670	1600	1310	1320	145/70R12	自主
761	上汽通用五菱	宝骏	宝骏 E100	纯电	990	840	2488	1506	1670	1600	1310	1320	145/70R12	自主
762	上汽通用五菱	宝骏	宝骏 E100	纯电	999	849	2488	1506	1670	1600	1310	1320	145/70R12	自主
763	上汽通用五菱	宝骏	宝骏 E100	纯电	999	849	2488	1506	1670	1600	1310	1320	145/70R12	自主
764	上汽通用五菱	宝骏	宝骏 310W	1.5L	1680	1206	4620	1710	1515	2750	1482	1488	185/65R15	自主
765	上汽通用五菱	宝骏	宝骏 310W	1.5L	1680	1210	4620	1710	1535	2750	1482	1488	185/65R15	自主
766	上汽通用五菱	宝骏	宝骏 310W	1.5L	1680	1225	4620	1710	1535	2750	1482	1488	185/65R15	自主
767	上汽通用五菱	宝骏	宝骏 310W	1.5L	1680	1240	4620	1710	1535	2750	1482	1488	185/65R15	自主
768	上汽通用五菱	宝骏	宝骏 310W	1.5L	1680	1240	4620	1710	1515	2750	1482	1488	185/65R15	自主
769	上汽通用五菱	宝骏	宝骏 310	1.2L	1405	985	4032	1680	1450	2550	1488	1478	165/70R14	自主
770	神龙汽车	雪铁龙	雪铁龙 C6	1.6T	2032	1590	4980	1858	1475	2900	1599	1573	225/55R17	欧系
771	神龙汽车	雪铁龙	雪铁龙 C6	1.8T	2056	1645	4980	1858	1475	2900	1599	1573	225/55R17	欧系
772	神龙汽车	雪铁龙	雪铁龙 C6	1.8T	2050	1655	4980	1858	1475	2900	1599	1573	245/45R18	欧系
773	神龙汽车	雪铁龙	雪铁龙 C5	1.6T	1984	1580	4825	1860	1480	2815	1590	1572	225/55R17	欧系
774	神龙汽车	雪铁龙	雪铁龙 C5	1.8T	2027	1615	4825	1860	1480	2815	1590	1572	225/55R17	欧系
775	神龙汽车	雪铁龙	雪铁龙 C3L	1.2T	1614	1190	4505	1748	1513	2655	1509	1486	205/60R16	欧系
776	神龙汽车	雪铁龙	雪铁龙 C3L	1.2T	1614	1210	4505	1748	1513	2655	1509	1486	205/60R16	欧系
777	神龙汽车	标致	新标致 308	1.2T	1708	1300	4590	1820	1488	2675	1555	1550	215/55R16	欧系
778	神龙汽车	标致	新标致 308	1.2T	1715	1310	4590	1820	1488	2675	1555	1550	215/55R16	欧系
779	神龙汽车	标致	标致 508LHEV	1.6T	2241	1795	4870	1855	1455	2848	1600	1585	215/55R17	欧系
780	神龙汽车	标致	标致 508L	1.6T	1932	1490	4870	1855	1455	2848	1600	1585	215/55R17	欧系
781	神龙汽车	标致	标致 508L	1.8T	1981	1538	4870	1855	1455	2848	1600	1585	215/55R17	欧系
782	神龙汽车	标致	标致 408	1.2T	1742	1325	4750	1820	1488	2730	1555	1550	215/55R16	欧系
783	神龙汽车	标致	标致 408	1.6T	1802	1385	4750	1820	1488	2730	1555	1550	215/50R17	欧系
784	神龙汽车	雪铁龙	爱丽舍 BEV	纯电	1625	1230	4427	1748	1476	2652	1501	1478	185/65R15	欧系
785	神龙汽车	雪铁龙	爱丽舍 BEV	纯电	1656	1260	4427	1748	1476	2652	1501	1478	185/65R15	欧系
786	神龙汽车	雪铁龙	爱丽舍	1.6L	1580	1155	4427	1748	1476	2652	1501	1478	185/65R15	欧系
787	神龙汽车	雪铁龙	爱丽舍	1.6L	1630	1230	4427	1748	1476	2652	1501	1478	185/65R15	欧系
788	速达汽车	速达	速达 SD01	纯电	1765	1390	4046	1737	1606	2500	1500	1495	205/55R16	自主
789	速达汽车	速达	速达 SA01	纯电	1725	1350	4417	1737	1576	2500	1500	1495	205/55R16	自主
790	速达汽车	速达	速达 SA01	纯电	1765	1390	4417	1737	1576	2500	1500	1495	205/55R16	自主
791	特斯拉汽车	特斯拉	Model 3	纯电	2017	1614	4694	1850	1443	2875	1580	1580	235/40R19	美系
792	特斯拉汽车	特斯拉	Model 3	纯电	2184	1745	4694	1850	1443	2875	1580	1580	235/40R19	美系
793	特斯拉汽车	特斯拉	Model 3	纯电	2170	1745	4694	1850	1443	2875	1580	1580	235/40R19	美系
794	特斯拉汽车	特斯拉	Model 3	纯电	2300	1836	4694	1850	1443	2875	1580	1580	235/40R19	美系
795	沃尔沃亚太	极星	极星 2	纯电	2600	2132	4606	1859	1482	2735	1602	1601	245/45R19	欧系
796	沃尔沃亚太	极星	极星 1	2.0T	2670	2343	4586	1958	1352	2742	1645	1657	275/30R21	欧系
797	沃尔沃亚太	沃尔沃	S90	2.0T	2300	1769	5083	1879	1450	3061	1628	1629	255/40R19	欧系
798	沃尔沃亚太	沃尔沃	S90	2.0T	2300	1784	5083	1879	1450	3061	1628	1629	255/40R19	欧系
799	沃尔沃亚太	沃尔沃	S90	2.0T	2300	1784	5083	1879	1450	3061	1628	1629	245/45R18	欧系
800	沃尔沃亚太	沃尔沃	S90	2.0T	2330	1832	5090	1879	1450	3061	1628	1629	255/40R19	欧系
801	沃尔沃亚太	沃尔沃	S90	2.0T	2620	2090	5083	1879	1450	3061	1628	1629	255/40R19	欧系
802	沃尔沃亚太	沃尔沃	S90	2.0T	2620	2090	5090	1879	1450	3061	1628	1629	255/40R19	欧系
803	沃尔沃亚太	沃尔沃	S60L	2.0T	2190	1704	4761	1850	1437	2872	1600	1600	225/50R17	欧系
804	沃尔沃亚太	沃尔沃	S60L	2.0T	2190	1712	4761	1850	1437	2872	1603	1603	225/50R17	欧系
805	沃尔沃亚太	沃尔沃	S60L	2.0T	2190	1722	4761	1850	1437	2872	1600	1600	235/45R18	欧系
806	沃尔沃亚太	沃尔沃	S60L	2.0T	2510	2030	4761	1850	1437	2872	1600	1600	235/40R19	欧系
807	小鹏汽车	小鹏	小鹏 7	纯电	2265	1865	4880	1896	1450	2998	1615	1621	245/50R18	自主
808	小鹏汽车	小鹏	小鹏 7	纯电	2270	1890	4490	1874	1613	2750	1585	1585	245/45R19	自主
809	小鹏汽车	小鹏	小鹏 7	纯电	2265	1890	4880	1896	1450	2998	1615	1621	245/50R18	自主
810	小鹏汽车	小鹏	小鹏 7	纯电	2310	1910	4880	1896	1450	2998	1615	1621	245/50R18	自主

序号	制造商	品牌	车型	排量	总质量/kg	整备质量/kg	外廓长度/mm	外廓宽度/mm	外廓高度/mm	轴距/mm	前轮距/mm	后轮距/mm	轮胎规格	派系
811	小鹏汽车	小鹏	小鹏 7	纯电	2310	1935	4880	1896	1450	2998	1615	1621	245/50R18	自主
812	小鹏汽车	小鹏	小鹏 7	纯电	2435	2060	4880	1896	1450	2998	1615	1621	245/45R19	自主
813	一汽大众	大众	新迈腾	2.0T	2000	1540	4866	1832	1464	2871	1584	1570	215/55R17	欧系
814	一汽大众	奥迪	新奥迪 A6L	2.0T	2320	1795	5050	1886	1475	3024	1630	1616	225/60R17	欧系
815	一汽大众	奥迪	新奥迪 A6L	2.0T	2320	1795	5038	1886	1475	3024	1630	1616	225/60R17	欧系
816	一汽大众	奥迪	新奥迪 A6L	2.0T	2320	1800	5038	1886	1475	3024	1630	1616	225/60R17	欧系
817	一汽大众	奥迪	新奥迪 A6L	2.0T	2320	1800	5050	1886	1475	3024	1630	1616	225/60R17	欧系
818	一汽大众	奥迪	新奥迪 A6L	2.0T	2350	1830	5038	1886	1475	3024	1630	1616	225/60R17	欧系
819	一汽大众	奥迪	新奥迪 A6L	2.0T	2350	1830	5050	1886	1475	3024	1630	1616	225/60R17	欧系
820	一汽大众	奥迪	新奥迪 A6L	2.0T	2385	1880	5038	1886	1475	3024	1630	1616	225/60R17	欧系
821	一汽大众	奥迪	新奥迪 A6L	2.0T	2385	1880	5050	1886	1475	3024	1630	1616	225/60R17	欧系
822	一汽大众	奥迪	新奥迪 A6L	3.0T	2505	1995	5038	1886	1475	3024	1630	1616	225/55R18	欧系
823	一汽大众	奥迪	新奥迪 A6L	3.0T	2505	1995	5050	1886	1475	3024	1630	1616	225/55R18	欧系
824	一汽大众	奥迪	新奥迪 A6L	3.0T	2505	1995	5038	1886	1460	3024	1630	1616	225/55R18	欧系
825	一汽大众	奥迪	新奥迪 A6L	3.0T	2505	1995	5050	1886	1460	3024	1630	1616	225/55R18	欧系
826	一汽大众	奥迪	新奥迪 A6L	2.0T	2645	2150	5050	1886	1475	3024	1622	1608	245/45R19	欧系
827	一汽大众	大众	蔚领	1.5L	1810	1315	4559	1793	1487	2614	1518	1525	205/55R16	欧系
828	一汽大众	大众	速腾	1.2T	1790	1330	4753	1800	1462	2731	1543	1546	205/60R16	欧系
829	一汽大众	大众	速腾	1.2T	1790	1355	4753	1800	1462	2731	1543	1546	205/60R16	欧系
830	一汽大众	大众	速腾	1.2T	1820	1360	4753	1800	1462	2731	1543	1546	205/60R16	欧系
831	一汽大众	大众	速腾	1.2T	1820	1380	4753	1800	1462	2731	1543	1546	205/60R16	欧系
832	一汽大众	大众	速腾	1.4T	1860	1395	4753	1800	1462	2731	1543	1546	205/60R16	欧系
833	一汽大众	大众	速腾	1.4T	1860	1410	4757	1800	1462	2731	1543	1546	205/60R16	欧系
834	一汽大众	大众	速腾	1.4T	1860	1410	4753	1800	1462	2731	1543	1546	205/60R16	欧系
835	一汽大众	大众	迈腾	1.4T	1920	1440	4866	1832	1464	2871	1584	1570	215/60R16	欧系
836	一汽大众	大众	迈腾	1.4T	1910	1445	4865	1832	1471	2871	1586	1572	215/60R16	欧系
837	一汽大众	大众	迈腾	2.0T	2000	1540	4865	1832	1471	2871	1586	1572	215/60R16	欧系
838	一汽大众	大众	迈腾	2.0T	2050	1580	4865	1832	1471	2871	1586	1572	215/55R17	欧系
839	一汽大众	大众	迈腾	1.4T	2210	1750	4865	1832	1469	2871	1581	1568	215/55R17	欧系
840	一汽大众	捷达	捷达 VA3	1.5L	1560	1125	4501	1704	1479	2604	1451	1491	175/70R14	欧系
841	一汽大众	捷达	捷达 VA3	1.5L	1560	1125	4501	1704	1469	2604	1451	1491	175/70R14	欧系
842	一汽大众	捷达	捷达 VA3	1.5L	1600	1165	4501	1704	1479	2604	1451	1491	185/60R15	欧系
843	一汽大众	捷达	捷达 VA3	1.5L	1600	1165	4501	1704	1469	2604	1460	1500	185/60R15	欧系
844	一汽大众	捷达	捷达 VA3	1.5L	1600	1165	4501	1704	1469	2604	1451	1491	185/60R15	欧系
845	一汽大众	大众	高尔夫嘉旅	1.2T	1850	1380	4351	1807	1574	2685	1549	1521	205/55R16	欧系
846	一汽大众	大众	高尔夫嘉旅	1.2T	1850	1395	4351	1807	1574	2685	1549	1521	205/55R16	欧系
847	一汽大众	大众	高尔夫嘉旅	1.4T	1900	1435	4351	1807	1596	2680	1549	1521	205/55R16	欧系
848	一汽大众	大众	高尔夫 8	1.4T	1820	1360	4296	1788	1471	2631	1535	1510	225/45R17	欧系
849	一汽大众	大众	高尔夫 7	1.2T	1760	1285	4259	1799	1476	2637	1549	1520	205/55R16	欧系
850	一汽大众	大众	高尔夫 7	1.4T	1840	1330	4259	1799	1476	2631	1549	1520	205/55R16	欧系
851	一汽大众	大众	高尔夫 7	1.4T	1840	1330	4262	1799	1476	2631	1549	1520	205/55R16	欧系
852	一汽大众	大众	大众 CC	2.0T	2060	1600	4864	1870	1447	2841	1586	1572	225/55R17	欧系
853	一汽大众	大众	大众 CC	2.0T	2060	1600	4862	1870	1447	2841	1586	1572	225/55R17	欧系
854	一汽大众	大众	大众 CC	2.0T	2110	1640	4865	1870	1459	2841	1586	1572	245/45R18	欧系
855	一汽大众	大众	大众 CC	2.0T	2130	1655	4869	1870	1459	2841	1586	1572	245/45R18	欧系
856	一汽大众	大众	宝来	1.5L	1690	1240	4562	1793	1468	2614	1518	1525	205/55R16	欧系
857	一汽大众	大众	宝来	1.5L	1700	1245	4663	1815	1462	2688	1546	1520	205/55R16	欧系
858	一汽大众	大众	宝来	1.5L	1700	1245	4663	1815	1462	2688	1546	1520	195/65R15	欧系
859	一汽大众	大众	宝来	1.5L	1720	1275	4562	1793	1468	2614	1518	1525	205/55R16	欧系
860	一汽大众	大众	宝来	1.5L	1730	1285	4663	1815	1473	2688	1546	1520	205/55R16	欧系
861	一汽大众	大众	宝来	1.5L	1730	1285	4663	1815	1462	2688	1546	1520	205/55R16	欧系
862	一汽大众	大众	宝来	1.5L	1730	1285	4663	1815	1473	2688	1546	1520	195/65R15	欧系
863	一汽大众	大众	宝来	1.5L	1730	1285	4663	1815	1462	2688	1546	1520	195/65R15	欧系
864	一汽大众	大众	宝来	1.2T	1780	1320	4663	1815	1473	2688	1546	1520	205/55R16	欧系
865	一汽大众	大众	宝来	1.2T	1780	1320	4663	1815	1462	2688	1546	1520	205/55R16	欧系
866	一汽大众	大众	宝来	1.4T	1780	1320	4663	1815	1473	2688	1546	1520	205/55R16	欧系
867	一汽大众	大众	宝来	1.4T	1780	1320	4663	1815	1462	2688	1546	1520	205/55R16	欧系
868	一汽大众	奥迪	奥迪 A4L	2.0T	2015	1585	4818	1843	1432	2908	1566	1549	245/40R18	欧系

序号	制造商	品牌	车型	排量	总质量 /kg	整备质量 /kg	外廓长度 /mm	外廓宽度 /mm	外廓高度 /mm	轴距 /mm	前轮距 /mm	后轮距 /mm	轮胎规格	派系
869	一汽大众	奥迪	奥迪 A4L	2.0T	2015	1585	4837	1843	1432	2908	1566	1549	245/40R18	欧系
870	一汽大众	奥迪	奥迪 A4L	2.0T	2050	1610	4858	1847	1439	2908	1566	1549	245/40R18	欧系
871	一汽大众	奥迪	奥迪 A4L	2.0T	2050	1610	4851	1847	1439	2908	1566	1549	225/50R17	欧系
872	一汽大众	奥迪	奥迪 A4L	2.0T	2050	1615	4851	1847	1439	2908	1566	1549	245/40R18	欧系
873	一汽大众	奥迪	奥迪 A4L	2.0T	2050	1615	4858	1847	1439	2908	1566	1549	245/40R18	欧系
874	一汽大众	奥迪	奥迪 A4L	2.0T	2110	1670	4837	1843	1432	2908	1566	1549	245/40R18	欧系
875	一汽大众	奥迪	奥迪 A4L	2.0T	2120	1680	4851	1847	1439	2908	1566	1549	245/40R18	欧系
876	一汽大众	奥迪	奥迪 A4L	2.0T	2120	1680	4858	1847	1439	2908	1566	1549	245/35R19	欧系
877	一汽大众	奥迪	奥迪 A4L	2.0T	2130	1685	4851	1847	1439	2908	1566	1549	245/35R19	欧系
878	一汽大众	奥迪	奥迪 A4L	2.0T	2130	1685	4851	1847	1411	2908	1566	1549	245/35R19	欧系
879	一汽大众	奥迪	奥迪 A4L	2.0T	2130	1685	4858	1847	1411	2908	1566	1549	245/35R19	欧系
880	一汽大众	奥迪	奥迪 A3	1.4T	1790	1345	4330	1785	1460	2629	1534	1506	225/45R17	欧系
881	一汽大众	奥迪	奥迪 A3	1.4T	1790	1345	4312	1785	1460	2629	1534	1506	225/45R17	欧系
882	一汽大众	奥迪	奥迪 A3	1.4T	1790	1345	4321	1785	1460	2629	1534	1506	225/45R17	欧系
883	一汽大众	奥迪	奥迪 A3	1.4T	1795	1350	4457	1796	1417	2629	1547	1522	225/45R17	欧系
884	一汽大众	奥迪	奥迪 A3	1.4T	1795	1350	4462	1796	1417	2629	1547	1522	225/45R17	欧系
885	一汽大众	奥迪	奥迪 A3	1.4T	1795	1350	4471	1796	1417	2629	1547	1522	225/45R17	欧系
886	一汽大众	奥迪	奥迪 A3	1.4T	1860	1400	4343	1815	1458	2630	1543	1514	225/45R17	欧系
887	一汽大众	奥迪	奥迪 A3	1.4T	1860	1400	4351	1815	1458	2630	1543	1514	225/45R17	欧系
888	一汽大众	奥迪	奥迪 A3	2.0T	1890	1455	4457	1796	1417	2629	1547	1522	225/45R17	欧系
889	一汽大众	奥迪	奥迪 A3	2.0T	1890	1455	4462	1796	1417	2629	1547	1522	225/45R17	欧系
890	一汽大众	大众	e- 高尔夫	纯电	1990	1580	4259	1799	1479	2631	1549	1520	205/55R16	欧系
891	一汽大众	大众	e- 高尔夫	纯电	1990	1580	4267	1799	1479	2631	1549	1520	205/55R16	欧系
892	一汽大众	大众	e- 宝来	纯电	1980	1560	4663	1815	1473	2680	1540	1510	225/45R17	欧系
893	一汽大众	大众	e- 宝来	纯电	1980	1560	4671	1815	1473	2680	1540	1510	225/45R17	欧系
894	一汽丰田	丰田	亚洲龙 HEV	2.5L	2145	1665	4975	1850	1450	2870	1595	1605	215/55R17	日系
895	一汽丰田	丰田	亚洲龙 HEV	2.5L	2145	1670	4975	1850	1450	2870	1595	1605	215/55R17	日系
896	一汽丰田	丰田	亚洲龙 HEV	2.5L	2145	1705	4975	1850	1450	2870	1585	1595	215/55R17	日系
897	一汽丰田	丰田	亚洲龙 HEV	2.5L	2145	1725	4975	1850	1450	2870	1585	1595	215/55R17	日系
898	一汽丰田	丰田	亚洲龙	2.0L	2070	1575	4975	1850	1450	2870	1595	1605	215/55R17	日系
899	一汽丰田	丰田	亚洲龙	2.0L	2070	1585	4975	1850	1450	2870	1595	1605	215/55R17	日系
900	一汽丰田	丰田	亚洲龙	2.5L	2070	1585	4975	1850	1450	2870	1595	1605	215/55R17	日系
901	一汽丰田	丰田	亚洲龙	2.0L	2070	1595	4975	1850	1450	2870	1585	1595	235/45R18	日系
902	一汽丰田	丰田	亚洲龙	2.5L	2070	1595	4975	1850	1450	2870	1595	1605	215/55R17	日系
903	一汽丰田	丰田	亚洲龙	2.0L	2070	1605	4975	1850	1450	2870	1585	1595	235/45R18	日系
904	一汽丰田	丰田	亚洲龙	2.5L	2070	1620	4985	1850	1450	2870	1585	1595	215/55R17	日系
905	一汽丰田	丰田	亚洲龙	2.5L	2070	1630	4975	1850	1450	2870	1585	1595	215/55R17	日系
906	一汽丰田	丰田	新威驰	1.3L	1500	1045	4420	1700	1490	2550	1470	1470	175/65R14	日系
907	一汽丰田	丰田	新威驰	1.3L	1500	1085	4420	1700	1490	2550	1460	1460	185/60R15	日系
908	一汽丰田	丰田	新卡罗拉 HEV	1.8L	1975	1505	4635	1775	1470	2700	1525	1520	205/55R16	日系
909	一汽丰田	丰田	新卡罗拉 HEV	1.8L	1975	1535	4635	1775	1470	2700	1525	1520	205/55R16	日系
910	一汽丰田	丰田	新卡罗拉 HEV	1.8L	1975	1540	4635	1775	1470	2700	1525	1520	205/55R16	日系
911	一汽丰田	丰田	新卡罗拉	1.2T	1770	1335	4635	1780	1455	2700	1527	1526	195/65R15	日系
912	一汽丰田	丰田	新卡罗拉	1.2T	1770	1340	4635	1780	1455	2700	1531	1535	195/65R15	日系
913	一汽丰田	丰田	新卡罗拉	1.2T	1770	1350	4635	1780	1455	2700	1531	1535	195/65R15	日系
914	一汽丰田	丰田	新卡罗拉	1.2T	1770	1360	4635	1780	1455	2700	1531	1535	195/65R15	日系
915	一汽丰田	丰田	新卡罗拉	1.2T	1770	1360	4635	1780	1435	2700	1531	1535	195/65R15	日系
916	一汽丰田	丰田	新卡罗拉	1.2T	1770	1370	4635	1780	1455	2700	1527	1526	205/55R16	日系
917	一汽丰田	丰田	新卡罗拉	1.8L	1845	1410	4635	1780	1455	2700	1527	1526	195/65R15	日系
918	一汽丰田	丰田	新卡罗拉	1.8L	1845	1420	4635	1780	1455	2700	1527	1526	205/55R16	日系
919	一汽丰田	丰田	新卡罗拉	1.8L	1845	1430	4635	1780	1455	2700	1527	1526	205/55R16	日系
920	一汽丰田	丰田	新皇冠	2.0T	2140	1680	5020	1805	1480	2925	1540	1540	225/50R17	日系
921	一汽丰田	丰田	新皇冠	2.0T	2140	1690	5020	1805	1480	2925	1530	1530	235/45R18	日系
922	一汽丰田	丰田	威驰 FS	1.5L	1500	1085	4140	1700	1495	2550	1460	1460	185/60R15	日系
923	一汽丰田	丰田	威驰 FS	1.5L	1500	1085	4155	1700	1495	2550	1460	1460	185/60R15	日系
924	一汽丰田	丰田	威驰 FS	1.5L	1500	1115	4140	1700	1495	2550	1460	1460	185/60R15	日系
925	一汽丰田	丰田	威驰 FS	1.5L	1500	1115	4155	1700	1495	2550	1460	1460	185/60R15	日系
926	一汽丰田	丰田	威驰 FS	1.5L	1500	1125	4140	1700	1495	2550	1460	1460	185/60R15	日系

序号	制造商	品牌	车型	排量	总质量 /kg	整备质量 /kg	外廓长度 /mm	外廓宽度 /mm	外廓高度 /mm	轴距 /mm	前轮距 /mm	后轮距 /mm	轮胎规格	派系
927	一汽丰田	丰田	威驰 FS	1.5L	1500	1125	4155	1700	1495	2550	1460	1460	185/60R15	日系
928	一汽丰田	丰田	威驰	1.5L	1500	1070	4420	1700	1490	2550	1460	1460	185/60R15	日系
929	一汽丰田	丰田	威驰	1.5L	1500	1070	4435	1700	1490	2550	1460	1460	185/60R15	日系
930	一汽丰田	丰田	威驰	1.5L	1500	1085	4420	1700	1490	2550	1460	1460	185/60R15	日系
931	一汽丰田	丰田	威驰	1.5L	1500	1105	4420	1700	1490	2550	1460	1460	185/60R15	日系
932	一汽丰田	丰田	威驰	1.5L	1500	1105	4435	1700	1490	2550	1460	1460	185/60R15	日系
933	一汽丰田	丰田	威驰	1.5L	1500	1110	4420	1700	1490	2550	1460	1460	185/60R15	日系
934	一汽丰田	丰田	威驰	1.5L	1500	1110	4435	1700	1490	2550	1460	1460	185/60R15	日系
935	一汽丰田	丰田	威驰	1.5L	1500	1120	4435	1700	1490	2550	1460	1460	185/60R15	日系
936	一汽丰田	丰田	威驰	1.5L	1500	1125	4420	1700	1490	2550	1460	1460	185/60R15	日系
937	一汽轿车	奔腾	新奔腾 B70	1.5T	1890	1440	4810	1840	1455	2800	1571	1561	225/50R18	自主
938	一汽轿车	奔腾	新奔腾 B70	1.5T	1935	1485	4810	1840	1455	2800	1580	1585	225/50R18	自主
939	一汽轿车	红旗	红旗 L5	4.0T	3550	3100	5555	2018	1578	3435	1690	1692	275/40R20	自主
940	一汽轿车	红旗	红旗 HQE	6.0L	3625	3150	5555	2018	1578	3435	1690	1692	275/40R20	自主
941	一汽轿车	红旗	红旗 H9	2.0T	2325	1875	5137	1904	1493	3060	1633	1629	245/45R19	自主
942	一汽轿车	红旗	红旗 H9	2.0T	2325	1875	5137	1904	1493	3060	1633	1629	235/50R18	自主
943	一汽轿车	红旗	红旗 H9	3.0T	2505	1995	5137	1904	1493	3060	1633	1629	245/45R19	自主
944	一汽轿车	红旗	红旗 H9	2.5T	2505	1995	5137	1904	1493	3060	1633	1629	245/45R19	自主
945	一汽轿车	红旗	红旗 H9	3.0T	2505	1995	5137	1904	1493	3060	1633	1629	245/45R19	自主
946	一汽轿车	红旗	红旗 H7	1.8T	2200	1804	5095	1875	1485	2970	1610	1608	225/55R17	自主
947	一汽轿车	红旗	红旗 H7	2.0T	2200	1804	5095	1875	1485	2970	1610	1608	225/55R17	自主
948	一汽轿车	红旗	红旗 H7	2.5L	2200	1825	5095	1875	1485	2970	1610	1608	225/55R17	自主
949	一汽轿车	红旗	红旗 H7	3.0L	2200	1825	5095	1875	1485	2970	1610	1608	225/55R17	自主
950	一汽轿车	红旗	红旗 H5	1.5T	1970	1520	4945	1845	1470	2875	1600	1590	225/55R17	自主
951	一汽轿车	红旗	红旗 H5	1.8T	2033.	1583	4945	1845	1470	2875	1600	1590	215/55R17	自主
952	一汽轿车	红旗	红旗 H5	1.8T	2065	1615	4945	1845	1470	2875	1600	1590	225/45R19	自主
953	一汽轿车	奔腾	奔腾 B30	1.6L	1760	1310	4625	1790	1500	2630	1530	1520	195/65R15	自主
954	一汽轿车	奔腾	奔腾 B30	纯电	1838	1463	4632	1790	1500	2652	1530	1520	205/55R16	自主
955	一汽轿车	马自达	阿特兹	2.0L	1972	1518	4870	1840	1445	2830	1585	1575	225/55R17	日系
956	一汽轿车	马自达	阿特兹	2.0L	1981	1527	4870	1840	1445	2830	1585	1575	225/55R17	日系
957	一汽轿车	马自达	阿特兹	2.5L	2023	1559	4870	1840	1451	2830	1595	1585	225/45R19	日系
958	一汽轿车	马自达	阿特兹	2.5L	2035	1575	4870	1840	1451	2830	1595	1585	225/45R19	日系
959	长安福特	福特	新蒙迪欧	1.5T	2002	1592	4873	1852	1470	2850	1590	1587	215/60R16	美系
960	长安福特	福特	新蒙迪欧	2.0T	2035	1625	4873	1852	1470	2850	1590	1587	235/50R17	美系
961	长安福特	福特	新蒙迪欧	2.0T	2069	1659	4873	1852	1470	2850	1590	1587	235/45R18	美系
962	长安福特	福特	新福克斯 NB	1.5L	1680	1245	4647	1810	1468	2705	1572	1548	205/60R16	美系
963	长安福特	福特	新福克斯 NB	1.5L	1735	1306	4647	1810	1468	2705	1572	1548	205/60R16	美系
964	长安福特	福特	新福克斯 NB	1.5T	1803	1356	4647	1810	1468	2705	1572	1548	205/60R16	美系
965	长安福特	福特	新福克斯 NB	1.5T	1824	1377	4647	1810	1468	2705	1572	1548	205/60R16	美系
966	长安福特	福特	新福克斯 NB	1.5T	1832	1403	4647	1810	1468	2705	1572	1548	215/50R17	美系
967	长安福特	福特	新福克斯 NB	1.5T	1845	1416	4671	1810	1454	2705	1572	1548	235/40R18	美系
968	长安福特	福特	新福克斯 HB	1.5L	1670	1242	4378	1810	1468	2705	1572	1548	205/60R16	美系
969	长安福特	福特	新福克斯 HB	1.5L	1730	1303	4378	1810	1468	2705	1572	1548	205/60R16	美系
970	长安福特	福特	新福克斯 HB	1.5T	1776	1345	4378	1810	1468	2705	1572	1548	205/60R16	美系
971	长安福特	福特	新福克斯 HB	1.5T	1798	1367	4378	1810	1468	2705	1572	1548	205/60R16	美系
972	长安福特	福特	新福克斯 HB	1.5T	1820	1392	4378	1810	1468	2705	1572	1548	215/50R17	美系
973	长安福特	福特	新福克斯 HB	1.5T	1796	1411	4404	1810	1454	2705	1572	1548	235/40R18	美系
974	长安福特	福特	金牛座	2.0T	2156	1746	5018	1884	1506	2949	1608	1618	235/55R17	美系
975	长安福特	福特	金牛座	2.0T	2213	1803	5018	1884	1506	2949	1608	1618	245/45R19	美系
976	长安福特	福特	福睿斯	1.5L	1656	1246	4587	1825	1490	2687	1554	1533	195/65R15	美系
977	长安福特	福特	福睿斯	1.5L	1656	1265	4587	1825	1490	2687	1554	1533	195/65R15	美系
978	长安福特	福特	福睿斯	1.5L	1675	1265	4587	1825	1490	2687	1554	1533	195/65R15	美系
979	长安福特	福特	福睿斯	1.5L	1700	1290	4587	1825	1490	2687	1554	1533	195/65R15	美系
980	长安福特	福特	福睿斯	1.5L	1722	1312	4587	1825	1490	2687	1554	1533	195/65R15	美系
981	长安福特	福特	福睿斯	1.5L	1733	1323	4587	1825	1490	2687	1554	1533	205/50R17	美系
982	长安福特	福特	福睿斯	1.5L	1755	1345	4587	1825	1490	2687	1554	1533	205/50R17	美系
983	长安铃木	铃木	启悦	1.6L	1440	1065	4545	1730	1475	2650	1490	1500	205/50R16	日系
984	长安铃木	铃木	启悦	1.6L	1440	1065	4545	1730	1475	2650	1490	1500	185/65R15	日系

序号	制造商	品牌	车型	排量	总质量 /kg	整备质量 /kg	外廓长度 /mm	外廓宽度 /mm	外廓高度 /mm	轴距 /mm	前轮距 /mm	后轮距 /mm	轮胎规格	派系
985	长安铃木	铃木	启悦	1.6L	1495	1120	4545	1730	1475	2650	1490	1500	205/50R16	日系
986	长安铃木	铃木	启悦	1.6L	1535	1160	4545	1730	1475	2650	1495	1505	185/65R15	日系
987	长安铃木	铃木	启悦	1.6L	1535	1160	4605	1730	1475	2650	1495	1505	185/65R15	日系
988	长安铃木	铃木	启悦	1.6L	1555	1180	4545	1730	1475	2650	1495	1505	185/65R15	日系
989	长安马自达	马自达	昂克赛拉	1.5L	1765	1297	4662	1797	1445	2726	1568	1581	205/60R16	日系
990	长安马自达	马自达	昂克赛拉	1.5L	1805	1318	4662	1797	1445	2726	1568	1581	205/60R16	日系
991	长安马自达	马自达	昂克赛拉	1.5L	1805	1337	4662	1797	1445	2726	1568	1581	205/60R16	日系
992	长安马自达	马自达	昂克赛拉	2.0L	1853	1385	4662	1797	1445	2726	1568	1581	215/45R18	日系
993	长安马自达	马自达	昂克赛拉	2.0L	1936	1468	4662	1797	1445	2726	1568	1581	215/45R18	日系
994	长安汽车	长安	逸动 XT	1.6L	1720	1345	4505	1820	1505	2700	1555	1566	205/60R16	自主
995	长安汽车	长安	逸动 XT	1.4T	1755	1380	4505	1820	1505	2700	1555	1566	205/60R16	自主
996	长安汽车	长安	逸动 XT	纯电	2025	1650	4535	1820	1530	2700	1548	1559	215/50R17	自主
997	长安汽车	长安	逸动 DT	1.6L	1595	1220	4575	1750	1525	2610	1490	1480	195/55R15	自主
998	长安汽车	长安	逸动 DT	1.6L	1595	1220	4575	1750	1500	2610	1490	1480	195/55R15	自主
999	长安汽车	长安	逸动 DT	1.6L	1615	1240	4575	1750	1525	2610	1490	1480	195/55R15	自主
1000	长安汽车	长安	逸动 DT	1.6L	1615	1240	4575	1750	1500	2610	1490	1480	195/55R15	自主
1001	长安汽车	长安	逸动	1.6L	1645	1240	4730	1820	1505	2700	1555	1566	205/60R16	自主
1002	长安汽车	长安	逸动	1.6L	1645	1270	4730	1820	1505	2700	1555	1566	205/60R16	自主
1003	长安汽车	长安	逸动	1.6L	1700	1270	4730	1820	1505	2700	1555	1566	205/60R16	自主
1004	长安汽车	长安	逸动	1.6L	1700	1285	4730	1820	1505	2700	1555	1566	205/60R16	自主
1005	长安汽车	长安	逸动	1.4T	1740	1300	4730	1820	1505	2700	1555	1566	205/60R16	自主
1006	长安汽车	长安	逸动	1.6L	1700	1300	4730	1820	1505	2700	1555	1566	205/60R16	自主
1007	长安汽车	长安	逸动	1.6L	1700	1322	4730	1820	1505	2700	1555	1566	205/60R16	自主
1008	长安汽车	长安	逸动	1.4T	1740	1340	4730	1820	1505	2700	1555	1566	205/60R16	自主
1009	长安汽车	长安	逸动	纯电	2010	1600	4740	1820	1530	2700	1548	1559	215/50R17	自主
1010	长安汽车	长安	逸动	纯电	2025	1605	4740	1820	1530	2700	1548	1559	215/50R17	自主
1011	长安汽车	长安	逸动	纯电	2010	1635	4740	1820	1530	2700	1548	1559	215/50R17	自主
1012	长安汽车	长安	逸动	纯电	2025	1650	4740	1820	1530	2700	1548	1559	215/50R17	自主
1013	长安汽车	长安	新悦翔	1.4L	1425	1050	4390	1725	1490	2535	1470	1470	175/65R14	自主
1014	长安汽车	长安	新悦翔	1.4L	1455	1050	4390	1725	1490	2535	1470	1470	175/65R14	自主
1015	长安汽车	长安	新悦翔	1.4L	1425	1080	4390	1725	1490	2535	1470	1470	175/65R14	自主
1016	长安汽车	长安	新悦翔	1.4L	1455	1080	4390	1725	1490	2535	1470	1470	175/65R14	自主
1017	长安汽车	长安	新悦翔	1.4L	1455	1080	4390	1725	1468	2535	1470	1470	175/65R14	自主
1018	长安汽车	长安	新悦翔	1.5L	1470	1095	4390	1725	1490	2535	1470	1470	175/65R14	自主
1019	长安汽车	长安	新悦翔	1.5L	1490	1095	4390	1725	1490	2535	1470	1470	175/65R14	自主
1020	长安汽车	长安	新悦翔	1.5L	1490	1115	4390	1725	1490	2535	1470	1470	175/65R14	自主
1021	长安汽车	长安	新逸动	1.6L	1700	1270	4710	1820	1505	2700	1555	1566	205/60R16	自主
1022	长安汽车	长安	新逸动	1.6L	1720	1335	4710	1820	1505	2700	1555	1566	205/60R16	自主
1023	长安汽车	长安	新逸动	1.6L	1720	1345	4710	1820	1505	2700	1555	1566	205/60R16	自主
1024	长安汽车	长安	新奔奔	纯电	1555	1180	3770	1650	1570	2410	1415	1430	175/60R15	自主
1025	长安汽车	长安	锐程 CC	1.5T	1835	1420	4800	1825	1465	2770	1568	1583	205/60R16	自主
1026	长安汽车	长安	锐程 CC	1.5T	1810	1435	4780	1825	1465	2770	1568	1583	205/60R16	自主
1027	长安汽车	长安	锐程 CC	1.5T	1810	1435	4800	1825	1465	2770	1568	1583	205/60R16	自主
1028	长安汽车	长安	锐程 CC	1.5T	1865	1460	4780	1825	1465	2770	1568	1583	205/60R16	自主
1029	长安汽车	长安	锐程 CC	1.5T	1865	1460	4800	1825	1465	2770	1568	1583	205/60R16	自主
1030	长安汽车	长安	锐程 CC	1.5T	1835	1460	4800	1825	1465	2770	1568	1583	205/60R16	自主
1031	长安汽车	长安	锐程 CC	1.5T	1865	1490	4800	1825	1465	2770	1568	1583	205/60R16	自主
1032	长安汽车	长安	锐程 CC	1.5T	1865	1490	4780	1825	1465	2770	1568	1583	205/60R16	自主
1033	长安汽车	长安	锐程 CC	1.5T	1865	1490	4800	1825	1465	2770	1568	1583	205/60R16	自主
1034	长安汽车	长安	尼欧Ⅱ	纯电	945	795	2770	1545	1690	1680	1318	1328	145/60R13	自主
1035	长城汽车	欧拉	欧拉白猫	纯电	1287	977	3625	1660	1530	2490	1420	1430	165/65R15	自主
1036	长城汽车	欧拉	欧拉白猫	纯电	1320	1010	3625	1660	1530	2490	1420	1430	165/65R15	自主
1037	长城汽车	欧拉	欧拉白猫	纯电	1342	1032	3625	1660	1530	2490	1420	1430	165/65R15	自主
1038	长城汽车	欧拉	欧拉 R1	纯电	1287	977	3495	1660	1560	2475	1410	1420	165/65R15	自主
1039	长城汽车	欧拉	欧拉 R1	纯电	1287	977	3495	1660	1560	2475	1410	1420	165/65R15	自主
1040	长城汽车	欧拉	欧拉 R1	纯电	1300	990	3495	1660	1560	2475	1410	1420	165/65R15	自主
1041	长城汽车	欧拉	欧拉 R1	纯电	1310	1000	3495	1660	1560	2475	1410	1420	175/55R16	自主
1042	知豆电动汽车	知豆	知豆 D2	纯电	1015	865	2806	1540	1555	1765	1325	1301	145/60R13	自主

第二章

运动型多用途乘用车（SUV）

Sport Utility Vehicle

《报告》共计收集整理了 2020 年量产运动型多用途乘用车（SUV）85 家 1789 个车型特征参数数值。

对于总质量等 6 个特征参数末位数值为 0 的厂家占比分析见表 S01 2020 年运动型多用途乘用车（SUV）特征参数末位数值为 0 厂家数分析表；详见本章内具体数据表。

表 S01 2020 年运动型多用途乘用车（SUV）特征参数末位数值为 0 厂家数分析表

序号	特征参数	特征参数末位数值为 0 / 家	基本型乘用车 / 家	特征参数末位数值为 0 / %
1	总质量 /kg	14	85	16.5
2	整备质量 /kg	14	85	16.5
3	外廓长度 /mm	11	85	12.9
4	外廓宽度 /mm	19	85	22.4
5	外廓高度 /mm	8	85	9.4
6	轴距 /mm	37	85	43.5

《报告》共计收集整理了 2020 年量产运动型多用途乘用车（SUV）85 家 1789 个车型特征参数数值。

对于前轮距和后轮距 2 个特征参数末位数值为 0 和 5 的厂家占比分析见表 S02 2020 年运动型多用途乘用车（SUV）特征参数末位数值为 0 和 5 厂家数分析表；详见本章内具体数据表。

表 S02 2020 年运动型多用途乘用车（SUV）特征参数末位数值为 0 和 5 厂家数分析表

序号	特征参数	特征参数末位数值为 0 和 5/ 家	基本型乘用车 / 家	特征参数末位数值为 0 和 5 / %
1	前轮距 /mm	32	85	37.6
2	后轮距 /mm	26	85	30.6

《报告》分析整理了 2020 年运动型多用途乘用车（SUV）车型与外廓尺寸参数对应数据，详细数据见表 SX01 2020 年运动型多用途乘用车（SUV）车型与外廓尺寸参数一览表。

《报告》分析整理了 2020 年运动型多用途乘用车（SUV）排量与总质量参数对应数据，详细数据见表 SX02 2020 年运动型多用途乘用车（SUV）排量与总质量参数一览表。

《报告》分析整理了 2020 年运动型多用途乘用车（SUV）车型与轮胎规格对应数据，详细数据见表 ST05 2020 年 2020 年运动型多用途乘用车（SUV）车型与轮胎规格一览表。

《报告》分析整理了 2020 年运动型多用途乘用车（SUV）特征参数（末位 0 和 5）253 条数据，详细数据见表 SM01 2020 年运动型多用途乘用车（SUV）特征参数（末位 0 和 5）明细表。

《报告》分析整理了 2020 年运动型多用途乘用车（SUV）特征参数（末位 0 和 5）1789 条数据，详细数据见表 SM02 2020 年运动型多用途乘用车（SUV）特征参数明细表。

通过对 2020 年 SUV 乘用车 85 家 1789 车型总质量参数数值分析，末位数为 0 的共计有 862 个，占比为 48.2%。有 14 个汽车厂家总质量末位数值全部为 0，占比为 16.5%。具体数值参见表 SA01 2020 年运动型多用途乘用车（SUV）总质量末位数值分析表和表 SB01 2020 年运动型多用途乘用车（SUV）总质量数值汇总表。

表 SA01　2020 年运动型多用途乘用车（SUV）总质量末位数值分析表

序号	制造商	0	1	2	3	4	5	6	7	8	9	合计	差值
1	东风英菲尼迪	13										13	0
2	福建新龙马	1										1	0
3	汉龙汽车	4										4	0
4	湖南恒润	2										2	0
5	江淮大众	15										15	0
6	江西五十铃	13										13	0
7	雷丁汽车	1										1	0
8	南海富迪	1										1	0
9	四川工业	9										9	0
10	潍柴汽车	4										4	0
11	沃尔沃亚太	10										10	0
12	小鹏汽车	6										6	0
13	长安标致雪铁龙	4										4	0
14	中恒天汽车	1										1	0
15	北汽有限	24					1					25	1
16	大运汽车	2					1					3	1
17	东风悦达起亚	14					1					15	1
18	东南汽车	13					1					14	1
19	枫盛汽车						1					1	1
20	卡威汽车						1					1	1
21	理想智造汽车						1					1	1
22	奇瑞捷豹路虎	14					1					15	1
23	郑州日产	2					1					3	1
24	河北中兴							1				1	1
25	观致汽车	2					2					4	2
26	广汽蔚来						2					2	2
27	国机智骏						2					2	2
28	江铃福特	15					2					17	2
29	江铃汽车	13					2					15	2
30	南京金龙						2					2	2
31	腾势汽车	1					2					3	2
32	云度汽车						2					2	2
33	重庆力帆	3					2					5	2
34	敏安汽车					1	1					2	2
35	东风裕隆							2				2	2
36	爱驰汽车						3					3	3
37	江淮汽车	12					3					15	3
38	江西大乘	1					3					4	3
39	金康新能源						3					3	3
40	猎豹汽车	2					3					5	3
41	上汽商用车	21					3					24	3
42	天际汽车						3					3	3
43	北汽新能源	7					2		1			10	3
44	众泰汽车	3		1			2					6	3
45	广汽三菱	19					4					23	4
46	华泰汽车						4					4	4
47	蔚来汽车	3									4	7	4
48	北京奔驰	14					5					19	5
49	长安铃木						5					5	5
50	海马汽车	1					6					7	6
51	一汽丰田	13					6					19	6
52	宝沃汽车	4			1		5					10	6

序号	制造商	0	1	2	3	4	5	6	7	8	9	合计	差值
53	东风乘用车	11					2	2		1	2	18	7
54	一汽吉林					1	3				4	8	8
55	北京现代	13					9					22	9
56	合众新能源	4	1				1	3		2	2	13	9
57	广汽菲克	16		2		1	7					26	10
58	广汽丰田	11					11					22	11
59	汉腾汽车	3		1			3		2	2	3	14	11
60	华晨宝马	8					12					20	12
61	长安马自达	1		1	1		8	2			1	14	13
62	威马汽车	2	2		1	1	3	3		1	2	15	13
63	东风雷诺	11		4		7			2		1	25	14
64	东风日产	53					15					68	15
65	上汽通用五菱	31					15					46	15
66	华晨汽车	5					16					21	16
67	华晨鑫源	2					16					18	16
68	东风风行	16					17					33	17
69	一汽大众	36					17					53	17
70	比亚迪汽车	11			3		14		1			29	18
71	广汽本田	45					19					64	19
72	东风本田	24				2	18					44	20
73	一汽轿车	14	1	5	1		10		2	1		34	20
74	广汽乘用车	26			3		22					51	25
75	东风小康	8					27					35	27
76	北京汽车	9	2				25					36	27
77	上汽通用	34		1	1	2	18	1	4			61	27
78	神龙汽车	1	5	6	2	4	3	2	6	2	1	32	31
79	上汽大众	27					33					60	33
80	长安福特	8	2	6	5	7	8	1	9	1	8	55	47
81	上汽乘用车	11	4	4	8	3	6	5	2	2	13	58	47
82	长安汽车	29		2	4		45					80	51
83	长城汽车	29	4	5	10		33	2	8			91	62
84	吉利汽车	28	5	2	9	3	44	1	3	1	1	97	69
85	奇瑞汽车	48		4	12	1	41	14	5	8	7	140	92
总计		862	26	44	61	33	609	39	45	21	49	1789	927
占比		48.2%	1.5%	2.5%	3.4%	1.8%	34.0%	2.2%	2.5%	1.2%	2.7%	100.0%	51.8%

通过对 2020 年 SUV 乘用车 85 家 1789 车型整备质量参数数值分析，末位数为 0 的共计有 770 个，占比为 43.0%。有 14 个汽车厂家整备质量末位数值全部为 0，占比为 16.5%。具体数值参见表 SA02 2020 年运动型多用途乘用车（SUV）整备质量末位数值分析表和表 SB02 2020 年运动型多用途乘用车（SUV）整备质量数值汇总表。

表 SA02　2020 年运动型多用途乘用车（SUV）整备质量末位数值分析表

序号	制造商	0	1	2	3	4	5	6	7	8	9	合计	差值
1	爱驰汽车	3										3	0
2	枫盛汽车	1										1	0
3	广汽蔚来	2										2	0
4	国机智骏	2										2	0
5	湖南恒润	2										2	0
6	华泰汽车	4										4	0
7	金康新能源	3										3	0
8	卡威汽车	1										1	0
9	理想智造汽车	1										1	0
10	南海富迪	1										1	0
11	南京金龙	2										2	0
12	云度汽车	2										2	0
13	长安铃木	5										5	0
14	中恒天汽车	1										1	0
15	东风裕隆	1					1					2	1

序号	制造商	0	1	2	3	4	5	6	7	8	9	合计	差值
16	福建新龙马						1					1	1
17	观致汽车	3					1					4	1
18	海马汽车	6					1					7	1
19	江西大乘	3					1					4	1
20	雷丁汽车						1					1	1
21	腾势汽车	2					1					3	1
22	河北中兴		1									1	1
23	猎豹汽车	4	1									5	1
24	敏安汽车	1									1	2	1
25	大运汽车	1					2					3	2
26	长安标致雪铁龙	2					2					4	2
27	宝沃汽车	8					1	1				10	2
28	重庆力帆	3	1				1					5	2
29	天际汽车	1								2		3	2
30	北汽有限	22					3					25	3
31	华晨鑫源	15					3					18	3
32	四川工业	6					3					9	3
33	北汽新能源	7		1			2					10	3
34	郑州日产			1		1					1	3	3
35	东南汽车	10					4					14	4
36	汉龙汽车						4					4	4
37	江西五十铃	9					4					13	4
38	奇瑞捷豹路虎	11					4					15	4
39	东风小康	31	1				3					35	4
40	蔚来汽车	3					3				1	7	4
41	众泰汽车	2					3		1			6	4
42	潍柴汽车		2					2				4	4
43	一汽吉林	3				2					3	8	5
44	东风悦达起亚	9		2		2	1		1			15	6
45	小鹏汽车								2	2	2	6	6
46	江铃福特	10					5		2			17	7
47	江淮大众	7					8					15	8
48	江铃汽车	7					8					15	8
49	上汽商用车	16					7		1			24	8
50	东风英菲尼迪	4	3							4	2	13	9
51	广汽丰田	12					10					22	10
52	华晨汽车	11					10					21	10
53	江淮汽车	5					10					15	10
54	沃尔沃亚太		2	1	1	1	1	1		2	1	10	10
55	北京奔驰	8				1	5	1	2	1	1	19	11
56	汉腾汽车	3		2	2	3	3		1			14	11
57	合众新能源	2	3				3	1		2	2	13	11
58	一汽丰田	7					12					19	12
59	华晨宝马	8	1		3		3	1	2	1	1	20	12
60	威马汽车	3	3		1	1	2	2		1	2	15	12
61	广汽三菱	10	1		1	4	4		2	1		23	13
62	比亚迪汽车	15		1			10			3		29	14
63	东风乘用车	4	1	3	1		9					18	14
64	长安马自达			2	1		3		3	3	2	14	14
65	北京汽车	21	2				13					36	15
66	东风风行	17					16					33	16
67	神龙汽车	15	4	2			9				2	32	17
68	北京现代	5	1		4		2		5	1	4	22	17
69	东风雷诺	8	4	1	1	3	1	1	2	3	1	25	17
70	广汽菲克	4					19		2		1	26	22
71	上汽通用五菱	24	3			2	8	4		4	1	46	22
72	一汽轿车	10		6	1		16			1		34	24
73	广汽乘用车	27	4	5	1		7	1	2	2	2	51	24
74	上汽通用	33		3			25					61	28

序号	制造商	0	1	2	3	4	5	6	7	8	9	合计	差值
75	一汽大众	21					32					53	32
76	上汽大众	27					33					60	33
77	长安汽车	46	2				28		2	2		80	34
78	东风本田	7	3	7	3	9	4	5	1	3	2	44	37
79	上汽乘用车	15	9		2	1	7	5	2	13	4	58	43
80	长安福特	9		12	4	7	6	4	5	4	4	55	46
81	长城汽车	40	8	7			20	3	4	9		91	51
82	广汽本田	10	6	8	5	7	7	5	6	7	3	64	54
83	吉利汽车	42	2	2	1	1	32	2	3	8	4	97	55
84	东风日产	9	2	3	2	8	4	10	8	8	14	68	59
85	奇瑞汽车	55	21	3		4	30	4	9	10	4	140	85
总计		770	91	72	34	57	482	53	68	97	65	1789	1019
占比		43.0%	5.1%	4.0%	1.9%	3.2%	26.9%	3.0%	3.8%	5.4%	3.6%	100.0%	57.0%

通过对 2020 年 SUV 乘用车 85 家 1789 车型外廓长度参数数值分析，末位数为 0 的共计有 665 个，占比为 37.2%。有 11 个汽车厂家外廓长度末位数值全部为 0，占比为 12.9%。具体数值参见表 SA03 2020 年运动型多用途乘用车（SUV）外廓长度末位数值分析表和表 SB03 2020 年运动型多用途乘用车（SUV）外廓长度数值汇总表。

表 SA03　2020 年运动型多用途乘用车（SUV）外廓长度末位数值分析表

序号	制造商	0	1	2	3	4	5	6	7	8	9	合计	差值
1	爱驰汽车	3										3	0
2	国机智骏	2										2	0
3	湖南恒润	2										2	0
4	江西五十铃	13										13	0
5	卡威汽车	1										1	0
6	雷丁汽车	1										1	0
7	理想智造汽车	1										1	0
8	腾势汽车	3										3	0
9	小鹏汽车	6										6	0
10	云度汽车	2										2	0
11	重庆力帆	5										5	0
12	枫盛汽车						1					1	1
13	福建新龙马						1					1	1
14	金康新能源	2					1					3	1
15	河北中兴									1		1	1
16	敏安汽车	1	1									2	1
17	南海富迪		1									1	1
18	中恒天汽车										1	1	1
19	比亚迪汽车	27					2					29	2
20	东风裕隆						2					2	2
21	东风悦达起亚	13					2					15	2
22	华晨鑫源	16					2					18	2
23	观致汽车	2									2	4	2
24	广汽蔚来										2	2	2
25	南京金龙									2		2	2
26	北汽有限	22					3					25	3
27	大运汽车						3					3	3
28	四川工业	6					3					9	3
29	天际汽车						3					3	3
30	长安铃木	2					3					5	3
31	江淮汽车	12					1	2				15	3
32	江西大乘	1	3									4	3
33	蔚来汽车	4		3								7	3
34	郑州日产			3								3	3
35	汉龙汽车						4					4	4
36	猎豹汽车	1					2	2				5	4
37	华泰汽车							4				4	4

序号	制造商	0	1	2	3	4	5	6	7	8	9	合计	差值
38	潍柴汽车							4				4	4
39	长安标致雪铁龙				4							4	4
40	东风风行	28					5					33	5
41	一汽丰田	14					5					19	5
42	众泰汽车	1		2			2			1		6	5
43	北汽新能源	4		3						3		10	6
44	合众新能源	7		6								13	6
45	神龙汽车	26		6								32	6
46	海马汽车						6			1		7	7
47	宝沃汽车	3			2		5					10	7
48	江铃汽车	8								7		15	7
49	一汽吉林					1	7					8	8
50	华晨汽车	13		7			1					21	8
51	沃尔沃亚太						4			6		10	10
52	东风乘用车	8	1	1			3	5				18	10
53	江铃福特	6		11								17	11
54	上汽通用五菱	34					12					46	12
55	奇瑞捷豹路虎	3	4						6		2	15	12
56	东风英菲尼迪						13					13	13
57	东南汽车	1				5	4	4				14	13
58	长安马自达						14					14	14
59	汉腾汽车		14									14	14
60	北京现代	7					15					22	15
61	江淮大众						15					15	15
62	东风小康	20					14				1	35	15
63	威马汽车			5			10					15	15
64	一汽轿车	18					11		4		1	34	16
65	广汽丰田	5					17					22	17
66	上汽商用车	6					17				1	24	18
67	北京奔驰					11			3	5		19	19
68	华晨宝马			1			7	2	4		6	20	20
69	广汽菲克	6			6	3	5	1			5	26	20
70	北京汽车	15	3		1		17					36	21
71	长安汽车	57					21				2	80	23
72	广汽三菱						19	4				23	23
73	东风雷诺			13	4		2			6		25	25
74	广汽乘用车	19					21	7	4			51	32
75	东风本田	2	16				12	5		9		44	42
76	长城汽车	48	4	4	2	2	19	4			8	91	43
77	长安福特	10				3	21	1	2	18		55	45
78	一汽大众	4	2		6	7	13	5	1	6	9	53	49
79	上汽通用	12	9	8	7	2	4	13			6	61	49
80	上汽大众	6		7	4	5	6	4		10	18	60	54
81	广汽本田	6		10		13		19	2	14		64	58
82	上汽乘用车		4	3	6	23		11	5	6		58	58
83	奇瑞汽车	81		2	3	5	25	1		17	6	140	59
84	吉利汽车	34		12		8	24	4		6	9	97	63
85	东风日产	5	12	12	7	5	23		4			68	63
总计		665	74	119	52	93	452	102	35	118	79	1789	1124
占比		37.2%	4.1%	6.7%	2.9%	5.2%	25.3%	5.7%	2.0%	6.6%	4.4%	100.0%	62.8%

通过对 2020 年 SUV 乘用车 85 家 1789 车型外廓宽度参数数值分析，末位数为 0 的共计有 625 个，占比为 34.9%。有 19 个汽车厂家外廓宽度末位数值全部为 0，占比为 22.4%。具体数值参见表 SA04 2020 年运动型多用途乘用车（SUV）外廓宽度末位数值分析表和表 SB04 2020 年运动型多用途乘用车（SUV）外廓宽度数值汇总表。

表 SA04　2020 年运动型多用途乘用车（SUV）外廓宽度末位数值分析表

序号	制造商	0	1	2	3	4	5	6	7	8	9	合计	差值
1	北京现代	22										22	0
2	枫盛汽车	1										1	0
3	福建新龙马	1										1	0
4	国机智骏	2										2	0
5	河北中兴	1										1	0
6	湖南恒润	2										2	0
7	江淮大众	15										15	0
8	江西大乘	4										4	0
9	江西五十铃	13										13	0
10	金康新能源	3										3	0
11	雷丁汽车	1										1	0
12	理想智造汽车	1										1	0
13	南海富迪	1										1	0
14	腾势汽车	3										3	0
15	天际汽车	3										3	0
16	潍柴汽车	4										4	0
17	小鹏汽车	6										6	0
18	郑州日产	3										3	0
19	重庆力帆	5										5	0
20	东南汽车	13					1					14	1
21	江淮汽车	14					1					15	1
22	卡威汽车						1					1	1
23	四川工业	8					1					9	1
24	北汽新能源	9							1			10	1
25	东风乘用车	17									1	18	1
26	海马汽车	6			1							7	1
27	敏安汽车	1									1	2	1
28	中恒天汽车							1				1	1
29	云度汽车						1				1	2	2
30	东风裕隆							2				2	2
31	广汽蔚来								2			2	2
32	南京金龙									2		2	2
33	众泰汽车	4			2							6	2
34	爱驰汽车						3					3	3
35	大运汽车						3					3	3
36	猎豹汽车	2					1	2				5	3
37	汉龙汽车						4					4	4
38	一汽吉林	4			1		3					8	4
39	观致汽车								2		2	4	4
40	华泰汽车			4								4	4
41	长安标致雪铁龙		4									4	4
42	比亚迪汽车	24					5					29	5
43	长安铃木						5					5	5
44	汉腾汽车	9		5								14	5
45	东风悦达起亚	9					6					15	6
46	合众新能源	7								6		13	6
47	蔚来汽车			3			4					7	7
48	宝沃汽车	1	5		2				2			10	9
49	奇瑞捷豹路虎	6				9						15	9
50	沃尔沃亚太			6	4							10	10
51	北汽有限	14					10			1		25	11
52	华晨鑫源	6					12					18	12

序号	制造商	0	1	2	3	4	5	6	7	8	9	合计	差值
53	广汽三菱	10					11			2		23	13
54	东风英菲尼迪				13							13	13
55	江铃汽车	1					14					15	14
56	长安马自达			10					4			14	14
57	威马汽车						10				5	15	15
58	华晨汽车	6		9	6							21	15
59	上汽商用车	8		15					1			24	16
60	神龙汽车	15					13			4		32	17
61	北京奔驰	2			1	8				8		19	17
62	江铃福特			11				6				17	17
63	上汽通用五菱	27					19					46	19
64	一汽丰田						19					19	19
65	华晨宝马	1	13			6						20	19
66	广汽丰田						22					22	22
67	一汽轿车	9				6	11		2		6	34	25
68	东风雷诺				13			7	3		2	25	25
69	东风风行	7		12			14					33	26
70	广汽菲克			7		1	8				10	26	26
71	北京汽车	9		3	1		19		4			36	27
72	广汽乘用车	20			1		19	11				51	31
73	长安汽车	48					22			10		80	32
74	东风小康	2					32				1	35	33
75	一汽大众	19	6		14		3			6	5	53	34
76	东风日产	26					26	4	7	4	1	68	42
77	广汽本田	21		17	4	3	13	6				64	43
78	东风本田			21			23					44	44
79	长安福特	6		10		6	21	5	2	5		55	49
80	上汽乘用车	6	5			4	18	14			11	58	52
81	上汽大众	6	12		6						36	60	54
82	吉利汽车	40	16		16	7			5	9	4	97	57
83	上汽通用		12		33	4			1	8	3	61	61
84	奇瑞汽车	71	3	4			56	1	2	3		140	69
85	长城汽车	20	4	4		8	24	19	12			91	71
总计		625	80	141	118	62	478	78	50	68	89	1789	1164
占比		34.9%	4.5%	7.9%	6.6%	3.5%	26.7%	4.4%	2.8%	3.8%	5.0%	100.0%	65.1%

通过对 2020 年 SUV 乘用车 85 家 1789 车型外廓高度参数数值分析，末位数为 0 的共计有 596 个，占比为 33.3%。有 8 个汽车厂家外廓高度末位数值全部为 0，占比为 9.4%。具体数值参见表 SA05 2020 年运动型多用途乘用车（SUV）外廓高度末位数值分析表和表 SB05 2020 年运动型多用途乘用车（SUV）外廓高度数值汇总表。

表 SA05 2020 年运动型多用途乘用车（SUV）外廓高度末位数值分析表

序号	制造商	0	1	2	3	4	5	6	7	8	9	合计	差值
1	爱驰汽车	3										3	0
2	广汽蔚来	2										2	0
3	河北中兴	1										1	0
4	江淮汽车	15										15	0
5	江西五十铃	13										13	0
6	卡威汽车	1										1	0
7	雷丁汽车	1										1	0
8	天际汽车	3										3	0
9	枫盛汽车						1					1	1
10	华晨鑫源	17					1					18	1
11	理想智造汽车						1					1	1
12	四川工业	8					1					9	1
13	福建新龙马									1		1	1
14	国机智骏	1	1									2	1
15	敏安汽车	1						1				2	1

序号	制造商	0	1	2	3	4	5	6	7	8	9	合计	差值
16	南海富迪									1		1	1
17	云度汽车	1	1									2	1
18	中恒天汽车			1								1	1
19	宝沃汽车	8					2					10	2
20	东风裕隆						2					2	2
21	湖南恒润						2					2	2
22	金康新能源	1					2					3	2
23	长安铃木	3					2					5	2
24	重庆力帆	3					2					5	2
25	南京金龙							2				2	2
26	大运汽车						3					3	3
27	腾势汽车						3					3	3
28	郑州日产						3					3	3
29	猎豹汽车	2					1				2	5	3
30	小鹏汽车	3								3		6	3
31	众泰汽车	2					3		1			6	4
32	江西大乘			3			1					4	4
33	北汽有限	21				3		1				25	4
34	观致汽车									2	2	4	4
35	汉龙汽车										4	4	4
36	华泰汽车				2						2	4	4
37	潍柴汽车		2		2							4	4
38	长安标致雪铁龙							4				4	4
39	一汽丰田	14					5					19	5
40	海马汽车	1		6								7	6
41	广汽丰田	15					7					22	7
42	蔚来汽车		2			1		3		1		7	7
43	北京现代	14					8					22	8
44	一汽吉林					1	7					8	8
45	东南汽车	6				4				4		14	8
46	东风风行	23					10					33	10
47	东风悦达起亚	5			2		8					15	10
48	北汽新能源				6		1			3		10	10
49	东风乘用车	8		8			1			1		18	10
50	华晨汽车	11			7	2					1	21	10
51	威马汽车	5		10								15	10
52	沃尔沃亚太			4						6		10	10
53	比亚迪汽车	18					11					29	11
54	江铃汽车	4		4			7					15	11
55	合众新能源	2	6				1			4		13	11
56	广汽三菱	11					12					23	12
57	东风英菲尼迪		4							9		13	13
58	长安马自达				5		9					14	14
59	华晨宝马	6			3		6				5	20	14
60	汉腾汽车								5	9		14	14
61	奇瑞捷豹路虎					2	3		6		4	15	15
62	北京奔驰	4		11			2		2			19	15
63	江淮大众									15		15	15
64	江铃福特					6			11			17	17
65	上汽通用五菱	25					21					46	21
66	广汽菲克	5	4	1	1		4	2		9		26	21
67	长安汽车	57					23					80	23
68	北京汽车	13	8	3			12					36	23
69	上汽商用车						15	9				24	24
70	一汽轿车	9	3		3	1	9	2		4	3	34	25
71	东风雷诺				3	1	3	3	7	4	4	25	25
72	神龙汽车	6		4			15		4	3		32	26
73	东风本田	16					5				23	44	28
74	东风小康	1					34					35	34

序号	制造商	0	1	2	3	4	5	6	7	8	9	合计	差值
75	长城汽车	57		3			21		1	9		91	34
76	广汽乘用车	14	1				22	5	1	8		51	37
77	一汽大众	13	3	7	5	2		8		4	11	53	40
78	长安福特	12	2			10	1		2	17	11	55	43
79	上汽乘用车	7	4		4	5	15	2		4	17	58	51
80	上汽通用	3	6	11	4	7	4	9	10	7		61	58
81	广汽本田	4					34			6	20	64	60
82	奇瑞汽车	80			2	1	28	24		2	3	140	60
83	上汽大众			4	25	2		8	4	3	14	60	60
84	东风日产		9	13	14	3	5	6	2	5	11	68	68
85	吉利汽车	17		3	26	8	19		3	7	14	97	80
总计		596	56	96	114	59	418	89	59	151	151	1789	1193
占比		33.3%	3.1%	5.4%	6.4%	3.3%	23.4%	5.0%	3.3%	8.4%	8.4%	100.0%	66.7%

通过对 2020 年 SUV 乘用车 85 家 1789 车型轴距参数数值分析，末位数为 0 的共计有 1220 个，占比为 68.2%。有 37 个汽车厂家轴距末位数值全部为 0，占比为 43.5%。具体数值参见表 SA06 2020 年运动型多用途乘用车（SUV）轴距末位数值分析表和表 SB06 2020 年运动型多用途乘用车（SUV）轴距数值汇总表。

表 SA06　2020 年运动型多用途乘用车（SUV）轴距末位数值分析表

序号	制造商	0	1	2	3	4	5	6	7	8	9	合计	差值
1	爱驰汽车	3										3	0
2	大运汽车	3										3	0
3	东风裕隆	2										2	0
4	东风悦达起亚	15										15	0
5	枫盛汽车	1										1	0
6	观致汽车	4										4	0
7	广汽乘用车	51										51	0
8	广汽丰田	22										22	0
9	广汽三菱	23										23	0
10	国机智骏	2										2	0
11	海马汽车	7										7	0
12	汉腾汽车	14										14	0
13	合众新能源	13										13	0
14	湖南恒润	2										2	0
15	华泰汽车	4										4	0
16	江淮大众	15										15	0
17	江淮汽车	15										15	0
18	江铃汽车	15										15	0
19	江西大乘	4										4	0
20	卡威汽车	1										1	0
21	雷丁汽车	1										1	0
22	南海富迪	1										1	0
23	南京金龙	2										2	0
24	上汽商用车	24										24	0
25	上汽通用五菱	46										46	0
26	腾势汽车	3										3	0
27	天际汽车	3										3	0
28	潍柴汽车	4										4	0
29	蔚来汽车	7										7	0
30	一汽丰田	19										19	0
31	一汽吉林	8										8	0
32	长安标致雪铁龙	4										4	0
33	长安铃木	5										5	0
34	郑州日产	3										3	0
35	中恒天汽车	1										1	0
36	众泰汽车	6										6	0
37	重庆力帆	5										5	0

序号	制造商	0	1	2	3	4	5	6	7	8	9	合计	差值
38	河北中兴						1					1	1
39	理想智造汽车						1					1	1
40	猎豹汽车	4					1					5	1
41	敏安汽车	1					1					2	1
42	四川工业	8					1					9	1
43	福建新龙马		1									1	1
44	云度汽车	1		1								2	1
45	宝沃汽车	8					2					10	2
46	华晨汽车	19					2					21	2
47	华晨鑫源	16					2					18	2
48	广汽蔚来										2	2	2
49	金康新能源						3					3	3
50	长安汽车	77					3					80	3
51	东风小康	32			1		2					35	3
52	北京现代	18					4					22	4
53	东南汽车	10					4					14	4
54	汉龙汽车								4			4	4
55	长安马自达	10			4							14	4
56	小鹏汽车						6					6	6
57	华晨宝马	14				6						20	6
58	江铃福特	11						6				17	6
59	北汽有限	17					8					25	8
60	神龙汽车	24		2			6					32	8
61	一汽轿车	26					2			6		34	8
62	东风本田	35	9									44	9
63	东风风行	24			9							33	9
64	北汽新能源						7				3	10	10
65	沃尔沃亚太			4			6					10	10
66	东风乘用车	8		5	1		4					18	10
67	广汽本田	52	12									64	12
68	奇瑞捷豹路虎	3	12									15	12
69	北京汽车	23					13					36	13
70	江西五十铃						13					13	13
71	比亚迪汽车	16		6			7					29	13
72	广汽菲克	13					2	8	3			26	13
73	东风英菲尼迪									13		13	13
74	长城汽车	77					9			5		91	14
75	威马汽车				10		5					15	15
76	上汽乘用车	40					13			5		58	18
77	北京奔驰				11						8	19	19
78	东风雷诺				2		20			3		25	25
79	长安福特	29	2				24					55	26
80	上汽大众	32	26							2		60	28
81	一汽大众	23	16							14		53	30
82	吉利汽车	62	7	6		10	9			3		97	35
83	东风日产	29			1		15	23				68	39
84	上汽通用	19			15		11		4		12	61	42
85	奇瑞汽车	81		2			57					140	59
总计		1220	85	26	54	16	264	37	11	51	25	1789	569
占比		68.2%	4.8%	1.5%	3.0%	0.9%	14.8%	2.1%	0.6%	2.9%	1.4%	100.0%	31.8%

通过对 2020 年 SUV 乘用车 85 家 1789 车型前轮距参数数值分析，末位数为 0 和 5 的共计有 969 个，占比为 54.1%。有 32 个汽车厂家前轮距末位数值全部为 0 和 5，占比为 37.6%。具体数值参见表 SA07 2020 年运动型多用途乘用车（SUV）前轮距末位数值分析表和表 SB07 2020 年运动型多用途乘用车（SUV）前轮距数值汇总表。

表 SA07　2020 年运动型多用途乘用车（SUV）前轮距末位数值分析表

序号	制造商	0	1	2	3	4	5	6	7	8	9	合计	差值
1	北汽有限	25										25	0
2	比亚迪汽车	18					11					29	0
3	东风乘用车	5					13					18	0
4	东风风行	24					9					33	0
5	东风小康	30					5					35	0
6	东风英菲尼迪						13					13	0
7	东风裕隆						2					2	0
8	广汽丰田	5					17					22	0
9	广汽三菱	7					16					23	0
10	广汽蔚来	2										2	0
11	海马汽车	7										7	0
12	湖南恒润	2										2	0
13	华晨鑫源	4					14					18	0
14	华泰汽车						4					4	0
15	江淮大众						15					15	0
16	江淮汽车	10					5					15	0
17	江铃福特	17										17	0
18	江铃汽车	15										15	0
19	江西五十铃	13										13	0
20	金康新能源	1					2					3	0
21	卡威汽车	1										1	0
22	南海富迪	1										1	0
23	南京金龙						2					2	0
24	上汽商用车	24										24	0
25	腾势汽车	3										3	0
26	潍柴汽车	4										4	0
27	一汽吉林	3					5					8	0
28	云度汽车						2					2	0
29	长安铃木						5					5	0
30	郑州日产	3										3	0
31	中恒天汽车	1										1	0
32	重庆力帆	3					2					5	0
33	枫盛汽车									1		1	1
34	福建新龙马							1				1	1
35	河北中兴			1								1	1
36	华晨汽车	11				1	9					21	1
37	雷丁汽车					1						1	1
38	理想智造汽车			1								1	1
39	敏安汽车	1	1									2	1
40	观致汽车						2				2	4	2
41	国机智骏							2				2	2
42	猎豹汽车	1					2		2			5	2
43	爱驰汽车			3								3	3
44	大运汽车		3									3	3
45	天际汽车			3								3	3
46	宝沃汽车	6									4	10	4
47	北汽新能源	3		1			3		3			10	4
48	汉龙汽车		4									4	4
49	江西大乘				1					3		4	4
50	长安标致雪铁龙		4									4	4
51	众泰汽车	2	4									6	4
52	东南汽车		5				9					14	5

序号	制造商	0	1	2	3	4	5	6	7	8	9	合计	差值
53	汉腾汽车	9	5									14	5
54	长安汽车	36		5			39					80	5
55	东风日产	33			6		29					68	6
56	合众新能源	7								6		13	6
57	小鹏汽车							6				6	6
58	一汽轿车	12		2			16	1	3			34	6
59	蔚来汽车									7		7	7
60	北京奔驰	11				2				6		19	8
61	四川工业	1				8						9	8
62	一汽丰田	5					6		8			19	8
63	奇瑞捷豹路虎		3				6	6				15	9
64	沃尔沃亚太		4		6							10	10
65	东风悦达起亚	2		3	3		2	2		3		15	11
66	北京汽车	19		4		1	3		9			36	14
67	长安马自达					4		10				14	14
68	华晨宝马	5	7		7			1				20	15
69	威马汽车				15							15	15
70	上汽通用五菱	28		2		11		5				46	18
71	长城汽车	17	5	4			54			11		91	20
72	北京现代			6	1		1			9	5	22	21
73	广汽菲克	5	9			9		3				26	21
74	东风雷诺	2		3			1	10	9			25	22
75	广汽乘用车	23				23			4	1		51	28
76	广汽本田		12	19			32			1		64	32
77	神龙汽车								8		24	32	32
78	东风本田		14	10			11			9		44	33
79	上汽通用	15	10		5	4	4	2	21			61	42
80	上汽乘用车	6			1	38		13				58	52
81	长安福特			4	15		3		5	28		55	52
82	一汽大众			11	3			30		9		53	53
83	上汽大众			24	6	22		8				60	60
84	吉利汽车	32	11	9	15			23		7		97	65
85	奇瑞汽车	71	2	24			4	14	1	24		140	65
总计		591	103	139	84	124	378	137	73	125	35	1789	820
占比		33.0%	5.8%	7.8%	4.7%	6.9%	21.1%	7.7%	4.1%	7.0%	2.0%	100.0%	45.8%

通过对 2020 年 SUV 乘用车 85 家 1789 车型后轮距参数数值分析，末位数为 0 和 5 的共计有 917 个，占比为 51.2%。有 26 个汽车厂家后轮距末位数值全部为 0 和 5，占比为 30.6%。具体数值参见表 SA08 2020 年运动型多用途乘用车（SUV）后轮距末位数值分析表和表 SB08 2020 年运动型多用途乘用车（SUV）后轮距数值汇总表。

表 SA08 2020 年运动型多用途乘用车（SUV）后轮距末位数值分析表

序号	制造商	0	1	2	3	4	5	6	7	8	9	合计	差值
1	爱驰汽车	3										3	0
2	北汽有限	25										25	0
3	比亚迪汽车	18					11					29	0
4	东风乘用车	4					14					18	0
5	东风风行						33					33	0
6	东风英菲尼迪	13										13	0
7	福建新龙马	1										1	0
8	广汽丰田	22										22	0
9	广汽三菱	9					14					23	0
10	广汽蔚来	2										2	0
11	海马汽车	6					1					7	0
12	湖南恒润	2										2	0
13	华晨鑫源	10					8					18	0
14	江淮大众	15										15	0
15	江淮汽车	10					5					15	0

序号	制造商	0	1	2	3	4	5	6	7	8	9	合计	差值
16	江铃汽车	15										15	0
17	江西五十铃	13										13	0
18	卡威汽车	1										1	0
19	南海富迪	1										1	0
20	南京金龙						2					2	0
21	上汽商用车	24										24	0
22	腾势汽车	3										3	0
23	一汽吉林	3					5					8	0
24	长安铃木						5					5	0
25	郑州日产	3										3	0
26	重庆力帆	3					2					5	0
27	枫盛汽车			1								1	1
28	河北中兴			1								1	1
29	金康新能源	2									1	3	1
30	雷丁汽车							1				1	1
31	理想智造汽车			1								1	1
32	敏安汽车	1						1				2	1
33	中恒天汽车							1				1	1
34	东风裕隆									2		2	2
35	国机智骏			2								2	2
36	猎豹汽车	1	2				2					5	2
37	云度汽车									2		2	2
38	大运汽车									3		3	3
39	天际汽车			3								3	3
40	北汽新能源	6		1	3							10	4
41	观致汽车								4			4	4
42	汉龙汽车				4							4	4
43	华泰汽车							4				4	4
44	江西大乘		1								3	4	4
45	潍柴汽车			4								4	4
46	长安标致雪铁龙									4		4	4
47	宝沃汽车	5			1						4	10	5
48	长安汽车	43		5			32					80	5
49	合众新能源	4			6		3					13	6
50	小鹏汽车		6									6	6
51	一汽轿车	12		2		4	16					34	6
52	众泰汽车			2						2	2	6	6
53	蔚来汽车			7								7	7
54	四川工业	1						8				9	8
55	一汽丰田	5	8				6					19	8
56	华晨汽车	11					1		9			21	9
57	奇瑞捷豹路虎	5		6		3					1	15	10
58	沃尔沃亚太							4	6			10	10
59	东风日产	16	7			4	41					68	11
60	江铃福特	6				11						17	11
61	东风小康	22		12			1					35	12
62	北京奔驰		4	3			6				6	19	13
63	东风悦达起亚			3	2	1	2	4			3	15	13
64	东南汽车			5				9				14	14
65	汉腾汽车			5						9		14	14
66	长安马自达				4			5			5	14	14
67	长城汽车	26					51	6	8			91	14
68	广汽菲克	11		3		11				1		26	15
69	威马汽车									15		15	15
70	东风雷诺	2		1			6	4			12	25	17
71	北京现代	3		9		1	1		4	4		22	18
72	北京汽车	16	9	4		3		4				36	20
73	华晨宝马			14		5		1				20	20
74	广汽乘用车	26	1	16			4				4	51	21

运动型多用途乘用车（SUV）

序号	制造商	0	1	2	3	4	5	6	7	8	9	合计	差值
75	一汽大众	20			5	9	3	16				53	30
76	神龙汽车		6					4	9	13		32	32
77	东风本田	11	10		9				14			44	33
78	上汽通用五菱	3					8	25		2	8	46	35
79	长安福特	3		2			17	10		23		55	35
80	上汽通用	11	7		18	5	7	1	2	4	6	61	43
81	广汽本田	17	13		7				27			64	47
82	上汽乘用车	6		1	36		2	11			2	58	50
83	上汽大众		26	22		6		4	2			60	60
84	吉利汽车	35		18	4			9	13	18		97	62
85	奇瑞汽车	17		8	36	20	55			4		140	68
总计		553	100	161	135	83	364	132	98	106	57	1789	872
占比		30.9%	5.6%	9.0%	7.5%	4.6%	20.3%	7.4%	5.5%	5.9%	3.2%	100.0%	48.7%

表 SB01　2020 年运动型多用途乘用车（SUV）总质量数值汇总表

单位：kg

序号	制造商	总质量	汇总
1	爱驰汽车	2135	2
2		2155	1
3	爱驰汽车 汇总		3
4	宝沃汽车	1920	1
5		2000	1
6		2010	1
7		2115	2
8		2225	2
9		2323	1
10		2410	1
11		2445	1
12	宝沃汽车 汇总		10
13	北京奔驰	2010	2
14		2080	2
15		2085	1
16		2270	1
17		2280	1
18		2300	2
19		2325	1
20		2370	3
21		2430	3
22		2975	3
23	北京奔驰 汇总		19
24	北京汽车	1675	3
25		1695	4
26		1750	1
27		1765	1
28		1850	1
29		1871	2
30		1880	1
31		2040	1
32		2095	2
33		2445	1
34		2505	4
35		2520	1
36		2535	1
37		2540	1
38		2565	1
39		2775	1
40		2785	2
41		2795	3
42		2815	2
43		3150	3
44	北京汽车 汇总		36
45	北京现代	1555	2
46		1620	1
47		1790	3
48		1915	2
49		1930	6
50		2085	1
51		2090	2
52		2150	1
53		2515	4
54	北京现代 汇总		22
55	北汽新能源	1830	3
56		1975	1
57	北汽新能源	2000	1
58		2040	1
59		2137	1
60		2480	1
61		2575	1
62		2720	1
63	北汽新能源 汇总		10
64	北汽有限	2510	9
65		2530	7
66		2565	1
67		2600	1
68		2680	5
69		2800	2
70	北汽有限 汇总		25
71	比亚迪汽车	1825	2
72		1870	1
73		1923	1
74		1935	1
75		1943	2
76		1955	1
77		1967	1
78		1975	1
79		2005	2
80		2020	1
81		2050	2
82		2120	1
83		2205	1
84		2260	1
85		2325	1
86		2330	1
87		2420	1
88		2485	1
89		2680	1
90		2700	1
91		2820	1
92		2855	1
93		2895	1
94		2995	2
95	比亚迪汽车 汇总		29
96	大运汽车	1465	1
97		1550	1
98		1560	1
99	大运汽车 汇总		3
100	东风本田	1775	6
101		1805	3
102		2024	2
103		2030	9
104		2100	4
105		2110	2
106		2140	5
107		2175	3
108		2180	2
109		2220	2
110		2275	3
111		2295	3
112	东风本田 汇总		44
113	东风乘用车	1240	1
114		1600	1
115		1618	1
116		1679	2
117		1700	1
118		1726	2
119		1960	7
120		1975	2
121		2560	1
122	东风乘用车 汇总		18
123	东风风行	1770	3
124		1815	1
125		1830	1
126		1855	1
127		1885	2
128		1895	1
129		1905	1
130		1920	3
131		1925	1
132		1960	1
133		1965	1
134		1990	1
135		2005	3
136		2030	2
137		2040	2
138		2075	1
139		2085	1
140		2135	1
141		2175	1
142		2185	2
143		2190	3
144	东风风行 汇总		33
145	东风雷诺	1240	2
146		1679	1
147		1754	2
148		1940	1
149		1950	4
150		2004	5
151		2020	2
152		2030	2
153		2087	2
154		2112	4
155	东风雷诺 汇总		25
156	东风日产	1240	1
157		1520	1
158		1555	1
159		1565	2
160		1650	3
161		1740	3
162		1745	5
163		1780	1
164		1870	1
165		1880	3
166		1885	1
167		1890	3
168		1910	6
169	东风日产	1930	7
170		1935	2
171		1960	1
172		1970	8
173		1990	2
174		2000	2
175		2010	1
176		2020	3
177		2050	3
178		2120	2
179		2145	2
180		2220	2
181		2375	2
182	东风日产 汇总		68
183	东风小康	1240	1
184		1770	1
185		1990	2
186		1995	2
187		2005	1
188		2020	1
189		2025	4
190		2035	1
191		2060	1
192		2065	2
193		2075	1
194		2085	4
195		2095	3
196		2105	1
197		2145	1
198		2155	1
199		2165	1
200		2220	1
201		2225	2
202		2300	1
203		2305	1
204		2515	1
205		2595	1
206	东风小康 汇总		35
207	东风英菲尼迪	2290	4
208		2320	9
209	东风英菲尼迪 汇总		13
210	东风裕隆	2256	2
211	东风裕隆 汇总		2
212	东风悦达起亚	1550	1
213		1600	1
214		1640	2
215		1915	1
216		1930	2
217		2090	3
218		2100	2
219		2150	1
220		2510	2
221	东风悦达起亚 汇总		15
222	东南汽车	1700	4
223		1715	1
224		1740	4

序号	制造商	总质量	汇总
225	东南汽车	1870	1
226		1920	1
227		1930	2
228		2000	1
229	东南汽车 汇总		14
230	枫盛汽车	1675	1
231	枫盛汽车 汇总		1
232	福建新龙马	1850	1
233	福建新龙马 汇总		1
234	观致汽车	2080	2
235		2115	2
236	观致汽车 汇总		4
237	广汽本田	1770	7
238		1800	3
239		2030	8
240		2065	15
241		2100	1
242		2110	7
243		2140	4
244		2170	3
245		2180	7
246		2220	2
247		2280	3
248		2295	4
249	广汽本田 汇总		64
250	广汽乘用车	1780	9
251		1955	9
252		2060	4
253		2080	3
254		2135	3
255		2150	3
256		2190	1
257		2193	3
258		2195	1
259		2200	1
260		2300	1
261		2325	1
262		2375	2
263		2405	2
264		2420	2
265		2425	1
266		2445	1
267		2500	1
268		2515	2
269		2600	1
270	广汽乘用车 汇总		51
271	广汽菲克	1740	1
272		1760	1
273		1802	1
274		1804	1
275		1805	1
276		1820	1
277		1875	1
278		1900	1
279		1912	1
280		1950	2
281		2050	2
282		2140	1
283	广汽菲克	2150	1
284		2165	2
285		2195	1
286		2305	1
287		2350	1
288		2405	1
289		2450	1
290		2480	2
291		2540	2
292	广汽菲克 汇总		26
293	广汽丰田	1960	4
294		2115	4
295		2195	7
296		2220	1
297		2230	1
298		2560	2
299		2640	2
300		2720	1
301	广汽丰田 汇总		22
302	广汽三菱	1870	2
303		1970	3
304		1985	2
305		2050	4
306		2100	7
307		2170	1
308		2205	2
309		2210	2
310	广汽三菱 汇总		23
311	广汽蔚来	2325	1
312		2445	1
313	广汽蔚来 汇总		2
314	国机智骏	1825	2
315	国机智骏 汇总		2
316	海马汽车	1845	1
317		1875	1
318		1920	1
319		1935	1
320		1965	2
321		2095	1
322	海马汽车 汇总		7
323	汉龙汽车	2570	2
324		2660	2
325	汉龙汽车 汇总		4
326	汉腾汽车	1779	1
327		1785	1
328		1798	2
329		1819	1
330		1957	1
331		1965	1
332		1987	1
333		2009	1
334		2022	1
335		2025	1
336		2030	1
337		2050	1
338		2060	1
339	汉腾汽车 汇总		14
340	合众新能源	1410	1
341	合众新能源	1458	2
342		1469	2
343		1481	1
344		1516	1
345		1526	2
346		2050	1
347		2055	1
348		2100	1
349		2120	1
350	合众新能源 汇总		13
351	河北中兴	2136	1
352	河北中兴 汇总		1
353	湖南恒润	1420	2
354	湖南恒润 汇总		2
355	华晨宝马	2005	2
356		2030	1
357		2035	1
358		2055	2
359		2060	1
360		2065	1
361		2140	2
362		2145	2
363		2330	1
364		2340	1
365		2385	2
366		2510	2
367		2725	2
368	华晨宝马 汇总		20
369	华晨汽车	1715	4
370		1725	2
371		1740	2
372		1765	3
373		1955	1
374		1965	1
375		1975	2
376		1985	1
377		2010	1
378		2075	1
379		2195	1
380		2220	1
381		2280	1
382	华晨汽车 汇总		21
383	华晨鑫源	1895	2
384		1935	2
385		1945	2
386		1975	1
387		1995	4
388		2025	1
389		2070	1
390		2075	2
391		2120	1
392		2145	2
393	华晨鑫源 汇总		18
394	华泰汽车	1825	2
395		1835	2
396	华泰汽车 汇总		4
397	吉利汽车	1555	1
398		1581	1
399	吉利汽车	1590	1
400		1650	1
401		1680	1
402		1685	1
403		1695	2
404		1715	1
405		1730	1
406		1732	1
407		1735	1
408		1742	1
409		1760	1
410		1761	1
411		1765	1
412		1767	1
413		1780	1
414		1785	1
415		1791	1
416		1800	1
417		1801	1
418		1811	1
419		1820	1
420		1825	1
421		1840	1
422		1850	1
423		1853	2
424		1875	1
425		1880	1
426		1910	2
427		1916	1
428		1919	1
429		1923	1
430		1925	1
431		1927	1
432		1935	1
433		1940	1
434		1955	2
435		1960	1
436		1975	2
437		1985	1
438		2000	2
439		2005	7
440		2010	2
441		2015	2
442		2033	3
443		2045	2
444		2060	2
445		2065	4
446		2070	4
447		2073	1
448		2104	2
449		2113	1
450		2115	2
451		2120	2
452		2128	1
453		2144	1
454		2163	1
455		2185	1
456		2197	1

序号	制造商	总质量	汇总
457	吉利汽车	2220	1
458		2295	9
459	吉利汽车 汇总		97
460	江淮大众	2130	5
461		2160	10
462	江淮大众 汇总		15
463	江淮汽车	1700	1
464		1760	1
465		1775	1
466		1790	2
467		1800	3
468		2065	1
469		2085	1
470		2280	1
471		2300	4
472	江淮汽车 汇总		15
473	江铃福特	1930	1
474		2010	2
475		2030	1
476		2135	1
477		2145	1
478		2800	2
479		2900	4
480		2950	5
481	江铃福特 汇总		17
482	江铃汽车	1905	2
483		2510	7
484		2570	3
485		2600	2
486		2650	1
487	江铃汽车 汇总		15
488	江西大乘	1795	1
489		1830	1
490		1855	2
491	江西大乘 汇总		4
492	江西五十铃	2600	1
493		2650	3
494		2700	1
495		2750	8
496	江西五十铃 汇总		13
497	金康新能源	2115	1
498		2605	1
499		2745	1
500	金康新能源 汇总		3
501	卡威汽车	2305	1
502	卡威汽车 汇总		1
503	雷丁汽车	2100	1
504	雷丁汽车 汇总		1
505	理想智造汽车	2825	1
506	理想智造汽车 汇总		1
507	猎豹汽车	1765	1
508		1810	1
509		2245	2
510		2500	1
511	猎豹汽车 汇总		5
512	敏安汽车	1905	1
513		2194	1
514	敏安汽车 汇总		2

序号	制造商	总质量	汇总
515	南海富迪	2560	1
516	南海富迪 汇总		1
517	南京金龙	2195	1
518		2295	1
519	南京金龙 汇总		2
520	奇瑞捷豹路虎	2350	3
521		2400	3
522		2440	1
523		2505	1
524		2550	4
525		2660	1
526		2700	2
527	奇瑞捷豹路虎 汇总		15
528	奇瑞汽车	1590	1
529		1662	2
530		1710	2
531		1745	1
532		1750	1
533		1756	1
534		1759	3
535		1780	3
536		1795	1
537		1835	1
538		1838	2
539		1886	6
540		1887	3
541		1890	1
542		1894	1
543		1897	2
544		1925	3
545		1935	4
546		1952	2
547		1980	1
548		2006	6
549		2010	3
550		2030	1
551		2040	4
552		2055	4
553		2080	4
554		2088	2
555		2090	2
556		2099	4
557		2120	3
558		2125	3
559		2138	4
560		2140	15
561		2143	12
562		2165	1
563		2175	10
564		2195	11
565		2210	6
566		2295	2
567		2296	1
568		2330	1
569	奇瑞汽车 汇总		140
570	上汽乘用车	1690	3
571		1700	1
572		1722	2

序号	制造商	总质量	汇总
573	上汽乘用车	1745	2
574		1750	2
575		1753	1
576		1843	1
577		1876	2
578		1939	6
579		1950	2
580		1962	1
581		1963	4
582		1972	1
583		1978	2
584		1989	1
585		1996	1
586		2009	1
587		2020	1
588		2063	1
589		2069	1
590		2083	1
591		2100	1
592		2129	1
593		2146	1
594		2155	1
595		2157	2
596		2174	1
597		2185	1
598		2189	3
599		2196	1
600		2221	1
601		2300	1
602		2311	1
603		2501	2
604		2505	2
605		2654	2
606	上汽乘用车 汇总		58
607	上汽大众	1630	1
608		1695	2
609		1700	2
610		1725	1
611		1735	2
612		1740	2
613		1765	1
614		1790	1
615		1850	2
616		1875	1
617		1895	1
618		2040	1
619		2060	1
620		2065	1
621		2070	2
622		2095	2
623		2120	1
624		2145	2
625		2170	1
626		2175	1
627		2185	1
628		2220	1
629		2235	1
630		2245	1

序号	制造商	总质量	汇总
631	上汽大众	2300	1
632		2315	1
633		2330	1
634		2335	1
635		2355	1
636		2380	1
637		2470	1
638		2505	1
639		2525	4
640		2565	2
641		2570	1
642		2600	1
643		2605	2
644		2645	2
645		2660	1
646		2685	2
647		2690	1
648		2710	2
649		2750	2
650	上汽大众 汇总		60
651	上汽商用车	1855	1
652		2000	1
653		2095	2
654		2100	1
655		2130	1
656		2150	1
657		2170	1
658		2250	1
659		2700	2
660		2800	3
661		2900	3
662		2960	1
663		3000	3
664		3100	3
665	上汽商用车 汇总		24
666	上汽通用	1690	3
667		1710	2
668		1730	2
669		1740	2
670		1825	2
671		1830	2
672		1845	1
673		1930	1
674		1945	1
675		1970	4
676		2020	3
677		2070	1
678		2085	2
679		2092	1
680		2100	3
681		2160	5
682		2215	4
683		2240	2
684		2275	1
685		2280	2
686		2297	1
687		2375	2
688		2415	1

序号	制造商	总质量	汇总
689	上汽通用	2477	2
690		2483	1
691		2516	1
692		2575	2
693		2604	2
694		2607	1
695		2640	2
696		2675	2
697	上汽通用 汇总		61
698	上汽通用五菱	1635	8
699		1665	3
700		1670	5
701		1710	4
702		1735	2
703		1900	2
704		1950	7
705		2000	4
706		2030	1
707		2040	4
708		2070	1
709		2075	2
710		2400	3
711	上汽通用五菱 汇总		46
712	神龙汽车	1616	1
713		1640	1
714		1648	1
715		1676	1
716		1702	1
717		1711	2
718		1901	2
719		1905	2
720		1918	1
721		1927	1
722		1932	1
723		1941	1
724		1952	2
725		2005	1
726		2099	1
727		2117	4
728		2127	1
729		2143	1
730		2144	4
731		2302	2
732		2303	1
733	神龙汽车 汇总		32
734	四川工业	1760	4
735		1830	2
736		2100	2
737		2250	1
738	四川工业 汇总		9
739	腾势汽车	2700	1
740		2855	1
741		2995	1
742	腾势汽车 汇总		3
743	天际汽车	2345	1
744		2435	2
745	天际汽车 汇总		3
746	威马汽车	2085	1
747	威马汽车	2090	1
748		2101	1
749		2119	1
750		2120	1
751		2125	1
752		2136	1
753		2158	1
754		2166	1
755		2184	1
756		2213	1
757		2236	1
758		2245	1
759		2261	1
760		2359	1
761	威马汽车 汇总		15
762	潍柴汽车	2020	2
763		2070	2
764	潍柴汽车 汇总		4
765	蔚来汽车	2750	1
766		2780	1
767		2799	1
768		2820	1
769		3099	3
770	蔚来汽车 汇总		7
771	沃尔沃亚太	2120	1
772		2220	3
773		2370	1
774		2430	3
775		2660	2
776	沃尔沃亚太 汇总		10
777	小鹏汽车	2040	6
778	小鹏汽车 汇总		6
779	一汽大众	1700	2
780		1740	1
781		1790	1
782		1810	2
783		1830	1
784		1850	6
785		1880	2
786		1970	1
787		2060	3
788		2065	3
789		2090	1
790		2110	2
791		2115	1
792		2120	3
793		2150	1
794		2205	1
795		2210	2
796		2220	1
797		2225	6
798		2230	1
799		2290	1
800		2325	6
801		2340	3
802		2360	2
803	一汽大众 汇总		53
804	一汽丰田	1960	4
805	一汽丰田	2115	3
806		2195	3
807		2220	1
808		2230	2
809		2950	6
810	一汽丰田 汇总		19
811	一汽吉林	1665	1
812		1694	1
813		1715	1
814		1729	2
815		1855	1
816		1879	2
817	一汽吉林 汇总		8
818	一汽轿车	1665	1
819		1690	1
820		1700	1
821		1715	1
822		1720	1
823		1740	1
824		1830	1
825		1843	1
826		1860	1
827		1880	1
828		1890	1
829		1968	1
830		1987	1
831		1990	1
832		2035	1
833		2071	1
834		2087	1
835		2122	3
836		2132	2
837		2205	1
838		2225	2
839		2230	1
840		2255	1
841		2270	1
842		2665	1
843		2720	1
844		2845	2
845		2900	2
846	一汽轿车 汇总		34
847	云度汽车	1755	1
848		1815	1
849	云度汽车 汇总		2
850	长安标致雪铁龙	2010	2
851		2030	2
852	长安标致雪铁龙汇总		4
853	长安福特	1657	1
854		1694	2
855		1820	1
856		1832	1
857		1995	1
858		2023	2
859		2040	1
860		2069	1
861		2079	1
862		2095	1
863	长安福特	2156	1
864		2172	1
865		2185	1
866		2220	1
867		2260	1
868		2315	1
869		2343	1
870		2450	2
871		2505	2
872		2514	3
873		2520	2
874		2541	2
875		2555	1
876		2557	2
877		2563	2
878		2589	2
879		2617	2
880		2642	2
881		2658	1
882		2664	2
883		2735	1
884		2767	2
885		2772	2
886		2839	2
887		2857	2
888		2929	2
889	长安福特 汇总		55
890	长安铃木	1495	1
891		1555	1
892		1565	1
893		1575	1
894		1635	1
895	长安铃木 汇总		5
896	长安马自达	1826	1
897		1849	1
898		1896	1
899		1972	1
900		2015	3
901		2070	1
902		2143	1
903		2395	4
904		2475	1
905	长安马自达 汇总		14
906	长安汽车	1585	2
907		1610	2
908		1645	5
909		1665	1
910		1680	2
911		1725	2
912		1730	1
913		1765	3
914		1810	2
915		1820	3
916		1835	2
917		1840	1
918		1855	2
919		1865	2
920		1880	2

序号	制造商	总质量	汇总
921	长安汽车	1895	4
922		1905	1
923		1930	1
924		1935	2
925		1955	2
926		1965	2
927		1975	3
928		1985	2
929		2000	5
930		2010	2
931		2025	2
932		2035	1
933		2100	2
934		2105	2
935		2223	4
936		2255	2
937		2270	4
938		2295	2
939		2390	2
940		2445	1
941		2532	1
942	长安汽车	2642	1
943	长安汽车 汇总		80
944	长城汽车	1815	2
945		1845	4
946		1850	1
947		1875	5
948		1895	3
949		1915	2
950		1917	3
951		1933	5
952		1935	1
953		1950	1
954		1952	2
955		1960	2
956		1967	3
957		1983	4
958		1985	3
959		2000	3
960		2022	2
961		2090	1
962		2093	1
963	长城汽车	2096	2
964		2105	1
965		2107	2
966		2110	4
967		2121	1
968		2135	3
969		2140	1
970		2170	1
971		2171	1
972		2190	1
973		2205	1
974		2215	1
975		2220	2
976		2230	3
977		2245	1
978		2285	1
979		2305	2
980		2502	1
981		2505	3
982		2510	1
983		2791	2
984	长城汽车	2950	8
985	长城汽车 汇总		91
986	郑州日产	2225	1
987		2280	1
988		2400	1
989	郑州日产 汇总		3
990	中恒天汽车	3510	1
991	中恒天汽车 汇总		1
992	众泰汽车	1720	1
993		1745	1
994		1855	1
995		1890	1
996		2162	1
997		2400	1
998	众泰汽车 汇总		6
999	重庆力帆	1835	2
1000		1990	2
1001		2070	1
1002	重庆力帆 汇总		5
总计			1789

表 SB02　2020 年运动型多用途乘用车（SUV）整备质量数值汇总表

单位：kg

序号	制造商	整备质量	汇总
1	爱驰汽车	1700	1
2		1750	1
3		1770	1
4	爱驰汽车 汇总		3
5	宝沃汽车	1480	1
6		1550	1
7		1560	1
8		1650	2
9		1760	2
10		1776	1
11		1950	1
12		1985	1
13	宝沃汽车 汇总		10
14	北京奔驰	1507	1
15		1546	1
16		1569	1
17		1607	1
18		1618	1
19		1624	1
20		1675	1
21		1725	1
22		1820	1
23		1840	1
24		1890	2
25		1910	3
26		1930	1
27		2485	3
28	北京奔驰 汇总		19
29	北京汽车	1250	3
30		1270	4
31		1325	1
32		1340	1
33	北京汽车	1410	1
34		1431	2
35		1440	1
36		1580	1
37		1590	1
38		1665	1
39		1950	1
40		1960	1
41		2020	1
42		2080	2
43		2095	1
44		2110	1
45		2115	1
46		2140	1
47		2285	2
48		2295	3
49		2315	2
50		2350	1
51		2515	2
52		2590	1
53	北京汽车 汇总		36
54	北京现代	1150	2
55		1200	1
56		1357	2
57		1363	3
58		1377	1
59		1427	1
60		1429	4
61		1545	1
62		1603	1
63		1657	1
64		1658	1
65	北京现代	1775	1
66		1820	1
67		1830	1
68		1881	1
69	北京现代 汇总		22
70	北汽新能源	1430	3
71		1575	1
72		1600	1
73		1640	1
74		1762	1
75		2030	1
76		2125	1
77		2270	1
78	北汽新能源 汇总		10
79	北汽有限	1580	1
80		1600	2
81		1620	1
82		1660	1
83		1670	1
84		1680	1
85		1885	1
86		1900	2
87		1980	3
88		1995	1
89		2000	2
90		2050	3
91		2065	1
92		2080	5
93	北汽有限 汇总		25
94	比亚迪汽车	1450	2
95		1470	1
96		1548	1
97	比亚迪汽车	1560	1
98		1568	2
99		1580	1
100		1592	1
101		1600	1
102		1630	2
103		1645	1
104		1675	2
105		1745	1
106		1830	1
107		1885	1
108		1895	1
109		1950	1
110		1955	1
111		2110	1
112		2155	1
113		2175	1
114		2250	1
115		2290	1
116		2295	1
117		2390	2
118	比亚迪汽车 汇总		29
119	大运汽车	1165	1
120		1185	1
121		1250	1
122	大运汽车 汇总		3
123	东风本田	1225	1
124		1232	1
125		1258	1
126		1264	1
127		1266	1
128		1271	1

序号	制造商	整备质量	汇总
129	东风本田	1352	1
130		1390	1
131		1398	1
132		1530	1
133		1534	2
134		1535	1
135		1544	1
136		1556	1
137		1564	1
138		1572	1
139		1582	1
140		1606	1
141		1609	1
142		1616	1
143		1620	1
144		1633	1
145		1634	1
146		1641	1
147		1642	1
148		1649	1
149		1651	1
150		1653	1
151		1663	1
152		1674	1
153		1714	1
154		1722	1
155		1732	1
156		1738	1
157		1745	1
158		1755	1
159		1760	1
160		1767	1
161		1804	1
162		1810	1
163		1870	1
164		1876	1
165		1880	1
166	东风本田 汇总		44
167	东风乘用车	921	1
168		1225	1
169		1243	1
170		1285	2
171		1295	1
172		1345	2
173		1542	3
174		1560	1
175		1565	2
176		1585	1
177		1600	2
178		2000	1
179	东风乘用车 汇总		18
180	东风风行	1395	3
181		1440	1
182		1455	1
183		1465	1
184		1480	4
185		1505	2
186		1510	2
187		1515	2
188		1520	1
189		1530	1
190		1545	3
191		1550	2
192		1560	1
193		1585	1
194		1590	1
195		1610	1
196		1650	1
197		1660	2
198		1665	3
199	东风风行 汇总		33
200	东风雷诺	921	2
201		1254	1
202		1302	1
203		1320	1
204		1468	1
205		1477	1
206		1480	1
207		1500	1
208		1504	1
209		1528	1
210		1550	1
211		1553	1
212		1557	1
213		1560	1
214		1565	1
215		1571	1
216		1578	1
217		1589	1
218		1640	1
219		1644	1
220		1651	1
221		1656	1
222		1660	2
223	东风雷诺 汇总		25
224	东风日产	921	1
225		1115	1
226		1157	1
227		1164	2
228		1248	1
229		1254	1
230		1264	1
231		1277	1
232		1285	1
233		1286	1
234		1309	1
235		1312	1
236		1325	1
237		1328	1
238		1330	1
239		1358	1
240		1426	1
241		1429	1
242		1440	1
243		1444	1
244		1456	1
245	东风日产	1466	2
246		1469	1
247		1471	1
248		1476	1
249		1477	1
250		1480	2
251		1487	1
252		1489	2
253		1493	1
254		1494	1
255		1500	1
256		1503	1
257		1507	1
258		1508	1
259		1512	1
260		1514	1
261		1517	2
262		1519	1
263		1539	2
264		1545	1
265		1548	2
266		1566	1
267		1567	1
268		1568	1
269		1569	1
270		1579	2
271		1586	1
272		1590	1
273		1599	1
274		1606	1
275		1608	1
276		1614	1
277		1622	1
278		1656	1
279		1659	1
280		1670	1
281		1700	1
282		1920	1
283		1929	1
284	东风日产 汇总		68
285	东风小康	921	1
286		1380	1
287		1440	2
288		1445	1
289		1450	1
290		1470	3
291		1480	1
292		1485	1
293		1490	2
294		1500	2
295		1510	1
296		1520	1
297		1550	4
298		1570	1
299		1590	2
300		1630	2
301		1640	1
302		1650	1
303		1670	1
304		1690	1
305		1740	1
306		1745	1
307		1830	1
308		1950	1
309		2070	1
310	东风小康 汇总		35
311	东风英菲尼迪	1788	1
312		1791	1
313		1800	1
314		1808	1
315		1830	1
316		1858	1
317		1861	1
318		1871	1
319		1878	1
320		1880	2
321		1909	2
322	东风英菲尼迪 汇总		13
323	东风裕隆	1585	1
324		1630	1
325	东风裕隆 汇总		2
326	东风悦达起亚	1060	1
327		1100	1
328		1220	2
329		1377	1
330		1430	1
331		1475	1
332		1504	1
333		1610	2
334		1612	2
335		1664	1
336		1780	1
337		1840	1
338	东风悦达起亚 汇总		15
339	东南汽车	1300	4
340		1340	1
341		1350	4
342		1495	1
343		1530	1
344		1545	1
345		1555	1
346		1615	1
347	东南汽车 汇总		14
348	枫盛汽车	1300	1
349	枫盛汽车 汇总		1
350	福建新龙马	1295	1
351	福建新龙马 汇总		1
352	观致汽车	1620	2
353		1650	1
354		1655	1
355	观致汽车 汇总		4
356	广汽本田	1216	1
357		1227	1
358		1262	1
359		1265	1
360		1275	1

序号	制造商	整备质量	汇总
361		1276	1
362		1281	1
363		1351	1
364		1384	1
365		1400	1
366		1500	1
367		1501	1
368		1502	1
369		1503	1
370		1506	1
371		1507	1
372		1510	1
373		1512	1
374		1514	1
375		1520	1
376		1525	1
377		1548	1
378		1565	2
379		1571	1
380		1580	2
381		1581	1
382		1593	1
383		1594	2
384		1598	2
385		1608	1
386		1612	1
387	广汽本田	1615	1
388		1640	1
389		1642	1
390		1648	1
391		1655	1
392		1659	1
393		1670	2
394		1674	1
395		1689	1
396		1712	2
397		1724	1
398		1727	1
399		1734	1
400		1752	1
401		1757	1
402		1760	1
403		1763	1
404		1768	1
405		1801	1
406		1803	1
407		1827	1
408		1833	1
409		1836	1
410		1866	1
411		1867	1
412		1869	1
413		1878	1
414	广汽本田 汇总		64
415		1321	2
416	广汽乘用车	1340	1
417		1347	1
418		1350	2
419		1361	1
420		1366	1
421		1392	1
422		1480	2
423		1500	2
424		1520	2
425		1540	4
426		1541	1
427		1553	1
428		1558	1
429		1582	1
430		1592	1
431		1667	1
432		1705	1
433		1725	1
434		1745	2
435	广汽乘用车	1749	2
436		1775	1
437		1792	2
438		1815	1
439		1818	1
440		1820	1
441		1850	2
442		1860	1
443		1870	1
444		1880	2
445		1900	2
446		1930	1
447		1960	1
448		1975	1
449		1990	1
450		2040	1
451		2180	1
452	广汽乘用车 汇总		51
453		1365	1
454		1385	1
455		1427	1
456		1429	1
457		1430	1
458		1445	1
459		1500	1
460		1525	1
461		1537	1
462		1575	2
463		1675	2
464	广汽菲克	1695	1
465		1710	1
466		1735	1
467		1760	1
468		1765	1
469		1845	1
470		1875	1
471		1885	1
472		1935	2
473		1975	1
474		1995	1
475		2115	1
476	广汽菲克 汇总		26
477		1490	2
478		1505	1
479		1510	1
480		1540	1
481		1555	1
482		1590	1
483		1595	1
484		1615	1
485		1645	1
486		1660	1
487	广汽丰田	1665	1
488		1670	1
489		1675	1
490		1695	1
491		1725	1
492		1780	1
493		1910	1
494		1935	1
495		2000	1
496		2010	1
497		2080	1
498	广汽丰田 汇总		22
499		1295	1
500		1320	1
501		1390	1
502		1410	1
503		1420	1
504		1453	1
505		1458	1
506		1464	1
507		1474	1
508		1485	1
509	广汽三菱	1525	1
510		1560	1
511		1561	1
512		1567	1
513		1570	1
514		1577	1
515		1580	1
516		1620	2
517		1634	1
518		1644	1
519		1645	1
520		1650	1
521	广汽三菱 汇总		23
522	广汽蔚来	1920	1
523		2030	1
524	广汽蔚来 汇总		2
525	国机智骏	1450	2
526	国机智骏 汇总		2
527		1470	1
528		1500	1
529	海马汽车	1545	1
530		1560	1
531		1590	2
532		1720	1
533	海马汽车 汇总		7
534	汉龙汽车	2115	1
535	汉龙汽车	2195	2
536		2285	1
537	汉龙汽车 汇总		4
538		1404	1
539		1410	1
540		1423	2
541		1444	1
542		1484	1
543		1497	1
544	汉腾汽车	1505	1
545		1582	1
546		1590	1
547		1612	1
548		1650	1
549		1675	1
550		1685	1
551	汉腾汽车 汇总		14
552		1110	1
553		1151	2
554		1158	2
555		1169	2
556	合众新能源	1181	1
557		1216	1
558		1675	1
559		1680	1
560		1725	1
561		1745	1
562	合众新能源 汇总		13
563	河北中兴	1611	1
564	河北中兴 汇总		1
565	湖南恒润	1020	1
566		1100	1
567	湖南恒润 汇总		2
568		1523	1
569		1527	1
570		1553	1
571		1557	1
572		1561	1
573		1565	1
574		1583	1
575		1588	1
576	华晨宝马	1646	1
577		1650	1
578		1670	1
579		1680	1
580		1860	2
581		1880	2
582		1900	1
583		1909	1
584		2205	2
585	华晨宝马 汇总		20
586		1325	2
587		1335	2
588		1340	2
589	华晨汽车	1350	2
590		1375	3
591		1485	1
592		1580	1

序号	制造商	整备质量	汇总
593	华晨汽车	1590	1
594		1600	2
595		1610	1
596		1670	1
597		1695	1
598		1700	1
599		1755	1
600	华晨汽车 汇总		21
601	华晨鑫源	1450	1
602		1500	1
603		1520	2
604		1545	1
605		1550	4
606		1560	2
607		1570	2
608		1585	1
609		1595	1
610		1620	3
611	华晨鑫源 汇总		18
612	华泰汽车	1450	2
613		1460	2
614	华泰汽车 汇总		4
615	吉利汽车	1180	1
616		1206	1
617		1215	1
618		1275	1
619		1305	1
620		1310	1
621		1320	2
622		1340	1
623		1355	1
624		1357	1
625		1360	1
626		1365	1
627		1367	1
628		1385	1
629		1390	1
630		1392	1
631		1395	1
632		1400	1
633		1405	2
634		1410	1
635		1415	1
636		1425	1
637		1445	1
638		1450	1
639		1465	1
640		1475	1
641		1478	1
642		1480	1
643		1500	1
644		1505	1
645		1530	1
646		1535	2
647		1540	1
648		1541	1
649		1544	1
650		1545	1
651	吉利汽车	1548	1
652		1550	1
653		1552	1
654		1555	1
655		1560	2
656		1565	1
657		1575	1
658		1580	3
659		1585	1
660		1590	1
661		1600	2
662		1607	1
663		1610	2
664		1615	1
665		1625	1
666		1630	6
667		1635	1
668		1640	1
669		1658	3
670		1660	1
671		1661	1
672		1665	1
673		1670	2
674		1685	1
675		1690	2
676		1695	2
677		1698	1
678		1705	2
679		1710	1
680		1729	2
681		1736	1
682		1738	1
683		1740	1
684		1745	1
685		1750	1
686		1753	1
687		1769	2
688		1770	1
689		1788	1
690		1810	1
691	吉利汽车 汇总		97
692	江淮大众	1560	2
693		1575	2
694		1585	2
695		1590	1
696		1605	4
697		1620	4
698	江淮大众 汇总		15
699	江淮汽车	1300	1
700		1325	1
701		1340	1
702		1355	1
703		1365	2
704		1375	1
705		1400	1
706		1690	1
707		1710	1
708		1715	1
709	江淮汽车	1735	2
710		1765	2
711	江淮汽车 汇总		15
712	江铃福特	1520	1
713		1560	1
714		1610	1
715		1620	1
716		1760	1
717		1770	1
718		2160	2
719		2205	1
720		2237	1
721		2300	2
722		2305	2
723		2335	2
724		2337	1
725	江铃福特 汇总		17
726	江铃汽车	1530	2
727		1885	1
728		1900	1
729		1915	1
730		1960	1
731		1965	1
732		2005	4
733		2010	1
734		2035	1
735		2050	1
736		2070	1
737	江铃汽车 汇总		15
738	江西大乘	1420	1
739		1455	1
740		1480	2
741	江西大乘 汇总		4
742	江西五十铃	1970	1
743		2000	1
744		2005	1
745		2030	1
746		2070	2
747		2080	1
748		2085	2
749		2100	1
750		2105	1
751		2110	1
752		2130	1
753	江西五十铃 汇总		13
754	金康新能源	1740	1
755		2230	1
756		2370	1
757	金康新能源 汇总		3
758	卡威汽车	1810	1
759	卡威汽车 汇总		1
760	雷丁汽车	1595	1
761	雷丁汽车 汇总		1
762	理想智造汽车	2300	1
763	理想智造汽车 汇总		1
764	猎豹汽车	1370	1
765		1431	1
766		1660	1
767	猎豹汽车	1690	1
768		1910	1
769	猎豹汽车 汇总		5
770	敏安汽车	1530	1
771		1819	1
772	敏安汽车 汇总		2
773	南海富迪	2000	1
774	南海富迪 汇总		1
775	南京金龙	1820	1
776		1920	1
777	南京金龙 汇总		2
778	奇瑞捷豹路虎	1850	1
779		1860	2
780		1890	2
781		1905	1
782		1955	1
783		1990	1
784		2025	2
785		2030	1
786		2040	1
787		2050	1
788		2090	1
789		2100	1
790	奇瑞捷豹路虎 汇总		15
791	奇瑞汽车	1215	1
792		1238	1
793		1268	1
794		1272	1
795		1280	1
796		1321	2
797		1325	1
798		1326	1
799		1346	1
800		1358	1
801		1360	1
802		1361	4
803		1364	1
804		1401	1
805		1405	2
806		1410	3
807		1420	1
808		1421	1
809		1438	1
810		1460	1
811		1465	1
812		1468	2
813		1470	1
814		1476	1
815		1479	2
816		1480	3
817		1481	2
818		1482	1
819		1484	1
820		1490	1
821		1491	2
822		1497	1
823		1498	1
824		1500	3

序号	制造商	整备质量	汇总
825		1502	1
826		1505	1
827		1509	2
828		1511	1
829		1520	2
830		1525	1
831		1527	2
832		1528	1
833		1530	3
834		1540	3
835		1541	3
836		1544	2
837		1550	3
838		1551	1
839		1556	1
840		1560	4
841		1565	4
842		1580	2
843		1585	2
844	奇瑞汽车	1587	4
845		1590	3
846		1595	4
847		1600	6
848		1605	3
849		1615	3
850		1620	1
851		1630	3
852		1640	2
853		1647	2
854		1650	4
855		1660	2
856		1665	2
857		1675	2
858		1685	2
859		1688	2
860		1721	2
861		1760	1
862		1765	1
863		1770	1
864		1771	2
865	奇瑞汽车 汇总		140
866		1258	3
867		1265	1
868		1290	2
869		1310	2
870		1318	3
871		1468	2
872		1501	2
873		1506	5
874	上汽乘用车	1518	2
875		1523	1
876		1530	4
877		1533	1
878		1539	2
879		1550	1
880		1557	1
881		1570	1
882		1588	1

序号	制造商	整备质量	汇总
883		1630	1
884		1631	1
885		1644	1
886		1661	1
887		1697	1
888		1710	1
889		1718	2
890		1735	1
891	上汽乘用车	1759	1
892		1771	4
893		1775	1
894		1789	1
895		1880	1
896		1881	1
897		1885	2
898		1980	2
899		2115	2
900	上汽乘用车 汇总		58
901		1200	1
902		1265	2
903		1270	2
904		1295	1
905		1305	2
906		1310	2
907		1335	1
908		1360	1
909		1380	2
910		1405	1
911		1425	1
912		1570	1
913		1590	1
914		1595	1
915		1600	1
916		1625	2
917		1640	1
918		1650	1
919		1675	2
920	上汽大众	1680	1
921		1695	1
922		1700	1
923		1705	1
924		1715	1
925		1775	2
926		1795	1
927		1815	1
928		1830	1
929		1840	1
930		1860	1
931		1910	1
932		1945	1
933		1965	4
934		2005	2
935		2010	1
936		2040	1
937		2045	2
938		2085	2
939		2100	1
940		2125	2

序号	制造商	整备质量	汇总
941		2130	1
942	上汽大众	2150	2
943		2190	2
944	上汽大众 汇总		60
945		1480	1
946		1545	1
947		1560	2
948		1570	1
949		1605	1
950		1775	1
951		1820	1
952		1900	1
953		2080	1
954		2115	1
955		2135	1
956	上汽商用车	2160	1
957		2180	1
958		2210	1
959		2215	1
960		2217	1
961		2260	1
962		2285	1
963		2290	1
964		2310	1
965		2340	1
966		2410	1
967		2480	1
968	上汽商用车 汇总		24
969		1230	2
970		1245	1
971		1260	1
972		1275	2
973		1285	1
974		1295	1
975		1305	1
976		1365	2
977		1375	2
978		1385	1
979		1470	2
980		1535	4
981		1540	2
982		1560	1
983		1610	2
984	上汽通用	1620	1
985		1642	1
986		1652	2
987		1660	2
988		1705	2
989		1710	2
990		1765	4
991		1770	1
992		1790	1
993		1800	1
994		1830	2
995		1835	1
996		1880	3
997		1915	2
998		1935	1

序号	制造商	整备质量	汇总
999		1960	1
1000		1980	2
1001	上汽通用	2000	3
1002		2050	2
1003		2070	2
1004	上汽通用 汇总		61
1005		1206	3
1006		1218	4
1007		1240	3
1008		1250	2
1009		1260	5
1010		1290	2
1011		1300	1
1012		1321	1
1013		1355	1
1014		1380	1
1015		1395	1
1016		1420	1
1017		1430	1
1018		1435	1
1019		1440	1
1020	上汽通用五菱	1465	1
1021		1470	1
1022		1490	1
1023		1515	1
1024		1540	1
1025		1541	2
1026		1554	1
1027		1556	1
1028		1560	1
1029		1564	1
1030		1570	1
1031		1599	1
1032		1630	1
1033		1645	1
1034		1820	1
1035		1875	2
1036	上汽通用五菱 汇总		46
1037		1200	1
1038		1220	1
1039		1235	1
1040		1260	1
1041		1270	1
1042		1280	2
1043		1475	2
1044		1480	2
1045		1492	2
1046	神龙汽车	1520	1
1047		1530	1
1048		1535	2
1049		1541	3
1050		1560	2
1051		1570	1
1052		1585	2
1053		1595	2
1054		1600	2
1055		1881	1
1056		1889	2

序号	制造商	整备质量	汇总
1057	神龙汽车 汇总		32
1058	四川工业	1330	2
1059		1385	2
1060		1410	2
1061		1510	1
1062		1635	1
1063		1760	1
1064	四川工业 汇总		9
1065	腾势汽车	2175	1
1066		2330	1
1067		2390	1
1068	腾势汽车 汇总		3
1069	天际汽车	1968	1
1070		1998	1
1071		2050	1
1072	天际汽车 汇总		3
1073	威马汽车	1710	1
1074		1715	1
1075		1726	1
1076		1744	1
1077		1745	1
1078		1750	1
1079		1761	1
1080		1783	1
1081		1791	1
1082		1809	1
1083		1838	1
1084		1861	1
1085		1870	1
1086		1886	1
1087		1909	1
1088	威马汽车 汇总		15
1089	潍柴汽车	1541	2
1090		1576	2
1091	潍柴汽车 汇总		4
1092	蔚来汽车	2250	1
1093		2290	1
1094		2299	1
1095		2345	1
1096		2425	1
1097		2460	1
1098		2485	1
1099	蔚来汽车 汇总		7
1100	沃尔沃亚太	1635	1
1101		1738	1
1102		1742	1
1103		1751	1
1104		1801	1
1105		1878	1
1106		1879	1
1107		1894	1
1108		2153	1
1109		2186	1
1110	沃尔沃亚太 汇总		10
1111	小鹏汽车	1578	2
1112		1609	2
1113		1637	2
1114	小鹏汽车 汇总		6
1115	一汽大众	1235	1
1116		1275	1
1117		1310	2
1118		1350	2
1119		1355	1
1120		1385	2
1121		1390	2
1122		1405	2
1123		1425	2
1124		1510	1
1125		1545	1
1126		1570	2
1127		1575	1
1128		1590	2
1129		1610	1
1130		1625	2
1131		1635	1
1132		1645	3
1133		1675	1
1134		1725	2
1135		1730	1
1136		1735	1
1137		1750	6
1138		1755	1
1139		1835	1
1140		1855	2
1141		1875	5
1142		1895	2
1143		1920	2
1144	一汽大众 汇总		53
1145	一汽丰田	1490	1
1146		1505	2
1147		1510	1
1148		1540	1
1149		1565	1
1150		1610	1
1151		1625	1
1152		1670	1
1153		1685	1
1154		1735	1
1155		1760	1
1156		1780	1
1157		2285	2
1158		2305	4
1159	一汽丰田 汇总		19
1160	一汽吉林	1290	1
1161		1319	1
1162		1340	1
1163		1354	2
1164		1429	2
1165		1480	1
1166	一汽吉林 汇总		8
1167	一汽轿车	1290	1
1168		1315	1
1169		1325	1
1170		1340	1
1171		1345	1
1172		1365	1
1173	一汽轿车	1455	1
1174		1468	1
1175		1485	1
1176		1493	1
1177		1500	1
1178		1505	1
1179		1515	1
1180		1530	1
1181		1545	1
1182		1610	1
1183		1622	1
1184		1742	3
1185		1752	2
1186		1755	1
1187		1775	2
1188		1805	1
1189		1810	1
1190		1890	1
1191		2140	1
1192		2175	1
1193		2320	2
1194		2355	2
1195	一汽轿车 汇总		34
1196	云度汽车	1380	1
1197		1440	1
1198	云度汽车 汇总		2
1199	长安标致雪铁龙	1580	2
1200		1595	2
1201	长安标致雪铁龙汇总		4
1202	长安福特	1247	1
1203		1300	2
1204		1410	1
1205		1422	1
1206		1585	1
1207		1613	2
1208		1630	1
1209		1659	1
1210		1669	1
1211		1685	1
1212		1740	1
1213		1762	1
1214		1775	1
1215		1845	1
1216		1850	2
1217		1916	2
1218		1925	2
1219		1933	2
1220		1954	1
1221		1970	1
1222		1972	2
1223		1997	2
1224		2029	2
1225		2030	1
1226		2056	2
1227		2057	2
1228		2078	2
1229		2082	2
1230		2098	1
1231	长安福特	2104	2
1232		2188	1
1233		2212	2
1234		2282	2
1235		2302	2
1236		2354	2
1237		2374	2
1238	长安福特 汇总		55
1239	长安铃木	1120	1
1240		1180	1
1241		1190	1
1242		1200	1
1243		1260	1
1244	长安铃木 汇总		5
1245	长安马自达	1372	1
1246		1395	1
1247		1442	1
1248		1518	2
1249		1545	1
1250		1558	1
1251		1593	1
1252		1677	1
1253		1749	2
1254		1807	2
1255		1875	1
1256	长安马自达 汇总		14
1257	长安汽车	1210	2
1258		1235	2
1259		1270	5
1260		1290	1
1261		1305	2
1262		1330	1
1263		1340	1
1264		1350	2
1265		1355	1
1266		1370	1
1267		1380	1
1268		1390	2
1269		1410	2
1270		1431	2
1271		1435	1
1272		1445	1
1273		1455	1
1274		1460	2
1275		1465	1
1276		1480	2
1277		1490	2
1278		1505	1
1279		1520	4
1280		1530	1
1281		1545	1
1282		1580	2
1283		1585	1
1284		1590	1
1285		1600	3
1286		1610	2
1287		1625	4
1288		1635	1

序号	制造商	整备质量	汇总
1289	长安汽车	1650	2
1290		1660	1
1291		1665	3
1292		1670	1
1293		1675	2
1294		1698	2
1295		1725	1
1296		1730	1
1297		1745	2
1298		1795	1
1299		1800	1
1300		1855	1
1301		1865	1
1302		1880	1
1303		1920	1
1304		2007	1
1305		2020	1
1306		2117	1
1307	长安汽车 汇总		80
1308	长城汽车	1450	2
1309		1470	4
1310		1475	1
1311		1485	1
1312		1500	6
1313	长城汽车	1510	1
1314		1520	2
1315		1540	1
1316		1541	2
1317		1542	3
1318		1545	2
1319		1550	1
1320		1558	4
1321		1560	1
1322		1568	1
1323		1570	1
1324		1575	3
1325		1577	1
1326		1578	1
1327		1580	2
1328		1585	1
1329		1592	3
1330		1595	1
1331		1597	1
1332		1600	2
1333		1608	2
1334		1610	1
1335		1611	1
1336		1617	1
1337	长城汽车	1618	1
1338		1626	2
1339		1645	1
1340		1646	1
1341		1647	1
1342		1661	3
1343		1675	2
1344		1680	1
1345		1710	2
1346		1720	3
1347		1730	1
1348		1735	1
1349		1760	1
1350		1810	1
1351		1860	2
1352		1882	1
1353		1920	3
1354		1950	1
1355		2281	2
1356		2285	2
1357		2315	1
1358		2330	1
1359		2375	1
1360		2385	1
1361	长城汽车	2405	1
1362		2415	1
1363	长城汽车 汇总		91
1364	郑州日产	1799	1
1365		1842	1
1366		1934	1
1367	郑州日产 汇总		3
1368	中恒天汽车	2580	1
1369	中恒天汽车 汇总		1
1370	众泰汽车	1345	1
1371		1370	1
1372		1480	1
1373		1515	1
1374		1787	1
1375		1875	1
1376	众泰汽车 汇总		6
1377	重庆力帆	1431	1
1378		1440	2
1379		1450	1
1380		1545	1
1381	重庆力帆 汇总		5
总计			1789

运动型多用途乘用车（SUV）

表 SB03　2020 年运动型多用途乘用车（SUV）外廓长度数值汇总表

单位：mm

序号	制造商	外廓长度	汇总
1	爱驰汽车	4680	3
2	爱驰汽车 汇总		3
3	宝沃汽车	4410	1
4		4490	2
5		4713	2
6		4715	5
7	宝沃汽车 汇总		10
8	北京奔驰	4417	1
9		4427	2
10		4638	5
11		4764	8
12		4774	3
13	北京奔驰 汇总		19
14	北京汽车	4300	4
15		4325	5
16		4350	1
17		4480	4
18		4630	3
19		4645	5
20		4710	3
21		4765	7
22		4793	1
23		5171	3
24	北京汽车 汇总		36
25	北京现代	4195	4
26		4300	3
27		4435	8
28		4545	3
29		4930	4
30	北京现代 汇总		22
31	北汽新能源	4122	3
32		4200	3
33		4480	1
34		4788	3
35	北汽新能源 汇总		10
36	北汽有限	4080	3
37		4245	3
38		4300	2
39		4340	1
40		4450	1
41		4490	4
42		4710	3
43		4850	1
44		5030	2
45		5110	3
46		5230	2
47	北汽有限 汇总		25
48	比亚迪汽车	4100	2
49		4360	3
50		4600	8
51		4650	6
52		4705	2
53		4870	8
54	比亚迪汽车 汇总		29
55	大运汽车	3695	3
56	大运汽车 汇总		3
57	东风本田	4280	2
58		4328	9
59	东风本田	4585	7
60		4621	16
61		4825	5
62		4856	5
63	东风本田 汇总		44
64	东风乘用车	3732	1
65		4200	1
66		4520	2
67		4610	2
68		4620	2
69		4645	3
70		4650	1
71		4696	5
72		4771	1
73	东风乘用车 汇总		18
74	东风风行	4460	5
75		4515	5
76		4550	4
77		4660	3
78		4720	7
79		4760	2
80		4780	7
81	东风风行 汇总		33
82	东风雷诺	3735	2
83		4263	3
84		4503	1
85		4508	6
86		4672	13
87	东风雷诺 汇总		25
88	东风日产	3732	1
89		4295	3
90		4313	1
91		4384	1
92		4401	6
93		4412	11
94		4415	1
95		4614	4
96		4630	5
97		4675	10
98		4691	6
99		4793	6
100		4805	9
101		4897	4
102	东风日产 汇总		68
103	东风小康	3699	1
104		4385	2
105		4515	5
106		4560	5
107		4680	6
108		4685	4
109		4700	4
110		4715	3
111		4760	3
112		4930	2
113	东风小康 汇总		35
114	东风英菲尼迪	4705	13
115	东风英菲尼迪 汇总		13
116	东风裕隆	4725	2

序号	制造商	外廓长度	汇总
117	东风裕隆 汇总		2
118	东风悦达起亚	4100	2
119		4345	2
120		4460	3
121		4550	4
122		4730	4
123	东风悦达起亚 汇总		15
124	东南汽车	4354	5
125		4406	4
126		4570	1
127		4585	4
128	东南汽车 汇总		14
129	枫盛汽车	4005	1
130	枫盛汽车 汇总		1
131	福建新龙马	4505	1
132	福建新龙马 汇总		1
133	观致汽车	4600	2
134		4679	2
135	观致汽车 汇总		4
136	广汽本田	4306	3
137		4308	4
138		4328	4
139		4340	6
140		4496	9
141		4507	2
142		4542	4
143		4634	13
144		4752	6
145		4816	7
146		4858	6
147	广汽本田 汇总		64
148	广汽乘用车	4337	3
149		4350	9
150		4545	11
151		4577	1
152		4586	4
153		4695	4
154		4730	2
155		4740	4
156		4786	3
157		4810	4
158		4835	6
159	广汽乘用车 汇总		51
160	广汽菲克	4240	5
161		4415	5
162		4424	3
163		4500	1
164		4649	2
165		4656	1
166		4669	3
167		4873	6
168	广汽菲克 汇总		26
169	广汽丰田	4405	4
170		4475	1
171		4665	12
172		4890	5
173	广汽丰田 汇总		22
174	广汽三菱	4366	4

序号	制造商	外廓长度	汇总
175	广汽三菱	4375	1
176		4405	11
177		4705	7
178	广汽三菱 汇总		23
179	广汽蔚来	4879	2
180	广汽蔚来 汇总		2
181	国机智骏	4150	2
182	国机智骏 汇总		2
183	海马汽车	4418	1
184		4565	6
185	海马汽车 汇总		7
186	汉龙汽车	4985	4
187	汉龙汽车 汇总		4
188	汉腾汽车	4501	9
189		4671	5
190	汉腾汽车 汇总		14
191	合众新能源	3872	6
192		4070	3
193		4530	4
194	合众新能源 汇总		13
195	河北中兴	4618	1
196	河北中兴 汇总		1
197	湖南恒润	3560	2
198	湖南恒润 汇总		2
199	华晨宝马	4379	6
200		4565	7
201		4582	1
202		4717	4
203		4746	2
204	华晨宝马 汇总		20
205	华晨汽车	4200	5
206		4240	6
207		4620	2
208		4702	7
209		4745	1
210	华晨汽车 汇总		21
211	华晨鑫源	4610	5
212		4615	2
213		4670	3
214		4710	4
215		4750	4
216	华晨鑫源 汇总		18
217	华泰汽车	4426	4
218	华泰汽车 汇总		4
219	吉利汽车	4005	3
220		4330	9
221		4340	6
222		4350	3
223		4432	3
224		4440	13
225		4448	6
226		4465	3
227		4500	3
228		4512	5
229		4519	8
230		4544	8
231		4546	4
232		4549	1

序号	制造商	外廓长度	汇总
233		4592	4
234		4605	9
235		4835	9
236	吉利汽车 汇总		97
237	江淮大众	4795	4
238		4815	11
239	江淮大众 汇总		15
240	江淮汽车	4345	1
241		4410	9
242		4776	2
243		4790	3
244	江淮汽车 汇总		15
245	江铃福特	4570	1
246		4580	5
247		4892	11
248	江铃福特 汇总		17
249	江铃汽车	4160	1
250		4550	1
251		4710	6
252		4798	7
253	江铃汽车 汇总		15
254	江西大乘	4521	3
255		4540	1
256	江西大乘 汇总		4
257	江西五十铃	4830	13
258	江西五十铃 汇总		13
259	金康新能源	4385	1
260		4700	2
261	金康新能源 汇总		3
262	卡威汽车	4600	1
263	卡威汽车 汇总		1
264	雷丁汽车	4360	1
265	雷丁汽车 汇总		1
266	理想智造汽车	5020	1
267	理想智造汽车 汇总		1
268	猎豹汽车	4315	1
269		4335	1
270		4696	2
271		4890	1
272	猎豹汽车 汇总		5
273	敏安汽车	4160	1
274		4701	1
275	敏安汽车 汇总		2
276	南海富迪	4771	1
277	南海富迪 汇总		1
278	南京金龙	4698	2
279	南京金龙 汇总		2
280	奇瑞捷豹路虎	4360	1
281		4370	2
282		4371	1
283		4411	3
284		4597	6
285		4599	2
286	奇瑞捷豹路虎 汇总		15
287	奇瑞汽车	4200	4
288		4335	1
289		4338	2
290		4358	7

序号	制造商	外廓长度	汇总
291	奇瑞汽车	4400	2
292		4420	2
293		4470	2
294		4500	4
295		4506	1
296		4533	3
297		4618	8
298		4630	1
299		4690	2
300		4700	14
301		4720	8
302		4722	2
303		4724	5
304		4749	6
305		4750	10
306		4755	9
307		4775	4
308		4780	2
309		4840	28
310		4875	11
311		4970	2
312	奇瑞汽车 汇总		140
313	上汽乘用车	4314	6
314		4323	3
315		4408	4
316		4554	3
317		4556	11
318		4571	4
319		4574	14
320		4647	5
321		4678	2
322		4923	3
323		4932	3
324	上汽乘用车 汇总		58
325	上汽大众	4218	6
326		4390	4
327		4409	2
328		4432	2
329		4453	4
330		4634	2
331		4698	4
332		4712	5
333		4716	4
334		4720	2
335		4764	3
336		4905	6
337		5039	16
338	上汽大众 汇总		60
339	上汽商用车	4719	1
340		4720	6
341		4735	2
342		5005	15
343	上汽商用车 汇总		24
344	上汽通用	4264	1
345		4270	5
346		4295	4
347		4411	4
348		4463	3

序号	制造商	外廓长度	汇总
349	上汽通用	4600	7
350		4646	7
351		4652	3
352		4662	5
353		4686	2
354		4694	1
355		4813	4
356		4981	5
357		4999	6
358		5056	4
359	上汽通用 汇总		61
360	上汽通用五菱	4220	13
361		4300	9
362		4570	5
363		4655	8
364		4690	4
365		4695	4
366		4930	3
367	上汽通用五菱 汇总		46
368	神龙汽车	4270	2
369		4282	4
370		4312	2
371		4510	13
372		4670	11
373	神龙汽车 汇总		32
374	四川工业	4360	6
375		4505	2
376		4555	1
377	四川工业 汇总		9
378	腾势汽车	4890	3
379	腾势汽车 汇总		3
380	天际汽车	4685	3
381	天际汽车 汇总		3
382	威马汽车	4585	10
383		4802	5
384	威马汽车 汇总		15
385	潍柴汽车	4806	4
386	潍柴汽车 汇总		4
387	蔚来汽车	4850	4
388		5022	3
389	蔚来汽车 汇总		7

序号	制造商	外廓长度	汇总
390	沃尔沃亚太	4425	4
391		4688	6
392	沃尔沃亚太 汇总		10
393	小鹏汽车	4450	6
394	小鹏汽车 汇总		6
395	一汽大众	4194	3
396		4229	1
397		4236	1
398		4237	1
399		4318	3
400		4326	2
401		4419	2
402		4481	2
403		4495	4
404		4518	3
405		4589	6
406		4590	4
407		4595	3
408		4603	1
409		4624	4
410		4626	2
411		4753	5
412		4765	6
413	一汽大众 汇总		53
414	一汽丰田	4405	4
415		4455	1
416		4600	8
417		4840	3
418		5010	3
419	一汽丰田 汇总		19
420	一汽吉林	4305	4
421		4344	1
422		4505	3
423	一汽吉林 汇总		8
424	一汽轿车	4310	2
425		4330	4
426		4490	4
427		4525	5
428		4550	2
429		4620	2
430		4637	4

序号	制造商	外廓长度	汇总
431	一汽轿车	4639	1
432		4760	2
433		4800	2
434		5035	6
435	一汽轿车 汇总		34
436	云度汽车	4010	1
437		4340	1
438	云度汽车 汇总		2
439	长安标致雪铁龙	4603	4
440	长安标致雪铁龙 汇总		4
441	长安福特	4345	3
442		4397	2
443		4524	3
444		4585	4
445		4615	2
446		4626	1
447		4878	18
448		5075	12
449		5080	10
450	长安福特 汇总		55
451	长安铃木	4175	3
452		4300	2
453	长安铃木 汇总		5
454	长安马自达	4395	4
455		4555	5
456		4955	5
457	长安马自达 汇总		14
458	长安汽车	4135	5
459		4170	3
460		4180	4
461		4335	7
462		4490	2
463		4500	14
464		4515	4
465		4620	4
466		4650	9
467		4670	4
468		4690	2
469		4700	2
470		4705	5
471		4720	3

序号	制造商	外廓长度	汇总
472	长安汽车	4830	4
473		4880	6
474		4949	2
475	长安汽车 汇总		80
476	长城汽车	4335	4
477		4365	4
478		4410	11
479		4460	1
480		4462	4
481		4470	4
482		4590	10
483		4600	3
484		4615	4
485		4620	12
486		4625	2
487		4645	4
488		4649	8
489		4653	2
490		4681	4
491		4715	1
492		4760	2
493		4774	2
494		4820	1
495		4856	4
496		5090	4
497	长城汽车 汇总		91
498	郑州日产	4882	3
499	郑州日产 汇总		3
500	中恒天汽车	5239	1
501	中恒天汽车 汇总		1
502	众泰汽车	4405	2
503		4632	2
504		4748	1
505		4910	1
506	众泰汽车 汇总		6
507	重庆力帆	4390	2
508		4480	3
509	重庆力帆 汇总		5
总计			1789

表 SB04　2020 年运动型多用途乘用车（SUV）外廓宽度数值汇总表

单位：mm

序号	制造商	外廓宽度	汇总
1	爱驰汽车	1865	3
2	爱驰汽车 汇总		3
3	宝沃汽车	1830	1
4		1877	2
5		1911	5
6		1923	2
7	宝沃汽车 汇总		10
8	北京奔驰	1834	8
9		1890	2
10		1898	8
11		1923	1
12	北京奔驰 汇总		19
13	北京汽车	1815	2
14		1830	7
15		1837	4
16		1843	1
17		1890	1
18		1892	3
19		1925	8
20		1955	2
21		1975	4
22		1995	3
23		2030	1
24	北京汽车 汇总		36
25	北京现代	1790	3
26		1800	4
27	北京现代	1850	11
28		1910	4
29	北京现代 汇总		22
30	北汽新能源	1750	3
31		1780	3
32		1837	1
33		1940	3
34	北汽新能源 汇总		10
35	北汽有限	1820	1
36		1825	4
37		1828	1
38		1830	3
39		1840	7
40		1925	5
41		1930	2
42		1960	1
43		1995	1
44	北汽有限 汇总		25
45	比亚迪汽车	1785	5
46		1830	7
47		1860	6
48		1870	1
49		1890	2
50		1940	1
51		1950	7
52	比亚迪汽车 汇总		29
53	大运汽车	1685	3
54	大运汽车 汇总		3
55	东风本田	1772	11
56		1855	23
57	东风本田	1942	10
58	东风本田 汇总		44
59	东风乘用车	1579	1
60		1740	2
61		1780	1
62		1830	4
63		1850	5
64		1870	1
65		1880	4
66	东风乘用车 汇总		18
67	东风风行	1810	2
68		1812	5
69		1820	5
70		1825	12
71		1865	2
72		1872	7
73	东风风行 汇总		33
74	东风雷诺	1579	2
75		1797	3
76		1836	7
77		1843	13
78	东风雷诺 汇总		25
79	东风日产	1579	1
80		1760	4
81		1786	4
82		1820	21
83		1830	1
84		1837	7
85		1845	5
86		1865	15
87		1905	6
88		1908	4
89	东风日产 汇总		68
90	东风小康	1579	1
91		1815	10
92		1845	13
93		1850	2
94		1865	4
95		1875	3
96		1935	2
97	东风小康 汇总		35
98	东风英菲尼迪	1903	13
99	东风英菲尼迪 汇总		13
100	东风裕隆	1826	2
101	东风裕隆 汇总		2
102	东风悦达起亚	1735	2
103		1800	2
104		1850	3
105		1855	4
106		1890	4
107	东风悦达起亚 汇总		15
108	东南汽车	1840	9
109		1900	4
110		1905	1
111	东南汽车 汇总		14
112	枫盛汽车	1760	1
113	枫盛汽车 汇总		1
114	福建新龙马	1730	1
115	福建新龙马 汇总		1
116	观致汽车	1869	2
117		1897	2
118	观致汽车 汇总		4
119	广汽本田	1772	4
120		1773	4
121		1790	6
122		1824	3
123		1840	15
124		1855	13
125		1926	6
126		1942	13
127	广汽本田 汇总		64
128	广汽乘用车	1825	12
129		1856	11
130		1873	1
131		1885	4
132		1910	16
133		1920	4
134		1935	3
135	广汽乘用车 汇总		51
136	广汽菲克	1805	5
137		1819	8
138		1852	1
139		1859	2
140		1865	3
141		1892	6
142		1904	1
143	广汽菲克 汇总		26
144	广汽丰田	1795	4
145		1825	1
146		1855	12
147		1925	5
148	广汽丰田 汇总		22
149	广汽三菱	1770	1
150		1780	2
151		1805	11
152		1810	7
153		1818	2
154	广汽三菱 汇总		23
155	广汽蔚来	1937	2
156	广汽蔚来 汇总		2
157	国机智骏	1800	2
158	国机智骏 汇总		2
159	海马汽车	1823	1
160		1850	6
161	海马汽车 汇总		7
162	汉龙汽车	1995	4
163	汉龙汽车 汇总		4
164	汉腾汽车	1820	9
165		1902	5
166	汉腾汽车 汇总		14
167	合众新能源	1648	6
168		1690	3
169	合众新能源	1860	4
170	合众新能源 汇总		13
171	河北中兴	1790	1
172	河北中兴 汇总		1
173	湖南恒润	1610	2
174	湖南恒润 汇总		2
175	华晨宝马	1820	1
176		1821	7
177		1824	6
178		1891	6
179	华晨宝马 汇总		20
180	华晨汽车	1790	5
181		1803	6
182		1820	1
183		1922	2
184		1932	7
185	华晨汽车 汇总		21
186	华晨鑫源	1790	2
187		1855	12
188		1860	4
189	华晨鑫源 汇总		18
190	华泰汽车	1862	4
191	华泰汽车 汇总		4
192	吉利汽车	1760	3
193		1800	12
194		1810	3
195		1820	6
196		1831	16
197		1833	16
198		1834	7
199		1857	5
200		1860	1
201		1878	9
202		1879	4
203		1890	6
204		1900	9
205	吉利汽车 汇总		97
206	江淮大众	1870	15
207	江淮大众 汇总		15
208	江淮汽车	1765	1
209		1800	9
210		1900	5
211	江淮汽车 汇总		15
212	江铃福特	1862	11
213		1936	6
214	江铃福特 汇总		17
215	江铃汽车	1810	1
216		1885	1
217		1895	13
218	江铃汽车 汇总		15
219	江西大乘	1840	4
220	江西大乘 汇总		4
221	江西五十铃	1860	13
222	江西五十铃 汇总		13
223	金康新能源	1850	1
224		1930	2

序号	制造商	外廓宽度	汇总
225	金康新能源 汇总		3
226	卡威汽车	1855	1
227	卡威汽车 汇总		1
228	雷丁汽车	1830	1
229	雷丁汽车 汇总		1
230	理想智造汽车	1960	1
231	理想智造汽车 汇总		1
232	猎豹汽车	1795	1
233		1840	1
234		1860	1
235		1906	2
236	猎豹汽车 汇总		5
237	敏安汽车	1810	1
238		1889	1
239	敏安汽车 汇总		2
240	南海富迪	1870	1
241	南海富迪 汇总		1
242	南京金龙	1908	2
243	南京金龙 汇总		2
244	奇瑞捷豹路虎	1894	2
245		1900	6
246		1904	7
247	奇瑞捷豹路虎 汇总		15
248	奇瑞汽车	1760	6
249		1790	8
250		1796	1
251		1830	9
252		1831	2
253		1837	2
254		1841	1
255		1842	4
256		1848	3
257		1860	16
258		1885	17
259		1900	22
260		1910	8
261		1925	39
262		1940	2
263	奇瑞汽车 汇总		140
264	上汽乘用车	1804	4
265		1809	9
266		1855	18
267		1876	14
268		1891	5
269		1919	2
270		1930	6
271	上汽乘用车 汇总		58
272	上汽大众	1760	6
273		1781	6
274		1839	7
275	上汽大众	1841	6
276		1859	7
277		1883	6
278		1989	22
279	上汽大众 汇总		60
280	上汽商用车	1857	1
281		1860	8
282		1932	15
283	上汽商用车 汇总		24
284	上汽通用	1767	1
285		1791	5
286		1798	4
287		1808	4
288		1813	3
289		1839	3
290		1843	10
291		1881	7
292		1883	5
293		1903	4
294		1953	11
295		1964	4
296	上汽通用 汇总		61
297	上汽通用五菱	1735	8
298		1740	13
299		1750	9
300		1835	8
301		1870	5
302		1975	3
303	上汽通用五菱 汇总		46
304	神龙汽车	1748	4
305		1770	2
306		1785	2
307		1850	7
308		1855	11
309		1860	6
310	神龙汽车 汇总		32
311	四川工业	1830	8
312		1835	1
313	四川工业 汇总		9
314	腾势汽车	1950	3
315	腾势汽车 汇总		3
316	天际汽车	1970	3
317	天际汽车 汇总		3
318	威马汽车	1835	10
319		1839	5
320	威马汽车 汇总		15
321	潍柴汽车	1870	4
322	潍柴汽车 汇总		4
323	蔚来汽车	1962	3
324		1965	4
325	蔚来汽车 汇总		7
326	沃尔沃亚太	1863	4
327		1902	6
328	沃尔沃亚太 汇总		10
329	小鹏汽车	1820	6
330	小鹏汽车 汇总		6
331	一汽大众	1760	3
332		1785	3
333		1819	5
334		1841	6
335		1843	3
336		1848	6
337		1860	16
338		1893	11
339	一汽大众 汇总		53
340	一汽丰田	1795	4
341		1845	1
342		1855	8
343		1885	6
344	一汽丰田 汇总		19
345	一汽吉林	1773	1
346		1780	4
347		1835	3
348	一汽吉林 汇总		8
349	一汽轿车	1780	6
350		1820	2
351		1845	5
352		1855	4
353		1874	6
354		1880	1
355		1907	2
356		1915	2
357		1989	6
358	一汽轿车 汇总		34
359	云度汽车	1729	1
360		1765	1
361	云度汽车 汇总		2
362	长安标致雪铁龙	1891	4
363	长安标致雪铁龙 汇总		4
364	长安福特	1785	3
365		1838	3
366		1848	2
367		1882	5
368		1887	2
369		1925	18
370		2004	6
371		2020	6
372		2022	5
373		2026	5
374	长安福特 汇总		55
375	长安铃木	1765	2
376		1775	3
377	长安铃木 汇总		5
378	长安马自达	1797	4
379		1842	10
380	长安马自达 汇总		14
381	长安汽车	1740	5
382		1770	4
383		1810	7
384		1825	7
385		1845	3
386		1850	9
387		1855	4
388		1860	20
389		1865	8
390		1868	10
391		1870	1
392		1930	2
393	长安汽车 汇总		80
394	长城汽车	1735	1
395		1800	4
396		1814	8
397		1827	4
398		1830	4
399		1845	21
400		1846	9
401		1852	4
402		1857	8
403		1860	9
404		1886	2
405		1890	2
406		1910	1
407		1925	1
408		1926	8
409		1931	4
410		1965	1
411	长城汽车 汇总		91
412	郑州日产	1850	3
413	郑州日产 汇总		3
414	中恒天汽车	2026	1
415	中恒天汽车 汇总		1
416	众泰汽车	1830	2
417		1850	2
418		1933	2
419	众泰汽车 汇总		6
420	重庆力帆	1770	3
421		1820	2
422	重庆力帆 汇总		5
总计			1789

表 SB05　2020 年运动型多用途乘用车（SUV）外廓高度数值汇总表

单位：mm

序号	制造商	外廓高度	汇总
1	爱驰汽车	1700	3
2	爱驰汽车 汇总		3
3	宝沃汽车	1670	1
4		1675	2
5		1690	7
6	宝沃汽车 汇总		10
7	北京奔驰	1610	2
8		1615	1
9		1622	2
10		1625	1
11		1642	8
12		1687	2
13		1692	1
14		1700	2
15	北京奔驰 汇总		19
16	北京汽车	1640	9
17		1680	4
18		1715	3
19		1861	1
20		1865	1
21		1871	7
22		1902	3
23		1935	1
24		1985	2
25		2005	5
26	北京汽车 汇总		36
27	北京现代	1550	1
28		1575	2
29		1580	1
30		1620	1
31		1635	2
32		1670	3
33		1680	4
34		1715	4
35		1720	4
36	北京现代 汇总		22
37	北汽新能源	1545	1
38		1583	2
39		1638	3
40		1673	1
41		1683	3
42	北汽新能源 汇总		10
43	北汽有限	1870	4
44		1910	4
45		1950	3
46		2100	2
47		2120	2
48		2130	5
49		2156	1
50		2304	1
51		2314	2
52		2510	1
53	北汽有限 汇总		25
54	比亚迪汽车	1675	4
55		1680	7
56		1700	10
57		1720	1
58		1725	7
59	比亚迪汽车 汇总		29
60	大运汽车	1595	3
61	大运汽车 汇总		3
62	东风本田	1610	9
63		1625	2
64		1670	7
65		1675	3
66		1679	14
67		1689	9
68	东风本田 汇总		44
69	东风乘用车	1515	1
70		1562	2
71		1600	4
72		1622	1
73		1670	1
74		1690	3
75		1712	5
76		1828	1
77	东风乘用车 汇总		18
78	东风风行	1720	4
79		1725	9
80		1750	1
81		1760	8
82		1770	2
83		1775	1
84		1790	8
85	东风风行 汇总		33
86	东风雷诺	1484	1
87		1515	1
88		1593	3
89		1616	1
90		1629	4
91		1636	2
92		1678	4
93		1685	2
94		1717	7
95	东风雷诺 汇总		25
96	东风日产	1515	1
97		1571	2
98		1573	2
99		1577	2
100		1582	1
101		1585	3
102		1586	2
103		1588	4
104		1591	1
105		1592	2
106		1593	4
107		1611	2
108		1612	1
109		1625	1
110		1653	8
111		1668	1
112		1679	11
113	东风日产	1691	4
114		1694	2
115		1706	4
116		1722	9
117		1724	1
118	东风日产 汇总		68
119	东风小康	1515	1
120		1645	5
121		1650	1
122		1655	3
123		1715	13
124		1735	10
125		1765	2
126	东风小康 汇总		35
127	东风英菲尼迪	1678	9
128		1681	4
129	东风英菲尼迪 汇总		13
130	东风裕隆	1765	2
131	东风裕隆 汇总		2
132	东风悦达起亚	1533	2
133		1645	1
134		1650	1
135		1655	4
136		1695	3
137		1730	4
138	东风悦达起亚 汇总		15
139	东南汽车	1654	4
140		1670	3
141		1680	2
142		1718	4
143		1720	1
144	东南汽车 汇总		14
145	枫盛汽车	1575	1
146	枫盛汽车 汇总		1
147	福建新龙马	1788	1
148	福建新龙马 汇总		1
149	观致汽车	1658	2
150		1679	2
151	观致汽车 汇总		4
152	广汽本田	1605	10
153		1615	15
154		1625	7
155		1668	6
156		1669	7
157		1670	4
158		1675	2
159		1679	12
160		1689	1
161	广汽本田 汇总		64
162	广汽乘用车	1637	1
163		1646	1
164		1660	1
165		1665	2
166		1668	4
167		1680	1
168		1685	10
169	广汽乘用车	1691	1
170		1700	6
171		1726	4
172		1728	4
173		1765	1
174		1770	6
175		1775	4
176		1785	5
177	广汽乘用车 汇总		51
178	广汽菲克	1635	3
179		1650	2
180		1652	1
181		1663	1
182		1675	1
183		1678	2
184		1686	2
185		1690	1
186		1691	3
187		1700	1
188		1708	1
189		1730	1
190		1731	1
191		1738	6
192	广汽菲克 汇总		26
193	广汽丰田	1565	4
194		1575	1
195		1680	12
196		1715	2
197		1720	3
198	广汽丰田 汇总		22
199	广汽三菱	1625	1
200		1640	4
201		1685	11
202		1710	7
203	广汽三菱 汇总		23
204	广汽蔚来	1680	2
205	广汽蔚来 汇总		2
206	国机智骏	1611	1
207		1620	1
208	国机智骏 汇总		2
209	海马汽车	1630	1
210		1682	6
211	海马汽车 汇总		7
212	汉龙汽车	1819	4
213	汉龙汽车 汇总		4
214	汉腾汽车	1648	9
215		1697	5
216	汉腾汽车 汇总		14
217	合众新能源	1540	2
218		1555	1
219		1571	4
220		1611	2
221		1628	4
222	合众新能源 汇总		13
223	河北中兴	1820	1
224	河北中兴 汇总		1

序号	制造商	外廓高度	汇总
225	湖南恒润	1705	2
226	湖南恒润 汇总		2
227	华晨宝马	1555	6
228		1609	1
229		1613	1
230		1620	6
231		1683	2
232		1689	4
233	华晨宝马 汇总		20
234	华晨汽车	1600	10
235		1609	1
236		1734	2
237		1753	7
238		1780	1
239	华晨汽车 汇总		21
240	华晨鑫源	1725	1
241		1740	7
242		1750	1
243		1770	4
244		1780	3
245		1790	1
246		1820	1
247	华晨鑫源 汇总		18
248	华泰汽车	1683	2
249		1709	2
250	华泰汽车 汇总		4
251	吉利汽车	1528	3
252		1535	3
253		1560	8
254		1572	3
255		1573	8
256		1575	3
257		1609	9
258		1615	3
259		1625	6
260		1628	4
261		1643	9
262		1673	1
263		1689	5
264		1694	8
265		1707	3
266		1713	8
267		1715	4
268		1780	9
269	吉利汽车 汇总		97
270	江淮大众	1758	15
271	江淮大众 汇总		15
272	江淮汽车	1640	1
273		1660	9
274		1760	5
275	江淮汽车 汇总		15
276	江铃福特	1674	6
277		1837	11
278	江铃福特 汇总		17
279	江铃汽车	1655	1
280		1670	1
281		1812	1
282		1840	3
283	江铃汽车	1845	6
284		1852	3
285	江铃汽车 汇总		15
286	江西大乘	1672	3
287		1685	1
288	江西大乘 汇总		4
289	江西五十铃	1830	13
290	江西五十铃 汇总		13
291	金康新能源	1625	2
292		1650	1
293	金康新能源 汇总		3
294	卡威汽车	1810	1
295	卡威汽车 汇总		1
296	雷丁汽车	1680	1
297	雷丁汽车 汇总		1
298	理想智造汽车	1785	1
299	理想智造汽车 汇总		1
300	猎豹汽车	1650	2
301		1709	2
302		1975	1
303	猎豹汽车 汇总		5
304	敏安汽车	1670	1
305		1706	1
306	敏安汽车 汇总		2
307	南海富迪	1828	1
308	南海富迪 汇总		1
309	南京金龙	1696	2
310	南京金龙 汇总		2
311	奇瑞捷豹路虎	1635	3
312		1649	4
313		1724	2
314		1727	6
315	奇瑞捷豹路虎 汇总		15
316	奇瑞汽车	1570	4
317		1645	1
318		1653	2
319		1655	1
320		1665	1
321		1670	11
322		1674	1
323		1695	4
324		1699	3
325		1706	6
326		1710	23
327		1718	2
328		1720	11
329		1730	2
330		1740	1
331		1745	19
332		1746	18
333		1760	4
334		1780	23
335		1795	2
336		1800	1
337	奇瑞汽车 汇总		140
338	上汽乘用车	1616	1
339		1618	1
340		1620	1
341	上汽乘用车	1644	1
342		1648	3
343		1651	4
344		1653	4
345		1664	4
346		1685	10
347		1716	1
348		1719	17
349		1725	5
350		1810	1
351		1840	5
352	上汽乘用车 汇总		58
353	上汽大众	1589	2
354		1593	2
355		1599	4
356		1606	4
357		1614	2
358		1628	3
359		1632	4
360		1649	2
361		1673	7
362		1676	4
363		1677	4
364		1719	6
365		1773	16
366	上汽大众 汇总		60
367	上汽商用车	1736	9
368		1875	15
369	上汽商用车 汇总		24
370	上汽通用	1602	1
371		1607	1
372		1610	1
373		1616	3
374		1618	2
375		1625	2
376		1627	5
377		1631	2
378		1633	1
379		1634	2
380		1641	3
381		1642	1
382		1644	1
383		1653	2
384		1655	1
385		1664	1
386		1682	2
387		1684	3
388		1686	4
389		1688	5
390		1691	1
391		1693	1
392		1695	1
393		1727	2
394		1732	7
395		1736	2
396		1777	2
397		1780	2
398	上汽通用 汇总		61
399	上汽通用五菱	1600	4
400		1615	10
401		1625	8
402		1720	5
403		1750	8
404		1765	2
405		1775	1
406		1790	8
407	上汽通用五菱 汇总		46
408	神龙汽车	1545	2
409		1557	4
410		1615	1
411		1628	3
412		1650	5
413		1655	7
414		1662	4
415		1670	1
416		1705	5
417	神龙汽车 汇总		32
418	四川工业	1680	8
419		1715	1
420	四川工业 汇总		9
421	腾势汽车	1725	3
422	腾势汽车 汇总		3
423	天际汽车	1660	3
424	天际汽车 汇总		3
425	威马汽车	1672	10
426		1710	5
427	威马汽车 汇总		15
428	潍柴汽车	1691	2
429		1713	2
430	潍柴汽车 汇总		4
431	蔚来汽车	1714	1
432		1731	2
433		1756	3
434		1758	1
435	蔚来汽车 汇总		7
436	沃尔沃亚太	1652	4
437		1658	6
438	沃尔沃亚太 汇总		10
439	小鹏汽车	1610	3
440		1678	3
441	小鹏汽车 汇总		6
442	一汽大众	1548	3
443		1573	3
444		1582	5
445		1601	3
446		1616	8
447		1633	2
448		1644	2
449		1658	1
450		1659	11
451		1660	13
452		1662	2
453	一汽大众 汇总		53
454	一汽丰田	1565	4
455		1575	1
456		1680	8

序号	制造商	外廓高度	汇总
457	一汽丰田	1880	2
458		1890	4
459	一汽丰田 汇总		19
460	一汽吉林	1655	4
461		1674	1
462		1675	3
463	一汽吉林 汇总		8
464	一汽轿车	1524	1
465		1531	3
466		1599	3
467		1613	3
468		1615	5
469		1640	1
470		1680	6
471		1685	1
472		1695	3
473		1700	2
474		1756	2
475		1778	4
476	一汽轿车 汇总		34
477	云度汽车	1610	1
478		1621	1
479	云度汽车 汇总		2
480	长安标致雪铁龙	1626	4
481	长安标致雪铁龙汇总		4
482	长安福特	1504	2
483		1630	2
484		1647	2
485		1659	1
486		1685	1
487		1688	5
488		1701	2
489		1734	8
490		1759	10
491		1770	10
492		1778	12
493	长安福特 汇总		55
494	长安铃木	1585	2
495		1610	3
496	长安铃木 汇总		5
497	长安马自达	1545	4
498		1685	5
499		1733	5
500	长安马自达 汇总		14
501	长安汽车	1565	1
502		1590	2
503		1610	2
504		1630	3
505	长安汽车	1635	4
506		1660	7
507		1665	3
508		1670	3
509		1690	17
510		1695	1
511		1700	3
512		1705	6
513		1710	5
514		1715	2
515		1720	5
516		1750	4
517		1775	6
518		1790	2
519		1840	4
520	长安汽车 汇总		80
521	长城汽车	1567	1
522		1638	8
523		1655	2
524		1660	4
525		1672	3
526		1685	1
527		1690	5
528		1695	10
529	长城汽车	1700	10
530		1705	4
531		1710	16
532		1718	1
533		1720	9
534		1730	2
535		1775	3
536		1780	3
537		1785	1
538		1900	8
539	长城汽车 汇总		91
540	郑州日产	1835	3
541	郑州日产 汇总		3
542	中恒天汽车	1932	1
543	中恒天汽车 汇总		1
544	众泰汽车	1640	2
545		1695	2
546		1697	1
547		1755	1
548	众泰汽车 汇总		6
549	重庆力帆	1715	2
550		1730	3
551	重庆力帆 汇总		5
总计			1789

表 SB06　2020年运动型多用途乘用车（SUV）轴距数值汇总表

单位：mm

序号	制造商	轴距	汇总
1	爱驰汽车	2800	3
2	爱驰汽车 汇总		3
3	宝沃汽车	2560	1
4		2685	2
5		2760	7
6	宝沃汽车 汇总		10
7	北京奔驰	2729	3
8		2829	5
9		2873	3
10		2973	8
11	北京奔驰 汇总		19
12	北京汽车	2465	1
13		2570	9
14		2665	4
15		2730	1
16		2745	8
17		2800	10
18		3100	3
19	北京汽车 汇总		36
20	北京现代	2600	4
21		2610	3
22		2640	8
23		2670	3
24		2865	4
25	北京现代 汇总		22
26	北汽新能源	2519	3
27		2585	3
28		2665	1
29		2915	3
30	北汽新能源 汇总		10
31	北汽有限	2300	3
32		2400	2
33		2460	3
34		2500	1
35		2600	5
36		2800	3
37		3035	8
38	北汽有限 汇总		25
39	比亚迪汽车	2535	5
40		2660	8
41		2712	6
42		2765	2
43		2820	8
44	比亚迪汽车 汇总		29
45	大运汽车	2410	3
46	大运汽车 汇总		3
47	东风本田	2610	11
48		2660	14
49		2661	9
50		2820	10
51	东风本田 汇总		44
52	东风乘用车	2423	1
53		2580	1
54		2620	2
55		2680	4
56		2712	5
57		2715	4
58		2790	1
59	东风乘用车 汇总		18
60	东风风行	2720	14
61	东风风行	2750	10
62		2753	9
63	东风风行 汇总		33
64	东风雷诺	2423	2
65		2638	3
66		2645	7
67		2705	13
68	东风雷诺 汇总		25
69	东风日产	2423	1
70		2620	4
71		2630	9
72		2640	12
73		2646	7
74		2706	10
75		2756	6
76		2765	15
77		2830	4
78	东风日产 汇总		68
79	东风小康	2423	1
80		2655	2
81		2690	10
82		2780	13
83		2790	4
84		2810	2
85		2830	3
86	东风小康 汇总		35
87	东风英菲尼迪	2798	13
88	东风英菲尼迪 汇总		13
89	东风裕隆	2720	2
90	东风裕隆 汇总		2
91	东风悦达起亚	2570	2
92		2630	2
93		2640	3
94		2670	4
95		2700	4
96	东风悦达起亚 汇总		15
97	东南汽车	2610	5
98		2615	4
99		2700	5
100	东南汽车 汇总		14
101	枫盛汽车	2480	1
102	枫盛汽车 汇总		1
103	福建新龙马	2721	1
104	福建新龙马 汇总		1
105	观致汽车	2710	2
106		2720	2
107	观致汽车 汇总		4
108	广汽本田	2610	17
109		2660	16
110		2661	12
111		2750	6
112		2820	13
113	广汽本田 汇总		64
114	广汽乘用车	2560	12
115		2680	12
116		2710	4
117		2720	6
118		2800	10
119		2830	4
120		2920	3

序号	制造商	轴距	汇总
121	广汽乘用车 汇总		51
122	广汽菲克	2570	5
123		2636	8
124		2640	1
125		2705	2
126		2707	3
127		2720	1
128		2800	6
129	广汽菲克 汇总		26
130	广汽丰田	2640	5
131		2690	12
132		2790	5
133	广汽丰田 汇总		22
134	广汽三菱	2670	23
135	广汽三菱 汇总		23
136	广汽蔚来	2919	2
137	广汽蔚来 汇总		2
138	国机智骏	2650	2
139	国机智骏 汇总		2
140	海马汽车	2630	1
141		2700	6
142	海马汽车 汇总		7
143	汉龙汽车	2997	4
144	汉龙汽车 汇总		4
145	汉腾汽车	2600	9
146		2810	5
147	汉腾汽车 汇总		14
148	合众新能源	2370	6
149		2420	3
150		2770	4
151	合众新能源 汇总		13
152	河北中兴	2765	1
153	河北中兴 汇总		1
154	湖南恒润	2250	2
155	湖南恒润 汇总		2
156	华晨宝马	2670	6
157		2780	8
158		2864	6
159	华晨宝马 汇总		20
160	华晨汽车	2570	11
161		2725	2
162		2770	7
163		2780	1
164	华晨汽车 汇总		21
165	华晨鑫源	2725	2
166		2750	16
167	华晨鑫源 汇总		18
168	华泰汽车	2660	4
169	华泰汽车 汇总		4
170	吉利汽车	2480	3
171		2600	9
172		2640	9
173		2661	7
174		2668	3
175		2670	16
176		2700	25
177		2702	6
178		2734	10

序号	制造商	轴距	汇总
179	吉利汽车	2815	9
180	吉利汽车 汇总		97
181	江淮大众	2810	4
182		2830	11
183	江淮大众 汇总		15
184	江淮汽车	2560	1
185		2620	9
186		2750	5
187	江淮汽车 汇总		15
188	江铃福特	2716	6
189		2850	11
190	江铃福特 汇总		17
191	江铃汽车	2560	1
192		2750	14
193	江铃汽车 汇总		15
194	江西大乘	2680	4
195	江西大乘 汇总		4
196	江西五十铃	2845	13
197	江西五十铃 汇总		13
198	金康新能源	2655	1
199		2875	2
200	金康新能源 汇总		3
201	卡威汽车	2730	1
202	卡威汽车 汇总		1
203	雷丁汽车	2550	1
204	雷丁汽车 汇总		1
205	理想智造汽车	2935	1
206	理想智造汽车 汇总		1
207	猎豹汽车	2600	2
208		2700	2
209		2725	1
210	猎豹汽车 汇总		5
211	敏安汽车	2560	1
212		2705	1
213	敏安汽车 汇总		2
214	南海富迪	2790	1
215	南海富迪 汇总		1
216	南京金龙	2800	2
217	南京金龙 汇总		2
218	奇瑞捷豹路虎	2660	3
219		2681	4
220		2741	8
221	奇瑞捷豹路虎 汇总		15
222	奇瑞汽车	2510	2
223		2530	1
224		2555	4
225		2610	1
226		2630	9
227		2632	2
228		2670	9
229		2710	16
230		2715	2
231		2720	6
232		2745	32
233		2765	8
234		2800	6
235		2830	1
236		2850	28

序号	制造商	轴距	汇总
237	奇瑞汽车	2855	11
238		2900	2
239	奇瑞汽车 汇总		140
240	上汽乘用车	2585	9
241		2625	4
242		2700	13
243		2708	5
244		2720	14
245		2760	5
246		2800	2
247		2850	6
248	上汽乘用车 汇总		58
249	上汽大众	2610	6
250		2651	6
251		2680	4
252		2688	2
253		2791	20
254		2980	22
255	上汽大众 汇总		60
256	上汽商用车	2760	9
257		2950	15
258	上汽商用车 汇总		24
259	上汽通用	2570	9
260		2640	7
261		2675	1
262		2725	10
263		2750	3
264		2779	12
265		2857	4
266		2863	15
267	上汽通用 汇总		61
268	上汽通用五菱	2550	22
269		2700	5
270		2750	8
271		2800	8
272		2900	3
273	上汽通用五菱 汇总		46
274	神龙汽车	2612	2
275		2655	6
276		2730	13
277		2840	11
278	神龙汽车 汇总		32
279	四川工业	2550	8
280		2665	1
281	四川工业 汇总		9
282	腾势汽车	2820	3
283	腾势汽车 汇总		3
284	天际汽车	2830	3
285	天际汽车 汇总		3
286	威马汽车	2703	10
287		2715	5
288	威马汽车 汇总		15
289	潍柴汽车	2800	4
290	潍柴汽车 汇总		4
291	蔚来汽车	2900	4
292		3010	3
293	蔚来汽车 汇总		7
294	沃尔沃亚太	2702	4

序号	制造商	轴距	汇总
295	沃尔沃亚太	2865	6
296	沃尔沃亚太 汇总		10
297	小鹏汽车	2625	6
298	小鹏汽车 汇总		6
299	一汽大众	2628	3
300		2630	2
301		2651	3
302		2680	14
303		2730	7
304		2731	13
305		2908	11
306	一汽大众 汇总		53
307	一汽丰田	2640	5
308		2690	8
309		2790	6
310	一汽丰田 汇总		19
311	一汽吉林	2600	5
312		2700	3
313	一汽吉林 汇总		8
314	一汽轿车	2600	6
315		2675	2
316		2700	9
317		2750	6
318		2810	1
319		2870	4
320		3008	6
321	一汽轿车 汇总		34
322	云度汽车	2460	1
323		2602	1
324	云度汽车 汇总		2
325	长安标致雪铁龙	2740	4
326	长安标致雪铁龙汇总		4
327	长安福特	2530	3
328		2690	3
329		2705	2
330		2710	5
331		2711	2
332		2850	18
333		3025	22
334	长安福特 汇总		55
335	长安铃木	2500	3
336		2600	2
337	长安铃木 汇总		5
338	长安马自达	2653	4
339		2700	5
340		2930	5
341	长安马自达 汇总		14
342	长安汽车	2520	5
343		2560	7
344		2600	7
345		2650	17
346		2700	9
347		2705	3
348		2710	11
349		2750	4
350		2780	5
351		2800	10
352		2810	2

序号	制造商	轴距	汇总
353	长安汽车 汇总		80
354	长城汽车	2560	8
355		2650	1
356		2660	11
357		2680	29
358		2700	4
359		2720	10
360	长城汽车	2725	9
361		2738	5
362		2800	8
363		2850	1
364		2950	5
365	长城汽车 汇总		91
366	郑州日产	2850	3
367	郑州日产 汇总		3
368	中恒天汽车	2950	1
369	中恒天汽车 汇总		1
370	众泰汽车	2610	2
371		2700	2
372		2850	2
373	众泰汽车 汇总		6
374	重庆力帆	2610	2
375		2720	3
376	重庆力帆 汇总		5
	总计		1789

表 SB07　2020 年运动型多用途乘用车（SUV）前轮距数值汇总表

单位：mm

序号	制造商	前轮距	汇总
1	爱驰汽车	1592	3
2	爱驰汽车 汇总		3
3	宝沃汽车	1560	1
4		1609	4
5		1610	5
6	宝沃汽车 汇总		10
7	北京奔驰	1590	8
8		1614	2
9		1618	6
10		1630	3
11	北京奔驰 汇总		19
12	北京汽车	1530	1
13		1557	9
14		1562	4
15		1590	3
16		1610	8
17		1620	7
18		1644	1
19		1685	3
20	北京汽车 汇总		36
21	北京现代	1549	3
22		1559	2
23		1563	1
24		1575	1
25		1602	6
26		1608	5
27		1638	4
28	北京现代 汇总		22
29	北汽新能源	1467	3
30		1515	3
31		1562	1
32		1660	3
33	北汽新能源 汇总		10
34	北汽有限	1510	5
35		1530	3
36		1540	16
37		1680	1
38	北汽有限 汇总		25
39	比亚迪汽车	1525	5
40		1560	8
41		1565	6
42		1630	2
43		1650	8
44	比亚迪汽车 汇总		29
45	大运汽车	1421	3
46	大运汽车 汇总		3
47	东风本田	1535	11
48		1598	9
49		1601	14
50		1652	10
51	东风本田 汇总		44
52	东风乘用车	1380	1
53		1470	2
54		1490	1
55		1565	4
56		1580	1
57		1585	9
58	东风乘用车 汇总		18
59	东风风行	1540	24
60		1575	9
61	东风风行 汇总		33
62	东风雷诺	1380	2
63		1562	3
64		1585	1
65		1586	6
66		1596	4
67		1597	9
68	东风雷诺 汇总		25
69	东风日产	1380	1
70		1520	4
71		1540	6
72		1550	3
73		1565	12
74		1575	9
75		1585	8
76		1600	1
77		1610	14
78		1633	1
79		1640	4
80		1643	5
81	东风日产 汇总		68
82	东风小康	1380	1
83		1540	10
84		1570	13
85		1580	6
86		1595	3
87		1635	2
88	东风小康 汇总		35
89	东风英菲尼迪	1625	5
90		1635	8
91	东风英菲尼迪 汇总		13
92	东风裕隆	1565	2
93	东风裕隆 汇总		2
94	东风悦达起亚	1516	2
95		1560	2
96		1602	3
97		1613	2
98		1625	2
99		1628	3
100		1633	1
101	东风悦达起亚 汇总		15
102	东南汽车	1585	9
103		1601	5
104	东南汽车 汇总		14
105	枫盛汽车	1468	1
106	枫盛汽车 汇总		1
107	福建新龙马	1436	1
108	福建新龙马 汇总		1
109	观致汽车	1619	2
110		1625	2
111	观致汽车 汇总		4
112	广汽本田	1535	17
113		1555	15
114		1598	1
115		1601	12
116		1632	6
117		1652	13
118	广汽本田 汇总		64
119	广汽乘用车	1554	12
120		1584	11
121		1588	1
122		1607	4
123		1630	20
124	广汽乘用车	1650	3
125	广汽乘用车 汇总		51
126	广汽菲克	1540	5
127		1544	8
128		1586	3
129		1601	9
130		1614	1
131	广汽菲克 汇总		26
132	广汽丰田	1550	5
133		1595	5
134		1605	7
135		1635	5
136	广汽丰田 汇总		22
137	广汽三菱	1525	3
138		1540	7
139	广汽三菱	1545	13
140	广汽三菱 汇总		23
141	广汽蔚来	1650	2
142	广汽蔚来 汇总		2
143	国机智骏	1556	2
144	国机智骏 汇总		2
145	海马汽车	1540	1
146		1590	6
147	海马汽车 汇总		7
148	汉龙汽车	1691	4
149	汉龙汽车 汇总		4
150	汉腾汽车	1560	9
151		1611	5
152	汉腾汽车 汇总		14
153	合众新能源	1398	6
154		1440	3
155		1580	4
156	合众新能源 汇总		13
157	河北中兴	1512	1
158	河北中兴 汇总		1
159	湖南恒润	1360	2
160	湖南恒润 汇总		2
161	华晨宝马	1561	1
162		1563	1
163		1571	6
164		1573	6
165		1600	1
166		1610	4
167		1616	1
168	华晨宝马 汇总		20
169	华晨汽车	1540	11
170		1544	1
171		1645	9
172	华晨汽车 汇总		21
173	华晨鑫源	1495	2
174		1545	4
175		1575	8
176		1580	4
177	华晨鑫源 汇总		18
178	华泰汽车	1585	4
179	华泰汽车 汇总		4
180	吉利汽车	1468	3
181		1506	3
182		1546	7
183		1551	2
184		1552	3

序号	制造商	前轮距	汇总
185	吉利汽车	1553	6
186		1556	13
187		1560	23
188		1561	3
189		1591	6
190		1592	6
191		1598	4
192		1600	9
193		1603	9
194	吉利汽车 汇总		97
195	江淮大众	1575	15
196	江淮大众 汇总		15
197	江淮汽车	1470	1
198		1510	9
199		1615	5
200	江淮汽车 汇总		15
201	江铃福特	1560	11
202		1630	6
203	江铃福特 汇总		17
204	江铃汽车	1560	1
205		1570	13
206		1590	1
207	江铃汽车 汇总		15
208	江西大乘	1553	1
209		1558	3
210	江西大乘 汇总		4
211	江西五十铃	1570	13
212	江西五十铃 汇总		13
213	金康新能源	1580	1
214		1655	2
215	金康新能源 汇总		3
216	卡威汽车	1600	1
217	卡威汽车 汇总		1
218	雷丁汽车	1554	1
219	雷丁汽车 汇总		1
220	理想智造汽车	1652	1
221	理想智造汽车 汇总		1
222	猎豹汽车	1470	1
223		1577	2
224		1625	1
225		1635	1
226	猎豹汽车 汇总		5
227	敏安汽车	1560	1
228		1591	1
229	敏安汽车 汇总		2
230	南海富迪	1580	1
231	南海富迪 汇总		1
232	南京金龙	1625	2
233	南京金龙 汇总		2
234	奇瑞捷豹路虎	1621	3
235		1625	5
236		1626	2
237		1635	1
238		1636	4
239	奇瑞捷豹路虎 汇总		15
240	奇瑞汽车	1495	4
241		1500	2
242		1512	8
243		1537	1
244		1550	12
245		1551	2
246		1556	4
247		1570	3
248		1582	16
249		1600	53
250		1608	24
251		1616	10
252		1620	1
253	奇瑞汽车 汇总		140
254	上汽乘用车	1526	13
255		1570	6
256		1573	1
257		1574	36
258		1614	2
259	上汽乘用车 汇总		58
260	上汽大众	1522	6
261		1533	6
262		1572	2
263		1576	4
264		1582	16
265		1586	4
266		1704	22
267	上汽大众 汇总		60
268	上汽商用车	1570	9
269		1600	15
270	上汽商用车 汇总		24
271	上汽通用	1514	1
272		1547	7
273		1550	7
274		1553	2
275		1573	3
276		1574	1
277		1576	1
278		1581	6
279		1584	2
280		1601	4
281		1610	8
282		1645	4
283		1676	1
284		1687	14
285	上汽通用 汇总		61
286	上汽通用五菱	1450	8
287		1490	20
288		1502	2
289		1554	8
290		1606	5
291		1694	3
292	上汽通用五菱 汇总		46
293	神龙汽车	1507	2
294		1509	4
295	神龙汽车	1549	2
296		1579	18
297		1587	6
298	神龙汽车 汇总		32
299	四川工业	1554	8
300		1560	1
301	四川工业 汇总		9
302	腾势汽车	1650	3
303	腾势汽车 汇总		3
304	天际汽车	1672	3
305	天际汽车 汇总		3
306	威马汽车	1563	15
307	威马汽车 汇总		15
308	潍柴汽车	1580	4
309	潍柴汽车 汇总		4
310	蔚来汽车	1668	7
311	蔚来汽车 汇总		7
312	沃尔沃亚太	1601	4
313		1653	6
314	沃尔沃亚太 汇总		10
315	小鹏汽车	1546	6
316	小鹏汽车 汇总		6
317	一汽大众	1526	3
318		1542	5
319		1543	3
320		1572	6
321		1576	16
322		1578	9
323		1616	11
324	一汽大众 汇总		53
325	一汽丰田	1550	5
326	一汽丰田	1585	6
327		1597	2
328		1607	6
329	一汽丰田 汇总		19
330	一汽吉林	1535	5
331		1560	3
332	一汽吉林 汇总		8
333	一汽轿车	1535	4
334		1542	2
335		1575	5
336		1580	2
337		1585	6
338		1586	1
339		1587	3
340		1615	1
341		1630	2
342		1640	2
343		1690	6
344	一汽轿车 汇总		34
345	云度汽车	1465	1
346		1475	1
347	云度汽车 汇总		2
348	长安标致雪铁龙	1621	4
349	长安标致雪铁龙 汇总		4
350	长安福特	1555	3
351		1563	3
352		1582	2
353		1597	5
354		1622	2
355		1648	18
356		1703	12
357		1708	10
358	长安福特 汇总		55
359	长安铃木	1535	5
360	长安铃木 汇总		5
361	长安马自达	1564	4
362		1596	10
363	长安马自达 汇总		14
364	长安汽车	1465	4
365		1470	5
366		1560	7
367		1565	12
368		1570	7
369		1580	2
370		1582	5
371		1585	8
372		1590	4
373		1595	13
374		1600	11
375		1625	2
376	长安汽车 汇总		80
377	长城汽车	1480	1
378		1522	4
379		1525	8
380		1565	22
381		1568	11
382		1580	2
383		1585	18
384		1590	6
385		1610	8
386		1631	5
387		1635	1
388		1655	5
389	长城汽车 汇总		91
390	郑州日产	1570	3
391	郑州日产 汇总		3
392	中恒天汽车	1710	1
393	中恒天汽车 汇总		1
394	众泰汽车	1560	2
395		1561	2
396		1641	2
397	众泰汽车 汇总		6
398	重庆力帆	1470	3
399		1545	2
400	重庆力帆 汇总		5
总计			1789

表 SB08　2020 年运动型多用途乘用车（SUV）后轮距数值汇总表

单位：mm

序号	制造商	后轮距	汇总
1	爱驰汽车	1590	3
2	爱驰汽车 汇总		3
3	宝沃汽车	1563	1
4		1609	4
5		1610	5
6	宝沃汽车 汇总		10
7	北京奔驰	1589	5
8		1592	3
9		1611	2
10		1615	6
11		1621	2
12		1629	1
13	北京奔驰 汇总		19
14	北京汽车	1530	1
15		1552	4
16		1561	9
17		1610	8
18		1616	3
19		1620	7
20		1656	1
21		1704	3
22	北京汽车 汇总		36
23	北京现代	1562	3
24		1568	2
25		1575	1
26		1584	1
27		1602	6
28		1608	2
29		1620	3
30		1647	4
31	北京现代 汇总		22
32	北汽新能源	1453	3
33		1510	3
34		1552	1
35		1640	3
36	北汽新能源 汇总		10
37	北汽有限	1500	5
38		1530	3
39		1540	16
40		1680	1
41	北汽有限 汇总		25
42	比亚迪汽车	1535	5
43		1560	8
44		1565	6
45	比亚迪汽车	1630	10
46	比亚迪汽车 汇总		29
47	大运汽车	1418	3
48	大运汽车 汇总		3
49	东风本田	1540	11
50		1613	9
51		1617	14
52		1671	10
53	东风本田 汇总		44
54	东风乘用车	1365	1
55		1490	2
56		1510	1
57	东风乘用车	1565	4
58		1580	1
59		1585	9
60	东风乘用车 汇总		18
61	东风风行	1545	24
62		1575	9
63	东风风行 汇总		33
64	东风雷诺	1365	2
65		1559	3
66		1575	4
67		1580	2
68		1582	1
69		1586	4
70		1589	9
71	东风雷诺 汇总		25
72	东风日产	1365	1
73		1535	4
74		1545	6
75		1555	3
76		1565	12
77		1570	9
78		1580	1
79		1581	7
80		1605	1
81		1615	14
82		1630	1
83		1640	5
84		1644	4
85	东风日产 汇总		68
86	东风小康	1365	1
87		1530	10
88		1560	3
89		1570	4
90		1572	10
91		1582	2
92		1590	3
93		1630	2
94	东风小康 汇总		35
95	东风英菲尼迪	1620	5
96		1630	8
97	东风英菲尼迪 汇总		13
98	东风裕隆	1578	2
99	东风裕隆 汇总		2
100	东风悦达起亚	1526	2
101		1583	2
102		1602	3
103		1625	2
104		1636	2
105		1639	3
106		1644	1
107	东风悦达起亚 汇总		15
108	东南汽车	1586	9
109		1602	5
110	东南汽车 汇总		14
111	枫盛汽车	1492	1
112	枫盛汽车 汇总		1
113	福建新龙马	1450	1
114	福建新龙马 汇总		1
115	观致汽车	1607	2
116		1637	2
117	观致汽车 汇总		4
118	广汽本田	1540	17
119		1567	15
120		1613	1
121		1617	12
122		1643	6
123		1671	13
124	广汽本田 汇总		64
125	广汽乘用车	1550	12
126		1570	11
127		1591	1
128		1619	4
129		1632	16
130		1645	4
131		1660	3
132	广汽乘用车 汇总		51
133	广汽菲克	1540	5
134		1544	8
135		1584	3
136		1610	6
137		1612	3
138		1618	1
139	广汽菲克 汇总		26
140	广汽丰田	1550	5
141		1610	5
142		1620	7
143		1630	5
144	广汽丰田 汇总		22
145	广汽三菱	1525	1
146		1530	2
147		1540	7
148		1545	13
149	广汽三菱 汇总		23
150	广汽蔚来	1660	2
151	广汽蔚来 汇总		2
152	国机智骏	1562	2
153	国机智骏 汇总		2
154	海马汽车	1545	1
155		1590	6
156	海马汽车 汇总		7
157	汉龙汽车	1683	4
158	汉龙汽车 汇总		4
159	汉腾汽车	1558	9
160		1612	5
161	汉腾汽车 汇总		14
162	合众新能源	1373	6
163		1415	3
164		1580	4
165	合众新能源 汇总		13
166	河北中兴	1532	1
167	河北中兴 汇总		1
168	湖南恒润	1370	2
169	湖南恒润 汇总		2
170	华晨宝马	1562	1
171		1564	1
172		1572	12
173		1594	4
174		1616	1
175		1632	1
176	华晨宝马 汇总		20
177	华晨汽车	1530	11
178		1565	1
179		1667	9
180	华晨汽车 汇总		21
181	华晨鑫源	1520	2
182		1550	4
183		1560	4
184		1575	8
185	华晨鑫源 汇总		18
186	华泰汽车	1586	4
187	华泰汽车 汇总		4
188	吉利汽车	1492	3
189		1508	3
190		1550	16
191		1557	7
192		1560	10
193		1562	15
194		1566	3
195		1568	6
196		1597	6
197		1600	9
198		1616	6
199		1618	9
200		1623	4
201	吉利汽车 汇总		97
202	江淮大众	1590	15
203	江淮大众 汇总		15
204	江淮汽车	1480	1
205		1500	9
206		1615	5
207	江淮汽车 汇总		15
208	江铃福特	1564	11
209		1630	6
210	江铃福特 汇总		17
211	江铃汽车	1560	1
212		1570	13
213		1590	1
214	江铃汽车 汇总		15
215	江西大乘	1549	3
216		1551	1
217	江西大乘 汇总		4
218	江西五十铃	1570	13
219	江西五十铃 汇总		13
220	金康新能源	1589	1
221		1650	2
222	金康新能源 汇总		3
223	卡威汽车	1540	1
224	卡威汽车 汇总		1

序号	制造商	后轮距	汇总
225	雷丁汽车	1546	1
226	雷丁汽车 汇总		1
227	理想智造汽车	1672	1
228	理想智造汽车 汇总		1
229	猎豹汽车	1490	1
230		1571	2
231		1625	1
232		1635	1
233	猎豹汽车 汇总		5
234	敏安汽车	1560	1
235		1586	1
236	敏安汽车 汇总		2
237	南海富迪	1580	1
238	南海富迪 汇总		1
239	南京金龙	1625	2
240	南京金龙 汇总		2
241	奇瑞捷豹路虎	1624	2
242		1629	1
243		1630	5
244		1632	2
245		1634	1
246		1642	4
247	奇瑞捷豹路虎 汇总		15
248	奇瑞汽车	1484	4
249		1495	2
250		1520	1
251		1530	1
252		1532	8
253		1550	11
254		1558	4
255		1563	2
256		1570	3
257		1593	8
258		1595	42
259		1603	17
260		1604	16
261		1605	11
262		1620	1
263		1623	9
264	奇瑞汽车 汇总		140
265	上汽乘用车	1536	11
266		1539	2
267		1582	1
268		1593	36
269		1600	6
270		1625	2
271	上汽乘用车 汇总		58
272	上汽大众	1512	6
273	上汽大众	1534	6
274		1537	2
275		1541	4
276		1572	16
277		1576	4
278		1721	22
279	上汽大众 汇总		60
280	上汽商用车	1580	9
281		1620	15
282	上汽商用车 汇总		24
283	上汽通用	1526	1
284		1551	7
285		1557	2
286		1570	7
287		1578	1
288		1585	3
289		1588	3
290		1589	6
291		1610	4
292		1613	8
293		1645	4
294		1673	1
295		1683	9
296		1684	5
297	上汽通用 汇总		61
298	上汽通用五菱	1465	1
299		1475	7
300		1496	20
301		1508	2
302		1549	8
303		1606	5
304		1720	3
305	上汽通用五菱 汇总		46
306	神龙汽车	1486	4
307		1488	2
308		1547	2
309		1587	7
310		1608	11
311		1621	6
312	神龙汽车 汇总		32
313	四川工业	1546	8
314		1560	1
315	四川工业 汇总		9
316	腾势汽车	1630	3
317	腾势汽车 汇总		3
318	天际汽车	1702	3
319	天际汽车 汇总		3
320	威马汽车	1558	15
321	威马汽车 汇总		15
322	潍柴汽车	1582	4
323	潍柴汽车 汇总		4
324	蔚来汽车	1672	7
325	蔚来汽车 汇总		7
326	沃尔沃亚太	1626	4
327		1657	6
328	沃尔沃亚太 汇总		10
329	小鹏汽车	1551	6
330	小鹏汽车 汇总		6
331	一汽大众	1504	3
332		1543	5
333		1544	6
334		1546	3
335		1565	3
336		1566	13
337		1570	9
338		1610	11
339	一汽大众 汇总		53
340	一汽丰田	1550	5
341		1585	6
342		1611	2
343		1621	6
344	一汽丰田 汇总		19
345	一汽吉林	1535	5
346		1550	3
347	一汽吉林 汇总		8
348	一汽轿车	1535	4
349		1542	2
350		1565	5
351		1580	2
352		1584	4
353		1585	6
354		1615	1
355		1630	2
356		1640	2
357		1690	6
358	一汽轿车 汇总		34
359	云度汽车	1448	1
360		1458	1
361	云度汽车 汇总		2
362	长安标致雪铁龙	1598	4
363	长安标致雪铁龙汇总		4
364	长安福特	1560	3
365		1565	3
366		1575	2
367		1588	5
368		1642	2
369	长安福特	1648	18
370		1705	12
371		1716	10
372	长安福特 汇总		55
373	长安铃木	1505	5
374	长安铃木 汇总		5
375	长安马自达	1563	4
376		1596	5
377		1599	5
378	长安马自达 汇总		14
379	长安汽车	1470	5
380		1485	4
381		1560	7
382		1565	12
383		1570	7
384		1582	5
385		1585	8
386		1595	6
387		1600	21
388		1610	3
389		1625	2
390	长安汽车 汇总		80
391	长城汽车	1470	1
392		1520	8
393		1530	4
394		1565	33
395		1577	2
396		1585	18
397		1586	1
398		1587	6
399		1606	5
400		1610	8
401		1640	5
402	长城汽车 汇总		91
403	郑州日产	1570	3
404	郑州日产 汇总		3
405	中恒天汽车	1696	1
406	中恒天汽车 汇总		1
407	众泰汽车	1558	2
408		1559	2
409		1642	2
410	众泰汽车 汇总		6
411	重庆力帆	1490	3
412		1525	2
413	重庆力帆 汇总		5
	总计		1789

通过对 2020 年 SUV 乘用车 85 家 1789 车型派系数据分析，自主品牌车型有 1104 款，位居第一。制造厂家中奇瑞车型有 140 个，位居第一。详细数据见表 SH01 2020 年运动型多用途乘用车（SUV）制造商派系数量表。

表 SH01　2020 年运动型多用途乘用车（SUV）制造商派系数量表

序号	制造商	韩系	美系	欧系	日系	自主	合计	占比
	总计	37	158	247	243	1104	1789	100.0%
1	奇瑞汽车					140	140	7.8%
2	吉利汽车					97	97	5.4%
3	长城汽车					91	91	5.1%
4	长安汽车					80	80	4.5%
5	东风日产				25	43	68	3.8%
6	广汽本田				60	4	64	3.6%
7	上汽通用		61				61	3.4%
8	上汽大众			60			60	3.4%
9	上汽乘用车					58	58	3.2%
10	长安福特		55				55	3.1%
11	一汽大众			53			53	3.0%
12	广汽乘用车					51	51	2.9%
13	上汽通用五菱					46	46	2.6%
14	东风本田				42	2	44	2.5%
15	北京汽车					36	36	2.0%
16	东风小康					35	35	2.0%
17	一汽轿车				4	30	34	1.9%
18	东风风行					33	33	1.8%
19	神龙汽车			32			32	1.8%
20	比亚迪汽车					29	29	1.6%
21	广汽菲克		25			1	26	1.5%
22	北汽有限					25	25	1.4%
23	东风雷诺			25			25	1.4%
24	上汽商用车					24	24	1.3%
25	广汽三菱				23		23	1.3%
26	北京现代	22					22	1.2%
27	广汽丰田				22		22	1.2%
28	华晨汽车					21	21	1.2%
29	华晨宝马			19		1	20	1.1%
30	北京奔驰			19			19	1.1%
31	一汽丰田				19		19	1.1%
32	东风乘用车					18	18	1.0%
33	华晨鑫源					18	18	1.0%
34	江铃福特		17				17	1.0%
35	东风悦达起亚	15					15	0.8%
36	江淮大众					15	15	0.8%
37	江淮汽车					15	15	0.8%
38	江铃汽车					15	15	0.8%
39	奇瑞捷豹路虎			15			15	0.8%
40	威马汽车					15	15	0.8%
41	东南汽车					14	14	0.8%
42	汉腾汽车					14	14	0.8%
43	长安马自达				14		14	0.8%
44	东风英菲尼迪				13		13	0.7%
45	合众新能源					13	13	0.7%
46	江西五十铃				13		13	0.7%
47	宝沃汽车			10			10	0.6%
48	北汽新能源					10	10	0.6%
49	沃尔沃亚太			10			10	0.6%
50	四川工业					9	9	0.5%
51	一汽吉林					8	8	0.4%
52	海马汽车					7	7	0.4%
53	蔚来汽车					7	7	0.4%
54	小鹏汽车					6	6	0.3%
55	众泰汽车					6	6	0.3%
56	猎豹汽车					5	5	0.3%
57	长安铃木				5		5	0.3%
58	重庆力帆					5	5	0.3%
59	观致汽车					4	4	0.2%
60	汉龙汽车					4	4	0.2%
61	华泰汽车					4	4	0.2%
62	江西大乘					4	4	0.2%
63	潍柴汽车					4	4	0.2%
64	长安标致雪铁龙			4			4	0.2%
65	爱驰汽车					3	3	0.2%
66	大运汽车					3	3	0.2%
67	金康新能源					3	3	0.2%
68	腾势汽车					3	3	0.2%
69	天际汽车					3	3	0.2%
70	郑州日产				3		3	0.2%
71	东风裕隆					2	2	0.1%
72	广汽蔚来					2	2	0.1%
73	国机智骏					2	2	0.1%
74	湖南恒润					2	2	0.1%
75	敏安汽车					2	2	0.1%
76	南京金龙					2	2	0.1%
77	云度汽车					2	2	0.1%
78	枫盛汽车					1	1	0.1%
79	福建新龙马					1	1	0.1%
80	河北中兴					1	1	0.1%
81	卡威汽车					1	1	0.1%
82	雷丁汽车					1	1	0.1%
83	理想智造汽车					1	1	0.1%
84	南海富迪					1	1	0.1%
85	中恒天汽车					1	1	0.1%

通过对 2020 年 SUV 乘用车 85 家 1789 车型按照排量数据分析，排量共计有 26 个外加纯电车类，纯电车有 169 个车型，占比为 9.4%。排量为 1.5T 有 540 个车型，占比为 30.2%，位居第一。详细数据见表 SH02 2020 年运动型多用途乘用车（SUV）发动机排量数值表。

表 SH02　2020 年运动型多用途乘用车（SUV）发动机排量数值表

序号	排量	韩系	美系	欧系	日系	自主	合计	占比
1	1.0T		5			4	9	0.5%
2	1.2T			8		10	18	1.0%
3	1.3T		27	11		7	45	2.5%
4	1.4L	2					2	0.1%
5	1.4T	5		34	2	21	62	3.5%
6	1.5L	5	3	10	17	86	121	6.8%
7	1.5T		15	6	61	458	540	30.2%
8	1.6L			1	5	54	60	3.4%
9	1.6T	9		19		70	98	5.5%
10	1.8L					16	16	0.9%
11	1.8T			9		28	37	2.1%
12	1.9T				9	2	11	0.6%
13	2.0L	9	3	12	65	27	116	6.5%
14	2.0T	6	72	109	35	136	358	20.0%
15	2.2T		1				1	0.1%
16	2.3T		18			8	26	1.5%
17	2.4L				4	1	5	0.3%
18	2.4T					16	16	0.9%
19	2.5L			8	28		36	2.0%
20	2.5T			8	2	1	11	0.6%
21	2.7T		1				1	0.1%
22	2.8T					1	1	0.1%
23	3.0T		10		4	8	22	1.2%
24	3.5L				6		6	0.3%
25	4.0T					1	1	0.1%
26	4.6L					1	1	0.1%
27	纯电	1	3	12	5	148	169	9.4%
总计		37	158	247	243	1104	1789	100.0%

表 SX01　2020 年运动型多用途乘用车（SUV）车型与外廓尺寸参数一览表

单位：mm

序号	制造商	车型	排量	外廓长度	外廓宽度	外廓高度	汇总
1	爱驰汽车	爱驰 U5	纯电	4680	1865	1700	3
2	宝沃汽车	宝沃 BX3	1.4T	4410	1830	1670	1
3		宝沃 BX5	1.4T	4490	1877	1675	2
4		宝沃 BX7	2.0T	4715	1911	1690	5
5		宝沃 BXi7	纯电	4713	1923	1690	2
6	北京奔驰	GLA180	1.3T	4427	1834	1610	1
7		GLA200	1.3T	4417	1834	1610	1
8				4427	1834	1615	1
9		GLB180	1.3T	4638	1834	1687	1
10						1692	1
11		GLB200	1.3T	4638	1834	1687	1
12						1700	2
13		GLC260L	2.0T	4764	1898	1642	5
14		GLC300L	2.0T	4764	1898	1642	3
15		奔驰 EQC	纯电	4774	1890	1622	1
16						1625	1
17					1923	1622	1
18	北京汽车	B40L	2.0T	4630	1925	1871	1
19				4645	1925	1871	3
20			2.3T	4630	1843	1861	1
21				4645	1925	1871	2
22		BJ40	2.0T	4350	1925	1865	1
23		BJ40C	2.0T	4630	1925	1871	1
24		BJ40S	2.3T	4793	2030	1935	1
25		BJ80C	2.0T	4765	1975	2005	1
26			2.3T	4765	1890	2005	1
27					1955	2005	1
28					1975	2005	2
29			3.0T	4765	1955	1985	1
30					1975	1985	1
31		BJ90	3.0T	5171	1995	1902	2
32			4.0T	5171	1995	1902	1
33		北京 X7	1.5T	4710	1892	1715	3
34		智达 X3	1.5L	4300	1815	1640	2
35					1830	1640	2
36				4325	1830	1640	3
37			1.5T	4325	1830	1640	2
38		智行 X5	1.5T	4480	1837	1680	4
39	北京现代	全新途胜	1.6T	4545	1850	1670	3
40		现代 ENCINO	1.6T	4195	1800	1550	1
41						1575	2
42			纯电	4195	1800	1580	1
43		现代 ix25	1.5L	4300	1790	1620	1
44						1635	2
45		现代 ix35	1.4T	4435	1850	1680	2
46						1715	2
47			2.0L	4435	1850	1680	2
48						1715	2
49		新胜达	2.0T	4930	1910	1720	4
50	北汽新能源	ARCFOX αT	纯电	4788	1940	1683	3
51		EC5	纯电	4122	1750	1583	1
52		ET3	纯电	4122	1750	1545	1
53						1583	1
54		EX 系列	纯电	4200	1780	1638	3
55				4480	1837	1673	1
56	北汽有限	BJ212	1.5T	4245	1830	1910	2
57	北汽有限	BJ212	2.4T	4245	1830	1910	1
58		勇士	2.0T	5030	1840	2130	1
59					1960	2130	1
60			2.4T	4300	1825	2100	1
61					1925	2100	1
62				4450	1995	1910	1
63				4490	1825	1950	1
64					1925	1950	1
65						2156	1
66				4710	1825	2120	1
67					1925	2120	1
68						2304	1
69				4850	1820	2130	1
70				5110	1840	2130	1
71						2314	1
72						2510	1
73				5230	1930	2130	1
74						2314	1
75			2.5T	4490	1825	1950	1
76		战旗	1.5T	4080	1840	1870	2
77				4340	1828	1870	1
78			2.8T	4080	1840	1870	1
79	比亚迪汽车	比亚迪 S2	纯电	4100	1785	1680	1
80		比亚迪宋	1.5T	4600	1830	1675	4
81						1700	3
82					1870	1700	1
83				4650	1860	1700	1
84		比亚迪宋 LUS	1.5T	4705	1890	1680	1
85			纯电	4705	1890	1680	1
86		比亚迪宋 ro	1.5T	4650	1860	1700	1
87		比亚迪宋 ro BEV	纯电	4650	1860	1700	2
88		比亚迪宋 ro DM	1.5T	4650	1860	1700	2
89		比亚迪唐	2.0T	4870	1940	1720	1
90		比亚迪唐 BEV	纯电	4870	1950	1725	3
91		比亚迪唐 HEV	2.0T	4870	1950	1725	4
92		比亚迪元	纯电	4100	1785	1680	1
93				4360	1785	1680	3
94	大运汽车	悦虎 ES3	纯电	3695	1685	1595	3
95	东风本田	CR-V	1.5T	4585	1855	1679	3
96						1689	2
97				4621	1855	1679	4
98						1689	4
99			2.0L	4585	1855	1679	2
100				4621	1855	1679	5
101						1689	3
102		UR-V	1.5T	4825	1942	1670	3
103				4856	1942	1670	2
104			2.0T	4825	1942	1670	1
105						1675	1
106				4856	1942	1670	1
107						1675	2
108		XR-V	1.5L	4328	1772	1610	6
109			1.5T	4328	1772	1610	3
110	东风本田	思铭 X-NV	纯电	4280	1772	1625	2
111	东风乘用车	风神 AX3	1.6L	4520	1740	1562	2
112		风神 AX4	1.0T	4200	1780	1622	1

序号	制造商	车型	排量	外廓长度	外廓宽度	外廓高度	汇总
113	东风乘用车	风神 AX7	1.4T	4696	1850	1712	2
114			1.5T	4645	1880	1670	1
115				4696	1850	1712	1
116			1.6T	4645	1880	1690	2
117				4650	1880	1690	1
118				4696	1850	1712	2
119		风神 EX1	纯电	3732	1579	1515	1
120		奕炫 GS	1.0T	4610	1830	1600	1
121				4620	1830	1600	1
122			1.5T	4610	1830	1600	1
123				4620	1830	1600	1
124		御风 S16	1.9T	4771	1870	1828	1
125	东风风行	风行 SX6	1.6L	4660	1810	1790	1
126				4720	1825	1770	2
127						1790	1
128		风行 T5	1.5T	4460	1820	1720	2
129				4550	1825	1725	2
130			1.6L	4460	1820	1720	2
131						1750	1
132			1.6T	4550	1825	1725	1
133			1.8T	4550	1825	1725	1
134		风行 T5L	1.5T	4780	1872	1760	3
135			1.8T	4780	1872	1760	2
136						1775	1
137		风行 T7	1.6T	4760	1865	1760	1
138				4780	1872	1760	1
139		景逸 X6	1.5T	4660	1810	1790	1
140					1825	1790	1
141				4720	1825	1790	4
142		景逸 X7	1.5T	4760	1865	1760	1
143		新景逸 X5	1.5T	4515	1812	1725	1
144			1.6L	4515	1812	1725	2
145			2.0L	4515	1812	1725	2
146	东风雷诺	e 诺	纯电	3735	1579	1484	1
147						1515	1
148		科雷傲	2.0L	4672	1843	1678	1
149						1685	2
150						1717	2
151			2.5L	4672	1843	1678	3
152						1717	5
153		科雷缤	1.3T	4263	1797	1593	3
154		科雷嘉	2.0L	4503	1836	1616	1
155				4508	1836	1629	4
156						1636	2
157	东风日产	劲客	1.5L	4295	1760	1588	3
158				4313	1760	1588	1
159		启辰 E30	纯电	3732	1579	1515	1
160		启辰 T60	1.6L	4412	1820	1679	11
161		启辰 T60EV	纯电	4415	1820	1668	1
162		启辰 T90	1.4T	4793	1865	1571	1
163						1586	1
164			1.5T	4805	1865	1577	2
165						1582	1
166						1585	2
167			2.0L	4793	1865	1571	1
168						1586	1
169						1592	2
170				4805	1865	1573	2

序号	制造商	车型	排量	外廓长度	外廓宽度	外廓高度	汇总
171	东风日产	启辰 T90				1585	1
172						1591	1
173		启辰星	1.5T	4691	1905	1694	2
174						1706	4
175		逍客	2.0L	4384	1837	1612	1
176				4401	1837	1593	4
177						1611	2
178		新楼兰	2.5L	4897	1908	1691	2
179			2.5T	4897	1908	1691	2
180		新奇骏	2.0L	4675	1820	1722	5
181			2.5L	4675	1820	1722	4
182					1830	1724	1
183		新启辰 T70	1.4T	4630	1845	1653	1
184			1.6L	4614	1786	1625	1
185			2.0L	4614	1786	1653	3
186				4630	1845	1653	4
187	东风小康	风光 500	1.5L	4385	1850	1645	1
188		风光 580	1.5T	4680	1845	1715	3
189				4700	1845	1715	2
190				4715	1845	1715	3
191			1.8L	4680	1845	1715	3
192				4700	1845	1715	2
193		风光 E1	纯电	3699	1579	1515	1
194		风光 E3	纯电	4385	1850	1650	1
195		风光 ix5	1.5T	4685	1865	1645	4
196				4760	1875	1655	1
197			2.0T	4760	1875	1655	2
198		风光 ix7	2.0T	4930	1935	1765	2
199		风光 S560	1.5T	4515	1815	1735	1
200				4560	1815	1735	3
201			1.8L	4515	1815	1735	4
202				4560	1815	1735	2
203	东风英菲尼迪	QX50	2.0T	4705	1903	1678	9
204						1681	4
205	东风裕隆	纳智捷 URX	1.8T	4725	1826	1765	2
206	东风悦达起亚	起亚 KX3 傲跑	1.5L	4345	1800	1645	1
207						1650	1
208		起亚 KX5	1.6T	4550	1855	1655	3
209			2.0L	4550	1855	1655	1
210		起亚 KX7	2.0L	4730	1890	1730	2
211			2.0T	4730	1890	1730	2
212		奕跑	1.4L	4100	1735	1533	2
213		智跑	1.4T	4460	1850	1695	1
214			2.0L	4460	1850	1695	2
215	东南汽车	DX7 星跃	1.5T	4570	1905	1720	1
216		东南 DX3	1.5L	4354	1840	1654	1
217						1670	1
218			1.5T	4354	1840	1654	1
219						1670	2
220		东南 DX5	1.5L	4406	1840	1654	1
221						1680	1
222			1.5T	4406	1840	1654	1
223						1680	1
224		东南 DX7	1.5T	4585	1900	1718	3
225			1.8T	4585	1900	1718	1
226	枫盛汽车	枫叶 30X	纯电	4005	1760	1575	1
227	福建新龙马	启腾 V60	1.5L	4505	1730	1788	1
228	观致汽车	观致 5	1.6T	4600	1869	1658	2

序号	制造商	车型	排量	外廓长度	外廓宽度	外廓高度	汇总
229	观致汽车	观致 7	1.6T	4679	1897	1679	1
230			1.8T	4679	1897	1679	1
231	广汽本田	缤智	1.5L	4328	1772	1605	3
232				4340	1790	1605	4
233			1.5T	4328	1772	1605	1
234				4340	1790	1605	2
235		冠道	1.5T	4816	1942	1669	4
236				4858	1942	1670	3
237			2.0T	4816	1942	1669	3
238				4858	1942	1670	1
239						1675	2
240		皓影	1.5T	4634	1855	1679	8
241						1689	1
242			2.0L	4634	1855	1679	4
243		理念 VE1	纯电	4306	1773	1625	3
244				4308	1773	1625	1
245					1824	1625	3
246		讴歌 CDX	1.5T	4496	1840	1615	8
247				4542	1840	1615	2
248			2.0L	4496	1840	1615	1
249				4507	1840	1615	2
250				4542	1840	1615	2
251		讴歌 RDX	2.0T	4752	1926	1668	6
252	广汽乘用车	传祺 AION LX	纯电	4786	1935	1685	3
253		传祺 AION V	纯电	4586	1920	1728	4
254		传祺 GE3	纯电	4337	1825	1637	1
255						1665	2
256		传祺 GS3	1.5L	4350	1825	1680	1
257			1.5T	4350	1825	1660	1
258						1685	7
259		传祺 GS4	1.5T	4545	1856	1668	4
260						1691	1
261						1700	6
262		传祺 GS4 Coue	1.5T	4577	1873	1646	1
263		传祺 GS5	1.5T	4695	1885	1726	4
264		传祺 GS7	2.0T	4730	1910	1770	2
265		传祺 GS8	1.8T	4835	1910	1785	2
266			2.0T	4810	1910	1770	4
267				4835	1910	1765	1
268						1785	3
269		传祺 GS8S	1.8T	4740	1910	1775	2
270			2.0T	4740	1910	1775	2
271	广汽菲克	大指挥官	2.0T	4873	1892	1738	4
272		悦界 HEV	1.5L	4500	1852	1708	1
273		指挥官	2.0T	4873	1892	1738	2
274		指南者	1.3T	4415	1819	1635	3
275						1650	2
276				4424	1819	1652	1
277						1663	1
278						1675	1
279		自由光	2.0L	4649	1859	1686	2
280				4669	1865	1691	1
281			2.0T	4656	1904	1731	1
282				4669	1865	1691	2
283		自由侠	1.3T	4240	1805	1678	2
284						1690	1
285						1700	1
286						1730	1

序号	制造商	车型	排量	外廓长度	外廓宽度	外廓高度	汇总
287	广汽丰田	丰田 C-HR	2.0L	4405	1795	1565	3
288				4475	1825	1565	1
289		丰田 C-HR BEV	纯电	4405	1795	1575	1
290		威兰达	2.0L	4665	1855	1680	7
291			2.5L	4665	1855	1680	5
292		新汉兰达	2.0T	4890	1925	1715	2
293						1720	3
294	广汽三菱	欧蓝德	2.0L	4705	1810	1710	3
295			2.4L	4705	1810	1710	4
296		新劲炫	1.6L	4366	1780	1640	2
297			2.0L	4366	1818	1640	2
298				4375	1770	1625	1
299		奕歌	1.5T	4405	1805	1685	11
300	广汽蔚来	合创 007	纯电	4879	1937	1680	2
301	国机智骏	智骏 GX5	纯电	4150	1800	1611	1
302						1620	1
303	海马汽车	海马 6	1.2T	4418	1823	1630	1
304		海马 8S	1.6T	4565	1850	1682	6
305	汉龙汽车	旷世	2.0T	4985	1995	1819	4
306	汉腾汽车	汉腾 X5	1.5T	4501	1820	1648	8
307			纯电	4501	1820	1648	1
308		汉腾 X7	1.5T	4671	1902	1697	3
309			2.0T	4671	1902	1697	2
310	合众新能源	哪吒 N01	纯电	3872	1648	1571	4
311						1611	2
312		哪吒 U	纯电	4530	1860	1628	4
313		哪吒 V	纯电	4070	1690	1540	2
314						1555	1
315	河北中兴	易电易行 K60	纯电	4618	1790	1820	1
316	湖南恒润	恒润 HR-S1	纯电	3560	1610	1705	2
317	华晨宝马	宝马 iX3	纯电	4746	1891	1683	2
318		宝马 X2	1.5T	4379	1824	1555	2
319			2.0T	4379	1824	1555	4
320		宝马 X3	2.0T	4717	1891	1689	4
321		新宝马 X1	1.5T	4565	1821	1613	1
322						1620	2
323			2.0T	4565	1821	1620	4
324		之诺 100H	1.5T	4582	1820	1609	1
325	华晨汽车	观境	1.6L	4745	1820	1780	1
326		中华 V3	1.5L	4200	1790	1600	2
327				4240	1803	1600	2
328			1.5T	4200	1790	1600	2
329				4240	1803	1600	2
330						1609	1
331			1.6L	4200	1790	1600	1
332				4240	1803	1600	1
333		中华 V6	1.5T	4620	1922	1734	2
334		中华 V7	1.6T	4702	1932	1753	5
335			1.8T	4702	1932	1753	2
336	华晨鑫源	斯威 G01	1.5T	4610	1855	1725	1
337						1740	4
338				4670	1855	1740	3
339		斯威 G05	1.5T	4750	1860	1780	2
340			2.0L	4750	1860	1770	1
341						1780	1
342		斯威 X3	1.5L	4615	1790	1790	1
343			1.5T	4615	1790	1820	1
344		斯威 X7	1.5T	4710	1855	1770	2

序号	制造商	车型	排量	外廓长度	外廓宽度	外廓高度	汇总
345	华晨鑫源	斯威 X7	2.0L	4710	1855	1750	1
346						1770	1
347	华泰汽车	圣达菲	1.5T	4426	1862	1683	2
348						1709	2
349	吉利汽车	缤越	1.4T	4330	1800	1609	2
350			1.5T	4330	1800	1609	5
351		缤越 HEV	1.5T	4330	1800	1609	2
352		博越	1.8T	4519	1831	1694	7
353			2.0L	4519	1831	1694	1
354		博越 ro	1.5T	4544	1831	1713	6
355			1.8T	4544	1831	1713	2
356		帝豪 GS	1.4T	4440	1833	1573	5
357			1.5T	4440	1833	1573	3
358			1.8L	4440	1833	1560	3
359		帝豪 GSe	纯电	4440	1833	1560	2
360		豪越	1.5T	4835	1900	1780	5
361			1.8T	4835	1900	1780	4
362		吉利 ICON	1.5T	4350	1810	1615	3
363		几何 C	纯电	4432	1833	1560	3
364		领克 01	1.5T	4512	1857	1689	2
365			2.0T	4512	1857	1673	1
366						1689	2
367				4549	1860	1689	1
368		领克 02	1.5T	4448	1890	1528	2
369						1572	2
370			2.0T	4448	1890	1528	1
371						1572	1
372		领克 05	1.5T	4592	1879	1628	1
373			2.0T	4592	1879	1628	3
374		领克 06	1.5T	4340	1820	1625	6
375		星越	1.5T	4605	1878	1643	4
376			2.0T	4605	1878	1643	4
377		星越 HEV	1.5T	4605	1878	1643	1
378		远景 S1	1.4T	4465	1800	1535	1
379			1.5L	4465	1800	1535	2
380		远景 SUV	1.3T	4500	1834	1707	1
381			1.4T	4500	1834	1707	2
382				4546	1834	1715	4
383		远景 X3	1.5L	4005	1760	1575	3
384	江淮大众	嘉悦 X8	1.5T	4795	1870	1758	4
385		思皓 X8	1.5T	4815	1870	1758	11
386	江淮汽车	江淮 iEVS4	纯电	4410	1800	1660	2
387		瑞风 S3	1.5L	4345	1765	1640	1
388		瑞风 S4	1.5T	4410	1800	1660	5
389			1.6L	4410	1800	1660	2
390		瑞风 S7	1.5T	4776	1900	1760	2
391				4790	1900	1760	3
392	江铃福特	撼路者	2.0T	4892	1862	1837	4
393			2.2T	4892	1862	1837	1
394			2.3T	4892	1862	1837	6
395		领界	1.5T	4580	1936	1674	4
396			纯电	4570	1936	1674	1
397				4580	1936	1674	1
398	江铃汽车	江铃 E400	纯电	4160	1810	1670	1
399		荣曜	1.5T	4550	1885	1655	1
400		驭胜	2.0T	4710	1895	1845	6
401				4798	1895	1812	1
402						1840	3

序号	制造商	车型	排量	外廓长度	外廓宽度	外廓高度	汇总
403	江铃汽车	驭胜				1852	3
404	江西大乘	大乘 G60	1.6L	4540	1840	1685	1
405		大乘 G60S	1.5T	4521	1840	1672	3
406	江西五十铃	MU-X	1.9T	4830	1860	1830	9
407			3.0T	4830	1860	1830	4
408	金康新能源	瑞驰 ER3	1.5L	4385	1850	1650	1
409		赛力斯 SF5	1.5T	4700	1930	1625	2
410	卡威汽车	卡威 W1	2.0T	4600	1855	1810	1
411	雷丁汽车	雷丁 i9	纯电	4360	1830	1680	1
412	理想智造汽车	理想 ONE	1.2T	5020	1960	1785	1
413	猎豹汽车	猎豹 CS9	1.5L	4315	1840	1650	1
414			1.5T	4335	1860	1650	1
415		猎豹 Q6	2.4L	4890	1795	1975	1
416		迈途	1.6T	4696	1906	1709	2
417	敏安汽车	敏安 ET-5	纯电	4160	1810	1670	1
418		敏安 MX-6	纯电	4701	1889	1706	1
419	南海富迪	揽福	1.9T	4771	1870	1828	1
420	南京金龙	天美 ET5	纯电	4698	1908	1696	2
421	奇瑞捷豹路虎	发现神行	2.0T	4599	1894	1724	2
422		发现运动版	2.0T	4597	1904	1727	6
423		极光	2.0T	4360	1900	1635	1
424				4370	1900	1635	2
425				4371	1904	1649	1
426		捷豹 E-ACE	2.0T	4411	1900	1649	3
427	奇瑞汽车	捷途 X70	1.5T	4720	1900	1695	1
428						1710	7
429				4724	1900	1720	3
430				4749	1900	1720	3
431			1.6T	4724	1900	1720	2
432				4749	1900	1720	3
433		捷途 X70M	1.5T	4755	1885	1695	3
434						1710	6
435		捷途 X70S	1.5T	4750	1910	1710	4
436			1.6T	4750	1900	1710	3
437					1910	1710	1
438		捷途 X70SEV	纯电	4750	1910	1710	2
439		捷途 X90	1.5T	4840	1925	1718	2
440						1745	12
441						1780	4
442			1.6T	4840	1925	1745	5
443						1780	5
444		捷途 X95	1.5T	4875	1925	1780	5
445			1.6T	4875	1925	1780	6
446		开瑞 K60	1.5L	4618	1790	1760	3
447						1780	2
448			1.5T	4618	1790	1760	1
449						1780	1
450						1800	1
451		凯翼 X3	1.5L	4335	1796	1665	1
452		凯翼 X5	1.5T	4506	1841	1740	1
453		蚂蚁	纯电	4630	1910	1655	1
454		瑞虎 3	1.5L	4420	1760	1670	1
455			1.5T	4420	1760	1670	1
456		瑞虎 3X	1.5L	4200	1760	1570	3
457		瑞虎 3Xe	纯电	4200	1760	1570	1
458		瑞虎 5X	1.5L	4358	1830	1670	4
459			1.5T	4338	1830	1645	1
460						1674	1

序号	制造商	车型	排量	外廓长度	外廓宽度	外廓高度	汇总
461	奇瑞汽车	瑞虎 5X		4358	1830	1670	1
462		瑞虎 7	1.5T	4470	1837	1670	2
463				4500	1842	1746	2
464			1.6T	4500	1842	1746	2
465		瑞虎 8	1.5T	4700	1860	1746	9
466			1.6T	4700	1860	1746	5
467				4722	1860	1745	2
468		瑞虎 E	纯电	4358	1830	1670	2
469		星途 LX	1.5T	4533	1848	1699	1
470			1.6T	4533	1848	1699	2
471		星途 TX	1.6T	4690	1885	1706	2
472		星途 TXL	1.6T	4775	1885	1706	4
473				4780	1885	1730	2
474		星途 VX	1.6T	4970	1940	1795	2
475		炫界	1.5L	4400	1831	1653	2
476	上汽乘用车	名爵 HS	1.5T	4574	1876	1664	4
477						1685	3
478			2.0T	4574	1876	1685	4
479		名爵 S	1.0T	4314	1809	1648	1
480			1.3T	4323	1809	1653	1
481			1.5L	4314	1809	1648	2
482						1653	1
483				4323	1809	1653	2
484			纯电	4314	1809	1620	1
485						1644	1
486		名爵领航	1.5T	4574	1876	1685	1
487			2.0T	4574	1876	1685	2
488		荣威 eRX5	1.5T	4554	1855	1719	2
489				4571	1855	1719	2
490		荣威 eRX5 EV	纯电	4554	1855	1716	1
491		荣威 eRX5 MAX	1.5T	4647	1891	1725	1
492		荣威 Marvel X	纯电	4678	1919	1616	1
493						1618	1
494		荣威 RX3	1.3T	4408	1804	1651	1
495			1.6L	4408	1804	1651	3
496		荣威 RX5	1.5T	4556	1855	1719	11
497				4571	1855	1719	2
498		荣威 RX5 MAX	1.5T	4647	1891	1725	2
499			2.0T	4647	1891	1725	2
500		荣威 RX8	2.0T	4923	1930	1840	3
501				4932	1930	1810	1
502						1840	2
503	上汽大众	T-CROSS	1.2T	4218	1760	1599	1
504			1.4T	4218	1760	1589	1
505						1599	1
506			1.5L	4218	1760	1589	1
507						1599	2
508		柯迪亚克	2.0T	4698	1883	1676	4
509		柯迪亚克 GT	2.0T	4634	1883	1649	2
510		柯珞克	1.4T	4432	1841	1614	2
511		柯米克	1.5L	4390	1781	1593	2
512						1606	2
513		柯米克 GT	1.2T	4409	1781	1606	1
514			1.5L	4409	1781	1606	1
515		途昂	2.0T	5039	1989	1773	10
516			2.5T	5039	1989	1773	6
517		途昂 X	2.0T	4905	1989	1719	4
518			2.5T	4905	1989	1719	2
519	上汽大众	途观 L	1.4T	4712	1839	1673	2
520				4720	1839	1673	2
521			2.0T	4712	1839	1673	3
522				4716	1859	1677	4
523		途观 X	2.0T	4764	1859	1628	3
524		途岳	1.4T	4453	1841	1632	2
525			2.0T	4453	1841	1632	1
526		途岳 BEV	纯电	4453	1841	1632	1
527	上汽商用车	D60	1.3T	4720	1860	1736	3
528			1.5T	4720	1860	1736	3
529		D90	2.0T	5005	1932	1875	15
530		EUNIQ 6	1.3T	4719	1857	1736	1
531			纯电	4735	1860	1736	2
532	上汽通用	昂科拉	1.0T	4295	1798	1607	1
533						1616	1
534			1.3T	4295	1798	1616	2
535		昂科拉 GX	1.3T	4463	1813	1642	1
536						1644	1
537						1653	1
538		昂科旗	2.0T	4981	1953	1727	1
539						1732	3
540						1736	1
541		昂科威	1.5T	4686	1839	1686	1
542				4694	1839	1686	1
543			2.0T	4686	1839	1691	1
544		昂科威 S	2.0T	4662	1883	1631	2
545						1641	3
546		别克 Velite 7	纯电	4264	1767	1618	1
547		创界	1.3T	4411	1808	1633	1
548						1653	1
549						1655	1
550						1664	1
551		创酷	1.0T	4270	1791	1602	1
552						1618	1
553						1627	1
554			1.3T	4270	1791	1610	1
555						1627	1
556		开拓者	2.0T	4999	1953	1727	1
557						1732	4
558						1736	1
559		凯迪拉克 XT4	2.0T	4600	1881	1625	2
560						1627	3
561						1634	2
562		凯迪拉克 XT5	2.0T	4813	1903	1682	2
563						1686	2
564		凯迪拉克 XT6	2.0T	5056	1964	1777	2
565						1780	2
566		探界者	1.3T	4646	1843	1684	1
567						1688	2
568			1.5T	4646	1843	1684	1
569						1688	1
570				4652	1843	1684	1
571						1688	1
572			2.0T	4646	1843	1688	1
573						1695	1
574				4652	1843	1693	1
575	上汽通用五菱	宝骏 510	1.5L	4220	1740	1615	7
576						1625	6

序号	制造商	车型	排量	外廓长度	外廓宽度	外廓高度	汇总
577	上汽通用五菱	宝骏 530	1.5T	4690	1835	1750	4
578				4695	1835	1750	4
579		宝骏 RS-3	1.5L	4300	1750	1600	4
580						1615	3
581			1.5T	4300	1750	1625	2
582		宝骏 RS-5	1.5T	4570	1870	1720	5
583		宝骏 RS-7	1.5T	4930	1975	1765	2
584						1775	1
585		五菱宏光 S3	1.5L	4655	1735	1790	5
586			1.5T	4655	1735	1790	3
587	神龙汽车	C3-XR	1.2T	4282	1748	1557	3
588			1.6L	4282	1748	1557	1
589		标致 2008	1.2T	4312	1785	1545	1
590		标致 4008	1.6T	4510	1850	1628	2
591						1662	3
592			1.8T	4510	1850	1628	1
593						1662	1
594		标致 5008	1.6T	4670	1855	1650	3
595						1655	3
596			1.8T	4670	1855	1650	2
597						1655	3
598		标致 e2008	纯电	4312	1785	1545	1
599		天逸 C5 AIRCROSS	1.6T	4510	1860	1670	1
600		天逸 C5 AIRCROSS				1705	3
601			1.8T	4510	1860	1705	2
602		云逸	1.2T	4270	1770	1615	1
603						1655	1
604	四川工业	博骏	1.5L	4360	1830	1680	2
605			1.5T	4360	1830	1680	2
606				4505	1830	1680	2
607		野马 EC60	纯电	4360	1830	1680	2
608		野马 EC70	纯电	4555	1835	1715	1
609	腾势汽车	腾势 X EV	纯电	4890	1950	1725	2
610		腾势 X HEV	2.0T	4890	1950	1725	1
611	天际汽车	天际 ME7	纯电	4685	1970	1660	3
612	威马汽车	威马 EX5	纯电	4585	1835	1672	10
613		威马 EX6	纯电	4802	1839	1710	5
614	潍柴汽车	潍柴 U70	1.5T	4806	1870	1691	2
615						1713	2
616	蔚来汽车	蔚来 EC6	纯电	4850	1965	1714	1
617						1731	1
618		蔚来 ES6	纯电	4850	1965	1731	1
619						1758	1
620		蔚来 ES8	纯电	5022	1962	1756	3
621	沃尔沃亚太	XC40 T3	1.5T	4425	1863	1652	1
622		XC40 T4	2.0T	4425	1863	1652	2
623		XC40 T5	2.0T	4425	1863	1652	1
624		XC60 T4	2.0T	4688	1902	1658	1
625		XC60 T5	2.0T	4688	1902	1658	3
626		XC60 T8	2.0T	4688	1902	1658	2
627	小鹏汽车	小鹏 G3	纯电	4450	1820	1610	3
628						1678	3
629	一汽大众	奥迪 Q2L	1.4T	4229	1785	1548	1
630				4236	1785	1548	1
631			纯电	4237	1785	1548	1
632		奥迪 Q3	1.4T	4481	1848	1616	1
633				4495	1848	1616	1
634				4518	1843	1573	1
635	一汽大众	奥迪 Q3	2.0T	4481	1848	1616	1
636				4495	1848	1616	3
637				4518	1843	1573	2
638		奥迪 Q5L	2.0T	4753	1893	1659	5
639				4765	1893	1659	6
640		捷达 VS5	1.4T	4419	1841	1616	2
641		捷达 VS7	1.4T	4624	1841	1633	2
642						1644	2
643		探歌	1.4T	4318	1819	1582	3
644				4326	1819	1582	2
645		探影	1.4T	4194	1760	1601	1
646			1.5L	4194	1760	1601	2
647		探岳	1.4T	4589	1860	1660	2
648				4590	1860	1660	1
649				4603	1860	1658	1
650			2.0T	4589	1860	1660	4
651				4590	1860	1660	3
652				4595	1860	1660	3
653		探岳 X	2.0T	4626	1860	1662	2
654	一汽丰田	丰田 RAV4	2.0L	4600	1855	1680	5
655			2.5L	4600	1855	1680	3
656		普拉多	3.5L	4840	1885	1880	1
657						1890	2
658				5010	1885	1880	1
659						1890	2
660		奕泽	2.0L	4405	1795	1565	3
661				4455	1845	1565	1
662			纯电	4405	1795	1575	1
663	一汽吉林	森雅 R7	1.6L	4305	1780	1655	4
664				4344	1773	1674	1
665		森雅 R9	1.2T	4505	1835	1675	3
666	一汽轿车	奔腾 E01	纯电	4639	1880	1640	1
667		奔腾 T33	1.2T	4330	1780	1680	2
668			1.6L	4330	1780	1680	2
669		奔腾 T77	1.2T	4525	1845	1615	3
670			1.5T	4525	1845	1615	2
671		奔腾 T99	2.0T	4800	1915	1685	1
672						1695	1
673		奔腾 X40	1.6L	4310	1780	1680	2
674		奔腾 X80	2.0L	4620	1820	1695	2
675		红旗 E-HS3	纯电	4490	1874	1599	1
676						1613	3
677				4550	1874	1599	2
678		红旗 HS5	2.0T	4760	1907	1700	2
679		红旗 HS7	2.0T	5035	1989	1778	2
680			3.0T	5035	1989	1756	2
681						1778	2
682		马自达 CX-4	2.0L	4637	1855	1524	1
683			2.5L	4637	1855	1531	3
684	云度汽车	云度 π1	纯电	4010	1729	1621	1
685		云度 π3	纯电	4340	1765	1610	1
686	长安标致雪铁龙	DS7	1.6T	4603	1891	1626	4
687	长安福特	飞行家	3.0T	5080	2022	1759	5
688					2026	1759	5
689		福克斯 Active	1.5T	4397	1848	1504	2
690		冒险家	2.0T	4615	1887	1630	2
691		锐际	2.0T	4585	1882	1688	4
692		锐际 HEV	1.5T	4626	1882	1688	1

序号	制造商	车型	排量	外廓长度	外廓宽度	外廓高度	汇总
693	长安福特	锐界	2.0T	4878	1925	1734	8
694						1770	9
695			2.7T	4878	1925	1770	1
696		探险者	2.3T	5075	2004	1778	6
697					2020	1778	6
698		翼搏	1.5L	4345	1785	1647	2
699						1659	1
700		翼虎	1.5T	4524	1838	1685	1
701						1701	1
702			2.0T	4524	1838	1701	1
703	长安铃木	锋驭	1.6L	4300	1765	1585	2
704		维特拉	1.4T	4175	1775	1610	2
705			1.6L	4175	1775	1610	1
706	长安马自达	马自达 CX-30	2.0L	4395	1797	1545	4
707		马自达 CX-5	2.0L	4555	1842	1685	3
708			2.5L	4555	1842	1685	2
709		马自达 CX-8	2.5L	4955	1842	1733	5
710	长安汽车	CS15	1.5L	4135	1740	1610	1
711						1630	1
712			纯电	4135	1740	1630	1
713		CS35 LUS	1.4T	4335	1825	1660	2
714			1.6L	4335	1825	1660	5
715		CS35 mini	1.5L	4135	1740	1610	1
716						1630	1
717		CS55	1.5T	4500	1855	1690	4
718					1860	1690	3
719		CS55 LUS	1.5T	4500	1860	1690	7
720			纯电	4515	1860	1690	3
721		CS75	1.5T	4650	1850	1695	1
722						1705	6
723						1715	2
724		CS75 LUS	1.5T	4670	1865	1700	2
725						1710	2
726				4690	1865	1700	1
727						1710	1
728		CS75 LUS	2.0T	4700	1865	1710	2
729		CS85	1.5T	4720	1845	1665	1
730			2.0T	4720	1845	1665	2
731		CS95	2.0T	4949	1930	1790	2
732		UNI-T	1.5T	4515	1870	1565	1
733		科赛 5	1.6L	4170	1810	1635	2
734						1670	1
735				4180	1810	1635	2
736						1670	2
737		科赛 GT	2.0T	4880	1868	1775	2
738		欧尚 COS1	1.5T	4830	1868	1750	2
739						1775	2
740				4880	1868	1750	2

序号	制造商	车型	排量	外廓长度	外廓宽度	外廓高度	汇总
741	长安汽车	欧尚 COS1				1775	2
742		欧尚 X5	1.5T	4490	1860	1590	1
743			1.6L	4490	1860	1590	1
744		欧尚 X7	1.5T	4705	1860	1720	3
745			纯电	4705	1860	1720	2
746		欧尚 X70A	1.5L	4620	1770	1840	4
747	长城汽车	哈弗 F5	1.5T	4470	1857	1638	4
748		哈弗 F7	1.5T	4620	1846	1690	3
749			2.0T	4620	1846	1690	2
750		哈弗 F7x	1.5T	4620	1846	1660	2
751			2.0T	4620	1846	1660	2
752		哈弗 H2	1.5T	4335	1814	1710	4
753				4365	1814	1710	4
754		哈弗 H4	1.5T	4410	1845	1685	1
755						1695	10
756		哈弗 H5	2.0T	4645	1800	1775	3
757						1785	1
758		哈弗 H6	1.5T	4600	1860	1720	2
759				4615	1860	1720	3
760				4649	1852	1710	4
761				4653	1886	1730	2
762				4681	1827	1710	4
763			2.0T	4600	1860	1720	1
764				4615	1860	1720	1
765		哈弗 H6 Coue	1.5T	4590	1845	1700	10
766		哈弗 H7	2.0T	4715	1925	1718	1
767		哈弗 H9	2.0T	4856	1926	1900	4
768				5090	1926	1900	4
769		哈弗 M6	1.5T	4649	1830	1705	4
770		哈弗大狗	1.5T	4620	1890	1780	2
771					1910	1780	1
772		欧拉 iQ	纯电	4460	1735	1567	1
773		魏派 VV5	1.5T	4462	1857	1638	2
774			2.0T	4462	1857	1638	2
775		魏派 VV6	2.0T	4625	1860	1720	2
776		魏派 VV7	2.0T	4760	1931	1655	2
777		魏派 VV7GT	2.0T	4774	1931	1672	2
778				4820	1965	1672	1
779	郑州日产	途达	2.5L	4882	1850	1835	3
780	中恒天汽车	天马 L4600	4.6L	5239	2026	1932	1
781	众泰汽车	众泰 T300	1.5L	4405	1830	1640	2
782		众泰 T500	1.5T	4632	1850	1695	2
783		众泰 T700	1.8T	4748	1933	1697	1
784		众泰 T800	2.0T	4910	1933	1755	1
785	重庆力帆	力帆迈威	1.8L	4480	1770	1730	2
786			2.0L	4480	1770	1730	1
787		力帆鹏飞	2.0L	4390	1820	1715	2
总计							1789

表 SX02　2020 年多运动型多用途乘用车（SUV）排量与总质量参数一览表

单位：kg

序号	排量	总质量	制造商	品牌	合计
1	1.0T	1679	东风乘用车	风神	2
2		1690	上汽通用	雪佛兰	3
3		1700	东风乘用车	风神	1
4		1710	上汽通用	别克	2
5		1722	上汽乘用车	名爵	1
6	1.2T	1616	神龙汽车	雪铁龙	1
7		1640	神龙汽车	雪铁龙	1
8		1648	神龙汽车	雪铁龙	1
9		1702	神龙汽车	标致	1
10		1711	神龙汽车	雪铁龙	2
11		1715	一汽轿车	奔腾	1
12		1725	上汽大众	大众	1
13		1740	一汽轿车	奔腾	1
14		1790	上汽大众	斯柯达	1
15		1830	一汽轿车	奔腾	1
16		1855	一汽吉林	森雅	1
17		1860	一汽轿车	奔腾	1
18		1879	一汽吉林	森雅	2
19		1880	一汽轿车	奔腾	1
20		2095	海马汽车	海马	1
21		2825	理想智造汽车	理想	1
22	1.3T	1679	东风雷诺	雷诺	1
23		1730	上汽通用	雪佛兰	2
24		1740	广汽菲克	吉普	1
25			上汽通用	别克	2
26		1745	上汽乘用车	荣威	1
27		1750	上汽乘用车	名爵	1
28		1754	东风雷诺	雷诺	2
29		1760	广汽菲克	吉普	1
30		1802	广汽菲克	吉普	1
31		1804	广汽菲克	吉普	1
32		1805	广汽菲克	吉普	1
33		1820	广汽菲克	吉普	1
34		1825	上汽通用	雪佛兰	2
35		1830	上汽通用	别克	2
36		1845	上汽通用	雪佛兰	1
37		1855	上汽商用车	大通	1
38		1875	广汽菲克	吉普	1
39		1880	吉利汽车	帝豪	1
40		1900	广汽菲克	吉普	1
41		1912	广汽菲克	吉普	1
42		1930	上汽通用	雪佛兰	1
43		1945	上汽通用	别克	1
44		1950	广汽菲克	吉普	2
45		2010	北京奔驰	奔驰	2
46		2020	上汽通用	雪佛兰	3
47		2050	广汽菲克	吉普	2
48		2080	北京奔驰	奔驰	2
49		2085	北京奔驰	奔驰	1
50		2095	上汽商用车	大通	2
51		2150	上汽商用车	大通	1
52		2270	北京奔驰	奔驰	1
53		2280	北京奔驰	奔驰	1
54		2325	北京奔驰	奔驰	1
55	1.4L	1550	东风悦达起亚	起亚	1
56		1600	东风悦达起亚	起亚	1
57	1.4T	1555	长安铃木	铃木	1
58		1635	长安铃木	铃木	1
59		1685	吉利汽车	吉利	1
60		1740	上汽大众	大众	2
61			一汽大众	大众	1
62		1742	吉利汽车	吉利	1
63		1760	吉利汽车	帝豪	1
64		1761	吉利汽车	帝豪	1
65		1790	一汽大众	捷达	1
66		1791	吉利汽车	帝豪	1
67		1800	吉利汽车	帝豪	1
68		1810	一汽大众	大众	2
69			长安汽车	长安	2
70		1811	吉利汽车	帝豪	1
71		1830	一汽大众	捷达	1
72		1840	吉利汽车	帝豪	1
73		1850	上汽大众	斯柯达	2
74			一汽大众	奥迪	2
75				大众	2
76				捷达	2
77		1875	上汽大众	大众	1
78		1880	一汽大众	捷达	2
79		1885	东风日产	启辰	1
80		1895	上汽大众	大众	1
81		1916	吉利汽车	帝豪	1
82		1919	吉利汽车	帝豪	1
83		1920	宝沃汽车	宝沃	1
84		1925	吉利汽车	帝豪	1
85		1930	北京现代	现代	4
86			东风悦达起亚	起亚	1
87		1935	东风日产	启辰	2
88			吉利汽车	帝豪	1
89		1960	东风乘用车	风神	2
90		1970	一汽大众	大众	1
91		1975	吉利汽车	帝豪	2
92		2000	宝沃汽车	宝沃	1
93		2010	宝沃汽车	宝沃	1
94		2040	上汽大众	大众	1
95		2060	一汽大众	大众	3
96		2065	上汽大众	大众	1
97			一汽大众	奥迪	3
98		2290	一汽大众	大众	1
99		2300	上汽大众	大众	1
100		2330	上汽大众	大众	1
101	1.5L	1520	东风日产	日产	1
102		1555	北京现代	现代	2
103			东风日产	日产	1
104			吉利汽车	全球鹰	1
105		1565	东风日产	日产	2
106		1581	吉利汽车	全球鹰	1
107		1585	长安汽车	长安	2
108		1590	吉利汽车	全球鹰	1
109			奇瑞汽车	奇瑞	1
110		1610	长安汽车	长安	2
111		1620	北京现代	现代	1
112		1630	上汽大众	大众	1
113		1635	上汽通用五菱	宝骏	8
114		1640	东风悦达起亚	起亚	2

序号	排量	总质量	制造商	品牌	合计
115		1650	吉利汽车	帝豪	1
116		1657	长安福特	福特	1
117		1662	奇瑞汽车	奇瑞	2
118		1665	上汽通用五菱	宝骏	3
119		1670	上汽通用五菱	宝骏	5
120		1675	北京汽车	绅宝	3
121		1680	吉利汽车	帝豪	1
122		1690	上汽乘用车	名爵	3
123		1694	长安福特	福特	2
124		1695	北京汽车	绅宝	4
125			上汽大众	大众	2
126		1700	东南汽车	东南	4
127			江淮汽车	江淮	1
128			上汽大众	斯柯达	2
129			一汽大众	大众	2
130		1710	奇瑞汽车	奇瑞	2
131			上汽通用五菱	宝骏	4
132		1715	华晨汽车	中华	2
133		1720	众泰汽车	众泰	1
134		1722	上汽乘用车	名爵	1
135		1735	上汽大众	斯柯达	2
136		1740	华晨汽车	中华	2
137		1745	奇瑞汽车	奇瑞	1
138			众泰汽车	众泰	1
139		1750	奇瑞汽车	凯翼	1
140			上汽乘用车	名爵	1
141		1756	奇瑞汽车	凯翼	1
142		1759	奇瑞汽车	奇瑞	2
143		1760	四川工业	野马	2
144		1765	猎豹汽车	猎豹	1
145			上汽大众	斯柯达	1
146		1770	东风小康	东风	1
147			广汽本田	本田	7
148		1775	东风本田	本田	6
149		1780	广汽乘用车	传祺	1
150			奇瑞汽车	凯翼	1
151		1850	福建新龙马	福建	1
152		1886	奇瑞汽车	开瑞	5
153		1930	长安汽车	长安	1
154		1935	长安汽车	长安	2
155		1950	上汽通用五菱	五菱	5
156		1975	华晨鑫源	斯威	1
157		2010	长安汽车	长安	1
158		2115	金康新能源	金康	1
159		2150	广汽菲克	悦界	1
160	1.5T	1715	东南汽车	东南	1
161			吉利汽车	吉利	1
162		1725	华晨汽车	中华	2
163		1726	东风乘用车	风神	2
164		1730	吉利汽车	吉利	1
165			长安汽车	长安	1
166		1732	吉利汽车	吉利	1
167		1735	上汽通用五菱	宝骏	2
168		1740	东南汽车	东南	4
169		1750	北京汽车	绅宝	1
170		1759	奇瑞汽车	奇瑞	1
171		1760	四川工业	野马	2
172		1765	北京汽车	绅宝	1
173			华晨汽车	中华	3
174			吉利汽车	吉利	1
175		1767	吉利汽车	吉利	1
176		1779	汉腾汽车	汉腾	1
177		1780	广汽乘用车	传祺	8
178			吉利汽车	帝豪	1
179			奇瑞汽车	奇瑞	2
180		1785	汉腾汽车	汉腾	1
181			吉利汽车	帝豪	1
182		1790	江淮汽车	江淮	2
183		1795	奇瑞汽车	奇瑞	1
184		1798	汉腾汽车	汉腾	2
185		1800	广汽本田	本田	3
186			江淮汽车	江淮	3
187		1801	吉利汽车	帝豪	1
188		1805	东风本田	本田	3
189		1810	猎豹汽车	猎豹	1
190		1815	长城汽车	哈弗	2
191		1819	汉腾汽车	汉腾	1
192		1820	吉利汽车	帝豪	1
193			长安福特	福特	1
194			长安汽车	长安	3
195		1825	华泰汽车	华泰	2
196			吉利汽车	帝豪	1
197		1830	江西大乘	大乘	1
198			四川工业	野马	2
199		1832	长安福特	福特	1
200		1835	华泰汽车	华泰	2
201			长安汽车	长安	2
202		1838	奇瑞汽车	奇瑞	2
203		1840	长安汽车	长安	1
204		1843	上汽乘用车	荣威	1
205			一汽轿车	奔腾	1
206		1845	长城汽车	哈弗	4
207		1850	北京汽车	绅宝	1
208			吉利汽车	帝豪	1
209		1853	吉利汽车	领克	2
210		1855	东风风行	东风	1
211			江西大乘	大乘	2
212			长安汽车	长安	2
213			众泰汽车	众泰	1
214		1865	长安汽车	长安	2
215		1870	东南汽车	东南	1
216		1871	北京汽车	绅宝	2
217		1875	吉利汽车	领克	1
218			长城汽车	哈弗	5
219		1876	上汽乘用车	荣威	2
220		1880	北京汽车	绅宝	1
221			长安汽车	长安	2
222		1887	奇瑞汽车	奇瑞	2
223		1890	奇瑞汽车	凯翼	1
224			一汽轿车	奔腾	1
225			众泰汽车	众泰	1
226		1895	东风风行	东风	1
227			华晨鑫源	斯威	2
228			长安汽车	长安	4
229			长城汽车	哈弗	3
230		1897	奇瑞汽车	星途	1
231		1900	上汽通用五菱	宝骏	2
232		1905	东风风行	东风	1

序号	排量	总质量	制造商	品牌	合计
233			江铃汽车	陆风	1
234		1910	东风日产	启辰	3
235			吉利汽车	领克	2
236		1915	长城汽车	哈弗	2
237		1917	长城汽车	哈弗	3
238		1920	东风风行	东风	3
239			东南汽车	东南	1
240		1923	比亚迪汽车	比亚迪	1
241			吉利汽车	吉利	1
242		1925	奇瑞汽车	捷途	3
243		1927	吉利汽车	吉利	1
244		1930	东南汽车	东南	2
245			江铃福特	福特	1
246		1933	长城汽车	哈弗	5
247		1935	比亚迪汽车	比亚迪	1
248			华晨鑫源	斯威	2
249			奇瑞汽车	开瑞	3
250			长城汽车	哈弗	1
251		1939	上汽乘用车	荣威	6
252		1943	比亚迪汽车	比亚迪	2
253		1945	华晨鑫源	斯威	2
254		1950	上汽通用五菱	宝骏	2
255			长城汽车	哈弗	1
256		1952	奇瑞汽车	捷途	2
257			长城汽车	哈弗	2
258		1955	广汽乘用车	传祺	9
259			华晨汽车	中华	1
260			长安汽车	长安	2
261		1957	汉腾汽车	汉腾	1
262		1960	东风乘用车	风神	2
263			东风日产	日产	1
264			吉利汽车	帝豪	1
265			长城汽车	哈弗	2
266		1962	上汽乘用车	名爵	1
267		1963	上汽乘用车	荣威	4
268		1965	东风风行	东风	1
269			汉腾汽车	汉腾	1
270			长安汽车	长安	2
271		1967	比亚迪汽车	比亚迪	1
272			长城汽车	哈弗	3
273		1970	上汽通用	雪佛兰	4
274		1972	上汽乘用车	名爵	1
275		1975	比亚迪汽车	比亚迪	1
276			华晨汽车	中华	1
277			长安汽车	长安	3
278		1978	上汽乘用车	名爵	2
279		1983	长城汽车	哈弗	4
280		1985	吉利汽车	帝豪	1
281			长安汽车	长安	2
282			长城汽车	哈弗	3
283		1987	汉腾汽车	汉腾	1
284		1989	上汽乘用车	名爵	1
285		1990	东风日产	启辰	2
286		1995	华晨鑫源	斯威	2
287		1996	上汽乘用车	名爵	1
288		2000	东风日产	日产	2
289			吉利汽车	帝豪	2
290			上汽商用车	大通	1
291			上汽通用五菱	宝骏	2
292				五菱	2
293			长安汽车	长安	5
294			长城汽车	哈弗	3
295		2005	比亚迪汽车	比亚迪	2
296			东风小康	东风	1
297			华晨宝马	宝马	2
298			吉利汽车	吉利	3
299		2006	奇瑞汽车	捷途	6
300		2009	汉腾汽车	汉腾	1
301			上汽乘用车	名爵	1
302		2010	江铃福特	福特	2
303			奇瑞汽车	捷途	3
304			长安汽车	长安	1
305		2020	上汽乘用车	荣威	1
306			潍柴汽车	潍柴	2
307		2022	汉腾汽车	汉腾	1
308			长城汽车	哈弗	2
309		2023	长安福特	福特	2
310		2025	华晨鑫源	斯威	1
311			长安汽车	长安	2
312		2030	东风本田	本田	9
313			东风风行	东风	2
314			广汽本田	本田	8
315			汉腾汽车	汉腾	1
316			华晨宝马	宝马	1
317			江铃福特	福特	1
318			奇瑞汽车	捷途	1
319			上汽通用五菱	五菱	1
320		2033	吉利汽车	领克	1
321		2035	东风小康	东风	1
322			华晨宝马	宝马	1
323		2040	北京汽车	北京	1
324			东风风行	东风	2
325			奇瑞汽车	捷途	4
326			上汽通用五菱	宝骏	4
327		2050	比亚迪汽车	比亚迪	2
328			东风日产	日产	3
329			广汽三菱	三菱	4
330		2055	奇瑞汽车	捷途	4
331		2060	广汽乘用车	传祺	4
332		2063	上汽乘用车	荣威	1
333		2065	东风小康	东风	1
334			广汽本田	本田	6
335				讴歌	4
336		2070	华晨鑫源	斯威	1
337			吉利汽车	吉利	1
338				领克	3
339			上汽通用五菱	宝骏	1
340			潍柴汽车	潍柴	2
341		2075	东风风行	东风	1
342			东风小康	东风	1
343			上汽通用五菱	宝骏	2
344		2080	奇瑞汽车	捷途	2
345		2085	东风风行	东风	1
346			东风小康	东风	4
347			上汽通用	别克	2
348		2090	奇瑞汽车	捷途	2
349			长城汽车	哈弗	1
350		2093	长城汽车	哈弗	1

序号	排量	总质量	制造商	品牌	合计
351		2095	北京汽车	北京	2
352			东风小康	东风	3
353		2096	长城汽车	哈弗	2
354		2100	东风本田	本田	4
355			广汽本田	本田	1
356			广汽三菱	三菱	7
357			上汽商用车	大通	1
358		2104	吉利汽车	领克	2
359		2105	东风小康	东风	1
360			长城汽车	魏派	1
361		2107	长城汽车	哈弗	2
362		2110	长城汽车	哈弗	4
363		2120	华晨鑫源	斯威	1
364			吉利汽车	帝豪	2
365			沃尔沃亚太	沃尔沃	1
366		2121	长城汽车	哈弗	1
367		2125	奇瑞汽车	捷途	2
368		2130	江淮大众	思晗	2
369				思皓	3
370			上汽商用车	大通	1
371		2135	东风风行	东风	1
372			广汽乘用车	传祺	3
373			长城汽车	哈弗	3
374		2138	奇瑞汽车	奇瑞	4
375		2140	奇瑞汽车	捷途	15
376			长城汽车	魏派	1
377		2143	奇瑞汽车	奇瑞	5
378		2145	东风小康	东风	1
379			华晨鑫源	斯威	2
380		2146	上汽乘用车	荣威	1
381		2155	东风小康	东风	1
382		2160	江淮大众	江淮	2
383				思晗	3
384				思皓	5
385		2165	东风小康	东风	1
386		2170	长城汽车	哈弗	1
387		2172	长安福特	福特	1
388		2175	东风本田	本田	3
389		2180	东风本田	本田	2
390			广汽本田	本田	7
391		2185	吉利汽车	吉利	1
392		2189	上汽乘用车	荣威	3
393		2190	东风风行	东风	1
394		2195	奇瑞汽车	捷途	6
395		2196	上汽乘用车	名爵	1
396		2197	吉利汽车	领克	1
397		2220	吉利汽车	领克	1
398		2223	长安汽车	长安	4
399		2225	东风小康	东风	2
400		2260	比亚迪汽车	比亚迪	1
401		2270	长安汽车	长安	4
402		2280	江淮汽车	江淮	1
403		2295	吉利汽车	吉利	5
404		2300	江淮汽车	江淮	4
405		2311	上汽乘用车	荣威	1
406		2330	比亚迪汽车	比亚迪	1
407			华晨宝马	宝马	1
408		2340	华晨宝马	之诺	1
409		2400	上汽通用五菱	宝骏	3

序号	排量	总质量	制造商	品牌	合计
410		2445	长安汽车	长安	1
411		2485	比亚迪汽车	比亚迪	1
412		2510	北汽有限	北京	5
413		2605	金康新能源	赛力斯	1
414		2745	金康新能源	赛力斯	1
415	1.6L	1495	长安铃木	铃木	1
416		1565	长安铃木	铃木	1
417		1575	长安铃木	铃木	1
418		1600	东风乘用车	风神	1
419		1618	东风乘用车	风神	1
420		1645	长安汽车	长安	5
421		1650	东风日产	启辰	3
422		1665	一汽吉林	森雅	1
423			一汽轿车	奔腾	1
424			长安汽车	长安	1
425		1676	神龙汽车	雪铁龙	1
426		1680	长安汽车	长安	2
427		1690	一汽轿车	奔腾	1
428		1694	一汽吉林	森雅	1
429		1700	上汽乘用车	荣威	1
430			一汽轿车	奔腾	1
431		1715	华晨汽车	中华	2
432			一汽吉林	森雅	1
433		1720	一汽轿车	奔腾	1
434		1725	长安汽车	长安	2
435		1729	一汽吉林	森雅	2
436		1740	东风日产	启辰	3
437		1745	东风日产	启辰	5
438			上汽乘用车	荣威	1
439		1753	上汽乘用车	荣威	1
440		1760	江淮汽车	江淮	1
441		1765	长安汽车	长安	3
442		1770	东风风行	东风	3
443		1775	江淮汽车	江淮	1
444		1780	东风日产	启辰	1
445		1795	江西大乘	大乘	1
446		1815	东风风行	东风	1
447		1830	东风风行	东风	1
448		1870	广汽三菱	三菱	2
449		1990	东风风行	东风	1
450		2005	东风风行	东风	3
451		2010	华晨汽车	金杯	1
452	1.6T	1790	北京现代	现代	3
453		1845	海马汽车	海马	1
454		1875	海马汽车	海马	1
455		1886	奇瑞汽车	星途	1
456		1887	奇瑞汽车	奇瑞	1
457		1894	奇瑞汽车	奇瑞	1
458		1897	奇瑞汽车	星途	1
459		1901	神龙汽车	雪铁龙	2
460		1905	神龙汽车	标致	2
461		1918	神龙汽车	标致	1
462		1920	海马汽车	海马	1
463		1927	神龙汽车	标致	1
464		1935	海马汽车	海马	1
465		1960	东风乘用车	风神	3
466			东风风行	东风	1
467		1965	海马汽车	海马	2
468			华晨汽车	中华	1

序号	排量	总质量	制造商	品牌	合计
469		1975	东风乘用车	风神	2
470			华晨汽车	中华	1
471		1985	华晨汽车	中华	1
472		2010	长安标致雪铁龙	谛艾仕	2
473		2030	长安标致雪铁龙	谛艾仕	2
474		2080	观致汽车	观致	2
475			奇瑞汽车	星途	2
476		2088	奇瑞汽车	星途	2
477		2090	北京现代	现代	2
478			东风悦达起亚	起亚	2
479		2099	奇瑞汽车	星途	4
480			神龙汽车	标致	1
481		2115	观致汽车	观致	1
482		2117	神龙汽车	标致	4
483		2120	奇瑞汽车	捷途	3
484		2125	奇瑞汽车	捷途	1
485		2127	神龙汽车	标致	1
486		2143	奇瑞汽车	奇瑞	7
487		2150	北京现代	现代	1
488			东风悦达起亚	起亚	1
489		2175	奇瑞汽车	捷途	10
490		2185	东风风行	东风	2
491		2195	华晨汽车	中华	1
492			奇瑞汽车	捷途	5
493		2210	奇瑞汽车	捷途	6
494		2220	华晨汽车	中华	1
495		2245	猎豹汽车	猎豹	2
496		2296	奇瑞汽车	星途	1
497		2302	神龙汽车	标致	1
498				雪铁龙	1
499		2303	神龙汽车	标致	1
500		2330	奇瑞汽车	星途	1
501	1.8L	1695	吉利汽车	帝豪	2
502		1735	吉利汽车	帝豪	1
503		1990	东风小康	东风	2
504			重庆力帆	力帆	2
505		1995	东风小康	东风	2
506		2020	东风小康	东风	1
507		2025	东风小康	东风	4
508		2060	东风小康	东风	1
509		2300	东风小康	东风	1
510	1.8T	1925	东风风行	东风	1
511		1932	神龙汽车	雪铁龙	1
512		1941	神龙汽车	雪铁龙	1
513		1952	神龙汽车	标致	2
514		2000	东南汽车	东南	1
515		2005	吉利汽车	帝豪	4
516		2060	吉利汽车	帝豪	2
517		2065	吉利汽车	帝豪	3
518		2075	华晨汽车	中华	1
519		2115	观致汽车	观致	1
520		2143	神龙汽车	标致	1
521		2144	神龙汽车	标致	4
522		2150	广汽乘用车	传祺	1
523		2162	众泰汽车	众泰	1
524		2175	东风风行	东风	1
525		2190	东风风行	东风	2
526		2193	广汽乘用车	传祺	1
527		2256	东风裕隆	纳智捷	2
528		2280	华晨汽车	中华	1
529		2295	吉利汽车	吉利	4
530		2375	广汽乘用车	传祺	1
531		2405	广汽乘用车	传祺	1
532	1.9T	2560	东风乘用车	东风	1
533			南海富迪	富迪	1
534		2600	江西五十铃	江西五十铃	1
535		2650	江西五十铃	江西五十铃	3
536		2700	江西五十铃	江西五十铃	1
537		2750	江西五十铃	江西五十铃	4
538	2.0L	1826	长安马自达	马自达	1
539		1835	重庆力帆	力帆	2
540		1849	长安马自达	马自达	1
541		1870	东风日产	日产	1
542		1880	东风日产	日产	3
543		1885	东风风行	东风	2
544		1890	东风日产	日产	3
545		1896	长安马自达	马自达	1
546		1910	东风日产	启辰	3
547		1915	北京现代	现代	2
548			东风悦达起亚	起亚	1
549		1930	北京现代	现代	2
550			东风日产	启辰	4
551				日产	3
552			东风悦达起亚	起亚	1
553		1940	东风雷诺	雷诺	1
554			吉利汽车	帝豪	1
555		1950	东风雷诺	雷诺	4
556		1960	广汽丰田	丰田	4
557			一汽丰田	丰田	4
558		1968	一汽轿车	马自达	1
559		1970	东风日产	启辰	8
560			广汽三菱	三菱	3
561		1972	长安马自达	马自达	1
562		1985	广汽三菱	三菱	2
563		1990	一汽轿车	奔腾	1
564		1995	华晨鑫源	斯威	2
565		2004	东风雷诺	雷诺	5
566		2015	长安马自达	马自达	3
567		2020	东风雷诺	雷诺	2
568		2035	一汽轿车	奔腾	1
569		2065	广汽本田	本田	3
570				讴歌	2
571		2070	重庆力帆	力帆	1
572		2075	华晨鑫源	斯威	2
573		2090	东风悦达起亚	起亚	1
574		2100	东风悦达起亚	起亚	2
575		2110	东风本田	本田	2
576		2115	广汽丰田	丰田	4
577			一汽丰田	丰田	3
578		2120	东风日产	日产	2
579		2140	东风本田	本田	5
580			广汽本田	本田	4
581			广汽菲克	吉普	1
582		2165	广汽菲克	吉普	2
583		2170	广汽三菱	三菱	1
584		2195	广汽丰田	丰田	3
585			一汽丰田	丰田	2
586		2275	东风本田	本田	3

序号	排量	总质量	制造商	品牌	合计
587	2.0T	1955	吉利汽车	领克	2
588		1995	长安福特	福特	1
589		2033	吉利汽车	领克	2
590		2040	长安福特	福特	1
591		2045	吉利汽车	吉利	2
592		2050	汉腾汽车	汉腾	1
593		2055	华晨宝马	宝马	2
594		2060	汉腾汽车	汉腾	1
595			华晨宝马	宝马	1
596			上汽大众	大众	1
597		2065	华晨宝马	宝马	1
598		2069	上汽乘用车	名爵	1
599			长安福特	福特	1
600		2070	上汽大众	斯柯达	1
601			上汽通用	雪佛兰	1
602		2073	吉利汽车	领克	1
603		2079	长安福特	林肯	1
604		2083	上汽乘用车	名爵	1
605		2095	上汽大众	大众	1
606				斯柯达	1
607			长安福特	福特	1
608		2100	上汽乘用车	名爵	1
609			上汽通用	凯迪拉克	3
610			长安汽车	长安	2
611		2105	长安汽车	长安	2
612		2110	一汽大众	奥迪	2
613		2113	吉利汽车	领克	1
614		2115	宝沃汽车	宝沃	2
615			吉利汽车	吉利	2
616			一汽大众	奥迪	1
617		2120	上汽大众	大众	1
618			一汽大众	大众	3
619		2128	吉利汽车	领克	1
620		2129	上汽乘用车	荣威	1
621		2140	华晨宝马	宝马	2
622		2144	吉利汽车	领克	1
623		2145	华晨宝马	宝马	2
624			上汽大众	大众	2
625		2150	广汽乘用车	传祺	2
626			一汽大众	大众	1
627		2156	长安福特	福特	1
628		2157	上汽乘用车	名爵	2
629		2160	上汽通用	别克	3
630				雪佛兰	2
631		2163	吉利汽车	领克	1
632		2170	广汽本田	讴歌	3
633			上汽大众	大众	1
634		2171	长城汽车	哈弗	1
635		2174	上汽乘用车	名爵	1
636		2175	上汽大众	大众	1
637		2185	上汽大众	斯柯达	1
638			长安福特	林肯	1
639		2190	广汽乘用车	传祺	1
640			长城汽车	哈弗	1
641		2193	广汽乘用车	传祺	2
642		2195	广汽乘用车	传祺	1
643			广汽菲克	吉普	1
644		2205	一汽大众	奥迪	1
645			一汽轿车	红旗	1
646			长城汽车	魏派	1
647		2210	一汽大众	奥迪	1
648				大众	1
649		2215	上汽通用	凯迪拉克	4
650			长城汽车	哈弗	1
651		2220	东风本田	本田	2
652			东风小康	东风	1
653			广汽本田	本田	2
654			上汽大众	斯柯达	1
655			沃尔沃亚太	沃尔沃	3
656			一汽大众	奥迪	1
657			长安福特	福特	1
658			长城汽车	魏派	2
659		2221	上汽乘用车	荣威	1
660		2225	宝沃汽车	宝沃	2
661			一汽大众	大众	6
662			一汽轿车	奔腾	2
663		2230	一汽大众	大众	1
664			长城汽车	哈弗	3
665		2235	上汽大众	斯柯达	1
666		2240	上汽通用	别克	2
667		2245	上汽大众	大众	1
668			长城汽车	哈弗	1
669		2255	一汽轿车	红旗	1
670		2260	长安福特	福特	1
671		2275	上汽通用	别克	1
672		2280	广汽本田	讴歌	3
673			上汽通用	凯迪拉克	2
674		2285	长城汽车	魏派	1
675		2290	东风英菲尼迪	英菲尼迪	4
676		2295	东风本田	本田	3
677			广汽本田	本田	4
678		2297	上汽通用	雪佛兰	1
679		2300	北京奔驰	奔驰	2
680		2305	东风小康	东风	1
681			广汽菲克	吉普	1
682			卡威汽车	卡威	1
683			长城汽车	哈弗	2
684		2315	上汽大众	斯柯达	1
685			长安福特	福特	1
686		2320	东风英菲尼迪	英菲尼迪	9
687		2323	宝沃汽车	宝沃	1
688		2325	一汽大众	奥迪	6
689		2335	上汽大众	大众	1
690		2340	一汽大众	奥迪	3
691		2343	长安福特	福特	1
692		2350	广汽菲克	吉普	1
693			奇瑞捷豹路虎	路虎	3
694		2355	上汽大众	大众	1
695		2360	一汽大众	奥迪	2
696		2370	北京奔驰	奔驰	3
697			沃尔沃亚太	沃尔沃	1
698		2375	广汽乘用车	传祺	1
699			上汽通用	凯迪拉克	2
700		2380	上汽大众	大众	1
701		2385	华晨宝马	宝马	2
702		2390	长安汽车	长安	2
703		2400	奇瑞捷豹路虎	捷豹	3
704			众泰汽车	众泰	1

序号	排量	总质量	制造商	品牌	合计
705		2405	广汽乘用车	传祺	1
706			广汽菲克	吉普	1
707		2415	上汽通用	雪佛兰	1
708		2420	比亚迪汽车	比亚迪	1
709		2425	广汽乘用车	传祺	1
710		2430	北京奔驰	奔驰	3
711			沃尔沃亚太	沃尔沃	3
712		2440	奇瑞捷豹路虎	路虎	1
713		2450	广汽菲克	吉普	1
714			长安福特	福特	2
715		2470	上汽大众	大众	1
716		2477	上汽通用	雪佛兰	2
717		2480	广汽菲克	吉普	2
718		2483	上汽通用	别克	1
719		2500	广汽乘用车	传祺	1
720		2501	上汽乘用车	荣威	2
721		2502	长城汽车	哈弗	1
722		2505	北京汽车	北京	3
723			奇瑞捷豹路虎	路虎	1
724			上汽乘用车	荣威	2
725			上汽大众	大众	1
726			长城汽车	魏派	3
727		2510	东风悦达起亚	起亚	2
728			华晨宝马	宝马	2
729			江铃汽车	江铃	7
730			长城汽车	哈弗	1
731		2514	长安福特	福特	3
732		2515	北京现代	现代	4
733			东风小康	东风	1
734			广汽乘用车	传祺	2
735		2516	上汽通用	别克	1
736		2520	北京汽车	北京	1
737			长安福特	福特	2
738		2525	上汽大众	大众	4
739		2532	长安汽车	长安	1
740		2535	北京汽车	北京	1
741		2540	广汽菲克	吉普	2
742		2550	奇瑞捷豹路虎	路虎	4
743		2555	长安福特	福特	1
744		2560	广汽丰田	丰田	2
745		2565	北京汽车	北京	1
746			上汽大众	大众	2
747		2570	汉龙汽车	汉龙	2
748			江铃汽车	江铃	3
749			上汽大众	大众	1
750		2575	上汽通用	凯迪拉克	2
751		2589	长安福特	福特	2
752		2595	东风小康	东风	1
753		2600	江铃汽车	江铃	2
754			上汽大众	大众	1
755		2604	上汽通用	雪佛兰	2
756		2605	上汽大众	大众	2
757		2607	上汽通用	别克	1
758		2617	长安福特	福特	2
759		2640	广汽丰田	丰田	2
760			上汽通用	别克	2
761		2642	长安汽车	长安	1
762		2645	上汽大众	大众	2
763		2650	江铃汽车	江铃	1
764		2654	上汽乘用车	荣威	2
765		2658	长安福特	福特	1
766		2660	汉龙汽车	汉龙	2
767			奇瑞捷豹路虎	路虎	1
768			沃尔沃亚太	沃尔沃	2
769		2665	一汽轿车	红旗	1
770		2675	上汽通用	凯迪拉克	2
771		2700	奇瑞捷豹路虎	路虎	2
772			上汽商用车	大通	2
773		2720	广汽丰田	丰田	1
774			一汽轿车	红旗	1
775		2791	长城汽车	魏派	2
776		2795	北京汽车	北京	1
777		2800	北汽有限	北京	2
778			上汽商用车	大通	3
779		2855	比亚迪汽车	比亚迪	1
780		2895	比亚迪汽车	比亚迪	1
781		2900	江铃福特	福特	4
782			上汽商用车	大通	3
783		2950	长城汽车	哈弗	8
784		2960	上汽商用车	大通	1
785		2995	比亚迪汽车	比亚迪	2
786			腾势汽车	腾势	1
787		3000	上汽商用车	大通	3
788		3100	上汽商用车	大通	3
789	2.2T	2950	江铃福特	福特	1
790	2.3T	2445	北京汽车	北京	1
791		2505	北京汽车	北京	1
792			长安福特	福特	2
793		2540	北京汽车	北京	1
794		2541	长安福特	福特	2
795		2557	长安福特	福特	2
796		2563	长安福特	福特	2
797		2642	长安福特	福特	2
798		2664	长安福特	福特	2
799		2775	北京汽车	北京	1
800		2795	北京汽车	北京	2
801		2800	江铃福特	福特	2
802		2815	北京汽车	北京	2
803		2950	江铃福特	福特	4
804	2.4L	2205	广汽三菱	三菱	2
805		2210	广汽三菱	三菱	2
806		2500	猎豹汽车	猎豹	1
807	2.4T	2510	北汽有限	北京	4
808		2530	北汽有限	北京	7
809		2680	北汽有限	北京	5
810	2.5L	1987	一汽轿车	马自达	1
811		2020	东风日产	日产	3
812		2030	东风雷诺	雷诺	2
813		2070	长安马自达	马自达	1
814		2071	一汽轿车	马自达	1
815		2087	东风雷诺	雷诺	2
816			一汽轿车	马自达	1
817		2112	东风雷诺	雷诺	4
818		2143	长安马自达	马自达	1
819		2145	东风日产	日产	2
820		2195	广汽丰田	丰田	4
821			一汽丰田	丰田	1
822		2220	东风日产	日产	2

序号	排量	总质量	制造商	品牌	合计
823		2225	郑州日产	日产	1
824		2230	广汽丰田	丰田	1
825			一汽丰田	丰田	2
826		2280	郑州日产	日产	1
827		2395	长安马自达	马自达	4
828		2400	郑州日产	日产	1
829		2475	长安马自达	马自达	1
830	2.5T	2375	东风日产	日产	2
831		2565	北汽有限	北京	1
832		2660	上汽大众	大众	1
833		2685	上汽大众	大众	2
834		2690	上汽大众	大众	1
835		2710	上汽大众	大众	2
836		2750	上汽大众	大众	2
837	2.7T	2735	长安福特	福特	1
838	2.8T	2600	北汽有限	北京	1
839	3.0T	2750	江西五十铃	江西五十铃	4
840		2767	长安福特	福特	2
841		2772	长安福特	福特	2
842		2785	北京汽车	北京	2
843		2839	长安福特	福特	2
844		2845	一汽轿车	红旗	2
845		2857	长安福特	福特	2
846		2900	一汽轿车	红旗	2
847		2929	长安福特	福特	2
848		3150	北京汽车	北京	2
849	3.5L	2950	一汽丰田	丰田	6
850	4.0T	3150	北京汽车	北京	1
851	4.6L	3510	中恒天汽车	天马	1
852	纯电	1240	东风乘用车	风神	1
853			东风雷诺	雷诺	2
854			东风日产	启辰	1
855			东风小康	东风	1
856		1410	合众新能源	哪吒	1
857		1420	湖南恒润	恒润	2
858		1458	合众新能源	哪吒	2
859		1465	大运汽车	大运	1
860		1469	合众新能源	哪吒	2
861		1481	合众新能源	哪吒	1
862		1516	合众新能源	哪吒	1
863		1526	合众新能源	哪吒	2
864		1550	大运汽车	大运	1
865		1560	大运汽车	大运	1
866		1675	枫盛汽车	枫叶	1
867		1755	云度汽车	云度	1
868		1815	云度汽车	云度	1
869		1825	比亚迪汽车	比亚迪	2
870			国机智骏	智骏	2
871		1830	北汽新能源	北京	3
872		1835	奇瑞汽车	奇瑞	1
873		1850	长城汽车	欧拉	1
874		1870	比亚迪汽车	比亚迪	1
875		1905	江铃汽车	江铃	1
876			敏安汽车	敏安	1
877			长安汽车	长安	1
878		1935	奇瑞汽车	奇瑞	1
879		1950	上汽乘用车	名爵	2
880		1955	比亚迪汽车	比亚迪	1
881		1975	北汽新能源	北京	1

序号	排量	总质量	制造商	品牌	合计
882		1980	奇瑞汽车	奇瑞	1
883		2000	北汽新能源	北京	1
884		2005	神龙汽车	标致	1
885		2010	东风日产	启辰	1
886			吉利汽车	帝豪	2
887		2015	吉利汽车	几何	2
888		2020	比亚迪汽车	比亚迪	1
889		2024	东风本田	思铭	2
890		2025	汉腾汽车	汉腾	1
891		2035	长安汽车	长安	1
892		2040	北汽新能源	北京	1
893			小鹏汽车	小鹏	6
894		2050	合众新能源	哪吒	1
895		2055	合众新能源	哪吒	1
896		2065	东风小康	东风	1
897			吉利汽车	几何	1
898			江淮汽车	江淮	1
899		2070	上汽大众	大众	1
900		2080	广汽乘用车	传祺	3
901		2085	北京现代	现代	1
902			江淮汽车	江淮	1
903			威马汽车	威马	1
904		2090	威马汽车	威马	1
905			一汽大众	奥迪	1
906		2092	上汽通用	别克	1
907		2100	合众新能源	哪吒	1
908			雷丁汽车	雷丁	1
909			四川工业	野马	2
910		2101	威马汽车	威马	1
911		2110	广汽本田	本田	2
912				理念	5
913		2119	威马汽车	威马	1
914		2120	比亚迪汽车	比亚迪	1
915			合众新能源	哪吒	1
916			威马汽车	威马	1
917		2122	一汽轿车	红旗	3
918		2125	威马汽车	威马	1
919		2132	一汽轿车	红旗	2
920		2135	爱驰汽车	爱驰	2
921			江铃福特	福特	1
922		2136	河北中兴	田野	1
923			威马汽车	威马	1
924		2137	北汽新能源	北京	1
925		2145	江铃福特	福特	1
926		2155	爱驰汽车	爱驰	1
927			上汽乘用车	荣威	1
928		2158	威马汽车	威马	1
929		2165	奇瑞汽车	奇瑞	1
930		2166	威马汽车	威马	1
931		2170	上汽商用车	大通	1
932		2184	威马汽车	威马	1
933		2185	上汽乘用车	荣威	1
934		2194	敏安汽车	敏安	1
935		2195	南京金龙	天美	1
936		2200	广汽乘用车	传祺	1
937		2205	比亚迪汽车	比亚迪	1
938		2213	威马汽车	威马	1
939		2220	广汽丰田	丰田	1
940			一汽丰田	丰田	1

序号	排量	总质量	制造商	品牌	合计
941		2230	一汽轿车	奔腾	1
942		2236	威马汽车	威马	1
943		2245	威马汽车	威马	1
944		2250	上汽商用车	大通	1
945			四川工业	野马	1
946		2255	长安汽车	长安	2
947		2261	威马汽车	威马	1
948		2270	一汽轿车	红旗	1
949		2295	南京金龙	天美	1
950			奇瑞汽车	捷途	2
951			长安汽车	长安	2
952		2300	广汽乘用车	传祺	1
953			上汽乘用车	荣威	1
954		2325	比亚迪汽车	比亚迪	1
955			广汽乘用车	传祺	1
956			广汽蔚来	合创	1
957		2345	天际汽车	天际	1
958		2359	威马汽车	威马	1
959		2410	宝沃汽车	宝沃	1
960		2420	广汽乘用车	传祺	2
961		2435	天际汽车	天际	2
962		2445	宝沃汽车	宝沃	1
963			广汽乘用车	传祺	1
964			广汽蔚来	合创	1
965		2480	北汽新能源	极狐	1
966		2575	北汽新能源	极狐	1
967		2600	广汽乘用车	传祺	1
968		2680	比亚迪汽车	比亚迪	1
969		2700	比亚迪汽车	比亚迪	1
970			腾势汽车	腾势	1
971		2720	北汽新能源	极狐	1
972		2725	华晨宝马	宝马	2
973		2750	蔚来汽车	蔚来	1
974		2780	蔚来汽车	蔚来	1
975		2799	蔚来汽车	蔚来	1
976		2820	比亚迪汽车	比亚迪	1
977			蔚来汽车	蔚来	1
978		2855	腾势汽车	腾势	1
979		2975	北京奔驰	奔驰	3
980		3099	蔚来汽车	蔚来	3
总计					1789

通过对 2020 年 SUV 乘用车 85 家 1789 车型轮胎参数数据分析，共计配置有 78 款轮胎。其中规格型号为 215/60R17 的轮胎被 3 大派系全部使用，有 179 个车型，位居第一位，占比达 10.0%。具体数据参见表 ST01　2020 年运动型多用途乘用车（SUV）轮胎规格一览表。

表 ST01　2020 年运动型多用途乘用车（SUV）轮胎规格一览表

序号	轮胎规格	韩系	美系	欧系	日系	自主	合计	占比
	总计	37	158	247	243	1104	1789	100.0%
1	215/60R17			9	13	157	179	10.0%
2	235/60R18	4	2	28	11	90	135	7.5%
3	225/65R17		11	5	13	94	123	6.9%
4	225/60R18		5	10	20	77	112	6.3%
5	225/55R18		5	16	16	65	102	5.7%
6	215/55R17	1	6	6	19	55	87	4.9%
7	205/60R16	3	6	12	3	47	71	4.0%
8	235/55R19		3	14	30	11	58	3.2%
9	225/60R17	10	16			26	52	2.9%
10	235/55R18		10	18		23	51	2.9%
11	215/55R18			4	4	40	48	2.7%
12	245/55R19		11		26	9	46	2.6%
13	235/50R19		2	11		31	44	2.5%
14	235/50R18		5		15	20	40	2.2%
15	215/65R16		7		3	28	38	2.1%
16	215/65R17			37		1	38	2.1%
17	235/65R17	4	1	3	13	13	34	1.9%
18	205/65R16	5				25	30	1.7%
19	215/50R17		1			28	29	1.6%
20	225/55R19		2		9	18	29	1.6%
21	265/60R18		5		6	14	25	1.4%
22	255/45R20			2	3	17	22	1.2%
23	255/60R18				14	6	20	1.1%
24	265/65R17		6			13	19	1.1%
25	215/70R16	8			6	4	18	1.0%
26	225/50R18			12		6	18	1.0%
27	245/60R18		3	11	2	2	18	1.0%
28	205/55R17			7	3	7	17	1.0%
29	235/65R18		8		4	5	17	1.0%
30	265/45R21		1			16	17	1.0%
31	265/75R16					17	17	1.0%
32	215/60R16			7	6	3	16	0.9%
33	255/55R19			9		7	16	0.9%
34	235/55R20		10			4	14	0.8%
35	225/50R17					12	12	0.7%
36	225/55R17			7		5	12	0.7%
37	255/55R20		8			4	12	0.7%
38	205/55R16			2		8	10	0.6%
39	185/65R15					9	9	0.5%
40	215/80R16					8	8	0.4%
41	275/45R21		8				8	0.4%
42	245/45R20		2	1		4	7	0.4%
43	265/65R18					7	7	0.4%
44	195/65R15					6	6	0.3%
45	225/45R18					6	6	0.3%
46	245/50R20		4			2	6	0.3%
47	255/50R19					6	6	0.3%
48	255/60R19		6				6	0.3%
49	265/40R22					6	6	0.3%
50	165/70R14			2		3	5	0.3%
51	205/50R16					5	5	0.3%
52	205/50R17					5	5	0.3%
53	245/50R19			5			5	0.3%
54	255/50R20			2		3	5	0.3%
55	235/45R19					4	4	0.2%
56	185/55R16					3	3	0.2%
57	215/50R18		2	1			3	0.2%
58	245/40R21			3			3	0.2%
59	195/60R16	2					2	0.1%
60	205/60R15					2	2	0.1%
61	205/70R15					2	2	0.1%
62	225/45R19				2		2	0.1%
63	235/45R20					2	2	0.1%
64	235/60R17					2	2	0.1%
65	245/65R17		1			1	2	0.1%
66	245/70R17					2	2	0.1%
67	255/40R21			2			2	0.1%
68	255/65R17				2		2	0.1%
69	195/55R16					1	1	0.1%
70	235/50R20			1			1	0.1%
71	235/55R17		1				1	0.1%
72	235/85R16					1	1	0.1%
73	245/45R19					1	1	0.1%
74	275/50R20					1	1	0.1%
75	275/55R19					1	1	0.1%
76	285/60R18					1	1	0.1%
77	285/70R17					1	1	0.1%
78	295/40R21					1	1	0.1%

通过对 2020 年 SUV 乘用车 85 家 1789 车型轮胎参数数据分析，共计使用有 13 个轮胎宽度。其中轮胎宽度为 225 的轮胎被 5 大派系全部使用，有 468 个车型，位居第一位，占比达 26.2%。具体数据参见表 ST02 2020 年运动型多用途乘用车（SUV）轮胎宽度分析表。

表 ST02　2020 年运动型多用途乘用车（SUV）轮胎宽度分析表

序号	轮胎宽度	韩系	美系	欧系	日系	自主	合计	占比
1	165			2		3	5	0.3%
2	185					12	12	0.7%
3	195	2				7	9	0.5%
4	205	8	6	21	6	101	142	7.9%
5	215	9	16	64	51	324	464	25.9%
6	225	10	39	50	60	309	468	26.2%
7	235	8	42	75	73	206	404	22.6%
8	245		21	20	28	21	90	5.0%
9	255		14	15	19	43	91	5.1%
10	265		12		6	73	91	5.1%
11	275		8			2	10	0.6%
12	285					2	2	0.1%
13	295					1	1	0.1%
	总计	37	158	247	243	1104	1789	100.0%

通过对 2020 年 SUV 乘用车 85 家 1789 车型轮胎参数数据分析，共计使用有 10 个轮胎高宽比。其中轮胎高宽比为 60 的轮胎被 5 大派系全部使用，有 641 个车型，位居第一位，占比达 35.8%。具体数据参见表 ST03 2020 年运动型多用途乘用车（SUV）轮胎高宽比分析表。

表 ST03　2020 年运动型多用途乘用车（SUV）轮胎高宽比分析表

序号	轮胎高宽比	韩系	美系	欧系	日系	自主	合计	占比
1	/40			5		7	12	0.7%
2	/45		11	3	5	50	69	3.9%
3	/50		14	32	15	119	180	10.1%
4	/55	1	56	83	107	261	508	28.4%
5	/60	19	43	77	75	427	641	35.8%
6	/65	9	34	45	35	202	325	18.2%
7	/70	8		2	6	12	28	1.6%
8	/75					17	17	1.0%
9	/80					8	8	0.4%
10	/85					1	1	0.1%
	总计	37	158	247	243	1104	1789	100.0%

通过对 2020 年 SUV 乘用车 85 家 1789 车型轮胎参数数据分析，共计使用有 9 个轮胎内径。其中轮胎内径为 R17 的轮胎被 5 大派系全部使用，有 617 个车型，位居第一位，占比达 34.5%。具体数据参见表 ST04 2020 年运动型多用途乘用车（SUV）轮胎内径分析表。

表 ST04　2020 年运动型多用途乘用车（SUV）轮胎内径分析表

序号	轮胎内径	韩系	美系	欧系	日系	自主	合计	占比
1	R14			2		3	5	0.3%
2	R15					19	19	1.1%
3	R16	18	13	21	18	150	220	12.3%
4	R17	15	43	74	63	422	617	34.5%
5	R18	4	45	100	92	362	603	33.7%
6	R19		24	39	67	88	218	12.2%
7	R20		24	6	3	37	70	3.9%
8	R21		9	5		17	31	1.7%
9	R22					6	6	0.3%
	总计	37	158	247	243	1104	1789	100.0%

表 ST05　2020 年运动型多用途乘用车（SUV）车型与轮胎规格一览表

序号	制造商	车型	排量	轮胎规格	汇总
1	爱驰汽车	爱驰 U5	纯电	235/50R19	3
2	宝沃汽车	宝沃 BX3	1.4T	215/60R17	1
3		宝沃 BX5	1.4T	225/65R17	2
4		宝沃 BX7	2.0T	235/60R18	3
5				235/65R17	2
6		宝沃 BXi7	纯电	235/60R18	2
7	北京奔驰	GLA180	1.3T	235/55R18	1
8		GLA200	1.3T	235/50R19	1
9				235/55R18	1
10		GLB180	1.3T	235/55R18	2
11		GLB200	1.3T	235/50R19	2
12				235/55R18	1
13		GLC260L	2.0T	235/55R19	2
14				235/60R18	3
15		GLC300L	2.0T	235/55R19	1
16				255/45R20	2
17		奔驰 EQC	纯电	235/50R20	1
18				235/55R19	2
19	北京汽车	B40L	2.0T	265/65R17	4
20			2.3T	245/65R17	1
21				265/65R17	2
22		BJ40	2.0T	265/65R17	1
23		BJ40C	2.0T	265/65R17	1
24		BJ40S	2.3T	285/70R17	1
25		BJ80C	2.0T	265/65R18	1
26			2.3T	265/65R18	4
27			3.0T	265/65R18	2
28		BJ90	3.0T	275/50R20	1
29				275/55R19	1
30			4.0T	295/40R21	1
31		北京 X7	1.5T	235/60R18	3
32		智达 X3	1.5L	205/60R16	4
33				215/50R17	3
34			1.5T	205/60R16	2
35		智行 X5	1.5T	225/55R17	4
36	北京现代	全新途胜	1.6T	225/60R17	3
37		现代 ENCINO	1.6T	205/60R16	3
38			纯电	215/55R17	1
39		现代 ix25	1.5L	205/65R16	3
40		现代 ix35	1.4T	215/70R16	4
41			2.0L	215/70R16	4
42		新胜达	2.0T	235/60R18	4
43	北汽新能源	ARCFOX αT	纯电	235/50R19	3
44		EC5	纯电	205/50R16	1
45		ET3	纯电	205/50R16	2
46		EX 系列	纯电	215/50R17	3
47				225/50R18	1
48	北汽有限	BJ212	1.5T	215/80R16	2
49			2.4T	215/80R16	1
50		勇士	2.0T	265/75R16	2
51			2.4T	215/80R16	1
52				265/75R16	14
53			2.5T	265/75R16	1
54		战旗	1.5T	215/80R16	3
55			2.8T	215/80R16	1
56	比亚迪汽车	比亚迪 S2	纯电	205/60R16	1

序号	制造商	车型	排量	轮胎规格	汇总
57	比亚迪汽车	比亚迪宋	1.5T	225/60R18	4
58				225/65R17	5
59		比亚迪宋 LUS	1.5T	235/55R18	1
60			纯电	235/55R18	1
61		比亚迪宋 ro	1.5T	225/65R17	1
62		比亚迪宋 ro BEV	纯电	225/60R18	2
63		比亚迪宋 ro DM	1.5T	225/60R18	2
64		比亚迪唐	2.0T	245/45R20	1
65		比亚迪唐 BEV	纯电	265/40R22	3
66		比亚迪唐 HEV	2.0T	235/60R18	1
67				245/45R20	1
68				255/50R20	2
69		比亚迪元	纯电	205/60R16	3
70				215/55R17	1
71	大运汽车	悦虎 ES3	纯电	185/55R16	3
72	东风本田	CR-V	1.5T	235/55R19	4
73				235/60R18	1
74				235/65R17	8
75			2.0L	235/55R19	4
76				235/60R18	6
77		UR-V	1.5T	245/55R19	5
78			2.0T	245/55R19	5
79		XR-V	1.5L	215/55R17	4
80				215/60R16	2
81			1.5T	215/55R17	3
82		思铭 X-NV	纯电	215/55R17	2
83	东风乘用车	风神 AX3	1.6L	205/50R16	2
84		风神 AX4	1.0T	215/50R17	1
85		风神 AX7	1.4T	225/65R17	2
86			1.5T	225/60R18	1
87				225/65R17	1
88			1.6T	225/60R18	4
89				225/65R17	1
90		风神 EX1	纯电	165/70R14	1
91		奕炫 GS	1.0T	215/55R17	2
92			1.5T	215/55R17	2
93		御风 S16	1.9T	245/70R17	1
94	东风风行	风行 SX6	1.6L	215/55R17	4
95		风行 T5	1.5T	215/55R18	3
96				215/60R17	1
97			1.6L	215/55R18	2
98				215/60R17	1
99			1.6T	215/55R18	1
100			1.8T	215/60R17	1
101		风行 T5L	1.5T	225/55R19	3
102			1.8T	225/55R19	3
103		风行 T7	1.6T	225/60R18	2
104		景逸 X6	1.5T	215/55R17	6
105		景逸 X7	1.5T	225/55R19	1
106		新景逸 X5	1.5T	215/55R18	1
107			1.6L	215/60R17	1
108				215/65R16	1
109			2.0L	215/55R18	1
110				215/60R17	1
111	东风雷诺	e 诺	纯电	165/70R14	2
112		科雷傲	2.0L	225/60R18	2

序号	制造商	车型	排量	轮胎规格	汇总
113	东风雷诺	科雷傲		225/65R17	3
114			2.5L	225/60R18	8
115		科雷缤	1.3T	215/60R17	3
116		科雷嘉	2.0L	215/55R18	4
117				215/60R17	3
118	东风日产	劲客	1.5L	205/55R17	3
119				205/60R16	1
120		启辰 E30	纯电	165/70R14	1
121		启辰 T60	1.6L	215/55R18	3
122				215/60R17	8
123		启辰 T60EV	纯电	215/60R17	1
124		启辰 T90	1.4T	215/55R18	2
125			1.5T	215/55R18	1
126				215/60R17	3
127				235/45R19	1
128			2.0L	215/55R18	4
129				215/60R17	2
130				235/45R19	2
131		启辰星	1.5T	225/65R17	6
132		逍客	2.0L	215/55R18	3
133				215/60R17	2
134				225/45R19	2
135		新楼兰	2.5L	235/65R18	2
136			2.5T	235/65R18	2
137		新奇骏	2.0L	225/65R17	5
138			2.5L	225/55R19	1
139				225/60R18	4
140		新启辰 T70	1.4T	215/55R18	1
141			1.6L	215/65R16	1
142			2.0L	215/55R18	2
143				215/60R17	5
144	东风小康	风光 500	1.5L	205/65R16	1
145		风光 580	1.5T	215/60R17	3
146				225/60R17	5
147			1.8L	215/60R17	4
148				225/55R18	1
149		风光 E1	纯电	165/70R14	1
150		风光 E3	纯电	225/55R18	1
151		风光 ix5	1.5T	225/60R18	1
152				235/50R18	4
153			2.0T	225/60R18	2
154		风光 ix7	2.0T	245/60R18	2
155		风光 S560	1.5T	205/65R16	1
156				215/60R17	3
157			1.8L	205/65R16	3
158				215/60R17	3
159	东风英菲尼迪	QX50	2.0T	235/55R19	10
160				255/45R20	3
161	东风裕隆	纳智捷 URX	1.8T	225/50R18	2
162	东风悦达起亚	起亚 KX3 傲跑	1.5L	205/65R16	2
163		起亚 KX5	1.6T	225/60R17	3
164			2.0L	225/60R17	1
165		起亚 KX7	2.0L	235/65R17	2
166			2.0T	235/65R17	2
167		奕跑	1.4L	195/60R16	2
168		智跑	1.4T	225/60R17	1
169			2.0L	225/60R17	2
170	东南汽车	DX7 星跃	1.5T	235/55R18	1

序号	制造商	车型	排量	轮胎规格	汇总
171	东南汽车	东南 DX3	1.5L	215/60R17	2
172			1.5T	215/55R18	1
173				215/60R17	2
174		东南 DX5	1.5L	215/60R17	2
175			1.5T	215/60R17	2
176		东南 DX7	1.5T	235/55R18	3
177			1.8T	235/55R18	1
178	枫盛汽车	枫叶 30X	纯电	205/60R16	1
179	新龙马	启腾 V60	1.5L	195/65R15	1
180	观致汽车	观致 5	1.6T	225/65R17	2
181		观致 7	1.6T	235/55R18	1
182			1.8T	235/55R18	1
183	广汽本田	缤智	1.5L	215/55R17	4
184				215/60R16	3
185			1.5T	215/55R17	3
186		冠道	1.5T	245/55R19	7
187			2.0T	245/55R19	6
188		皓影	1.5T	235/55R19	4
189				235/65R17	5
190			2.0L	235/60R18	4
191		理念 VE1	纯电	215/55R17	7
192		讴歌 CDX	1.5T	235/50R18	10
193			2.0L	235/50R18	5
194		讴歌 RDX	2.0T	235/55R19	6
195	广汽乘用车	传祺 AION LX	纯电	245/55R19	3
196		传祺 AION V	纯电	235/55R19	4
197		传祺 GE3	纯电	215/55R18	3
198		传祺 GS3	1.5L	215/65R16	1
199			1.5T	215/65R16	8
200		传祺 GS4	1.5T	225/60R17	11
201		传祺 GS4	1.5T	235/55R18	1
202		传祺 GS5	1.5T	225/65R17	4
203		传祺 GS7	2.0T	235/65R17	2
204		传祺 GS8	1.8T	235/60R18	2
205			2.0T	235/60R18	6
206				245/55R19	2
207		传祺 GS8S	1.8T	235/60R18	2
208			2.0T	235/60R18	2
209	广汽菲克	大指挥官	2.0T	235/55R19	3
210				235/65R17	1
211		悦界 HEV	1.5L	225/60R17	1
212		指挥官	2.0T	235/60R18	2
213		指南者	1.3T	225/60R17	8
214		自由光	2.0L	225/60R17	3
215			2.0T	225/60R17	2
216				245/65R17	1
217		自由侠	1.3T	215/65R16	4
218				225/55R18	1
219	广汽丰田	丰田 C-HR	2.0L	215/60R17	4
220		丰田 C-HR BEV	纯电	215/60R17	1
221		威兰达	2.0L	225/60R18	7
222			2.5L	225/60R18	5
223		新汉兰达	2.0T	245/55R19	3
224				245/60R18	2
225	广汽三菱	欧蓝德	2.0L	225/55R18	3
226			2.4L	225/55R18	4
227		新劲炫	1.6L	215/70R16	2
228			2.0L	215/60R17	1

序号	制造商	车型	排量	轮胎规格	汇总
229	广汽三菱	新劲炫		225/55R18	2
230		奕歌	1.5T	215/70R16	4
231				225/55R18	7
232	广汽蔚来	合创 007	纯电	245/55R19	2
233	国机智骏	智骏 GX5	纯电	215/50R17	2
234	海马汽车	海马 6	1.2T	215/60R17	1
235		海马 8S	1.6T	225/60R18	6
236	汉龙汽车	旷世	2.0T	255/55R20	4
237	汉腾汽车	汉腾 X5	1.5T	205/65R16	2
238				215/55R17	6
239			纯电	215/55R17	1
240		汉腾 X7	1.5T	235/65R17	3
241			2.0T	235/60R18	2
242	合众新能源	哪吒 N01	纯电	185/65R15	6
243		哪吒 U	纯电	225/60R18	4
244		哪吒 V	纯电	185/65R15	3
245	河北中兴	易电易行 K60	纯电	205/55R17	1
246	湖南恒润	恒润 HR-S1	纯电	205/70R15	2
247	华晨宝马	宝马 iX3	纯电	245/45R20	1
248				245/50R19	1
249		宝马 X2	1.5T	225/50R18	2
250			2.0T	225/50R18	4
251		宝马 X3	2.0T	245/50R19	4
252		新宝马 X1	1.5T	225/50R18	2
253				225/55R17	1
254			2.0T	225/50R18	4
255		之诺 100H	1.5T	225/55R17	1
256	华晨汽车	观境	1.6L	215/60R17	1
257		中华 V3	1.5L	215/60R17	4
258			1.5T	215/55R18	5
259			1.6L	215/60R17	2
260		中华 V6	1.5T	235/60R18	2
261		中华 V7	1.6T	235/55R19	2
262				235/60R18	3
263			1.8T	235/55R19	2
264	华晨鑫源	斯威 G01	1.5T	225/60R18	3
265				225/65R17	5
266		斯威 G05	1.5T	225/65R17	2
267			2.0L	225/65R17	2
268		斯威 X3	1.5L	205/55R16	1
269			1.5T	205/55R16	1
270		斯威 X7	1.5T	215/55R18	2
271			2.0L	215/60R17	2
272	华泰汽车	圣达菲	1.5T	215/70R16	4
273	吉利汽车	缤越	1.4T	215/65R16	2
274			1.5T	215/60R17	5
275		缤越 HEV	1.5T	215/55R18	2
276		博越	1.8T	225/60R18	5
277				225/65R17	2
278			2.0L	225/60R18	1
279		博越 ro	1.5T	225/60R18	6
280			1.8T	225/60R18	2
281		帝豪 GS	1.4T	225/50R17	5
282			1.5T	225/50R17	3
283			1.8L	205/60R16	2
284				225/50R17	1
285		帝豪 GSe	纯电	225/45R18	2
286		豪越	1.5T	225/55R18	5

序号	制造商	车型	排量	轮胎规格	汇总
287	吉利汽车	豪越	1.8T	225/55R18	4
288		吉利 ICON	1.5T	215/55R18	1
289				215/60R17	2
290		几何 C	纯电	225/50R17	3
291		领克 01	1.5T	235/55R18	2
292			2.0T	235/50R19	1
293				235/55R18	1
294				235/60R17	2
295		领克 02	1.5T	235/50R18	4
296			2.0T	235/50R18	2
297		领克 05	1.5T	235/55R18	1
298			2.0T	235/50R19	3
299		领克 06	1.5T	215/60R17	6
300		星越	1.5T	235/50R19	3
301				245/45R20	1
302			2.0T	235/50R19	4
303		星越 HEV	1.5T	235/55R18	1
304		远景 S1	1.4T	215/50R17	1
305			1.5L	215/50R17	2
306		远景 SUV	1.3T	225/65R17	1
307			1.4T	225/60R18	1
308				225/65R17	5
309		远景 X3	1.5L	195/55R16	1
310				205/60R16	2
311	江淮大众	嘉悦 X8	1.5T	225/55R18	4
312		思皓 X8	1.5T	225/55R18	11
313	江淮汽车	江淮 iEVS4	纯电	215/50R17	2
314		瑞风 S3	1.5L	205/55R16	1
315		瑞风 S4	1.5T	215/50R17	5
316			1.6L	215/50R17	2
317		瑞风 S7	1.5T	235/60R18	5
318	江铃福特	撼路者	2.0T	265/60R18	2
319				265/65R17	2
320			2.2T	265/60R18	1
321			2.3T	265/60R18	2
322				265/65R17	4
323		领界	1.5T	215/65R16	3
324				235/50R18	1
325			纯电	235/50R18	2
326	江铃汽车	江铃 E400	纯电	205/60R16	1
327		荣曜	1.5T	215/60R17	1
328		驭胜	2.0T	235/65R17	2
329				265/60R18	6
330				265/65R17	5
331	江西大乘	大乘 G60	1.6L	215/65R16	1
332		大乘 G60S	1.5T	215/60R17	3
333	江西五十铃	MU-X	1.9T	255/60R18	8
334				255/65R17	1
335			3.0T	255/60R18	3
336				255/65R17	1
337	金康新能源	瑞驰 ER3	1.5L	225/55R18	1
338		赛力斯 SF5	1.5T	255/45R20	2
339	卡威汽车	卡威 W1	2.0T	235/65R17	1
340	雷丁汽车	雷丁 i9	纯电	205/65R16	1
341	理想智造	理想 ONE	1.2T	255/50R20	1
342	猎豹汽车	猎豹 CS9	1.5L	215/55R18	1
343			1.5T	215/55R18	1
344		猎豹 Q6	2.4L	235/85R16	1

序号	制造商	车型	排量	轮胎规格	汇总
345	猎豹汽车	迈途	1.6T	235/45R20	2
346	敏安汽车	敏安 ET-5	纯电	205/60R16	1
347		敏安 MX-6	纯电	235/60R18	1
348	南海富迪	揽福	1.9T	245/70R17	1
349	南京金龙	天美 ET5	纯电	235/50R19	2
350	奇瑞捷豹路虎	发现神行	2.0T	235/55R19	1
351				235/60R18	1
352		发现运动版	2.0T	235/60R18	6
353		极光	2.0T	235/55R19	2
354				235/60R18	2
355		捷豹 E-ACE	2.0T	235/60R18	2
356				235/65R17	1
357	奇瑞汽车	捷途 X70	1.5T	215/60R17	3
358				235/60R18	11
359			1.6T	235/60R18	5
360		捷途 X70M	1.5T	215/60R17	6
361				235/65R17	3
362		捷途 X70S	1.5T	235/60R18	4
363			1.6T	235/60R18	4
364		捷途 X70SEV	纯电	235/60R18	2
365		捷途 X90	1.5T	215/60R17	7
366				235/60R18	11
367			1.6T	235/60R18	4
368				255/45R20	6
369		捷途 X95	1.5T	235/60R18	3
370				255/45R20	2
371			1.6T	235/60R18	3
372				255/45R20	3
373		开瑞 K60	1.5L	205/55R17	3
374				205/60R15	2
375			1.5T	205/55R17	3
376		凯翼 X3	1.5L	215/65R16	1
377		凯翼 X5	1.5T	225/60R18	1
378		蚂蚁	纯电	225/60R18	1
379		瑞虎 3	1.5L	215/60R17	1
380			1.5T	215/60R17	1
381		瑞虎 3X	1.5L	205/55R16	3
382		瑞虎 3Xe	纯电	205/55R16	1
383		瑞虎 5X	1.5L	215/60R17	2
384				215/65R16	2
385			1.5T	215/60R17	2
386				215/65R16	1
387		瑞虎 7	1.5T	225/60R18	2
388				225/65R17	2
389			1.6T	225/65R17	2
390		瑞虎 8	1.5T	215/60R17	9
391			1.6T	215/60R17	7
392		瑞虎 E	纯电	215/60R17	2
393		星途 LX	1.5T	215/60R17	1
394			1.6T	215/60R17	2
395		星途 TX	1.6T	225/65R17	2
396		星途 TXL	1.6T	225/65R17	6
397		星途 VX	1.6T	235/60R18	2
398		炫界	1.5L	215/60R17	1
399				215/65R16	1
400	上汽乘用车	名爵 HS	1.5T	215/60R17	7
401			2.0T	215/60R17	4
402		名爵 S	1.0T	215/50R17	1

序号	制造商	车型	排量	轮胎规格	汇总
403	上汽乘用车	名爵 S	1.3T	205/60R16	1
404			1.5L	195/65R15	4
405				205/60R16	1
406			纯电	205/60R16	2
407		名爵领航	1.5T	215/60R17	1
408			2.0T	215/60R17	2
409		荣威 eRX5	1.5T	215/60R17	4
410		荣威 eRX5 EV	纯电	235/50R18	1
411		荣威 eRX5 MAX	1.5T	215/60R17	1
412		荣威 Marvel X	纯电	215/55R18	1
413				235/45R19	1
414		荣威 RX3	1.3T	215/50R17	1
415			1.6L	195/65R15	1
416				205/60R16	2
417		荣威 RX5	1.5T	215/65R16	9
418				235/50R18	4
419		荣威 RX5 MAX	1.5T	215/60R17	2
420			2.0T	215/60R17	2
421		荣威 RX8	2.0T	255/60R18	6
422	上汽大众	T-CROSS	1.2T	205/55R17	1
423			1.4T	205/55R17	2
424			1.5L	205/55R17	3
425		柯迪亚克	2.0T	215/65R17	4
426		柯迪亚克 GT	2.0T	215/65R17	2
427		柯珞克	1.4T	215/50R18	1
428				215/60R16	1
429			1.5L	205/60R16	4
430		柯米克 GT	1.2T	205/55R16	1
431			1.5L	205/55R16	1
432		途昂	2.0T	245/60R18	8
433				255/55R19	2
434			2.5T	245/60R18	3
435				255/55R19	3
436		途昂 X	2.0T	255/55R19	4
437			2.5T	255/50R20	2
438		途观 L	1.4T	215/65R17	4
439			2.0T	215/65R17	7
440		途观 X	2.0T	215/65R17	3
441		途岳	1.4T	215/60R16	2
442			2.0T	215/60R16	1
443		途岳 BEV	纯电	215/60R16	1
444	上汽商用车	D60	1.3T	235/50R19	3
445			1.5T	235/50R19	3
446		D90	2.0T	265/45R21	15
447		EUNIQ 6	1.3T	235/50R19	1
448			纯电	235/50R19	2
449	上汽通用	昂科拉	1.0T	215/55R17	2
450			1.3T	215/55R17	2
451		昂科拉 GX	1.3T	225/55R18	3
452		昂科旗	2.0T	235/55R20	4
453				235/65R18	1
454		昂科威	1.5T	225/65R17	2
455			2.0T	235/50R19	1
456		昂科威 S	2.0T	235/55R18	3
457				245/45R20	2
458		别克 Velite 7	纯电	215/50R17	1
459		创界	1.3T	225/55R18	1
460				225/60R17	3

序号	制造商	车型	排量	轮胎规格	汇总
461	上汽通用	创酷	1.0T	205/60R16	3
462			1.3T	215/55R17	2
463		开拓者	2.0T	235/55R20	2
464				235/65R18	3
465				265/45R21	1
466		凯迪拉克 XT4	2.0T	235/55R18	7
467		凯迪拉克 XT5	2.0T	235/65R18	4
468		凯迪拉克 XT6	2.0T	235/55R20	4
469		探界者	1.3T	225/65R17	3
470			1.5T	225/65R17	4
471			2.0T	225/60R18	2
472				235/50R19	1
473	上汽通用五菱	宝骏 510	1.5L	205/60R16	13
474		宝骏 530	1.5T	215/60R17	8
475		宝骏 RS-3	1.5L	205/60R16	7
476			1.5T	215/55R17	2
477		宝骏 RS-5	1.5T	225/55R18	5
478		宝骏 RS-7	1.5T	235/50R19	3
479		五菱宏光 S3	1.5L	205/65R16	5
480			1.5T	205/65R16	3
481	神龙汽车	C3-XR	1.2T	205/60R16	3
482			1.6L	205/60R16	1
483		标致 2008	1.2T	215/60R17	1
484		标致 4008	1.6T	215/65R17	3
485				225/55R18	2
486			1.8T	225/55R18	2
487		标致 5008	1.6T	225/55R18	6
488			1.8T	225/55R18	4
489				235/50R19	1
490		标致 e2008	纯电	215/60R17	1
491		天逸 C5 AIRCROSS	1.6T	215/65R17	2
492				225/55R18	2
493			1.8T	235/55R18	2
494		云逸	1.2T	205/60R16	2
495	四川工业	博骏	1.5L	205/65R16	1
496				215/55R17	1
497			1.5T	215/55R17	4
498		野马 EC60	纯电	205/65R16	1
499				215/55R17	1
500		野马 EC70	纯电	215/65R17	1
501	腾势汽车	腾势 X EV	纯电	265/40R22	2
502		腾势 X HEV	2.0T	265/40R22	1
503	天际汽车	天际 ME7	纯电	255/45R20	3
504	威马汽车	威马 EX5	纯电	225/55R18	10
505		威马 EX6	纯电	225/55R18	5
506	潍柴汽车	潍柴 U70	1.5T	225/60R17	4
507	蔚来汽车	蔚来 EC6	纯电	255/55R19	2
508		蔚来 ES6	纯电	255/55R19	2
509		蔚来 ES8	纯电	255/55R19	3
510	沃尔沃亚太	XC40 T3	1.5T	235/50R19	1
511		XC40 T4	2.0T	245/40R21	2
512		XC40 T5	2.0T	245/40R21	1
513		XC60 T4	2.0T	235/55R19	1
514		XC60 T5	2.0T	235/55R19	3
515		XC60 T8	2.0T	255/40R21	2
516	小鹏汽车	小鹏 G3	纯电	215/55R17	6
517	一汽大众	奥迪 Q2L	1.4T	215/55R17	2
518			纯电	215/55R17	1
519	一汽大众	奥迪 Q3	1.4T	235/55R18	3
520			2.0T	235/50R19	2
521				235/55R18	4
522		奥迪 Q5L	2.0T	235/55R19	2
523				235/60R18	9
524		捷达 VS5	1.4T	225/55R17	2
525		捷达 VS7	1.4T	225/55R17	4
526		探歌	1.4T	215/55R17	3
527				215/60R16	2
528		探影	1.4T	205/55R17	1
529			1.5L	205/60R16	2
530		探岳	1.4T	215/65R17	3
531				235/55R18	1
532			2.0T	215/65R17	7
533				235/55R18	3
534		探岳 X	2.0T	235/50R19	2
535	一汽丰田	丰田 RAV4	2.0L	225/60R18	2
536				225/65R17	1
537				235/55R19	2
538			2.5L	225/60R18	2
539				225/65R17	1
540		普拉多	3.5L	265/60R18	6
541		奕泽	2.0L	215/60R17	4
542			纯电	215/60R17	1
543	一汽吉林	森雅 R7	1.6L	215/55R17	5
544		森雅 R9	1.2T	215/60R17	3
545	一汽轿车	奔腾 E01	纯电	225/65R17	1
546		奔腾 T33	1.2T	215/55R17	2
547			1.6L	215/55R17	2
548		奔腾 T77	1.2T	215/60R17	3
549			1.5T	215/55R18	2
550		奔腾 T99	2.0T	245/50R20	2
551		奔腾 X40	1.6L	215/55R17	2
552		奔腾 X80	2.0L	215/60R17	2
553		红旗 E-HS3	纯电	235/50R18	5
554		红旗 E-HS3		245/45R19	1
555		红旗 HS5	2.0T	235/60R18	1
556				255/45R20	1
557		红旗 HS7	2.0T	255/50R19	2
558			3.0T	255/50R19	4
559		马自达 CX-4	2.0L	225/65R17	1
560			2.5L	225/55R19	3
561	云度汽车	云度 π1	纯电	205/60R16	1
562		云度 π3	纯电	215/50R17	1
563	长安标致雪铁龙	DS7	1.6T	215/65R17	2
564				235/50R19	2
565	长安福特	飞行家	3.0T	255/60R19	6
566				275/45R21	4
567		福克斯 Active	1.5T	215/50R18	2
568		冒险家	2.0T	225/60R18	2
569		锐际	2.0T	225/55R19	1
570				225/60R18	1
571				225/65R17	2
572		锐际 HEV	1.5T	225/55R19	1
573		锐界	2.0T	245/50R20	3
574				245/55R19	11
575				245/60R18	3
576			2.7T	245/50R20	1

序号	制造商	车型	排量	轮胎规格	汇总
577	长安福特	探险者	2.3T	255/55R20	8
578				275/45R21	4
579		翼搏	1.5L	205/60R16	3
580		翼虎	1.5T	235/50R18	2
581			2.0T	235/55R17	1
582	长安铃木	锋驭	1.6L	205/60R16	2
583		维特拉	1.4T	215/55R17	2
584			1.6L	215/60R16	1
585	长安马自达	马自达 CX-30	2.0L	215/55R18	1
586				215/65R16	3
587		马自达 CX-5	2.0L	225/65R17	3
588			2.5L	225/55R19	2
589		马自达 CX-8	2.5L	225/55R19	3
590				225/65R17	2
591	长安汽车	CS15	1.5L	205/50R17	2
592			纯电	205/55R16	1
593		CS35 LUS	1.4T	225/45R18	2
594			1.6L	215/60R16	3
595				225/45R18	2
596		CS35 mini	1.5L	205/50R17	2
597		CS55	1.5T	225/55R18	5
598				225/60R17	2
599		CS55 LUS	1.5T	225/55R18	7
600			纯电	225/55R18	3
601		CS75	1.5T	225/55R19	3
602				225/60R18	5
603				225/65R17	1
604		CS75 LUS	1.5T	225/55R19	6
605			2.0T	225/55R19	2
606		CS85	1.5T	225/60R18	1
607			2.0T	225/60R18	2
608		CS95	2.0T	245/55R19	2
609		UNI-T	1.5T	245/45R20	1
610		科赛 5	1.6L	205/60R16	3
611				215/50R17	4
612		科赛 GT	2.0T	225/65R17	2
613		欧尚 COS1	1.5T	225/65R17	8
614		欧尚 X5	1.5T	225/50R18	1
615			1.6L	215/60R17	1
616		欧尚 X7	1.5T	225/60R17	3

序号	制造商	车型	排量	轮胎规格	汇总
617	长安汽车	欧尚 X7	纯电	225/55R18	2
618		欧尚 X70A	1.5L	205/65R16	4
619	长城汽车	哈弗 F5	1.5T	235/60R18	4
620		哈弗 F7	1.5T	225/65R17	3
621			2.0T	225/65R17	2
622		哈弗 F7x	1.5T	225/65R17	2
623			2.0T	225/65R17	2
624		哈弗 H2	1.5T	235/55R18	8
625		哈弗 H4	1.5T	225/60R18	11
626		哈弗 H5	2.0T	235/65R17	2
627				235/65R18	2
628		哈弗 H6	1.5T	225/60R18	2
629				225/65R17	8
630				235/60R18	5
631			2.0T	235/60R18	2
632		哈弗 H6 Coue	1.5T	225/65R17	10
633		哈弗 H7	2.0T	235/55R19	1
634		哈弗 H9	2.0T	265/60R18	8
635		哈弗 M6	1.5T	225/65R17	4
636		哈弗大狗	1.5T	235/65R18	3
637		欧拉 iQ	纯电	205/50R17	1
638		魏派 VV5	1.5T	225/60R18	2
639			2.0T	225/60R18	2
640		魏派 VV6	2.0T	225/60R18	2
641		魏派 VV7	2.0T	235/55R20	2
642		魏派 VV7GT	2.0T	235/55R20	2
643				265/45R21	1
644	郑州日产	途达	2.5L	255/60R18	3
645	中恒天	天马 L4600	4.6L	285/60R18	1
646	众泰汽车	众泰 T300	1.5L	205/65R16	1
647				215/55R17	1
648		众泰 T500	1.5T	225/50R18	2
649		众泰 T700	1.8T	235/55R19	1
650		众泰 T800	2.0T	235/55R19	1
651	重庆力帆	力帆迈威	1.8L	205/65R16	1
652				215/55R17	1
653			2.0L	205/65R16	1
654		力帆鹏飞	2.0L	215/60R17	1
655				225/55R18	1
总计					1789

表 SM01 2020 年运动型多用途乘用车（SUV）特征参数（末位 0 和 5）明细表

序号	制造商	品牌	车型	排量	总质量/kg	整备质量/kg	外廓长度/mm	外廓宽度/mm	外廓高度/mm	轴距/mm	前轮距/mm	后轮距/mm	轮胎规格	派系
1	北京汽车	北京	BJ40	2.0T	2505	1950	4350	1925	1865	2465	1610	1610	265/65R17	自主
2	北京汽车	北京	BJ80C	3.0T	2785	2285	4765	1955	1985	2800	1620	1620	265/65R18	自主
3	北京汽车	北京	BJ80C	3.0T	2785	2285	4765	1975	1985	2800	1620	1620	265/65R18	自主
4	北京汽车	北京	BJ80C	2.3T	2815	2315	4765	1955	2005	2800	1620	1620	265/65R18	自主
5	北京汽车	北京	BJ80C	2.3T	2815	2315	4765	1975	2005	2800	1620	1620	265/65R18	自主
6	北汽有限	北京	战旗	2.8T	2600	1670	4080	1840	1870	2300	1510	1500	215/80R16	自主
7	北汽有限	北京	勇士	2.4T	2510	1885	4850	1820	2130	3035	1510	1500	215/80R16	自主
8	北汽有限	北京	勇士	2.0T	2800	2000	5030	1840	2130	3035	1540	1540	265/75R16	自主
9	北汽有限	北京	勇士	2.0T	2800	2000	5030	1960	2130	3035	1540	1540	265/75R16	自主
10	北汽有限	北京	勇士	2.4T	2530	2050	4710	1825	2120	2800	1540	1540	265/75R16	自主
11	北汽有限	北京	勇士	2.4T	2530	2050	4710	1925	2120	2800	1540	1540	265/75R16	自主
12	北汽有限	北京	勇士	2.5T	2565	2065	4490	1825	1950	2600	1540	1540	265/75R16	自主
13	北汽有限	北京	勇士	2.4T	2680	2080	5110	1840	2510	3035	1540	1540	265/75R16	自主
14	北汽有限	北京	勇士	2.4T	2680	2080	5110	1840	2130	3035	1540	1540	265/75R16	自主
15	北汽有限	北京	勇士	2.4T	2680	2080	5230	1930	2130	3035	1540	1540	265/75R16	自主
16	比亚迪汽车	比亚迪	比亚迪元	纯电	1825	1450	4360	1785	1680	2535	1525	1535	205/60R16	自主
17	比亚迪汽车	比亚迪	比亚迪 S2	纯电	1825	1450	4100	1785	1680	2535	1525	1535	205/60R16	自主
18	比亚迪汽车	比亚迪	比亚迪元	纯电	1870	1470	4100	1785	1680	2535	1525	1535	205/60R16	自主
19	比亚迪汽车	比亚迪	比亚迪元	纯电	1955	1580	4360	1785	1680	2535	1525	1535	205/60R16	自主
20	比亚迪汽车	比亚迪	比亚迪宋	1.5T	1975	1600	4600	1830	1675	2660	1560	1560	225/60R18	自主
21	比亚迪汽车	比亚迪	比亚迪宋	1.5T	2005	1630	4600	1830	1700	2660	1560	1560	225/65R17	自主
22	比亚迪汽车	比亚迪	比亚迪宋	1.5T	2005	1630	4600	1830	1675	2660	1560	1560	225/65R17	自主
23	比亚迪汽车	比亚迪	比亚迪元	纯电	2020	1645	4360	1785	1680	2535	1525	1535	215/55R17	自主
24	比亚迪汽车	比亚迪	比亚迪宋	1.5T	2050	1675	4600	1830	1700	2660	1560	1560	225/60R18	自主
25	比亚迪汽车	比亚迪	比亚迪宋	1.5T	2050	1675	4600	1830	1675	2660	1560	1560	225/60R18	自主
26	比亚迪汽车	比亚迪	比亚迪宋	1.5T	2485	2110	4600	1870	1700	2660	1560	1560	225/60R18	自主
27	比亚迪汽车	比亚迪	比亚迪唐 HEV	2.0T	2855	2250	4870	1950	1725	2820	1650	1630	245/45R20	自主
28	比亚迪汽车	比亚迪	比亚迪唐 HEV	2.0T	2895	2290	4870	1950	1725	2820	1650	1630	235/60R18	自主
29	比亚迪汽车	比亚迪	比亚迪唐 BEV	纯电	2820	2295	4870	1950	1725	2820	1650	1630	265/40R22	自主
30	比亚迪汽车	比亚迪	比亚迪唐 HEV	2.0T	2995	2390	4870	1950	1725	2820	1650	1630	255/50R20	自主
31	比亚迪汽车	比亚迪	比亚迪唐 HEV	2.0T	2995	2390	4870	1950	1725	2820	1650	1630	255/50R20	自主
32	东风风行	东风	风行 T5	1.6L	1770	1395	4460	1820	1720	2720	1540	1545	215/55R18	自主
33	东风风行	东风	风行 T5	1.6L	1815	1440	4460	1820	1720	2720	1540	1545	215/60R17	自主
34	东风风行	东风	风行 SX6	1.6L	1990	1465	4720	1825	1770	2750	1540	1545	215/55R17	自主
35	东风风行	东风	风行 SX6	1.6L	2005	1480	4660	1810	1790	2750	1540	1545	215/55R17	自主
36	东风风行	东风	风行 SX6	1.6L	2005	1480	4720	1825	1790	2750	1540	1545	215/55R17	自主
37	东风风行	东风	风行 SX6	1.6L	2005	1480	4720	1825	1770	2750	1540	1545	215/55R17	自主
38	东风风行	东风	景逸 X6	1.5T	2030	1505	4660	1825	1790	2750	1540	1545	215/55R17	自主
39	东风风行	东风	景逸 X6	1.5T	2030	1505	4720	1825	1790	2750	1540	1545	215/55R17	自主
40	东风风行	东风	景逸 X6	1.5T	2040	1515	4660	1810	1790	2750	1540	1545	215/55R17	自主
41	东风风行	东风	景逸 X6	1.5T	2040	1515	4720	1825	1790	2750	1540	1545	215/55R17	自主
42	东风风行	东风	风行 T5	1.5T	1895	1520	4550	1825	1725	2720	1540	1545	215/55R18	自主
43	东风风行	东风	风行 T5	1.5T	1905	1530	4550	1825	1725	2720	1540	1545	215/60R17	自主
44	东风风行	东风	景逸 X6	1.5T	2075	1550	4720	1825	1790	2750	1540	1545	215/55R17	自主
45	东风风行	东风	风行 T5	1.8T	1925	1550	4550	1825	1725	2720	1540	1545	215/60R17	自主
46	东风风行	东风	景逸 X6	1.5T	2085	1560	4720	1825	1790	2750	1540	1545	215/55R17	自主
47	东风风行	东风	风行 T5	1.6T	1960	1585	4550	1825	1725	2720	1540	1545	215/55R18	自主
48	东风小康	东风	风光 S560	1.8L	1990	1440	4515	1815	1735	2690	1540	1530	215/60R17	自主
49	东风小康	东风	风光 S560	1.8L	1990	1440	4515	1815	1735	2690	1540	1530	205/65R16	自主
50	东风小康	东风	风光 S560	1.8L	2020	1445	4560	1815	1735	2690	1540	1530	215/60R17	自主
51	东风小康	东风	风光 S560	1.8L	1995	1450	4515	1815	1735	2690	1540	1530	205/65R16	自主
52	东风小康	东风	风光 S560	1.8L	1995	1470	4515	1815	1735	2690	1540	1530	205/65R16	自主
53	东风小康	东风	风光 S560	1.5T	2005	1480	4515	1815	1735	2690	1540	1530	205/65R16	自主
54	东风小康	东风	风光 S560	1.8L	2060	1485	4560	1815	1735	2690	1540	1530	215/60R17	自主
55	东风小康	东风	风光 S560	1.5T	2075	1500	4560	1815	1735	2690	1540	1530	215/60R17	自主
56	东风小康	东风	风光 S560	1.5T	2095	1500	4560	1815	1735	2690	1540	1530	215/60R17	自主

序号	制造商	品牌	车型	排量	总质量/kg	整备质量/kg	外廓长度/mm	外廓宽度/mm	外廓高度/mm	轴距/mm	前轮距/mm	后轮距/mm	轮胎规格	派系
57	东风小康	东风	风光 S560	1.5T	2095	1520	4560	1815	1735	2690	1540	1530	215/60R17	自主
58	东风小康	东风	风光 580	1.5T	2165	1590	4715	1845	1715	2780	1570	1560	225/60R17	自主
59	东风小康	东风	风光 ix5	1.5T	2155	1630	4685	1865	1645	2790	1580	1570	235/50R18	自主
60	东风小康	东风	风光 ix5	1.5T	2105	1630	4685	1865	1645	2790	1580	1570	235/50R18	自主
61	东风小康	东风	风光 580	1.5T	2225	1640	4715	1845	1715	2780	1570	1560	225/60R17	自主
62	东风小康	东风	风光 580	1.5T	2225	1650	4715	1845	1715	2780	1570	1560	225/60R17	自主
63	东风小康	东风	风光 ix5	1.5T	2145	1670	4760	1875	1655	2830	1595	1590	225/60R18	自主
64	东风小康	东风	风光 ix5	2.0T	2220	1745	4760	1875	1655	2830	1595	1590	225/60R18	自主
65	东风小康	东风	风光 ix5	2.0T	2305	1830	4760	1875	1655	2830	1595	1590	225/60R18	自主
66	东风小康	东风	风光 ix7	2.0T	2515	1950	4930	1935	1765	2810	1635	1630	245/60R18	自主
67	东风小康	东风	风光 ix7	2.0T	2595	2070	4930	1935	1765	2810	1635	1630	245/60R18	自主
68	广汽本田	本田	缤智	1.5L	1770	1275	4340	1790	1605	2610	1535	1540	215/60R16	日系
69	广汽本田	本田	缤智	1.5T	1800	1400	4340	1790	1605	2610	1535	1540	215/55R17	日系
70	广汽丰田	丰田	丰田 C-HR	2.0L	1960	1490	4405	1795	1565	2640	1550	1550	215/60R17	日系
71	广汽丰田	丰田	丰田 C-HR	2.0L	1960	1490	4475	1825	1565	2640	1550	1550	215/60R17	日系
72	广汽丰田	丰田	丰田 C-HR	2.0L	1960	1505	4405	1795	1565	2640	1550	1550	215/60R17	日系
73	广汽丰田	丰田	丰田 C-HR	2.0L	1960	1510	4405	1795	1565	2640	1550	1550	215/60R17	日系
74	广汽丰田	丰田	威兰达	2.0L	2115	1540	4665	1855	1680	2690	1605	1620	225/60R18	日系
75	广汽丰田	丰田	威兰达	2.0L	2115	1555	4665	1855	1680	2690	1595	1610	225/60R18	日系
76	广汽丰田	丰田	威兰达	2.0L	2115	1590	4665	1855	1680	2690	1595	1610	225/60R18	日系
77	广汽丰田	丰田	威兰达	2.0L	2115	1595	4665	1855	1680	2690	1595	1610	225/60R18	日系
78	广汽丰田	丰田	威兰达	2.0L	2195	1615	4665	1855	1680	2690	1605	1620	225/60R18	日系
79	广汽丰田	丰田	威兰达	2.5L	2195	1645	4665	1855	1680	2690	1605	1620	225/60R18	日系
80	广汽丰田	丰田	威兰达	2.5L	2195	1660	4665	1855	1680	2690	1605	1620	225/60R18	日系
81	广汽丰田	丰田	威兰达	2.0L	2195	1665	4665	1855	1680	2690	1595	1610	225/60R18	日系
82	广汽丰田	丰田	威兰达	2.0L	2195	1670	4665	1855	1680	2690	1595	1610	225/60R18	日系
83	广汽丰田	丰田	威兰达	2.5L	2195	1675	4665	1855	1680	2690	1605	1620	225/60R18	日系
84	广汽丰田	丰田	威兰达	2.5L	2195	1695	4665	1855	1680	2690	1605	1620	225/60R18	日系
85	广汽丰田	丰田	威兰达	2.5L	2230	1725	4665	1855	1680	2690	1605	1620	225/60R18	日系
86	广汽丰田	丰田	丰田 C-HR BEV	纯电	2220	1780	4405	1795	1575	2640	1550	1550	215/60R17	日系
87	广汽丰田	丰田	新汉兰达	2.0T	2560	1910	4890	1925	1720	2790	1635	1630	245/60R18	日系
88	广汽丰田	丰田	新汉兰达	2.0T	2560	1935	4890	1925	1720	2790	1635	1630	245/60R18	日系
89	广汽丰田	丰田	新汉兰达	2.0T	2640	2000	4890	1925	1720	2790	1635	1630	245/55R19	日系
90	广汽丰田	丰田	新汉兰达	2.0T	2640	2010	4890	1925	1715	2790	1635	1630	245/55R19	日系
91	广汽丰田	丰田	新汉兰达	2.0T	2720	2080	4890	1925	1715	2790	1635	1630	245/55R19	日系
92	广汽三菱	三菱	新劲炫	2.0L	1970	1410	4375	1770	1625	2670	1525	1525	215/60R17	日系
93	广汽三菱	三菱	欧蓝德	2.0L	1985	1485	4705	1810	1710	2670	1540	1540	225/55R18	日系
94	广汽三菱	三菱	欧蓝德	2.0L	1985	1525	4705	1810	1710	2670	1540	1540	225/55R18	日系
95	广汽三菱	三菱	欧蓝德	2.0L	2170	1560	4705	1810	1710	2670	1540	1540	225/55R18	日系
96	广汽三菱	三菱	奕歌	1.5T	2100	1570	4405	1805	1685	2670	1545	1545	225/55R18	日系
97	广汽三菱	三菱	奕歌	1.5T	2100	1580	4405	1805	1685	2670	1545	1545	225/55R18	日系
98	广汽三菱	三菱	欧蓝德	2.4L	2205	1620	4705	1810	1710	2670	1540	1540	225/55R18	日系
99	广汽三菱	三菱	欧蓝德	2.4L	2210	1620	4705	1810	1710	2670	1540	1540	225/55R18	日系
100	广汽三菱	三菱	欧蓝德	2.4L	2210	1645	4705	1810	1710	2670	1540	1540	225/55R18	日系
101	广汽三菱	三菱	欧蓝德	2.4L	2205	1650	4705	1810	1710	2670	1540	1540	225/55R18	日系
102	合众新能源	哪吒	哪吒 V	纯电	1410	1110	4070	1690	1540	2420	1440	1415	185/65R15	自主
103	湖南恒润	恒润	恒润 HR-S1	纯电	1420	1020	3560	1610	1705	2250	1360	1370	205/70R15	自主
104	湖南恒润	恒润	恒润 HR-S1	纯电	1420	1100	3560	1610	1705	2250	1360	1370	205/70R15	自主
105	华晨汽车	中华	中华 V3	1.5L	1715	1325	4200	1790	1600	2570	1540	1530	215/60R17	自主
106	华晨汽车	中华	中华 V3	1.5T	1725	1335	4200	1790	1600	2570	1540	1530	215/55R18	自主
107	华晨汽车	中华	中华 V3	1.6L	1715	1340	4200	1790	1600	2570	1540	1530	215/60R17	自主
108	华晨汽车	中华	中华 V3	1.5L	1740	1350	4200	1790	1600	2570	1540	1530	215/60R17	自主
109	华晨汽车	中华	中华 V3	1.5T	1765	1375	4200	1790	1600	2570	1540	1530	215/55R18	自主
110	华晨鑫源	斯威	斯威 X3	1.5L	1975	1450	4615	1790	1790	2725	1495	1520	205/55R16	自主
111	华晨鑫源	斯威	斯威 X3	1.5T	2025	1500	4615	1790	1820	2725	1495	1520	205/55R16	自主
112	华晨鑫源	斯威	斯威 G01	1.5T	1895	1520	4610	1855	1740	2750	1575	1575	225/65R17	自主
113	华晨鑫源	斯威	斯威 G01	1.5T	1895	1520	4670	1855	1740	2750	1575	1575	225/60R18	自主
114	华晨鑫源	斯威	斯威 G05	1.5T	2070	1545	4750	1860	1780	2750	1580	1560	225/65R17	自主

序号	制造商	品牌	车型	排量	总质量/kg	整备质量/kg	外廓长度/mm	外廓宽度/mm	外廓高度/mm	轴距/mm	前轮距/mm	后轮距/mm	轮胎规格	派系
115	华晨鑫源	斯威	斯威 G05	2.0L	2075	1550	4750	1860	1780	2750	1580	1560	225/65R17	自主
116	华晨鑫源	斯威	斯威 G05	2.0L	2075	1550	4750	1860	1770	2750	1580	1560	225/65R17	自主
117	华晨鑫源	斯威	斯威 X7	2.0L	1995	1550	4710	1855	1770	2750	1545	1550	215/60R17	自主
118	华晨鑫源	斯威	斯威 X7	2.0L	1995	1550	4710	1855	1750	2750	1545	1550	215/60R17	自主
119	华晨鑫源	斯威	斯威 G01	1.5T	1935	1560	4610	1855	1740	2750	1575	1575	225/65R17	自主
120	华晨鑫源	斯威	斯威 G01	1.5T	1935	1560	4610	1855	1725	2750	1575	1575	225/65R17	自主
121	华晨鑫源	斯威	斯威 G01	1.5T	1945	1570	4610	1855	1740	2750	1575	1575	225/65R17	自主
122	华晨鑫源	斯威	斯威 G01	1.5T	1945	1570	4670	1855	1740	2750	1575	1575	225/60R18	自主
123	华晨鑫源	斯威	斯威 X7	1.5T	2145	1585	4710	1855	1770	2750	1545	1550	215/55R18	自主
124	华晨鑫源	斯威	斯威 X7	1.5T	2145	1620	4710	1855	1770	2750	1545	1550	215/55R18	自主
125	华晨鑫源	斯威	斯威 G01	1.5T	1995	1620	4610	1855	1740	2750	1575	1575	225/65R17	自主
126	华晨鑫源	斯威	斯威 G01	1.5T	1995	1620	4670	1855	1740	2750	1575	1575	225/60R18	自主
127	江淮汽车	江淮	瑞风 S3	1.5L	1700	1300	4345	1765	1640	2560	1470	1480	205/55R16	自主
128	江淮汽车	江淮	瑞风 S4	1.6L	1760	1325	4410	1800	1660	2620	1510	1500	215/50R17	自主
129	江淮汽车	江淮	瑞风 S4	1.6L	1775	1340	4410	1800	1660	2620	1510	1500	215/50R17	自主
130	江淮汽车	江淮	瑞风 S4	1.5T	1790	1355	4410	1800	1660	2620	1510	1500	215/50R17	自主
131	江淮汽车	江淮	瑞风 S4	1.5T	1790	1365	4410	1800	1660	2620	1510	1500	215/50R17	自主
132	江淮汽车	江淮	瑞风 S4	1.5T	1800	1365	4410	1800	1660	2620	1510	1500	215/50R17	自主
133	江淮汽车	江淮	瑞风 S4	1.5T	1800	1375	4410	1800	1660	2620	1510	1500	215/50R17	自主
134	江淮汽车	江淮	瑞风 S4	1.5T	1800	1400	4410	1800	1660	2620	1510	1500	215/50R17	自主
135	江淮汽车	江淮	江淮 iEVS4	纯电	2065	1690	4410	1800	1660	2620	1510	1500	215/50R17	自主
136	江淮汽车	江淮	江淮 iEVS4	纯电	2085	1710	4410	1800	1660	2620	1510	1500	215/50R17	自主
137	江铃汽车	江铃	江铃 E400	纯电	1905	1530	4160	1810	1670	2560	1560	1560	205/60R16	自主
138	江铃汽车	陆风	荣曜	1.5T	1905	1530	4550	1885	1655	2750	1590	1590	215/60R17	自主
139	江铃汽车	江铃	驭胜	2.0T	2510	1900	4710	1895	1845	2750	1570	1570	265/60R18	自主
140	江铃汽车	江铃	驭胜	2.0T	2510	1960	4710	1895	1845	2750	1570	1570	265/60R18	自主
141	江铃汽车	江铃	驭胜	2.0T	2600	2005	4710	1895	1845	2750	1570	1570	265/60R18	自主
142	江铃汽车	江铃	驭胜	2.0T	2510	2005	4710	1895	1845	2750	1570	1570	265/60R18	自主
143	江铃汽车	江铃	驭胜	2.0T	2510	2050	4710	1895	1845	2750	1570	1570	265/60R18	自主
144	江铃汽车	江铃	驭胜	2.0T	2650	2070	4710	1895	1845	2750	1570	1570	265/60R18	自主
145	江西五十铃	江西五十铃	MU-X	1.9T	2650	1970	4830	1860	1830	2845	1570	1570	255/60R18	日系
146	江西五十铃	江西五十铃	MU-X	1.9T	2650	2000	4830	1860	1830	2845	1570	1570	255/60R18	日系
147	江西五十铃	江西五十铃	MU-X	1.9T	2600	2005	4830	1860	1830	2845	1570	1570	255/60R18	日系
148	江西五十铃	江西五十铃	MU-X	1.9T	2650	2030	4830	1860	1830	2845	1570	1570	255/60R18	日系
149	江西五十铃	江西五十铃	MU-X	1.9T	2750	2070	4830	1860	1830	2845	1570	1570	255/65R17	日系
150	江西五十铃	江西五十铃	MU-X	1.9T	2750	2070	4830	1860	1830	2845	1570	1570	255/60R18	日系
151	江西五十铃	江西五十铃	MU-X	1.9T	2750	2100	4830	1860	1830	2845	1570	1570	255/60R18	日系
152	江西五十铃	江西五十铃	MU-X	1.9T	2700	2105	4830	1860	1830	2845	1570	1570	255/60R18	日系
153	江西五十铃	江西五十铃	MU-X	1.9T	2750	2130	4830	1860	1830	2845	1570	1570	255/60R18	日系
154	金康新能源	赛力斯	赛力斯 SF5	1.5T	2605	2230	4700	1930	1625	2875	1655	1650	255/45R20	自主
155	金康新能源	赛力斯	赛力斯 SF5	1.5T	2745	2370	4700	1930	1625	2875	1655	1650	255/45R20	自主
156	卡威汽车	卡威	卡威 W1	2.0T	2305	1810	4600	1855	1810	2730	1600	1540	235/65R17	自主
157	猎豹汽车	猎豹	猎豹 Q6	2.4L	2500	1910	4890	1795	1975	2725	1470	1490	235/85R16	自主
158	敏安汽车	敏安	敏安 ET-5	纯电	1905	1530	4160	1810	1670	2560	1560	1560	205/60R16	自主
159	奇瑞汽车	捷途	捷途 X70	1.5T	2010	1560	4720	1900	1710	2745	1600	1595	235/60R18	自主
160	奇瑞汽车	捷途	捷途 X70	1.5T	2010	1560	4720	1900	1710	2720	1600	1595	235/60R18	自主
161	奇瑞汽车	捷途	捷途 X70S	1.5T	2010	1560	4750	1910	1710	2745	1600	1595	235/60R18	自主
162	奇瑞汽车	捷途	捷途 X70	1.5T	2090	1565	4720	1900	1710	2745	1600	1595	235/60R18	自主
163	奇瑞汽车	捷途	捷途 X70S	1.5T	2090	1565	4750	1910	1710	2745	1600	1595	235/60R18	自主
164	奇瑞汽车	捷途	捷途 X90	1.6T	2175	1585	4840	1925	1780	2850	1600	1595	235/60R18	自主
165	奇瑞汽车	捷途	捷途 X90	1.6T	2175	1585	4840	1925	1745	2850	1600	1595	235/60R18	自主
166	奇瑞汽车	捷途	捷途 X90	1.5T	2140	1595	4840	1925	1780	2850	1600	1595	235/60R18	自主
167	奇瑞汽车	捷途	捷途 X95	1.5T	2140	1595	4875	1925	1780	2855	1600	1595	235/60R18	自主
168	奇瑞汽车	捷途	捷途 X90	1.5T	2140	1595	4840	1925	1745	2850	1600	1595	235/60R18	自主
169	奇瑞汽车	捷途	捷途 X90	1.6T	2175	1600	4840	1925	1780	2850	1600	1595	235/60R18	自主
170	奇瑞汽车	捷途	捷途 X90	1.6T	2175	1600	4840	1925	1745	2850	1600	1595	235/60R18	自主
171	奇瑞汽车	捷途	捷途 X95	1.5T	2140	1605	4875	1925	1780	2855	1600	1595	235/60R18	自主
172	奇瑞汽车	捷途	捷途 X90	1.5T	2140	1605	4840	1925	1745	2850	1600	1595	235/60R18	自主

序号	制造商	品牌	车型	排量	总质量 /kg	整备质量 /kg	外廓长度 /mm	外廓宽度 /mm	外廓高度 /mm	轴距 /mm	前轮距 /mm	后轮距 /mm	轮胎规格	派系
173	奇瑞汽车	捷途	捷途 X90	1.5T	2140	1615	4840	1925	1780	2850	1600	1595	235/60R18	自主
174	奇瑞汽车	捷途	捷途 X95	1.5T	2140	1615	4875	1925	1780	2855	1600	1595	235/60R18	自主
175	奇瑞汽车	捷途	捷途 X90	1.5T	2140	1615	4840	1925	1745	2850	1600	1595	235/60R18	自主
176	奇瑞汽车	捷途	捷途 X90	1.6T	2175	1630	4840	1925	1780	2850	1600	1595	255/45R20	自主
177	奇瑞汽车	捷途	捷途 X90	1.6T	2175	1630	4840	1925	1745	2850	1600	1595	255/45R20	自主
178	奇瑞汽车	捷途	捷途 X90	1.6T	2175	1640	4840	1925	1780	2850	1600	1595	255/45R20	自主
179	奇瑞汽车	捷途	捷途 X90	1.6T	2175	1640	4840	1925	1745	2850	1600	1595	255/45R20	自主
180	奇瑞汽车	捷途	捷途 X90	1.6T	2175	1650	4840	1925	1780	2850	1600	1595	255/45R20	自主
181	奇瑞汽车	捷途	捷途 X90	1.6T	2175	1650	4840	1925	1745	2850	1600	1595	255/45R20	自主
182	奇瑞汽车	奇瑞	蚂蚁	纯电	2165	1760	4630	1910	1655	2830	1620	1620	225/60R18	自主
183	上汽通用五菱	五菱	五菱宏光 S3	1.5L	1950	1380	4655	1735	1790	2800	1450	1475	205/65R16	自主
184	上汽通用五菱	五菱	五菱宏光 S3	1.5L	1950	1395	4655	1735	1790	2800	1450	1465	205/65R16	自主
185	上汽通用五菱	五菱	五菱宏光 S3	1.5L	1950	1420	4655	1735	1790	2800	1450	1475	205/65R16	自主
186	上汽通用五菱	五菱	五菱宏光 S3	1.5L	1950	1430	4655	1735	1790	2800	1450	1475	205/65R16	自主
187	上汽通用五菱	五菱	五菱宏光 S3	1.5L	1950	1435	4655	1735	1790	2800	1450	1475	205/65R16	自主
188	上汽通用五菱	五菱	五菱宏光 S3	1.5T	2000	1440	4655	1735	1790	2800	1450	1475	205/65R16	自主
189	上汽通用五菱	五菱	五菱宏光 S3	1.5T	2000	1470	4655	1735	1790	2800	1450	1475	205/65R16	自主
190	四川工业	野马	野马 EC70	纯电	2250	1760	4555	1835	1715	2665	1560	1560	215/65R17	自主
191	腾势汽车	腾势	腾势 X EV	纯电	2700	2175	4890	1950	1725	2820	1650	1630	265/40R22	自主
192	腾势汽车	腾势	腾势 X EV	纯电	2855	2330	4890	1950	1725	2820	1650	1630	265/40R22	自主
193	腾势汽车	腾势	腾势 X HEV	2.0T	2995	2390	4890	1950	1725	2820	1650	1630	265/40R22	自主
194	一汽丰田	丰田	奕泽	2.0L	1960	1490	4405	1795	1565	2640	1550	1550	215/60R17	日系
195	一汽丰田	丰田	奕泽	2.0L	1960	1505	4455	1845	1565	2640	1550	1550	215/60R17	日系
196	一汽丰田	丰田	奕泽	2.0L	1960	1505	4405	1795	1565	2640	1550	1550	215/60R17	日系
197	一汽丰田	丰田	奕泽	2.0L	1960	1510	4405	1795	1565	2640	1550	1550	215/60R17	日系
198	一汽丰田	丰田	奕泽	纯电	2220	1780	4405	1795	1575	2640	1550	1550	215/60R17	日系
199	一汽丰田	丰田	普拉多	3.5L	2950	2285	4840	1885	1890	2790	1585	1585	265/60R18	日系
200	一汽丰田	丰田	普拉多	3.5L	2950	2285	5010	1885	1890	2790	1585	1585	265/60R18	日系
201	一汽丰田	丰田	普拉多	3.5L	2950	2305	4840	1885	1890	2790	1585	1585	265/60R18	日系
202	一汽丰田	丰田	普拉多	3.5L	2950	2305	5010	1885	1890	2790	1585	1585	265/60R18	日系
203	一汽丰田	丰田	普拉多	3.5L	2950	2305	4840	1885	1880	2790	1585	1585	265/60R18	日系
204	一汽丰田	丰田	普拉多	3.5L	2950	2305	5010	1885	1880	2790	1585	1585	265/60R18	日系
205	一汽吉林	森雅	森雅 R7	1.6L	1665	1290	4305	1780	1655	2600	1535	1535	215/55R17	自主
206	一汽吉林	森雅	森雅 R9	1.2T	1855	1480	4505	1835	1675	2700	1560	1550	215/60R17	自主
207	一汽轿车	奔腾	奔腾 X40	1.6L	1665	1290	4310	1780	1680	2600	1535	1535	215/55R17	自主
208	一汽轿车	奔腾	奔腾 X40	1.6L	1700	1325	4310	1780	1680	2600	1535	1535	215/55R17	自主
209	一汽轿车	奔腾	奔腾 T33	1.2T	1715	1340	4330	1780	1680	2600	1535	1535	215/55R17	自主
210	一汽轿车	奔腾	奔腾 T33	1.2T	1740	1365	4330	1780	1680	2600	1535	1535	215/55R17	自主
211	长安铃木	铃木	维特拉	1.6L	1495	1120	4175	1775	1610	2500	1535	1505	215/60R16	日系
212	长安铃木	铃木	维特拉	1.4T	1555	1180	4175	1775	1610	2500	1535	1505	215/55R17	日系
213	长安铃木	铃木	锋驭	1.6L	1575	1200	4300	1765	1585	2600	1535	1505	205/60R16	日系
214	长安铃木	铃木	维特拉	1.4T	1635	1260	4175	1775	1610	2500	1535	1505	215/55R17	日系
215	长安汽车	长安	科赛 5	1.6L	1645	1270	4170	1810	1670	2560	1560	1560	215/50R17	自主
216	长安汽车	长安	科赛 5	1.6L	1645	1270	4180	1810	1670	2560	1560	1560	215/50R17	自主
217	长安汽车	长安	科赛 5	1.6L	1645	1270	4170	1810	1635	2560	1560	1560	215/50R17	自主
218	长安汽车	长安	科赛 5	1.6L	1645	1270	4180	1810	1635	2560	1560	1560	215/50R17	自主
219	长安汽车	长安	科赛 5	1.6L	1645	1270	4170	1810	1635	2560	1560	1560	205/60R16	自主
220	长安汽车	长安	欧尚 X5	1.6L	1665	1290	4490	1860	1590	2710	1580	1595	215/60R17	自主
221	长安汽车	长安	科赛 5	1.6L	1680	1305	4180	1810	1670	2560	1560	1560	205/60R16	自主
222	长安汽车	长安	科赛 5	1.6L	1680	1305	4180	1810	1635	2560	1560	1560	205/60R16	自主
223	长安汽车	长安	欧尚 X70A	1.5L	1930	1330	4620	1770	1840	2750	1465	1485	205/65R16	自主
224	长安汽车	长安	CS35 LUS	1.6L	1765	1340	4335	1825	1660	2600	1570	1570	215/60R16	自主
225	长安汽车	长安	CS35 LUS	1.6L	1725	1350	4335	1825	1660	2600	1570	1570	225/45R18	自主
226	长安汽车	长安	CS35 LUS	1.6L	1725	1350	4335	1825	1660	2600	1570	1570	215/60R16	自主
227	长安汽车	长安	欧尚 X5	1.5T	1730	1355	4490	1860	1590	2710	1580	1595	225/50R18	自主
228	长安汽车	长安	CS35 LUS	1.4T	1810	1380	4335	1825	1660	2600	1570	1570	225/45R18	自主
229	长安汽车	长安	CS35 LUS	1.6L	1765	1390	4335	1825	1660	2600	1570	1570	225/45R18	自主
230	长安汽车	长安	CS35 LUS	1.6L	1765	1390	4335	1825	1660	2600	1570	1570	215/60R16	自主

序号	制造商	品牌	车型	排量	总质量 /kg	整备质量 /kg	外廓长度 /mm	外廓宽度 /mm	外廓高度 /mm	轴距 /mm	前轮距 /mm	后轮距 /mm	轮胎规格	派系
231	长安汽车	长安	CS35 LUS	1.4T	1810	1435	4335	1825	1660	2600	1570	1570	225/45R18	自主
232	长安汽车	长安	UNI-T	1.5T	1840	1465	4515	1870	1565	2710	1600	1610	245/45R20	自主
233	长安汽车	长安	CS55 LUS	1.5T	1880	1480	4500	1860	1690	2650	1595	1600	225/55R18	自主
234	长安汽车	长安	CS55 LUS	1.5T	1880	1505	4500	1860	1690	2650	1595	1600	225/55R18	自主
235	长安汽车	长安	CS15	纯电	1905	1530	4135	1740	1630	2520	1470	1470	205/55R16	自主
236	长安汽车	长安	CS75	1.5T	1975	1600	4650	1850	1715	2700	1565	1565	225/60R18	自主
237	长安汽车	长安	CS75	1.5T	1975	1600	4650	1850	1705	2700	1565	1565	225/60R18	自主
238	长安汽车	长安	CS75	1.5T	1975	1600	4650	1850	1695	2700	1565	1565	225/60R18	自主
239	长安汽车	长安	CS75	1.5T	1985	1610	4650	1850	1715	2700	1565	1565	225/60R18	自主
240	长安汽车	长安	CS75	1.5T	1985	1610	4650	1850	1705	2700	1565	1565	225/60R18	自主
241	长安汽车	长安	CS85	1.5T	2010	1635	4720	1845	1665	2705	1565	1565	225/60R18	自主
242	长安汽车	长安	CS55 LUS	纯电	2035	1660	4515	1860	1690	2650	1595	1600	225/55R18	自主
243	长安汽车	长安	CS85	2.0T	2105	1665	4720	1845	1665	2705	1565	1565	225/60R18	自主
244	长安汽车	长安	CS85	2.0T	2105	1730	4720	1845	1665	2705	1565	1565	225/60R18	自主
245	长安汽车	长安	CS55 LUS	纯电	2295	1880	4515	1860	1690	2650	1595	1600	225/55R18	自主
246	长安汽车	长安	CS55 LUS	纯电	2295	1920	4515	1860	1690	2650	1595	1600	225/55R18	自主
247	长城汽车	哈弗	哈弗 H6 Coue	1.5T	2110	1600	4590	1845	1700	2720	1565	1565	225/65R17	自主
248	长城汽车	魏派	魏派 VV6	2.0T	2205	1730	4625	1860	1720	2680	1585	1585	225/60R18	自主
249	长城汽车	魏派	魏派 VV6	2.0T	2285	1810	4625	1860	1720	2680	1585	1585	225/60R18	自主
250	重庆力帆	力帆	力帆迈威	1.8L	1990	1440	4480	1770	1730	2720	1470	1490	215/55R17	自主
251	重庆力帆	力帆	力帆迈威	1.8L	1990	1440	4480	1770	1730	2720	1470	1490	205/65R16	自主
252	重庆力帆	力帆	力帆鹏飞	2.0L	1835	1450	4390	1820	1715	2610	1545	1525	225/55R18	自主
253	重庆力帆	力帆	力帆迈威	2.0L	2070	1545	4480	1770	1730	2720	1470	1490	205/65R16	自主

表 SM02　2020 年运动型多用途乘用车（SUV）特征参数明细表

序号	制造商	品牌	车型	排量	总质量 /kg	整备质量 /kg	外廓长度 /mm	外廓宽度 /mm	外廓高度 /mm	轴距 /mm	前轮距 /mm	后轮距 /mm	轮胎规格	派系
1	爱驰汽车	爱驰	爱驰 U5	纯电	2135	1700	4680	1865	1700	2800	1592	1590	235/50R19	自主
2	爱驰汽车	爱驰	爱驰 U5	纯电	2135	1750	4680	1865	1700	2800	1592	1590	235/50R19	自主
3	爱驰汽车	爱驰	爱驰 U5	纯电	2155	1770	4680	1865	1700	2800	1592	1590	235/50R19	自主
4	宝沃汽车	宝沃	宝沃 BX3	1.4T	1920	1480	4410	1830	1670	2560	1560	1563	215/60R17	欧系
5	宝沃汽车	宝沃	宝沃 BX5	1.4T	2000	1550	4490	1877	1675	2685	1609	1609	225/65R17	欧系
6	宝沃汽车	宝沃	宝沃 BX5	1.4T	2010	1560	4490	1877	1675	2685	1609	1609	225/65R17	欧系
7	宝沃汽车	宝沃	宝沃 BX7	2.0T	2115	1650	4715	1911	1690	2760	1610	1610	235/65R17	欧系
8	宝沃汽车	宝沃	宝沃 BX7	2.0T	2115	1650	4715	1911	1690	2760	1610	1610	235/60R18	欧系
9	宝沃汽车	宝沃	宝沃 BX7	2.0T	2225	1760	4715	1911	1690	2760	1610	1610	235/65R17	欧系
10	宝沃汽车	宝沃	宝沃 BX7	2.0T	2225	1760	4715	1911	1690	2760	1610	1610	235/60R18	欧系
11	宝沃汽车	宝沃	宝沃 BX7	2.0T	2323	1776	4715	1911	1690	2760	1610	1610	235/60R18	欧系
12	宝沃汽车	宝沃	宝沃 BXi7	纯电	2410	1950	4713	1923	1690	2760	1609	1609	235/60R18	欧系
13	宝沃汽车	宝沃	宝沃 BXi7	纯电	2445	1985	4713	1923	1690	2760	1609	1609	235/60R18	欧系
14	北京奔驰	奔驰	GLA180	1.3T	2010	1507	4427	1834	1610	2729	1590	1592	235/55R18	欧系
15	北京奔驰	奔驰	GLA200	1.3T	2010	1546	4417	1834	1610	2729	1590	1592	235/55R18	欧系
16	北京奔驰	奔驰	GLB180	1.3T	2080	1569	4638	1834	1687	2829	1590	1589	235/55R18	欧系
17	北京奔驰	奔驰	GLA200	1.3T	2080	1607	4427	1834	1615	2729	1590	1592	235/50R19	欧系
18	北京奔驰	奔驰	GLB180	1.3T	2280	1618	4638	1834	1692	2829	1590	1589	235/55R18	欧系
19	北京奔驰	奔驰	GLB200	1.3T	2085	1624	4638	1834	1687	2829	1590	1589	235/55R18	欧系
20	北京奔驰	奔驰	GLB200	1.3T	2270	1675	4638	1834	1700	2829	1590	1589	235/50R19	欧系
21	北京奔驰	奔驰	GLB200	1.3T	2325	1725	4638	1834	1700	2829	1590	1589	235/50R19	欧系
22	北京奔驰	奔驰	GLC260L	2.0T	2300	1820	4764	1898	1642	2973	1618	1615	235/60R18	欧系
23	北京奔驰	奔驰	GLC260L	2.0T	2300	1840	4764	1898	1642	2973	1618	1615	235/60R18	欧系
24	北京奔驰	奔驰	GLC260L	2.0T	2370	1890	4764	1898	1642	2973	1618	1615	235/60R18	欧系
25	北京奔驰	奔驰	GLC260L	2.0T	2370	1890	4764	1898	1642	2973	1618	1615	235/55R19	欧系
26	北京奔驰	奔驰	GLC300L	2.0T	2430	1910	4764	1898	1642	2973	1614	1611	255/45R20	欧系
27	北京奔驰	奔驰	GLC300L	2.0T	2430	1910	4764	1898	1642	2973	1618	1615	235/55R19	欧系
28	北京奔驰	奔驰	GLC260L	2.0T	2370	1910	4764	1898	1642	2973	1618	1615	235/55R19	欧系
29	北京奔驰	奔驰	GLC300L	2.0T	2430	1930	4764	1898	1642	2973	1614	1611	255/45R20	欧系
30	北京奔驰	奔驰	奔驰 EQC	纯电	2975	2485	4774	1890	1622	2873	1630	1621	235/55R19	欧系
31	北京奔驰	奔驰	奔驰 EQC	纯电	2975	2485	4774	1923	1622	2873	1630	1621	235/55R19	欧系
32	北京奔驰	奔驰	奔驰 EQC	纯电	2975	2485	4774	1890	1625	2873	1630	1629	235/50R20	欧系
33	北京汽车	绅宝	智达 X3	1.5L	1675	1250	4300	1815	1640	2570	1557	1561	205/60R16	自主
34	北京汽车	绅宝	智达 X3	1.5L	1675	1250	4300	1830	1640	2570	1557	1561	205/60R16	自主
35	北京汽车	绅宝	智达 X3	1.5L	1675	1250	4325	1830	1640	2570	1557	1561	205/60R16	自主
36	北京汽车	绅宝	智达 X3	1.5L	1695	1270	4300	1815	1640	2570	1557	1561	215/50R17	自主
37	北京汽车	绅宝	智达 X3	1.5L	1695	1270	4300	1830	1640	2570	1557	1561	215/50R17	自主
38	北京汽车	绅宝	智达 X3	1.5L	1695	1270	4325	1830	1640	2570	1557	1561	215/50R17	自主
39	北京汽车	绅宝	智达 X3	1.5L	1695	1270	4325	1830	1640	2570	1557	1561	205/60R16	自主
40	北京汽车	绅宝	智达 X3	1.5T	1750	1325	4325	1830	1640	2570	1557	1561	205/60R16	自主
41	北京汽车	绅宝	智达 X3	1.5T	1765	1340	4325	1830	1640	2570	1557	1561	205/60R16	自主
42	北京汽车	绅宝	智行 X5	1.5T	1850	1410	4480	1837	1680	2665	1562	1552	225/55R17	自主
43	北京汽车	绅宝	智行 X5	1.5T	1871	1431	4480	1837	1680	2665	1562	1552	225/55R17	自主
44	北京汽车	绅宝	智行 X5	1.5T	1871	1431	4480	1837	1680	2665	1562	1552	225/55R17	自主
45	北京汽车	绅宝	智行 X5	1.5T	1880	1440	4480	1837	1680	2665	1562	1552	225/55R17	自主
46	北京汽车	北京	北京 X7	1.5T	2040	1580	4710	1892	1715	2800	1590	1616	235/60R18	自主
47	北京汽车	北京	北京 X7	1.5T	2095	1590	4710	1892	1715	2800	1590	1616	235/60R18	自主
48	北京汽车	北京	北京 X7	1.5T	2095	1665	4710	1892	1715	2800	1590	1616	235/60R18	自主
49	北京汽车	北京	BJ40	2.0T	2505	1950	4350	1925	1865	2465	1610	1610	265/65R17	自主
50	北京汽车	北京	BJ40C	2.0T	2505	1960	4630	1925	1871	2745	1610	1610	265/65R17	自主
51	北京汽车	北京	B40L	2.3T	2445	2020	4630	1843	1861	2730	1530	1530	245/65R17	自主
52	北京汽车	北京	B40L	2.3T	2505	2080	4645	1925	1871	2745	1610	1610	265/65R17	自主
53	北京汽车	北京	B40L	2.0T	2505	2080	4630	1925	1871	2745	1610	1610	265/65R17	自主
54	北京汽车	北京	B40L	2.0T	2520	2095	4645	1925	1871	2745	1610	1610	265/65R17	自主
55	北京汽车	北京	B40L	2.0T	2535	2110	4645	1925	1871	2745	1610	1610	265/65R17	自主
56	北京汽车	北京	B40L	2.3T	2540	2115	4645	1925	1871	2745	1610	1610	265/65R17	自主

序号	制造商	品牌	车型	排量	总质量/kg	整备质量/kg	外廓长度/mm	外廓宽度/mm	外廓高度/mm	轴距/mm	前轮距/mm	后轮距/mm	轮胎规格	派系
57	北京汽车	北京	B40L	2.0T	2565	2140	4645	1925	1871	2745	1610	1610	265/65R17	自主
58	北京汽车	北京	BJ80C	3.0T	2785	2285	4765	1955	1985	2800	1620	1620	265/65R18	自主
59	北京汽车	北京	BJ80C	3.0T	2785	2285	4765	1975	1985	2800	1620	1620	265/65R18	自主
60	北京汽车	北京	BJ80C	2.3T	2795	2295	4765	1890	2005	2800	1620	1620	265/65R18	自主
61	北京汽车	北京	BJ80C	2.0T	2795	2295	4765	1975	2005	2800	1620	1620	265/65R18	自主
62	北京汽车	北京	BJ80C	2.3T	2795	2295	4765	1975	2005	2800	1620	1620	265/65R18	自主
63	北京汽车	北京	BJ80C	2.3T	2815	2315	4765	1955	2005	2800	1620	1620	265/65R18	自主
64	北京汽车	北京	BJ80C	2.3T	2815	2315	4765	1975	2005	2800	1620	1620	265/65R18	自主
65	北京汽车	北京	BJ40S	2.3T	2775	2350	4793	2030	1935	2745	1644	1656	285/70R17	自主
66	北京汽车	北京	BJ90	3.0T	3150	2515	5171	1995	1902	3100	1685	1704	275/55R19	自主
67	北京汽车	北京	BJ90	3.0T	3150	2515	5171	1995	1902	3100	1685	1704	275/50R20	自主
68	北京汽车	北京	BJ90	4.0T	3150	2590	5171	1995	1902	3100	1685	1704	295/40R21	自主
69	北京现代	现代	现代 ix25	1.5L	1555	1150	4300	1790	1635	2610	1549	1562	205/65R16	韩系
70	北京现代	现代	现代 ix25	1.5L	1555	1150	4300	1790	1620	2610	1549	1562	205/65R16	韩系
71	北京现代	现代	现代 ix25	1.5L	1620	1200	4300	1790	1635	2610	1549	1562	205/65R16	韩系
72	北京现代	现代	现代 ix35	2.0L	1915	1357	4435	1850	1715	2640	1602	1602	215/70R16	韩系
73	北京现代	现代	现代 ix35	2.0L	1915	1357	4435	1850	1680	2640	1602	1602	215/70R16	韩系
74	北京现代	现代	现代 ENCINO	1.6T	1790	1363	4195	1800	1575	2600	1559	1568	205/60R16	韩系
75	北京现代	现代	现代 ENCINO	1.6T	1790	1363	4195	1800	1575	2600	1575	1584	205/60R16	韩系
76	北京现代	现代	现代 ENCINO	1.6T	1790	1363	4195	1800	1550	2600	1559	1568	205/60R16	韩系
77	北京现代	现代	现代 ix35	2.0L	1930	1377	4435	1850	1680	2640	1602	1602	215/70R16	韩系
78	北京现代	现代	现代 ix35	2.0L	1930	1427	4435	1850	1715	2640	1602	1602	215/70R16	韩系
79	北京现代	现代	现代 ix35	1.4T	1930	1429	4435	1850	1715	2640	1602	1602	215/70R16	韩系
80	北京现代	现代	现代 ix35	1.4T	1930	1429	4435	1850	1715	2640	1608	1608	215/70R16	韩系
81	北京现代	现代	现代 ix35	1.4T	1930	1429	4435	1850	1680	2640	1602	1602	215/70R16	韩系
82	北京现代	现代	现代 ix35	1.4T	1930	1429	4435	1850	1680	2640	1608	1608	215/70R16	韩系
83	北京现代	现代	全新途胜	1.6T	2090	1545	4545	1850	1670	2670	1608	1620	225/60R17	韩系
84	北京现代	现代	全新途胜	1.6T	2090	1603	4545	1850	1670	2670	1608	1620	225/60R17	韩系
85	北京现代	现代	全新途胜	1.6T	2150	1657	4545	1850	1670	2670	1608	1620	225/60R17	韩系
86	北京现代	现代	现代 ENCINO	纯电	2085	1658	4195	1800	1580	2600	1563	1575	215/55R17	韩系
87	北京现代	现代	新胜达	2.0T	2515	1775	4930	1910	1720	2865	1638	1647	235/60R18	韩系
88	北京现代	现代	新胜达	2.0T	2515	1820	4930	1910	1720	2865	1638	1647	235/60R18	韩系
89	北京现代	现代	新胜达	2.0T	2515	1830	4930	1910	1720	2865	1638	1647	235/60R18	韩系
90	北京现代	现代	新胜达	2.0T	2515	1881	4930	1910	1720	2865	1638	1647	235/60R18	韩系
91	北汽新能源	北京	ET3	纯电	1830	1430	4122	1750	1583	2519	1467	1453	205/50R16	自主
92	北汽新能源	北京	EC5	纯电	1830	1430	4122	1750	1583	2519	1467	1453	205/50R16	自主
93	北汽新能源	北京	ET3	纯电	1830	1430	4122	1750	1545	2519	1467	1453	205/50R16	自主
94	北汽新能源	北京	EX 系列	纯电	1975	1575	4200	1780	1638	2585	1515	1510	215/50R17	自主
95	北汽新能源	北京	EX 系列	纯电	2000	1600	4200	1780	1638	2585	1515	1510	215/50R17	自主
96	北汽新能源	北京	EX 系列	纯电	2040	1640	4200	1780	1638	2585	1515	1510	215/50R17	自主
97	北汽新能源	北京	EX 系列	纯电	2137	1762	4480	1837	1673	2665	1562	1552	225/50R18	自主
98	北汽新能源	极狐	ARCFOX αT	纯电	2480	2030	4788	1940	1683	2915	1660	1640	235/50R19	自主
99	北汽新能源	极狐	ARCFOX αT	纯电	2575	2125	4788	1940	1683	2915	1660	1640	235/50R19	自主
100	北汽新能源	极狐	ARCFOX αT	纯电	2720	2270	4788	1940	1683	2915	1660	1640	235/50R19	自主
101	北汽有限	北京	战旗	1.5T	2510	1580	4080	1840	1870	2300	1510	1500	215/80R16	自主
102	北汽有限	北京	BJ212	1.5T	2510	1600	4245	1830	1910	2460	1530	1530	215/80R16	自主
103	北汽有限	北京	战旗	1.5T	2510	1600	4080	1840	1870	2300	1510	1500	215/80R16	自主
104	北汽有限	北京	BJ212	1.5T	2510	1620	4245	1830	1910	2460	1530	1530	215/80R16	自主
105	北汽有限	北京	战旗	1.5T	2510	1660	4340	1828	1870	2500	1510	1500	215/80R16	自主
106	北汽有限	北京	战旗	2.8T	2600	1670	4080	1840	1870	2300	1510	1500	215/80R16	自主
107	北汽有限	北京	BJ212	2.4T	2510	1680	4245	1830	1910	2460	1530	1530	215/80R16	自主
108	北汽有限	北京	勇士	2.4T	2510	1885	4850	1820	2130	3035	1510	1500	215/80R16	自主
109	北汽有限	北京	勇士	2.4T	2510	1900	4300	1925	2100	2400	1540	1540	265/75R16	自主
110	北汽有限	北京	勇士	2.4T	2510	1900	4300	1825	2100	2400	1540	1540	265/75R16	自主
111	北汽有限	北京	勇士	2.4T	2530	1980	4490	1925	2156	2600	1540	1540	265/75R16	自主
112	北汽有限	北京	勇士	2.4T	2530	1980	4490	1825	1950	2600	1540	1540	265/75R16	自主
113	北汽有限	北京	勇士	2.4T	2530	1980	4490	1925	1950	2600	1540	1540	265/75R16	自主
114	北汽有限	北京	勇士	2.4T	2530	1995	4450	1995	1910	2600	1680	1680	265/75R16	自主

序号	制造商	品牌	车型	排量	总质量/kg	整备质量/kg	外廓长度/mm	外廓宽度/mm	外廓高度/mm	轴距/mm	前轮距/mm	后轮距/mm	轮胎规格	派系
115	北汽有限	北京	勇士	2.0T	2800	2000	5030	1840	2130	3035	1540	1540	265/75R16	自主
116	北汽有限	北京	勇士	2.0T	2800	2000	5030	1960	2130	3035	1540	1540	265/75R16	自主
117	北汽有限	北京	勇士	2.4T	2530	2050	4710	1925	2304	2800	1540	1540	265/75R16	自主
118	北汽有限	北京	勇士	2.4T	2530	2050	4710	1825	2120	2800	1540	1540	265/75R16	自主
119	北汽有限	北京	勇士	2.4T	2530	2050	4710	1925	2120	2800	1540	1540	265/75R16	自主
120	北汽有限	北京	勇士	2.5T	2565	2065	4490	1825	1950	2600	1540	1540	265/75R16	自主
121	北汽有限	北京	勇士	2.4T	2680	2080	5110	1840	2510	3035	1540	1540	265/75R16	自主
122	北汽有限	北京	勇士	2.4T	2680	2080	5110	1840	2314	3035	1540	1540	265/75R16	自主
123	北汽有限	北京	勇士	2.4T	2680	2080	5230	1930	2314	3035	1540	1540	265/75R16	自主
124	北汽有限	北京	勇士	2.4T	2680	2080	5110	1840	2130	3035	1540	1540	265/75R16	自主
125	北汽有限	北京	勇士	2.4T	2680	2080	5230	1930	2130	3035	1540	1540	265/75R16	自主
126	比亚迪汽车	比亚迪	比亚迪元	纯电	1825	1450	4360	1785	1680	2535	1525	1535	205/60R16	自主
127	比亚迪汽车	比亚迪	比亚迪 S2	纯电	1825	1450	4100	1785	1680	2535	1525	1535	205/60R16	自主
128	比亚迪汽车	比亚迪	比亚迪元	纯电	1870	1470	4100	1785	1680	2535	1525	1535	205/60R16	自主
129	比亚迪汽车	比亚迪	比亚迪宋	1.5T	1923	1548	4650	1860	1700	2712	1565	1565	225/65R17	自主
130	比亚迪汽车	比亚迪	比亚迪宋 LUS	1.5T	1935	1560	4705	1890	1680	2765	1630	1630	235/55R18	自主
131	比亚迪汽车	比亚迪	比亚迪宋	1.5T	1943	1568	4600	1830	1700	2660	1560	1560	225/65R17	自主
132	比亚迪汽车	比亚迪	比亚迪宋	1.5T	1943	1568	4600	1830	1675	2660	1560	1560	225/65R17	自主
133	比亚迪汽车	比亚迪	比亚迪元	纯电	1955	1580	4360	1785	1680	2535	1525	1535	205/60R16	自主
134	比亚迪汽车	比亚迪	比亚迪宋 ro	1.5T	1967	1592	4650	1860	1700	2712	1565	1565	225/65R17	自主
135	比亚迪汽车	比亚迪	比亚迪宋	1.5T	1975	1600	4600	1830	1675	2660	1560	1560	225/60R18	自主
136	比亚迪汽车	比亚迪	比亚迪宋	1.5T	2005	1630	4600	1830	1700	2660	1560	1560	225/65R17	自主
137	比亚迪汽车	比亚迪	比亚迪宋	1.5T	2005	1630	4600	1830	1675	2660	1560	1560	225/65R17	自主
138	比亚迪汽车	比亚迪	比亚迪元	纯电	2020	1645	4360	1785	1680	2535	1525	1535	215/55R17	自主
139	比亚迪汽车	比亚迪	比亚迪宋	1.5T	2050	1675	4600	1830	1700	2660	1560	1560	225/60R18	自主
140	比亚迪汽车	比亚迪	比亚迪宋	1.5T	2050	1675	4600	1830	1675	2660	1560	1560	225/60R18	自主
141	比亚迪汽车	比亚迪	比亚迪宋 ro BEV	纯电	2120	1745	4650	1860	1700	2712	1565	1565	225/60R18	自主
142	比亚迪汽车	比亚迪	比亚迪宋 ro BEV	纯电	2205	1830	4650	1860	1700	2712	1565	1565	225/60R18	自主
143	比亚迪汽车	比亚迪	比亚迪宋 ro DM	1.5T	2260	1885	4650	1860	1700	2712	1565	1565	225/60R18	自主
144	比亚迪汽车	比亚迪	比亚迪唐	2.0T	2420	1895	4870	1940	1720	2820	1650	1630	245/45R20	自主
145	比亚迪汽车	比亚迪	比亚迪宋 LUS	纯电	2325	1950	4705	1890	1680	2765	1630	1630	235/55R18	自主
146	比亚迪汽车	比亚迪	比亚迪宋 ro DM	1.5T	2330	1955	4650	1860	1700	2712	1565	1565	225/60R18	自主
147	比亚迪汽车	比亚迪	比亚迪宋	1.5T	2485	2110	4600	1870	1700	2660	1560	1560	225/60R18	自主
148	比亚迪汽车	比亚迪	比亚迪唐 BEV	纯电	2680	2155	4870	1950	1725	2820	1650	1630	265/40R22	自主
149	比亚迪汽车	比亚迪	比亚迪唐 BEV	纯电	2700	2175	4870	1950	1725	2820	1650	1630	265/40R22	自主
150	比亚迪汽车	比亚迪	比亚迪唐 HEV	2.0T	2855	2250	4870	1950	1725	2820	1650	1630	245/45R20	自主
151	比亚迪汽车	比亚迪	比亚迪唐 HEV	2.0T	2895	2290	4870	1950	1725	2820	1650	1630	235/60R18	自主
152	比亚迪汽车	比亚迪	比亚迪唐 BEV	纯电	2820	2295	4870	1950	1725	2820	1650	1630	265/40R22	自主
153	比亚迪汽车	比亚迪	比亚迪唐 HEV	2.0T	2995	2390	4870	1950	1725	2820	1650	1630	255/50R20	自主
154	比亚迪汽车	比亚迪	比亚迪唐 HEV	2.0T	2995	2390	4870	1950	1725	2820	1650	1630	255/50R20	自主
155	大运汽车	大运	悦虎 ES3	纯电	1465	1165	3695	1685	1595	2410	1421	1418	185/55R16	自主
156	大运汽车	大运	悦虎 ES3	纯电	1560	1185	3695	1685	1595	2410	1421	1418	185/55R16	自主
157	大运汽车	大运	悦虎 ES3	纯电	1550	1250	3695	1685	1595	2410	1421	1418	185/55R16	自主
158	东风本田	本田	XR-V	1.5L	1775	1225	4328	1772	1610	2610	1535	1540	215/55R17	日系
159	东风本田	本田	XR-V	1.5L	1775	1232	4328	1772	1610	2610	1535	1540	215/55R17	日系
160	东风本田	本田	XR-V	1.5L	1775	1258	4328	1772	1610	2610	1535	1540	215/60R16	日系
161	东风本田	本田	XR-V	1.5L	1775	1264	4328	1772	1610	2610	1535	1540	215/60R16	日系
162	东风本田	本田	XR-V	1.5L	1775	1266	4328	1772	1610	2610	1535	1540	215/55R17	日系
163	东风本田	本田	XR-V	1.5L	1775	1271	4328	1772	1610	2610	1535	1540	215/55R17	日系
164	东风本田	本田	XR-V	1.5T	1805	1352	4328	1772	1610	2610	1535	1540	215/55R17	日系
165	东风本田	本田	XR-V	1.5T	1805	1390	4328	1772	1610	2610	1535	1540	215/55R17	日系
166	东风本田	本田	XR-V	1.5T	1805	1398	4328	1772	1610	2610	1535	1540	215/55R17	日系
167	东风本田	本田	CR-V	1.5T	2030	1530	4585	1855	1679	2660	1601	1617	235/65R17	日系
168	东风本田	本田	CR-V	1.5T	2100	1534	4621	1855	1689	2660	1598	1613	235/55R19	日系
169	东风本田	本田	CR-V	1.5T	2030	1534	4621	1855	1679	2661	1601	1617	235/65R17	日系
170	东风本田	本田	CR-V	1.5T	2030	1535	4585	1855	1679	2660	1601	1617	235/65R17	日系
171	东风本田	本田	CR-V	1.5T	2030	1544	4621	1855	1679	2661	1601	1617	235/65R17	日系
172	东风本田	本田	CR-V	1.5T	2030	1556	4585	1855	1679	2660	1601	1617	235/65R17	日系

序号	制造商	品牌	车型	排量	总质量 /kg	整备质量 /kg	外廓长度 /mm	外廓宽度 /mm	外廓高度 /mm	轴距 /mm	前轮距 /mm	后轮距 /mm	轮胎规格	派系
173	东风本田	本田	CR-V	1.5T	2030	1564	4621	1855	1679	2661	1601	1617	235/65R17	日系
174	东风本田	思铭	思铭 X-NV	纯电	2024	1572	4280	1772	1625	2610	1535	1540	215/55R17	自主
175	东风本田	本田	CR-V	1.5T	2030	1582	4621	1855	1679	2661	1601	1617	235/55R19	日系
176	东风本田	思铭	思铭 X-NV	纯电	2024	1606	4280	1772	1625	2610	1535	1540	215/55R17	自主
177	东风本田	本田	CR-V	1.5T	2030	1609	4585	1855	1689	2660	1598	1613	235/65R17	日系
178	东风本田	本田	CR-V	1.5T	2100	1616	4621	1855	1689	2660	1598	1613	235/65R17	日系
179	东风本田	本田	CR-V	2.0L	2140	1620	4621	1855	1679	2661	1601	1617	235/60R18	日系
180	东风本田	本田	CR-V	1.5T	2030	1633	4585	1855	1689	2660	1598	1613	235/60R18	日系
181	东风本田	本田	CR-V	1.5T	2100	1634	4621	1855	1689	2660	1598	1613	235/55R19	日系
182	东风本田	本田	CR-V	2.0L	2140	1641	4621	1855	1679	2661	1601	1617	235/60R18	日系
183	东风本田	本田	CR-V	2.0L	2110	1642	4585	1855	1679	2660	1601	1617	235/60R18	日系
184	东风本田	本田	CR-V	1.5T	2100	1649	4621	1855	1689	2660	1598	1613	235/55R19	日系
185	东风本田	本田	CR-V	2.0L	2110	1651	4585	1855	1679	2660	1601	1617	235/60R18	日系
186	东风本田	本田	CR-V	2.0L	2140	1653	4621	1855	1679	2661	1601	1617	235/60R18	日系
187	东风本田	本田	CR-V	2.0L	2140	1663	4621	1855	1679	2661	1601	1617	235/55R19	日系
188	东风本田	本田	CR-V	2.0L	2140	1674	4621	1855	1679	2661	1601	1617	235/55R19	日系
189	东风本田	本田	CR-V	2.0L	2275	1714	4621	1855	1689	2660	1598	1613	235/60R18	日系
190	东风本田	本田	CR-V	2.0L	2275	1722	4621	1855	1689	2660	1598	1613	235/55R19	日系
191	东风本田	本田	CR-V	2.0L	2275	1732	4621	1855	1689	2660	1598	1613	235/55R19	日系
192	东风本田	本田	UR-V	1.5T	2175	1738	4825	1942	1670	2820	1652	1671	245/55R19	日系
193	东风本田	本田	UR-V	1.5T	2180	1745	4856	1942	1670	2820	1652	1671	245/55R19	日系
194	东风本田	本田	UR-V	1.5T	2175	1755	4825	1942	1670	2820	1652	1671	245/55R19	日系
195	东风本田	本田	UR-V	1.5T	2175	1760	4825	1942	1670	2820	1652	1671	245/55R19	日系
196	东风本田	本田	UR-V	1.5T	2180	1767	4856	1942	1670	2820	1652	1671	245/55R19	日系
197	东风本田	本田	UR-V	2.0T	2220	1804	4825	1942	1670	2820	1652	1671	245/55R19	日系
198	东风本田	本田	UR-V	2.0T	2220	1810	4856	1942	1670	2820	1652	1671	245/55R19	日系
199	东风本田	本田	UR-V	2.0T	2295	1870	4856	1942	1675	2820	1652	1671	245/55R19	日系
200	东风本田	本田	UR-V	2.0T	2295	1876	4825	1942	1675	2820	1652	1671	245/55R19	日系
201	东风本田	本田	UR-V	2.0T	2295	1880	4856	1942	1675	2820	1652	1671	245/55R19	日系
202	东风乘用车	风神	风神 EX1	纯电	1240	921	3732	1579	1515	2423	1380	1365	165/70R14	自主
203	东风乘用车	风神	风神 AX3	1.6L	1600	1225	4520	1740	1562	2620	1470	1490	205/50R16	自主
204	东风乘用车	风神	风神 AX3	1.6L	1618	1243	4520	1740	1562	2620	1470	1490	205/50R16	自主
205	东风乘用车	风神	奕炫 GS	1.0T	1679	1285	4620	1830	1600	2680	1565	1565	215/55R17	自主
206	东风乘用车	风神	奕炫 GS	1.0T	1679	1285	4610	1830	1600	2680	1565	1565	215/55R17	自主
207	东风乘用车	风神	风神 AX4	1.0T	1700	1295	4200	1780	1622	2580	1490	1510	215/50R17	自主
208	东风乘用车	风神	奕炫 GS	1.5T	1726	1345	4620	1830	1600	2680	1565	1565	215/55R17	自主
209	东风乘用车	风神	奕炫 GS	1.5T	1726	1345	4610	1830	1600	2680	1565	1565	215/55R17	自主
210	东风乘用车	风神	风神 AX7	1.5T	1960	1542	4696	1850	1712	2712	1585	1585	225/65R17	自主
211	东风乘用车	风神	风神 AX7	1.4T	1960	1542	4696	1850	1712	2712	1585	1585	225/65R17	自主
212	东风乘用车	风神	风神 AX7	1.5T	1960	1542	4645	1880	1670	2715	1585	1585	225/60R18	自主
213	东风乘用车	风神	风神 AX7	1.4T	1960	1560	4696	1850	1712	2712	1585	1585	225/65R17	自主
214	东风乘用车	风神	风神 AX7	1.6T	1960	1565	4696	1850	1712	2712	1585	1585	225/65R17	自主
215	东风乘用车	风神	风神 AX7	1.6T	1960	1565	4696	1850	1712	2712	1585	1585	225/60R18	自主
216	东风乘用车	风神	风神 AX7	1.6T	1960	1585	4645	1880	1690	2715	1585	1585	225/60R18	自主
217	东风乘用车	风神	风神 AX7	1.6T	1975	1600	4645	1880	1690	2715	1585	1585	225/60R18	自主
218	东风乘用车	风神	风神 AX7	1.6T	1975	1600	4650	1880	1690	2715	1585	1585	225/60R18	自主
219	东风乘用车	东风	御风 S16	1.9T	2560	2000	4771	1870	1828	2790	1580	1580	245/70R17	自主
220	东风风行	东风	风行 T5	1.6L	1770	1395	4460	1820	1750	2720	1540	1545	215/55R18	自主
221	东风风行	东风	风行 T5	1.6L	1770	1395	4460	1820	1720	2720	1540	1545	215/55R18	自主
222	东风风行	东风	新景逸 X5	1.6L	1770	1395	4515	1812	1725	2720	1540	1545	215/60R17	自主
223	东风风行	东风	风行 T5	1.6L	1815	1440	4460	1820	1720	2720	1540	1545	215/60R17	自主
224	东风风行	东风	新景逸 X5	1.6L	1830	1455	4515	1812	1725	2720	1540	1545	215/65R16	自主
225	东风风行	东风	风行 SX6	1.6L	1990	1465	4720	1825	1770	2750	1540	1545	215/55R17	自主
226	东风风行	东风	风行 SX6	1.6L	2005	1480	4660	1810	1790	2750	1540	1545	215/55R17	自主
227	东风风行	东风	风行 SX6	1.6L	2005	1480	4720	1825	1790	2750	1540	1545	215/55R17	自主
228	东风风行	东风	风行 SX6	1.6L	2005	1480	4720	1825	1770	2750	1540	1545	215/55R17	自主
229	东风风行	东风	风行 T5	1.5T	1855	1480	4460	1820	1720	2720	1540	1545	215/55R18	自主
230	东风风行	东风	景逸 X6	1.5T	2030	1505	4660	1825	1790	2750	1540	1545	215/55R17	自主

序号	制造商	品牌	车型	排量	总质量/kg	整备质量/kg	外廓长度/mm	外廓宽度/mm	外廓高度/mm	轴距/mm	前轮距/mm	后轮距/mm	轮胎规格	派系
231	东风风行	东风	景逸 X6	1.5T	2030	1505	4720	1825	1790	2750	1540	1545	215/55R17	自主
232	东风风行	东风	新景逸 X5	2.0L	1885	1510	4515	1812	1725	2720	1540	1545	215/60R17	自主
233	东风风行	东风	新景逸 X5	2.0L	1885	1510	4515	1812	1725	2720	1540	1545	215/55R18	自主
234	东风风行	东风	景逸 X6	1.5T	2040	1515	4660	1810	1790	2750	1540	1545	215/55R17	自主
235	东风风行	东风	景逸 X6	1.5T	2040	1515	4720	1825	1790	2750	1540	1545	215/55R17	自主
236	东风风行	东风	风行 T5	1.5T	1895	1520	4550	1825	1725	2720	1540	1545	215/55R18	自主
237	东风风行	东风	风行 T5	1.5T	1905	1530	4550	1825	1725	2720	1540	1545	215/60R17	自主
238	东风风行	东风	景逸 X7	1.5T	1920	1545	4760	1865	1760	2753	1575	1575	225/55R19	自主
239	东风风行	东风	风行 T5	1.5T	1920	1545	4460	1820	1720	2720	1540	1545	215/55R18	自主
240	东风风行	东风	新景逸 X5	1.5T	1920	1545	4515	1812	1725	2720	1540	1545	215/55R18	自主
241	东风风行	东风	景逸 X6	1.5T	2075	1550	4720	1825	1790	2750	1540	1545	215/55R17	自主
242	东风风行	东风	风行 T5	1.8T	1925	1550	4550	1825	1725	2720	1540	1545	215/60R17	自主
243	东风风行	东风	景逸 X6	1.5T	2085	1560	4720	1825	1790	2750	1540	1545	215/55R17	自主
244	东风风行	东风	风行 T5	1.6T	1960	1585	4550	1825	1725	2720	1540	1545	215/55R18	自主
245	东风风行	东风	风行 T5L	1.5T	1965	1590	4780	1872	1760	2753	1575	1575	225/55R19	自主
246	东风风行	东风	风行 T5L	1.5T	2135	1610	4780	1872	1760	2753	1575	1575	225/55R19	自主
247	东风风行	东风	风行 T5L	1.8T	2175	1650	4780	1872	1760	2753	1575	1575	225/55R19	自主
248	东风风行	东风	风行 T7	1.6T	2185	1660	4760	1865	1760	2753	1575	1575	225/60R18	自主
249	东风风行	东风	风行 T7	1.6T	2185	1660	4780	1872	1760	2753	1575	1575	225/60R18	自主
250	东风风行	东风	风行 T5L	1.8T	2190	1665	4780	1872	1775	2753	1575	1575	225/55R19	自主
251	东风风行	东风	风行 T5L	1.8T	2190	1665	4780	1872	1760	2753	1575	1575	225/55R19	自主
252	东风风行	东风	风行 T5L	1.5T	2190	1665	4780	1872	1760	2753	1575	1575	225/55R19	自主
253	东风雷诺	雷诺	e 诺	纯电	1240	921	3735	1579	1515	2423	1380	1365	165/70R14	欧系
254	东风雷诺	雷诺	e 诺	纯电	1240	921	3735	1579	1484	2423	1380	1365	165/70R14	欧系
255	东风雷诺	雷诺	科雷缤	1.3T	1679	1254	4263	1797	1593	2638	1562	1559	215/60R17	欧系
256	东风雷诺	雷诺	科雷缤	1.3T	1754	1302	4263	1797	1593	2638	1562	1559	215/60R17	欧系
257	东风雷诺	雷诺	科雷缤	1.3T	1754	1320	4263	1797	1593	2638	1562	1559	215/60R17	欧系
258	东风雷诺	雷诺	科雷嘉	2.0L	1940	1468	4503	1836	1616	2645	1585	1582	215/60R17	欧系
259	东风雷诺	雷诺	科雷嘉	2.0L	1950	1477	4508	1836	1629	2645	1586	1580	215/60R17	欧系
260	东风雷诺	雷诺	科雷嘉	2.0L	1950	1480	4508	1836	1629	2645	1586	1580	215/60R17	欧系
261	东风雷诺	雷诺	科雷嘉	2.0L	1950	1500	4508	1836	1629	2645	1586	1575	215/55R18	欧系
262	东风雷诺	雷诺	科雷嘉	2.0L	1950	1504	4508	1836	1629	2645	1586	1575	215/55R18	欧系
263	东风雷诺	雷诺	科雷傲	2.0L	2004	1528	4672	1843	1685	2705	1596	1586	225/65R17	欧系
264	东风雷诺	雷诺	科雷嘉	2.0L	2020	1550	4508	1836	1636	2645	1586	1575	215/55R18	欧系
265	东风雷诺	雷诺	科雷傲	2.0L	2004	1553	4672	1843	1685	2705	1596	1586	225/65R17	欧系
266	东风雷诺	雷诺	科雷傲	2.0L	2004	1557	4672	1843	1678	2705	1597	1589	225/65R17	欧系
267	东风雷诺	雷诺	科雷傲	2.0L	2004	1560	4672	1843	1717	2705	1596	1586	225/60R18	欧系
268	东风雷诺	雷诺	科雷傲	2.0L	2004	1565	4672	1843	1717	2705	1596	1586	225/60R18	欧系
269	东风雷诺	雷诺	科雷嘉	2.0L	2020	1571	4508	1836	1636	2645	1586	1575	215/55R18	欧系
270	东风雷诺	雷诺	科雷傲	2.5L	2030	1578	4672	1843	1678	2705	1597	1589	225/60R18	欧系
271	东风雷诺	雷诺	科雷傲	2.5L	2030	1589	4672	1843	1717	2705	1597	1589	225/60R18	欧系
272	东风雷诺	雷诺	科雷傲	2.5L	2087	1640	4672	1843	1678	2705	1597	1589	225/60R18	欧系
273	东风雷诺	雷诺	科雷傲	2.5L	2112	1644	4672	1843	1717	2705	1597	1589	225/60R18	欧系
274	东风雷诺	雷诺	科雷傲	2.5L	2112	1651	4672	1843	1678	2705	1597	1589	225/60R18	欧系
275	东风雷诺	雷诺	科雷傲	2.5L	2112	1656	4672	1843	1717	2705	1597	1589	225/60R18	欧系
276	东风雷诺	雷诺	科雷傲	2.5L	2112	1660	4672	1843	1717	2705	1597	1589	225/60R18	欧系
277	东风雷诺	雷诺	科雷傲	2.5L	2087	1660	4672	1843	1717	2705	1597	1589	225/60R18	欧系
278	东风日产	启辰	启辰 E30	纯电	1240	921	3732	1579	1515	2423	1380	1365	165/70R14	自主
279	东风日产	日产	劲客	1.5L	1520	1115	4295	1760	1588	2620	1520	1535	205/60R16	日系
280	东风日产	日产	劲客	1.5L	1555	1157	4295	1760	1588	2620	1520	1535	205/55R17	日系
281	东风日产	日产	劲客	1.5L	1565	1164	4313	1760	1588	2620	1520	1535	205/55R17	日系
282	东风日产	日产	劲客	1.5L	1565	1164	4295	1760	1588	2620	1520	1535	205/55R17	日系
283	东风日产	启辰	启辰 T60	1.6L	1650	1248	4412	1820	1679	2640	1565	1565	215/60R17	自主
284	东风日产	启辰	启辰 T60	1.6L	1650	1254	4412	1820	1679	2640	1565	1565	215/60R17	自主
285	东风日产	启辰	启辰 T60	1.6L	1650	1264	4412	1820	1679	2640	1565	1565	215/60R17	自主
286	东风日产	启辰	启辰 T60	1.6L	1745	1277	4412	1820	1679	2640	1565	1565	215/60R17	自主
287	东风日产	启辰	启辰 T60	1.6L	1745	1285	4412	1820	1679	2640	1565	1565	215/60R17	自主
288	东风日产	启辰	启辰 T60	1.6L	1740	1286	4412	1820	1679	2640	1565	1565	215/60R17	自主

序号	制造商	品牌	车型	排量	总质量/kg	整备质量/kg	外廓长度/mm	外廓宽度/mm	外廓高度/mm	轴距/mm	前轮距/mm	后轮距/mm	轮胎规格	派系
289	东风日产	启辰	启辰 T60	1.6L	1740	1309	4412	1820	1679	2640	1565	1565	215/60R17	自主
290	东风日产	启辰	启辰 T60	1.6L	1745	1312	4412	1820	1679	2640	1565	1565	215/60R17	自主
291	东风日产	启辰	启辰 T60	1.6L	1740	1325	4412	1820	1679	2640	1565	1565	215/55R18	自主
292	东风日产	启辰	启辰 T60	1.6L	1745	1328	4412	1820	1679	2640	1565	1565	215/55R18	自主
293	东风日产	启辰	启辰 T60	1.6L	1745	1330	4412	1820	1679	2640	1565	1565	215/55R18	自主
294	东风日产	启辰	新启辰 T70	1.6L	1780	1358	4614	1786	1625	2630	1540	1545	215/65R16	自主
295	东风日产	日产	逍客	2.0L	1870	1426	4384	1837	1612	2646	1585	1581	215/55R18	日系
296	东风日产	日产	逍客	2.0L	1880	1429	4401	1837	1593	2646	1585	1581	215/60R17	日系
297	东风日产	启辰	新启辰 T70	2.0L	1910	1440	4614	1786	1653	2630	1540	1545	215/60R17	自主
298	东风日产	日产	逍客	2.0L	1890	1444	4401	1837	1593	2646	1585	1581	215/60R17	日系
299	东风日产	日产	逍客	2.0L	1880	1456	4401	1837	1593	2646	1585	1581	215/55R18	日系
300	东风日产	启辰	新启辰 T70	2.0L	1930	1466	4614	1786	1653	2630	1540	1545	215/60R17	自主
301	东风日产	启辰	新启辰 T70	1.4T	1885	1466	4630	1845	1653	2630	1550	1555	215/55R18	自主
302	东风日产	日产	逍客	2.0L	1890	1469	4401	1837	1593	2646	1585	1581	215/55R18	日系
303	东风日产	日产	逍客	2.0L	1880	1471	4401	1837	1611	2646	1585	1581	225/45R19	日系
304	东风日产	启辰	新启辰 T70	2.0L	1910	1476	4630	1845	1653	2630	1540	1545	215/60R17	自主
305	东风日产	日产	启辰星	1.5T	1960	1477	4691	1905	1694	2756	1633	1630	225/65R17	自主
306	东风日产	日产	新奇骏	2.0L	1930	1480	4675	1820	1722	2706	1575	1570	225/65R17	日系
307	东风日产	日产	逍客	2.0L	1890	1480	4401	1837	1611	2646	1585	1581	225/45R19	日系
308	东风日产	启辰	新启辰 T70	2.0L	1910	1487	4630	1845	1653	2630	1550	1555	215/55R18	自主
309	东风日产	启辰	新启辰 T70	2.0L	1930	1489	4614	1786	1653	2630	1540	1545	215/60R17	自主
310	东风日产	启辰	启辰 T90	1.4T	1935	1489	4793	1865	1571	2765	1610	1615	215/55R18	自主
311	东风日产	启辰	启辰 T90	1.5T	1910	1493	4805	1865	1577	2765	1610	1615	215/60R17	自主
312	东风日产	启辰	新启辰 T70	2.0L	1930	1494	4630	1845	1653	2630	1540	1545	215/60R17	自主
313	东风日产	启辰	启辰 T90	2.0L	1970	1500	4805	1865	1573	2765	1610	1615	215/60R17	自主
314	东风日产	启辰	新启辰 T70	2.0L	1930	1503	4630	1845	1653	2630	1550	1555	215/55R18	自主
315	东风日产	启辰	启辰 T90	2.0L	1970	1507	4805	1865	1573	2765	1610	1615	215/60R17	自主
316	东风日产	日产	新奇骏	2.0L	1930	1508	4675	1820	1722	2706	1575	1570	225/65R17	日系
317	东风日产	启辰	启辰 T90	1.4T	1935	1512	4793	1865	1586	2765	1610	1615	215/55R18	自主
318	东风日产	日产	新奇骏	2.0L	1930	1514	4675	1820	1722	2706	1575	1570	225/65R17	日系
319	东风日产	启辰	启辰 T90	1.5T	1910	1517	4805	1865	1585	2765	1610	1615	215/60R17	自主
320	东风日产	启辰	启辰 T90	1.5T	1910	1517	4805	1865	1577	2765	1610	1615	215/60R17	自主
321	东风日产	启辰	启辰 T90	2.0L	1970	1519	4793	1865	1571	2765	1610	1615	215/55R18	自主
322	东风日产	日产	启辰星	1.5T	2000	1539	4691	1905	1706	2756	1643	1640	225/65R17	自主
323	东风日产	日产	启辰星	1.5T	2000	1539	4691	1905	1694	2756	1643	1640	225/65R17	自主
324	东风日产	启辰	启辰 T90	2.0L	1970	1545	4793	1865	1586	2765	1610	1615	215/55R18	自主
325	东风日产	启辰	启辰 T90	2.0L	1970	1548	4793	1865	1592	2765	1600	1605	235/45R19	自主
326	东风日产	启辰	启辰 T90	2.0L	1970	1548	4805	1865	1585	2765	1610	1615	215/55R18	自主
327	东风日产	启辰	启辰 T90	1.5T	1990	1566	4805	1865	1582	2765	1610	1615	215/55R18	自主
328	东风日产	日产	启辰星	1.5T	2050	1567	4691	1905	1706	2756	1643	1640	225/65R17	自主
329	东风日产	日产	启辰星	1.5T	2050	1568	4691	1905	1706	2756	1643	1640	225/65R17	自主
330	东风日产	启辰	启辰 T90	2.0L	1970	1569	4793	1865	1592	2765	1610	1615	215/55R18	自主
331	东风日产	日产	新奇骏	2.0L	2120	1579	4675	1820	1722	2706	1575	1570	225/65R17	日系
332	东风日产	启辰	启辰 T90	2.0L	1970	1579	4805	1865	1591	2765	1610	1615	235/45R19	自主
333	东风日产	日产	新奇骏	2.0L	2120	1586	4675	1820	1722	2706	1575	1570	225/65R17	日系
334	东风日产	启辰	启辰 T60EV	纯电	2010	1590	4415	1820	1668	2640	1565	1565	215/60R17	自主
335	东风日产	启辰	启辰 T90	1.5T	1990	1599	4805	1865	1585	2765	1610	1615	235/45R19	自主
336	东风日产	日产	新奇骏	2.5L	2020	1606	4675	1820	1722	2706	1575	1570	225/60R18	日系
337	东风日产	日产	新奇骏	2.5L	2020	1608	4675	1820	1722	2706	1575	1570	225/60R18	日系
338	东风日产	日产	新奇骏	2.5L	2020	1614	4675	1830	1724	2706	1585	1580	225/55R19	日系
339	东风日产	日产	启辰星	1.5T	2050	1622	4691	1905	1706	2756	1643	1640	225/65R17	自主
340	东风日产	日产	新楼兰	2.5L	2145	1656	4897	1908	1691	2830	1640	1644	235/65R18	日系
341	东风日产	日产	新奇骏	2.5L	2220	1659	4675	1820	1722	2706	1575	1570	225/60R18	日系
342	东风日产	日产	新奇骏	2.5L	2220	1670	4675	1820	1722	2706	1575	1570	225/60R18	日系
343	东风日产	日产	新楼兰	2.5L	2145	1700	4897	1908	1691	2830	1640	1644	235/65R18	日系
344	东风日产	日产	新楼兰	2.5T	2375	1920	4897	1908	1691	2830	1640	1644	235/65R18	日系
345	东风日产	日产	新楼兰	2.5T	2375	1929	4897	1908	1691	2830	1640	1644	235/65R18	日系
346	东风小康	东风	风光 E1	纯电	1240	921	3699	1579	1515	2423	1380	1365	165/70R14	自主

序号	制造商	品牌	车型	排量	总质量/kg	整备质量/kg	外廓长度/mm	外廓宽度/mm	外廓高度/mm	轴距/mm	前轮距/mm	后轮距/mm	轮胎规格	派系
347	东风小康	东风	风光 500	1.5L	1770	1380	4385	1850	1645	2655	1580	1582	205/65R16	自主
348	东风小康	东风	风光 S560	1.8L	1990	1440	4515	1815	1735	2690	1540	1530	215/60R17	自主
349	东风小康	东风	风光 S560	1.8L	1990	1440	4515	1815	1735	2690	1540	1530	205/65R16	自主
350	东风小康	东风	风光 S560	1.8L	2020	1445	4560	1815	1735	2690	1540	1530	215/60R17	自主
351	东风小康	东风	风光 S560	1.8L	1995	1450	4515	1815	1735	2690	1540	1530	205/65R16	自主
352	东风小康	东风	风光 580	1.8L	2025	1470	4700	1845	1715	2780	1570	1572	215/60R17	自主
353	东风小康	东风	风光 580	1.8L	2025	1470	4680	1845	1715	2780	1570	1572	215/60R17	自主
354	东风小康	东风	风光 S560	1.8L	1995	1470	4515	1815	1735	2690	1540	1530	205/65R16	自主
355	东风小康	东风	风光 S560	1.5T	2005	1480	4515	1815	1735	2690	1540	1530	205/65R16	自主
356	东风小康	东风	风光 S560	1.8L	2060	1485	4560	1815	1735	2690	1540	1530	215/60R17	自主
357	东风小康	东风	风光 580	1.8L	2025	1490	4700	1845	1715	2780	1570	1572	215/60R17	自主
358	东风小康	东风	风光 580	1.8L	2025	1490	4680	1845	1715	2780	1570	1572	215/60R17	自主
359	东风小康	东风	风光 S560	1.5T	2075	1500	4560	1815	1735	2690	1540	1530	215/60R17	自主
360	东风小康	东风	风光 S560	1.5T	2095	1500	4560	1815	1735	2690	1540	1530	215/60R17	自主
361	东风小康	东风	风光 580	1.5T	2035	1510	4680	1845	1715	2780	1570	1572	215/60R17	自主
362	东风小康	东风	风光 S560	1.5T	2095	1520	4560	1815	1735	2690	1540	1530	215/60R17	自主
363	东风小康	东风	风光 580	1.5T	2085	1550	4700	1845	1715	2780	1570	1572	225/60R17	自主
364	东风小康	东风	风光 580	1.5T	2085	1550	4680	1845	1715	2780	1570	1572	225/60R17	自主
365	东风小康	东风	风光 580	1.5T	2085	1550	4700	1845	1715	2780	1570	1572	215/60R17	自主
366	东风小康	东风	风光 580	1.5T	2085	1550	4680	1845	1715	2780	1570	1572	215/60R17	自主
367	东风小康	东风	风光 ix5	1.5T	2095	1570	4685	1865	1645	2790	1580	1570	235/50R18	自主
368	东风小康	东风	风光 580	1.5T	2165	1590	4715	1845	1715	2780	1570	1560	225/60R17	自主
369	东风小康	东风	风光 ix5	1.5T	2065	1590	4685	1865	1645	2790	1580	1570	235/50R18	自主
370	东风小康	东风	风光 ix5	1.5T	2155	1630	4685	1865	1645	2790	1580	1570	235/50R18	自主
371	东风小康	东风	风光 ix5	1.5T	2105	1630	4685	1865	1645	2790	1580	1570	235/50R18	自主
372	东风小康	东风	风光 580	1.5T	2225	1640	4715	1845	1715	2780	1570	1560	225/60R17	自主
373	东风小康	东风	风光 580	1.5T	2225	1650	4715	1845	1715	2780	1570	1560	225/60R17	自主
374	东风小康	东风	风光 ix5	1.5T	2145	1670	4760	1875	1655	2830	1595	1590	225/60R18	自主
375	东风小康	东风	风光 E3	纯电	2065	1690	4385	1850	1650	2655	1580	1582	225/55R18	自主
376	东风小康	东风	风光 580	1.8L	2300	1740	4680	1845	1715	2780	1570	1572	225/55R18	自主
377	东风小康	东风	风光 ix5	2.0T	2220	1745	4760	1875	1655	2830	1595	1590	225/60R18	自主
378	东风小康	东风	风光 ix5	2.0T	2305	1830	4760	1875	1655	2830	1595	1590	225/60R18	自主
379	东风小康	东风	风光 ix7	2.0T	2515	1950	4930	1935	1765	2810	1635	1630	245/60R18	自主
380	东风小康	东风	风光 ix7	2.0T	2595	2070	4930	1935	1765	2810	1635	1630	245/60R18	自主
381	东风英菲尼迪	英菲尼迪	QX50	2.0T	2290	1788	4705	1903	1681	2798	1635	1630	235/55R19	日系
382	东风英菲尼迪	英菲尼迪	QX50	2.0T	2290	1791	4705	1903	1681	2798	1635	1630	235/55R19	日系
383	东风英菲尼迪	英菲尼迪	QX50	2.0T	2290	1800	4705	1903	1681	2798	1635	1630	235/55R19	日系
384	东风英菲尼迪	英菲尼迪	QX50	2.0T	2290	1808	4705	1903	1681	2798	1635	1630	235/55R19	日系
385	东风英菲尼迪	英菲尼迪	QX50	2.0T	2320	1830	4705	1903	1678	2798	1635	1630	235/55R19	日系
386	东风英菲尼迪	英菲尼迪	QX50	2.0T	2320	1858	4705	1903	1678	2798	1635	1630	235/55R19	日系
387	东风英菲尼迪	英菲尼迪	QX50	2.0T	2320	1861	4705	1903	1678	2798	1625	1620	255/45R20	日系
388	东风英菲尼迪	英菲尼迪	QX50	2.0T	2320	1871	4705	1903	1678	2798	1635	1630	235/55R19	日系
389	东风英菲尼迪	英菲尼迪	QX50	2.0T	2320	1878	4705	1903	1678	2798	1635	1630	235/55R19	日系
390	东风英菲尼迪	英菲尼迪	QX50	2.0T	2320	1880	4705	1903	1678	2798	1625	1620	255/45R20	日系
391	东风英菲尼迪	英菲尼迪	QX50	2.0T	2320	1880	4705	1903	1678	2798	1625	1620	235/55R19	日系
392	东风英菲尼迪	英菲尼迪	QX50	2.0T	2320	1909	4705	1903	1678	2798	1625	1620	255/45R20	日系
393	东风英菲尼迪	英菲尼迪	QX50	2.0T	2320	1909	4705	1903	1678	2798	1625	1620	235/55R19	日系
394	东风裕隆	纳智捷	纳智捷 URX	1.8T	2256	1585	4725	1826	1765	2720	1565	1578	225/50R18	自主
395	东风裕隆	纳智捷	纳智捷 URX	1.8T	2256	1630	4725	1826	1765	2720	1565	1578	225/50R18	自主
396	东风悦达起亚	起亚	奕跑	1.4L	1550	1060	4100	1735	1533	2570	1516	1526	195/60R16	韩系
397	东风悦达起亚	起亚	奕跑	1.4L	1600	1100	4100	1735	1533	2570	1516	1526	195/60R16	韩系
398	东风悦达起亚	起亚	起亚 KX3 傲跑	1.5L	1640	1220	4345	1800	1650	2630	1560	1583	205/65R16	韩系
399	东风悦达起亚	起亚	起亚 KX3 傲跑	1.5L	1640	1220	4345	1800	1645	2630	1560	1583	205/65R16	韩系
400	东风悦达起亚	起亚	智跑	2.0L	1915	1377	4460	1850	1695	2640	1602	1602	225/60R17	韩系
401	东风悦达起亚	起亚	智跑	2.0L	1930	1430	4460	1850	1695	2640	1602	1602	225/60R17	韩系
402	东风悦达起亚	起亚	智跑	1.4T	1930	1475	4460	1850	1695	2640	1602	1602	225/60R17	韩系
403	东风悦达起亚	起亚	起亚 KX5	2.0L	2090	1504	4550	1855	1655	2670	1613	1625	225/60R17	韩系
404	东风悦达起亚	起亚	起亚 KX7	2.0L	2100	1610	4730	1890	1730	2700	1628	1639	235/65R17	韩系

序号	制造商	品牌	车型	排量	总质量/kg	整备质量/kg	外廓长度/mm	外廓宽度/mm	外廓高度/mm	轴距/mm	前轮距/mm	后轮距/mm	轮胎规格	派系
405	东风悦达起亚	起亚	起亚 KX7	2.0L	2100	1610	4730	1890	1730	2700	1633	1644	235/65R17	韩系
406	东风悦达起亚	起亚	起亚 KX5	1.6T	2090	1612	4550	1855	1655	2670	1613	1625	225/60R17	韩系
407	东风悦达起亚	起亚	起亚 KX5	1.6T	2090	1612	4550	1855	1655	2670	1625	1636	225/60R17	韩系
408	东风悦达起亚	起亚	起亚 KX5	1.6T	2150	1664	4550	1855	1655	2670	1625	1636	225/60R17	韩系
409	东风悦达起亚	起亚	起亚 KX7	2.0T	2510	1780	4730	1890	1730	2700	1628	1639	235/65R17	韩系
410	东风悦达起亚	起亚	起亚 KX7	2.0T	2510	1840	4730	1890	1730	2700	1628	1639	235/65R17	韩系
411	东南汽车	东南	东南 DX5	1.5L	1700	1300	4406	1840	1680	2615	1585	1586	215/60R17	自主
412	东南汽车	东南	东南 DX3	1.5L	1700	1300	4354	1840	1670	2610	1585	1586	215/60R17	自主
413	东南汽车	东南	东南 DX3	1.5L	1700	1300	4354	1840	1654	2610	1585	1586	215/60R17	自主
414	东南汽车	东南	东南 DX5	1.5L	1700	1300	4406	1840	1654	2615	1585	1586	215/60R17	自主
415	东南汽车	东南	东南 DX3	1.5T	1715	1340	4354	1840	1670	2610	1585	1586	215/55R18	自主
416	东南汽车	东南	东南 DX5	1.5T	1740	1350	4406	1840	1680	2615	1585	1586	215/60R17	自主
417	东南汽车	东南	东南 DX3	1.5T	1740	1350	4354	1840	1670	2610	1585	1586	215/60R17	自主
418	东南汽车	东南	东南 DX3	1.5T	1740	1350	4354	1840	1654	2610	1585	1586	215/60R17	自主
419	东南汽车	东南	东南 DX5	1.5T	1740	1350	4406	1840	1654	2615	1585	1586	215/60R17	自主
420	东南汽车	东南	东南 DX7	1.5T	1870	1495	4585	1900	1718	2700	1601	1602	235/55R18	自主
421	东南汽车	东南	东南 DX7	1.5T	1920	1530	4585	1900	1718	2700	1601	1602	235/55R18	自主
422	东南汽车	东南	DX7 星跃	1.5T	1930	1545	4570	1905	1720	2700	1601	1602	235/55R18	自主
423	东南汽车	东南	东南 DX7	1.5T	1930	1555	4585	1900	1718	2700	1601	1602	235/55R18	自主
424	东南汽车	东南	东南 DX7	1.8T	2000	1615	4585	1900	1718	2700	1601	1602	235/55R18	自主
425	枫盛汽车	枫叶	枫叶 30X	纯电	1675	1300	4005	1760	1575	2480	1468	1492	205/60R16	自主
426	福建新龙马	福建	启腾 V60	1.5L	1850	1295	4505	1730	1788	2721	1436	1450	195/65R15	自主
427	观致汽车	观致	观致 5	1.6T	2080	1620	4600	1869	1658	2710	1625	1607	225/65R17	自主
428	观致汽车	观致	观致 5	1.6T	2080	1620	4600	1869	1658	2710	1625	1607	225/65R17	自主
429	观致汽车	观致	观致 7	1.6T	2115	1650	4679	1897	1679	2720	1619	1637	235/55R18	自主
430	观致汽车	观致	观致 7	1.8T	2115	1655	4679	1897	1679	2720	1619	1637	235/55R18	自主
431	广汽本田	本田	缤智	1.5L	1770	1216	4328	1772	1605	2610	1535	1540	215/60R16	日系
432	广汽本田	本田	缤智	1.5L	1770	1227	4328	1772	1605	2610	1535	1540	215/55R17	日系
433	广汽本田	本田	缤智	1.5L	1770	1262	4340	1790	1605	2610	1535	1540	215/60R16	日系
434	广汽本田	本田	缤智	1.5L	1770	1265	4328	1772	1605	2610	1535	1540	215/55R17	日系
435	广汽本田	本田	缤智	1.5L	1770	1275	4340	1790	1605	2610	1535	1540	215/60R16	日系
436	广汽本田	本田	缤智	1.5L	1770	1276	4340	1790	1605	2610	1535	1540	215/55R17	日系
437	广汽本田	本田	缤智	1.5L	1770	1281	4340	1790	1605	2610	1535	1540	215/55R17	日系
438	广汽本田	本田	缤智	1.5T	1800	1351	4328	1772	1605	2610	1535	1540	215/55R17	日系
439	广汽本田	本田	缤智	1.5T	1800	1384	4340	1790	1605	2610	1535	1540	215/55R17	日系
440	广汽本田	本田	缤智	1.5T	1800	1400	4340	1790	1605	2610	1535	1540	215/55R17	日系
441	广汽本田	讴歌	讴歌 CDX	1.5T	2065	1500	4496	1840	1615	2660	1555	1567	235/50R18	日系
442	广汽本田	本田	讴歌 CDX	1.5T	2065	1501	4496	1840	1615	2660	1555	1567	235/50R18	日系
443	广汽本田	讴歌	讴歌 CDX	1.5T	2065	1502	4496	1840	1615	2660	1555	1567	235/50R18	日系
444	广汽本田	讴歌	讴歌 CDX	1.5T	2065	1503	4496	1840	1615	2660	1555	1567	235/50R18	日系
445	广汽本田	讴歌	讴歌 CDX	1.5T	2065	1506	4496	1840	1615	2660	1555	1567	235/50R18	日系
446	广汽本田	本田	讴歌 CDX	1.5T	2065	1507	4496	1840	1615	2660	1555	1567	235/50R18	日系
447	广汽本田	本田	讴歌 CDX	1.5T	2065	1510	4496	1840	1615	2660	1555	1567	235/50R18	日系
448	广汽本田	本田	讴歌 CDX	1.5T	2065	1512	4496	1840	1615	2660	1555	1567	235/50R18	日系
449	广汽本田	本田	讴歌 CDX	1.5T	2065	1514	4542	1840	1615	2660	1555	1567	235/50R18	日系
450	广汽本田	本田	皓影	1.5T	2030	1520	4634	1855	1679	2661	1601	1617	235/65R17	日系
451	广汽本田	本田	讴歌 CDX	1.5T	2065	1525	4542	1840	1615	2660	1555	1567	235/50R18	日系
452	广汽本田	本田	皓影	1.5T	2030	1548	4634	1855	1679	2661	1601	1617	235/65R17	日系
453	广汽本田	本田	皓影	1.5T	2030	1565	4634	1855	1679	2661	1601	1617	235/65R17	日系
454	广汽本田	本田	皓影	1.5T	2030	1565	4634	1855	1679	2661	1601	1617	235/55R19	日系
455	广汽本田	理念	理念 VE1	纯电	2110	1571	4308	1824	1625	2610	1535	1540	215/55R17	自主
456	广汽本田	本田	皓影	1.5T	2030	1580	4634	1855	1679	2661	1601	1617	235/65R17	日系
457	广汽本田	本田	皓影	1.5T	2030	1580	4634	1855	1679	2661	1601	1617	235/55R19	日系
458	广汽本田	理念	理念 VE1	纯电	2110	1581	4308	1824	1625	2610	1535	1540	215/55R17	自主
459	广汽本田	本田	理念 VE1	纯电	2110	1593	4308	1773	1625	2610	1535	1540	215/55R17	日系
460	广汽本田	本田	理念 VE1	纯电	2110	1594	4306	1773	1625	2610	1535	1540	215/55R17	日系
461	广汽本田	理念	理念 VE1	纯电	2110	1594	4306	1773	1625	2610	1535	1540	215/55R17	日系
462	广汽本田	本田	皓影	1.5T	2030	1598	4634	1855	1679	2661	1601	1617	235/65R17	日系

序号	制造商	品牌	车型	排量	总质量 /kg	整备质量 /kg	外廓长度 /mm	外廓宽度 /mm	外廓高度 /mm	轴距 /mm	前轮距 /mm	后轮距 /mm	轮胎规格	派系
463	广汽本田	本田	皓影	1.5T	2030	1598	4634	1855	1679	2661	1601	1617	235/55R19	日系
464	广汽本田	讴歌	讴歌 CDX	2.0L	2065	1608	4507	1840	1615	2660	1555	1567	235/50R18	日系
465	广汽本田	理念	理念 VE1	纯电	2110	1612	4306	1773	1625	2610	1535	1540	215/55R17	自主
466	广汽本田	本田	讴歌 CDX	2.0L	2065	1615	4496	1840	1615	2660	1555	1567	235/50R18	日系
467	广汽本田	本田	皓影	2.0L	2140	1640	4634	1855	1679	2661	1601	1617	235/60R18	日系
468	广汽本田	本田	讴歌 CDX	2.0L	2065	1642	4542	1840	1615	2660	1555	1567	235/50R18	日系
469	广汽本田	讴歌	讴歌 CDX	2.0L	2065	1648	4507	1840	1615	2660	1555	1567	235/50R18	日系
470	广汽本田	本田	讴歌 CDX	2.0L	2065	1655	4542	1840	1615	2660	1555	1567	235/50R18	日系
471	广汽本田	本田	皓影	1.5T	2100	1659	4634	1855	1689	2660	1598	1613	235/55R19	日系
472	广汽本田	理念	理念 VE1	纯电	2110	1670	4308	1824	1625	2610	1535	1540	215/55R17	自主
473	广汽本田	本田	皓影	2.0L	2140	1670	4634	1855	1679	2661	1601	1617	235/60R18	日系
474	广汽本田	本田	皓影	2.0L	2140	1674	4634	1855	1679	2661	1601	1617	235/60R18	日系
475	广汽本田	本田	皓影	2.0L	2140	1689	4634	1855	1679	2661	1601	1617	235/60R18	日系
476	广汽本田	本田	冠道	1.5T	2180	1712	4858	1942	1670	2820	1652	1671	245/55R19	日系
477	广汽本田	本田	冠道	1.5T	2180	1712	4816	1942	1669	2820	1652	1671	245/55R19	日系
478	广汽本田	讴歌	讴歌 RDX	2.0T	2170	1724	4752	1926	1668	2750	1632	1643	235/55R19	日系
479	广汽本田	讴歌	讴歌 RDX	2.0T	2170	1727	4752	1926	1668	2750	1632	1643	235/55R19	日系
480	广汽本田	讴歌	讴歌 RDX	2.0T	2170	1734	4752	1926	1668	2750	1632	1643	235/55R19	日系
481	广汽本田	本田	冠道	1.5T	2180	1752	4816	1942	1669	2820	1652	1671	245/55R19	日系
482	广汽本田	本田	冠道	1.5T	2180	1757	4858	1942	1670	2820	1652	1671	245/55R19	日系
483	广汽本田	本田	冠道	1.5T	2180	1760	4816	1942	1669	2820	1652	1671	245/55R19	日系
484	广汽本田	本田	冠道	1.5T	2180	1763	4858	1942	1670	2820	1652	1671	245/55R19	日系
485	广汽本田	本田	冠道	1.5T	2180	1768	4816	1942	1669	2820	1652	1671	245/55R19	日系
486	广汽本田	本田	冠道	2.0T	2220	1801	4858	1942	1670	2820	1652	1671	245/55R19	日系
487	广汽本田	本田	冠道	2.0T	2220	1803	4816	1942	1669	2820	1652	1671	245/55R19	日系
488	广汽本田	讴歌	讴歌 RDX	2.0T	2280	1827	4752	1926	1668	2750	1632	1643	235/55R19	日系
489	广汽本田	讴歌	讴歌 RDX	2.0T	2280	1833	4752	1926	1668	2750	1632	1643	235/55R19	日系
490	广汽本田	讴歌	讴歌 RDX	2.0T	2280	1836	4752	1926	1668	2750	1632	1643	235/55R19	日系
491	广汽本田	本田	冠道	2.0T	2295	1866	4816	1942	1669	2820	1652	1671	245/55R19	日系
492	广汽本田	本田	冠道	2.0T	2295	1867	4858	1942	1675	2820	1652	1671	245/55R19	日系
493	广汽本田	本田	冠道	2.0T	2295	1869	4816	1942	1669	2820	1652	1671	245/55R19	日系
494	广汽本田	本田	冠道	2.0T	2295	1878	4858	1942	1675	2820	1652	1671	245/55R19	日系
495	广汽乘用车	传祺	传祺 GS3	1.5T	1780	1321	4350	1825	1685	2560	1554	1550	215/65R16	自主
496	广汽乘用车	传祺	传祺 GS3	1.5T	1780	1321	4350	1825	1660	2560	1554	1550	215/65R16	自主
497	广汽乘用车	传祺	传祺 GS3	1.5T	1780	1340	4350	1825	1685	2560	1554	1550	215/65R16	自主
498	广汽乘用车	传祺	传祺 GS3	1.5T	1780	1347	4350	1825	1685	2560	1554	1550	215/65R16	自主
499	广汽乘用车	传祺	传祺 GS3	1.5T	1780	1350	4350	1825	1685	2560	1554	1550	215/65R16	自主
500	广汽乘用车	传祺	传祺 GS3	1.5L	1780	1350	4350	1825	1680	2560	1554	1550	215/65R16	自主
501	广汽乘用车	传祺	传祺 GS3	1.5T	1780	1361	4350	1825	1685	2560	1554	1550	215/65R16	自主
502	广汽乘用车	传祺	传祺 GS3	1.5T	1780	1366	4350	1825	1685	2560	1554	1550	215/65R16	自主
503	广汽乘用车	传祺	传祺 GS3	1.5T	1780	1392	4350	1825	1685	2560	1554	1550	215/65R16	自主
504	广汽乘用车	传祺	传祺 GS4	1.5T	1955	1480	4545	1856	1700	2680	1584	1570	225/60R17	自主
505	广汽乘用车	传祺	传祺 GS4	1.5T	1955	1480	4545	1856	1668	2680	1584	1570	225/60R17	自主
506	广汽乘用车	传祺	传祺 GS4	1.5T	1955	1500	4545	1856	1700	2680	1584	1570	225/60R17	自主
507	广汽乘用车	传祺	传祺 GS4	1.5T	1955	1500	4545	1856	1668	2680	1584	1570	225/60R17	自主
508	广汽乘用车	传祺	传祺 GS4	1.5T	1955	1520	4545	1856	1700	2680	1584	1570	225/60R17	自主
509	广汽乘用车	传祺	传祺 GS4	1.5T	1955	1520	4545	1856	1668	2680	1584	1570	225/60R17	自主
510	广汽乘用车	传祺	传祺 GE3	纯电	2080	1540	4337	1825	1665	2560	1554	1550	215/55R18	自主
511	广汽乘用车	传祺	传祺 GS4	1.5T	1955	1540	4577	1873	1646	2680	1588	1591	235/55R18	自主
512	广汽乘用车	传祺	传祺 GS4	1.5T	1955	1540	4545	1856	1700	2680	1584	1570	225/60R17	自主
513	广汽乘用车	传祺	传祺 GS4	1.5T	1955	1540	4545	1856	1668	2680	1584	1570	225/60R17	自主
514	广汽乘用车	传祺	传祺 GS5	1.5T	2060	1541	4695	1885	1726	2710	1607	1619	225/65R17	自主
515	广汽乘用车	传祺	传祺 GE3	纯电	2080	1553	4337	1825	1665	2560	1554	1550	215/55R18	自主
516	广汽乘用车	传祺	传祺 GS5	1.5T	2060	1558	4695	1885	1726	2710	1607	1619	225/65R17	自主
517	广汽乘用车	传祺	传祺 GS5	1.5T	2060	1582	4695	1885	1726	2710	1607	1619	225/65R17	自主
518	广汽乘用车	传祺	传祺 GS5	1.5T	2060	1592	4695	1885	1726	2710	1607	1619	225/65R17	自主
519	广汽乘用车	传祺	传祺 GE3	纯电	2080	1667	4337	1825	1637	2560	1554	1550	215/55R18	自主
520	广汽乘用车	传祺	传祺 GS4	1.5T	2135	1705	4545	1856	1700	2680	1584	1570	225/60R17	自主

序号	制造商	品牌	车型	排量	总质量/kg	整备质量/kg	外廓长度/mm	外廓宽度/mm	外廓高度/mm	轴距/mm	前轮距/mm	后轮距/mm	轮胎规格	派系
521	广汽乘用车	传祺	传祺 AION V	纯电	2200	1725	4586	1920	1728	2830	1630	1645	235/55R19	自主
522	广汽乘用车	传祺	传祺 GS4	1.5T	2135	1745	4545	1856	1700	2680	1584	1570	225/60R17	自主
523	广汽乘用车	传祺	传祺 GS4	1.5T	2135	1745	4545	1856	1691	2680	1584	1570	225/60R17	自主
524	广汽乘用车	传祺	传祺 GS8S	1.8T	2150	1749	4740	1910	1775	2720	1630	1632	235/60R18	自主
525	广汽乘用车	传祺	传祺 GS8S	2.0T	2150	1749	4740	1910	1775	2720	1630	1632	235/60R18	自主
526	广汽乘用车	传祺	传祺 GS7	2.0T	2150	1775	4730	1910	1770	2720	1630	1632	235/65R17	自主
527	广汽乘用车	传祺	传祺 GS8S	1.8T	2193	1792	4740	1910	1775	2720	1630	1632	235/60R18	自主
528	广汽乘用车	传祺	传祺 GS8S	2.0T	2193	1792	4740	1910	1775	2720	1630	1632	235/60R18	自主
529	广汽乘用车	传祺	传祺 GS8	2.0T	2190	1815	4835	1910	1765	2800	1630	1632	235/60R18	自主
530	广汽乘用车	传祺	传祺 GS7	2.0T	2193	1818	4730	1910	1770	2720	1630	1632	235/65R17	自主
531	广汽乘用车	传祺	传祺 GS8	2.0T	2195	1820	4810	1910	1770	2800	1630	1632	235/60R18	自主
532	广汽乘用车	传祺	传祺 GS8	1.8T	2375	1850	4835	1910	1785	2800	1630	1632	235/60R18	自主
533	广汽乘用车	传祺	传祺 GS8	2.0T	2375	1850	4835	1910	1785	2800	1630	1632	235/60R18	自主
534	广汽乘用车	传祺	传祺 AION V	纯电	2300	1860	4586	1920	1728	2830	1630	1645	235/55R19	自主
535	广汽乘用车	传祺	传祺 GS8	2.0T	2515	1870	4810	1910	1770	2800	1630	1632	245/55R19	自主
536	广汽乘用车	传祺	传祺 GS8	1.8T	2405	1880	4835	1910	1785	2800	1630	1632	235/60R18	自主
537	广汽乘用车	传祺	传祺 GS8	2.0T	2405	1880	4835	1910	1785	2800	1630	1632	235/60R18	自主
538	广汽乘用车	传祺	传祺 GS8	2.0T	2425	1900	4810	1910	1770	2800	1630	1632	235/60R18	自主
539	广汽乘用车	传祺	传祺 AION LX	纯电	2325	1900	4786	1935	1685	2920	1650	1660	245/55R19	自主
540	广汽乘用车	传祺	传祺 AION V	纯电	2420	1930	4586	1920	1728	2830	1630	1645	235/55R19	自主
541	广汽乘用车	传祺	传祺 AION V	纯电	2420	1960	4586	1920	1728	2830	1630	1645	235/55R19	自主
542	广汽乘用车	传祺	传祺 GS8	2.0T	2500	1975	4835	1910	1785	2800	1630	1632	235/60R18	自主
543	广汽乘用车	传祺	传祺 GS8	2.0T	2515	1990	4810	1910	1770	2800	1630	1632	245/55R19	自主
544	广汽乘用车	传祺	传祺 AION LX	纯电	2445	2040	4786	1935	1685	2920	1650	1660	245/55R19	自主
545	广汽乘用车	传祺	传祺 AION LX	纯电	2600	2180	4786	1935	1685	2920	1650	1660	245/55R19	自主
546	广汽菲克	吉普	自由侠	1.3T	1740	1365	4240	1805	1678	2570	1540	1540	215/65R16	美系
547	广汽菲克	吉普	自由侠	1.3T	1760	1385	4240	1805	1678	2570	1540	1540	215/65R16	美系
548	广汽菲克	吉普	指南者	1.3T	1802	1427	4415	1819	1635	2636	1544	1544	225/60R17	美系
549	广汽菲克	吉普	自由侠	1.3T	1804	1429	4240	1805	1690	2570	1540	1540	215/65R16	美系
550	广汽菲克	吉普	指南者	1.3T	1805	1430	4424	1819	1652	2636	1544	1544	225/60R17	美系
551	广汽菲克	吉普	自由侠	1.3T	1820	1445	4240	1805	1700	2570	1540	1540	215/65R16	美系
552	广汽菲克	吉普	指南者	1.3T	1875	1500	4415	1819	1635	2636	1544	1544	225/60R17	美系
553	广汽菲克	吉普	指南者	1.3T	1900	1525	4415	1819	1635	2636	1544	1544	225/60R17	美系
554	广汽菲克	吉普	自由侠	1.3T	1912	1537	4240	1805	1730	2570	1540	1540	225/55R18	美系
555	广汽菲克	吉普	指南者	1.3T	1950	1575	4424	1819	1663	2636	1544	1544	225/60R17	美系
556	广汽菲克	吉普	指南者	1.3T	1950	1575	4415	1819	1650	2636	1544	1544	225/60R17	美系
557	广汽菲克	吉普	指南者	1.3T	2050	1675	4424	1819	1675	2636	1544	1544	225/60R17	美系
558	广汽菲克	吉普	指南者	1.3T	2050	1675	4415	1819	1650	2636	1544	1544	225/60R17	美系
559	广汽菲克	吉普	自由光	2.0L	2165	1695	4649	1859	1686	2705	1586	1584	225/60R17	美系
560	广汽菲克	吉普	自由光	2.0L	2140	1710	4669	1865	1691	2707	1601	1612	225/60R17	美系
561	广汽菲克	吉普	自由光	2.0L	2165	1735	4649	1859	1686	2705	1586	1584	225/60R17	美系
562	广汽菲克	悦界	悦界 HEV	1.5L	2150	1760	4500	1852	1708	2640	1586	1584	225/60R17	自主
563	广汽菲克	吉普	自由光	2.0T	2195	1765	4669	1865	1691	2707	1601	1612	225/60R17	美系
564	广汽菲克	吉普	指挥官	2.0T	2350	1845	4873	1892	1738	2800	1601	1610	235/60R18	美系
565	广汽菲克	吉普	自由光	2.0T	2305	1875	4669	1865	1691	2707	1601	1612	225/60R17	美系
566	广汽菲克	吉普	大指挥官	2.0T	2450	1885	4873	1892	1738	2800	1601	1610	235/65R17	美系
567	广汽菲克	吉普	大指挥官	2.0T	2480	1935	4873	1892	1738	2800	1601	1610	235/55R19	美系
568	广汽菲克	吉普	大指挥官	2.0T	2480	1935	4873	1892	1738	2800	1601	1610	235/55R19	美系
569	广汽菲克	吉普	自由光	2.0T	2405	1975	4656	1904	1731	2720	1614	1618	245/65R17	美系
570	广汽菲克	吉普	大指挥官	2.0T	2540	1995	4873	1892	1738	2800	1601	1610	235/55R19	美系
571	广汽菲克	吉普	指挥官	2.0T	2540	2115	4873	1892	1738	2800	1601	1610	235/60R18	美系
572	广汽丰田	丰田	丰田 C-HR	2.0L	1960	1490	4405	1795	1565	2640	1550	1550	215/60R17	日系
573	广汽丰田	丰田	丰田 C-HR	2.0L	1960	1490	4475	1825	1565	2640	1550	1550	215/60R17	日系
574	广汽丰田	丰田	丰田 C-HR	2.0L	1960	1505	4405	1795	1565	2640	1550	1550	215/60R17	日系
575	广汽丰田	丰田	丰田 C-HR	2.0L	1960	1510	4405	1795	1565	2640	1550	1550	215/60R17	日系
576	广汽丰田	丰田	威兰达	2.0L	2115	1540	4665	1855	1680	2690	1605	1620	225/60R18	日系
577	广汽丰田	丰田	威兰达	2.0L	2115	1555	4665	1855	1680	2690	1595	1610	225/60R18	日系
578	广汽丰田	丰田	威兰达	2.0L	2115	1590	4665	1855	1680	2690	1595	1610	225/60R18	日系

序号	制造商	品牌	车型	排量	总质量 /kg	整备质量 /kg	外廓长度 /mm	外廓宽度 /mm	外廓高度 /mm	轴距 /mm	前轮距 /mm	后轮距 /mm	轮胎规格	派系
579	广汽丰田	丰田	威兰达	2.0L	2115	1595	4665	1855	1680	2690	1595	1610	225/60R18	日系
580	广汽丰田	丰田	威兰达	2.0L	2195	1615	4665	1855	1680	2690	1605	1620	225/60R18	日系
581	广汽丰田	丰田	威兰达	2.5L	2195	1645	4665	1855	1680	2690	1605	1620	225/60R18	日系
582	广汽丰田	丰田	威兰达	2.5L	2195	1660	4665	1855	1680	2690	1605	1620	225/60R18	日系
583	广汽丰田	丰田	威兰达	2.0L	2195	1665	4665	1855	1680	2690	1595	1610	225/60R18	日系
584	广汽丰田	丰田	威兰达	2.0L	2195	1670	4665	1855	1680	2690	1595	1610	225/60R18	日系
585	广汽丰田	丰田	威兰达	2.5L	2195	1675	4665	1855	1680	2690	1605	1620	225/60R18	日系
586	广汽丰田	丰田	威兰达	2.5L	2195	1695	4665	1855	1680	2690	1605	1620	225/60R18	日系
587	广汽丰田	丰田	威兰达	2.5L	2230	1725	4665	1855	1680	2690	1605	1620	225/60R18	日系
588	广汽丰田	丰田	丰田 C-HR BEV	纯电	2220	1780	4405	1795	1575	2640	1550	1550	215/60R17	日系
589	广汽丰田	丰田	新汉兰达	2.0T	2560	1910	4890	1925	1720	2790	1635	1630	245/60R18	日系
590	广汽丰田	丰田	新汉兰达	2.0T	2560	1935	4890	1925	1720	2790	1635	1630	245/60R18	日系
591	广汽丰田	丰田	新汉兰达	2.0T	2640	2000	4890	1925	1720	2790	1635	1630	245/55R19	日系
592	广汽丰田	丰田	新汉兰达	2.0T	2640	2010	4890	1925	1715	2790	1635	1630	245/55R19	日系
593	广汽丰田	丰田	新汉兰达	2.0T	2720	2080	4890	1925	1715	2790	1635	1630	245/55R19	日系
594	广汽三菱	三菱	新劲炫	1.6L	1870	1295	4366	1780	1640	2670	1525	1530	215/70R16	日系
595	广汽三菱	三菱	新劲炫	1.6L	1870	1320	4366	1780	1640	2670	1525	1530	215/70R16	日系
596	广汽三菱	三菱	新劲炫	2.0L	1970	1390	4366	1818	1640	2670	1545	1545	225/55R18	日系
597	广汽三菱	三菱	新劲炫	2.0L	1970	1410	4375	1770	1625	2670	1525	1525	215/60R17	日系
598	广汽三菱	三菱	新劲炫	2.0L	1970	1420	4366	1818	1640	2670	1545	1545	225/55R18	日系
599	广汽三菱	三菱	奕歌	1.5T	2050	1453	4405	1805	1685	2670	1545	1545	215/70R16	日系
600	广汽三菱	三菱	奕歌	1.5T	2050	1458	4405	1805	1685	2670	1545	1545	215/70R16	日系
601	广汽三菱	三菱	奕歌	1.5T	2050	1464	4405	1805	1685	2670	1545	1545	215/70R16	日系
602	广汽三菱	三菱	奕歌	1.5T	2050	1474	4405	1805	1685	2670	1545	1545	215/70R16	日系
603	广汽三菱	三菱	欧蓝德	2.0L	1985	1485	4705	1810	1710	2670	1540	1540	225/55R18	日系
604	广汽三菱	三菱	欧蓝德	2.0L	1985	1525	4705	1810	1710	2670	1540	1540	225/55R18	日系
605	广汽三菱	三菱	欧蓝德	2.0L	2170	1560	4705	1810	1710	2670	1540	1540	225/55R18	日系
606	广汽三菱	三菱	奕歌	1.5T	2100	1561	4405	1805	1685	2670	1545	1545	225/55R18	日系
607	广汽三菱	三菱	奕歌	1.5T	2100	1567	4405	1805	1685	2670	1545	1545	225/55R18	日系
608	广汽三菱	三菱	奕歌	1.5T	2100	1570	4405	1805	1685	2670	1545	1545	225/55R18	日系
609	广汽三菱	三菱	奕歌	1.5T	2100	1577	4405	1805	1685	2670	1545	1545	225/55R18	日系
610	广汽三菱	三菱	奕歌	1.5T	2100	1580	4405	1805	1685	2670	1545	1545	225/55R18	日系
611	广汽三菱	三菱	欧蓝德	2.4L	2205	1620	4705	1810	1710	2670	1540	1540	225/55R18	日系
612	广汽三菱	三菱	欧蓝德	2.4L	2210	1620	4705	1810	1710	2670	1540	1540	225/55R18	日系
613	广汽三菱	三菱	奕歌	1.5T	2100	1634	4405	1805	1685	2670	1545	1545	225/55R18	日系
614	广汽三菱	三菱	奕歌	1.5T	2100	1644	4405	1805	1685	2670	1545	1545	225/55R18	日系
615	广汽三菱	三菱	欧蓝德	2.4L	2210	1645	4705	1810	1710	2670	1540	1540	225/55R18	日系
616	广汽三菱	三菱	欧蓝德	2.4L	2205	1650	4705	1810	1710	2670	1540	1540	225/55R18	日系
617	广汽蔚来	合创	合创 007	纯电	2325	1920	4879	1937	1680	2919	1650	1660	245/55R19	自主
618	广汽蔚来	合创	合创 007	纯电	2445	2030	4879	1937	1680	2919	1650	1660	245/55R19	自主
619	国机智骏	智骏	智骏 GX5	纯电	1825	1450	4150	1800	1620	2650	1556	1562	215/50R17	自主
620	国机智骏	智骏	智骏 GX5	纯电	1825	1450	4150	1800	1611	2650	1556	1562	215/50R17	自主
621	海马汽车	海马	海马 8S	1.6T	1845	1470	4565	1850	1682	2700	1590	1590	225/60R18	自主
622	海马汽车	海马	海马 8S	1.6T	1875	1500	4565	1850	1682	2700	1590	1590	225/60R18	自主
623	海马汽车	海马	海马 8S	1.6T	1920	1545	4565	1850	1682	2700	1590	1590	225/60R18	自主
624	海马汽车	海马	海马 8S	1.6T	1935	1560	4565	1850	1682	2700	1590	1590	225/60R18	自主
625	海马汽车	海马	海马 8S	1.6T	1965	1590	4565	1850	1682	2700	1590	1590	225/60R18	自主
626	海马汽车	海马	海马 8S	1.6T	1965	1590	4565	1850	1682	2700	1590	1590	225/60R18	自主
627	海马汽车	海马	海马 6	1.2T	2095	1720	4418	1823	1630	2630	1540	1545	215/60R17	自主
628	汉龙汽车	汉龙	旷世	2.0T	2570	2115	4985	1995	1819	2997	1691	1683	255/55R20	自主
629	汉龙汽车	汉龙	旷世	2.0T	2660	2195	4985	1995	1819	2997	1691	1683	255/55R20	自主
630	汉龙汽车	汉龙	旷世	2.0T	2570	2195	4985	1995	1819	2997	1691	1683	255/55R20	自主
631	汉龙汽车	汉龙	旷世	2.0T	2660	2285	4985	1995	1819	2997	1691	1683	255/55R20	自主
632	汉腾汽车	汉腾	汉腾 X5	1.5T	1779	1404	4501	1820	1648	2600	1560	1558	205/65R16	自主
633	汉腾汽车	汉腾	汉腾 X5	1.5T	1785	1410	4501	1820	1648	2600	1560	1558	215/55R17	自主
634	汉腾汽车	汉腾	汉腾 X5	1.5T	1798	1423	4501	1820	1648	2600	1560	1558	215/55R17	自主
635	汉腾汽车	汉腾	汉腾 X5	1.5T	1798	1423	4501	1820	1648	2600	1560	1558	205/65R16	自主
636	汉腾汽车	汉腾	汉腾 X5	1.5T	1819	1444	4501	1820	1648	2600	1560	1558	215/55R17	自主

序号	制造商	品牌	车型	排量	总质量/kg	整备质量/kg	外廓长度/mm	外廓宽度/mm	外廓高度/mm	轴距/mm	前轮距/mm	后轮距/mm	轮胎规格	派系
637	汉腾汽车	汉腾	汉腾 X5	1.5T	2009	1484	4501	1820	1648	2600	1560	1558	215/55R17	自主
638	汉腾汽车	汉腾	汉腾 X5	1.5T	2022	1497	4501	1820	1648	2600	1560	1558	215/55R17	自主
639	汉腾汽车	汉腾	汉腾 X5	1.5T	2030	1505	4501	1820	1648	2600	1560	1558	215/55R17	自主
640	汉腾汽车	汉腾	汉腾 X7	1.5T	1957	1582	4671	1902	1697	2810	1611	1612	235/65R17	自主
641	汉腾汽车	汉腾	汉腾 X7	1.5T	1965	1590	4671	1902	1697	2810	1611	1612	235/65R17	自主
642	汉腾汽车	汉腾	汉腾 X7	1.5T	1987	1612	4671	1902	1697	2810	1611	1612	235/65R17	自主
643	汉腾汽车	汉腾	汉腾 X5	纯电	2025	1650	4501	1820	1648	2600	1560	1558	215/55R17	自主
644	汉腾汽车	汉腾	汉腾 X7	2.0T	2050	1675	4671	1902	1697	2810	1611	1612	235/60R18	自主
645	汉腾汽车	汉腾	汉腾 X7	2.0T	2060	1685	4671	1902	1697	2810	1611	1612	235/60R18	自主
646	合众新能源	哪吒	哪吒 V	纯电	1410	1110	4070	1690	1540	2420	1440	1415	185/65R15	自主
647	合众新能源	哪吒	哪吒 V	纯电	1526	1151	4070	1690	1555	2420	1440	1415	185/65R15	自主
648	合众新能源	哪吒	哪吒 V	纯电	1526	1151	4070	1690	1540	2420	1440	1415	185/65R15	自主
649	合众新能源	哪吒	哪吒 N01	纯电	1458	1158	3872	1648	1611	2370	1398	1373	185/65R15	自主
650	合众新能源	哪吒	哪吒 N01	纯电	1458	1158	3872	1648	1571	2370	1398	1373	185/65R15	自主
651	合众新能源	哪吒	哪吒 N01	纯电	1469	1169	3872	1648	1611	2370	1398	1373	185/65R15	自主
652	合众新能源	哪吒	哪吒 N01	纯电	1469	1169	3872	1648	1571	2370	1398	1373	185/65R15	自主
653	合众新能源	哪吒	哪吒 N01	纯电	1481	1181	3872	1648	1571	2370	1398	1373	185/65R15	自主
654	合众新能源	哪吒	哪吒 N01	纯电	1516	1216	3872	1648	1571	2370	1398	1373	185/65R15	自主
655	合众新能源	哪吒	哪吒 U	纯电	2050	1675	4530	1860	1628	2770	1580	1580	225/60R18	自主
656	合众新能源	哪吒	哪吒 U	纯电	2055	1680	4530	1860	1628	2770	1580	1580	225/60R18	自主
657	合众新能源	哪吒	哪吒 U	纯电	2100	1725	4530	1860	1628	2770	1580	1580	225/60R18	自主
658	合众新能源	哪吒	哪吒 U	纯电	2120	1745	4530	1860	1628	2770	1580	1580	225/60R18	自主
659	河北中兴	田野	易电易行 K60	纯电	2136	1611	4618	1790	1820	2765	1512	1532	205/55R17	自主
660	湖南恒润	恒润	恒润 HR-S1	纯电	1420	1020	3560	1610	1705	2250	1360	1370	205/70R15	自主
661	湖南恒润	恒润	恒润 HR-S1	纯电	1420	1100	3560	1610	1705	2250	1360	1370	205/70R15	自主
662	华晨宝马	宝马	宝马 X2	1.5T	2005	1523	4379	1824	1555	2670	1573	1572	225/50R18	欧系
663	华晨宝马	宝马	宝马 X2	1.5T	2005	1527	4379	1824	1555	2670	1573	1572	225/50R18	欧系
664	华晨宝马	宝马	新宝马 X1	1.5T	2035	1553	4565	1821	1620	2780	1571	1572	225/50R18	欧系
665	华晨宝马	宝马	宝马 X2	2.0T	2055	1557	4379	1824	1555	2670	1573	1572	225/50R18	欧系
666	华晨宝马	宝马	宝马 X2	2.0T	2055	1561	4379	1824	1555	2670	1573	1572	225/50R18	欧系
667	华晨宝马	宝马	新宝马 X1	1.5T	2030	1565	4565	1821	1620	2780	1571	1572	225/50R18	欧系
668	华晨宝马	宝马	新宝马 X1	2.0T	2065	1583	4565	1821	1620	2780	1571	1572	225/50R18	欧系
669	华晨宝马	宝马	新宝马 X1	2.0T	2060	1588	4565	1821	1620	2780	1571	1572	225/50R18	欧系
670	华晨宝马	宝马	宝马 X2	2.0T	2145	1646	4379	1824	1555	2670	1573	1572	225/50R18	欧系
671	华晨宝马	宝马	宝马 X2	2.0T	2145	1650	4379	1824	1555	2670	1573	1572	225/50R18	欧系
672	华晨宝马	宝马	新宝马 X1	2.0T	2140	1670	4565	1821	1620	2780	1571	1572	225/50R18	欧系
673	华晨宝马	宝马	新宝马 X1	2.0T	2140	1680	4565	1821	1620	2780	1571	1572	225/50R18	欧系
674	华晨宝马	宝马	宝马 X3	2.0T	2510	1860	4717	1891	1689	2864	1610	1594	245/50R19	欧系
675	华晨宝马	宝马	宝马 X3	2.0T	2385	1860	4717	1891	1689	2864	1610	1594	245/50R19	欧系
676	华晨宝马	宝马	宝马 X3	2.0T	2510	1880	4717	1891	1689	2864	1610	1594	245/50R19	欧系
677	华晨宝马	宝马	宝马 X3	2.0T	2385	1880	4717	1891	1689	2864	1610	1594	245/50R19	欧系
678	华晨宝马	之诺	之诺 100H	1.5T	2340	1900	4582	1820	1609	2780	1561	1562	225/55R17	自主
679	华晨宝马	宝马	新宝马 X1	1.5T	2330	1909	4565	1821	1613	2780	1563	1564	225/55R17	欧系
680	华晨宝马	宝马	宝马 iX3	纯电	2725	2205	4746	1891	1683	2864	1600	1616	245/50R19	欧系
681	华晨宝马	宝马	宝马 iX3	纯电	2725	2205	4746	1891	1683	2864	1616	1632	245/45R20	欧系
682	华晨汽车	中华	中华 V3	1.5L	1715	1325	4200	1790	1600	2570	1540	1530	215/60R17	自主
683	华晨汽车	中华	中华 V3	1.5L	1715	1325	4240	1803	1600	2570	1540	1530	215/60R17	自主
684	华晨汽车	中华	中华 V3	1.5T	1725	1335	4200	1790	1600	2570	1540	1530	215/55R18	自主
685	华晨汽车	中华	中华 V3	1.5T	1725	1335	4240	1803	1600	2570	1540	1530	215/55R18	自主
686	华晨汽车	中华	中华 V3	1.6L	1715	1340	4200	1790	1600	2570	1540	1530	215/60R17	自主
687	华晨汽车	中华	中华 V3	1.6L	1715	1340	4240	1803	1600	2570	1540	1530	215/60R17	自主
688	华晨汽车	中华	中华 V3	1.5L	1740	1350	4200	1790	1600	2570	1540	1530	215/60R17	自主
689	华晨汽车	中华	中华 V3	1.5L	1740	1350	4240	1803	1600	2570	1540	1530	215/60R17	自主
690	华晨汽车	中华	中华 V3	1.5T	1765	1375	4240	1803	1609	2570	1540	1530	215/55R18	自主
691	华晨汽车	中华	中华 V3	1.5T	1765	1375	4200	1790	1600	2570	1540	1530	215/55R18	自主
692	华晨汽车	中华	中华 V3	1.5T	1765	1375	4240	1803	1600	2570	1540	1530	215/55R18	自主
693	华晨汽车	金杯	观境	1.6L	2010	1485	4745	1820	1780	2780	1544	1565	215/60R17	自主
694	华晨汽车	中华	中华 V6	1.5T	1955	1580	4620	1922	1734	2725	1645	1667	235/60R18	自主

序号	制造商	品牌	车型	排量	总质量/kg	整备质量/kg	外廓长度/mm	外廓宽度/mm	外廓高度/mm	轴距/mm	前轮距/mm	后轮距/mm	轮胎规格	派系
695	华晨汽车	中华	中华 V7	1.6T	1965	1590	4702	1932	1753	2770	1645	1667	235/60R18	自主
696	华晨汽车	中华	中华 V7	1.6T	1975	1600	4702	1932	1753	2770	1645	1667	235/55R19	自主
697	华晨汽车	中华	中华 V6	1.5T	1975	1600	4620	1922	1734	2725	1645	1667	235/60R18	自主
698	华晨汽车	中华	中华 V7	1.6T	1985	1610	4702	1932	1753	2770	1645	1667	235/60R18	自主
699	华晨汽车	中华	中华 V7	1.6T	2195	1670	4702	1932	1753	2770	1645	1667	235/55R19	自主
700	华晨汽车	中华	中华 V7	1.6T	2220	1695	4702	1932	1753	2770	1645	1667	235/60R18	自主
701	华晨汽车	中华	中华 V7	1.8T	2075	1700	4702	1932	1753	2770	1645	1667	235/55R19	自主
702	华晨汽车	中华	中华 V7	1.8T	2280	1755	4702	1932	1753	2770	1645	1667	235/55R19	自主
703	华晨鑫源	斯威	斯威 X3	1.5L	1975	1450	4615	1790	1790	2725	1495	1520	205/55R16	自主
704	华晨鑫源	斯威	斯威 X3	1.5T	2025	1500	4615	1790	1820	2725	1495	1520	205/55R16	自主
705	华晨鑫源	斯威	斯威 G01	1.5T	1895	1520	4610	1855	1740	2750	1575	1575	225/65R17	自主
706	华晨鑫源	斯威	斯威 G01	1.5T	1895	1520	4670	1855	1740	2750	1575	1575	225/60R18	自主
707	华晨鑫源	斯威	斯威 G05	1.5T	2070	1545	4750	1860	1780	2750	1580	1560	225/65R17	自主
708	华晨鑫源	斯威	斯威 G05	2.0L	2075	1550	4750	1860	1780	2750	1580	1560	225/65R17	自主
709	华晨鑫源	斯威	斯威 G05	2.0L	2075	1550	4750	1860	1770	2750	1580	1560	225/65R17	自主
710	华晨鑫源	斯威	斯威 X7	2.0L	1995	1550	4710	1855	1770	2750	1545	1550	215/60R17	自主
711	华晨鑫源	斯威	斯威 X7	2.0L	1995	1550	4710	1855	1750	2750	1545	1550	215/60R17	自主
712	华晨鑫源	斯威	斯威 G01	1.5T	1935	1560	4610	1855	1740	2750	1575	1575	225/65R17	自主
713	华晨鑫源	斯威	斯威 G01	1.5T	1935	1560	4610	1855	1725	2750	1575	1575	225/65R17	自主
714	华晨鑫源	斯威	斯威 G01	1.5T	1945	1570	4610	1855	1740	2750	1575	1575	225/65R17	自主
715	华晨鑫源	斯威	斯威 G01	1.5T	1945	1570	4670	1855	1740	2750	1575	1575	225/60R18	自主
716	华晨鑫源	斯威	斯威 X7	1.5T	2145	1585	4710	1855	1770	2750	1545	1550	215/55R18	自主
717	华晨鑫源	斯威	斯威 G05	1.5T	2120	1595	4750	1860	1780	2750	1580	1560	225/65R17	自主
718	华晨鑫源	斯威	斯威 X7	1.5T	2145	1620	4710	1855	1770	2750	1545	1550	215/55R18	自主
719	华晨鑫源	斯威	斯威 G01	1.5T	1995	1620	4610	1855	1740	2750	1575	1575	225/65R17	自主
720	华晨鑫源	斯威	斯威 G01	1.5T	1995	1620	4670	1855	1740	2750	1575	1575	225/60R18	自主
721	华泰汽车	华泰	圣达菲	1.5T	1825	1450	4426	1862	1709	2660	1585	1586	215/70R16	自主
722	华泰汽车	华泰	圣达菲	1.5T	1825	1450	4426	1862	1683	2660	1585	1586	215/70R16	自主
723	华泰汽车	华泰	圣达菲	1.5T	1835	1460	4426	1862	1709	2660	1585	1586	215/70R16	自主
724	华泰汽车	华泰	圣达菲	1.5T	1835	1460	4426	1862	1683	2660	1585	1586	215/70R16	自主
725	吉利汽车	全球鹰	远景 X3	1.5L	1555	1180	4005	1760	1575	2480	1468	1492	205/60R16	自主
726	吉利汽车	全球鹰	远景 X3	1.5L	1581	1206	4005	1760	1575	2480	1468	1492	205/60R16	自主
727	吉利汽车	全球鹰	远景 X3	1.5L	1590	1215	4005	1760	1575	2480	1468	1492	195/55R16	自主
728	吉利汽车	帝豪	远景 S1	1.5L	1650	1275	4465	1800	1535	2668	1506	1508	215/50R17	自主
729	吉利汽车	帝豪	远景 S1	1.5L	1680	1305	4465	1800	1535	2668	1506	1508	215/50R17	自主
730	吉利汽车	吉利	缤越	1.4T	1685	1310	4330	1800	1609	2600	1551	1562	215/65R16	自主
731	吉利汽车	帝豪	帝豪 GS	1.8L	1695	1320	4440	1833	1560	2700	1556	1562	225/50R17	自主
732	吉利汽车	帝豪	帝豪 GS	1.8L	1695	1320	4440	1833	1560	2700	1556	1562	205/60R16	自主
733	吉利汽车	吉利	缤越	1.5T	1715	1340	4330	1800	1609	2600	1546	1557	215/60R17	自主
734	吉利汽车	吉利	缤越	1.5T	1730	1355	4330	1800	1609	2600	1546	1557	215/60R17	自主
735	吉利汽车	吉利	缤越	1.5T	1732	1357	4330	1800	1609	2600	1546	1557	215/60R17	自主
736	吉利汽车	帝豪	帝豪 GS	1.8L	1735	1360	4440	1833	1560	2700	1556	1562	205/60R16	自主
737	吉利汽车	帝豪	帝豪 GS	1.4T	1761	1365	4440	1833	1573	2700	1556	1562	225/50R17	自主
738	吉利汽车	吉利	缤越	1.4T	1742	1367	4330	1800	1609	2600	1551	1562	215/65R16	自主
739	吉利汽车	帝豪	远景 S1	1.4T	1760	1385	4465	1800	1535	2668	1506	1508	215/50R17	自主
740	吉利汽车	吉利	缤越	1.5T	1765	1390	4330	1800	1609	2600	1546	1557	215/60R17	自主
741	吉利汽车	吉利	缤越	1.5T	1767	1392	4330	1800	1609	2600	1546	1557	215/60R17	自主
742	吉利汽车	帝豪	帝豪 GS	1.4T	1791	1395	4440	1833	1573	2700	1556	1562	225/50R17	自主
743	吉利汽车	领克	领克 06	1.5T	1853	1400	4340	1820	1625	2640	1553	1568	215/60R17	自主
744	吉利汽车	帝豪	吉利 ICON	1.5T	1780	1405	4350	1810	1615	2640	1552	1566	215/60R17	自主
745	吉利汽车	帝豪	帝豪 GS	1.5T	1801	1405	4440	1833	1573	2700	1556	1562	225/50R17	自主
746	吉利汽车	帝豪	吉利 ICON	1.5T	1785	1410	4350	1810	1615	2640	1552	1566	215/60R17	自主
747	吉利汽车	帝豪	帝豪 GS	1.4T	1811	1415	4440	1833	1573	2700	1556	1562	225/50R17	自主
748	吉利汽车	帝豪	帝豪 GS	1.4T	1800	1425	4440	1833	1573	2700	1556	1562	225/50R17	自主
749	吉利汽车	帝豪	吉利 ICON	1.5T	1820	1445	4350	1810	1615	2640	1552	1566	215/55R18	自主
750	吉利汽车	帝豪	帝豪 GS	1.5T	1825	1450	4440	1833	1573	2700	1556	1562	225/50R17	自主
751	吉利汽车	帝豪	帝豪 GS	1.4T	1840	1465	4440	1833	1573	2700	1556	1562	225/50R17	自主
752	吉利汽车	帝豪	帝豪 GS	1.5T	1850	1475	4440	1833	1573	2700	1556	1562	225/50R17	自主

序号	制造商	品牌	车型	排量	总质量/kg	整备质量/kg	外廓长度/mm	外廓宽度/mm	外廓高度/mm	轴距/mm	前轮距/mm	后轮距/mm	轮胎规格	派系
753	吉利汽车	领克	领克 06	1.5T	1853	1478	4340	1820	1625	2640	1553	1568	215/60R17	自主
754	吉利汽车	吉利	豪越	1.5T	2295	1480	4835	1900	1780	2815	1603	1618	225/55R18	自主
755	吉利汽车	领克	领克 06	1.5T	1875	1500	4340	1820	1625	2640	1553	1568	215/60R17	自主
756	吉利汽车	帝豪	远景 SUV	1.3T	1880	1505	4500	1834	1707	2661	1560	1560	225/65R17	自主
757	吉利汽车	吉利	星越	1.5T	2005	1530	4605	1878	1643	2700	1600	1600	235/50R19	自主
758	吉利汽车	领克	领克 02	1.5T	1910	1535	4448	1890	1572	2702	1591	1616	235/50R18	自主
759	吉利汽车	领克	领克 02	1.5T	1910	1535	4448	1890	1528	2702	1591	1616	235/50R18	自主
760	吉利汽车	吉利	豪越	1.5T	2295	1540	4835	1900	1780	2815	1603	1618	225/55R18	自主
761	吉利汽车	帝豪	远景 SUV	1.4T	1916	1541	4500	1834	1707	2661	1560	1560	225/65R17	自主
762	吉利汽车	帝豪	远景 SUV	1.4T	1919	1544	4500	1834	1707	2661	1560	1560	225/65R17	自主
763	吉利汽车	几何	几何 C	纯电	2015	1545	4432	1833	1560	2700	1561	1560	225/50R17	自主
764	吉利汽车	吉利	缤越 HEV	1.5T	1923	1548	4330	1800	1609	2600	1546	1557	215/55R18	自主
765	吉利汽车	帝豪	远景 SUV	1.4T	1925	1550	4546	1834	1715	2661	1560	1560	225/65R17	自主
766	吉利汽车	吉利	缤越 HEV	1.5T	1927	1552	4330	1800	1609	2600	1546	1557	215/55R18	自主
767	吉利汽车	吉利	星越	1.5T	2005	1555	4605	1878	1643	2700	1600	1600	235/50R19	自主
768	吉利汽车	帝豪	帝豪 GSe	纯电	2010	1560	4440	1833	1560	2700	1556	1562	225/45R18	自主
769	吉利汽车	帝豪	远景 SUV	1.4T	1935	1560	4546	1834	1715	2661	1560	1560	225/65R17	自主
770	吉利汽车	帝豪	博越	2.0L	1940	1565	4519	1831	1694	2670	1560	1550	225/60R18	自主
771	吉利汽车	帝豪	博越	1.8T	2005	1575	4519	1831	1694	2670	1560	1550	225/60R18	自主
772	吉利汽车	帝豪	博越 ro	1.5T	2000	1580	4544	1831	1713	2670	1560	1550	225/60R18	自主
773	吉利汽车	领克	领克 02	2.0T	1955	1580	4448	1890	1572	2702	1591	1616	235/50R18	自主
774	吉利汽车	领克	领克 02	2.0T	1955	1580	4448	1890	1528	2702	1591	1616	235/50R18	自主
775	吉利汽车	帝豪	博越 ro	1.5T	1960	1585	4544	1831	1713	2670	1560	1550	225/60R18	自主
776	吉利汽车	吉利	豪越	1.8T	2295	1590	4835	1900	1780	2815	1603	1618	225/55R18	自主
777	吉利汽车	帝豪	远景 SUV	1.4T	1975	1600	4546	1834	1715	2661	1560	1560	225/65R17	自主
778	吉利汽车	帝豪	远景 SUV	1.4T	1975	1600	4546	1834	1715	2661	1560	1560	225/60R18	自主
779	吉利汽车	几何	几何 C	纯电	2015	1607	4432	1833	1560	2700	1561	1560	225/50R17	自主
780	吉利汽车	吉利	星越	2.0T	2045	1610	4605	1878	1643	2700	1600	1600	235/50R19	自主
781	吉利汽车	帝豪	博越 ro	1.5T	1985	1610	4544	1831	1713	2670	1560	1550	225/60R18	自主
782	吉利汽车	帝豪	博越	1.8T	2065	1615	4519	1831	1694	2670	1560	1550	225/60R18	自主
783	吉利汽车	帝豪	博越 ro	1.5T	2000	1625	4544	1831	1713	2670	1560	1550	225/60R18	自主
784	吉利汽车	领克	领克 06	1.5T	2070	1630	4340	1820	1625	2640	1553	1568	215/60R17	自主
785	吉利汽车	吉利	星越	1.5T	2005	1630	4605	1878	1643	2700	1600	1600	235/50R19	自主
786	吉利汽车	帝豪	博越 ro	1.8T	2060	1630	4544	1831	1713	2670	1560	1550	225/60R18	自主
787	吉利汽车	帝豪	博越	1.8T	2005	1630	4519	1831	1694	2670	1560	1550	225/65R17	自主
788	吉利汽车	帝豪	博越	1.8T	2005	1630	4519	1831	1694	2670	1560	1550	225/60R18	自主
789	吉利汽车	帝豪	博越	1.8T	2005	1630	4519	1831	1694	2670	1560	1550	225/60R18	自主
790	吉利汽车	帝豪	帝豪 GSe	纯电	2010	1635	4440	1833	1560	2700	1556	1562	225/45R18	自主
791	吉利汽车	吉利	豪越	1.5T	2295	1640	4835	1900	1780	2815	1603	1618	225/55R18	自主
792	吉利汽车	领克	领克 05	1.5T	2033	1658	4592	1879	1628	2734	1598	1623	235/55R18	自主
793	吉利汽车	领克	领克 01	2.0T	2033	1658	4512	1857	1689	2734	1592	1597	235/60R17	自主
794	吉利汽车	领克	领克 01	2.0T	2033	1658	4512	1857	1673	2734	1592	1597	235/60R17	自主
795	吉利汽车	吉利	豪越	1.8T	2295	1660	4835	1900	1780	2815	1603	1618	225/55R18	自主
796	吉利汽车	领克	领克 06	1.5T	2070	1661	4340	1820	1625	2640	1553	1568	215/60R17	自主
797	吉利汽车	几何	几何 C	纯电	2065	1665	4432	1833	1560	2700	1561	1560	225/50R17	自主
798	吉利汽车	吉利	星越	2.0T	2115	1670	4605	1878	1643	2700	1600	1600	235/50R19	自主
799	吉利汽车	吉利	星越	2.0T	2045	1670	4605	1878	1643	2700	1600	1600	235/50R19	自主
800	吉利汽车	帝豪	博越 ro	1.8T	2060	1685	4544	1831	1713	2670	1560	1550	225/60R18	自主
801	吉利汽车	帝豪	博越	1.8T	2065	1690	4519	1831	1694	2670	1560	1550	225/65R17	自主
802	吉利汽车	帝豪	博越	1.8T	2065	1690	4519	1831	1694	2670	1560	1550	225/60R18	自主
803	吉利汽车	吉利	星越	1.5T	2070	1695	4605	1878	1643	2700	1600	1600	245/45R20	自主
804	吉利汽车	领克	领克 06	1.5T	2070	1695	4340	1820	1625	2640	1553	1568	215/60R17	自主
805	吉利汽车	领克	领克 05	2.0T	2073	1698	4592	1879	1628	2734	1598	1623	235/50R19	自主
806	吉利汽车	吉利	豪越	1.5T	2295	1705	4835	1900	1780	2815	1603	1618	225/55R18	自主
807	吉利汽车	吉利	豪越	1.8T	2295	1705	4835	1900	1780	2815	1603	1618	225/55R18	自主
808	吉利汽车	帝豪	博越 ro	1.5T	2120	1710	4544	1831	1713	2670	1560	1550	225/60R18	自主
809	吉利汽车	领克	领克 02	1.5T	2104	1729	4448	1890	1572	2702	1591	1616	235/50R18	自主
810	吉利汽车	领克	领克 02	1.5T	2104	1729	4448	1890	1528	2702	1591	1616	235/50R18	自主

序号	制造商	品牌	车型	排量	总质量 /kg	整备质量 /kg	外廓长度 /mm	外廓宽度 /mm	外廓高度 /mm	轴距 /mm	前轮距 /mm	后轮距 /mm	轮胎规格	派系
811	吉利汽车	领克	领克 01	1.5T	2220	1736	4512	1857	1689	2734	1592	1597	235/55R18	自主
812	吉利汽车	领克	领克 05	2.0T	2113	1738	4592	1879	1628	2734	1598	1623	235/50R19	自主
813	吉利汽车	吉利	星越	2.0T	2115	1740	4605	1878	1643	2700	1600	1600	235/50R19	自主
814	吉利汽车	帝豪	博越 ro	1.5T	2120	1745	4544	1831	1713	2670	1560	1550	225/60R18	自主
815	吉利汽车	吉利	豪越	1.5T	2295	1750	4835	1900	1780	2815	1603	1618	225/55R18	自主
816	吉利汽车	领克	领克 01	2.0T	2128	1753	4512	1857	1689	2734	1592	1597	235/55R18	自主
817	吉利汽车	领克	领克 01	1.5T	2197	1769	4512	1857	1689	2734	1592	1597	235/55R18	自主
818	吉利汽车	领克	领克 01	2.0T	2144	1769	4549	1860	1689	2734	1592	1597	235/50R19	自主
819	吉利汽车	吉利	豪越	1.8T	2295	1770	4835	1900	1780	2815	1603	1618	225/55R18	自主
820	吉利汽车	领克	领克 05	2.0T	2163	1788	4592	1879	1628	2734	1598	1623	235/50R19	自主
821	吉利汽车	吉利	星越 HEV	1.5T	2185	1810	4605	1878	1643	2700	1600	1600	235/55R18	自主
822	江淮大众	思晗	思皓 X8	1.5T	2130	1560	4815	1870	1758	2830	1575	1590	225/55R18	自主
823	江淮大众	思皓	思皓 X8	1.5T	2130	1560	4815	1870	1758	2830	1575	1590	225/55R18	自主
824	江淮大众	思晗	思皓 X8	1.5T	2130	1575	4815	1870	1758	2830	1575	1590	225/55R18	自主
825	江淮大众	思皓	思皓 X8	1.5T	2130	1575	4815	1870	1758	2830	1575	1590	225/55R18	自主
826	江淮大众	思晗	思皓 X8	1.5T	2160	1585	4815	1870	1758	2830	1575	1590	225/55R18	自主
827	江淮大众	思皓	思皓 X8	1.5T	2160	1585	4815	1870	1758	2830	1575	1590	225/55R18	自主
828	江淮大众	思皓	思皓 X8	1.5T	2130	1590	4815	1870	1758	2830	1575	1590	225/55R18	自主
829	江淮大众	思皓	嘉悦 X8	1.5T	2160	1605	4795	1870	1758	2810	1575	1590	225/55R18	自主
830	江淮大众	江淮	嘉悦 X8	1.5T	2160	1605	4795	1870	1758	2810	1575	1590	225/55R18	自主
831	江淮大众	思晗	思皓 X8	1.5T	2160	1605	4815	1870	1758	2830	1575	1590	225/55R18	自主
832	江淮大众	思皓	思皓 X8	1.5T	2160	1605	4815	1870	1758	2830	1575	1590	225/55R18	自主
833	江淮大众	思皓	嘉悦 X8	1.5T	2160	1620	4795	1870	1758	2810	1575	1590	225/55R18	自主
834	江淮大众	江淮	嘉悦 X8	1.5T	2160	1620	4795	1870	1758	2810	1575	1590	225/55R18	自主
835	江淮大众	思晗	思皓 X8	1.5T	2160	1620	4815	1870	1758	2830	1575	1590	225/55R18	自主
836	江淮大众	思皓	思皓 X8	1.5T	2160	1620	4815	1870	1758	2830	1575	1590	225/55R18	自主
837	江淮汽车	江淮	瑞风 S3	1.5L	1700	1300	4345	1765	1640	2560	1470	1480	205/55R16	自主
838	江淮汽车	江淮	瑞风 S4	1.6L	1760	1325	4410	1800	1660	2620	1510	1500	215/50R17	自主
839	江淮汽车	江淮	瑞风 S4	1.6L	1775	1340	4410	1800	1660	2620	1510	1500	215/50R17	自主
840	江淮汽车	江淮	瑞风 S4	1.5T	1790	1355	4410	1800	1660	2620	1510	1500	215/50R17	自主
841	江淮汽车	江淮	瑞风 S4	1.5T	1790	1365	4410	1800	1660	2620	1510	1500	215/50R17	自主
842	江淮汽车	江淮	瑞风 S4	1.5T	1800	1365	4410	1800	1660	2620	1510	1500	215/50R17	自主
843	江淮汽车	江淮	瑞风 S4	1.5T	1800	1375	4410	1800	1660	2620	1510	1500	215/50R17	自主
844	江淮汽车	江淮	瑞风 S4	1.5T	1800	1400	4410	1800	1660	2620	1510	1500	215/50R17	自主
845	江淮汽车	江淮	江淮 iEVS4	纯电	2065	1690	4410	1800	1660	2620	1510	1500	215/50R17	自主
846	江淮汽车	江淮	江淮 iEVS4	纯电	2085	1710	4410	1800	1660	2620	1510	1500	215/50R17	自主
847	江淮汽车	江淮	瑞风 S7	1.5T	2280	1715	4790	1900	1760	2750	1615	1615	235/60R18	自主
848	江淮汽车	江淮	瑞风 S7	1.5T	2300	1735	4776	1900	1760	2750	1615	1615	235/60R18	自主
849	江淮汽车	江淮	瑞风 S7	1.5T	2300	1735	4790	1900	1760	2750	1615	1615	235/60R18	自主
850	江淮汽车	江淮	瑞风 S7	1.5T	2300	1765	4776	1900	1760	2750	1615	1615	235/60R18	自主
851	江淮汽车	江淮	瑞风 S7	1.5T	2300	1765	4790	1900	1760	2750	1615	1615	235/60R18	自主
852	江铃福特	福特	领界	1.5T	1930	1520	4580	1936	1674	2716	1630	1630	215/65R16	美系
853	江铃福特	福特	领界	1.5T	2010	1560	4580	1936	1674	2716	1630	1630	215/65R16	美系
854	江铃福特	福特	领界	1.5T	2010	1610	4580	1936	1674	2716	1630	1630	215/65R16	美系
855	江铃福特	福特	领界	1.5T	2030	1620	4580	1936	1674	2716	1630	1630	235/50R18	美系
856	江铃福特	福特	领界	纯电	2135	1760	4570	1936	1674	2716	1630	1630	235/50R18	美系
857	江铃福特	福特	领界	纯电	2145	1770	4580	1936	1674	2716	1630	1630	235/50R18	美系
858	江铃福特	福特	撼路者	2.0T	2900	2160	4892	1862	1837	2850	1560	1564	265/65R17	美系
859	江铃福特	福特	撼路者	2.0T	2900	2160	4892	1862	1837	2850	1560	1564	265/60R18	美系
860	江铃福特	福特	撼路者	2.3T	2800	2205	4892	1862	1837	2850	1560	1564	265/65R17	美系
861	江铃福特	福特	撼路者	2.3T	2800	2237	4892	1862	1837	2850	1560	1564	265/65R17	美系
862	江铃福特	福特	撼路者	2.0T	2900	2300	4892	1862	1837	2850	1560	1564	265/65R17	美系
863	江铃福特	福特	撼路者	2.0T	2900	2300	4892	1862	1837	2850	1560	1564	265/60R18	美系
864	江铃福特	福特	撼路者	2.3T	2950	2305	4892	1862	1837	2850	1560	1564	265/65R17	美系
865	江铃福特	福特	撼路者	2.3T	2950	2305	4892	1862	1837	2850	1560	1564	265/60R18	美系
866	江铃福特	福特	撼路者	2.3T	2950	2335	4892	1862	1837	2850	1560	1564	265/65R17	美系
867	江铃福特	福特	撼路者	2.3T	2950	2335	4892	1862	1837	2850	1560	1564	265/60R18	美系
868	江铃福特	福特	撼路者	2.2T	2950	2337	4892	1862	1837	2850	1560	1564	265/60R18	美系

序号	制造商	品牌	车型	排量	总质量 /kg	整备质量 /kg	外廓长度 /mm	外廓宽度 /mm	外廓高度 /mm	轴距 /mm	前轮距 /mm	后轮距 /mm	轮胎规格	派系
869	江铃汽车	江铃	江铃 E400	纯电	1905	1530	4160	1810	1670	2560	1560	1560	205/60R16	自主
870	江铃汽车	陆风	荣曜	1.5T	1905	1530	4550	1885	1655	2750	1590	1590	215/60R17	自主
871	江铃汽车	江铃	驭胜	2.0T	2510	1885	4798	1895	1812	2750	1570	1570	235/65R17	自主
872	江铃汽车	江铃	驭胜	2.0T	2510	1900	4710	1895	1845	2750	1570	1570	265/60R18	自主
873	江铃汽车	江铃	驭胜	2.0T	2510	1915	4798	1895	1852	2750	1570	1570	265/65R17	自主
874	江铃汽车	江铃	驭胜	2.0T	2510	1960	4710	1895	1845	2750	1570	1570	265/60R18	自主
875	江铃汽车	江铃	驭胜	2.0T	2510	1965	4798	1895	1852	2750	1570	1570	265/65R17	自主
876	江铃汽车	江铃	驭胜	2.0T	2570	2005	4798	1895	1840	2750	1570	1570	265/65R17	自主
877	江铃汽车	江铃	驭胜	2.0T	2570	2005	4798	1895	1840	2750	1570	1570	235/65R17	自主
878	江铃汽车	江铃	驭胜	2.0T	2600	2005	4710	1895	1845	2750	1570	1570	265/60R18	自主
879	江铃汽车	江铃	驭胜	2.0T	2510	2005	4710	1895	1845	2750	1570	1570	265/60R18	自主
880	江铃汽车	江铃	驭胜	2.0T	2600	2010	4798	1895	1852	2750	1570	1570	265/65R17	自主
881	江铃汽车	江铃	驭胜	2.0T	2570	2035	4798	1895	1840	2750	1570	1570	265/65R17	自主
882	江铃汽车	江铃	驭胜	2.0T	2510	2050	4710	1895	1845	2750	1570	1570	265/60R18	自主
883	江铃汽车	江铃	驭胜	2.0T	2650	2070	4710	1895	1845	2750	1570	1570	265/60R18	自主
884	江西大乘	大乘	大乘 G60	1.6L	1795	1420	4540	1840	1685	2680	1553	1551	215/65R16	自主
885	江西大乘	大乘	大乘 G60S	1.5T	1830	1455	4521	1840	1672	2680	1558	1549	215/60R17	自主
886	江西大乘	大乘	大乘 G60S	1.5T	1855	1480	4521	1840	1672	2680	1558	1549	215/60R17	自主
887	江西大乘	大乘	大乘 G60S	1.5T	1855	1480	4521	1840	1672	2680	1558	1549	215/60R17	自主
888	江西五十铃	五十铃	MU-X	1.9T	2650	1970	4830	1860	1830	2845	1570	1570	255/60R18	日系
889	江西五十铃	五十铃	MU-X	1.9T	2650	2000	4830	1860	1830	2845	1570	1570	255/60R18	日系
890	江西五十铃	五十铃	MU-X	1.9T	2600	2005	4830	1860	1830	2845	1570	1570	255/60R18	日系
891	江西五十铃	五十铃	MU-X	1.9T	2650	2030	4830	1860	1830	2845	1570	1570	255/60R18	日系
892	江西五十铃	五十铃	MU-X	1.9T	2750	2070	4830	1860	1830	2845	1570	1570	255/65R17	日系
893	江西五十铃	五十铃	MU-X	1.9T	2750	2070	4830	1860	1830	2845	1570	1570	255/60R18	日系
894	江西五十铃	五十铃	MU-X	3.0T	2750	2080	4830	1860	1830	2845	1570	1570	255/60R18	日系
895	江西五十铃	五十铃	MU-X	3.0T	2750	2085	4830	1860	1830	2845	1570	1570	255/65R17	日系
896	江西五十铃	五十铃	MU-X	3.0T	2750	2085	4830	1860	1830	2845	1570	1570	255/60R18	日系
897	江西五十铃	五十铃	MU-X	1.9T	2750	2100	4830	1860	1830	2845	1570	1570	255/60R18	日系
898	江西五十铃	五十铃	MU-X	1.9T	2700	2105	4830	1860	1830	2845	1570	1570	255/60R18	日系
899	江西五十铃	五十铃	MU-X	3.0T	2750	2110	4830	1860	1830	2845	1570	1570	255/60R18	日系
900	江西五十铃	五十铃	MU-X	1.9T	2750	2130	4830	1860	1830	2845	1570	1570	255/60R18	日系
901	金康新能源	金康	瑞驰 ER3	1.5L	2115	1740	4385	1850	1650	2655	1580	1589	225/55R18	自主
902	金康新能源	赛力斯	赛力斯 SF5	1.5T	2605	2230	4700	1930	1625	2875	1655	1650	255/45R20	自主
903	金康新能源	赛力斯	赛力斯 SF5	1.5T	2745	2370	4700	1930	1625	2875	1655	1650	255/45R20	自主
904	卡威汽车	卡威	卡威 W1	2.0T	2305	1810	4600	1855	1810	2730	1600	1540	235/65R17	自主
905	雷丁汽车	雷丁	雷丁 i9	纯电	2100	1595	4360	1830	1680	2550	1554	1546	205/65R16	自主
906	理想智造汽车	理想	理想 ONE	1.2T	2825	2300	5020	1960	1785	2935	1652	1672	255/50R20	自主
907	猎豹汽车	猎豹	猎豹 CS9	1.5L	1765	1370	4315	1840	1650	2600	1577	1571	215/55R18	自主
908	猎豹汽车	猎豹	猎豹 CS9	1.5T	1810	1431	4335	1860	1650	2600	1577	1571	215/55R18	自主
909	猎豹汽车	猎豹	迈途	1.6T	2245	1660	4696	1906	1709	2700	1635	1635	235/45R20	自主
910	猎豹汽车	猎豹	迈途	1.6T	2245	1690	4696	1906	1709	2700	1625	1625	235/45R20	自主
911	猎豹汽车	猎豹	猎豹 Q6	2.4L	2500	1910	4890	1795	1975	2725	1470	1490	235/85R16	自主
912	敏安汽车	敏安	敏安 ET-5	纯电	1905	1530	4160	1810	1670	2560	1560	1560	205/60R16	自主
913	敏安汽车	敏安	敏安 MX-6	纯电	2194	1819	4701	1889	1706	2705	1591	1586	235/60R18	自主
914	南海富迪	富迪	揽福	1.9T	2560	2000	4771	1870	1828	2790	1580	1580	245/70R17	自主
915	南京金龙	天美	天美 ET5	纯电	2195	1820	4698	1908	1696	2800	1625	1625	235/50R19	自主
916	南京金龙	天美	天美 ET5	纯电	2295	1920	4698	1908	1696	2800	1625	1625	235/50R19	自主
917	奇瑞捷豹路虎	路虎	极光	2.0T	2350	1850	4370	1900	1635	2660	1625	1630	235/60R18	欧系
918	奇瑞捷豹路虎	路虎	极光	2.0T	2350	1860	4360	1900	1635	2660	1625	1630	235/55R19	欧系
919	奇瑞捷豹路虎	路虎	极光	2.0T	2350	1860	4370	1900	1635	2660	1625	1630	235/55R19	欧系
920	奇瑞捷豹路虎	捷豹	捷豹 E-ACE	2.0T	2400	1890	4411	1900	1649	2681	1625	1624	235/65R17	欧系
921	奇瑞捷豹路虎	捷豹	捷豹 E-ACE	2.0T	2400	1890	4411	1900	1649	2681	1625	1624	235/60R18	欧系
922	奇瑞捷豹路虎	捷豹	捷豹 E-ACE	2.0T	2400	1905	4411	1900	1649	2681	1635	1634	235/60R18	欧系
923	奇瑞捷豹路虎	路虎	极光	2.0T	2440	1955	4371	1904	1649	2681	1621	1629	235/60R18	欧系
924	奇瑞捷豹路虎	路虎	发现神行	2.0T	2505	1990	4599	1894	1724	2741	1621	1630	235/60R18	欧系
925	奇瑞捷豹路虎	路虎	发现运动版	2.0T	2550	2025	4597	1904	1727	2741	1626	1632	235/60R18	欧系
926	奇瑞捷豹路虎	路虎	发现运动版	2.0T	2550	2025	4597	1904	1727	2741	1636	1642	235/60R18	欧系

序号	制造商	品牌	车型	排量	总质量/kg	整备质量/kg	外廓长度/mm	外廓宽度/mm	外廓高度/mm	轴距/mm	前轮距/mm	后轮距/mm	轮胎规格	派系
927	奇瑞捷豹路虎	路虎	发现运动版	2.0T	2550	2030	4597	1904	1727	2741	1626	1632	235/60R18	欧系
928	奇瑞捷豹路虎	路虎	发现运动版	2.0T	2550	2040	4597	1904	1727	2741	1636	1642	235/60R18	欧系
929	奇瑞捷豹路虎	路虎	发现神行	2.0T	2660	2050	4599	1894	1724	2741	1621	1630	235/55R19	欧系
930	奇瑞捷豹路虎	路虎	发现运动版	2.0T	2700	2090	4597	1904	1727	2741	1636	1642	235/60R18	欧系
931	奇瑞捷豹路虎	路虎	发现运动版	2.0T	2700	2100	4597	1904	1727	2741	1636	1642	235/60R18	欧系
932	奇瑞汽车	奇瑞	瑞虎 3X	1.5L	1590	1215	4200	1760	1570	2555	1495	1484	205/55R16	自主
933	奇瑞汽车	奇瑞	瑞虎 3X	1.5L	1662	1238	4200	1760	1570	2555	1495	1484	205/55R16	自主
934	奇瑞汽车	奇瑞	瑞虎 3X	1.5L	1662	1268	4200	1760	1570	2555	1495	1484	205/55R16	自主
935	奇瑞汽车	奇瑞	瑞虎 5X	1.5L	1759	1272	4358	1830	1670	2630	1550	1550	215/60R17	自主
936	奇瑞汽车	奇瑞	瑞虎 5X	1.5L	1710	1280	4358	1830	1670	2630	1550	1550	215/65R16	自主
937	奇瑞汽车	开瑞	开瑞 K60	1.5L	1886	1321	4618	1790	1760	2765	1512	1532	205/55R17	自主
938	奇瑞汽车	凯翼	炫界	1.5L	1750	1321	4400	1831	1653	2632	1551	1563	215/65R16	自主
939	奇瑞汽车	奇瑞	瑞虎 5X	1.5L	1759	1325	4358	1830	1670	2630	1550	1550	215/60R17	自主
940	奇瑞汽车	奇瑞	瑞虎 5X	1.5L	1710	1326	4358	1830	1670	2630	1550	1550	215/65R16	自主
941	奇瑞汽车	凯翼	炫界	1.5L	1780	1346	4400	1831	1653	2632	1551	1563	215/60R17	自主
942	奇瑞汽车	奇瑞	瑞虎 3	1.5L	1745	1358	4420	1760	1670	2510	1500	1495	215/60R17	自主
943	奇瑞汽车	凯翼	凯翼 X3	1.5L	1756	1360	4335	1796	1665	2530	1537	1520	215/65R16	自主
944	奇瑞汽车	开瑞	开瑞 K60	1.5L	1886	1361	4618	1790	1780	2765	1512	1532	205/60R15	自主
945	奇瑞汽车	开瑞	开瑞 K60	1.5L	1886	1361	4618	1790	1760	2765	1512	1532	205/60R15	自主
946	奇瑞汽车	开瑞	开瑞 K60	1.5L	1886	1361	4618	1790	1780	2765	1512	1532	205/55R17	自主
947	奇瑞汽车	开瑞	开瑞 K60	1.5L	1886	1361	4618	1790	1760	2765	1512	1532	205/55R17	自主
948	奇瑞汽车	奇瑞	瑞虎 5X	1.5T	1759	1364	4358	1830	1670	2630	1550	1550	215/65R16	自主
949	奇瑞汽车	奇瑞	瑞虎 7	1.5T	1838	1401	4470	1837	1670	2670	1550	1550	225/60R18	自主
950	奇瑞汽车	奇瑞	瑞虎 5X	1.5T	1780	1405	4338	1830	1674	2630	1550	1550	215/60R17	自主
951	奇瑞汽车	奇瑞	瑞虎 5X	1.5T	1780	1405	4338	1830	1645	2630	1550	1550	215/60R17	自主
952	奇瑞汽车	开瑞	开瑞 K60	1.5T	1935	1410	4618	1790	1800	2765	1512	1532	205/55R17	自主
953	奇瑞汽车	开瑞	开瑞 K60	1.5T	1935	1410	4618	1790	1780	2765	1512	1532	205/55R17	自主
954	奇瑞汽车	开瑞	开瑞 K60	1.5T	1935	1410	4618	1790	1760	2765	1512	1532	205/55R17	自主
955	奇瑞汽车	奇瑞	瑞虎 3	1.5T	1795	1420	4420	1760	1670	2510	1500	1495	215/60R17	自主
956	奇瑞汽车	奇瑞	瑞虎 7	1.5T	1887	1421	4500	1842	1746	2670	1556	1558	225/65R17	自主
957	奇瑞汽车	奇瑞	瑞虎 7	1.5T	1838	1438	4470	1837	1670	2670	1550	1550	225/60R18	自主
958	奇瑞汽车	奇瑞	瑞虎 3Xe	纯电	1835	1460	4200	1760	1570	2555	1495	1484	205/55R16	自主
959	奇瑞汽车	奇瑞	瑞虎 7	1.5T	1887	1465	4500	1842	1746	2670	1556	1558	225/65R17	自主
960	奇瑞汽车	捷途	捷途 X70M	1.5T	2006	1468	4755	1885	1710	2745	1608	1603	215/60R17	自主
961	奇瑞汽车	捷途	捷途 X70M	1.5T	2006	1468	4755	1885	1695	2745	1608	1603	215/60R17	自主
962	奇瑞汽车	星途	星途 LX	1.5T	1897	1470	4533	1848	1699	2670	1570	1570	215/60R17	自主
963	奇瑞汽车	星途	星途 LX	1.6T	1886	1476	4533	1848	1699	2670	1570	1570	215/60R17	自主
964	奇瑞汽车	捷途	捷途 X70M	1.5T	2006	1479	4755	1885	1710	2745	1608	1603	215/60R17	自主
965	奇瑞汽车	捷途	捷途 X70M	1.5T	2006	1479	4755	1885	1695	2745	1608	1603	215/60R17	自主
966	奇瑞汽车	捷途	捷途 X90	1.5T	2140	1480	4840	1925	1780	2850	1608	1623	215/60R17	自主
967	奇瑞汽车	捷途	捷途 X90	1.5T	2140	1480	4840	1925	1745	2850	1608	1623	215/60R17	自主
968	奇瑞汽车	捷途	捷途 X90	1.5T	2140	1480	4840	1925	1718	2850	1608	1623	215/60R17	自主
969	奇瑞汽车	捷途	捷途 X70M	1.5T	2006	1481	4755	1885	1710	2745	1608	1603	215/60R17	自主
970	奇瑞汽车	捷途	捷途 X70M	1.5T	2006	1481	4755	1885	1695	2745	1608	1603	215/60R17	自主
971	奇瑞汽车	奇瑞	瑞虎 7	1.6T	1887	1482	4500	1842	1746	2670	1556	1558	225/65R17	自主
972	奇瑞汽车	星途	星途 LX	1.6T	1897	1484	4533	1848	1699	2670	1570	1570	215/60R17	自主
973	奇瑞汽车	捷途	捷途 X90	1.5T	2140	1490	4840	1925	1745	2850	1608	1623	215/60R17	自主
974	奇瑞汽车	奇瑞	瑞虎 8	1.5T	2138	1491	4700	1860	1746	2710	1582	1604	215/60R17	自主
975	奇瑞汽车	捷途	捷途 X70M	1.5T	1952	1491	4755	1885	1710	2745	1608	1603	235/65R17	自主
976	奇瑞汽车	奇瑞	瑞虎 7	1.6T	1894	1497	4500	1842	1746	2670	1556	1558	225/65R17	自主
977	奇瑞汽车	凯翼	凯翼 X5	1.5T	1890	1498	4506	1841	1740	2610	1550	1530	225/60R18	自主
978	奇瑞汽车	捷途	捷途 X90	1.5T	2140	1500	4840	1925	1780	2850	1608	1623	215/60R17	自主
979	奇瑞汽车	捷途	捷途 X90	1.5T	2140	1500	4840	1925	1745	2850	1608	1623	215/60R17	自主
980	奇瑞汽车	捷途	捷途 X90	1.5T	2140	1500	4840	1925	1718	2850	1608	1623	215/60R17	自主
981	奇瑞汽车	捷途	捷途 X70M	1.5T	1952	1502	4755	1885	1710	2745	1608	1603	235/65R17	自主
982	奇瑞汽车	捷途	捷途 X70M	1.5T	2030	1505	4755	1885	1710	2745	1608	1603	235/65R17	自主
983	奇瑞汽车	奇瑞	瑞虎 8	1.5T	2143	1509	4700	1860	1746	2710	1582	1604	215/60R17	自主
984	奇瑞汽车	奇瑞	瑞虎 8	1.5T	2143	1509	4700	1860	1746	2710	1582	1604	215/60R17	自主

序号	制造商	品牌	车型	排量	总质量/kg	整备质量/kg	外廓长度/mm	外廓宽度/mm	外廓高度/mm	轴距/mm	前轮距/mm	后轮距/mm	轮胎规格	派系
985	奇瑞汽车	奇瑞	瑞虎 8	1.5T	2138	1511	4700	1860	1746	2710	1582	1604	215/60R17	自主
986	奇瑞汽车	捷途	捷途 X70	1.5T	2055	1520	4720	1900	1710	2745	1608	1603	215/60R17	自主
987	奇瑞汽车	捷途	捷途 X90	1.5T	2040	1520	4840	1925	1745	2850	1600	1595	235/60R18	自主
988	奇瑞汽车	奇瑞	瑞虎 8	1.5T	2138	1525	4700	1860	1746	2710	1582	1604	215/60R17	自主
989	奇瑞汽车	捷途	捷途 X70	1.5T	2195	1527	4724	1900	1720	2720	1600	1605	235/60R18	自主
990	奇瑞汽车	捷途	捷途 X70	1.5T	2195	1527	4749	1900	1720	2745	1600	1605	235/60R18	自主
991	奇瑞汽车	捷途	捷途 X70	1.5T	2055	1528	4720	1900	1710	2745	1608	1603	215/60R17	自主
992	奇瑞汽车	捷途	捷途 X70S	1.5T	2055	1530	4750	1910	1710	2745	1608	1603	235/60R18	自主
993	奇瑞汽车	捷途	捷途 X70	1.5T	2055	1530	4720	1900	1710	2745	1608	1603	215/60R17	自主
994	奇瑞汽车	捷途	捷途 X90	1.5T	2040	1530	4840	1925	1745	2850	1600	1595	235/60R18	自主
995	奇瑞汽车	捷途	捷途 X70	1.5T	2195	1540	4724	1900	1720	2720	1600	1605	235/60R18	自主
996	奇瑞汽车	捷途	捷途 X70	1.5T	2195	1540	4749	1900	1720	2745	1600	1605	235/60R18	自主
997	奇瑞汽车	捷途	捷途 X90	1.5T	2125	1540	4840	1925	1745	2850	1600	1595	235/60R18	自主
998	奇瑞汽车	奇瑞	瑞虎 8	1.6T	2143	1541	4722	1860	1745	2710	1582	1604	215/60R17	自主
999	奇瑞汽车	奇瑞	瑞虎 8	1.5T	2143	1541	4700	1860	1746	2710	1582	1604	215/60R17	自主
1000	奇瑞汽车	奇瑞	瑞虎 8	1.5T	2143	1541	4700	1860	1746	2710	1582	1604	215/60R17	自主
1001	奇瑞汽车	奇瑞	瑞虎 8	1.6T	2143	1544	4700	1860	1746	2710	1582	1604	215/60R17	自主
1002	奇瑞汽车	奇瑞	瑞虎 8	1.6T	2143	1544	4700	1860	1746	2710	1582	1604	215/60R17	自主
1003	奇瑞汽车	捷途	捷途 X70	1.5T	1925	1550	4720	1900	1710	2745	1600	1595	235/60R18	自主
1004	奇瑞汽车	捷途	捷途 X70S	1.5T	1925	1550	4750	1910	1710	2745	1600	1595	235/60R18	自主
1005	奇瑞汽车	捷途	捷途 X70	1.5T	1925	1550	4720	1900	1695	2745	1600	1595	235/60R18	自主
1006	奇瑞汽车	奇瑞	瑞虎 8	1.5T	2138	1551	4700	1860	1746	2710	1582	1604	215/60R17	自主
1007	奇瑞汽车	奇瑞	瑞虎 8	1.5T	2143	1556	4700	1860	1746	2710	1582	1604	215/60R17	自主
1008	奇瑞汽车	捷途	捷途 X70	1.5T	2010	1560	4720	1900	1710	2745	1600	1595	235/60R18	自主
1009	奇瑞汽车	捷途	捷途 X70	1.5T	2010	1560	4720	1900	1710	2720	1600	1595	235/60R18	自主
1010	奇瑞汽车	捷途	捷途 X70S	1.5T	2010	1560	4750	1910	1710	2745	1600	1595	235/60R18	自主
1011	奇瑞汽车	奇瑞	瑞虎 E	纯电	1935	1560	4358	1830	1670	2630	1550	1550	215/60R17	自主
1012	奇瑞汽车	捷途	捷途 X70	1.5T	2195	1565	4724	1900	1720	2720	1600	1605	235/60R18	自主
1013	奇瑞汽车	捷途	捷途 X70	1.5T	2195	1565	4749	1900	1720	2745	1600	1605	235/60R18	自主
1014	奇瑞汽车	捷途	捷途 X70	1.5T	2090	1565	4720	1900	1710	2745	1600	1595	235/60R18	自主
1015	奇瑞汽车	捷途	捷途 X70S	1.5T	2090	1565	4750	1910	1710	2745	1600	1595	235/60R18	自主
1016	奇瑞汽车	捷途	捷途 X70S	1.6T	2120	1580	4750	1900	1710	2745	1608	1603	235/60R18	自主
1017	奇瑞汽车	捷途	捷途 X90	1.5T	2040	1580	4840	1925	1745	2850	1600	1595	235/60R18	自主
1018	奇瑞汽车	捷途	捷途 X90	1.6T	2175	1585	4840	1925	1780	2850	1600	1595	235/60R18	自主
1019	奇瑞汽车	捷途	捷途 X90	1.6T	2175	1585	4840	1925	1745	2850	1600	1595	235/60R18	自主
1020	奇瑞汽车	奇瑞	瑞虎 8	1.6T	2143	1587	4700	1860	1746	2710	1582	1604	215/60R17	自主
1021	奇瑞汽车	奇瑞	瑞虎 8	1.6T	2143	1587	4722	1860	1745	2710	1582	1604	215/60R17	自主
1022	奇瑞汽车	奇瑞	瑞虎 8	1.6T	2143	1587	4700	1860	1746	2710	1582	1604	215/60R17	自主
1023	奇瑞汽车	奇瑞	瑞虎 8	1.6T	2143	1587	4700	1860	1746	2710	1582	1604	215/60R17	自主
1024	奇瑞汽车	捷途	捷途 X70S	1.6T	2125	1590	4750	1910	1710	2745	1608	1603	235/60R18	自主
1025	奇瑞汽车	捷途	捷途 X70S	1.6T	2120	1590	4750	1900	1710	2745	1608	1603	235/60R18	自主
1026	奇瑞汽车	捷途	捷途 X90	1.5T	2040	1590	4840	1925	1745	2850	1600	1595	235/60R18	自主
1027	奇瑞汽车	捷途	捷途 X90	1.5T	2140	1595	4840	1925	1780	2850	1600	1595	235/60R18	自主
1028	奇瑞汽车	捷途	捷途 X95	1.5T	2140	1595	4875	1925	1780	2855	1600	1595	235/60R18	自主
1029	奇瑞汽车	捷途	捷途 X90	1.5T	2140	1595	4840	1925	1745	2850	1600	1595	235/60R18	自主
1030	奇瑞汽车	捷途	捷途 X70S	1.6T	2120	1595	4750	1900	1710	2745	1608	1603	235/60R18	自主
1031	奇瑞汽车	捷途	捷途 X70	1.6T	2195	1600	4749	1900	1720	2745	1600	1605	235/60R18	自主
1032	奇瑞汽车	捷途	捷途 X90	1.6T	2175	1600	4840	1925	1780	2850	1600	1595	235/60R18	自主
1033	奇瑞汽车	捷途	捷途 X90	1.6T	2175	1600	4840	1925	1745	2850	1600	1595	235/60R18	自主
1034	奇瑞汽车	星途	星途 TX	1.6T	2080	1600	4690	1885	1706	2715	1616	1593	225/65R17	自主
1035	奇瑞汽车	星途	星途 TXL	1.6T	2080	1600	4775	1885	1706	2800	1616	1593	225/65R17	自主
1036	奇瑞汽车	捷途	捷途 X90	1.5T	2125	1600	4840	1925	1745	2850	1600	1595	235/60R18	自主
1037	奇瑞汽车	捷途	捷途 X95	1.5T	2140	1605	4875	1925	1780	2855	1600	1595	235/60R18	自主
1038	奇瑞汽车	捷途	捷途 X90	1.5T	2140	1605	4840	1925	1745	2850	1600	1595	235/60R18	自主
1039	奇瑞汽车	奇瑞	瑞虎 E	纯电	1980	1605	4358	1830	1670	2630	1550	1550	215/60R17	自主
1040	奇瑞汽车	捷途	捷途 X90	1.5T	2140	1615	4840	1925	1780	2850	1600	1595	235/60R18	自主
1041	奇瑞汽车	捷途	捷途 X95	1.5T	2140	1615	4875	1925	1780	2855	1600	1595	235/60R18	自主
1042	奇瑞汽车	捷途	捷途 X90	1.5T	2140	1615	4840	1925	1745	2850	1600	1595	235/60R18	自主

序号	制造商	品牌	车型	排量	总质量 /kg	整备质量 /kg	外廓长度 /mm	外廓宽度 /mm	外廓高度 /mm	轴距 /mm	前轮距 /mm	后轮距 /mm	轮胎规格	派系
1043	奇瑞汽车	捷途	捷途 X95	1.5T	2080	1620	4875	1925	1780	2855	1600	1595	255/45R20	自主
1044	奇瑞汽车	捷途	捷途 X90	1.6T	2175	1630	4840	1925	1780	2850	1600	1595	255/45R20	自主
1045	奇瑞汽车	捷途	捷途 X90	1.6T	2175	1630	4840	1925	1745	2850	1600	1595	255/45R20	自主
1046	奇瑞汽车	捷途	捷途 X95	1.5T	2080	1630	4875	1925	1780	2855	1600	1595	255/45R20	自主
1047	奇瑞汽车	捷途	捷途 X90	1.6T	2175	1640	4840	1925	1780	2850	1600	1595	255/45R20	自主
1048	奇瑞汽车	捷途	捷途 X90	1.6T	2175	1640	4840	1925	1745	2850	1600	1595	255/45R20	自主
1049	奇瑞汽车	捷途	捷途 X70	1.6T	2195	1647	4724	1900	1720	2720	1600	1605	235/60R18	自主
1050	奇瑞汽车	捷途	捷途 X70	1.6T	2195	1647	4749	1900	1720	2745	1600	1605	235/60R18	自主
1051	奇瑞汽车	捷途	捷途 X90	1.6T	2175	1650	4840	1925	1780	2850	1600	1595	255/45R20	自主
1052	奇瑞汽车	捷途	捷途 X90	1.6T	2175	1650	4840	1925	1745	2850	1600	1595	255/45R20	自主
1053	奇瑞汽车	星途	星途 TXL	1.6T	2099	1650	4780	1885	1730	2800	1616	1593	225/65R17	自主
1054	奇瑞汽车	星途	星途 TXL	1.6T	2099	1650	4775	1885	1706	2800	1616	1593	225/65R17	自主
1055	奇瑞汽车	捷途	捷途 X70	1.6T	2195	1660	4724	1900	1720	2720	1600	1605	235/60R18	自主
1056	奇瑞汽车	捷途	捷途 X70	1.6T	2195	1660	4749	1900	1720	2745	1600	1605	235/60R18	自主
1057	奇瑞汽车	捷途	捷途 X95	1.6T	2210	1665	4875	1925	1780	2855	1600	1595	255/45R20	自主
1058	奇瑞汽车	捷途	捷途 X95	1.6T	2210	1665	4875	1925	1780	2855	1600	1595	235/60R18	自主
1059	奇瑞汽车	捷途	捷途 X95	1.6T	2210	1675	4875	1925	1780	2855	1600	1595	255/45R20	自主
1060	奇瑞汽车	捷途	捷途 X95	1.6T	2210	1675	4875	1925	1780	2855	1600	1595	235/60R18	自主
1061	奇瑞汽车	捷途	捷途 X95	1.6T	2210	1685	4875	1925	1780	2855	1600	1595	255/45R20	自主
1062	奇瑞汽车	捷途	捷途 X95	1.6T	2210	1685	4875	1925	1780	2855	1600	1595	235/60R18	自主
1063	奇瑞汽车	星途	星途 TX	1.6T	2088	1688	4690	1885	1706	2715	1616	1593	225/65R17	自主
1064	奇瑞汽车	星途	星途 TXL	1.6T	2088	1688	4775	1885	1706	2800	1616	1593	225/65R17	自主
1065	奇瑞汽车	星途	星途 TXL	1.6T	2099	1721	4780	1885	1730	2800	1616	1593	225/65R17	自主
1066	奇瑞汽车	星途	星途 TXL	1.6T	2099	1721	4775	1885	1706	2800	1616	1593	225/65R17	自主
1067	奇瑞汽车	奇瑞	蚂蚁	纯电	2165	1760	4630	1910	1655	2830	1620	1620	225/60R18	自主
1068	奇瑞汽车	捷途	捷途 X70SEV	纯电	2295	1765	4750	1910	1710	2745	1600	1595	235/60R18	自主
1069	奇瑞汽车	捷途	捷途 X70SEV	纯电	2295	1770	4750	1910	1710	2745	1600	1595	235/60R18	自主
1070	奇瑞汽车	星途	星途 VX	1.6T	2296	1771	4970	1940	1795	2900	1616	1623	235/60R18	自主
1071	奇瑞汽车	星途	星途 VX	1.6T	2330	1771	4970	1940	1795	2900	1616	1623	235/60R18	自主
1072	上汽乘用车	名爵	名爵 S	1.5L	1690	1258	4323	1809	1653	2585	1526	1536	195/65R15	自主
1073	上汽乘用车	名爵	名爵 S	1.5L	1690	1258	4314	1809	1648	2585	1526	1536	195/65R15	自主
1074	上汽乘用车	名爵	名爵 S	1.5L	1690	1258	4314	1809	1653	2585	1526	1536	195/65R15	自主
1075	上汽乘用车	荣威	荣威 RX3	1.6L	1700	1265	4408	1804	1651	2625	1526	1536	195/65R15	自主
1076	上汽乘用车	名爵	名爵 S	1.0T	1722	1290	4314	1809	1648	2585	1526	1536	215/50R17	自主
1077	上汽乘用车	名爵	名爵 S	1.5L	1722	1290	4314	1809	1648	2585	1526	1536	195/65R15	自主
1078	上汽乘用车	荣威	荣威 RX3	1.6L	1745	1310	4408	1804	1651	2625	1526	1536	205/60R16	自主
1079	上汽乘用车	荣威	荣威 RX3	1.3T	1745	1310	4408	1804	1651	2625	1526	1536	215/50R17	自主
1080	上汽乘用车	荣威	荣威 RX3	1.6L	1753	1318	4408	1804	1651	2625	1526	1536	205/60R16	自主
1081	上汽乘用车	名爵	名爵 S	1.3T	1750	1318	4323	1809	1653	2585	1526	1536	205/60R16	自主
1082	上汽乘用车	名爵	名爵 S	1.5L	1750	1318	4323	1809	1653	2585	1526	1536	205/60R16	自主
1083	上汽乘用车	荣威	荣威 RX5	1.5T	1843	1468	4556	1855	1719	2700	1574	1593	235/50R18	自主
1084	上汽乘用车	荣威	荣威 RX5	1.5T	1939	1468	4556	1855	1719	2700	1574	1593	215/65R16	自主
1085	上汽乘用车	荣威	荣威 RX5	1.5T	1876	1501	4556	1855	1719	2700	1574	1593	235/50R18	自主
1086	上汽乘用车	荣威	荣威 RX5	1.5T	1876	1501	4556	1855	1719	2700	1574	1593	215/65R16	自主
1087	上汽乘用车	荣威	荣威 RX5	1.5T	1939	1506	4556	1855	1719	2700	1574	1593	235/50R18	自主
1088	上汽乘用车	荣威	荣威 RX5	1.5T	1939	1506	4556	1855	1719	2708	1574	1593	215/65R16	自主
1089	上汽乘用车	荣威	荣威 RX5	1.5T	1939	1506	4556	1855	1719	2700	1574	1593	215/65R16	自主
1090	上汽乘用车	荣威	荣威 RX5	1.5T	1939	1506	4571	1855	1719	2708	1574	1593	215/65R16	自主
1091	上汽乘用车	荣威	荣威 RX5	1.5T	1939	1506	4556	1855	1719	2700	1574	1593	215/65R16	自主
1092	上汽乘用车	名爵	名爵 S	纯电	1950	1518	4314	1809	1644	2585	1526	1539	205/60R16	自主
1093	上汽乘用车	名爵	名爵 S	纯电	1950	1518	4314	1809	1620	2585	1526	1539	205/60R16	自主
1094	上汽乘用车	名爵	名爵 HS	1.5T	1962	1523	4574	1876	1664	2720	1574	1593	215/60R17	自主
1095	上汽乘用车	荣威	荣威 RX5	1.5T	1963	1530	4556	1855	1719	2700	1574	1593	235/50R18	自主
1096	上汽乘用车	荣威	荣威 RX5	1.5T	1963	1530	4556	1855	1719	2700	1574	1593	215/65R16	自主
1097	上汽乘用车	荣威	荣威 RX5	1.5T	1963	1530	4556	1855	1719	2708	1574	1593	215/65R16	自主
1098	上汽乘用车	荣威	荣威 RX5	1.5T	1963	1530	4571	1855	1719	2708	1574	1593	215/65R16	自主
1099	上汽乘用车	名爵	名爵 HS	1.5T	1972	1533	4574	1876	1664	2720	1574	1593	215/60R17	自主
1100	上汽乘用车	名爵	名爵 HS	1.5T	1978	1539	4574	1876	1685	2720	1574	1593	215/60R17	自主

序号	制造商	品牌	车型	排量	总质量 /kg	整备质量 /kg	外廓长度 /mm	外廓宽度 /mm	外廓高度 /mm	轴距 /mm	前轮距 /mm	后轮距 /mm	轮胎规格	派系
1101	上汽乘用车	名爵	名爵 HS	1.5T	1978	1539	4574	1876	1664	2720	1574	1593	215/60R17	自主
1102	上汽乘用车	名爵	名爵 HS	1.5T	1989	1550	4574	1876	1685	2720	1574	1593	215/60R17	自主
1103	上汽乘用车	名爵	名爵 HS	1.5T	1996	1557	4574	1876	1664	2720	1574	1593	215/60R17	自主
1104	上汽乘用车	名爵	名爵领航	1.5T	2009	1570	4574	1876	1685	2720	1574	1593	215/60R17	自主
1105	上汽乘用车	荣威	荣威 RX5 MAX	1.5T	2020	1588	4647	1891	1725	2760	1574	1593	215/60R17	自主
1106	上汽乘用车	名爵	名爵 HS	2.0T	2069	1630	4574	1876	1685	2720	1574	1593	215/60R17	自主
1107	上汽乘用车	荣威	荣威 RX5 MAX	1.5T	2063	1631	4647	1891	1725	2760	1574	1593	215/60R17	自主
1108	上汽乘用车	名爵	名爵 HS	2.0T	2083	1644	4574	1876	1685	2720	1574	1593	215/60R17	自主
1109	上汽乘用车	名爵	名爵领航	2.0T	2100	1661	4574	1876	1685	2720	1574	1593	215/60R17	自主
1110	上汽乘用车	荣威	荣威 RX5 MAX	2.0T	2129	1697	4647	1891	1725	2760	1574	1593	215/60R17	自主
1111	上汽乘用车	荣威	荣威 eRX5 EV	纯电	2155	1710	4554	1855	1716	2700	1574	1593	235/50R18	自主
1112	上汽乘用车	名爵	名爵 HS	2.0T	2157	1718	4574	1876	1685	2720	1574	1593	215/60R17	自主
1113	上汽乘用车	名爵	名爵 HS	2.0T	2157	1718	4574	1876	1685	2720	1574	1593	215/60R17	自主
1114	上汽乘用车	名爵	名爵领航	2.0T	2174	1735	4574	1876	1685	2720	1574	1593	215/60R17	自主
1115	上汽乘用车	荣威	荣威 Marvel X	纯电	2185	1759	4678	1919	1616	2800	1614	1625	215/55R18	自主
1116	上汽乘用车	荣威	荣威 eRX5	1.5T	2189	1771	4554	1855	1719	2700	1574	1593	215/60R17	自主
1117	上汽乘用车	荣威	荣威 eRX5	1.5T	2189	1771	4571	1855	1719	2708	1574	1593	215/60R17	自主
1118	上汽乘用车	荣威	荣威 eRX5	1.5T	2189	1771	4571	1855	1719	2700	1574	1593	215/60R17	自主
1119	上汽乘用车	荣威	荣威 eRX5	1.5T	2146	1771	4554	1855	1719	2700	1574	1593	215/60R17	自主
1120	上汽乘用车	名爵	名爵 HS	1.5T	2196	1775	4574	1876	1685	2720	1574	1593	215/60R17	自主
1121	上汽乘用车	荣威	荣威 RX5 MAX	2.0T	2221	1789	4647	1891	1725	2760	1574	1593	215/60R17	自主
1122	上汽乘用车	荣威	荣威 Marvel X	纯电	2300	1880	4678	1919	1618	2800	1614	1625	235/45R19	自主
1123	上汽乘用车	荣威	荣威 eRX5 MAX	1.5T	2311	1881	4647	1891	1725	2760	1573	1582	215/60R17	自主
1124	上汽乘用车	荣威	荣威 RX8	2.0T	2501	1885	4923	1930	1840	2850	1570	1600	255/60R18	自主
1125	上汽乘用车	荣威	荣威 RX8	2.0T	2501	1885	4932	1930	1810	2850	1570	1600	255/60R18	自主
1126	上汽乘用车	荣威	荣威 RX8	2.0T	2505	1980	4923	1930	1840	2850	1570	1600	255/60R18	自主
1127	上汽乘用车	荣威	荣威 RX8	2.0T	2505	1980	4932	1930	1840	2850	1570	1600	255/60R18	自主
1128	上汽乘用车	荣威	荣威 RX8	2.0T	2654	2115	4923	1930	1840	2850	1570	1600	255/60R18	自主
1129	上汽乘用车	荣威	荣威 RX8	2.0T	2654	2115	4932	1930	1840	2850	1570	1600	255/60R18	自主
1130	上汽大众	大众	T-CROSS	1.5L	1630	1200	4218	1760	1599	2651	1533	1512	205/55R17	欧系
1131	上汽大众	大众	T-CROSS	1.5L	1695	1265	4218	1760	1599	2651	1533	1512	205/55R17	欧系
1132	上汽大众	大众	T-CROSS	1.5L	1695	1265	4218	1760	1589	2651	1533	1512	205/55R17	欧系
1133	上汽大众	斯柯达	柯米克	1.5L	1700	1270	4390	1781	1606	2610	1522	1534	205/60R16	欧系
1134	上汽大众	斯柯达	柯米克	1.5L	1700	1270	4390	1781	1593	2610	1522	1534	205/60R16	欧系
1135	上汽大众	大众	T-CROSS	1.2T	1725	1295	4218	1760	1599	2651	1533	1512	205/55R17	欧系
1136	上汽大众	斯柯达	柯米克	1.5L	1735	1305	4390	1781	1606	2610	1522	1534	205/60R16	欧系
1137	上汽大众	斯柯达	柯米克	1.5L	1735	1305	4390	1781	1593	2610	1522	1534	205/60R16	欧系
1138	上汽大众	大众	T-CROSS	1.4T	1740	1310	4218	1760	1599	2651	1533	1512	205/55R17	欧系
1139	上汽大众	大众	T-CROSS	1.4T	1740	1310	4218	1760	1589	2651	1533	1512	205/55R17	欧系
1140	上汽大众	斯柯达	柯米克 GT	1.5L	1765	1335	4409	1781	1606	2610	1522	1534	205/55R16	欧系
1141	上汽大众	斯柯达	柯米克 GT	1.2T	1790	1360	4409	1781	1606	2610	1522	1534	205/55R16	欧系
1142	上汽大众	斯柯达	柯珞克	1.4T	1850	1380	4432	1841	1614	2688	1572	1537	215/60R16	欧系
1143	上汽大众	斯柯达	柯珞克	1.4T	1850	1380	4432	1841	1614	2688	1572	1537	215/50R18	欧系
1144	上汽大众	大众	途岳	1.4T	1875	1405	4453	1841	1632	2680	1576	1541	215/60R16	欧系
1145	上汽大众	大众	途岳	1.4T	1895	1425	4453	1841	1632	2680	1576	1541	215/60R16	欧系
1146	上汽大众	大众	途观 L	1.4T	2040	1570	4712	1839	1673	2791	1582	1572	215/65R17	欧系
1147	上汽大众	大众	途岳	2.0T	2060	1590	4453	1841	1632	2680	1576	1541	215/60R16	欧系
1148	上汽大众	大众	途观 L	1.4T	2065	1595	4712	1839	1673	2791	1582	1572	215/65R17	欧系
1149	上汽大众	斯柯达	柯迪亚克 GT	2.0T	2070	1600	4634	1883	1649	2791	1582	1572	215/65R17	欧系
1150	上汽大众	大众	途观 L	2.0T	2095	1625	4712	1839	1673	2791	1582	1572	215/65R17	欧系
1151	上汽大众	斯柯达	柯迪亚克	2.0T	2095	1625	4698	1883	1676	2791	1582	1572	215/65R17	欧系
1152	上汽大众	大众	途岳 BEV	纯电	2070	1640	4453	1841	1632	2680	1576	1541	215/60R16	欧系
1153	上汽大众	大众	途观 L	2.0T	2120	1650	4712	1839	1673	2791	1582	1572	215/65R17	欧系
1154	上汽大众	大众	途观 L	2.0T	2145	1675	4716	1859	1677	2791	1586	1576	215/65R17	欧系
1155	上汽大众	大众	途观 X	2.0T	2145	1675	4764	1859	1628	2791	1582	1572	215/65R17	欧系
1156	上汽大众	斯柯达	柯迪亚克	2.0T	2220	1680	4698	1883	1676	2791	1582	1572	215/65R17	欧系
1157	上汽大众	斯柯达	柯迪亚克	2.0T	2235	1695	4698	1883	1676	2791	1582	1572	215/65R17	欧系
1158	上汽大众	大众	途观 L	2.0T	2170	1700	4716	1859	1677	2791	1586	1576	215/65R17	欧系

序号	制造商	品牌	车型	排量	总质量/kg	整备质量/kg	外廓长度/mm	外廓宽度/mm	外廓高度/mm	轴距/mm	前轮距/mm	后轮距/mm	轮胎规格	派系
1159	上汽大众	大众	途观X	2.0T	2175	1705	4764	1859	1628	2791	1582	1572	215/65R17	欧系
1160	上汽大众	斯柯达	柯迪亚克GT	2.0T	2185	1715	4634	1883	1649	2791	1582	1572	215/65R17	欧系
1161	上汽大众	斯柯达	柯迪亚克	2.0T	2315	1775	4698	1883	1676	2791	1582	1572	215/65R17	欧系
1162	上汽大众	大众	途观X	2.0T	2245	1775	4764	1859	1628	2791	1582	1572	215/65R17	欧系
1163	上汽大众	大众	途观L	2.0T	2335	1795	4712	1839	1673	2791	1582	1572	215/65R17	欧系
1164	上汽大众	大众	途观L	2.0T	2355	1815	4716	1859	1677	2791	1586	1576	215/65R17	欧系
1165	上汽大众	大众	途观L	1.4T	2300	1830	4720	1839	1673	2791	1582	1572	215/65R17	欧系
1166	上汽大众	大众	途观L	2.0T	2380	1840	4716	1859	1677	2791	1586	1576	215/65R17	欧系
1167	上汽大众	大众	途观L	1.4T	2330	1860	4720	1839	1673	2791	1582	1572	215/65R17	欧系
1168	上汽大众	大众	途昂X	2.0T	2470	1910	4905	1989	1719	2980	1704	1721	255/55R19	欧系
1169	上汽大众	大众	途昂X	2.0T	2505	1945	4905	1989	1719	2980	1704	1721	255/55R19	欧系
1170	上汽大众	大众	途昂	2.0T	2525	1965	5039	1989	1773	2980	1704	1721	255/55R19	欧系
1171	上汽大众	大众	途昂	2.0T	2525	1965	5039	1989	1773	2980	1704	1721	245/60R18	欧系
1172	上汽大众	大众	途昂	2.0T	2525	1965	5039	1989	1773	2980	1704	1721	255/55R19	欧系
1173	上汽大众	大众	途昂	2.0T	2525	1965	5039	1989	1773	2980	1704	1721	245/60R18	欧系
1174	上汽大众	大众	途昂	2.0T	2565	2005	5039	1989	1773	2980	1704	1721	245/60R18	欧系
1175	上汽大众	大众	途昂	2.0T	2565	2005	5039	1989	1773	2980	1704	1721	245/60R18	欧系
1176	上汽大众	大众	途昂X	2.0T	2570	2010	4905	1989	1719	2980	1704	1721	255/55R19	欧系
1177	上汽大众	大众	途昂X	2.0T	2600	2040	4905	1989	1719	2980	1704	1721	255/55R19	欧系
1178	上汽大众	大众	途昂	2.0T	2605	2045	5039	1989	1773	2980	1704	1721	245/60R18	欧系
1179	上汽大众	大众	途昂	2.0T	2605	2045	5039	1989	1773	2980	1704	1721	245/60R18	欧系
1180	上汽大众	大众	途昂	2.0T	2645	2085	5039	1989	1773	2980	1704	1721	245/60R18	欧系
1181	上汽大众	大众	途昂	2.0T	2645	2085	5039	1989	1773	2980	1704	1721	245/60R18	欧系
1182	上汽大众	大众	途昂X	2.5T	2660	2100	4905	1989	1719	2980	1704	1721	255/50R20	欧系
1183	上汽大众	大众	途昂	2.5T	2685	2125	5039	1989	1773	2980	1704	1721	255/55R19	欧系
1184	上汽大众	大众	途昂	2.5T	2685	2125	5039	1989	1773	2980	1704	1721	245/60R18	欧系
1185	上汽大众	大众	途昂X	2.5T	2690	2130	4905	1989	1719	2980	1704	1721	255/50R20	欧系
1186	上汽大众	大众	途昂	2.5T	2710	2150	5039	1989	1773	2980	1704	1721	245/60R18	欧系
1187	上汽大众	大众	途昂	2.5T	2710	2150	5039	1989	1773	2980	1704	1721	245/60R18	欧系
1188	上汽大众	大众	途昂	2.5T	2750	2190	5039	1989	1773	2980	1704	1721	255/55R19	欧系
1189	上汽大众	大众	途昂	2.5T	2750	2190	5039	1989	1773	2980	1704	1721	255/55R19	欧系
1190	上汽商用车	大通	D60	1.3T	1855	1480	4720	1860	1736	2760	1570	1580	235/50R19	自主
1191	上汽商用车	大通	D60	1.3T	2095	1545	4720	1860	1736	2760	1570	1580	235/50R19	自主
1192	上汽商用车	大通	D60	1.5T	2000	1560	4720	1860	1736	2760	1570	1580	235/50R19	自主
1193	上汽商用车	大通	D60	1.5T	2100	1560	4720	1860	1736	2760	1570	1580	235/50R19	自主
1194	上汽商用车	大通	D60	1.3T	2095	1570	4720	1860	1736	2760	1570	1580	235/50R19	自主
1195	上汽商用车	大通	D60	1.5T	2130	1605	4720	1860	1736	2760	1570	1580	235/50R19	自主
1196	上汽商用车	大通	EUNIQ 6	1.3T	2150	1775	4719	1857	1736	2760	1570	1580	235/50R19	自主
1197	上汽商用车	大通	EUNIQ 6	纯电	2170	1820	4735	1860	1736	2760	1570	1580	235/50R19	自主
1198	上汽商用车	大通	EUNIQ 6	纯电	2250	1900	4735	1860	1736	2760	1570	1580	235/50R19	自主
1199	上汽商用车	大通	D90	2.0T	2700	2080	5005	1932	1875	2950	1600	1620	265/45R21	自主
1200	上汽商用车	大通	D90	2.0T	2800	2115	5005	1932	1875	2950	1600	1620	265/45R21	自主
1201	上汽商用车	大通	D90	2.0T	2900	2135	5005	1932	1875	2950	1600	1620	265/45R21	自主
1202	上汽商用车	大通	D90	2.0T	2700	2160	5005	1932	1875	2950	1600	1620	265/45R21	自主
1203	上汽商用车	大通	D90	2.0T	2900	2180	5005	1932	1875	2950	1600	1620	265/45R21	自主
1204	上汽商用车	大通	D90	2.0T	2800	2210	5005	1932	1875	2950	1600	1620	265/45R21	自主
1205	上汽商用车	大通	D90	2.0T	2900	2215	5005	1932	1875	2950	1600	1620	265/45R21	自主
1206	上汽商用车	大通	D90	2.0T	3000	2217	5005	1932	1875	2950	1600	1620	265/45R21	自主
1207	上汽商用车	大通	D90	2.0T	3000	2260	5005	1932	1875	2950	1600	1620	265/45R21	自主
1208	上汽商用车	大通	D90	2.0T	2800	2285	5005	1932	1875	2950	1600	1620	265/45R21	自主
1209	上汽商用车	大通	D90	2.0T	2960	2290	5005	1932	1875	2950	1600	1620	265/45R21	自主
1210	上汽商用车	大通	D90	2.0T	3000	2310	5005	1932	1875	2950	1600	1620	265/45R21	自主
1211	上汽商用车	大通	D90	2.0T	3100	2340	5005	1932	1875	2950	1600	1620	265/45R21	自主
1212	上汽商用车	大通	D90	2.0T	3100	2410	5005	1932	1875	2950	1600	1620	265/45R21	自主
1213	上汽商用车	大通	D90	2.0T	3100	2480	5005	1932	1875	2950	1600	1620	265/45R21	自主
1214	上汽通用	雪佛兰	创酷	1.0T	1690	1230	4270	1791	1618	2570	1547	1551	205/60R16	美系
1215	上汽通用	雪佛兰	创酷	1.0T	1690	1230	4270	1791	1602	2570	1547	1551	205/60R16	美系
1216	上汽通用	别克	昂科拉	1.0T	1710	1245	4295	1798	1607	2570	1553	1557	215/55R17	美系

序号	制造商	品牌	车型	排量	总质量/kg	整备质量/kg	外廓长度/mm	外廓宽度/mm	外廓高度/mm	轴距/mm	前轮距/mm	后轮距/mm	轮胎规格	派系
1217	上汽通用	雪佛兰	创酷	1.0T	1690	1260	4270	1791	1627	2570	1547	1551	205/60R16	美系
1218	上汽通用	别克	昂科拉	1.0T	1710	1275	4295	1798	1616	2570	1553	1557	215/55R17	美系
1219	上汽通用	雪佛兰	创酷	1.3T	1730	1275	4270	1791	1610	2570	1547	1551	215/55R17	美系
1220	上汽通用	别克	昂科拉	1.3T	1740	1285	4295	1798	1616	2570	1547	1551	215/55R17	美系
1221	上汽通用	雪佛兰	创酷	1.3T	1730	1295	4270	1791	1627	2570	1547	1551	215/55R17	美系
1222	上汽通用	别克	昂科拉	1.3T	1740	1305	4295	1798	1616	2570	1547	1551	215/55R17	美系
1223	上汽通用	雪佛兰	创界	1.3T	1825	1365	4411	1808	1653	2640	1550	1570	225/60R17	美系
1224	上汽通用	雪佛兰	创界	1.3T	1825	1365	4411	1808	1633	2640	1550	1570	225/60R17	美系
1225	上汽通用	别克	昂科拉 GX	1.3T	1830	1375	4463	1813	1644	2640	1550	1570	225/55R18	美系
1226	上汽通用	别克	昂科拉 GX	1.3T	1830	1375	4463	1813	1642	2640	1550	1570	225/55R18	美系
1227	上汽通用	雪佛兰	创界	1.3T	1845	1385	4411	1808	1655	2640	1550	1570	225/60R17	美系
1228	上汽通用	别克	昂科拉 GX	1.3T	1945	1470	4463	1813	1653	2640	1550	1570	225/55R18	美系
1229	上汽通用	雪佛兰	创界	1.3T	1930	1470	4411	1808	1664	2640	1550	1570	225/55R18	美系
1230	上汽通用	雪佛兰	探界者	1.5T	1970	1535	4652	1843	1688	2725	1573	1585	225/65R17	美系
1231	上汽通用	雪佛兰	探界者	1.5T	1970	1535	4646	1843	1688	2725	1581	1589	225/65R17	美系
1232	上汽通用	雪佛兰	探界者	1.5T	1970	1535	4652	1843	1684	2725	1573	1585	225/65R17	美系
1233	上汽通用	雪佛兰	探界者	1.5T	1970	1535	4646	1843	1684	2725	1581	1589	225/65R17	美系
1234	上汽通用	雪佛兰	探界者	1.3T	2020	1540	4646	1843	1688	2725	1581	1589	225/65R17	美系
1235	上汽通用	雪佛兰	探界者	1.3T	2020	1540	4646	1843	1684	2725	1581	1589	225/65R17	美系
1236	上汽通用	雪佛兰	探界者	1.3T	2020	1560	4646	1843	1688	2725	1581	1589	225/65R17	美系
1237	上汽通用	别克	昂科威	1.5T	2085	1610	4686	1839	1686	2750	1584	1588	225/65R17	美系
1238	上汽通用	别克	昂科威	1.5T	2085	1610	4694	1839	1686	2750	1584	1588	225/65R17	美系
1239	上汽通用	雪佛兰	探界者	2.0T	2070	1620	4646	1843	1688	2725	1576	1588	225/60R18	美系
1240	上汽通用	凯迪拉克	凯迪拉克 XT4	2.0T	2100	1642	4600	1881	1627	2779	1601	1610	235/55R18	美系
1241	上汽通用	凯迪拉克	凯迪拉克 XT4	2.0T	2100	1652	4600	1881	1627	2779	1601	1610	235/55R18	美系
1242	上汽通用	凯迪拉克	凯迪拉克 XT4	2.0T	2100	1652	4600	1881	1627	2779	1610	1613	235/55R18	美系
1243	上汽通用	别克	别克 Velite 7	纯电	2092	1660	4264	1767	1618	2675	1514	1526	215/50R17	美系
1244	上汽通用	别克	昂科威 S	2.0T	2160	1660	4662	1883	1631	2779	1610	1613	235/55R18	美系
1245	上汽通用	别克	昂科威 S	2.0T	2160	1705	4662	1883	1641	2779	1610	1613	245/45R20	美系
1246	上汽通用	别克	昂科威 S	2.0T	2160	1705	4662	1883	1641	2779	1610	1613	235/55R18	美系
1247	上汽通用	雪佛兰	探界者	2.0T	2160	1710	4646	1843	1695	2725	1581	1589	235/50R19	美系
1248	上汽通用	雪佛兰	探界者	2.0T	2160	1710	4652	1843	1693	2725	1573	1585	225/60R18	美系
1249	上汽通用	凯迪拉克	凯迪拉克 XT4	2.0T	2215	1765	4600	1881	1634	2779	1601	1610	235/55R18	美系
1250	上汽通用	凯迪拉克	凯迪拉克 XT4	2.0T	2215	1765	4600	1881	1634	2779	1610	1613	235/55R18	美系
1251	上汽通用	凯迪拉克	凯迪拉克 XT4	2.0T	2215	1765	4600	1881	1625	2779	1601	1610	235/55R18	美系
1252	上汽通用	凯迪拉克	凯迪拉克 XT4	2.0T	2215	1765	4600	1881	1625	2779	1610	1613	235/55R18	美系
1253	上汽通用	别克	昂科威 S	2.0T	2240	1770	4662	1883	1631	2779	1610	1613	235/55R18	美系
1254	上汽通用	别克	昂科威 S	2.0T	2240	1790	4662	1883	1641	2779	1610	1613	245/45R20	美系
1255	上汽通用	别克	昂科威	2.0T	2275	1800	4686	1839	1691	2750	1574	1578	235/50R19	美系
1256	上汽通用	凯迪拉克	凯迪拉克 XT5	2.0T	2280	1830	4813	1903	1686	2857	1645	1645	235/65R18	美系
1257	上汽通用	凯迪拉克	凯迪拉克 XT5	2.0T	2280	1830	4813	1903	1682	2857	1645	1645	235/65R18	美系
1258	上汽通用	雪佛兰	开拓者	2.0T	2297	1835	4999	1953	1732	2863	1687	1683	235/65R18	美系
1259	上汽通用	雪佛兰	开拓者	2.0T	2477	1880	4999	1953	1732	2863	1687	1683	235/65R18	美系
1260	上汽通用	雪佛兰	开拓者	2.0T	2477	1880	4999	1953	1727	2863	1687	1683	235/65R18	美系
1261	上汽通用	别克	昂科旗	2.0T	2483	1880	4981	1953	1727	2863	1687	1684	235/65R18	美系
1262	上汽通用	凯迪拉克	凯迪拉克 XT5	2.0T	2375	1915	4813	1903	1686	2857	1645	1645	235/65R18	美系
1263	上汽通用	凯迪拉克	凯迪拉克 XT5	2.0T	2375	1915	4813	1903	1682	2857	1645	1645	235/65R18	美系
1264	上汽通用	别克	昂科旗	2.0T	2516	1935	4981	1953	1732	2863	1687	1684	235/55R20	美系
1265	上汽通用	雪佛兰	开拓者	2.0T	2415	1960	4999	1953	1732	2863	1687	1683	235/55R20	美系
1266	上汽通用	凯迪拉克	凯迪拉克 XT6	2.0T	2575	1980	5056	1964	1780	2863	1687	1683	235/55R20	美系
1267	上汽通用	凯迪拉克	凯迪拉克 XT6	2.0T	2575	1980	5056	1964	1777	2863	1687	1683	235/55R20	美系
1268	上汽通用	雪佛兰	开拓者	2.0T	2604	2000	4999	1953	1736	2863	1676	1673	265/45R21	美系
1269	上汽通用	雪佛兰	开拓者	2.0T	2604	2000	4999	1953	1732	2863	1687	1683	235/55R20	美系
1270	上汽通用	别克	昂科旗	2.0T	2607	2000	4981	1953	1732	2863	1687	1684	235/55R20	美系
1271	上汽通用	别克	昂科旗	2.0T	2640	2050	4981	1953	1736	2863	1687	1684	235/55R20	美系
1272	上汽通用	别克	昂科旗	2.0T	2640	2050	4981	1953	1732	2863	1687	1684	235/55R20	美系
1273	上汽通用	凯迪拉克	凯迪拉克 XT6	2.0T	2675	2070	5056	1964	1780	2863	1687	1683	235/55R20	美系
1274	上汽通用	凯迪拉克	凯迪拉克 XT6	2.0T	2675	2070	5056	1964	1777	2863	1687	1683	235/55R20	美系

序号	制造商	品牌	车型	排量	总质量/kg	整备质量/kg	外廓长度/mm	外廓宽度/mm	外廓高度/mm	轴距/mm	前轮距/mm	后轮距/mm	轮胎规格	派系
1275	上汽通用五菱	宝骏	宝骏 510	1.5L	1635	1206	4220	1740	1615	2550	1490	1496	205/60R16	自主
1276	上汽通用五菱	宝骏	宝骏 RS-3	1.5L	1665	1206	4300	1750	1600	2550	1490	1496	205/60R16	自主
1277	上汽通用五菱	宝骏	宝骏 510	1.5L	1635	1206	4220	1740	1615	2550	1490	1496	205/60R16	自主
1278	上汽通用五菱	宝骏	宝骏 510	1.5L	1635	1218	4220	1740	1615	2550	1490	1496	205/60R16	自主
1279	上汽通用五菱	宝骏	宝骏 RS-3	1.5L	1665	1218	4300	1750	1600	2550	1490	1496	205/60R16	自主
1280	上汽通用五菱	宝骏	宝骏 510	1.5L	1635	1218	4220	1740	1625	2550	1490	1496	205/60R16	自主
1281	上汽通用五菱	宝骏	宝骏 510	1.5L	1635	1218	4220	1740	1615	2550	1490	1496	205/60R16	自主
1282	上汽通用五菱	宝骏	宝骏 510	1.5L	1670	1240	4220	1740	1615	2550	1490	1496	205/60R16	自主
1283	上汽通用五菱	宝骏	宝骏 RS-3	1.5L	1710	1240	4300	1750	1615	2550	1490	1496	205/60R16	自主
1284	上汽通用五菱	宝骏	宝骏 RS-3	1.5L	1710	1240	4300	1750	1600	2550	1490	1496	205/60R16	自主
1285	上汽通用五菱	宝骏	宝骏 510	1.5L	1635	1250	4220	1740	1625	2550	1490	1496	205/60R16	自主
1286	上汽通用五菱	宝骏	宝骏 510	1.5L	1635	1250	4220	1740	1625	2550	1490	1496	205/60R16	自主
1287	上汽通用五菱	宝骏	宝骏 RS-3	1.5L	1665	1260	4300	1750	1615	2550	1490	1496	205/60R16	自主
1288	上汽通用五菱	宝骏	宝骏 510	1.5L	1670	1260	4220	1740	1625	2550	1490	1496	205/60R16	自主
1289	上汽通用五菱	宝骏	宝骏 510	1.5L	1670	1260	4220	1740	1615	2550	1490	1496	205/60R16	自主
1290	上汽通用五菱	宝骏	宝骏 RS-3	1.5L	1710	1260	4300	1750	1600	2550	1490	1496	205/60R16	自主
1291	上汽通用五菱	宝骏	宝骏 510	1.5L	1635	1260	4220	1740	1625	2550	1490	1496	205/60R16	自主
1292	上汽通用五菱	宝骏	宝骏 510	1.5L	1670	1290	4220	1740	1625	2550	1490	1496	205/60R16	自主
1293	上汽通用五菱	宝骏	宝骏 510	1.5L	1670	1290	4220	1740	1615	2550	1490	1496	205/60R16	自主
1294	上汽通用五菱	宝骏	宝骏 RS-3	1.5L	1710	1300	4300	1750	1615	2550	1490	1496	205/60R16	自主
1295	上汽通用五菱	宝骏	宝骏 RS-3	1.5T	1735	1321	4300	1750	1625	2550	1502	1508	215/55R17	自主
1296	上汽通用五菱	宝骏	宝骏 RS-3	1.5T	1735	1355	4300	1750	1625	2550	1502	1508	215/55R17	自主
1297	上汽通用五菱	五菱	五菱宏光 S3	1.5L	1950	1380	4655	1735	1790	2800	1450	1475	205/65R16	自主
1298	上汽通用五菱	五菱	五菱宏光 S3	1.5L	1950	1395	4655	1735	1790	2800	1450	1465	205/65R16	自主
1299	上汽通用五菱	五菱	五菱宏光 S3	1.5L	1950	1420	4655	1735	1790	2800	1450	1475	205/65R16	自主
1300	上汽通用五菱	五菱	五菱宏光 S3	1.5L	1950	1430	4655	1735	1790	2800	1450	1475	205/65R16	自主
1301	上汽通用五菱	五菱	五菱宏光 S3	1.5L	1950	1435	4655	1735	1790	2800	1450	1475	205/65R16	自主
1302	上汽通用五菱	五菱	五菱宏光 S3	1.5T	2000	1440	4655	1735	1790	2800	1450	1475	205/65R16	自主
1303	上汽通用五菱	宝骏	宝骏 530	1.5T	1900	1465	4690	1835	1750	2750	1554	1549	215/60R17	自主
1304	上汽通用五菱	五菱	五菱宏光 S3	1.5T	2000	1470	4655	1735	1790	2800	1450	1475	205/65R16	自主
1305	上汽通用五菱	宝骏	宝骏 530	1.5T	1900	1490	4690	1835	1750	2750	1554	1549	215/60R17	自主
1306	上汽通用五菱	宝骏	宝骏 RS-5	1.5T	2000	1515	4570	1870	1720	2700	1606	1606	225/55R18	自主
1307	上汽通用五菱	宝骏	宝骏 RS-5	1.5T	2000	1540	4570	1870	1720	2700	1606	1606	225/55R18	自主
1308	上汽通用五菱	宝骏	宝骏 530	1.5T	2040	1541	4695	1835	1750	2750	1554	1549	215/60R17	自主
1309	上汽通用五菱	宝骏	宝骏 530	1.5T	1950	1541	4690	1835	1750	2750	1554	1549	215/60R17	自主
1310	上汽通用五菱	五菱	五菱宏光 S3	1.5T	2030	1554	4655	1735	1790	2800	1450	1475	205/65R16	自主
1311	上汽通用五菱	宝骏	宝骏 530	1.5T	2040	1556	4695	1835	1750	2750	1554	1549	215/60R17	自主
1312	上汽通用五菱	宝骏	宝骏 530	1.5T	1950	1560	4690	1835	1750	2750	1554	1549	215/60R17	自主
1313	上汽通用五菱	宝骏	宝骏 530	1.5T	2075	1564	4695	1835	1750	2750	1554	1549	215/60R17	自主
1314	上汽通用五菱	宝骏	宝骏 RS-5	1.5T	2040	1570	4570	1870	1720	2700	1606	1606	225/55R18	自主
1315	上汽通用五菱	宝骏	宝骏 530	1.5T	2075	1599	4695	1835	1750	2750	1554	1549	215/60R17	自主
1316	上汽通用五菱	宝骏	宝骏 RS-5	1.5T	2040	1630	4570	1870	1720	2700	1606	1606	225/55R18	自主
1317	上汽通用五菱	宝骏	宝骏 RS-5	1.5T	2070	1645	4570	1870	1720	2700	1606	1606	225/55R18	自主
1318	上汽通用五菱	宝骏	宝骏 RS-7	1.5T	2400	1820	4930	1975	1765	2900	1694	1720	235/50R19	自主
1319	上汽通用五菱	宝骏	宝骏 RS-7	1.5T	2400	1875	4930	1975	1775	2900	1694	1720	235/50R19	自主
1320	上汽通用五菱	宝骏	宝骏 RS-7	1.5T	2400	1875	4930	1975	1765	2900	1694	1720	235/50R19	自主
1321	神龙汽车	雪铁龙	C3-XR	1.2T	1616	1200	4282	1748	1557	2655	1509	1486	205/60R16	欧系
1322	神龙汽车	雪铁龙	C3-XR	1.2T	1640	1220	4282	1748	1557	2655	1509	1486	205/60R16	欧系
1323	神龙汽车	雪铁龙	C3-XR	1.2T	1648	1235	4282	1748	1557	2655	1509	1486	205/60R16	欧系
1324	神龙汽车	雪铁龙	C3-XR	1.6L	1676	1260	4282	1748	1557	2655	1509	1486	205/60R16	欧系
1325	神龙汽车	标致	标致 2008	1.2T	1702	1270	4312	1785	1545	2612	1549	1547	215/60R17	欧系
1326	神龙汽车	雪铁龙	云逸	1.2T	1711	1280	4270	1770	1655	2655	1507	1488	205/60R16	欧系
1327	神龙汽车	雪铁龙	云逸	1.2T	1711	1280	4270	1770	1615	2655	1507	1488	205/60R16	欧系
1328	神龙汽车	标致	标致 4008	1.6T	1905	1475	4510	1850	1662	2730	1579	1587	215/65R17	欧系
1329	神龙汽车	标致	标致 4008	1.6T	1905	1475	4510	1850	1628	2730	1579	1587	215/65R17	欧系
1330	神龙汽车	雪铁龙	天逸C5 AIRCROSS	1.6T	1901	1480	4510	1860	1705	2730	1587	1621	215/65R17	欧系
1331	神龙汽车	雪铁龙	天逸C5 AIRCROSS	1.6T	1901	1480	4510	1860	1670	2730	1587	1621	215/65R17	欧系
1332	神龙汽车	标致	标致 4008	1.6T	1918	1492	4510	1850	1662	2730	1579	1587	225/55R18	欧系

序号	制造商	品牌	车型	排量	总质量/kg	整备质量/kg	外廓长度/mm	外廓宽度/mm	外廓高度/mm	轴距/mm	前轮距/mm	后轮距/mm	轮胎规格	派系
1333	神龙汽车	标致	标致 4008	1.6T	1927	1492	4510	1850	1628	2730	1579	1587	215/65R17	欧系
1334	神龙汽车	雪铁龙	天逸C5 AIRCROSS	1.8T	1932	1520	4510	1860	1705	2730	1587	1621	235/55R18	欧系
1335	神龙汽车	雪铁龙	天逸C5 AIRCROSS	1.8T	1941	1530	4510	1860	1705	2730	1587	1621	235/55R18	欧系
1336	神龙汽车	标致	标致 4008	1.8T	1952	1535	4510	1850	1662	2730	1579	1587	225/55R18	欧系
1337	神龙汽车	标致	标致 4008	1.8T	1952	1535	4510	1850	1628	2730	1579	1587	225/55R18	欧系
1338	神龙汽车	标致	标致 5008	1.6T	2099	1541	4670	1855	1650	2840	1579	1608	225/55R18	欧系
1339	神龙汽车	标致	标致 5008	1.6T	2117	1541	4670	1855	1655	2840	1579	1608	225/55R18	欧系
1340	神龙汽车	标致	标致 5008	1.6T	2117	1541	4670	1855	1650	2840	1579	1608	225/55R18	欧系
1341	神龙汽车	标致	标致 5008	1.8T	2144	1560	4670	1855	1655	2840	1579	1608	225/55R18	欧系
1342	神龙汽车	标致	标致 5008	1.8T	2144	1560	4670	1855	1650	2840	1579	1608	225/55R18	欧系
1343	神龙汽车	标致	标致 e2008	纯电	2005	1570	4312	1785	1545	2612	1549	1547	215/60R17	欧系
1344	神龙汽车	标致	标致 5008	1.6T	2117	1585	4670	1855	1655	2840	1579	1608	225/55R18	欧系
1345	神龙汽车	标致	标致 5008	1.6T	2117	1585	4670	1855	1650	2840	1579	1608	225/55R18	欧系
1346	神龙汽车	标致	标致 5008	1.8T	2143	1595	4670	1855	1655	2840	1579	1608	235/50R19	欧系
1347	神龙汽车	标致	标致 5008	1.6T	2127	1595	4670	1855	1655	2840	1579	1608	225/55R18	欧系
1348	神龙汽车	标致	标致 5008	1.8T	2144	1600	4670	1855	1655	2840	1579	1608	225/55R18	欧系
1349	神龙汽车	标致	标致 5008	1.8T	2144	1600	4670	1855	1650	2840	1579	1608	225/55R18	欧系
1350	神龙汽车	标致	标致 4008	1.6T	2303	1881	4510	1850	1662	2730	1579	1587	225/55R18	欧系
1351	神龙汽车	标致	天逸C5 AIRCROSS	1.6T	2302	1889	4510	1860	1705	2730	1587	1621	225/55R18	欧系
1352	神龙汽车	雪铁龙	天逸C5 AIRCROSS	1.6T	2302	1889	4510	1860	1705	2730	1587	1621	225/55R18	欧系
1353	四川工业	野马	博骏	1.5L	1760	1330	4360	1830	1680	2550	1554	1546	215/55R17	自主
1354	四川工业	野马	博骏	1.5L	1760	1330	4360	1830	1680	2550	1554	1546	205/65R16	自主
1355	四川工业	野马	博骏	1.5T	1760	1385	4360	1830	1680	2550	1554	1546	215/55R17	自主
1356	四川工业	野马	博骏	1.5T	1760	1385	4505	1830	1680	2550	1554	1546	215/55R17	自主
1357	四川工业	野马	博骏	1.5T	1830	1410	4360	1830	1680	2550	1554	1546	215/55R17	自主
1358	四川工业	野马	博骏	1.5T	1830	1410	4505	1830	1680	2550	1554	1546	215/55R17	自主
1359	四川工业	野马	野马 EC60	纯电	2100	1510	4360	1830	1680	2550	1554	1546	205/65R16	自主
1360	四川工业	野马	野马 EC60	纯电	2100	1635	4360	1830	1680	2550	1554	1546	215/55R17	自主
1361	四川工业	野马	野马 EC70	纯电	2250	1760	4555	1835	1715	2665	1560	1560	215/65R17	自主
1362	腾势汽车	腾势	腾势 X EV	纯电	2700	2175	4890	1950	1725	2820	1650	1630	265/40R22	自主
1363	腾势汽车	腾势	腾势 X EV	纯电	2855	2330	4890	1950	1725	2820	1650	1630	265/40R22	自主
1364	腾势汽车	腾势	腾势 X HEV	2.0T	2995	2390	4890	1950	1725	2820	1650	1630	265/40R22	自主
1365	天际汽车	天际	天际 ME7	纯电	2345	1968	4685	1970	1660	2830	1672	1702	255/45R20	自主
1366	天际汽车	天际	天际 ME7	纯电	2435	1998	4685	1970	1660	2830	1672	1702	255/45R20	自主
1367	天际汽车	天际	天际 ME7	纯电	2435	2050	4685	1970	1660	2830	1672	1702	255/45R20	自主
1368	威马汽车	威马	威马 EX5	纯电	2085	1710	4585	1835	1672	2703	1563	1558	225/55R18	自主
1369	威马汽车	威马	威马 EX5	纯电	2090	1715	4585	1835	1672	2703	1563	1558	225/55R18	自主
1370	威马汽车	威马	威马 EX5	纯电	2101	1726	4585	1835	1672	2703	1563	1558	225/55R18	自主
1371	威马汽车	威马	威马 EX5	纯电	2119	1744	4585	1835	1672	2703	1563	1558	225/55R18	自主
1372	威马汽车	威马	威马 EX5	纯电	2120	1745	4585	1835	1672	2703	1563	1558	225/55R18	自主
1373	威马汽车	威马	威马 EX5	纯电	2125	1750	4585	1835	1672	2703	1563	1558	225/55R18	自主
1374	威马汽车	威马	威马 EX5	纯电	2136	1761	4585	1835	1672	2703	1563	1558	225/55R18	自主
1375	威马汽车	威马	威马 EX5	纯电	2158	1783	4585	1835	1672	2703	1563	1558	225/55R18	自主
1376	威马汽车	威马	威马 EX5	纯电	2166	1791	4585	1835	1672	2703	1563	1558	225/55R18	自主
1377	威马汽车	威马	威马 EX5	纯电	2184	1809	4585	1835	1672	2703	1563	1558	225/55R18	自主
1378	威马汽车	威马	威马 EX6	纯电	2213	1838	4802	1839	1710	2715	1563	1558	225/55R18	自主
1379	威马汽车	威马	威马 EX6	纯电	2236	1861	4802	1839	1710	2715	1563	1558	225/55R18	自主
1380	威马汽车	威马	威马 EX6	纯电	2245	1870	4802	1839	1710	2715	1563	1558	225/55R18	自主
1381	威马汽车	威马	威马 EX6	纯电	2261	1886	4802	1839	1710	2715	1563	1558	225/55R18	自主
1382	威马汽车	威马	威马 EX6	纯电	2359	1909	4802	1839	1710	2715	1563	1558	225/55R18	自主
1383	潍柴汽车	潍柴	潍柴 U70	1.5T	2020	1541	4806	1870	1713	2800	1580	1582	225/60R17	自主
1384	潍柴汽车	潍柴	潍柴 U70	1.5T	2020	1541	4806	1870	1691	2800	1580	1582	225/60R17	自主
1385	潍柴汽车	潍柴	潍柴 U70	1.5T	2070	1576	4806	1870	1713	2800	1580	1582	225/60R17	自主
1386	潍柴汽车	潍柴	潍柴 U70	1.5T	2070	1576	4806	1870	1691	2800	1580	1582	225/60R17	自主
1387	蔚来汽车	蔚来	蔚来 EC6	纯电	2750	2250	4850	1965	1731	2900	1668	1672	255/55R19	自主
1388	蔚来汽车	蔚来	蔚来 ES6	纯电	2780	2290	4850	1965	1758	2900	1668	1672	255/55R19	自主
1389	蔚来汽车	蔚来	蔚来 EC6	纯电	2799	2299	4850	1965	1714	2900	1668	1672	255/55R19	自主
1390	蔚来汽车	蔚来	蔚来 ES6	纯电	2820	2345	4850	1965	1731	2900	1668	1672	255/55R19	自主

序号	制造商	品牌	车型	排量	总质量/kg	整备质量/kg	外廓长度/mm	外廓宽度/mm	外廓高度/mm	轴距/mm	前轮距/mm	后轮距/mm	轮胎规格	派系
1391	蔚来汽车	蔚来	蔚来 ES8	纯电	3099	2425	5022	1962	1756	3010	1668	1672	255/55R19	自主
1392	蔚来汽车	蔚来	蔚来 ES8	纯电	3099	2460	5022	1962	1756	3010	1668	1672	255/55R19	自主
1393	蔚来汽车	蔚来	蔚来 ES8	纯电	3099	2485	5022	1962	1756	3010	1668	1672	255/55R19	自主
1394	沃尔沃亚太	沃尔沃	XC40 T3	1.5T	2120	1635	4425	1863	1652	2702	1601	1626	235/50R19	欧系
1395	沃尔沃亚太	沃尔沃	XC40 T4	2.0T	2220	1738	4425	1863	1652	2702	1601	1626	245/40R21	欧系
1396	沃尔沃亚太	沃尔沃	XC40 T4	2.0T	2220	1742	4425	1863	1652	2702	1601	1626	245/40R21	欧系
1397	沃尔沃亚太	沃尔沃	XC40 T5	2.0T	2220	1751	4425	1863	1652	2702	1601	1626	245/40R21	欧系
1398	沃尔沃亚太	沃尔沃	XC60 T4	2.0T	2370	1801	4688	1902	1658	2865	1653	1657	235/55R19	欧系
1399	沃尔沃亚太	沃尔沃	XC60 T5	2.0T	2430	1878	4688	1902	1658	2865	1653	1657	235/55R19	欧系
1400	沃尔沃亚太	沃尔沃	XC60 T5	2.0T	2430	1879	4688	1902	1658	2865	1653	1657	235/55R19	欧系
1401	沃尔沃亚太	沃尔沃	XC60 T5	2.0T	2430	1894	4688	1902	1658	2865	1653	1657	235/55R19	欧系
1402	沃尔沃亚太	沃尔沃	XC60 T8	2.0T	2660	2153	4688	1902	1658	2865	1653	1657	255/40R21	欧系
1403	沃尔沃亚太	沃尔沃	XC60 T8	2.0T	2660	2186	4688	1902	1658	2865	1653	1657	255/40R21	欧系
1404	小鹏汽车	小鹏	小鹏 G3	纯电	2040	1578	4450	1820	1678	2625	1546	1551	215/55R17	自主
1405	小鹏汽车	小鹏	小鹏 G3	纯电	2040	1578	4450	1820	1610	2625	1546	1551	215/55R17	自主
1406	小鹏汽车	小鹏	小鹏 G3	纯电	2040	1609	4450	1820	1678	2625	1546	1551	215/55R17	自主
1407	小鹏汽车	小鹏	小鹏 G3	纯电	2040	1609	4450	1820	1610	2625	1546	1551	215/55R17	自主
1408	小鹏汽车	小鹏	小鹏 G3	纯电	2040	1637	4450	1820	1678	2625	1546	1551	215/55R17	自主
1409	小鹏汽车	小鹏	小鹏 G3	纯电	2040	1637	4450	1820	1610	2625	1546	1551	215/55R17	自主
1410	一汽大众	大众	探影	1.5L	1700	1235	4194	1760	1601	2651	1526	1504	205/60R16	欧系
1411	一汽大众	大众	探影	1.5L	1700	1275	4194	1760	1601	2651	1526	1504	205/60R16	欧系
1412	一汽大众	捷达	捷达 VS5	1.4T	1790	1310	4419	1841	1616	2630	1572	1544	225/55R17	欧系
1413	一汽大众	大众	探影	1.4T	1740	1310	4194	1760	1601	2651	1526	1504	205/55R17	欧系
1414	一汽大众	大众	探歌	1.4T	1810	1350	4326	1819	1582	2680	1542	1543	215/60R16	欧系
1415	一汽大众	大众	探歌	1.4T	1810	1350	4318	1819	1582	2680	1542	1543	215/60R16	欧系
1416	一汽大众	捷达	捷达 VS5	1.4T	1830	1355	4419	1841	1616	2630	1572	1544	225/55R17	欧系
1417	一汽大众	大众	探歌	1.4T	1850	1385	4326	1819	1582	2680	1542	1543	215/55R17	欧系
1418	一汽大众	大众	探歌	1.4T	1850	1385	4318	1819	1582	2680	1542	1543	215/55R17	欧系
1419	一汽大众	捷达	捷达 VS7	1.4T	1850	1390	4624	1841	1644	2730	1572	1544	225/55R17	欧系
1420	一汽大众	捷达	捷达 VS7	1.4T	1850	1390	4624	1841	1633	2730	1572	1544	225/55R17	欧系
1421	一汽大众	奥迪	奥迪 Q2L	1.4T	1850	1405	4229	1785	1548	2628	1543	1546	215/55R17	欧系
1422	一汽大众	奥迪	奥迪 Q2L	1.4T	1850	1405	4236	1785	1548	2628	1543	1546	215/55R17	欧系
1423	一汽大众	捷达	捷达 VS7	1.4T	1880	1425	4624	1841	1644	2730	1572	1544	225/55R17	欧系
1424	一汽大众	捷达	捷达 VS7	1.4T	1880	1425	4624	1841	1633	2730	1572	1544	225/55R17	欧系
1425	一汽大众	大众	探歌	1.4T	1970	1510	4318	1819	1582	2680	1542	1543	215/55R17	欧系
1426	一汽大众	大众	探岳	1.4T	2060	1545	4589	1860	1660	2731	1576	1566	215/65R17	欧系
1427	一汽大众	奥迪	奥迪 Q3	1.4T	2065	1570	4481	1848	1616	2680	1578	1570	235/55R18	欧系
1428	一汽大众	奥迪	奥迪 Q3	1.4T	2065	1570	4495	1848	1616	2680	1578	1570	235/55R18	欧系
1429	一汽大众	奥迪	奥迪 Q3	1.4T	2065	1575	4518	1843	1573	2680	1578	1570	235/55R18	欧系
1430	一汽大众	大众	探岳	1.4T	2060	1590	4589	1860	1660	2731	1576	1566	215/65R17	欧系
1431	一汽大众	大众	探岳	1.4T	2060	1590	4590	1860	1660	2731	1576	1566	215/65R17	欧系
1432	一汽大众	奥迪	奥迪 Q2L	纯电	2090	1610	4237	1785	1548	2628	1543	1546	215/55R17	欧系
1433	一汽大众	奥迪	奥迪 Q3	2.0T	2110	1625	4481	1848	1616	2680	1578	1570	235/55R18	欧系
1434	一汽大众	奥迪	奥迪 Q3	2.0T	2110	1625	4495	1848	1616	2680	1578	1570	235/55R18	欧系
1435	一汽大众	奥迪	奥迪 Q3	2.0T	2115	1635	4518	1843	1573	2680	1578	1570	235/50R19	欧系
1436	一汽大众	大众	探岳	2.0T	2120	1645	4589	1860	1660	2731	1576	1566	215/65R17	欧系
1437	一汽大众	大众	探岳	2.0T	2120	1645	4590	1860	1660	2731	1576	1566	215/65R17	欧系
1438	一汽大众	大众	探岳	2.0T	2120	1645	4595	1860	1660	2731	1576	1566	215/65R17	欧系
1439	一汽大众	大众	探岳 X	2.0T	2150	1675	4626	1860	1662	2730	1576	1565	235/50R19	欧系
1440	一汽大众	奥迪	奥迪 Q3	2.0T	2205	1725	4518	1843	1573	2680	1578	1570	235/50R19	欧系
1441	一汽大众	奥迪	奥迪 Q3	2.0T	2210	1725	4495	1848	1616	2680	1578	1570	235/55R18	欧系
1442	一汽大众	大众	探岳	2.0T	2210	1730	4589	1860	1660	2731	1576	1566	215/65R17	欧系
1443	一汽大众	奥迪	奥迪 Q3	2.0T	2220	1735	4495	1848	1616	2680	1578	1570	235/55R18	欧系
1444	一汽大众	大众	探岳	2.0T	2225	1750	4590	1860	1660	2731	1576	1566	235/55R18	欧系
1445	一汽大众	大众	探岳	2.0T	2225	1750	4589	1860	1660	2731	1576	1566	235/55R18	欧系
1446	一汽大众	大众	探岳	2.0T	2225	1750	4595	1860	1660	2731	1576	1566	235/55R18	欧系
1447	一汽大众	大众	探岳	2.0T	2225	1750	4589	1860	1660	2731	1576	1566	215/65R17	欧系
1448	一汽大众	大众	探岳	2.0T	2225	1750	4590	1860	1660	2731	1576	1566	215/65R17	欧系

序号	制造商	品牌	车型	排量	总质量/kg	整备质量/kg	外廓长度/mm	外廓宽度/mm	外廓高度/mm	轴距/mm	前轮距/mm	后轮距/mm	轮胎规格	派系
1449	一汽大众	大众	探岳	2.0T	2225	1750	4595	1860	1660	2731	1576	1566	215/65R17	欧系
1450	一汽大众	大众	探岳 X	2.0T	2230	1755	4626	1860	1662	2730	1576	1565	235/50R19	欧系
1451	一汽大众	大众	探岳	1.4T	2290	1835	4603	1860	1658	2730	1576	1565	235/55R18	欧系
1452	一汽大众	奥迪	奥迪 Q5L	2.0T	2325	1855	4753	1893	1659	2908	1616	1610	235/60R18	欧系
1453	一汽大众	奥迪	奥迪 Q5L	2.0T	2325	1855	4765	1893	1659	2908	1616	1610	235/60R18	欧系
1454	一汽大众	奥迪	奥迪 Q5L	2.0T	2340	1875	4765	1893	1659	2908	1616	1610	235/60R18	欧系
1455	一汽大众	奥迪	奥迪 Q5L	2.0T	2325	1875	4753	1893	1659	2908	1616	1610	235/60R18	欧系
1456	一汽大众	奥迪	奥迪 Q5L	2.0T	2325	1875	4765	1893	1659	2908	1616	1610	235/60R18	欧系
1457	一汽大众	奥迪	奥迪 Q5L	2.0T	2325	1875	4753	1893	1659	2908	1616	1610	235/55R19	欧系
1458	一汽大众	奥迪	奥迪 Q5L	2.0T	2325	1875	4765	1893	1659	2908	1616	1610	235/55R19	欧系
1459	一汽大众	奥迪	奥迪 Q5L	2.0T	2360	1895	4753	1893	1659	2908	1616	1610	235/60R18	欧系
1460	一汽大众	奥迪	奥迪 Q5L	2.0T	2360	1895	4765	1893	1659	2908	1616	1610	235/60R18	欧系
1461	一汽大众	奥迪	奥迪 Q5L	2.0T	2340	1920	4753	1893	1659	2908	1616	1610	235/60R18	欧系
1462	一汽大众	奥迪	奥迪 Q5L	2.0T	2340	1920	4765	1893	1659	2908	1616	1610	235/60R18	欧系
1463	一汽丰田	丰田	奕泽	2.0L	1960	1490	4405	1795	1565	2640	1550	1550	215/60R17	日系
1464	一汽丰田	丰田	奕泽	2.0L	1960	1505	4455	1845	1565	2640	1550	1550	215/60R17	日系
1465	一汽丰田	丰田	奕泽	2.0L	1960	1505	4405	1795	1565	2640	1550	1550	215/60R17	日系
1466	一汽丰田	丰田	奕泽	2.0L	1960	1510	4405	1795	1565	2640	1550	1550	215/60R17	日系
1467	一汽丰田	丰田	丰田 RAV4	2.0L	2115	1540	4600	1855	1680	2690	1607	1621	225/65R17	日系
1468	一汽丰田	丰田	丰田 RAV4	2.0L	2115	1565	4600	1855	1680	2690	1607	1621	225/60R18	日系
1469	一汽丰田	丰田	丰田 RAV4	2.0L	2115	1610	4600	1855	1680	2690	1597	1611	235/55R19	日系
1470	一汽丰田	丰田	丰田 RAV4	2.0L	2195	1625	4600	1855	1680	2690	1607	1621	225/60R18	日系
1471	一汽丰田	丰田	丰田 RAV4	2.5L	2195	1670	4600	1855	1680	2690	1607	1621	225/65R17	日系
1472	一汽丰田	丰田	丰田 RAV4	2.0L	2195	1685	4600	1855	1680	2690	1597	1611	235/55R19	日系
1473	一汽丰田	丰田	丰田 RAV4	2.5L	2230	1735	4600	1855	1680	2690	1607	1621	225/60R18	日系
1474	一汽丰田	丰田	丰田 RAV4	2.5L	2230	1760	4600	1855	1680	2690	1607	1621	225/60R18	日系
1475	一汽丰田	丰田	奕泽	纯电	2220	1780	4405	1795	1575	2640	1550	1550	215/60R17	日系
1476	一汽丰田	丰田	普拉多	3.5L	2950	2285	4840	1885	1890	2790	1585	1585	265/60R18	日系
1477	一汽丰田	丰田	普拉多	3.5L	2950	2285	5010	1885	1890	2790	1585	1585	265/60R18	日系
1478	一汽丰田	丰田	普拉多	3.5L	2950	2305	4840	1885	1890	2790	1585	1585	265/60R18	日系
1479	一汽丰田	丰田	普拉多	3.5L	2950	2305	5010	1885	1890	2790	1585	1585	265/60R18	日系
1480	一汽丰田	丰田	普拉多	3.5L	2950	2305	4840	1885	1880	2790	1585	1585	265/60R18	日系
1481	一汽丰田	丰田	普拉多	3.5L	2950	2305	5010	1885	1880	2790	1585	1585	265/60R18	日系
1482	一汽吉林	森雅	森雅 R7	1.6L	1665	1290	4305	1780	1655	2600	1535	1535	215/55R17	自主
1483	一汽吉林	森雅	森雅 R7	1.6L	1694	1319	4305	1780	1655	2600	1535	1535	215/55R17	自主
1484	一汽吉林	森雅	森雅 R7	1.6L	1715	1340	4305	1780	1655	2600	1535	1535	215/55R17	自主
1485	一汽吉林	森雅	森雅 R7	1.6L	1729	1354	4344	1773	1674	2600	1535	1535	215/55R17	自主
1486	一汽吉林	森雅	森雅 R7	1.6L	1729	1354	4305	1780	1655	2600	1535	1535	215/55R17	自主
1487	一汽吉林	森雅	森雅 R9	1.2T	1879	1429	4505	1835	1675	2700	1560	1550	215/60R17	自主
1488	一汽吉林	森雅	森雅 R9	1.2T	1879	1429	4505	1835	1675	2700	1560	1550	215/60R17	自主
1489	一汽吉林	森雅	森雅 R9	1.2T	1855	1480	4505	1835	1675	2700	1560	1550	215/60R17	自主
1490	一汽轿车	奔腾	奔腾 X40	1.6L	1665	1290	4310	1780	1680	2600	1535	1535	215/55R17	自主
1491	一汽轿车	奔腾	奔腾 T33	1.6L	1690	1315	4330	1780	1680	2600	1542	1542	215/55R17	自主
1492	一汽轿车	奔腾	奔腾 X40	1.6L	1700	1325	4310	1780	1680	2600	1535	1535	215/55R17	自主
1493	一汽轿车	奔腾	奔腾 T33	1.2T	1715	1340	4330	1780	1680	2600	1535	1535	215/55R17	自主
1494	一汽轿车	奔腾	奔腾 T33	1.6L	1720	1345	4330	1780	1680	2600	1542	1542	215/55R17	自主
1495	一汽轿车	奔腾	奔腾 T33	1.2T	1740	1365	4330	1780	1680	2600	1535	1535	215/55R17	自主
1496	一汽轿车	奔腾	奔腾 T77	1.2T	1830	1455	4525	1845	1615	2700	1575	1565	215/60R17	自主
1497	一汽轿车	奔腾	奔腾 T77	1.5T	1843	1468	4525	1845	1615	2700	1575	1565	215/55R18	自主
1498	一汽轿车	奔腾	奔腾 T77	1.2T	1860	1485	4525	1845	1615	2700	1575	1565	215/60R17	自主
1499	一汽轿车	马自达	马自达 CX-4	2.0L	1968	1493	4637	1855	1524	2700	1586	1584	225/65R17	日系
1500	一汽轿车	奔腾	奔腾 X80	2.0L	1990	1500	4620	1820	1695	2675	1580	1580	215/60R17	自主
1501	一汽轿车	奔腾	奔腾 T77	1.2T	1880	1505	4525	1845	1615	2700	1575	1565	215/60R17	自主
1502	一汽轿车	奔腾	奔腾 T77	1.5T	1890	1515	4525	1845	1615	2700	1575	1565	215/55R18	自主
1503	一汽轿车	马自达	马自达 CX-4	2.5L	1987	1530	4637	1855	1531	2700	1587	1584	225/55R19	日系
1504	一汽轿车	奔腾	奔腾 X80	2.0L	2035	1545	4620	1820	1695	2675	1580	1580	215/60R17	自主
1505	一汽轿车	马自达	马自达 CX-4	2.5L	2071	1610	4637	1855	1531	2700	1587	1584	225/55R19	日系
1506	一汽轿车	马自达	马自达 CX-4	2.5L	2087	1622	4637	1855	1531	2700	1587	1584	225/55R19	日系

序号	制造商	品牌	车型	排量	总质量/kg	整备质量/kg	外廓长度/mm	外廓宽度/mm	外廓高度/mm	轴距/mm	前轮距/mm	后轮距/mm	轮胎规格	派系
1507	一汽轿车	红旗	红旗 E-HS3	纯电	2122	1742	4490	1874	1613	2750	1585	1585	235/50R18	自主
1508	一汽轿车	红旗	红旗 E-HS3	纯电	2122	1742	4550	1874	1599	2750	1585	1585	235/50R18	自主
1509	一汽轿车	红旗	红旗 E-HS3	纯电	2122	1742	4490	1874	1599	2750	1585	1585	235/50R18	自主
1510	一汽轿车	红旗	红旗 E-HS3	纯电	2132	1752	4490	1874	1613	2750	1585	1585	235/50R18	自主
1511	一汽轿车	红旗	红旗 E-HS3	纯电	2132	1752	4550	1874	1599	2750	1585	1585	235/50R18	自主
1512	一汽轿车	红旗	红旗 HS5	2.0T	2205	1755	4760	1907	1700	2870	1630	1630	235/60R18	自主
1513	一汽轿车	奔腾	奔腾 T99	2.0T	2225	1775	4800	1915	1695	2870	1640	1640	245/50R20	自主
1514	一汽轿车	奔腾	奔腾 T99	2.0T	2225	1775	4800	1915	1685	2870	1640	1640	245/50R20	自主
1515	一汽轿车	红旗	红旗 HS5	2.0T	2255	1805	4760	1907	1700	2870	1630	1630	255/45R20	自主
1516	一汽轿车	奔腾	奔腾 E01	纯电	2230	1810	4639	1880	1640	2810	1615	1615	225/65R17	自主
1517	一汽轿车	红旗	红旗 E-HS3	纯电	2270	1890	4490	1874	1613	2750	1585	1585	245/45R19	自主
1518	一汽轿车	红旗	红旗 HS7	2.0T	2665	2140	5035	1989	1778	3008	1690	1690	255/50R19	自主
1519	一汽轿车	红旗	红旗 HS7	2.0T	2720	2175	5035	1989	1778	3008	1690	1690	255/50R19	自主
1520	一汽轿车	红旗	红旗 HS7	3.0T	2845	2320	5035	1989	1778	3008	1690	1690	255/50R19	自主
1521	一汽轿车	红旗	红旗 HS7	3.0T	2845	2320	5035	1989	1756	3008	1690	1690	255/50R19	自主
1522	一汽轿车	红旗	红旗 HS7	3.0T	2900	2355	5035	1989	1778	3008	1690	1690	255/50R19	自主
1523	一汽轿车	红旗	红旗 HS7	3.0T	2900	2355	5035	1989	1756	3008	1690	1690	255/50R19	自主
1524	云度汽车	云度	云度 π1	纯电	1755	1380	4010	1729	1621	2460	1465	1448	205/60R16	自主
1525	云度汽车	云度	云度 π3	纯电	1815	1440	4340	1765	1610	2602	1475	1458	215/50R17	自主
1526	长安标致雪铁龙	谛艾仕	DS7	1.6T	2010	1580	4603	1891	1626	2740	1621	1598	235/50R19	欧系
1527	长安标致雪铁龙	谛艾仕	DS7	1.6T	2010	1580	4603	1891	1626	2740	1621	1598	215/65R17	欧系
1528	长安标致雪铁龙	谛艾仕	DS7	1.6T	2030	1595	4603	1891	1626	2740	1621	1598	235/50R19	欧系
1529	长安标致雪铁龙	谛艾仕	DS7	1.6T	2030	1595	4603	1891	1626	2740	1621	1598	215/65R17	欧系
1530	长安福特	福特	翼搏	1.5L	1657	1247	4345	1785	1647	2530	1555	1560	205/60R16	美系
1531	长安福特	福特	翼搏	1.5L	1694	1300	4345	1785	1659	2530	1555	1560	205/60R16	美系
1532	长安福特	福特	翼搏	1.5L	1694	1300	4345	1785	1647	2530	1555	1560	205/60R16	美系
1533	长安福特	福特	福克斯 Active	1.5T	1820	1410	4397	1848	1504	2705	1582	1575	215/50R18	美系
1534	长安福特	福特	福克斯 Active	1.5T	1832	1422	4397	1848	1504	2705	1582	1575	215/50R18	美系
1535	长安福特	福特	锐际	2.0T	1995	1585	4585	1882	1688	2710	1597	1588	225/60R18	美系
1536	长安福特	福特	翼虎	1.5T	2023	1613	4524	1838	1701	2690	1563	1565	235/50R18	美系
1537	长安福特	福特	翼虎	1.5T	2023	1613	4524	1838	1685	2690	1563	1565	235/50R18	美系
1538	长安福特	福特	锐际	2.0T	2040	1630	4585	1882	1688	2710	1597	1588	225/65R17	美系
1539	长安福特	福特	锐际	2.0T	2069	1659	4585	1882	1688	2710	1597	1588	225/65R17	美系
1540	长安福特	林肯	冒险家	2.0T	2079	1669	4615	1887	1630	2711	1622	1642	225/60R18	美系
1541	长安福特	福特	锐际	2.0T	2095	1685	4585	1882	1688	2710	1597	1588	225/55R19	美系
1542	长安福特	福特	翼虎	2.0T	2156	1740	4524	1838	1701	2690	1563	1565	235/55R17	美系
1543	长安福特	福特	锐际 HEV	1.5T	2172	1762	4626	1882	1688	2710	1597	1588	225/55R19	美系
1544	长安福特	林肯	冒险家	2.0T	2185	1775	4615	1887	1630	2711	1622	1642	225/60R18	美系
1545	长安福特	福特	锐界	2.0T	2220	1845	4878	1925	1734	2850	1648	1648	245/60R18	美系
1546	长安福特	福特	锐界	2.0T	2514	1850	4878	1925	1734	2850	1648	1648	245/60R18	美系
1547	长安福特	福特	锐界	2.0T	2260	1850	4878	1925	1734	2850	1648	1648	245/60R18	美系
1548	长安福特	福特	锐界	2.0T	2514	1916	4878	1925	1734	2850	1648	1648	245/55R19	美系
1549	长安福特	福特	锐界	2.0T	2315	1916	4878	1925	1734	2850	1648	1648	245/55R19	美系
1550	长安福特	福特	锐界	2.0T	2450	1925	4878	1925	1770	2850	1648	1648	245/55R19	美系
1551	长安福特	福特	锐界	2.0T	2450	1925	4878	1925	1734	2850	1648	1648	245/55R19	美系
1552	长安福特	福特	锐界	2.0T	2520	1933	4878	1925	1770	2850	1648	1648	245/50R20	美系
1553	长安福特	福特	锐界	2.0T	2343	1933	4878	1925	1770	2850	1648	1648	245/55R19	美系
1554	长安福特	福特	锐界	2.0T	2514	1954	4878	1925	1734	2850	1648	1648	245/55R19	美系
1555	长安福特	福特	锐界	2.0T	2520	1970	4878	1925	1770	2850	1648	1648	245/50R20	美系
1556	长安福特	福特	探险者	2.3T	2505	1972	5075	2004	1778	3025	1703	1705	255/55R20	美系
1557	长安福特	福特	探险者	2.3T	2505	1972	5075	2020	1778	3025	1703	1705	255/55R20	美系
1558	长安福特	福特	探险者	2.3T	2557	1997	5075	2004	1778	3025	1703	1705	255/55R20	美系
1559	长安福特	福特	探险者	2.3T	2557	1997	5075	2020	1778	3025	1703	1705	255/55R20	美系
1560	长安福特	福特	锐界	2.0T	2589	2029	4878	1925	1734	2850	1648	1648	245/55R19	美系
1561	长安福特	福特	锐界	2.0T	2589	2029	4878	1925	1770	2850	1648	1648	245/55R19	美系
1562	长安福特	福特	锐界	2.0T	2555	2030	4878	1925	1770	2850	1648	1648	245/50R20	美系
1563	长安福特	福特	探险者	2.3T	2541	2056	5075	2004	1778	3025	1703	1705	255/55R20	美系
1564	长安福特	福特	探险者	2.3T	2541	2056	5075	2020	1778	3025	1703	1705	255/55R20	美系

序号	制造商	品牌	车型	排量	总质量/kg	整备质量/kg	外廓长度/mm	外廓宽度/mm	外廓高度/mm	轴距/mm	前轮距/mm	后轮距/mm	轮胎规格	派系
1565	长安福特	福特	锐界	2.0T	2617	2057	4878	1925	1770	2850	1648	1648	245/55R19	美系
1566	长安福特	福特	锐界	2.0T	2617	2057	4878	1925	1770	2850	1648	1648	245/55R19	美系
1567	长安福特	福特	探险者	2.3T	2563	2078	5075	2004	1778	3025	1703	1705	275/45R21	美系
1568	长安福特	福特	探险者	2.3T	2563	2078	5075	2020	1778	3025	1703	1705	275/45R21	美系
1569	长安福特	福特	探险者	2.3T	2642	2082	5075	2004	1778	3025	1703	1705	255/55R20	美系
1570	长安福特	福特	探险者	2.3T	2642	2082	5075	2020	1778	3025	1703	1705	255/55R20	美系
1571	长安福特	福特	锐界	2.0T	2658	2098	4878	1925	1770	2850	1648	1648	245/55R19	美系
1572	长安福特	福特	探险者	2.3T	2664	2104	5075	2004	1778	3025	1703	1705	275/45R21	美系
1573	长安福特	福特	探险者	2.3T	2664	2104	5075	2020	1778	3025	1703	1705	275/45R21	美系
1574	长安福特	福特	锐界	2.7T	2735	2188	4878	1925	1770	2850	1648	1648	245/50R20	美系
1575	长安福特	福特	飞行家	3.0T	2772	2212	5080	2022	1759	3025	1708	1716	255/60R19	美系
1576	长安福特	福特	飞行家	3.0T	2772	2212	5080	2026	1759	3025	1708	1716	255/60R19	美系
1577	长安福特	福特	飞行家	3.0T	2767	2282	5080	2022	1759	3025	1708	1716	255/60R19	美系
1578	长安福特	福特	飞行家	3.0T	2767	2282	5080	2026	1759	3025	1708	1716	255/60R19	美系
1579	长安福特	福特	飞行家	3.0T	2857	2302	5080	2022	1759	3025	1708	1716	255/60R19	美系
1580	长安福特	福特	飞行家	3.0T	2857	2302	5080	2026	1759	3025	1708	1716	255/60R19	美系
1581	长安福特	福特	飞行家	3.0T	2839	2354	5080	2022	1759	3025	1708	1716	275/45R21	美系
1582	长安福特	福特	飞行家	3.0T	2839	2354	5080	2026	1759	3025	1708	1716	275/45R21	美系
1583	长安福特	福特	飞行家	3.0T	2929	2374	5080	2022	1759	3025	1708	1716	275/45R21	美系
1584	长安福特	福特	飞行家	3.0T	2929	2374	5080	2026	1759	3025	1708	1716	275/45R21	美系
1585	长安铃木	铃木	维特拉	1.6L	1495	1120	4175	1775	1610	2500	1535	1505	215/60R16	日系
1586	长安铃木	铃木	维特拉	1.4T	1555	1180	4175	1775	1610	2500	1535	1505	215/55R17	日系
1587	长安铃木	铃木	锋驭	1.6L	1565	1190	4300	1765	1585	2600	1535	1505	205/60R16	日系
1588	长安铃木	铃木	锋驭	1.6L	1575	1200	4300	1765	1585	2600	1535	1505	205/60R16	日系
1589	长安铃木	铃木	维特拉	1.4T	1635	1260	4175	1775	1610	2500	1535	1505	215/55R17	日系
1590	长安马自达	马自达	马自达 CX-30	2.0L	1826	1372	4395	1797	1545	2653	1564	1563	215/65R16	日系
1591	长安马自达	马自达	马自达 CX-30	2.0L	1849	1395	4395	1797	1545	2653	1564	1563	215/65R16	日系
1592	长安马自达	马自达	马自达 CX-30	2.0L	1896	1442	4395	1797	1545	2653	1564	1563	215/65R16	日系
1593	长安马自达	马自达	马自达 CX-5	2.0L	2015	1518	4555	1842	1685	2700	1596	1596	225/65R17	日系
1594	长安马自达	马自达	马自达 CX-30	2.0L	1972	1518	4395	1797	1545	2653	1564	1563	215/55R18	日系
1595	长安马自达	马自达	马自达 CX-5	2.0L	2015	1545	4555	1842	1685	2700	1596	1596	225/65R17	日系
1596	长安马自达	马自达	马自达 CX-5	2.0L	2015	1558	4555	1842	1685	2700	1596	1596	225/65R17	日系
1597	长安马自达	马自达	马自达 CX-5	2.5L	2070	1593	4555	1842	1685	2700	1596	1596	225/55R19	日系
1598	长安马自达	马自达	马自达 CX-5	2.5L	2143	1677	4555	1842	1685	2700	1596	1596	225/55R19	日系
1599	长安马自达	马自达	马自达 CX-8	2.5L	2395	1749	4955	1842	1733	2930	1596	1599	225/65R17	日系
1600	长安马自达	马自达	马自达 CX-8	2.5L	2395	1749	4955	1842	1733	2930	1596	1599	225/55R19	日系
1601	长安马自达	马自达	马自达 CX-8	2.5L	2395	1807	4955	1842	1733	2930	1596	1599	225/65R17	日系
1602	长安马自达	马自达	马自达 CX-8	2.5L	2395	1807	4955	1842	1733	2930	1596	1599	225/55R19	日系
1603	长安马自达	马自达	马自达 CX-8	2.5L	2475	1875	4955	1842	1733	2930	1596	1599	225/55R19	日系
1604	长安汽车	长安	CS15	1.5L	1585	1210	4135	1740	1630	2520	1470	1470	205/50R17	自主
1605	长安汽车	长安	CS15	1.5L	1585	1210	4135	1740	1610	2520	1470	1470	205/50R17	自主
1606	长安汽车	长安	CS35 mini	1.5L	1610	1235	4135	1740	1630	2520	1470	1470	205/50R17	自主
1607	长安汽车	长安	CS35 mini	1.5L	1610	1235	4135	1740	1610	2520	1470	1470	205/50R17	自主
1608	长安汽车	长安	科赛 5	1.6L	1645	1270	4170	1810	1670	2560	1560	1560	215/50R17	自主
1609	长安汽车	长安	科赛 5	1.6L	1645	1270	4180	1810	1670	2560	1560	1560	215/50R17	自主
1610	长安汽车	长安	科赛 5	1.6L	1645	1270	4170	1810	1635	2560	1560	1560	215/50R17	自主
1611	长安汽车	长安	科赛 5	1.6L	1645	1270	4180	1810	1635	2560	1560	1560	215/50R17	自主
1612	长安汽车	长安	科赛 5	1.6L	1645	1270	4170	1810	1635	2560	1560	1560	205/60R16	自主
1613	长安汽车	长安	欧尚 X5	1.6L	1665	1290	4490	1860	1590	2710	1580	1595	215/60R17	自主
1614	长安汽车	长安	科赛 5	1.6L	1680	1305	4180	1810	1670	2560	1560	1560	205/60R16	自主
1615	长安汽车	长安	科赛 5	1.6L	1680	1305	4180	1810	1635	2560	1560	1560	205/60R16	自主
1616	长安汽车	长安	欧尚 X70A	1.5L	1930	1330	4620	1770	1840	2750	1465	1485	205/65R16	自主
1617	长安汽车	长安	CS35 LUS	1.6L	1765	1340	4335	1825	1660	2600	1570	1570	215/60R16	自主
1618	长安汽车	长安	CS35 LUS	1.6L	1725	1350	4335	1825	1660	2600	1570	1570	225/45R18	自主
1619	长安汽车	长安	CS35 LUS	1.6L	1725	1350	4335	1825	1660	2600	1570	1570	215/60R16	自主
1620	长安汽车	长安	欧尚 X5	1.5T	1730	1355	4490	1860	1590	2710	1580	1595	225/50R18	自主
1621	长安汽车	长安	欧尚 X70A	1.5L	1935	1370	4620	1770	1840	2750	1465	1485	205/65R16	自主
1622	长安汽车	长安	CS35 LUS	1.4T	1810	1380	4335	1825	1660	2600	1570	1570	225/45R18	自主

序号	制造商	品牌	车型	排量	总质量 /kg	整备质量 /kg	外廓长度 /mm	外廓宽度 /mm	外廓高度 /mm	轴距 /mm	前轮距 /mm	后轮距 /mm	轮胎规格	派系
1623	长安汽车	长安	CS35 LUS	1.6L	1765	1390	4335	1825	1660	2600	1570	1570	225/45R18	自主
1624	长安汽车	长安	CS35 LUS	1.6L	1765	1390	4335	1825	1660	2600	1570	1570	215/60R16	自主
1625	长安汽车	长安	欧尚 X70A	1.5L	1935	1410	4620	1770	1840	2750	1465	1485	205/65R16	自主
1626	长安汽车	长安	欧尚 X70A	1.5L	2010	1410	4620	1770	1840	2750	1465	1485	205/65R16	自主
1627	长安汽车	长安	CS55 LUS	1.5T	1820	1431	4500	1860	1690	2650	1595	1600	225/55R18	自主
1628	长安汽车	长安	CS55	1.5T	1820	1431	4500	1860	1690	2650	1595	1600	225/55R18	自主
1629	长安汽车	长安	CS35 LUS	1.4T	1810	1435	4335	1825	1660	2600	1570	1570	225/45R18	自主
1630	长安汽车	长安	CS55 LUS	1.5T	1820	1445	4500	1860	1690	2650	1595	1600	225/55R18	自主
1631	长安汽车	长安	CS55 LUS	1.5T	1855	1455	4500	1860	1690	2650	1595	1600	225/55R18	自主
1632	长安汽车	长安	CS55	1.5T	1835	1460	4500	1860	1690	2650	1595	1600	225/55R18	自主
1633	长安汽车	长安	CS55 LUS	1.5T	1835	1460	4500	1860	1690	2650	1595	1600	225/55R18	自主
1634	长安汽车	长安	UNI-T	1.5T	1840	1465	4515	1870	1565	2710	1600	1610	245/45R20	自主
1635	长安汽车	长安	CS55 LUS	1.5T	1880	1480	4500	1860	1690	2650	1595	1600	225/55R18	自主
1636	长安汽车	长安	CS55 LUS	1.5T	1855	1480	4500	1860	1690	2650	1595	1600	225/55R18	自主
1637	长安汽车	长安	CS55	1.5T	1865	1490	4500	1855	1690	2650	1590	1595	225/55R18	自主
1638	长安汽车	长安	CS55	1.5T	1865	1490	4500	1855	1690	2650	1590	1595	225/60R17	自主
1639	长安汽车	长安	CS55 LUS	1.5T	1880	1505	4500	1860	1690	2650	1595	1600	225/55R18	自主
1640	长安汽车	长安	CS55	1.5T	1895	1520	4500	1855	1690	2650	1590	1595	225/60R17	自主
1641	长安汽车	长安	CS55	1.5T	1895	1520	4500	1855	1690	2650	1590	1595	225/55R18	自主
1642	长安汽车	长安	CS55	1.5T	1895	1520	4500	1860	1690	2650	1595	1600	225/55R18	自主
1643	长安汽车	长安	欧尚 X7	1.5T	1895	1520	4705	1860	1720	2780	1582	1582	225/60R17	自主
1644	长安汽车	长安	CS15	纯电	1905	1530	4135	1740	1630	2520	1470	1470	205/55R16	自主
1645	长安汽车	长安	欧尚 X7	1.5T	1965	1545	4705	1860	1720	2780	1582	1582	225/60R17	自主
1646	长安汽车	长安	CS75 LUS	1.5T	1955	1580	4670	1865	1710	2710	1585	1585	225/55R19	自主
1647	长安汽车	长安	CS75 LUS	1.5T	1955	1580	4670	1865	1700	2710	1585	1585	225/55R19	自主
1648	长安汽车	长安	CS75 LUS	1.5T	2000	1585	4690	1865	1700	2710	1585	1585	225/55R19	自主
1649	长安汽车	长安	欧尚 X7	1.5T	1965	1590	4705	1860	1720	2780	1582	1582	225/60R17	自主
1650	长安汽车	长安	CS75	1.5T	1975	1600	4650	1850	1715	2700	1565	1565	225/60R18	自主
1651	长安汽车	长安	CS75	1.5T	1975	1600	4650	1850	1705	2700	1565	1565	225/60R18	自主
1652	长安汽车	长安	CS75	1.5T	1975	1600	4650	1850	1695	2700	1565	1565	225/60R18	自主
1653	长安汽车	长安	CS75	1.5T	1985	1610	4650	1850	1715	2700	1565	1565	225/60R18	自主
1654	长安汽车	长安	CS75	1.5T	1985	1610	4650	1850	1705	2700	1565	1565	225/60R18	自主
1655	长安汽车	长安	CS75	1.5T	2000	1625	4650	1850	1705	2700	1565	1565	225/55R19	自主
1656	长安汽车	长安	CS75 LUS	1.5T	2000	1625	4670	1865	1710	2710	1585	1585	225/55R19	自主
1657	长安汽车	长安	CS75 LUS	1.5T	2000	1625	4690	1865	1710	2710	1585	1585	225/55R19	自主
1658	长安汽车	长安	CS75 LUS	1.5T	2000	1625	4670	1865	1700	2710	1585	1585	225/55R19	自主
1659	长安汽车	长安	CS85	1.5T	2010	1635	4720	1845	1665	2705	1565	1565	225/60R18	自主
1660	长安汽车	长安	CS75	1.5T	2025	1650	4650	1850	1705	2700	1565	1565	225/65R17	自主
1661	长安汽车	长安	CS75	1.5T	2025	1650	4650	1850	1705	2700	1565	1565	225/55R19	自主
1662	长安汽车	长安	CS55 LUS	纯电	2035	1660	4515	1860	1690	2650	1595	1600	225/55R18	自主
1663	长安汽车	长安	欧尚 COS1	1.5T	2223	1665	4830	1868	1750	2800	1600	1600	225/65R17	自主
1664	长安汽车	长安	欧尚 COS1	1.5T	2223	1665	4880	1868	1750	2800	1600	1600	225/65R17	自主
1665	长安汽车	长安	CS85	2.0T	2105	1665	4720	1845	1665	2705	1565	1565	225/60R18	自主
1666	长安汽车	长安	CS75 LUS	2.0T	2100	1670	4700	1865	1710	2710	1585	1585	225/55R19	自主
1667	长安汽车	长安	欧尚 COS1	1.5T	2270	1675	4830	1868	1750	2800	1600	1600	225/65R17	自主
1668	长安汽车	长安	欧尚 COS1	1.5T	2270	1675	4880	1868	1750	2800	1600	1600	225/65R17	自主
1669	长安汽车	长安	欧尚 COS1	1.5T	2223	1698	4830	1868	1775	2800	1600	1600	225/65R17	自主
1670	长安汽车	长安	欧尚 COS1	1.5T	2223	1698	4880	1868	1775	2800	1600	1600	225/65R17	自主
1671	长安汽车	长安	CS75 LUS	2.0T	2100	1725	4700	1865	1710	2710	1585	1585	225/55R19	自主
1672	长安汽车	长安	CS85	2.0T	2105	1730	4720	1845	1665	2705	1565	1565	225/60R18	自主
1673	长安汽车	长安	欧尚 COS1	1.5T	2270	1745	4830	1868	1775	2800	1600	1600	225/65R17	自主
1674	长安汽车	长安	欧尚 COS1	1.5T	2270	1745	4880	1868	1775	2800	1600	1600	225/65R17	自主
1675	长安汽车	长安	科赛 GT	2.0T	2390	1795	4880	1868	1775	2800	1600	1610	225/65R17	自主
1676	长安汽车	长安	欧尚 X7	纯电	2255	1800	4705	1860	1720	2780	1582	1582	225/55R18	自主
1677	长安汽车	长安	欧尚 X7	纯电	2255	1855	4705	1860	1720	2780	1582	1582	225/55R18	自主
1678	长安汽车	长安	科赛 GT	2.0T	2390	1865	4880	1868	1775	2800	1600	1610	225/65R17	自主
1679	长安汽车	长安	CS55 LUS	纯电	2295	1880	4515	1860	1690	2650	1595	1600	225/55R18	自主
1680	长安汽车	长安	CS55 LUS	纯电	2295	1920	4515	1860	1690	2650	1595	1600	225/55R18	自主

序号	制造商	品牌	车型	排量	总质量/kg	整备质量/kg	外廓长度/mm	外廓宽度/mm	外廓高度/mm	轴距/mm	前轮距/mm	后轮距/mm	轮胎规格	派系
1681	长安汽车	长安	CS95	2.0T	2532	2007	4949	1930	1790	2810	1625	1625	245/55R19	自主
1682	长安汽车	长安	CS75	1.5T	2445	2020	4650	1850	1705	2700	1565	1565	225/55R19	自主
1683	长安汽车	长安	CS95	2.0T	2642	2117	4949	1930	1790	2810	1625	1625	245/55R19	自主
1684	长城汽车	哈弗	哈弗 H2	1.5T	1815	1450	4335	1814	1710	2560	1525	1520	235/55R18	自主
1685	长城汽车	哈弗	哈弗 H2	1.5T	1815	1450	4365	1814	1710	2560	1525	1520	235/55R18	自主
1686	长城汽车	哈弗	哈弗 H2	1.5T	1845	1470	4335	1814	1710	2560	1525	1520	235/55R18	自主
1687	长城汽车	哈弗	哈弗 H2	1.5T	1845	1470	4365	1814	1710	2560	1525	1520	235/55R18	自主
1688	长城汽车	哈弗	哈弗 H2	1.5T	1845	1470	4335	1814	1710	2560	1525	1520	235/55R18	自主
1689	长城汽车	哈弗	哈弗 H2	1.5T	1845	1470	4365	1814	1710	2560	1525	1520	235/55R18	自主
1690	长城汽车	欧拉	欧拉 iQ	纯电	1850	1475	4460	1735	1567	2650	1480	1470	205/50R17	自主
1691	长城汽车	哈弗	哈弗 H4	1.5T	1895	1485	4410	1845	1695	2660	1568	1565	225/60R18	自主
1692	长城汽车	哈弗	哈弗 H6 Coue	1.5T	1915	1500	4590	1845	1700	2720	1565	1565	225/65R17	自主
1693	长城汽车	哈弗	哈弗 H6	1.5T	1875	1500	4681	1827	1710	2680	1565	1565	225/65R17	自主
1694	长城汽车	哈弗	哈弗 H6	1.5T	1875	1500	4649	1852	1710	2680	1565	1565	225/65R17	自主
1695	长城汽车	哈弗	哈弗 M6	1.5T	1875	1500	4649	1830	1705	2680	1565	1565	225/65R17	自主
1696	长城汽车	哈弗	哈弗 H2	1.5T	1875	1500	4335	1814	1710	2560	1525	1520	235/55R18	自主
1697	长城汽车	哈弗	哈弗 H2	1.5T	1875	1500	4365	1814	1710	2560	1525	1520	235/55R18	自主
1698	长城汽车	哈弗	哈弗 H6	1.5T	1985	1510	4653	1886	1730	2738	1631	1640	225/60R18	自主
1699	长城汽车	哈弗	哈弗 H4	1.5T	1895	1520	4410	1845	1695	2660	1568	1565	225/60R18	自主
1700	长城汽车	哈弗	哈弗 F5	1.5T	1895	1520	4470	1857	1638	2680	1590	1587	235/60R18	自主
1701	长城汽车	哈弗	哈弗 H6 Coue	1.5T	1915	1540	4590	1845	1700	2720	1565	1565	225/65R17	自主
1702	长城汽车	哈弗	哈弗 H4	1.5T	1952	1541	4410	1845	1695	2660	1568	1565	225/60R18	自主
1703	长城汽车	哈弗	哈弗 H4	1.5T	1933	1541	4410	1845	1695	2660	1568	1565	225/60R18	自主
1704	长城汽车	哈弗	哈弗 H6	1.5T	1917	1542	4681	1827	1710	2680	1565	1565	225/65R17	自主
1705	长城汽车	哈弗	哈弗 H6	1.5T	1917	1542	4649	1852	1710	2680	1565	1565	225/65R17	自主
1706	长城汽车	哈弗	哈弗 M6	1.5T	1917	1542	4649	1830	1705	2680	1565	1565	225/65R17	自主
1707	长城汽车	哈弗	哈弗大狗	1.5T	2000	1545	4620	1890	1780	2738	1631	1640	235/65R18	自主
1708	长城汽车	哈弗	哈弗 H6 Coue	1.5T	1960	1545	4590	1845	1700	2720	1565	1565	225/65R17	自主
1709	长城汽车	哈弗	哈弗 H6	1.5T	1985	1550	4653	1886	1730	2738	1631	1640	225/60R18	自主
1710	长城汽车	哈弗	哈弗 H6	1.5T	1933	1558	4681	1827	1710	2680	1565	1565	225/65R17	自主
1711	长城汽车	哈弗	哈弗 H6	1.5T	1933	1558	4649	1852	1710	2680	1565	1565	225/65R17	自主
1712	长城汽车	哈弗	哈弗 M6	1.5T	1933	1558	4649	1830	1705	2680	1565	1565	225/65R17	自主
1713	长城汽车	哈弗	哈弗 H4	1.5T	1933	1558	4410	1845	1695	2660	1568	1565	225/60R18	自主
1714	长城汽车	哈弗	哈弗 F5	1.5T	1935	1560	4470	1857	1638	2680	1590	1587	235/60R18	自主
1715	长城汽车	哈弗	哈弗 H4	1.5T	1983	1568	4410	1845	1695	2660	1568	1565	225/60R18	自主
1716	长城汽车	哈弗	哈弗 F7x	1.5T	2107	1570	4620	1846	1660	2725	1585	1585	225/65R17	自主
1717	长城汽车	哈弗	哈弗大狗	1.5T	2000	1575	4620	1890	1780	2738	1631	1640	235/65R18	自主
1718	长城汽车	哈弗	哈弗大狗	1.5T	2000	1575	4620	1910	1780	2738	1631	1640	235/65R18	自主
1719	长城汽车	哈弗	哈弗 H6	1.5T	1950	1575	4615	1860	1720	2680	1585	1585	235/60R18	自主
1720	长城汽车	哈弗	哈弗 H4	1.5T	1952	1577	4410	1845	1695	2660	1568	1565	225/60R18	自主
1721	长城汽车	哈弗	哈弗 H6 Coue	1.5T	1983	1578	4590	1845	1700	2720	1565	1565	225/65R17	自主
1722	长城汽车	哈弗	哈弗 F7	1.5T	2110	1580	4620	1846	1690	2725	1585	1585	225/65R17	自主
1723	长城汽车	哈弗	哈弗 F5	1.5T	2090	1580	4470	1857	1638	2680	1590	1587	235/60R18	自主
1724	长城汽车	哈弗	哈弗 H6 Coue	1.5T	1960	1585	4590	1845	1700	2720	1565	1565	225/65R17	自主
1725	长城汽车	哈弗	哈弗 H6	1.5T	1967	1592	4681	1827	1710	2680	1565	1565	225/65R17	自主
1726	长城汽车	哈弗	哈弗 H6	1.5T	1967	1592	4649	1852	1710	2680	1565	1565	225/65R17	自主
1727	长城汽车	哈弗	哈弗 M6	1.5T	1967	1592	4649	1830	1705	2680	1565	1565	225/65R17	自主
1728	长城汽车	魏派	魏派 VV5	1.5T	2105	1595	4462	1857	1638	2680	1590	1587	225/60R18	自主
1729	长城汽车	哈弗	哈弗 F7x	1.5T	2107	1597	4620	1846	1660	2725	1585	1585	225/65R17	自主
1730	长城汽车	哈弗	哈弗 F7	1.5T	2110	1600	4620	1846	1690	2725	1585	1585	225/65R17	自主
1731	长城汽车	哈弗	哈弗 H6 Coue	1.5T	2110	1600	4590	1845	1700	2720	1565	1565	225/65R17	自主
1732	长城汽车	哈弗	哈弗 H6 Coue	1.5T	1983	1608	4590	1845	1700	2720	1565	1565	225/65R17	自主
1733	长城汽车	哈弗	哈弗 H4	1.5T	1983	1608	4410	1845	1695	2660	1568	1565	225/60R18	自主
1734	长城汽车	哈弗	哈弗 H6	1.5T	1985	1610	4615	1860	1720	2680	1585	1585	235/60R18	自主
1735	长城汽车	哈弗	哈弗 H4	1.5T	2121	1611	4410	1845	1695	2660	1568	1565	225/60R18	自主
1736	长城汽车	哈弗	哈弗 H6 Coue	1.5T	2022	1617	4590	1845	1700	2720	1565	1565	225/65R17	自主
1737	长城汽车	哈弗	哈弗 F5	1.5T	2093	1618	4470	1857	1638	2680	1590	1587	235/60R18	自主
1738	长城汽车	哈弗	哈弗 H4	1.5T	2096	1626	4410	1845	1695	2660	1568	1565	225/60R18	自主

序号	制造商	品牌	车型	排量	总质量/kg	整备质量/kg	外廓长度/mm	外廓宽度/mm	外廓高度/mm	轴距/mm	前轮距/mm	后轮距/mm	轮胎规格	派系
1739	长城汽车	哈弗	哈弗 H4	1.5T	2096	1626	4410	1845	1685	2660	1568	1565	225/60R18	自主
1740	长城汽车	哈弗	哈弗 H6	1.5T	2135	1645	4600	1860	1720	2680	1585	1585	235/60R18	自主
1741	长城汽车	魏派	魏派 VV5	1.5T	2140	1646	4462	1857	1638	2680	1580	1577	225/60R18	自主
1742	长城汽车	哈弗	哈弗 H6 Coue	1.5T	2022	1647	4590	1845	1700	2720	1565	1565	225/65R17	自主
1743	长城汽车	哈弗	哈弗 H6 Coue	1.5T	2170	1661	4590	1845	1700	2720	1565	1565	225/65R17	自主
1744	长城汽车	哈弗	哈弗 F7	1.5T	2110	1661	4620	1846	1690	2725	1585	1585	225/65R17	自主
1745	长城汽车	哈弗	哈弗 F7x	2.0T	2171	1661	4620	1846	1660	2725	1585	1585	225/65R17	自主
1746	长城汽车	哈弗	哈弗 H6	1.5T	2135	1675	4600	1860	1720	2680	1585	1585	235/60R18	自主
1747	长城汽车	哈弗	哈弗 H6	1.5T	2135	1675	4615	1860	1720	2680	1585	1585	235/60R18	自主
1748	长城汽车	哈弗	哈弗 F7	2.0T	2190	1680	4620	1846	1690	2725	1585	1585	225/65R17	自主
1749	长城汽车	魏派	魏派 VV5	2.0T	2220	1710	4462	1857	1638	2680	1580	1577	225/60R18	自主
1750	长城汽车	魏派	魏派 VV5	2.0T	2220	1710	4462	1857	1638	2680	1590	1587	225/60R18	自主
1751	长城汽车	哈弗	哈弗 H6	2.0T	2230	1720	4615	1860	1720	2680	1585	1585	235/60R18	自主
1752	长城汽车	哈弗	哈弗 H6	2.0T	2230	1720	4600	1860	1720	2680	1585	1585	235/60R18	自主
1753	长城汽车	哈弗	哈弗 F7x	2.0T	2230	1720	4620	1846	1660	2725	1585	1585	225/65R17	自主
1754	长城汽车	魏派	魏派 VV6	2.0T	2205	1730	4625	1860	1720	2680	1585	1585	225/60R18	自主
1755	长城汽车	哈弗	哈弗 F7	2.0T	2245	1735	4620	1846	1690	2725	1585	1585	225/65R17	自主
1756	长城汽车	哈弗	哈弗 H5	2.0T	2215	1760	4645	1800	1785	2700	1522	1530	235/65R17	自主
1757	长城汽车	魏派	魏派 VV6	2.0T	2285	1810	4625	1860	1720	2680	1585	1585	225/60R18	自主
1758	长城汽车	哈弗	哈弗 H5	2.0T	2305	1860	4645	1800	1775	2700	1522	1530	235/65R17	自主
1759	长城汽车	哈弗	哈弗 H5	2.0T	2305	1860	4645	1800	1775	2700	1522	1530	235/65R18	自主
1760	长城汽车	哈弗	哈弗 H7	2.0T	2502	1882	4715	1925	1718	2850	1635	1586	235/55R19	自主
1761	长城汽车	魏派	魏派 VV7	2.0T	2505	1920	4760	1931	1655	2950	1655	1606	235/55R20	自主
1762	长城汽车	魏派	魏派 VV7GT	2.0T	2505	1920	4820	1965	1672	2950	1655	1606	265/45R21	自主
1763	长城汽车	魏派	魏派 VV7GT	2.0T	2505	1920	4774	1931	1672	2950	1655	1606	235/55R20	自主
1764	长城汽车	哈弗	哈弗 H5	2.0T	2510	1950	4645	1800	1775	2700	1522	1530	235/65R18	自主
1765	长城汽车	魏派	魏派 VV7GT	2.0T	2791	2281	4774	1931	1672	2950	1655	1606	235/55R20	自主
1766	长城汽车	魏派	魏派 VV7	2.0T	2791	2281	4760	1931	1655	2950	1655	1606	235/55R20	自主
1767	长城汽车	哈弗	哈弗 H9	2.0T	2950	2285	5090	1926	1900	2800	1610	1610	265/60R18	自主
1768	长城汽车	哈弗	哈弗 H9	2.0T	2950	2285	4856	1926	1900	2800	1610	1610	265/60R18	自主
1769	长城汽车	哈弗	哈弗 H9	2.0T	2950	2315	4856	1926	1900	2800	1610	1610	265/60R18	自主
1770	长城汽车	哈弗	哈弗 H9	2.0T	2950	2330	5090	1926	1900	2800	1610	1610	265/60R18	自主
1771	长城汽车	哈弗	哈弗 H9	2.0T	2950	2375	4856	1926	1900	2800	1610	1610	265/60R18	自主
1772	长城汽车	哈弗	哈弗 H9	2.0T	2950	2385	5090	1926	1900	2800	1610	1610	265/60R18	自主
1773	长城汽车	哈弗	哈弗 H9	2.0T	2950	2405	4856	1926	1900	2800	1610	1610	265/60R18	自主
1774	长城汽车	哈弗	哈弗 H9	2.0T	2950	2415	5090	1926	1900	2800	1610	1610	265/60R18	自主
1775	郑州日产	日产	途达	2.5L	2225	1799	4882	1850	1835	2850	1570	1570	255/60R18	日系
1776	郑州日产	日产	途达	2.5L	2280	1842	4882	1850	1835	2850	1570	1570	255/60R18	日系
1777	郑州日产	日产	途达	2.5L	2400	1934	4882	1850	1835	2850	1570	1570	255/60R18	日系
1778	中恒天汽车	天马	天马 L4600	4.6L	3510	2580	5239	2026	1932	2950	1710	1696	285/60R18	自主
1779	众泰汽车	众泰	众泰 T300	1.5L	1720	1345	4405	1830	1640	2610	1560	1558	205/65R16	自主
1780	众泰汽车	众泰	众泰 T300	1.5L	1745	1370	4405	1830	1640	2610	1560	1558	215/55R17	自主
1781	众泰汽车	众泰	众泰 T500	1.5T	1855	1480	4632	1850	1695	2700	1561	1559	225/50R18	自主
1782	众泰汽车	众泰	众泰 T500	1.5T	1890	1515	4632	1850	1695	2700	1561	1559	225/50R18	自主
1783	众泰汽车	众泰	众泰 T700	1.8T	2162	1787	4748	1933	1697	2850	1641	1642	235/55R19	自主
1784	众泰汽车	众泰	众泰 T800	2.0T	2400	1875	4910	1933	1755	2850	1641	1642	235/55R19	自主
1785	重庆力帆	力帆	力帆鹏飞	2.0L	1835	1431	4390	1820	1715	2610	1545	1525	215/60R17	自主
1786	重庆力帆	力帆	力帆迈威	1.8L	1990	1440	4480	1770	1730	2720	1470	1490	215/55R17	自主
1787	重庆力帆	力帆	力帆迈威	1.8L	1990	1440	4480	1770	1730	2720	1470	1490	205/65R16	自主
1788	重庆力帆	力帆	力帆鹏飞	2.0L	1835	1450	4390	1820	1715	2610	1545	1525	225/55R18	自主
1789	重庆力帆	力帆	力帆迈威	2.0L	2070	1545	4480	1770	1730	2720	1470	1490	205/65R16	自主

第三章

多功能型乘用车（MPV）

Multiple Purpose Vehicle

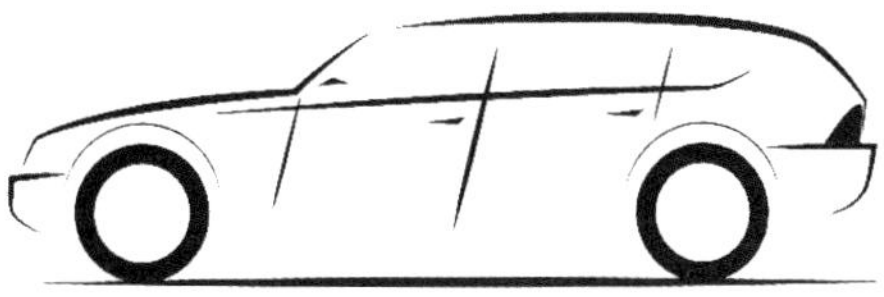

《报告》共计收集整理了 2020 年量产多功能型乘用车（MPV）30 家 390 个车型特征参数数值。

对于总质量等 6 个特征参数末位数值为 0 的厂家占比分析见表 M01 2020 年多功能型乘用车（MPV）特征参数末位数值为 0 厂家数分析表；详见本章内具体数据表。

表 M01 2020 年多功能型乘用车（MPV）特征参数末位数值为 0 厂家数分析表

序号	特征参数	特征参数末位数值为 0 / 家	基本型乘用车 / 家	特征参数末位数值为 0 / %
1	总质量 /kg	8	30	26.7
2	整备质量 /kg	7	30	23.3
3	外廓长度 /mm	6	30	20.0
4	外廓宽度 /mm	9	30	30.0
5	外廓高度 /mm	7	30	23.3
6	轴距 /mm	16	30	53.3

《报告》共计收集整理了 2020 年量产多功能型乘用车（MPV）30 家 390 个车型特征参数数值。

对于前轮距和后轮距 2 个特征参数末位数值为 0 和 5 的厂家占比分析见表 M02 2020 年多功能型乘用车（MPV）特征参数末位数值为 0 和 5 厂家数分析表；详见本章内具体数据表。

表 M02 2020 年多功能型乘用车（MPV）特征参数末位数值为 0 和 5 厂家数分析表

序号	特征参数	特征参数末位数值为 0 和 5 / 家	基本型乘用车 / 家	特征参数末位数值为 0 和 5 / %
1	前轮距 /mm	16	30	53.3
2	后轮距 /mm	17	30	56.7

《报告》分析整理了 2020 年多功能型乘用车（MPV）车型与外廓尺寸参数对应数据，详细数据见表 MX01 2020 年多功能型乘用车（MPV）车型与外廓尺寸参数一览表。

《报告》分析整理了 2020 年多功能型乘用车（MPV）排量与总质量参数对应数据，详细数据见表 MX02 2020 年多功能型乘用车（MPV）排量与总质量参数一览表。

《报告》分析整理了 2020 年多功能型乘用车（MPV）车型与轮胎规格对应数据，详细数据见表 MT05 2020 年多功能型乘用车（MPV）车型与轮胎规格一览表。

《报告》分析整理了 2020 年多功能型乘用车（MPV）特征参数（末位 0 和 5）134 条数据，详细数据见表 MM01 2020 年多功能型乘用车（MPV）特征参数（末位 0 和 5）明细表。

《报告》分析整理了 2020 年多功能型乘用车（MPV）特征参数（末位 0 和 5）390 条数据，详细数据见表 MM02 2020 年多功能型乘用车（MPV）特征参数明细表。

通过对 2020 年 MPV 乘用车 30 家 390 车型总质量参数数值分析，末位数为 0 的共计有 221 个，占比为 56.7%。有 8 个汽车厂家总质量末位数值全部为 0，占比为 26.7%。具体数值参见表 MA01 2020 年多功能型乘用车（MPV）总质量末位数值分析表和表 MB01 2020 年多功能型乘用车（MPV）总质量数值汇总表。

表 MA01 2020 年多功能型乘用车（MPV）总质量末位数值分析表

序号	制造商	0	1	2	3	4	5	6	7	8	9	合计	差值
1	东风日产	1										1	0
2	潍柴汽车	1										1	0
3	福建新龙马	2										2	0
4	郑州日产	3										3	0
5	昌河汽车	5										5	0
6	江铃福特	5										5	0
7	四川工业	6										6	0
8	华晨汽车	7										7	0
9	福建奔驰	18										18	0
10	大运汽车						1					1	1
11	枫盛汽车						1					1	1
12	华晨鑫源						1					1	1
13	上汽乘用车								1			1	1
14	海马汽车	1					2					3	2
15	比亚迪汽车	9					4					13	4
16	上汽大众	1					5					6	5
17	东风小康	5					5					10	5
18	汉腾汽车		1				2	2				5	5
19	广汽本田	7				5						12	5
20	江苏九龙	2			1		5					8	6
21	广汽乘用车	10					5		1			16	6
22	东风本田					3	3					6	6
23	上汽通用	11					7					18	7
24	北汽福田	4					8					12	8
25	上汽商用车	33					8					41	8
26	上汽通用五菱	50					10					60	10
27	吉利汽车		4				6	5				15	15
28	长安汽车	12				1	17					30	18
29	东风风行	18					27					45	27
30	江淮汽车	10					24			4		38	28
总计		221	5		1	9	141	7	2	4		390	169
占比		56.7%	1.3%	0%	0.3%	2.3%	36.2%	1.8%	0.5%	1.0%	0%	100.0%	43.3%

通过对 2020 年 MPV 乘用车 30 家 390 车型整备质量参数数值分析，末位数为 0 的共计有 248 个，占比为 63.6%。有 7 个汽车厂家整备质量末位数值全部为 0，占比为 23.3%。具体数值参见表 MA02 2020 年多功能型乘用车（MPV）整备质量末位数值分析表和表 MB02 2020 年多功能型乘用车（MPV）整备质量数值汇总表。

表 MA02 2020 年多功能型乘用车（MPV）整备质量末位数值分析表

序号	制造商	0	1	2	3	4	5	6	7	8	9	合计	差值
1	昌河汽车	5										5	0
2	大运汽车	1										1	0
3	枫盛汽车	1										1	0
4	海马汽车	3										3	0
5	华晨汽车	7										7	0
6	华晨鑫源	1										1	0
7	潍柴汽车	1										1	0
8	福建新龙马	1					1					2	1
9	东风日产										1	1	1
10	汉腾汽车	4	1									5	1

序号	制造商	0	1	2	3	4	5	6	7	8	9	合计	差值
11	上汽乘用车									1		1	1
12	福建奔驰	16					2					18	2
13	郑州日产	1					2					3	2
14	东风本田	4	1				1					6	2
15	北汽福田	9					3					12	3
16	四川工业	3					3					6	3
17	江苏九龙	5	1				1			1		8	3
18	吉利汽车	11					2	2				15	4
19	上汽通用	14					2			2		18	4
20	比亚迪汽车	8					5					13	5
21	上汽大众	1					5					6	5
22	江铃福特					1	2			2		5	5
23	东风风行	39					6					45	6
24	东风小康	4					6					10	6
25	广汽乘用车	5	2		3		3	3				16	11
26	广汽本田	1	3	1	2	3	1	1				12	11
27	长安汽车	18				1	11					30	12
28	江淮汽车	25					13					38	13
29	上汽商用车	27		2			12					41	14
30	上汽通用五菱	33	4			3	18	1			1	60	27
总计		248	12	3	5	8	99	7		6	2	390	142
占比		63.6%	3.1%	0.8%	1.3%	2.1%	25.4%	1.8%	0%	1.5%	0.5%	100.0%	36.4%

通过对 2020 年 MPV 乘用车 30 家 390 车型外廓长度参数数值分析，末位数为 0 的共计有 159 个，占比为 40.8%。有 6 个汽车厂家外廓长度末位数值全部为 0，占比为 20.0%。具体数值参见表 MA03 2020 年多功能型乘用车（MPV）外廓长度末位数值分析表和表 MB03 2020 年多功能型乘用车（MPV）外廓长度数值汇总表。

表 MA03　2020 年多功能型乘用车（MPV）外廓长度末位数值分析表

序号	制造商	0	1	2	3	4	5	6	7	8	9	合计	差值
1	比亚迪汽车	13										13	0
2	大运汽车	1										1	0
3	东风本田	6										6	0
4	福建奔驰	18										18	0
5	四川工业	6										6	0
6	郑州日产	3										3	0
7	华晨鑫源						1					1	1
8	长安汽车	29					1					30	1
9	东风日产		1									1	1
10	枫盛汽车							1				1	1
11	江苏九龙	7							1			8	1
12	上汽乘用车							1				1	1
13	潍柴汽车									1		1	1
14	福建新龙马								2			2	2
15	海马汽车						3					3	3
16	昌河汽车						5					5	5
17	汉腾汽车							5				5	5
18	江铃福特							5				5	5
19	华晨汽车	1					6					7	6
20	上汽大众							2	4			6	6
21	东风小康	2					8					10	8
22	北汽福田	2					10					12	10
23	广汽乘用车	6						6			4	16	10
24	广汽本田						5		7			12	12
25	吉利汽车							15				15	15
26	上汽通用			4	3	1		1		4	5	18	18
27	上汽通用五菱	35					25					60	25
28	江淮汽车	13	6				19					38	25

序号	制造商	0	1	2	3	4	5	6	7	8	9	合计	差值
29	东风风行	17					28					45	28
30	上汽商用车						16			25		41	41
总计		159	7	4	3	1	127	36	14	30	9	390	231
占比		40.8%	1.8%	1.0%	0.8%	0.3%	32.6%	9.2%	3.6%	7.7%	2.3%	100.0%	59.2%

通过对 2020 年 MPV 乘用车 30 家 390 车型外廓宽度参数数值分析，末位数为 0 的共计有 181 个，占比为 46.4%。有 9 个汽车厂家外廓宽度末位数值全部为 0，占比为 30.0%。具体数值参见表 MA04 2020 年多功能型乘用车（MPV）外廓宽度末位数值分析表和表 MB04 2020 年多功能型乘用车（MPV）外廓宽度数值汇总表。

表 MA04　2020 年多功能型乘用车（MPV）外廓宽度末位数值分析表

序号	制造商	0	1	2	3	4	5	6	7	8	9	合计	差值
1	大运汽车	1										1	0
2	华晨鑫源	1										1	0
3	潍柴汽车	1										1	0
4	福建新龙马	2										2	0
5	昌河汽车	5										5	0
6	四川工业	6										6	0
7	华晨汽车	7										7	0
8	比亚迪汽车	13										13	0
9	东风风行	45										45	0
10	东风日产							1				1	1
11	枫盛汽车										1	1	1
12	上汽乘用车										1	1	1
13	郑州日产						3					3	3
14	海马汽车					3						3	3
15	江铃福特						5					5	5
16	汉腾汽车									5		5	5
17	广汽本田	7		5								12	5
18	江苏九龙	2					6					8	6
19	东风本田			3			3					6	6
20	上汽大众					2		2			2	6	6
21	北汽福田	3					9					12	9
22	东风小康						10					10	10
23	吉利汽车										15	15	15
24	广汽乘用车	1				10			5			16	15
25	江淮汽车	22					16					38	16
26	上汽商用车	25					16					41	16
27	长安汽车	13					17					30	17
28	福建奔驰									18		18	18
29	上汽通用					4			1	13		18	18
30	上汽通用五菱	27					19	14				60	33
总计		181		8		19	104	17	6	36	19	390	209
占比		46.4%	0%	2.1%	0%	4.9%	26.7%	4.4%	1.5%	9.2%	4.9%	100.0%	53.6%

通过对 2020 年 MPV 乘用车 30 家 390 车型外廓高度参数数值分析，末位数为 0 的共计有 204 个，占比为 52.3%。有 7 个汽车厂家外廓高度末位数值全部为 0，占比为 23.3%。具体数值参见表 MA05 2020 年多功能型乘用车（MPV）外廓高度末位数值分析表和表 MB05 2020 年多功能型乘用车（MPV）外廓高度数值汇总表。

表 MA05　2020 年多功能型乘用车（MPV）外廓高度末位数值分析表

序号	制造商	0	1	2	3	4	5	6	7	8	9	合计	差值
1	北汽福田	12										12	0
2	大运汽车	1										1	0
3	东风日产	1										1	0
4	东风小康	10										10	0
5	福建奔驰	18										18	0

序号	制造商	0	1	2	3	4	5	6	7	8	9	合计	差值
6	海马汽车	3										3	0
7	江铃福特	5										5	0
8	华晨汽车	6					1					7	1
9	华晨鑫源						1					1	1
10	潍柴汽车						1					1	1
11	郑州日产	2					1					3	1
12	枫盛汽车										1	1	1
13	江苏九龙	7								1		8	1
14	上汽乘用车			1								1	1
15	福建新龙马					1				1		2	2
16	比亚迪汽车	10					3					13	3
17	东风本田	3	3									6	3
18	四川工业	2					4					6	4
19	吉利汽车	11			3	1						15	4
20	昌河汽车				2					3		5	5
21	汉腾汽车		5									5	5
22	上汽大众		2	2							2	6	6
23	江淮汽车	26			1		11					38	12
24	广汽本田			7					5			12	12
25	广汽乘用车	2		10			4					16	14
26	长安汽车	14					15		1			30	16
27	上汽通用	2	1				3	6	1		5	18	16
28	东风风行	23					22					45	22
29	上汽通用五菱	38					22					60	22
30	上汽商用车	8								33		41	33
总计		204	11	20	6	2	88	6	7	38	8	390	186
占比		52.3%	2.8%	5.1%	1.5%	0.5%	22.6%	1.5%	1.8%	9.7%	2.1%	100.0%	47.7%

通过对 2020 年 MPV 乘用车 30 家 390 车型轴距参数数值分析，末位数为 0 的共计有 286 个，占比为 73.3%。有 16 个汽车厂家轴距末位数值全部为 0，占比为 53.3%。具体数值参见表 MA06 2020 年多功能型乘用车（MPV）轴距末位数值分析表和表 MB06 2020 年多功能型乘用车（MPV）轴距数值汇总表。

表 MA06 2020 年多功能型乘用车（MPV）轴距末位数值分析表

序号	制造商	0	1	2	3	4	5	6	7	8	9	合计	差值
1	北汽福田	12										12	0
2	昌河汽车	5										5	0
3	大运汽车	1										1	0
4	东风本田	6										6	0
5	东风日产	1										1	0
6	福建奔驰	18										18	0
7	广汽本田	12										12	0
8	广汽乘用车	16										16	0
9	海马汽车	3										3	0
10	汉腾汽车	5										5	0
11	华晨汽车	7										7	0
12	江淮汽车	38										38	0
13	上汽乘用车	1										1	0
14	上汽通用五菱	60										60	0
15	四川工业	6										6	0
16	长安汽车	30										30	0
17	华晨鑫源						1					1	1
18	潍柴汽车						1					1	1
19	枫盛汽车								1			1	1
20	江苏九龙	7	1									8	1
21	福建新龙马		2									2	2
22	郑州日产						3					3	3
23	上汽大众	2	4									6	4

序号	制造商	0	1	2	3	4	5	6	7	8	9	合计	差值
24	江铃福特				5							5	5
25	东风风行	39								6		45	6
26	东风小康						10					10	10
27	比亚迪汽车	1					12					13	12
28	吉利汽车						15					15	15
29	上汽通用							5		13		18	18
30	上汽商用车	16								25		41	25
总计		286	7		5		42	5	1	44		390	104
占比		73.3%	1.8%	0%	1.3%	0%	10.8%	1.3%	0.3%	11.3%	0%	100.0%	26.7%

通过对 2020 年 MPV 乘用车 30 家 390 车型前轮距参数数值分析，末位数为 0 和 5 的共计有 281 个，占比为 72.1%。有 16 个汽车厂家后前轮距末位数值全部为 0 和 5，占比为 53.3%。具体数值参见表 MA07 2020 年多功能型乘用车（MPV）前轮距末位数值分析表和表 MB07 2020 年多功能型乘用车（MPV）前轮距数值汇总表。

表 MA07　2020 年多功能型乘用车（MPV）前轮距末位数值分析表

序号	制造商	0	1	2	3	4	5	6	7	8	9	合计	差值
1	北汽福田	10					2					12	0
2	比亚迪汽车	13										13	0
3	昌河汽车	5										5	0
4	东风风行						45					45	0
5	东风日产	1										1	0
6	东风小康						10					10	0
7	福建新龙马	2										2	0
8	广汽乘用车	16										16	0
9	海马汽车						3					3	0
10	华晨鑫源						1					1	0
11	江淮汽车	37					1					38	0
12	江苏九龙	8										8	0
13	上汽商用车	37					4					41	0
14	四川工业						6					6	0
15	潍柴汽车	1										1	0
16	郑州日产	3										3	0
17	大运汽车										1	1	1
18	枫盛汽车			1								1	1
19	华晨汽车	6			1							7	1
20	上汽乘用车					1						1	1
21	东风本田	3									3	6	3
22	汉腾汽车				5							5	5
23	江铃福特							5				5	5
24	上汽大众				2	2					2	6	6
25	广汽本田	5									7	12	7
26	长安汽车	2		8			20					30	8
27	吉利汽车	4						11				15	11
28	上汽通用	5		13								18	13
29	福建奔驰							18				18	18
30	上汽通用五菱	31		7				22				60	29
总计		189		29	8	3	92	56			13	390	109
占比		48.5%	0%	7.4%	2.1%	0.8%	23.6%	14.4%	0%	0%	3.3%	100.0%	27.9%

通过对 2020 年 MPV 乘用车 30 家 390 车型后轮距参数数值分析，末位数为 0 和 5 的共计有 298 个，占比为 76.4%。有 17 个汽车厂家后轮距末位数值全部为 0 和 5，占比为 56.7%。具体数值参见表 MA08 2020 年多功能型乘用车（MPV）后轮距末位数值分析表和表 MB08 2020 年多功能型乘用车（MPV）后轮距数值汇总表。

表 MA08　2020 年多功能型乘用车（MPV）后轮距末位数值分析表

序号	制造商	0	1	2	3	4	5	6	7	8	9	合计	差值
1	昌河汽车	5										5	0
2	大运汽车						1					1	0
3	东风本田	6										6	0
4	东风风行	45										45	0
5	东风小康						10					10	0
6	福建新龙马	2										2	0
7	广汽本田	12										12	0
8	广汽乘用车	6					10					16	0
9	海马汽车						3					3	0
10	华晨鑫源	1										1	0
11	江淮汽车	1					37					38	0
12	江铃福特	5										5	0
13	江苏九龙	8										8	0
14	上汽商用车	41										41	0
15	四川工业						6					6	0
16	潍柴汽车	1										1	0
17	郑州日产						3					3	0
18	东风日产					1						1	1
19	枫盛汽车							1				1	1
20	华晨汽车	6				1						7	1
21	上汽乘用车										1	1	1
22	北汽福田	8					2			2		12	2
23	比亚迪汽车	10			3							13	3
24	上汽大众		2	2			2					6	4
25	汉腾汽车									5		5	5
26	上汽通用	5					5	8				18	8
27	长安汽车	8					14			8		30	8
28	吉利汽车	4				11						15	11
29	福建奔驰							18				18	18
30	上汽通用五菱	13	7				18	15		7		60	29
总计		187	9	2	3	13	111	42		22	1	390	92
占比		47.9%	2.3%	0.5%	0.8%	3.3%	28.5%	10.8%	0%	5.6%	0.3%	100.0%	23.6%

表 MB01　2020 年多功能型乘用车（MPV）总质量数值汇总表

单位：kg

序号	制造商	总质量	汇总
1	北汽福田	1820	2
2		1980	1
3		2020	1
4		2755	6
5		2865	2
6	北汽福田 汇总		12
7	比亚迪汽车	2015	1
8		2275	1
9		2300	6
10		2305	1
11		2515	1
12		2530	1
13		2580	2
14	比亚迪汽车 汇总		13
15	昌河汽车	1790	5
16	昌河汽车 汇总		5
17	大运汽车	2575	1
18	大运汽车 汇总		1
19	东风本田	2475	3
20		2514	3
21	东风本田 汇总		6
22	东风风行	2050	1
23		2080	1
24		2100	1
25		2145	1
26		2155	1
27		2170	1
28		2210	5
29		2245	2
30		2255	1
31		2265	1
32		2280	2
33		2290	2
34		2305	1
35		2320	1
36		2325	5
37		2335	1
38		2350	1
39		2400	1
40		2435	1
41		2525	4
42		2555	1
43		2565	1
44		2580	2
45		2605	1
46		2705	1
47		2745	5
48	东风风行 汇总		45
49	东风日产	1860	1
50	东风日产 汇总		1
51	东风小康	1760	4
52		1775	2
53		1835	3
54		1870	1
55	东风小康 汇总		10
56	枫盛汽车	2095	1
57	枫盛汽车 汇总		1
58	福建奔驰	3100	18
59	福建奔驰 汇总		18
60	福建新龙马	1850	2
61	福建新龙马 汇总		2
62	广汽本田	2450	7
63		2514	5
64	广汽本田 汇总		12
65	广汽乘用车	2215	5
66		2327	1
67		2600	10
68	广汽乘用车 汇总		16
69	海马汽车	2120	1
70		2195	2
71	海马汽车 汇总		3
72	汉腾汽车	2095	1
73		2111	1
74		2115	1
75		2186	2
76	汉腾汽车 汇总		5
77	华晨汽车	2510	1
78		2600	2
79		2750	1
80		2800	3
81	华晨汽车 汇总		7
82	华晨鑫源	1875	1
83	华晨鑫源 汇总		1
84	吉利汽车	2185	6
85		2226	5
86		2371	4
87	吉利汽车 汇总		15
88	江淮汽车	2025	1
89		2195	10
90		2265	8
91		2300	1
92		2378	4
93		2510	2
94		2605	1
95	江淮汽车	2725	4
96		2780	1
97		2790	1
98		2800	5
99	江淮汽车 汇总		38
100	江铃福特	2850	2
101		2900	3
102	江铃福特 汇总		5
103	江苏九龙	2100	1
104		2425	1
105		2513	1
106		2570	1
107		2645	1
108		2825	1
109		3275	2
110	江苏九龙 汇总		8
111	上汽乘用车	2627	1
112	上汽乘用车 汇总		1
113	上汽大众	1955	1
114		2055	1
115		2105	1
116		2115	1
117		2675	1
118		2720	1
119	上汽大众 汇总		6
120	上汽商用车	1855	2
121		2035	2
122		2075	2
123		2130	4
124		2240	2
125		2335	2
126		2360	2
127		2680	2
128		2800	5
129		2850	3
130		2900	6
131		2950	3
132		2970	2
133		3000	3
134		3210	1
135	上汽商用车 汇总		41
136	上汽通用	1980	2
137		2005	2
138		2075	1
139		2415	1
140		2430	1
141		2440	3
142	上汽通用	2460	1
143		2465	1
144		2500	1
145		2505	1
146		2520	1
147		2545	1
148		2580	2
149	上汽通用 汇总		18
150	上汽通用五菱	1780	2
151		1820	5
152		1825	9
153		1850	4
154		1920	6
155		1955	1
156		1960	3
157		1970	1
158		2000	4
159		2020	3
160		2030	4
161		2040	3
162		2050	6
163		2080	5
164		2150	1
165		2200	2
166		2240	1
167	上汽通用五菱 汇总		60
168	四川工业	2020	3
169		2200	2
170		2290	1
171	四川工业 汇总		6
172	潍柴汽车	2010	1
173	潍柴汽车 汇总		1
174	长安汽车	1800	6
175		1850	1
176		1885	1
177		1925	8
178		1984	1
179		2030	2
180		2130	3
181		2195	2
182		2235	2
183		2415	4
184	长安汽车 汇总		30
185	郑州日产	2290	2
186		2310	1
187	郑州日产 汇总		3
总计			390

表 MB02 2020 年多功能型乘用车（MPV）整备质量数值汇总表

单位：kg

序号	制造商	整备质量	汇总
1	北汽福田	1280	2
2		1435	1
3		1470	1
4		1885	2
5		2010	6
6	北汽福田 汇总		12
7	比亚迪汽车	1610	2
8		1625	2
9		1640	1
10		1665	2
11		1750	2
12		1780	1
13		1830	1
14		1885	1
15		1930	1
16	比亚迪汽车 汇总		13
17	昌河汽车	1240	2
18		1270	3
19	昌河汽车 汇总		5
20	大运汽车	2050	1
21	大运汽车 汇总		1
22	东风本田	1860	1
23		1895	1
24		1920	1
25		1941	1
26		1970	1
27		1980	1
28	东风本田 汇总		6
29	东风风行	1450	1
30		1480	1
31		1550	2
32		1555	1
33		1570	1
34		1580	1
35		1610	2
36		1620	5
37		1645	2
38		1650	3
39		1680	1
40		1690	2
41		1720	1
42		1740	1
43		1780	1
44		1795	1
45		1810	2
46		1820	1
47		1825	1
48		1850	2
49		1890	1
50		1905	1
51		1930	1
52		1960	2
53		1980	1
54		2030	2
55		2120	5
56	东风风行 汇总		45
57	东风日产	1309	1
58	东风日产 汇总		1
59	东风小康	1210	2
60		1235	5
61		1250	2
62		1345	1
63	东风小康 汇总		10
64	枫盛汽车	1720	1
65	枫盛汽车 汇总		1
66	福建奔驰	2240	2
67		2260	2
68		2285	2
69		2320	2
70		2400	3
71		2450	3
72		2480	2
73		2550	2
74	福建奔驰 汇总		18
75	福建新龙马	1260	1
76		1275	1
77	福建新龙马 汇总		2
78	广汽本田	1774	1
79		1822	1
80		1833	1
81		1834	1
82		1863	1
83		1871	1
84		1875	1
85		1900	1
86		1921	1
87		1956	1
88		1961	1
89		1984	1
90	广汽本田 汇总		12
91	广汽乘用车	1610	2
92		1660	1
93		1661	2
94		1690	1
95		2006	3
96		2020	1
97		2063	3
98		2075	3
99	广汽乘用车 汇总		16
100	海马汽车	1670	3
101	海马汽车 汇总		3
102	汉腾汽车	1570	1
103		1590	1
104		1660	2
105		1661	1
106	汉腾汽车 汇总		5
107	华晨汽车	1650	1
108		1700	1
109		1850	3
110		1950	1
111		2000	1
112	华晨汽车 汇总		7
113	华晨鑫源	1350	1
114	华晨鑫源 汇总		1
115	吉利汽车	1455	1
116		1520	1
117		1540	1
118		1560	1
119		1600	1
120		1610	1
121		1620	1
122		1660	3
123		1690	1
124		1715	1
125		1780	1
126		1846	2
127	吉利汽车 汇总		15
128	江淮汽车	1500	1
129		1595	4
130		1600	4
131		1640	1
132		1665	6
133		1670	6
134		1700	4
135		1930	1
136		1950	2
137		2020	2
138		2105	1
139		2115	1
140		2155	1
141		2200	4
142	江淮汽车 汇总		38
143	江铃福特	2234	1
144		2235	1
145		2285	1
146		2288	2
147	江铃福特 汇总		5
148	江苏九龙	1540	1
149		1800	1
150		1881	1
151		1888	1
152		2120	1
153		2150	1
154		2610	1
155		2665	1
156	江苏九龙 汇总		8
157	上汽乘用车	2058	1
158	上汽乘用车 汇总		1
159	上汽大众	1455	1
160		1515	1
161		1565	1
162		1575	1
163		2115	1
164		2160	1
165	上汽大众 汇总		6
166	上汽商用车	1480	2
167		1510	2
168		1535	2
169	上汽商用车	1550	2
170		1595	2
171		1772	2
172		1810	2
173		1870	2
174		2020	1
175		2050	1
176		2060	1
177		2075	1
178		2120	1
179		2130	1
180		2150	4
181		2155	1
182		2165	1
183		2180	1
184		2195	1
185		2200	1
186		2210	1
187		2220	1
188		2225	1
189		2260	2
190		2275	1
191		2285	1
192		2290	1
193		2320	1
194		2685	1
195	上汽商用车 汇总		41
196	上汽通用	1465	1
197		1490	1
198		1500	1
199		1520	1
200		1525	1
201		1860	1
202		1878	1
203		1880	2
204		1900	1
205		1910	1
206		1930	2
207		1960	1
208		1980	1
209		1998	1
210		2000	2
211	上汽通用 汇总		18
212	上汽通用五菱	1165	1
213		1185	1
214		1206	1
215		1215	2
216		1230	1
217		1240	1
218		1245	2
219		1255	1
220		1275	1
221		1280	1
222		1299	1
223		1321	2
224		1330	2

序号	制造商	整备质量	汇总
225	上汽通用五菱	1350	1
226		1360	1
227		1370	1
228		1375	2
229		1380	2
230		1395	1
231		1400	4
232		1410	4
233		1420	2
234		1430	1
235		1431	1
236		1435	2
237		1450	1
238		1470	1
239	上汽通用五菱	1475	1
240		1485	2
241		1500	3
242		1510	1
243		1520	1
244		1525	1
245		1540	1
246		1541	1
247		1544	2
248		1564	1
249		1565	1
250		1600	1
251		1680	1
252		1730	1
253	上汽通用五菱	1760	1
254	上汽通用五菱 汇总		60
255	四川工业	1375	1
256		1435	2
257		1460	2
258		1690	1
259	四川工业 汇总		6
260	潍柴汽车	1530	1
261	潍柴汽车 汇总		1
262	长安汽车	1215	2
263		1235	2
264		1250	4
265		1275	2
266		1300	2
267	长安汽车	1325	3
268		1360	1
269		1435	2
270		1460	3
271		1474	1
272		1670	2
273		1710	2
274		1890	4
275	长安汽车 汇总		30
276	郑州日产	1685	2
277		1710	1
278	郑州日产 汇总		3
总计			390

表 MB03　2020 年多功能型乘用车（MPV）外廓长度数值汇总表

单位：mm

序号	制造商	外廓长度	汇总
1	北汽福田	4505	1
2		4515	1
3		4730	2
4		5245	8
5	北汽福田 汇总		12
6	比亚迪汽车	4390	1
7		4460	3
8		4680	6
9		4710	3
10	比亚迪汽车 汇总		13
11	昌河汽车	4525	5
12	昌河汽车 汇总		5
13	大运汽车	4850	1
14	大运汽车 汇总		1
15	东风本田	4940	3
16		4950	3
17	东风本田 汇总		6
18	东风风行	4680	1
19		4715	1
20		4740	1
21		4745	3
22		5080	7
23		5115	2
24		5135	2
25		5145	20
26		5150	4
27		5170	4
28	东风风行 汇总		45
29	东风日产	4501	1
30	东风日产 汇总		1
31	东风小康	4365	7
32	东风小康	4400	2
33		4565	1
34	东风小康 汇总		10
35	枫盛汽车	4706	1
36	枫盛汽车 汇总		1
37	福建奔驰	5140	4
38		5170	2
39		5370	11
40		5400	1
41	福建奔驰 汇总		18
42	福建新龙马	4397	2
43	福建新龙马 汇总		2
44	广汽本田	4845	5
45		4847	7
46	广汽本田 汇总		12
47	广汽乘用车	4780	6
48		5066	3
49		5089	2
50		5149	2
51	广汽乘用车	5156	3
52	广汽乘用车 汇总		16
53	海马汽车	4815	3
54	海马汽车 汇总		3
55	汉腾汽车	4826	5
56	汉腾汽车 汇总		5
57	华晨汽车	4745	1
58		5235	5
59		5350	1
60	华晨汽车 汇总		7
61	华晨鑫源	4515	1
62	华晨鑫源 汇总		1
63	吉利汽车	4706	15
64	吉利汽车 汇总		15
65	江淮汽车	4645	6
66		4651	6
67		4715	9
68		4750	1
69		5075	3
70		5100	3
71		5120	2
72		5145	1
73		5200	7
74	江淮汽车 汇总		38
75	江铃福特	4976	5
76	江铃福特 汇总		5
77	江苏九龙	4397	1
78		4900	3
79		5150	4
80	江苏九龙 汇总		8
81	上汽乘用车	5016	1
82	上汽乘用车汇总		1
83	上汽大众	4527	2
84		4537	2
85		5346	2
86	上汽大众 汇总		6
87	上汽商用车	4825	16
88		5168	20
89		5198	5
90	上汽商用车 汇总		41
91	上汽通用	4684	1
92		4692	4
93		5203	3
94	上汽通用	5219	5
95		5238	4
96		5256	1
97	上汽通用 汇总		18
98	上汽通用五菱	4390	4
99		4400	1
100		4420	8
101		4615	7
102		4705	14
103		4710	4
104		4720	11
105		4780	7
106		4875	4
107	上汽通用五菱 汇总		60
108	四川工业	4580	6
109	四川工业 汇总		6
110	潍柴汽车	4508	1
111	潍柴汽车 汇总		1
112	长安汽车	4450	14
113		4475	1
114		4520	1
115		4600	5
116		4810	1
117		4840	8
118	长安汽车 汇总		30
119	郑州日产	4500	3
120	郑州日产 汇总		3
总计			390

表 MB04　2020 年多功能型乘用车（MPV）外廓宽度数值汇总表

单位：mm

序号	制造商	外廓宽度	汇总
1	北汽福田	1725	1
2		1750	1
3		1810	2
4		1825	8
5	北汽福田 汇总		12
6	比亚迪汽车	1720	3
7		1810	9
8		1850	1
9	比亚迪汽车 汇总		13
10	昌河汽车	1700	5
11	昌河汽车 汇总		5
12	大运汽车	1860	1
13	大运汽车 汇总		1
14	东风本田	1842	3
15		1845	3
16	东风本田 汇总		6
17	东风风行	1720	29
18		1770	8
19		1920	8
20	东风风行 汇总		45
21	东风日产	1726	1
22	东风日产 汇总		1
23	东风小康	1705	9
24		1725	1
25	东风小康 汇总		10
26	枫盛汽车	1909	1
27	枫盛汽车 汇总		1
28	福建奔驰	1928	18
29	福建奔驰 汇总		18
30	福建新龙马	1730	2
31	福建新龙马 汇总		2
32	广汽本田	1802	5
33		1820	7
34	广汽本田 汇总		12
35	广汽乘用车	1837	5
36		1860	1
37		1884	10
38	广汽乘用车 汇总		16
39	海马汽车	1874	3
40	海马汽车 汇总		3
41	汉腾汽车	1858	5
42	汉腾汽车 汇总		5
43	华晨汽车	1800	6
44		1810	1
45	华晨汽车 汇总		7
46	华晨鑫源	1750	1
47	华晨鑫源 汇总		1
48	吉利汽车	1909	15
49	吉利汽车 汇总		15
50	江淮汽车	1740	10
51	江淮汽车	1765	15
52		1835	1
53		1840	5
54		1890	7
55	江淮汽车 汇总		38
56	江铃福特	2095	5
57	江铃福特 汇总		5
58	江苏九龙	1730	1
59		1830	1
60		1835	6
61	江苏九龙 汇总		8
62	上汽乘用车	1909	1
63	上汽乘用车 汇总		1
64	上汽大众	1829	2
65		1834	2
66		1976	2
67	上汽大众 汇总		6
68	上汽商用车	1825	16
69		1980	25
70	上汽商用车 汇总		41
71	上汽通用	1794	4
72		1807	1
73		1878	13
74	上汽通用 汇总		18
75	上汽通用五菱	1660	5
76	上汽通用五菱	1685	8
77		1735	7
78		1765	4
79		1780	7
80		1806	14
81		1840	11
82		1880	4
83	上汽通用五菱 汇总		60
84	四川工业	1730	6
85	四川工业 汇总		6
86	潍柴汽车	1760	1
87	潍柴汽车 汇总		1
88	长安汽车	1685	14
89		1725	2
90		1750	4
91		1770	1
92		1795	1
93		1860	8
94	长安汽车 汇总		30
95	郑州日产	1695	3
96	郑州日产 汇总		3
总计			390

表 MB05　2020 年多功能型乘用车（MPV）外廓高度数值汇总表

单位：mm

序号	制造商	外廓高度	汇总
1	北汽福田	1770	1
2		1820	1
3		1830	2
4		2020	1
5		2030	7
6	北汽福田 汇总		12
7	比亚迪汽车	1650	1
8		1680	8
9		1690	1
10		1875	3
11	比亚迪汽车 汇总		13
12	昌河汽车	1783	2
13		1818	3
14	昌河汽车 汇总		5
15	大运汽车	1780	1
16	大运汽车 汇总		1
17	东风本田	1710	3
18		1711	3
19	东风本田 汇总		6
20	东风风行	1915	8
21		1925	6
22		1930	2
23		1940	4
24		1955	1
25		1960	10
26		1970	7
27		1995	7
28	东风风行 汇总		45
29	东风日产	1780	1
30	东风日产 汇总		1
31	东风小康	1770	4
32		1790	5
33		1810	1
34	东风小康 汇总		10
35	枫盛汽车	1699	1
36	枫盛汽车 汇总		1
37	福建奔驰	1880	8
38		1920	10
39	福建奔驰 汇总		18
40	福建新龙马	1758	1
41		1764	1
42	福建新龙马 汇总		2
43	广汽本田	1697	5
44		1702	1
45		1712	6
46	广汽本田 汇总		12
47	广汽乘用车	1730	2
48		1765	4
49		1822	10
50	广汽乘用车 汇总		16
51	海马汽车	1720	3
52	海马汽车 汇总		3
53	汉腾汽车	1721	5
54	汉腾汽车 汇总		5
55	华晨汽车	1845	1
56		1980	5
57		2160	1
58	华晨汽车 汇总		7
59	华晨鑫源	1795	1
60	华晨鑫源 汇总		1
61	吉利汽车	1664	1
62		1690	11
63		1713	3
64	吉利汽车 汇总		15
65	江淮汽车	1773	1
66		1900	14
67		1935	11
68		1970	6
69		1980	5
70		2010	1
71	江淮汽车 汇总		38
72	江铃福特	1990	4
73		2080	1
74	江铃福特 汇总		5
75	江苏九龙	1758	1
76		1890	7
77	江苏九龙 汇总		8
78	上汽乘用车	1782	1
79	上汽乘用车 汇总		1
80	上汽大众	1659	2
81		1682	2
82	上汽大众	1781	2
83	上汽大众 汇总		6
84	上汽商用车	1778	8
85		1800	8
86		1928	25
87	上汽商用车 汇总		41
88	上汽通用	1626	4
89		1627	1
90		1776	2
91		1789	1
92		1799	3
93		1800	2
94		1805	3
95		1809	1
96		1811	1
97	上汽通用 汇总		18
98	上汽通用五菱	1615	3
99		1625	4
100		1635	2
101		1640	2
102		1645	5
103		1660	5
104		1700	4
105		1740	7
106		1750	5
107		1755	5
108		1770	4

序号	制造商	外廓高度	汇总
109	上汽通用五菱	1775	3
110		1810	5
111		1830	6
112	上汽通用五菱 汇总		60
113	四川工业	1825	3
114		1845	1
115		1850	2
116	四川工业 汇总		6
117	潍柴汽车	1715	1
118	潍柴汽车 汇总		1
119	长安汽车	1685	1
120		1707	1
121		1750	1
122		1810	7
123	长安汽车	1835	7
124		1840	1
125		1845	2
126		1855	1
127		1865	3
128		1870	1
129		1890	4
130	长安汽车	1895	1
131	长安汽车 汇总		30
132	郑州日产	1870	2
133		2085	1
134	郑州日产 汇总		3
总计			390

表 MB06　2020 年多功能型乘用车（MPV）轴距数值汇总表

单位：mm

序号	制造商	轴距	汇总
1	北汽福田	2760	4
2		3430	8
3	北汽福田 汇总		12
4	比亚迪汽车	2725	3
5		2785	9
6		2800	1
7	比亚迪汽车 汇总		13
8	昌河汽车	2790	5
9	昌河汽车 汇总		5
10	大运汽车	2880	1
11	大运汽车 汇总		1
12	东风本田	2900	6
13	东风本田 汇总		6
14	东风风行	2800	5
15		2900	1
16		3000	24
17		3198	6
18		3200	9
19	东风风行 汇总		45
20	东风日产	2750	1
21	东风日产 汇总		1
22	东风小康	2725	10
23	东风小康 汇总		10
24	枫盛汽车	2807	1
25	枫盛汽车 汇总		1
26	福建奔驰	3200	6
27		3430	12
28	福建奔驰 汇总		18
29	福建新龙马	2721	2
30	福建新龙马 汇总		2
31	广汽本田	2900	12
32	广汽本田 汇总		12
33	广汽乘用车	2810	6
34	广汽乘用车	3000	10
35	广汽乘用车 汇总		16
36	海马汽车	2860	3
37	海马汽车 汇总		3
38	汉腾汽车	2800	5
39	汉腾汽车 汇总		5
40	华晨汽车	2860	1
41		3430	6
42	华晨汽车 汇总		7
43	华晨鑫源	2725	1
44	华晨鑫源 汇总		1
45	吉利汽车	2805	15
46	吉利汽车 汇总		15
47	江淮汽车	2760	1
48		2810	21
49		3080	12
50		3110	4
51	江淮汽车 汇总		38
52	江铃福特	2933	5
53	江铃福特 汇总		5
54	江苏九龙	2721	1
55		2950	3
56		3200	4
57	江苏九龙 汇总		8
58	上汽乘用车	3000	1
59	上汽乘用车 汇总		1
60	上汽大众	2791	4
61		3180	2
62	上汽大众 汇总		6
63	上汽商用车	2800	16
64		3198	25
65	上汽商用车 汇总		41
66	上汽通用	2796	5
67	上汽通用	3088	13
68	上汽通用 汇总		18
69	上汽通用五菱	2720	13
70		2750	32
71		2800	15
72	上汽通用五菱 汇总		60
73	四川工业	2800	6
74	四川工业 汇总		6
75	潍柴汽车	2785	1
76	潍柴汽车 汇总		1
77	长安汽车	2680	1
78		2700	1
79		2750	14
80		2760	1
81		2820	8
82		2850	5
83	长安汽车 汇总		30
84	郑州日产	2695	3
85	郑州日产 汇总		3
总计			390

表 MB07　2020 年多功能型乘用车（MPV）前轮距数值汇总表

单位：mm

序号	制造商	前轮距	汇总
1	北汽福田	1425	1
2		1445	1
3		1500	2
4		1560	8
5	北汽福田 汇总		12
6	比亚迪汽车	1490	3
7		1540	9
8		1590	1
9	比亚迪汽车 汇总		13
10	昌河汽车	1420	5
11	昌河汽车 汇总		5
12	大运汽车	1599	1
13	大运汽车 汇总		1
14	东风本田	1559	3
15		1560	3
16	东风本田 汇总		6
17	东风风行	1445	29
18		1525	8
19		1685	8
20	东风风行 汇总		45
21	东风日产	1490	1
22	东风日产 汇总		1
23	东风小康	1425	9
24		1465	1
25	东风小康 汇总		10
26	枫盛汽车	1592	1
27	枫盛汽车 汇总		1
28	福建奔驰	1666	18
29	福建奔驰 汇总		18
30	福建新龙马	1430	2
31	福建新龙马 汇总		2
32	广汽本田	1559	7
33		1560	5
34	广汽本田 汇总		12
35	广汽乘用车	1580	6
36		1620	10
37	广汽乘用车 汇总		16
38	海马汽车	1615	3
39	海马汽车 汇总		3
40	汉腾汽车	1583	5
41	汉腾汽车 汇总		5
42	华晨汽车	1543	1
43		1560	6
44	华晨汽车 汇总		7
45	华晨鑫源	1495	1
46	华晨鑫源 汇总		1
47	吉利汽车	1596	11
48		1600	4
49	吉利汽车 汇总		15
50	江淮汽车	1500	25
51		1525	1
52		1570	12
53	江淮汽车 汇总		38
54	江铃福特	1736	5
55	江铃福特 汇总		5
56	江苏九龙	1430	1
57		1580	7
58	江苏九龙 汇总		8
59	上汽乘用车	1644	1
60	上汽乘用车 汇总		1
61	上汽大众	1563	2
62		1569	2
63		1704	2
64	上汽大众 汇总		6
65	上汽商用车	1560	16
66		1680	21
67		1685	4
68	上汽商用车 汇总		41
69	上汽通用	1540	5
70		1602	5
71		1612	8
72	上汽通用 汇总		18
73	上汽通用五菱	1420	13
74		1482	7
75		1530	4
76		1546	7

序号	制造商	前轮距	汇总
77	上汽通用五菱	1550	14
78		1606	15
79	上汽通用五菱 汇总		60
80	四川工业	1475	6
81	四川工业 汇总		6
82	潍柴汽车	1500	1
83	潍柴汽车 汇总		1
84	长安汽车	1425	14
85	长安汽车	1460	2
86		1475	5
87		1535	1
88		1572	8
89	长安汽车 汇总		30
90	郑州日产	1470	3
91	郑州日产 汇总		3
总计			390

表 MB08　2020 年多功能型乘用车（MPV）后轮距数值汇总表

单位：mm

序号	制造商	后轮距	汇总
1	北汽福田	1448	1
2		1468	1
3		1515	2
4		1540	8
5	北汽福田 汇总		12
6	比亚迪汽车	1530	9
7		1533	3
8		1590	1
9	比亚迪汽车 汇总		13
10	昌河汽车	1440	5
11	昌河汽车 汇总		5
12	大运汽车	1595	1
13	大运汽车 汇总		1
14	东风本田	1560	6
15	东风本田 汇总		6
16	东风风行	1420	29
17		1500	8
18		1660	8
19	东风风行 汇总		45
20	东风日产	1514	1
21	东风日产 汇总		1
22	东风小康	1445	10
23	东风小康 汇总		10
24	枫盛汽车	1616	1
25	枫盛汽车 汇总		1
26	福建奔驰	1646	18
27	福建奔驰 汇总		18
28	福建新龙马	1450	2
29	福建新龙马 汇总		2
30	广汽本田	1560	12
31	广汽本田 汇总		12
32	广汽乘用车	1580	6
33		1635	10
34	广汽乘用车 汇总		16
35	海马汽车	1615	3
36	海马汽车 汇总		3
37	汉腾汽车	1588	5
38	汉腾汽车 汇总		5
39	华晨汽车	1540	6
40		1544	1
41	华晨汽车 汇总		7
42	华晨鑫源	1520	1
43	华晨鑫源 汇总		1
44	吉利汽车	1614	11
45		1620	4
46	吉利汽车 汇总		15
47	江淮汽车	1475	25
48		1520	1
49		1545	12
50	江淮汽车 汇总		38
51	江铃福特	1720	5
52	江铃福特 汇总		5
53	江苏九龙	1450	1
54		1580	7
55	江苏九龙 汇总		8
56	上汽乘用车	1649	1
57	上汽乘用车 汇总		1
58	上汽大众	1535	2
59		1542	2
60		1721	2
61	上汽大众 汇总		6
62	上汽商用车	1570	16
63		1660	21
64		1690	4
65	上汽商用车 汇总		41
66	上汽通用	1540	5
67		1605	5
68		1626	8
69	上汽通用 汇总		18
70	上汽通用五菱	1440	13
71		1488	7
72		1525	4
73		1541	7
74		1545	14
75		1606	15
76	上汽通用五菱 汇总		60
77	四川工业	1485	6
78	四川工业 汇总		6
79	潍柴汽车	1510	1
80	潍柴汽车 汇总		1
81	长安汽车	1435	14
82		1470	2
83		1480	5
84		1530	1
85		1568	8
86	长安汽车 汇总		30
87	郑州日产	1475	3
88	郑州日产 汇总		3
总计			390

多功能型乘用车（MPV）

通过对 2020 年 MPV 乘用车 30 家 390 车型派系数据分析，自主品牌车型有 325 款，位居第一。制造厂家中上汽通用五菱车型有 60 个，位居第一。详细数据见表 MH01 2020 年多功能型乘用车（MPV）制造商派系数量表。

表 MH01　2020 年多功能型乘用车（MPV）制造商派系数量表

序号	制造商	美系	欧系	日系	自主	合计
	总计	23	24	18	325	390
1	上汽通用五菱				60	60
2	东风风行				45	45
3	上汽商用车				41	41
4	江淮汽车				38	38
5	长安汽车				30	30
6	福建奔驰		18			18
7	上汽通用	18				18
8	广汽乘用车				16	16
9	吉利汽车				15	15
10	比亚迪汽车				13	13
11	北汽福田				12	12
12	广汽本田			12		12
13	东风小康				10	10
14	江苏九龙				8	8
15	华晨汽车				7	7
16	东风本田			6		6
17	上汽大众		6			6
18	四川工业				6	6
19	昌河汽车				5	5
20	汉腾汽车				5	5
21	江铃福特	5				5
22	海马汽车				3	3
23	郑州日产				3	3
24	福建新龙马				2	2
25	大运汽车				1	1
26	东风日产				1	1
27	枫盛汽车				1	1
28	华晨鑫源				1	1
29	上汽乘用车				1	1
30	潍柴汽车				1	1

通过对 2020 年 MPV 乘用车 30 家 390 车型按照排量数据分析，排量共计有 13 个外加纯电车类，纯电车有 32 个车型，占比为 8.2%。排量为 2.0T 有 81 个车型，占比为 20.8%，位居第一。详细数据见表 MH02 2020 年多功能型乘用车（MPV）发动机排量数值表。

表 MH02　2020 年多功能型乘用车（MPV）发动机排量数值表

序号	排量	美系	欧系	日系	自主	合计	占比
1	1.2L				4	4	1.0%
2	1.3T	5			9	14	3.6%
3	1.4T		4		1	5	1.3%
4	1.5L				80	80	20.5%
5	1.5T				68	68	17.4%
6	1.6L				30	30	7.7%
7	1.6T				2	2	0.5%
8	1.8L				14	14	3.6%
9	1.8T				10	10	2.6%
10	1.9T				7	7	1.8%
11	2.0L			10	20	30	7.7%
12	2.0T	18	20		43	81	20.8%
13	2.4L			8	5	13	3.3%
14	纯电				32	32	8.2%
总计		23	24	18	325	390	100.0%

表 MX01　2020 年运动型多功能型乘用车（MPV）车型与外廓尺寸参数一览表

单位：mm

序号	制造商	车型	排量	外廓长度	外廓宽度	外廓高度	汇总
1	北汽福田	伽途 im8	1.4T	4730	1810	1830	1
2			1.5L	4730	1810	1830	1
3		伽途 ix5	1.5L	4505	1725	1770	1
4		伽途 ix7	1.5L	4515	1750	1820	1
5		蒙派克	2.0L	5245	1825	2030	5
6			2.4L	5245	1825	2020	1
7						2030	2
8	比亚迪汽车	比亚迪 D1	纯电	4390	1850	1650	1
9		比亚迪商	纯电	4460	1720	1875	3
10		比亚迪宋 MAX	1.5T	4680	1810	1680	5
11				4710	1810	1680	3
12			纯电	4680	1810	1690	1
13	昌河汽车	福瑞达 M50S	1.5L	4525	1700	1783	2
14						1818	3
15	大运汽车	驰虎 EM6	纯电	4850	1860	1780	1
16	东风本田	新艾力绅	2.0L	4950	1842	1711	3
17			2.4L	4940	1845	1710	3
18	东风风行	风行 CM7	1.8T	5170	1920	1930	2
19			2.0T	5150	1920	1925	4
20				5170	1920	1925	2
21		风行 F600	1.5T	4740	1770	1915	1
22		风行 F600L	1.5T	5080	1770	1915	3
23			2.0L	5080	1770	1915	4
24		风行菱智	1.3T	5145	1720	1960	1
25			1.5L	4680	1720	1940	1
26				4715	1720	1940	1
27			1.6L	4745	1720	1940	2
28						1955	1
29				5115	1720	1960	2
30				5135	1720	1970	2
31				5145	1720	1960	5
32						1970	5
33			2.0L	5145	1720	1960	2
34			纯电	5145	1720	1995	7
35	东风日产	启辰 M50V	1.6L	4501	1726	1780	1
36	东风小康	东风小康风光	1.2L	4365	1705	1770	1
37			1.5L	4365	1705	1770	3
38						1790	3
39				4400	1705	1790	2
40				4565	1725	1810	1
41	枫盛汽车	枫叶 80V	纯电	4706	1909	1699	1
42	福建奔驰	奔驰 V 级	2.0T	5140	1928	1880	2
43						1920	2
44				5170	1928	1920	2
45				5370	1928	1880	2
46						1920	1
47				5400	1928	1920	1
48		威霆	2.0T	5370	1928	1880	4
49						1920	4
50	福建新龙马	启腾 L1	1.5L	4397	1730	1758	1
51						1764	1
52	广汽本田	新奥德赛	2.0L	4847	1820	1702	1
53						1712	6
54			2.4L	4845	1802	1697	5
55	广汽乘用车	传祺 GM6	1.5T	4780	1837	1730	2
56						1765	3
57	广汽乘用车	传祺 GM6			1860	1765	1
58		传祺 GM8	1.8T	5066	1884	1822	1
59				5089	1884	1822	1
60				5156	1884	1822	1
61			2.0T	5066	1884	1822	2
62				5089	1884	1822	1
63				5149	1884	1822	2
64				5156	1884	1822	2
65	海马汽车	海马 7X	1.5T	4815	1874	1720	1
66			1.6T	4815	1874	1720	2
67	汉腾汽车	汉腾 V7	1.5T	4826	1858	1721	5
68	华晨汽车	阁瑞斯	2.0L	5235	1800	1980	4
69						2160	1
70			2.4L	5350	1800	1980	1
71		金杯 F50	纯电	4745	1810	1845	1
72	华晨鑫源	斯威 X2	1.5L	4515	1750	1795	1
73	吉利汽车	嘉际	1.5T	4706	1909	1664	1
74						1690	5
75			1.8T	4706	1909	1690	5
76		嘉际 HEV	1.5T	4706	1909	1690	1
77						1713	3
78	江淮汽车	瑞风	1.9T	5100	1840	1970	1
79				5120	1840	1970	1
80			2.0T	5100	1840	1970	2
81				5120	1840	1970	1
82		瑞风 M3	1.5T	4715	1765	1900	1
83			1.6L	4645	1740	1900	4
84						1935	2
85				4715	1740	1900	2
86						1935	2
87			1.8L	4651	1765	1900	3
88						1935	3
89				4715	1765	1900	2
90						1935	2
91				5075	1765	1900	1
92						1935	2
93				5145	1765	1900	1
94		瑞风 M4	1.9T	5200	1890	1980	1
95						2010	1
96			2.0L	5200	1890	1970	1
97						1980	2
98			2.0T	5200	1890	1980	2
99		瑞风 R3	1.6L	4750	1835	1773	1
100	江铃福特	途睿欧	2.0T	4976	2095	1990	4
101						2080	1
102	江苏九龙	艾菲	2.0L	4900	1830	1890	1
103			2.0T	4900	1835	1890	1
104				5150	1835	1890	2
105			2.4L	4900	1835	1890	1
106			纯电	5150	1835	1890	2
107		九龙 EM5	纯电	4397	1730	1758	1
108	上汽乘用车	荣威 iMAX8	2.0T	5016	1909	1782	1
109	上汽大众	途安	1.4T	4527	1829	1659	2
110				4537	1834	1682	2
111		威然	2.0T	5346	1976	1781	2
112	上汽商用车	EG50	纯电	4825	1825	1778	1

序号	制造商	车型	排量	外廓长度	外廓宽度	外廓高度	汇总
113	上汽商用车	EG50				1800	1
114		EUNIQ 5	1.3T	4825	1825	1778	1
115						1800	1
116			纯电	4825	1825	1778	1
117						1800	1
118		G10	1.9T	5168	1980	1928	3
119			2.0T	5168	1980	1928	16
120			纯电	5168	1980	1928	1
121		G20	2.0T	5198	1980	1928	5
122		G50	1.3T	4825	1825	1778	3
123						1800	3
124			1.5T	4825	1825	1778	2
125						1800	2
126	上汽通用	GL6	1.3T	4692	1794	1626	4
127		GL8	2.0T	5219	1878	1799	3
128						1805	2
129				5238	1878	1776	1
130						1789	1
131						1800	2
132				5256	1878	1776	1
133		GL8 ES	2.0T	5203	1878	1805	1
134						1809	1
135						1811	1
136		沃兰多	1.3T	4684	1807	1627	1
137	上汽通用五菱	宝骏 360	1.5L	4615	1735	1640	2
138						1660	5
139		宝骏 730	1.5L	4710	1765	1740	4
140				4780	1780	1740	1
141			1.5T	4780	1780	1740	2
142						1755	1
143						1775	3
144		宝骏 RM-5	1.5L	4705	1806	1615	3
145						1635	2
146			1.5T	4705	1806	1625	4

序号	制造商	车型	排量	外廓长度	外廓宽度	外廓高度	汇总
147	上汽通用五菱	宝骏 RM-5				1645	5
148		凯捷	1.5T	4875	1880	1700	4
149		五菱宏光 LUS	1.5L	4720	1840	1810	2
150						1830	3
151			1.5T	4720	1840	1810	3
152						1830	3
153		五菱宏光 S	1.2L	4390	1660	1750	2
154				4400	1660	1750	1
155			1.5L	4390	1660	1750	2
156				4420	1685	1755	4
157						1770	4
158	四川工业	斯派卡	1.5L	4580	1730	1825	2
159						1845	1
160						1850	2
161			纯电	4580	1730	1825	1
162	潍柴汽车	英致 737	纯电	4508	1760	1715	1
163	长安汽车	欧诺 S	1.5L	4450	1685	1810	7
164						1835	7
165		欧尚 A600	1.5L	4475	1725	1685	1
166		欧尚 A800	1.6L	4810	1795	1750	1
167		欧尚 COSMOS	1.5T	4840	1860	1865	2
168						1890	2
169			纯电	4840	1860	1840	1
170						1865	1
171						1870	1
172						1895	1
173		欧尚长行	1.5L	4520	1725	1707	1
174		睿行 S50	1.5L	4600	1750	1845	2
175						1890	2
176					1770	1855	1
177	郑州日产	帅客	纯电	4500	1695	1870	2
178						2085	1
总计							390

表 MX02　2020 年多功能型乘用车（MPV）排量与总质量参数一览表

单位：kg

序号	排量	总质量	制造商	品牌	汇总
1	1.2L	1825	上汽通用五菱	五菱	3
2		1835	东风小康	东风	1
3	1.3T	1855	上汽商用车	大通	2
4		1980	上汽通用	别克	2
5		2005	上汽通用	别克	2
6		2035	上汽商用车	大通	2
7		2075	上汽商用车	大通	2
8			上汽通用	雪佛兰	1
9		2240	上汽商用车	大通	2
10		2280	东风风行	东风	1
11	1.4T	1955	上汽大众	大众	1
12		2020	北汽福田	福田	1
13		2055	上汽大众	大众	1
14		2105	上汽大众	大众	1
15		2115	上汽大众	大众	1
16	1.5L	1760	东风小康	东风	4
17		1775	东风小康	东风	2
18		1780	上汽通用五菱	宝骏	2
19		1790	昌河汽车	昌河	5
20		1800	长安汽车	长安	6
21		1820	北汽福田	福田	2
22			上汽通用五菱	宝骏	5
23		1825	上汽通用五菱	五菱	6
24		1835	东风小康	东风	2
25		1850	福建新龙马	福建	2
26			上汽通用五菱	五菱	4
27			长安汽车	长安	1
28		1870	东风小康	东风	1
29		1875	华晨鑫源	斯威	1
30		1885	长安汽车	长安	1
31		1920	上汽通用五菱	宝骏	6
32		1925	长安汽车	长安	8
33		1955	上汽通用五菱	宝骏	1
34		1960	上汽通用五菱	宝骏	3
35		1970	上汽通用五菱	五菱	1
36		1980	北汽福田	福田	1
37		2000	上汽通用五菱	五菱	4
38		2020	四川工业	野马	3
39		2030	长安汽车	长安	2
40		2050	东风风行	东风	1
41		2080	东风风行	东风	1
42		2130	长安汽车	长安	3
43		2200	四川工业	野马	2
44	1.5T	2020	上汽通用五菱	宝骏	3
45		2030	上汽通用五菱	宝骏	4
46		2040	上汽通用五菱	宝骏	3
47		2050	上汽通用五菱	五菱	6
48		2080	上汽通用五菱	宝骏	5
49		2095	汉腾汽车	汉腾	1
50		2111	汉腾汽车	汉腾	1
51		2115	汉腾汽车	汉腾	1
52		2130	上汽商用车	大通	4
53		2150	上汽通用五菱	五菱	1
54		2185	吉利汽车	吉利	6
55		2186	汉腾汽车	汉腾	2
56		2195	海马汽车	海马	1
57			长安汽车	长安	2
58		2200	上汽通用五菱	五菱	2
59		2215	广汽乘用车	传祺	5
60		2235	长安汽车	长安	2
61		2240	上汽通用五菱	五菱	1
62		2265	东风风行	东风	1
63		2300	比亚迪汽车	比亚迪	6
64			江淮汽车	江淮	1
65		2305	东风风行	东风	1
66		2320	东风风行	东风	1
67		2327	广汽乘用车	传祺	1
68		2371	吉利汽车	吉利	4
69		2565	东风风行	东风	1
70		2580	比亚迪汽车	比亚迪	2
71	1.6L	1860	东风日产	启辰	1
72		1984	长安汽车	长安	1
73		2025	江淮汽车	江淮	1
74		2100	东风风行	东风	1
75		2145	东风风行	东风	1
76		2155	东风风行	东风	1
77		2170	东风风行	东风	1
78		2195	江淮汽车	江淮	10
79		2210	东风风行	东风	5
80		2245	东风风行	东风	2
81		2255	东风风行	东风	1
82		2325	东风风行	东风	5
83	1.6T	2120	海马汽车	海马	1
84		2195	海马汽车	海马	1
85	1.8L	2265	江淮汽车	江淮	8
86		2378	江淮汽车	江淮	4
87		2510	江淮汽车	江淮	2
88	1.8T	2226	吉利汽车	吉利	5
89		2555	东风风行	东风	1
90		2600	广汽乘用车	传祺	3
91		2705	东风风行	东风	1
92	1.9T	2725	江淮汽车	江淮	2
93		2800	江淮汽车	江淮	2
94		3000	上汽商用车	大通	3
95	2.0L	2290	东风风行	东风	2
96		2335	东风风行	东风	1
97		2350	东风风行	东风	1
98		2425	江苏九龙	大马	1
99		2435	东风风行	东风	1
100		2450	广汽本田	本田	2
101		2514	东风本田	本田	3
102			广汽本田	本田	5
103		2580	东风风行	东风	1
104		2600	华晨汽车	金杯	2
105		2605	江淮汽车	江淮	1
106		2725	江淮汽车	江淮	2
107		2755	北汽福田	福田	3
108		2800	华晨汽车	金杯	3
109		2865	北汽福田	福田	2
110	2.0T	2415	上汽通用	别克	1
111		2430	上汽通用	别克	1
112		2440	上汽通用	别克	3
113		2460	上汽通用	别克	1
114		2465	上汽通用	别克	1

序号	排量	总质量	制造商	品牌	汇总
115		2500	上汽通用	别克	1
116		2505	上汽通用	别克	1
117		2520	上汽通用	别克	1
118		2545	上汽通用	别克	1
119		2570	江苏九龙	九龙	1
120		2580	上汽通用	别克	2
121		2600	广汽乘用车	传祺	7
122		2605	东风风行	东风	1
123		2627	上汽乘用车	荣威	1
124		2645	江苏九龙	大马	1
125		2675	上汽大众	大众	1
126		2680	上汽商用车	大通	2
127		2720	上汽大众	大众	1
128		2745	东风风行	东风	5
129		2780	江淮汽车	江淮	1
130		2790	江淮汽车	江淮	1
131		2800	江淮汽车	江淮	3
132			上汽商用车	大通	5
133		2825	江苏九龙	大马	1
134		2850	江铃福特	福特	2
135			上汽商用车	大通	3
136		2900	江铃福特	福特	3
137			上汽商用车	大通	6
138		2950	上汽商用车	大通	3
139		2970	上汽商用车	大通	2
140		3100	福建奔驰	梅赛德斯 - 奔驰	18
141	2.4L	2450	广汽本田	本田	5
142		2475	东风本田	本田	3
143		2513	江苏九龙	大马	1
144		2750	华晨汽车	金杯	1
145		2755	北汽福田	福田	3
146	纯电	2010	潍柴汽车	英致	1
147		2015	比亚迪汽车	比亚迪	1
148		2095	枫盛汽车	枫叶	1
149		2100	江苏九龙	九龙	1
150		2275	比亚迪汽车	比亚迪	1
151		2280	东风风行	东风	1
152		2290	四川工业	野马	1
153			郑州日产	东风	2
154		2305	比亚迪汽车	比亚迪	1
155		2310	郑州日产	东风	1
156		2335	上汽商用车	大通	2
157		2360	上汽商用车	大通	2
158		2400	东风风行	东风	1
159		2415	长安汽车	长安	4
160		2510	华晨汽车	金杯	1
161		2515	比亚迪汽车	比亚迪	1
162		2525	东风风行	东风	4
163		2530	比亚迪汽车	比亚迪	1
164		2575	大运汽车	大运	1
165		2580	东风风行	东风	1
166		3210	上汽商用车	大通	1
167		3275	江苏九龙	大马	2
总计					390

通过对 2020 年 MPV 乘用车 30 家 390 车型轮胎参数数据分析，共计配置有 31 款轮胎。其中规格型号为 215/55R17 的轮胎被 3 大派系使用，有 33 个车型，位居第一位，占比达 8.5%。具体数据参见表 MT01 2020 年多功能型乘用车（MPV）轮胎规格一览表。

表 MT01　2020 年多功能型乘用车（MPV）轮胎规格一览表

序号	轮胎规格	美系	欧系	日系	自主	合计	占比
1	215/55R17		1	1	31	33	8.5%
2	225/55R18	5			24	29	7.4%
3	195/65R15				27	27	6.9%
4	225/60R17	8			18	26	6.7%
5	215/60R16			6	14	20	5.1%
6	215/65R15				20	20	5.1%
7	185/70R14				20	20	5.1%
8	215/65R16	5			14	19	4.9%
9	215/60R17			5	13	18	4.6%
10	225/55R17				15	15	3.8%
11	195/70R15				14	14	3.6%
12	205/55R16				13	13	3.3%
13	175/70R14				13	13	3.3%
14	195/60R16				11	11	2.8%
15	205/65R16				11	11	2.8%
16	185/65R15				10	10	2.6%
17	205/65R15				10	10	2.6%
18	245/50R18		10			10	2.6%
19	225/50R18			6	3	9	2.3%
20	235/55R17		8			8	2.1%
21	185/65R14				7	7	1.8%
22	215/70R16				7	7	1.8%
23	195/80R15				7	7	1.8%
24	205/70R15				7	7	1.8%
25	205/60R16		1		5	6	1.5%
26	195/55R16				5	5	1.3%
27	225/50R17	5				5	1.3%
28	195/60R15				4	4	1.0%
29	235/60R18		2			2	0.5%
30	225/45R18		2			2	0.5%
31	215/55R16				2	2	0.5%
总计		23	24	18	325	390	100.0%

通过对 2020 年 MPV 乘用车 30 家 390 车型轮胎参数数据分析，共计使用有 8 个轮胎宽度。其中轮胎宽度为 215 的轮胎被 4 大派系使用，有 119 个车型，位居第一位，占比达 30.5%。具体数据参见表 MT02 2020 年多功能型乘用车（MPV）轮胎宽度分析表。

表 MT02　2020 年多功能型乘用车（MPV）轮胎宽度分析表

序号	轮胎宽度	美系	欧系	日系	自主	合计	占比
1	175				13	13	3.3%
2	185				37	37	9.5%
3	195				68	68	17.4%
4	205		1		46	47	12.1%
5	215	5	1	12	101	119	30.5%
6	225	18	2	6	60	86	22.1%
7	235		10			10	2.6%
8	245		10			10	2.6%
总计		23	24	18	325	390	100.0%

通过对 2020 年 MPV 乘用车 30 家 390 车型轮胎参数数据分析，共计使用有 7 个轮胎高宽比。其中轮胎高宽比为 /55 的轮胎被 4 大派系使用，有 105 个车型，位居第一位，占比达 26.9%。具体数据参见表 MT03 2020 年多功能型乘用车（MPV）轮胎高宽比分析表。

表 MT03　2020 年多功能型乘用车（MPV）轮胎高宽比分析表

序号	轮胎高宽比	美系	欧系	日系	自主	合计	占比
1	/45		2			2	0.5%
2	/50	5	10	6	3	24	6.2%
3	/55	5	9	1	90	105	26.9%
4	/60	8	3	11	65	87	22.3%
5	/65	5			99	104	26.7%
6	/70				61	61	15.6%
7	/80				7	7	1.8%
总计		23	24	18	325	390	100.0%

通过对 2020 年 MPV 乘用车 30 家 390 车型轮胎参数数据分析，共计使用有 5 个轮胎内径。其中轮胎内径为 R17 的轮胎被 4 大派系使用，有 105 个车型，位居第一位，占比达 26.9%。具体数据参见表 MT04 2020 年多功能型乘用车（MPV）轮胎内径分析表。

表 MT04　2020 年多功能型乘用车（MPV）轮胎内径分析表

序号	轮胎内径	美系	欧系	日系	自主	合计	占比
1	R14				40	40	10.3%
2	R15				99	99	25.4%
3	R16	5	1	6	82	94	24.1%
4	R17	13	9	6	77	105	26.9%
5	R18	5	14	6	27	52	13.3%
总计		23	24	18	325	390	100.0%

表 MT05　2020 年多功能型乘用车（MPV）车型与轮胎规格一览表

序号	制造商	车型	排量	轮胎规格	汇总
1	北汽福田	伽途 im8	1.4T	215/55R16	1
2			1.5L	215/55R16	1
3		伽途 ix5	1.5L	185/70R14	1
4		伽途 ix7	1.5L	205/60R16	1
5		蒙派克	2.0L	195/70R15	3
6				205/70R15	2
7			2.4L	195/70R15	2
8				205/70R15	1
9	比亚迪汽车	比亚迪 D1	纯电	195/60R16	1
10		比亚迪商	纯电	195/60R16	3
11		比亚迪宋 MAX	1.5T	215/55R17	6
12				225/50R18	2
13			纯电	225/50R18	1
14	昌河汽车	福瑞达 M50S	1.5L	185/70R14	4
15				185/65R14	1
16	大运汽车	驰虎 EM6	纯电	225/55R17	1
17	东风本田	新艾力绅	2.0L	225/50R18	3
18			2.4L	225/50R18	3
19	东风风行	风行 CM7	1.8T	225/55R17	2
20			2.0T	215/65R16	4
21				225/55R17	2
22		风行 F600	1.5T	215/60R16	1
23		风行 F600L	1.5T	215/60R16	2
24				215/65R15	1
25			2.0L	215/65R15	4
26		风行菱智	1.3T	195/65R15	1
27			1.5L	195/65R15	2
28			1.6L	215/65R15	14
29				195/70R15	2
30				195/65R15	1
31			2.0L	215/65R15	1
32				195/70R15	1
33			纯电	195/80R15	7
34	东风日产	启辰 M50V	1.6L	195/55R16	1
35	东风小康	东风小康风光	1.2L	185/65R14	1
36			1.5L	185/65R14	5
37				195/60R15	4
38	枫盛汽车	枫叶 80V	纯电	215/60R17	1
39	福建奔驰	奔驰 V 级	2.0T	245/50R18	10
40		威霆	2.0T	235/55R17	8
41	福建新龙马	启腾 L1	1.5L	195/65R15	1
42				185/70R14	1
43	广汽本田	新奥德赛	2.0L	215/60R17	5
44				215/60R16	2
45			2.4L	215/60R16	4
46	广汽本田	新奥德赛		215/55R17	1
47	广汽乘用车	传祺 GM6	1.5T	215/60R16	6
48		传祺 GM8	1.8T	225/60R17	3
49			2.0T	225/60R17	7
50	海马汽车	海马 7X	1.5T	215/60R17	1
51			1.6T	215/60R17	2
52	汉腾汽车	汉腾 V7	1.5T	215/60R16	5
53	华晨汽车	阁瑞斯	2.0L	195/70R15	5
54			2.4L	195/70R15	1
55		金杯 F50	纯电	195/65R15	1
56	华晨鑫源	斯威 X2	1.5L	195/65R15	1
57	吉利汽车	嘉际	1.5T	225/55R17	5
58				215/60R17	1
59			1.8T	225/55R17	5
60		嘉际 HEV	1.5T	225/55R18	4
61	江淮汽车	瑞风	1.9T	225/60R17	2
62			2.0T	225/60R17	3
63		瑞风 M3	1.5T	205/65R15	1
64			1.6L	205/65R15	5
65				195/65R15	5
66			1.8L	195/65R15	10
67				205/65R15	4
68		瑞风 M4	1.9T	205/70R15	2
69			2.0L	205/70R15	2
70				215/65R16	1
71			2.0T	215/65R16	2
72		瑞风 R3	1.6L	205/55R16	1
73	江铃福特	途睿欧	2.0T	215/65R16	5
74	江苏九龙	艾菲	2.0L	215/65R16	1
75			2.0T	215/65R16	3
76			2.4L	215/65R16	1
77			纯电	215/65R16	2
78		九龙 EM5	纯电	195/65R15	1
79	上汽乘用车	荣威 iMAX8	2.0T	225/55R18	1
80	上汽大众	途安	1.4T	225/45R18	2
81				205/60R16	1
82				215/55R17	1
83		威然	2.0T	235/60R18	2
84	上汽商用车	EG50	纯电	215/55R17	2
85		EUNIQ 5	1.3T	215/55R17	2
86			纯电	215/55R17	2
87		G10	1.9T	215/70R16	3
88			2.0T	225/55R18	13
89				215/70R16	3
90			纯电	215/70R16	1

序号	制造商	车型	排量	轮胎规格	汇总
91	上汽商用车	G20	2.0T	225/60R17	3
92	上汽商用车	G20		225/55R18	2
93	上汽商用车	G50	1.3T	215/55R17	6
94	上汽商用车	G50	1.5T	215/55R17	4
95	上汽通用	GL6	1.3T	225/50R17	4
96	上汽通用	GL8	2.0T	225/60R17	5
97	上汽通用	GL8		225/55R18	5
98	上汽通用	GL8 ES	2.0T	225/60R17	3
99	上汽通用	沃兰多	1.3T	225/50R17	1
100	上汽通用五菱	宝骏 360	1.5L	185/65R15	7
101	上汽通用五菱	宝骏 730	1.5L	195/55R16	4
102	上汽通用五菱	宝骏 730		205/55R16	1
103	上汽通用五菱	宝骏 730	1.5T	205/55R16	6
104	上汽通用五菱	宝骏 RM-5	1.5L	205/55R16	5
105	上汽通用五菱	宝骏 RM-5	1.5T	215/55R17	9
106	上汽通用五菱	凯捷	1.5T	225/55R18	4
107	上汽通用五菱	五菱宏光 LUS	1.5L	205/65R16	5
108	上汽通用五菱	五菱宏光 LUS	1.5T	205/65R16	6
109	上汽通用五菱	五菱宏光 S	1.2L	175/70R14	3
110	上汽通用五菱	五菱宏光 S	1.5L	175/70R14	10
111	四川工业	斯派卡	1.5L	195/60R16	5
112	四川工业	斯派卡	纯电	195/60R16	1
113	潍柴汽车	英致 737	纯电	185/65R15	1
114	长安汽车	欧诺 S	1.5L	185/70R14	14
115	长安汽车	欧尚 A600	1.5L	185/65R15	1
116	长安汽车	欧尚 A800	1.6L	195/60R16	1
117	长安汽车	欧尚 COSMOS	1.5T	215/60R17	4
118	长安汽车	欧尚 COSMOS	纯电	215/60R17	4
119	长安汽车	欧尚长行	1.5L	185/65R15	1
120	长安汽车	睿行 S50	1.5L	195/65R15	4
121	长安汽车	睿行 S50		205/60R16	1
122	郑州日产	帅客	纯电	205/60R16	3
总计					390

表 MM01　2020 年多功能型乘用车（MPV）特征参数（末位 0 和 5）明细表

序号	制造商	品牌	车型	排量	总质量/kg	整备质量/kg	外廓长度/mm	外廓宽度/mm	外廓高度/mm	轴距/mm	前轮距/mm	后轮距/mm	轮胎规格	派系
1	北汽福田	福田	伽途 im8	1.4T	2020	1470	4730	1810	1830	2760	1500	1515	215/55R16	自主
2	北汽福田	福田	蒙派克	2.0L	2755	1885	5245	1825	2030	3430	1560	1540	195/70R15	自主
3	北汽福田	福田	蒙派克	2.4L	2755	1885	5245	1825	2020	3430	1560	1540	195/70R15	自主
4	北汽福田	福田	蒙派克	2.0L	2865	2010	5245	1825	2030	3430	1560	1540	205/70R15	自主
5	北汽福田	福田	蒙派克	2.0L	2865	2010	5245	1825	2030	3430	1560	1540	195/70R15	自主
6	北汽福田	福田	蒙派克	2.0L	2755	2010	5245	1825	2030	3430	1560	1540	205/70R15	自主
7	北汽福田	福田	蒙派克	2.4L	2755	2010	5245	1825	2030	3430	1560	1540	205/70R15	自主
8	北汽福田	福田	蒙派克	2.0L	2755	2010	5245	1825	2030	3430	1560	1540	195/70R15	自主
9	北汽福田	福田	蒙派克	2.4L	2755	2010	5245	1825	2030	3430	1560	1540	195/70R15	自主
10	比亚迪汽车	比亚迪	比亚迪宋 MAX	1.5T	2300	1610	4680	1810	1680	2785	1540	1530	215/55R17	自主
11	比亚迪汽车	比亚迪	比亚迪宋 MAX	1.5T	2300	1610	4710	1810	1680	2785	1540	1530	215/55R17	自主
12	比亚迪汽车	比亚迪	比亚迪宋 MAX	1.5T	2300	1625	4680	1810	1680	2785	1540	1530	215/55R17	自主
13	比亚迪汽车	比亚迪	比亚迪宋 MAX	1.5T	2300	1625	4710	1810	1680	2785	1540	1530	215/55R17	自主
14	比亚迪汽车	比亚迪	比亚迪宋 MAX	1.5T	2300	1665	4680	1810	1680	2785	1540	1530	215/55R17	自主
15	比亚迪汽车	比亚迪	比亚迪宋 MAX	1.5T	2300	1665	4710	1810	1680	2785	1540	1530	215/55R17	自主
16	比亚迪汽车	比亚迪	比亚迪宋 MAX	纯电	2515	1830	4680	1810	1690	2785	1540	1530	225/50R18	自主
17	比亚迪汽车	比亚迪	比亚迪宋 MAX	1.5T	2580	1885	4680	1810	1680	2785	1540	1530	225/50R18	自主
18	比亚迪汽车	比亚迪	比亚迪宋 MAX	1.5T	2580	1930	4680	1810	1680	2785	1540	1530	225/50R18	自主
19	东风风行	东风	风行菱智	1.5L	2080	1480	4680	1720	1940	2800	1445	1420	195/65R15	自主
20	东风风行	东风	风行菱智	1.6L	2145	1550	5145	1720	1970	3000	1445	1420	215/65R15	自主
21	东风风行	东风	风行菱智	1.6L	2100	1550	5145	1720	1970	3000	1445	1420	215/65R15	自主
22	东风风行	东风	风行菱智	1.6L	2155	1555	4745	1720	1940	2800	1445	1420	215/65R15	自主
23	东风风行	东风	风行菱智	1.6L	2170	1570	5115	1720	1960	3000	1445	1420	215/65R15	自主
24	东风风行	东风	风行菱智	1.6L	2255	1580	5115	1720	1960	3000	1445	1420	195/65R15	自主
25	东风风行	东风	风行菱智	1.6L	2210	1610	5145	1720	1960	3000	1445	1420	215/65R15	自主
26	东风风行	东风	风行菱智	1.6L	2210	1610	5145	1720	1960	3000	1445	1420	195/70R15	自主
27	东风风行	东风	风行菱智	1.6L	2325	1620	5145	1720	1970	3000	1445	1420	215/65R15	自主
28	东风风行	东风	风行菱智	1.6L	2325	1620	5135	1720	1970	3000	1445	1420	215/65R15	自主
29	东风风行	东风	风行菱智	1.6L	2210	1620	5145	1720	1970	3000	1445	1420	215/65R15	自主
30	东风风行	东风	风行菱智	1.6L	2210	1620	5135	1720	1970	3000	1445	1420	215/65R15	自主
31	东风风行	东风	风行菱智	1.6L	2210	1620	5145	1720	1960	3000	1445	1420	215/65R15	自主
32	东风风行	东风	风行菱智	1.6L	2245	1645	4745	1720	1955	2800	1445	1420	215/65R15	自主
33	东风风行	东风	风行菱智	1.6L	2245	1645	4745	1720	1940	2800	1445	1420	215/65R15	自主
34	东风风行	东风	风行菱智	1.6L	2325	1650	5145	1720	1970	3000	1445	1420	215/65R15	自主
35	东风风行	东风	风行菱智	1.6L	2325	1650	5145	1720	1960	3000	1445	1420	215/65R15	自主
36	东风风行	东风	风行菱智	1.6L	2325	1650	5145	1720	1960	3000	1445	1420	195/70R15	自主
37	东风风行	东风	风行菱智	1.3T	2280	1680	5145	1720	1960	3000	1445	1420	195/65R15	自主
38	东风风行	东风	风行菱智	2.0L	2290	1690	5145	1720	1960	3000	1445	1420	215/65R15	自主
39	东风风行	东风	风行菱智	2.0L	2290	1690	5145	1720	1960	3000	1445	1420	195/70R15	自主
40	东风风行	东风	风行菱智	纯电	2280	1720	5145	1720	1995	3000	1445	1420	195/80R15	自主
41	东风风行	东风	风行 F600	1.5T	2265	1740	4740	1770	1915	2900	1525	1500	215/60R16	自主
42	东风风行	东风	风行 F600L	1.5T	2305	1780	5080	1770	1915	3200	1525	1500	215/65R15	自主
43	东风风行	东风	风行 F600L	1.5T	2320	1795	5080	1770	1915	3200	1525	1500	215/60R16	自主
44	东风风行	东风	风行 F600L	2.0L	2335	1810	5080	1770	1915	3200	1525	1500	215/65R15	自主
45	东风风行	东风	风行 F600L	2.0L	2435	1810	5080	1770	1915	3200	1525	1500	215/65R15	自主
46	东风风行	东风	风行菱智	纯电	2525	1820	5145	1720	1995	3000	1445	1420	195/80R15	自主
47	东风风行	东风	风行 F600L	2.0L	2350	1825	5080	1770	1915	3200	1525	1500	215/65R15	自主
48	东风风行	东风	风行菱智	纯电	2525	1850	5145	1720	1995	3000	1445	1420	195/80R15	自主
49	东风风行	东风	风行菱智	纯电	2400	1850	5145	1720	1995	3000	1445	1420	195/80R15	自主
50	东风风行	东风	风行 F600L	1.5T	2565	1890	5080	1770	1915	3200	1525	1500	215/60R16	自主
51	东风风行	东风	风行菱智	纯电	2525	1930	5145	1720	1995	3000	1445	1420	195/80R15	自主
52	东风风行	东风	风行菱智	纯电	2580	1960	5145	1720	1995	3000	1445	1420	195/80R15	自主
53	东风风行	东风	风行菱智	纯电	2525	1960	5145	1720	1995	3000	1445	1420	195/80R15	自主
54	东风风行	东风	风行 CM7	2.0T	2605	1980	5150	1920	1925	3200	1685	1660	215/65R16	自主
55	东风风行	东风	风行 CM7	2.0T	2745	2120	5150	1920	1925	3200	1685	1660	215/65R16	自主
56	东风小康	东风	东风小康风光	1.5L	1760	1210	4365	1705	1790	2725	1425	1445	195/60R15	自主

序号	制造商	品牌	车型	排量	总质量 /kg	整备质量 /kg	外廓长度 /mm	外廓宽度 /mm	外廓高度 /mm	轴距 /mm	前轮距 /mm	后轮距 /mm	轮胎规格	派系
57	东风小康	东风	东风小康风光	1.5L	1760	1210	4365	1705	1770	2725	1425	1445	195/60R15	自主
58	东风小康	东风	东风小康风光	1.5L	1835	1235	4365	1705	1790	2725	1425	1445	185/65R14	自主
59	东风小康	东风	东风小康风光	1.2L	1835	1235	4365	1705	1770	2725	1425	1445	185/65R14	自主
60	东风小康	东风	东风小康风光	1.5L	1835	1235	4365	1705	1770	2725	1425	1445	185/65R14	自主
61	东风小康	东风	东风小康风光	1.5L	1760	1235	4365	1705	1790	2725	1425	1445	185/65R14	自主
62	东风小康	东风	东风小康风光	1.5L	1760	1235	4365	1705	1770	2725	1425	1445	185/65R14	自主
63	东风小康	东风	东风小康风光	1.5L	1775	1250	4400	1705	1790	2725	1425	1445	195/60R15	自主
64	东风小康	东风	东风小康风光	1.5L	1775	1250	4400	1705	1790	2725	1425	1445	185/65R14	自主
65	东风小康	东风	东风小康风光	1.5L	1870	1345	4565	1725	1810	2725	1465	1445	195/60R15	自主
66	华晨汽车	金杯	阁瑞斯	2.0L	2600	1700	5235	1800	1980	3430	1560	1540	195/70R15	自主
67	华晨汽车	金杯	阁瑞斯	2.0L	2800	1850	5235	1800	2160	3430	1560	1540	195/70R15	自主
68	华晨汽车	金杯	阁瑞斯	2.0L	2800	1850	5235	1800	1980	3430	1560	1540	195/70R15	自主
69	华晨汽车	金杯	阁瑞斯	2.0L	2600	1850	5235	1800	1980	3430	1560	1540	195/70R15	自主
70	华晨汽车	金杯	阁瑞斯	2.0L	2800	1950	5235	1800	1980	3430	1560	1540	195/70R15	自主
71	华晨汽车	金杯	阁瑞斯	2.4L	2750	2000	5350	1800	1980	3430	1560	1540	195/70R15	自主
72	华晨鑫源	斯威	斯威 X2	1.5L	1875	1350	4515	1750	1795	2725	1495	1520	195/65R15	自主
73	江淮汽车	江淮	瑞风 M4	2.0L	2605	1930	5200	1890	1980	3080	1570	1545	215/65R16	自主
74	江淮汽车	江淮	瑞风 M4	2.0L	2725	1950	5200	1890	1980	3080	1570	1545	205/70R15	自主
75	江淮汽车	江淮	瑞风 M4	2.0L	2725	1950	5200	1890	1970	3080	1570	1545	205/70R15	自主
76	江淮汽车	江淮	瑞风 M4	1.9T	2725	2020	5200	1890	2010	3080	1570	1545	205/70R15	自主
77	江淮汽车	江淮	瑞风 M4	1.9T	2725	2020	5200	1890	1980	3080	1570	1545	205/70R15	自主
78	江淮汽车	江淮	瑞风 M4	2.0T	2790	2115	5200	1890	1980	3080	1570	1545	215/65R16	自主
79	江淮汽车	江淮	瑞风	2.0T	2800	2155	5100	1840	1970	3080	1570	1545	225/60R17	自主
80	江淮汽车	江淮	瑞风	1.9T	2800	2200	5100	1840	1970	3080	1570	1545	225/60R17	自主
81	江淮汽车	江淮	瑞风	2.0T	2800	2200	5100	1840	1970	3080	1570	1545	225/60R17	自主
82	江淮汽车	江淮	瑞风	1.9T	2800	2200	5120	1840	1970	3080	1570	1545	225/60R17	自主
83	江淮汽车	江淮	瑞风	2.0T	2800	2200	5120	1840	1970	3080	1570	1545	225/60R17	自主
84	江苏九龙	大马	艾菲	2.0L	2425	1800	4900	1830	1890	2950	1580	1580	215/65R16	自主
85	江苏九龙	大马	艾菲	2.0T	2645	2120	4900	1835	1890	2950	1580	1580	215/65R16	自主
86	江苏九龙	大马	艾菲	2.0T	2825	2150	5150	1835	1890	3200	1580	1580	215/65R16	自主
87	江苏九龙	大马	艾菲	纯电	3275	2610	5150	1835	1890	3200	1580	1580	215/65R16	自主
88	江苏九龙	大马	艾菲	纯电	3275	2665	5150	1835	1890	3200	1580	1580	215/65R16	自主
89	上汽商用车	大通	G50	1.3T	1855	1480	4825	1825	1800	2800	1560	1570	215/55R17	自主
90	上汽商用车	大通	G50	1.3T	2035	1510	4825	1825	1800	2800	1560	1570	215/55R17	自主
91	上汽商用车	大通	G50	1.5T	2130	1535	4825	1825	1800	2800	1560	1570	215/55R17	自主
92	上汽商用车	大通	G50	1.3T	2075	1550	4825	1825	1800	2800	1560	1570	215/55R17	自主
93	上汽商用车	大通	G50	1.5T	2130	1595	4825	1825	1800	2800	1560	1570	215/55R17	自主
94	上汽通用五菱	五菱	五菱宏光 S	1.2L	1825	1165	4390	1660	1750	2720	1420	1440	175/70R14	自主
95	上汽通用五菱	五菱	五菱宏光 S	1.2L	1825	1185	4390	1660	1750	2720	1420	1440	175/70R14	自主
96	上汽通用五菱	五菱	五菱宏光 S	1.5L	1825	1215	4420	1685	1755	2720	1420	1440	175/70R14	自主
97	上汽通用五菱	五菱	五菱宏光 S	1.5L	1825	1215	4390	1660	1750	2720	1420	1440	175/70R14	自主
98	上汽通用五菱	五菱	五菱宏光 S	1.5L	1850	1230	4420	1685	1755	2720	1420	1440	175/70R14	自主
99	上汽通用五菱	五菱	五菱宏光 S	1.5L	1825	1240	4420	1685	1755	2720	1420	1440	175/70R14	自主
100	上汽通用五菱	五菱	五菱宏光 S	1.5L	1825	1245	4420	1685	1770	2720	1420	1440	175/70R14	自主
101	上汽通用五菱	五菱	五菱宏光 S	1.5L	1825	1245	4390	1660	1750	2720	1420	1440	175/70R14	自主
102	上汽通用五菱	五菱	五菱宏光 S	1.5L	1850	1255	4420	1685	1755	2720	1420	1440	175/70R14	自主
103	上汽通用五菱	五菱	五菱宏光 S	1.5L	1825	1275	4420	1685	1770	2720	1420	1440	175/70R14	自主
104	上汽通用五菱	五菱	五菱宏光 S	1.5L	1850	1280	4420	1685	1770	2720	1420	1440	175/70R14	自主
105	上汽通用五菱	宝骏	宝骏 730	1.5L	1920	1370	4710	1765	1740	2750	1530	1525	195/55R16	自主
106	上汽通用五菱	宝骏	宝骏 730	1.5L	1920	1400	4710	1765	1740	2750	1530	1525	195/55R16	自主
107	上汽通用五菱	宝骏	宝骏 730	1.5L	1955	1410	4710	1765	1740	2750	1530	1525	195/55R16	自主
108	上汽通用五菱	宝骏	宝骏 730	1.5L	1920	1410	4710	1765	1740	2750	1530	1525	195/55R16	自主
109	四川工业	野马	斯派卡	1.5L	2020	1375	4580	1730	1850	2800	1475	1485	195/60R16	自主
110	四川工业	野马	斯派卡	1.5L	2020	1435	4580	1730	1850	2800	1475	1485	195/60R16	自主
111	四川工业	野马	斯派卡	1.5L	2020	1435	4580	1730	1825	2800	1475	1485	195/60R16	自主
112	四川工业	野马	斯派卡	1.5L	2200	1460	4580	1730	1845	2800	1475	1485	195/60R16	自主
113	四川工业	野马	斯派卡	1.5L	2200	1460	4580	1730	1825	2800	1475	1485	195/60R16	自主
114	四川工业	野马	斯派卡	纯电	2290	1690	4580	1730	1825	2800	1475	1485	195/60R16	自主

序号	制造商	品牌	车型	排量	总质量/kg	整备质量/kg	外廓长度/mm	外廓宽度/mm	外廓高度/mm	轴距/mm	前轮距/mm	后轮距/mm	轮胎规格	派系
115	长安汽车	长安	欧诺 S	1.5L	1800	1215	4450	1685	1835	2750	1425	1435	185/70R14	自主
116	长安汽车	长安	欧诺 S	1.5L	1800	1215	4450	1685	1810	2750	1425	1435	185/70R14	自主
117	长安汽车	长安	欧诺 S	1.5L	1800	1235	4450	1685	1835	2750	1425	1435	185/70R14	自主
118	长安汽车	长安	欧诺 S	1.5L	1800	1235	4450	1685	1810	2750	1425	1435	185/70R14	自主
119	长安汽车	长安	欧诺 S	1.5L	1925	1250	4450	1685	1835	2750	1425	1435	185/70R14	自主
120	长安汽车	长安	欧诺 S	1.5L	1925	1250	4450	1685	1810	2750	1425	1435	185/70R14	自主
121	长安汽车	长安	欧诺 S	1.5L	1800	1250	4450	1685	1835	2750	1425	1435	185/70R14	自主
122	长安汽车	长安	欧诺 S	1.5L	1800	1250	4450	1685	1810	2750	1425	1435	185/70R14	自主
123	长安汽车	长安	欧诺 S	1.5L	1925	1275	4450	1685	1835	2750	1425	1435	185/70R14	自主
124	长安汽车	长安	欧诺 S	1.5L	1925	1275	4450	1685	1810	2750	1425	1435	185/70R14	自主
125	长安汽车	长安	欧诺 S	1.5L	1925	1300	4450	1685	1835	2750	1425	1435	185/70R14	自主
126	长安汽车	长安	欧诺 S	1.5L	1925	1300	4450	1685	1810	2750	1425	1435	185/70R14	自主
127	长安汽车	长安	欧诺 S	1.5L	1925	1325	4450	1685	1835	2750	1425	1435	185/70R14	自主
128	长安汽车	长安	欧诺 S	1.5L	1925	1325	4450	1685	1810	2750	1425	1435	185/70R14	自主
129	长安汽车	长安	欧尚 A600	1.5L	1850	1325	4475	1725	1685	2680	1460	1470	185/65R15	自主
130	长安汽车	长安	睿行 S50	1.5L	2030	1435	4600	1750	1890	2850	1475	1480	195/65R15	自主
131	长安汽车	长安	睿行 S50	1.5L	2030	1435	4600	1750	1845	2850	1475	1480	195/65R15	自主
132	长安汽车	长安	睿行 S50	1.5L	2130	1460	4600	1770	1855	2850	1475	1480	205/60R16	自主
133	长安汽车	长安	睿行 S50	1.5L	2130	1460	4600	1750	1890	2850	1475	1480	195/65R15	自主
134	长安汽车	长安	睿行 S50	1.5L	2130	1460	4600	1750	1845	2850	1475	1480	195/65R15	自主

表 MM02　2020 年多功能型乘用车（MPV）特征参数明细表

序号	制造商	品牌	车型	排量	总质量 /kg	整备质量 /kg	外廓长度 /mm	外廓宽度 /mm	外廓高度 /mm	轴距 /mm	前轮距 /mm	后轮距 /mm	轮胎规格	派系
1	北汽福田	福田	蒙派克	2.0L	2755	1885	5245	1825	2030	3430	1560	1540	195/70R15	自主
2	北汽福田	福田	蒙派克	2.4L	2755	1885	5245	1825	2020	3430	1560	1540	195/70R15	自主
3	北汽福田	福田	蒙派克	2.0L	2865	2010	5245	1825	2030	3430	1560	1540	205/70R15	自主
4	北汽福田	福田	蒙派克	2.0L	2865	2010	5245	1825	2030	3430	1560	1540	195/70R15	自主
5	北汽福田	福田	蒙派克	2.0L	2755	2010	5245	1825	2030	3430	1560	1540	205/70R15	自主
6	北汽福田	福田	蒙派克	2.4L	2755	2010	5245	1825	2030	3430	1560	1540	205/70R15	自主
7	北汽福田	福田	蒙派克	2.0L	2755	2010	5245	1825	2030	3430	1560	1540	195/70R15	自主
8	北汽福田	福田	蒙派克	2.4L	2755	2010	5245	1825	2030	3430	1560	1540	195/70R15	自主
9	北汽福田	福田	伽途 ix7	1.5L	1820	1280	4515	1750	1820	2760	1445	1468	205/60R16	自主
10	北汽福田	福田	伽途 ix5	1.5L	1820	1280	4505	1725	1770	2760	1425	1448	185/70R14	自主
11	北汽福田	福田	伽途 im8	1.5L	1980	1435	4730	1810	1830	2760	1500	1515	215/55R16	自主
12	北汽福田	福田	伽途 im8	1.4T	2020	1470	4730	1810	1830	2760	1500	1515	215/55R16	自主
13	比亚迪汽车	比亚迪	比亚迪宋 MAX	1.5T	2300	1610	4680	1810	1680	2785	1540	1530	215/55R17	自主
14	比亚迪汽车	比亚迪	比亚迪宋 MAX	1.5T	2300	1610	4710	1810	1680	2785	1540	1530	215/55R17	自主
15	比亚迪汽车	比亚迪	比亚迪宋 MAX	1.5T	2300	1625	4680	1810	1680	2785	1540	1530	215/55R17	自主
16	比亚迪汽车	比亚迪	比亚迪宋 MAX	1.5T	2300	1625	4710	1810	1680	2785	1540	1530	215/55R17	自主
17	比亚迪汽车	比亚迪	比亚迪宋 MAX	1.5T	2300	1665	4680	1810	1680	2785	1540	1530	215/55R17	自主
18	比亚迪汽车	比亚迪	比亚迪宋 MAX	1.5T	2300	1665	4710	1810	1680	2785	1540	1530	215/55R17	自主
19	比亚迪汽车	比亚迪	比亚迪宋 MAX	纯电	2515	1830	4680	1810	1690	2785	1540	1530	225/50R18	自主
20	比亚迪汽车	比亚迪	比亚迪宋 MAX	1.5T	2580	1885	4680	1810	1680	2785	1540	1530	225/50R18	自主
21	比亚迪汽车	比亚迪	比亚迪宋 MAX	1.5T	2580	1930	4680	1810	1680	2785	1540	1530	225/50R18	自主
22	比亚迪汽车	比亚迪	比亚迪商	纯电	2530	1750	4460	1720	1875	2725	1490	1533	195/60R16	自主
23	比亚迪汽车	比亚迪	比亚迪商	纯电	2275	1750	4460	1720	1875	2725	1490	1533	195/60R16	自主
24	比亚迪汽车	比亚迪	比亚迪商	纯电	2305	1780	4460	1720	1875	2725	1490	1533	195/60R16	自主
25	比亚迪汽车	比亚迪	比亚迪 D1	纯电	2015	1640	4390	1850	1650	2800	1590	1590	195/60R16	自主
26	昌河汽车	昌河	福瑞达 M50S	1.5L	1790	1240	4525	1700	1818	2790	1420	1440	185/70R14	自主
27	昌河汽车	昌河	福瑞达 M50S	1.5L	1790	1240	4525	1700	1783	2790	1420	1440	185/70R14	自主
28	昌河汽车	昌河	福瑞达 M50S	1.5L	1790	1270	4525	1700	1818	2790	1420	1440	185/70R14	自主
29	昌河汽车	昌河	福瑞达 M50S	1.5L	1790	1270	4525	1700	1783	2790	1420	1440	185/70R14	自主
30	昌河汽车	昌河	福瑞达 M50S	1.5L	1790	1270	4525	1700	1818	2790	1420	1440	185/65R14	自主
31	大运汽车	大运	驰虎 EM6	纯电	2575	2050	4850	1860	1780	2880	1599	1595	225/55R17	自主
32	东风本田	本田	新艾力绅	2.4L	2475	1860	4940	1845	1710	2900	1560	1560	225/50R18	日系
33	东风本田	本田	新艾力绅	2.4L	2475	1895	4940	1845	1710	2900	1560	1560	225/50R18	日系
34	东风本田	本田	新艾力绅	2.4L	2475	1920	4940	1845	1710	2900	1560	1560	225/50R18	日系
35	东风本田	本田	新艾力绅	2.0L	2514	1941	4950	1842	1711	2900	1559	1560	225/50R18	日系
36	东风本田	本田	新艾力绅	2.0L	2514	1970	4950	1842	1711	2900	1559	1560	225/50R18	日系
37	东风本田	本田	新艾力绅	2.0L	2514	1980	4950	1842	1711	2900	1559	1560	225/50R18	日系
38	东风风行	东风	风行菱智	1.5L	2050	1450	4715	1720	1940	2800	1445	1420	195/65R15	自主
39	东风风行	东风	风行菱智	1.5L	2080	1480	4680	1720	1940	2800	1445	1420	195/65R15	自主
40	东风风行	东风	风行菱智	1.6L	2145	1550	5145	1720	1970	3000	1445	1420	215/65R15	自主
41	东风风行	东风	风行菱智	1.6L	2100	1550	5145	1720	1970	3000	1445	1420	215/65R15	自主
42	东风风行	东风	风行菱智	1.6L	2155	1555	4745	1720	1940	2800	1445	1420	215/65R15	自主
43	东风风行	东风	风行菱智	1.6L	2170	1570	5115	1720	1960	3000	1445	1420	215/65R15	自主
44	东风风行	东风	风行菱智	1.6L	2255	1580	5115	1720	1960	3000	1445	1420	195/65R15	自主
45	东风风行	东风	风行菱智	1.6L	2210	1610	5145	1720	1960	3000	1445	1420	215/65R15	自主
46	东风风行	东风	风行菱智	1.6L	2210	1610	5145	1720	1960	3000	1445	1420	195/70R15	自主
47	东风风行	东风	风行菱智	1.6L	2325	1620	5145	1720	1970	3000	1445	1420	215/65R15	自主
48	东风风行	东风	风行菱智	1.6L	2325	1620	5135	1720	1970	3000	1445	1420	215/65R15	自主
49	东风风行	东风	风行菱智	1.6L	2210	1620	5145	1720	1970	3000	1445	1420	215/65R15	自主
50	东风风行	东风	风行菱智	1.6L	2210	1620	5135	1720	1970	3000	1445	1420	215/65R15	自主
51	东风风行	东风	风行菱智	1.6L	2210	1620	5145	1720	1960	3000	1445	1420	215/65R15	自主
52	东风风行	东风	风行菱智	1.6L	2245	1645	4745	1720	1955	2800	1445	1420	215/65R15	自主
53	东风风行	东风	风行菱智	1.6L	2245	1645	4745	1720	1940	2800	1445	1420	215/65R15	自主
54	东风风行	东风	风行菱智	1.6L	2325	1650	5145	1720	1970	3000	1445	1420	215/65R15	自主
55	东风风行	东风	风行菱智	1.6L	2325	1650	5145	1720	1960	3000	1445	1420	215/65R15	自主
56	东风风行	东风	风行菱智	1.6L	2325	1650	5145	1720	1960	3000	1445	1420	195/70R15	自主

序号	制造商	品牌	车型	排量	总质量/kg	整备质量/kg	外廓长度/mm	外廓宽度/mm	外廓高度/mm	轴距/mm	前轮距/mm	后轮距/mm	轮胎规格	派系
57	东风风行	东风	风行菱智	1.3T	2280	1680	5145	1720	1960	3000	1445	1420	195/65R15	自主
58	东风风行	东风	风行菱智	2.0L	2290	1690	5145	1720	1960	3000	1445	1420	215/65R15	自主
59	东风风行	东风	风行菱智	2.0L	2290	1690	5145	1720	1960	3000	1445	1420	195/70R15	自主
60	东风风行	东风	风行菱智	纯电	2280	1720	5145	1720	1995	3000	1445	1420	195/80R15	自主
61	东风风行	东风	风行菱智	纯电	2525	1820	5145	1720	1995	3000	1445	1420	195/80R15	自主
62	东风风行	东风	风行菱智	纯电	2525	1850	5145	1720	1995	3000	1445	1420	195/80R15	自主
63	东风风行	东风	风行菱智	纯电	2400	1850	5145	1720	1995	3000	1445	1420	195/80R15	自主
64	东风风行	东风	风行菱智	纯电	2525	1930	5145	1720	1995	3000	1445	1420	195/80R15	自主
65	东风风行	东风	风行菱智	纯电	2580	1960	5145	1720	1995	3000	1445	1420	195/80R15	自主
66	东风风行	东风	风行菱智	纯电	2525	1960	5145	1720	1995	3000	1445	1420	195/80R15	自主
67	东风风行	东风	风行 F600L	1.5T	2305	1780	5080	1770	1915	3200	1525	1500	215/65R15	自主
68	东风风行	东风	风行 F600L	1.5T	2320	1795	5080	1770	1915	3200	1525	1500	215/60R16	自主
69	东风风行	东风	风行 F600L	2.0L	2335	1810	5080	1770	1915	3200	1525	1500	215/65R15	自主
70	东风风行	东风	风行 F600L	2.0L	2435	1810	5080	1770	1915	3200	1525	1500	215/65R15	自主
71	东风风行	东风	风行 F600L	2.0L	2350	1825	5080	1770	1915	3200	1525	1500	215/65R15	自主
72	东风风行	东风	风行 F600L	1.5T	2565	1890	5080	1770	1915	3200	1525	1500	215/60R16	自主
73	东风风行	东风	风行 F600L	2.0L	2580	1905	5080	1770	1915	3200	1525	1500	215/65R15	自主
74	东风风行	东风	风行 F600	1.5T	2265	1740	4740	1770	1915	2900	1525	1500	215/60R16	自主
75	东风风行	东风	风行 CM7	2.0T	2605	1980	5150	1920	1925	3200	1685	1660	215/65R16	自主
76	东风风行	东风	风行 CM7	1.8T	2705	2030	5170	1920	1930	3198	1685	1660	225/55R17	自主
77	东风风行	东风	风行 CM7	1.8T	2555	2030	5170	1920	1930	3198	1685	1660	225/55R17	自主
78	东风风行	东风	风行 CM7	2.0T	2745	2120	5150	1920	1925	3198	1685	1660	225/55R17	自主
79	东风风行	东风	风行 CM7	2.0T	2745	2120	5170	1920	1925	3198	1685	1660	225/55R17	自主
80	东风风行	东风	风行 CM7	2.0T	2745	2120	5150	1920	1925	3198	1685	1660	215/65R16	自主
81	东风风行	东风	风行 CM7	2.0T	2745	2120	5150	1920	1925	3200	1685	1660	215/65R16	自主
82	东风风行	东风	风行 CM7	2.0T	2745	2120	5170	1920	1925	3198	1685	1660	215/65R16	自主
83	东风日产	启辰	启辰 M50V	1.6L	1860	1309	4501	1726	1780	2750	1490	1514	195/55R16	自主
84	东风小康	东风	东风小康风光	1.5L	1760	1210	4365	1705	1790	2725	1425	1445	195/60R15	自主
85	东风小康	东风	东风小康风光	1.5L	1760	1210	4365	1705	1770	2725	1425	1445	195/60R15	自主
86	东风小康	东风	东风小康风光	1.5L	1835	1235	4365	1705	1790	2725	1425	1445	185/65R14	自主
87	东风小康	东风	东风小康风光	1.2L	1835	1235	4365	1705	1770	2725	1425	1445	185/65R14	自主
88	东风小康	东风	东风小康风光	1.5L	1835	1235	4365	1705	1770	2725	1425	1445	185/65R14	自主
89	东风小康	东风	东风小康风光	1.5L	1760	1235	4365	1705	1790	2725	1425	1445	185/65R14	自主
90	东风小康	东风	东风小康风光	1.5L	1760	1235	4365	1705	1770	2725	1425	1445	185/65R14	自主
91	东风小康	东风	东风小康风光	1.5L	1775	1250	4400	1705	1790	2725	1425	1445	195/60R15	自主
92	东风小康	东风	东风小康风光	1.5L	1775	1250	4400	1705	1790	2725	1425	1445	185/65R14	自主
93	东风小康	东风	东风小康风光	1.5L	1870	1345	4565	1725	1810	2725	1465	1445	195/60R15	自主
94	枫盛汽车	枫叶	枫叶 80V	纯电	2095	1720	4706	1909	1699	2807	1592	1616	215/60R17	自主
95	福建奔驰	梅赛德斯 - 奔驰	威霆	2.0T	3100	2240	5370	1928	1920	3430	1666	1646	235/55R17	欧系
96	福建奔驰	梅赛德斯 - 奔驰	威霆	2.0T	3100	2240	5370	1928	1880	3430	1666	1646	235/55R17	欧系
97	福建奔驰	梅赛德斯 - 奔驰	威霆	2.0T	3100	2260	5370	1928	1920	3430	1666	1646	235/55R17	欧系
98	福建奔驰	梅赛德斯 - 奔驰	威霆	2.0T	3100	2260	5370	1928	1880	3430	1666	1646	235/55R17	欧系
99	福建奔驰	梅赛德斯 - 奔驰	威霆	2.0T	3100	2285	5370	1928	1920	3430	1666	1646	235/55R17	欧系
100	福建奔驰	梅赛德斯 - 奔驰	威霆	2.0T	3100	2285	5370	1928	1880	3430	1666	1646	235/55R17	欧系
101	福建奔驰	梅赛德斯 - 奔驰	威霆	2.0T	3100	2320	5370	1928	1920	3430	1666	1646	235/55R17	欧系
102	福建奔驰	梅赛德斯 - 奔驰	威霆	2.0T	3100	2320	5370	1928	1880	3430	1666	1646	235/55R17	欧系
103	福建奔驰	梅赛德斯 - 奔驰	奔驰 V 级	2.0T	3100	2400	5140	1928	1920	3200	1666	1646	245/50R18	欧系
104	福建奔驰	梅赛德斯 - 奔驰	奔驰 V 级	2.0T	3100	2400	5170	1928	1920	3200	1666	1646	245/50R18	欧系
105	福建奔驰	梅赛德斯 - 奔驰	奔驰 V 级	2.0T	3100	2400	5140	1928	1880	3200	1666	1646	245/50R18	欧系
106	福建奔驰	梅赛德斯 - 奔驰	奔驰 V 级	2.0T	3100	2450	5140	1928	1920	3200	1666	1646	245/50R18	欧系
107	福建奔驰	梅赛德斯 - 奔驰	奔驰 V 级	2.0T	3100	2450	5170	1928	1920	3200	1666	1646	245/50R18	欧系
108	福建奔驰	梅赛德斯 - 奔驰	奔驰 V 级	2.0T	3100	2450	5140	1928	1880	3200	1666	1646	245/50R18	欧系
109	福建奔驰	梅赛德斯 - 奔驰	奔驰 V 级	2.0T	3100	2480	5370	1928	1920	3430	1666	1646	245/50R18	欧系
110	福建奔驰	梅赛德斯 - 奔驰	奔驰 V 级	2.0T	3100	2480	5370	1928	1880	3430	1666	1646	245/50R18	欧系
111	福建奔驰	梅赛德斯 - 奔驰	奔驰 V 级	2.0T	3100	2550	5400	1928	1920	3430	1666	1646	245/50R18	欧系
112	福建奔驰	梅赛德斯 - 奔驰	奔驰 V 级	2.0T	3100	2550	5370	1928	1880	3430	1666	1646	245/50R18	欧系
113	福建新龙马	福建	启腾 L1	1.5L	1850	1260	4397	1730	1758	2721	1430	1450	195/65R15	自主
114	福建新龙马	福建	启腾 L1	1.5L	1850	1275	4397	1730	1764	2721	1430	1450	185/70R14	自主

序号	制造商	品牌	车型	排量	总质量/kg	整备质量/kg	外廓长度/mm	外廓宽度/mm	外廓高度/mm	轴距/mm	前轮距/mm	后轮距/mm	轮胎规格	派系
115	广汽本田	本田	新奥德赛	2.4L	2450	1774	4845	1802	1697	2900	1560	1560	215/60R16	日系
116	广汽本田	本田	新奥德赛	2.0L	2450	1822	4847	1820	1702	2900	1559	1560	215/60R16	日系
117	广汽本田	本田	新奥德赛	2.0L	2450	1833	4847	1820	1712	2900	1559	1560	215/60R16	日系
118	广汽本田	本田	新奥德赛	2.4L	2450	1834	4845	1802	1697	2900	1560	1560	215/60R16	日系
119	广汽本田	本田	新奥德赛	2.4L	2450	1863	4845	1802	1697	2900	1560	1560	215/60R16	日系
120	广汽本田	本田	新奥德赛	2.0L	2514	1871	4847	1820	1712	2900	1559	1560	215/60R17	日系
121	广汽本田	本田	新奥德赛	2.4L	2450	1875	4845	1802	1697	2900	1560	1560	215/60R16	日系
122	广汽本田	本田	新奥德赛	2.4L	2450	1900	4845	1802	1697	2900	1560	1560	215/55R17	日系
123	广汽本田	本田	新奥德赛	2.0L	2514	1921	4847	1820	1712	2900	1559	1560	215/60R17	日系
124	广汽本田	本田	新奥德赛	2.0L	2514	1956	4847	1820	1712	2900	1559	1560	215/60R17	日系
125	广汽本田	本田	新奥德赛	2.0L	2514	1961	4847	1820	1712	2900	1559	1560	215/60R17	日系
126	广汽本田	本田	新奥德赛	2.0L	2514	1984	4847	1820	1712	2900	1559	1560	215/60R17	日系
127	广汽乘用车	传祺	传祺 GM8	1.8T	2600	2006	5066	1884	1822	3000	1620	1635	225/60R17	自主
128	广汽乘用车	传祺	传祺 GM8	2.0T	2600	2006	5066	1884	1822	3000	1620	1635	225/60R17	自主
129	广汽乘用车	传祺	传祺 GM8	2.0T	2600	2006	5156	1884	1822	3000	1620	1635	225/60R17	自主
130	广汽乘用车	传祺	传祺 GM8	2.0T	2600	2020	5149	1884	1822	3000	1620	1635	225/60R17	自主
131	广汽乘用车	传祺	传祺 GM8	2.0T	2600	2063	5066	1884	1822	3000	1620	1635	225/60R17	自主
132	广汽乘用车	传祺	传祺 GM8	1.8T	2600	2063	5156	1884	1822	3000	1620	1635	225/60R17	自主
133	广汽乘用车	传祺	传祺 GM8	2.0T	2600	2063	5156	1884	1822	3000	1620	1635	225/60R17	自主
134	广汽乘用车	传祺	传祺 GM8	2.0T	2600	2075	5089	1884	1822	3000	1620	1635	225/60R17	自主
135	广汽乘用车	传祺	传祺 GM8	2.0T	2600	2075	5149	1884	1822	3000	1620	1635	225/60R17	自主
136	广汽乘用车	传祺	传祺 GM8	1.8T	2600	2075	5089	1884	1822	3000	1620	1635	225/60R17	自主
137	广汽乘用车	传祺	传祺 GM6	1.5T	2215	1610	4780	1837	1765	2810	1580	1580	215/60R16	自主
138	广汽乘用车	传祺	传祺 GM6	1.5T	2215	1610	4780	1837	1730	2810	1580	1580	215/60R16	自主
139	广汽乘用车	传祺	传祺 GM6	1.5T	2327	1660	4780	1860	1765	2810	1580	1580	215/60R16	自主
140	广汽乘用车	传祺	传祺 GM6	1.5T	2215	1661	4780	1837	1765	2810	1580	1580	215/60R16	自主
141	广汽乘用车	传祺	传祺 GM6	1.5T	2215	1661	4780	1837	1730	2810	1580	1580	215/60R16	自主
142	广汽乘用车	传祺	传祺 GM6	1.5T	2215	1690	4780	1837	1765	2810	1580	1580	215/60R16	自主
143	海马汽车	海马	海马 7X	1.5T	2195	1670	4815	1874	1720	2860	1615	1615	215/60R17	自主
144	海马汽车	海马	海马 7X	1.6T	2195	1670	4815	1874	1720	2860	1615	1615	215/60R17	自主
145	海马汽车	海马	海马 7X	1.6T	2120	1670	4815	1874	1720	2860	1615	1615	215/60R17	自主
146	汉腾汽车	汉腾	汉腾 V7	1.5T	2095	1570	4826	1858	1721	2800	1583	1588	215/60R16	自主
147	汉腾汽车	汉腾	汉腾 V7	1.5T	2115	1590	4826	1858	1721	2800	1583	1588	215/60R16	自主
148	汉腾汽车	汉腾	汉腾 V7	1.5T	2186	1660	4826	1858	1721	2800	1583	1588	215/60R16	自主
149	汉腾汽车	汉腾	汉腾 V7	1.5T	2111	1660	4826	1858	1721	2800	1583	1588	215/60R16	自主
150	汉腾汽车	汉腾	汉腾 V7	1.5T	2186	1661	4826	1858	1721	2800	1583	1588	215/60R16	自主
151	华晨汽车	金杯	金杯 F50	纯电	2510	1650	4745	1810	1845	2860	1543	1544	195/65R15	自主
152	华晨汽车	金杯	阁瑞斯	2.0L	2600	1700	5235	1800	1980	3430	1560	1540	195/70R15	自主
153	华晨汽车	金杯	阁瑞斯	2.0L	2800	1850	5235	1800	2160	3430	1560	1540	195/70R15	自主
154	华晨汽车	金杯	阁瑞斯	2.0L	2800	1850	5235	1800	1980	3430	1560	1540	195/70R15	自主
155	华晨汽车	金杯	阁瑞斯	2.0L	2600	1850	5235	1800	1980	3430	1560	1540	195/70R15	自主
156	华晨汽车	金杯	阁瑞斯	2.0L	2800	1950	5235	1800	1980	3430	1560	1540	195/70R15	自主
157	华晨汽车	金杯	阁瑞斯	2.4L	2750	2000	5350	1800	1980	3430	1560	1540	195/70R15	自主
158	华晨鑫源	斯威	斯威 X2	1.5L	1875	1350	4515	1750	1795	2725	1495	1520	195/65R15	自主
159	吉利汽车	吉利	嘉际 HEV	1.5T	2371	1715	4706	1909	1713	2805	1600	1620	225/55R18	自主
160	吉利汽车	吉利	嘉际 HEV	1.5T	2371	1780	4706	1909	1713	2805	1600	1620	225/55R18	自主
161	吉利汽车	吉利	嘉际 HEV	1.5T	2371	1846	4706	1909	1713	2805	1600	1620	225/55R18	自主
162	吉利汽车	吉利	嘉际 HEV	1.5T	2371	1846	4706	1909	1690	2805	1600	1620	225/55R18	自主
163	吉利汽车	吉利	嘉际	1.5T	2185	1455	4706	1909	1690	2805	1596	1614	215/60R17	自主
164	吉利汽车	吉利	嘉际	1.5T	2185	1520	4706	1909	1690	2805	1596	1614	225/55R17	自主
165	吉利汽车	吉利	嘉际	1.5T	2185	1540	4706	1909	1690	2805	1596	1614	225/55R17	自主
166	吉利汽车	吉利	嘉际	1.8T	2226	1560	4706	1909	1690	2805	1596	1614	225/55R17	自主
167	吉利汽车	吉利	嘉际	1.8T	2226	1600	4706	1909	1690	2805	1596	1614	225/55R17	自主
168	吉利汽车	吉利	嘉际	1.5T	2185	1610	4706	1909	1690	2805	1596	1614	225/55R17	自主
169	吉利汽车	吉利	嘉际	1.8T	2226	1620	4706	1909	1690	2805	1596	1614	225/55R17	自主
170	吉利汽车	吉利	嘉际	1.5T	2185	1660	4706	1909	1690	2805	1596	1614	225/55R17	自主
171	吉利汽车	吉利	嘉际	1.5T	2185	1660	4706	1909	1664	2805	1596	1614	225/55R17	自主
172	吉利汽车	吉利	嘉际	1.8T	2226	1660	4706	1909	1690	2805	1596	1614	225/55R17	自主

序号	制造商	品牌	车型	排量	总质量/kg	整备质量/kg	外廓长度/mm	外廓宽度/mm	外廓高度/mm	轴距/mm	前轮距/mm	后轮距/mm	轮胎规格	派系
173	吉利汽车	吉利	嘉际	1.8T	2226	1690	4706	1909	1690	2805	1596	1614	225/55R17	自主
174	江淮汽车	江淮	瑞风 R3	1.6L	2025	1500	4750	1835	1773	2760	1525	1520	205/55R16	自主
175	江淮汽车	江淮	瑞风 M4	2.0L	2605	1930	5200	1890	1980	3080	1570	1545	215/65R16	自主
176	江淮汽车	江淮	瑞风 M4	2.0L	2725	1950	5200	1890	1980	3080	1570	1545	205/70R15	自主
177	江淮汽车	江淮	瑞风 M4	2.0L	2725	1950	5200	1890	1970	3080	1570	1545	205/70R15	自主
178	江淮汽车	江淮	瑞风 M4	1.9T	2725	2020	5200	1890	2010	3080	1570	1545	205/70R15	自主
179	江淮汽车	江淮	瑞风 M4	1.9T	2725	2020	5200	1890	1980	3080	1570	1545	205/70R15	自主
180	江淮汽车	江淮	瑞风 M4	2.0T	2780	2105	5200	1890	1980	3080	1570	1545	215/65R16	自主
181	江淮汽车	江淮	瑞风 M4	2.0T	2790	2115	5200	1890	1980	3080	1570	1545	215/65R16	自主
182	江淮汽车	江淮	瑞风 M3	1.6L	2195	1595	4645	1740	1935	2810	1500	1475	205/65R15	自主
183	江淮汽车	江淮	瑞风 M3	1.6L	2195	1595	4645	1740	1900	2810	1500	1475	205/65R15	自主
184	江淮汽车	江淮	瑞风 M3	1.6L	2195	1595	4645	1740	1935	2810	1500	1475	195/65R15	自主
185	江淮汽车	江淮	瑞风 M3	1.6L	2195	1595	4645	1740	1900	2810	1500	1475	195/65R15	自主
186	江淮汽车	江淮	瑞风 M3	1.8L	2265	1600	4651	1765	1935	2810	1500	1475	195/65R15	自主
187	江淮汽车	江淮	瑞风 M3	1.8L	2265	1600	4715	1765	1935	2810	1500	1475	195/65R15	自主
188	江淮汽车	江淮	瑞风 M3	1.8L	2265	1600	4651	1765	1900	2810	1500	1475	195/65R15	自主
189	江淮汽车	江淮	瑞风 M3	1.8L	2265	1600	4715	1765	1900	2810	1500	1475	195/65R15	自主
190	江淮汽车	江淮	瑞风 M3	1.8L	2378	1640	5075	1765	1935	3110	1500	1475	205/65R15	自主
191	江淮汽车	江淮	瑞风 M3	1.8L	2510	1665	4651	1765	1935	2810	1500	1475	195/65R15	自主
192	江淮汽车	江淮	瑞风 M3	1.8L	2510	1665	4651	1765	1900	2810	1500	1475	195/65R15	自主
193	江淮汽车	江淮	瑞风 M3	1.8L	2265	1665	4715	1765	1935	2810	1500	1475	195/65R15	自主
194	江淮汽车	江淮	瑞风 M3	1.8L	2265	1665	4651	1765	1935	2810	1500	1475	195/65R15	自主
195	江淮汽车	江淮	瑞风 M3	1.8L	2265	1665	4651	1765	1900	2810	1500	1475	195/65R15	自主
196	江淮汽车	江淮	瑞风 M3	1.8L	2265	1665	4715	1765	1900	2810	1500	1475	195/65R15	自主
197	江淮汽车	江淮	瑞风 M3	1.6L	2195	1670	4715	1740	1935	2810	1500	1475	205/65R15	自主
198	江淮汽车	江淮	瑞风 M3	1.6L	2195	1670	4645	1740	1900	2810	1500	1475	205/65R15	自主
199	江淮汽车	江淮	瑞风 M3	1.6L	2195	1670	4715	1740	1900	2810	1500	1475	205/65R15	自主
200	江淮汽车	江淮	瑞风 M3	1.6L	2195	1670	4715	1740	1935	2810	1500	1475	195/65R15	自主
201	江淮汽车	江淮	瑞风 M3	1.6L	2195	1670	4645	1740	1900	2810	1500	1475	195/65R15	自主
202	江淮汽车	江淮	瑞风 M3	1.6L	2195	1670	4715	1740	1900	2810	1500	1475	195/65R15	自主
203	江淮汽车	江淮	瑞风 M3	1.8L	2378	1700	5075	1765	1935	3110	1500	1475	205/65R15	自主
204	江淮汽车	江淮	瑞风 M3	1.8L	2378	1700	5075	1765	1900	3110	1500	1475	205/65R15	自主
205	江淮汽车	江淮	瑞风 M3	1.8L	2378	1700	5145	1765	1900	3110	1500	1475	205/65R15	自主
206	江淮汽车	江淮	瑞风 M3	1.5T	2300	1700	4715	1765	1900	2810	1500	1475	205/65R15	自主
207	江淮汽车	江淮	瑞风	2.0T	2800	2155	5100	1840	1970	3080	1570	1545	225/60R17	自主
208	江淮汽车	江淮	瑞风	1.9T	2800	2200	5100	1840	1970	3080	1570	1545	225/60R17	自主
209	江淮汽车	江淮	瑞风	2.0T	2800	2200	5100	1840	1970	3080	1570	1545	225/60R17	自主
210	江淮汽车	江淮	瑞风	1.9T	2800	2200	5120	1840	1970	3080	1570	1545	225/60R17	自主
211	江淮汽车	江淮	瑞风	2.0T	2800	2200	5120	1840	1970	3080	1570	1545	225/60R17	自主
212	江铃福特	福特	途睿欧	2.0T	2850	2234	4976	2095	1990	2933	1736	1720	215/65R16	美系
213	江铃福特	福特	途睿欧	2.0T	2850	2235	4976	2095	1990	2933	1736	1720	215/65R16	美系
214	江铃福特	福特	途睿欧	2.0T	2900	2285	4976	2095	1990	2933	1736	1720	215/65R16	美系
215	江铃福特	福特	途睿欧	2.0T	2900	2288	4976	2095	2080	2933	1736	1720	215/65R16	美系
216	江铃福特	福特	途睿欧	2.0T	2900	2288	4976	2095	1990	2933	1736	1720	215/65R16	美系
217	江苏九龙	九龙	九龙 EM5	纯电	2100	1540	4397	1730	1758	2721	1430	1450	195/65R15	自主
218	江苏九龙	大马	艾菲	2.0L	2425	1800	4900	1830	1890	2950	1580	1580	215/65R16	自主
219	江苏九龙	九龙	艾菲	2.0T	2570	1881	5150	1835	1890	3200	1580	1580	215/65R16	自主
220	江苏九龙	大马	艾菲	2.4L	2513	1888	4900	1835	1890	2950	1580	1580	215/65R16	自主
221	江苏九龙	大马	艾菲	2.0T	2645	2120	4900	1835	1890	2950	1580	1580	215/65R16	自主
222	江苏九龙	大马	艾菲	2.0T	2825	2150	5150	1835	1890	3200	1580	1580	215/65R16	自主
223	江苏九龙	大马	艾菲	纯电	3275	2610	5150	1835	1890	3200	1580	1580	215/65R16	自主
224	江苏九龙	大马	艾菲	纯电	3275	2665	5150	1835	1890	3200	1580	1580	215/65R16	自主
225	上汽乘用车	荣威	荣威 iMAX8	2.0T	2627	2058	5016	1909	1782	3000	1644	1649	225/55R18	自主
226	上汽大众	大众	威然	2.0T	2675	2115	5346	1976	1781	3180	1704	1721	235/60R18	欧系
227	上汽大众	大众	威然	2.0T	2720	2160	5346	1976	1781	3180	1704	1721	235/60R18	欧系
228	上汽大众	大众	途安	1.4T	1955	1455	4527	1829	1659	2791	1569	1542	205/60R16	欧系
229	上汽大众	大众	途安	1.4T	2055	1515	4527	1829	1659	2791	1569	1542	215/55R17	欧系
230	上汽大众	大众	途安	1.4T	2105	1565	4537	1834	1682	2791	1563	1535	225/45R18	欧系

序号	制造商	品牌	车型	排量	总质量/kg	整备质量/kg	外廓长度/mm	外廓宽度/mm	外廓高度/mm	轴距/mm	前轮距/mm	后轮距/mm	轮胎规格	派系
231	上汽大众	大众	途安	1.4T	2115	1575	4537	1834	1682	2791	1563	1535	225/45R18	欧系
232	上汽商用车	大通	G50	1.3T	1855	1480	4825	1825	1800	2800	1560	1570	215/55R17	自主
233	上汽商用车	大通	G50	1.3T	1855	1480	4825	1825	1778	2800	1560	1570	215/55R17	自主
234	上汽商用车	大通	G50	1.3T	2035	1510	4825	1825	1800	2800	1560	1570	215/55R17	自主
235	上汽商用车	大通	G50	1.3T	2035	1510	4825	1825	1778	2800	1560	1570	215/55R17	自主
236	上汽商用车	大通	G50	1.5T	2130	1535	4825	1825	1800	2800	1560	1570	215/55R17	自主
237	上汽商用车	大通	G50	1.5T	2130	1535	4825	1825	1778	2800	1560	1570	215/55R17	自主
238	上汽商用车	大通	G50	1.3T	2075	1550	4825	1825	1800	2800	1560	1570	215/55R17	自主
239	上汽商用车	大通	G50	1.3T	2075	1550	4825	1825	1778	2800	1560	1570	215/55R17	自主
240	上汽商用车	大通	G50	1.5T	2130	1595	4825	1825	1800	2800	1560	1570	215/55R17	自主
241	上汽商用车	大通	G50	1.5T	2130	1595	4825	1825	1778	2800	1560	1570	215/55R17	自主
242	上汽商用车	大通	G20	2.0T	2800	2200	5198	1980	1928	3198	1685	1690	225/60R17	自主
243	上汽商用车	大通	G20	2.0T	2800	2220	5198	1980	1928	3198	1685	1690	225/60R17	自主
244	上汽商用车	大通	G20	2.0T	2900	2275	5198	1980	1928	3198	1685	1690	225/55R18	自主
245	上汽商用车	大通	G20	2.0T	2950	2290	5198	1980	1928	3198	1680	1660	225/60R17	自主
246	上汽商用车	大通	G20	2.0T	2900	2320	5198	1980	1928	3198	1685	1690	225/55R18	自主
247	上汽商用车	大通	G10	2.0T	2800	2020	5168	1980	1928	3198	1680	1660	225/55R18	自主
248	上汽商用车	大通	G10	1.9T	3000	2050	5168	1980	1928	3198	1680	1660	215/70R16	自主
249	上汽商用车	大通	G10	2.0T	2800	2060	5168	1980	1928	3198	1680	1660	225/55R18	自主
250	上汽商用车	大通	G10	2.0T	2900	2075	5168	1980	1928	3198	1680	1660	225/55R18	自主
251	上汽商用车	大通	G10	2.0T	2900	2120	5168	1980	1928	3198	1680	1660	225/55R18	自主
252	上汽商用车	大通	G10	1.9T	3000	2130	5168	1980	1928	3198	1680	1660	215/70R16	自主
253	上汽商用车	大通	G10	2.0T	2850	2150	5168	1980	1928	3198	1680	1660	225/55R18	自主
254	上汽商用车	大通	G10	2.0T	2900	2150	5168	1980	1928	3198	1680	1660	225/55R18	自主
255	上汽商用车	大通	G10	2.0T	2800	2150	5168	1980	1928	3198	1680	1660	215/70R16	自主
256	上汽商用车	大通	G10	2.0T	2680	2150	5168	1980	1928	3198	1680	1660	215/70R16	自主
257	上汽商用车	大通	G10	2.0T	2950	2155	5168	1980	1928	3198	1680	1660	225/55R18	自主
258	上汽商用车	大通	G10	2.0T	2900	2165	5168	1980	1928	3198	1680	1660	225/55R18	自主
259	上汽商用车	大通	G10	1.9T	3000	2180	5168	1980	1928	3198	1680	1660	215/70R16	自主
260	上汽商用车	大通	G10	2.0T	2850	2195	5168	1980	1928	3198	1680	1660	225/55R18	自主
261	上汽商用车	大通	G10	2.0T	2950	2210	5168	1980	1928	3198	1680	1660	225/55R18	自主
262	上汽商用车	大通	G10	2.0T	2970	2225	5168	1980	1928	3198	1680	1660	225/55R18	自主
263	上汽商用车	大通	G10	2.0T	2850	2260	5168	1980	1928	3198	1680	1660	225/55R18	自主
264	上汽商用车	大通	G10	2.0T	2680	2260	5168	1980	1928	3198	1680	1660	215/70R16	自主
265	上汽商用车	大通	G10	2.0T	2970	2285	5168	1980	1928	3198	1680	1660	225/55R18	自主
266	上汽商用车	大通	G10	纯电	3210	2685	5168	1980	1928	3198	1680	1660	215/70R16	自主
267	上汽商用车	大通	EUNIQ 5	1.3T	2240	1772	4825	1825	1800	2800	1560	1570	215/55R17	自主
268	上汽商用车	大通	EUNIQ 5	1.3T	2240	1772	4825	1825	1778	2800	1560	1570	215/55R17	自主
269	上汽商用车	大通	EUNIQ 5	纯电	2360	1870	4825	1825	1800	2800	1560	1570	215/55R17	自主
270	上汽商用车	大通	EUNIQ 5	纯电	2360	1870	4825	1825	1778	2800	1560	1570	215/55R17	自主
271	上汽商用车	大通	EG50	纯电	2335	1810	4825	1825	1800	2800	1560	1570	215/55R17	自主
272	上汽商用车	大通	EG50	纯电	2335	1810	4825	1825	1778	2800	1560	1570	215/55R17	自主
273	上汽通用	雪佛兰	沃兰多	1.3T	2075	1520	4684	1807	1627	2796	1540	1540	225/50R17	美系
274	上汽通用	别克	GL8 ES	2.0T	2440	1878	5203	1878	1811	3088	1612	1626	225/60R17	美系
275	上汽通用	别克	GL8 ES	2.0T	2460	1910	5203	1878	1809	3088	1612	1626	225/60R17	美系
276	上汽通用	别克	GL8 ES	2.0T	2505	1960	5203	1878	1805	3088	1612	1626	225/60R17	美系
277	上汽通用	别克	GL8	2.0T	2415	1860	5256	1878	1776	3088	1602	1605	225/60R17	美系
278	上汽通用	别克	GL8	2.0T	2440	1880	5238	1878	1800	3088	1602	1605	225/60R17	美系
279	上汽通用	别克	GL8	2.0T	2440	1880	5238	1878	1776	3088	1602	1605	225/60R17	美系
280	上汽通用	别克	GL8	2.0T	2465	1900	5238	1878	1800	3088	1602	1605	225/60R17	美系
281	上汽通用	别克	GL8	2.0T	2580	1930	5219	1878	1805	3088	1612	1626	225/55R18	美系
282	上汽通用	别克	GL8	2.0T	2500	1930	5219	1878	1805	3088	1612	1626	225/55R18	美系
283	上汽通用	别克	GL8	2.0T	2545	1980	5238	1878	1789	3088	1602	1605	225/60R17	美系
284	上汽通用	别克	GL8	2.0T	2580	1998	5219	1878	1799	3088	1612	1626	225/55R18	美系
285	上汽通用	别克	GL8	2.0T	2520	2000	5219	1878	1799	3088	1612	1626	225/55R18	美系
286	上汽通用	别克	GL8	2.0T	2430	2000	5219	1878	1799	3088	1612	1626	225/55R18	美系
287	上汽通用	别克	GL6	1.3T	1980	1465	4692	1794	1626	2796	1540	1540	225/50R17	美系
288	上汽通用	别克	GL6	1.3T	2005	1490	4692	1794	1626	2796	1540	1540	225/50R17	美系

序号	制造商	品牌	车型	排量	总质量/kg	整备质量/kg	外廓长度/mm	外廓宽度/mm	外廓高度/mm	轴距/mm	前轮距/mm	后轮距/mm	轮胎规格	派系
289	上汽通用	别克	GL6	1.3T	1980	1500	4692	1794	1626	2796	1540	1540	225/50R17	美系
290	上汽通用	别克	GL6	1.3T	2005	1525	4692	1794	1626	2796	1540	1540	225/50R17	美系
291	上汽通用五菱	五菱	五菱宏光 S	1.2L	1825	1165	4390	1660	1750	2720	1420	1440	175/70R14	自主
292	上汽通用五菱	五菱	五菱宏光 S	1.2L	1825	1185	4390	1660	1750	2720	1420	1440	175/70R14	自主
293	上汽通用五菱	五菱	五菱宏光 S	1.2L	1825	1206	4400	1660	1750	2720	1420	1440	175/70R14	自主
294	上汽通用五菱	五菱	五菱宏光 S	1.5L	1825	1215	4420	1685	1755	2720	1420	1440	175/70R14	自主
295	上汽通用五菱	五菱	五菱宏光 S	1.5L	1825	1215	4390	1660	1750	2720	1420	1440	175/70R14	自主
296	上汽通用五菱	五菱	五菱宏光 S	1.5L	1850	1230	4420	1685	1755	2720	1420	1440	175/70R14	自主
297	上汽通用五菱	五菱	五菱宏光 S	1.5L	1825	1240	4420	1685	1755	2720	1420	1440	175/70R14	自主
298	上汽通用五菱	五菱	五菱宏光 S	1.5L	1825	1245	4420	1685	1770	2720	1420	1440	175/70R14	自主
299	上汽通用五菱	五菱	五菱宏光 S	1.5L	1825	1245	4390	1660	1750	2720	1420	1440	175/70R14	自主
300	上汽通用五菱	五菱	五菱宏光 S	1.5L	1850	1255	4420	1685	1755	2720	1420	1440	175/70R14	自主
301	上汽通用五菱	五菱	五菱宏光 S	1.5L	1825	1275	4420	1685	1770	2720	1420	1440	175/70R14	自主
302	上汽通用五菱	五菱	五菱宏光 S	1.5L	1850	1280	4420	1685	1770	2720	1420	1440	175/70R14	自主
303	上汽通用五菱	五菱	五菱宏光 S	1.5L	1850	1299	4420	1685	1770	2720	1420	1440	175/70R14	自主
304	上汽通用五菱	五菱	五菱宏光 LUS	1.5L	1970	1360	4720	1840	1830	2800	1606	1606	205/65R16	自主
305	上汽通用五菱	五菱	五菱宏光 LUS	1.5L	2000	1375	4720	1840	1830	2800	1606	1606	205/65R16	自主
306	上汽通用五菱	五菱	五菱宏光 LUS	1.5L	2000	1375	4720	1840	1810	2800	1606	1606	205/65R16	自主
307	上汽通用五菱	五菱	五菱宏光 LUS	1.5T	2050	1380	4720	1840	1830	2800	1606	1606	205/65R16	自主
308	上汽通用五菱	五菱	五菱宏光 LUS	1.5T	2050	1395	4720	1840	1810	2800	1606	1606	205/65R16	自主
309	上汽通用五菱	五菱	五菱宏光 LUS	1.5L	2000	1400	4720	1840	1810	2800	1606	1606	205/65R16	自主
310	上汽通用五菱	五菱	五菱宏光 LUS	1.5T	2050	1410	4720	1840	1830	2800	1606	1606	205/65R16	自主
311	上汽通用五菱	五菱	五菱宏光 LUS	1.5T	2050	1410	4720	1840	1810	2800	1606	1606	205/65R16	自主
312	上汽通用五菱	五菱	五菱宏光 LUS	1.5L	2000	1420	4720	1840	1830	2800	1606	1606	205/65R16	自主
313	上汽通用五菱	五菱	五菱宏光 LUS	1.5T	2050	1435	4720	1840	1830	2800	1606	1606	205/65R16	自主
314	上汽通用五菱	五菱	五菱宏光 LUS	1.5T	2050	1435	4720	1840	1810	2800	1606	1606	205/65R16	自主
315	上汽通用五菱	五菱	凯捷	1.5T	2150	1600	4875	1880	1700	2800	1606	1606	225/55R18	自主
316	上汽通用五菱	五菱	凯捷	1.5T	2200	1680	4875	1880	1700	2800	1606	1606	225/55R18	自主
317	上汽通用五菱	五菱	凯捷	1.5T	2200	1730	4875	1880	1700	2800	1606	1606	225/55R18	自主
318	上汽通用五菱	五菱	凯捷	1.5T	2240	1760	4875	1880	1700	2800	1606	1606	225/55R18	自主
319	上汽通用五菱	宝骏	宝骏 RM-5	1.5L	1920	1400	4705	1806	1615	2750	1550	1545	205/55R16	自主
320	上汽通用五菱	宝骏	宝骏 RM-5	1.5L	1920	1430	4705	1806	1635	2750	1550	1545	205/55R16	自主
321	上汽通用五菱	宝骏	宝骏 RM-5	1.5L	1960	1431	4705	1806	1615	2750	1550	1545	205/55R16	自主
322	上汽通用五菱	宝骏	宝骏 RM-5	1.5L	1960	1450	4705	1806	1615	2750	1550	1545	205/55R16	自主
323	上汽通用五菱	宝骏	宝骏 RM-5	1.5T	2030	1470	4705	1806	1625	2750	1550	1545	215/55R17	自主
324	上汽通用五菱	宝骏	宝骏 RM-5	1.5T	2030	1485	4705	1806	1625	2750	1550	1545	215/55R17	自主
325	上汽通用五菱	宝骏	宝骏 RM-5	1.5L	1960	1485	4705	1806	1635	2750	1550	1545	205/55R16	自主
326	上汽通用五菱	宝骏	宝骏 RM-5	1.5T	2030	1500	4705	1806	1645	2750	1550	1545	215/55R17	自主
327	上汽通用五菱	宝骏	宝骏 RM-5	1.5T	2080	1510	4705	1806	1625	2750	1550	1545	215/55R17	自主
328	上汽通用五菱	宝骏	宝骏 RM-5	1.5T	2080	1520	4705	1806	1645	2750	1550	1545	215/55R17	自主
329	上汽通用五菱	宝骏	宝骏 RM-5	1.5T	2030	1525	4705	1806	1645	2750	1550	1545	215/55R17	自主
330	上汽通用五菱	宝骏	宝骏 RM-5	1.5T	2080	1540	4705	1806	1645	2750	1550	1545	215/55R17	自主
331	上汽通用五菱	宝骏	宝骏 RM-5	1.5T	2080	1541	4705	1806	1625	2750	1550	1545	215/55R17	自主
332	上汽通用五菱	宝骏	宝骏 RM-5	1.5T	2080	1565	4705	1806	1645	2750	1550	1545	215/55R17	自主
333	上汽通用五菱	宝骏	宝骏 730	1.5L	1920	1370	4710	1765	1740	2750	1530	1525	195/55R16	自主
334	上汽通用五菱	宝骏	宝骏 730	1.5L	1920	1400	4710	1765	1740	2750	1530	1525	195/55R16	自主
335	上汽通用五菱	宝骏	宝骏 730	1.5L	1955	1410	4710	1765	1740	2750	1530	1525	195/55R16	自主
336	上汽通用五菱	宝骏	宝骏 730	1.5L	1920	1410	4710	1765	1740	2750	1530	1525	195/55R16	自主
337	上汽通用五菱	宝骏	宝骏 730	1.5L	1920	1420	4780	1780	1740	2750	1546	1541	205/55R16	自主
338	上汽通用五菱	宝骏	宝骏 730	1.5T	2020	1475	4780	1780	1775	2750	1546	1541	205/55R16	自主
339	上汽通用五菱	宝骏	宝骏 730	1.5T	2020	1500	4780	1780	1755	2750	1546	1541	205/55R16	自主
340	上汽通用五菱	宝骏	宝骏 730	1.5T	2020	1500	4780	1780	1740	2750	1546	1541	205/55R16	自主
341	上汽通用五菱	宝骏	宝骏 730	1.5T	2040	1544	4780	1780	1775	2750	1546	1541	205/55R16	自主
342	上汽通用五菱	宝骏	宝骏 730	1.5T	2040	1544	4780	1780	1740	2750	1546	1541	205/55R16	自主
343	上汽通用五菱	宝骏	宝骏 730	1.5T	2040	1564	4780	1780	1775	2750	1546	1541	205/55R16	自主
344	上汽通用五菱	宝骏	宝骏 360	1.5L	1820	1321	4615	1735	1640	2750	1482	1488	185/65R15	自主
345	上汽通用五菱	宝骏	宝骏 360	1.5L	1780	1321	4615	1735	1640	2750	1482	1488	185/65R15	自主
346	上汽通用五菱	宝骏	宝骏 360	1.5L	1820	1330	4615	1735	1660	2750	1482	1488	185/65R15	自主

序号	制造商	品牌	车型	排量	总质量/kg	整备质量/kg	外廓长度/mm	外廓宽度/mm	外廓高度/mm	轴距/mm	前轮距/mm	后轮距/mm	轮胎规格	派系
347	上汽通用五菱	宝骏	宝骏 360	1.5L	1780	1330	4615	1735	1660	2750	1482	1488	185/65R15	自主
348	上汽通用五菱	宝骏	宝骏 360	1.5L	1820	1350	4615	1735	1660	2750	1482	1488	185/65R15	自主
349	上汽通用五菱	宝骏	宝骏 360	1.5L	1820	1380	4615	1735	1660	2750	1482	1488	185/65R15	自主
350	上汽通用五菱	宝骏	宝骏 360	1.5L	1820	1400	4615	1735	1660	2750	1482	1488	185/65R15	自主
351	四川工业	野马	斯派卡	1.5L	2020	1375	4580	1730	1850	2800	1475	1485	195/60R16	自主
352	四川工业	野马	斯派卡	1.5L	2020	1435	4580	1730	1850	2800	1475	1485	195/60R16	自主
353	四川工业	野马	斯派卡	1.5L	2020	1435	4580	1730	1825	2800	1475	1485	195/60R16	自主
354	四川工业	野马	斯派卡	1.5L	2200	1460	4580	1730	1845	2800	1475	1485	195/60R16	自主
355	四川工业	野马	斯派卡	1.5L	2200	1460	4580	1730	1825	2800	1475	1485	195/60R16	自主
356	四川工业	野马	斯派卡	纯电	2290	1690	4580	1730	1825	2800	1475	1485	195/60R16	自主
357	潍柴汽车	英致	英致 737	纯电	2010	1530	4508	1760	1715	2785	1500	1510	185/65R15	自主
358	长安汽车	长安	睿行 S50	1.5L	2030	1435	4600	1750	1890	2850	1475	1480	195/65R15	自主
359	长安汽车	长安	睿行 S50	1.5L	2030	1435	4600	1750	1845	2850	1475	1480	195/65R15	自主
360	长安汽车	长安	睿行 S50	1.5L	2130	1460	4600	1770	1855	2850	1475	1480	205/60R16	自主
361	长安汽车	长安	睿行 S50	1.5L	2130	1460	4600	1750	1890	2850	1475	1480	195/65R15	自主
362	长安汽车	长安	睿行 S50	1.5L	2130	1460	4600	1750	1845	2850	1475	1480	195/65R15	自主
363	长安汽车	长安	欧尚长行	1.5L	1885	1360	4520	1725	1707	2700	1460	1470	185/65R15	自主
364	长安汽车	长安	欧尚 COSMOS	1.5T	2195	1670	4840	1860	1890	2820	1572	1568	215/60R17	自主
365	长安汽车	长安	欧尚 COSMOS	1.5T	2195	1670	4840	1860	1865	2820	1572	1568	215/60R17	自主
366	长安汽车	长安	欧尚 COSMOS	1.5T	2235	1710	4840	1860	1890	2820	1572	1568	215/60R17	自主
367	长安汽车	长安	欧尚 COSMOS	1.5T	2235	1710	4840	1860	1865	2820	1572	1568	215/60R17	自主
368	长安汽车	长安	欧尚 COSMOS	纯电	2415	1890	4840	1860	1895	2820	1572	1568	215/60R17	自主
369	长安汽车	长安	欧尚 COSMOS	纯电	2415	1890	4840	1860	1870	2820	1572	1568	215/60R17	自主
370	长安汽车	长安	欧尚 COSMOS	纯电	2415	1890	4840	1860	1865	2820	1572	1568	215/60R17	自主
371	长安汽车	长安	欧尚 COSMOS	纯电	2415	1890	4840	1860	1840	2820	1572	1568	215/60R17	自主
372	长安汽车	长安	欧尚 A800	1.6L	1984	1474	4810	1795	1750	2760	1535	1530	195/60R16	自主
373	长安汽车	长安	欧尚 A600	1.5L	1850	1325	4475	1725	1685	2680	1460	1470	185/65R15	自主
374	长安汽车	长安	欧诺 S	1.5L	1800	1215	4450	1685	1835	2750	1425	1435	185/70R14	自主
375	长安汽车	长安	欧诺 S	1.5L	1800	1215	4450	1685	1810	2750	1425	1435	185/70R14	自主
376	长安汽车	长安	欧诺 S	1.5L	1800	1235	4450	1685	1835	2750	1425	1435	185/70R14	自主
377	长安汽车	长安	欧诺 S	1.5L	1800	1235	4450	1685	1810	2750	1425	1435	185/70R14	自主
378	长安汽车	长安	欧诺 S	1.5L	1925	1250	4450	1685	1835	2750	1425	1435	185/70R14	自主
379	长安汽车	长安	欧诺 S	1.5L	1925	1250	4450	1685	1810	2750	1425	1435	185/70R14	自主
380	长安汽车	长安	欧诺 S	1.5L	1800	1250	4450	1685	1835	2750	1425	1435	185/70R14	自主
381	长安汽车	长安	欧诺 S	1.5L	1800	1250	4450	1685	1810	2750	1425	1435	185/70R14	自主
382	长安汽车	长安	欧诺 S	1.5L	1925	1275	4450	1685	1835	2750	1425	1435	185/70R14	自主
383	长安汽车	长安	欧诺 S	1.5L	1925	1275	4450	1685	1810	2750	1425	1435	185/70R14	自主
384	长安汽车	长安	欧诺 S	1.5L	1925	1300	4450	1685	1835	2750	1425	1435	185/70R14	自主
385	长安汽车	长安	欧诺 S	1.5L	1925	1300	4450	1685	1810	2750	1425	1435	185/70R14	自主
386	长安汽车	长安	欧诺 S	1.5L	1925	1325	4450	1685	1835	2750	1425	1435	185/70R14	自主
387	长安汽车	长安	欧诺 S	1.5L	1925	1325	4450	1685	1810	2750	1425	1435	185/70R14	自主
388	郑州日产	东风	帅客	纯电	2290	1685	4500	1695	2085	2695	1470	1475	205/60R16	自主
389	郑州日产	东风	帅客	纯电	2290	1685	4500	1695	1870	2695	1470	1475	205/60R16	自主
390	郑州日产	东风	帅客	纯电	2310	1710	4500	1695	1870	2695	1470	1475	205/60R16	自主

第四章

交叉型乘用车（CV）

Crossover Vehicle

《报告》共计收集整理了2020年量产交叉型乘用车（CV）8家97个车型特征参数数值。

对于总质量等6个特征参数末位数值为0的厂家占比分析见表C01　2020年交叉型乘用车（CV）特征参数末位数值为0厂家数分析表；详见本章内具体数据表。

表C01　2020年交叉型乘用车（CV）特征参数末位数值为0厂家数分析表

序号	特征参数	特征参数末位数值为0 / 家	基本型乘用车 / 家	特征参数末位数值为0 / %
1	总质量 /kg	3	8	37.5
2	整备质量 /kg	4	8	50.0
3	外廓长度 /mm	1	8	12.5
4	外廓宽度 /mm	5	8	62.5
5	外廓高度 /mm	3	8	37.5
6	轴距 /mm	3	8	37.5

《报告》共计收集整理了2020年量产交叉型乘用车（CV）8家97个车型特征参数数值。

对于前轮距和后轮距2个特征参数末位数值为0和5的厂家占比分析见表C02　2020年交叉型乘用车（CV）特征参数末位数值为0和5厂家数分析表；详见本章内具体数据表。

表C02　2020年交叉型乘用车（CV）特征参数末位数值为0和5厂家数分析表

序号	特征参数	特征参数末位数值为0和5 / 家	基本型乘用车 / 家	特征参数末位数值为0和5 / %
1	前轮距 /mm	6	8	75.0
2	后轮距 /mm	4	8	50.0

《报告》分析整理了2020年交叉型乘用车（CV）车型与外廓尺寸参数对应数据，详细数据见表CX01　2020年2020年交叉型乘用车（CV）车型与外廓尺寸参数一览表。

《报告》分析整理了2020年交叉型乘用车（CV）排量与总质量参数对应数据，详细数据见表CX02　2020年交叉型乘用车（CV）排量与总质量参数一览表。

《报告》分析整理了2020年交叉型乘用车（CV）车型与轮胎规格对应数据，详细数据见表CT05　2020年交叉型乘用车（CV）车型与轮胎规格一览表。

《报告》分析整理了2020年交叉型乘用车（CV）特征参数（末位0和5）54条数据，详细数据见表CM01　2020年交叉型乘用车（CV）特征参数（末位0和5）明细表。

《报告》分析整理了2020年交叉型乘用车（CV）特征参数（末位0和5）97条数据，详细数据见表CM02　2020年交叉型乘用车（CV）特征参数明细表。

通过对 2020 年交叉型乘用车 8 家 97 车型总质量参数数值分析，末位数为 0 的共计有 71 个，占比为 73.2%。有 3 个汽车厂家总质量末位数值全部为 0，占比为 37.5%。具体数值参见表 CA01 2020 年交叉型乘用车（CV）总质量末位数值分析表和表 CB01 2020 年交叉型乘用车（CV）总质量数值汇总表。

表 CA01 2020 年交叉型乘用车（CV）总质量末位数值分析表

序号	制造商	0	1	2	3	4	5	6	7	8	9	合计	差值
1	北汽福田	3										3	0
2	福建新龙马	1										1	0
3	卡威汽车	1										1	0
4	东风小康	5					1					6	1
5	南京金龙	4					1					5	1
6	华晨鑫源	24					2					26	2
7	上汽通用五菱	22					11					33	11
8	长安汽车	11					11					22	11
总计		71	0	0	0	0	26	0	0	0	0	97	26
占比		73.2%	0.0%	0.0%	0.0%	0.0%	26.8%	0.0%	0.0%	0.0%	0.0%	100.0%	26.8%

通过对 2020 年交叉型乘用车 8 家 97 车型整备质量参数数值分析，末位数为 0 的共计有 63 个，占比为 64.9%。有 4 个汽车厂家整备质量末位数值全部为 0，占比为 50.0%。具体数值参见表 CA02 2020 年交叉型乘用车（CV）整备质量末位数值分析表和表 CB02 2020 年交叉型乘用车（CV）整备质量数值汇总表。

表 CA02 2020 年交叉型乘用车（CV）整备质量末位数值分析表

序号	制造商	0	1	2	3	4	5	6	7	8	9	合计	差值
1	北汽福田	3										3	0
2	福建新龙马	1										1	0
3	卡威汽车	1										1	0
4	南京金龙	5										5	0
5	东风小康	4					2					6	2
6	华晨鑫源	22					3			1		26	4
7	长安汽车	10					12					22	12
8	上汽通用五菱	17	1				8	5	2			33	16
总计		63	1	0	0	0	25	5	2	1	0	97	34
占比		64.9%	1.0%	0.0%	0.0%	0.0%	25.8%	5.2%	2.1%	1.0%	0.0%	100.0%	35.1%

通过对 2020 年交叉型乘用车 8 家 97 车型外廓长度参数数值分析，末位数为 0 和共计有 33 个，占比为 34.0%。有 1 个汽车厂家外廓长度末位数值全部为 0，占比为 12.5%。具体数值参见表 CA03 2020 年交叉型乘用车（CV）外廓长度末位数值分析表和表 CB03 2020 年交叉型乘用车（CV）外廓长度数值汇总表。

表 CA03 2020 年交叉型乘用车（CV）外廓长度末位数值分析表

序号	制造商	0	1	2	3	4	5	6	7	8	9	合计	差值
1	东风小康	6										6	0
2	卡威汽车						1					1	1
3	福建新龙马		1									1	1
4	北汽福田	1					2					3	2
5	南京金龙						5					5	5
6	长安汽车	12					2			8		22	10
7	华晨鑫源	9					17					26	17
8	上汽通用五菱	5					21		7			33	28
总计		33	1	0	0	0	48	0	7	8	0	97	64
占比		34.0%	1.0%	0.0%	0.0%	0.0%	49.5%	0.0%	7.2%	8.2%	0.0%	100.0%	66.0%

通过对 2020 年交叉型乘用车 8 家 97 车型外廓宽度参数数值分析，末位数为 0 的共计有 68 个，占比为 70.1%。有 5 个汽车厂家外廓宽度末位数值全部为 0，占比为 62.5%。具体数值参见表 CA04 2020 年交叉型乘用车（CV）外廓宽度末位数值分析表和表 CB04 2020 年交叉型乘用车（CV）外廓宽度数值汇总表。

表 CA04　2020 年交叉型乘用车（CV）外廓宽度末位数值分析表

序号	制造商	0	1	2	3	4	5	6	7	8	9	合计	差值
1	北汽福田	3										3	0
2	东风小康	6										6	0
3	华晨鑫源	26										26	0
4	卡威汽车	1										1	0
5	南京金龙	5										5	0
6	福建新龙马								1			1	1
7	长安汽车	12					10					22	10
8	上汽通用五菱	15					18					33	18
总计		68	0	0	0	0	28	0	1	0	0	97	29
占比		70.1%	0.0%	0.0%	0.0%	0.0%	28.9%	0.0%	1.0%	0.0%	0.0%	100.0%	29.9%

通过对 2020 年交叉型乘用车 8 家 97 车型外廓高度参数数值分析，末位数为 0 的共计有 77 个，占比为 79.4%。有 3 个汽车厂家外廓高度末位数值全部为 0，占比为 37.5%。具体数值参见表 CA05 2020 年交叉型乘用车（CV）外廓高度末位数值分析表和表 CB05 2020 年交叉型乘用车（CV）外廓高度数值汇总表。

表 CA05　2020 年交叉型乘用车（CV）外廓高度末位数值分析表

序号	制造商	0	1	2	3	4	5	6	7	8	9	合计	差值
1	东风小康	6										6	0
2	卡威汽车	1										1	0
3	南京金龙	5										5	0
4	福建新龙马			1								1	1
5	北汽福田	1					2					3	2
6	上汽通用五菱	30					3					33	3
7	长安汽车	16					6					22	6
8	华晨鑫源	18					8					26	8
总计		77	0	1	0	0	19	0	0	0	0	97	20
占比		79.4%	0.0%	1.0%	0.0%	0.0%	19.6%	0.0%	0.0%	0.0%	0.0%	100.0%	20.6%

通过对 2020 年交叉型乘用车 8 家 97 车型轴距参数数值分析，末位数为 0 的共计有 68 个，占比为 70.1%。有 3 个汽车厂家轴距末位数值全部为 0，占比为 37.5%。具体数值参见表 CA6 2020 年交叉型乘用车（CV）轴距末位数值分析表和表 CB6 2020 年交叉型乘用车（CV）轴距数值汇总表。

表 CA06　2020 年交叉型乘用车（CV）轴距末位数值分析表

序号	制造商	0	1	2	3	4	5	6	7	8	9	合计	差值
1	东风小康	6										6	0
2	福建新龙马	1										1	0
3	上汽通用五菱	33										33	0
4	卡威汽车						1					1	1
5	北汽福田	1					2					3	2
6	长安汽车	18					4					22	4
7	南京金龙						5					5	5
8	华晨鑫源	9					17					26	17
总计		68	0	0	0	0	29	0	0	0	0	97	29
占比		70.1%	0.0%	0.0%	0.0%	0.0%	29.9%	0.0%	0.0%	0.0%	0.0%	100.0%	29.9%

通过对 2020 年交叉型乘用车 8 家 97 车型前轮距参数数值分析，末位数为 0 和 5 的共计有 83 个，占比为 85.6%。有 6 个汽车厂家前轮距末位数值全部为 0 和 5，占比为 75%。具体数值参见表 CA07 2020 年交叉型乘用车（CV）前轮距末位数值分析表和表 CB07 2020 年交叉型乘用车（CV）前轮距数值汇总表。

表 CA07　2020 年交叉型乘用车（CV）前轮距末位数值分析表

序号	制造商	0	1	2	3	4	5	6	7	8	9	合计	差值
1	北汽福田	3										3	0
2	东风小康	3					3					6	0
3	华晨鑫源	8					18					26	0
4	卡威汽车						1					1	0
5	南京金龙						5					5	0
6	长安汽车	4					18					22	0
7	福建新龙马								1			1	1
8	上汽通用五菱	20						13				33	13
总计		38	0	0	0	0	45	13	1	0	0	97	14
占比		39.2%	0.0%	0.0%	0.0%	0.0%	46.4%	13.4%	1.0%	0.0%	0.0%	100.0%	14.4%

通过对 2020 年交叉型乘用车 8 家 97 车型后轮距参数数值分析，末位数为 0 和 5 的共计有 77 个，占比为 79.4%。有 4 个汽车厂家后轮距末位数值全部为 0 和 5，占比为 50.0%。具体数值参见表 CA08 2020 年交叉型乘用车（CV）后轮距末位数值分析表和表 CB08 2020 年交叉型乘用车（CV）后轮距数值汇总表。

表 CA08　2020 年交叉型乘用车（CV）后轮距末位数值分析表

序号	制造商	0	1	2	3	4	5	6	7	8	9	合计	差值
1	北汽福田	3										3	0
2	东风小康	3					3					6	0
3	卡威汽车						1					1	0
4	南京金龙						5					5	0
5	福建新龙马									1		1	1
6	长安汽车	10					10	2				22	2
7	华晨鑫源			4			22					26	4
8	上汽通用五菱	20								13		33	13
总计		36	0	4	0	0	41	2	0	14	0	97	20
占比		37.1%	0.0%	4.1%	0.0%	0.0%	42.3%	2.1%	0.0%	14.4%	0.0%	100.0%	20.6%

表 CB01　2020 年交叉型乘用车（CV）总质量数值汇总表

单位：kg

序号	总质量	北汽福田	东风小康	福建新龙马	华晨鑫源	卡威汽车	南京金龙	上汽通用五菱	长安汽车	合计
1	1575							7		7
2	1725								2	2
3	1730								4	4
4	1755							1		1
5	1795							1		1
6	1800		3							3
7	1810	1								1
8	1815								2	2
9	1825							2		2
10	1830				2					2
11	1850			1	2			17		20
12	1860				4					4
13	1870				1					1
14	1875				1				2	3
15	1915				1					1
16	1925								2	2
17	1960				1					1
18	1970		2							2
19	1980				4					4
20	2000								3	3
21	2050	1			1					2
22	2070				1					1
23	2080						2			2
24	2110							2		2
25	2120				1					1
26	2135		1							1
27	2160				5					5
28	2170								2	2
29	2175						1			1
30	2180								1	1
31	2245								2	2
32	2295								1	1
33	2300							1		1
34	2310						1			1
35	2330						1			1
36	2350							2		2
37	2420				1					1
38	2500	1								1
39	2510				1					1
40	2520					1				1
41	2580								1	1
总计		3	6	1	26	1	5	33	22	97

表 CB02　2020 年交叉型乘用车（CV）整备质量数值汇总表

单位：kg

序号	整备质量	北汽福田	东风小康	福建新龙马	华晨鑫源	卡威汽车	南京金龙	上汽通用五菱	长安汽车	合计
1	940							1		1
2	960							1		1
3	965							1		1
4	970							1		1
5	981							1		1
6	997							1		1
7	1000		2							2
8	1065		1							1
9	1110	1								1
10	1120								2	2
11	1125								3	3
12	1135								2	2
13	1140				3			1		4
14	1145							1	1	2
15	1160				1			1		2
16	1165							1		1
17	1180			1	1					2
18	1185							1		1
19	1190				1					1
20	1200				1					1
21	1205							1		1
22	1206							3		3
23	1210								1	1
24	1220	1						1		2
25	1230				3			3		6
26	1235								1	1
27	1236							1		1
28	1240				1			1		2
29	1245								1	1
30	1250							1		1
31	1256							1		1
32	1260								1	1
33	1265				1			2		3
34	1270							2		2
35	1275							1		1
36	1280							1		1
37	1290		1		1				1	3
38	1300				6					6
39	1325								1	1
40	1335				2					2
41	1338				1					1
42	1340						1			1
43	1360				2					2
44	1370		1							1
45	1400								2	2
46	1420							1	2	3
47	1430						1			1
48	1435								2	2
49	1450						1			1
50	1470							2		2
51	1490						1			1
52	1510						1			1
53	1520	1			1					2
54	1545								1	1
55	1575		1							1
56	1610				1					1
57	1640					1				1
58	1700								1	1
59	1997							1		1
总计		3	6	1	26	1	5	33	22	97

表 CB03　2020 年交叉型乘用车（CV）外廓长度数值汇总表

单位：mm

序号	外廓长度	北汽福田	东风小康	福建新龙马	华晨鑫源	卡威汽车	南京金龙	上汽通用五菱	长安汽车	合计
1	3797							7		7
2	3980								2	2
3	4005								2	2
4	4040								4	4
5	4070		3							3
6	4071			1						1
7	4135							8		8
8	4165						4			4
9	4200	1			9					10
10	4415							5		5
11	4425							8		8
12	4430								6	6
13	4490							5		5
14	4495	2			17	1	1			21
15	4498								8	8
16	4500		3							3
总计		3	6	1	26	1	5	33	22	97

表 CB04　2020 年交叉型乘用车（CV）外廓宽度数值汇总表

单位：mm

序号	外廓宽度	北汽福田	东风小康	福建新龙马	华晨鑫源	卡威汽车	南京金龙	上汽通用五菱	长安汽车	合计
1	1510							7		7
2	1560		3							3
3	1600								4	4
4	1615							5		5
5	1625							8		8
6	1645								4	4
7	1655								6	6
8	1665							5		5
9	1670							8		8
10	1677			1						1
11	1680	3	3		26	1	5		8	46
总计		3	6	1	26	1	5	33	22	97

表 CB05　2020 年交叉型乘用车（CV）外廓高度数值汇总表

单位：mm

序号	外廓高度	北汽福田	东风小康	福建新龙马	华晨鑫源	卡威汽车	南京金龙	上汽通用五菱	长安汽车	合计
1	1820							7		7
2	1850							5		5
3	1860							8		8
4	1870							8		8
5	1875	2								2
6	1890	1							4	5
7	1900							2		2
8	1902			1						1
9	1910		3						4	7
10	1915							3		3
11	1920						1			1
12	1930				9		4			13
13	1935								6	6
14	1990				9	1			8	18
15	1995				8					8
16	2000		3							3
总计		3	6	1	26	1	5	33	22	97

表 CB06　2020 年交叉型乘用车（CV）轴距数值汇总表

单位：mm

序号	轴距	北汽福田	东风小康	福建新龙马	华晨鑫源	卡威汽车	南京金龙	上汽通用五菱	长安汽车	合计
1	2500							7		7
2	2560								4	4
3	2605						4		4	8
4	2700	1		1	9			8		19
5	2720							5		5
6	2760		3							3
7	2800								6	6
8	2850							8		8
9	2925				9	1				10
10	2935						1			1
11	2945				8					8
12	2995	2								2
13	3000								8	8
14	3050		3					5		8
总计		3	6	1	26	1	5	33	22	97

表 CB07　2020 年交叉型乘用车（CV）前轮距数值汇总表

单位：mm

序号	前轮距	北汽福田	东风小康	福建新龙马	华晨鑫源	卡威汽车	南京金龙	上汽通用五菱	长安汽车	合计
1	1290							7		7
2	1310		3							3
3	1360	3							4	7
4	1377			1						1
5	1386							13		13
6	1420							13		13
7	1425				18	1	5		4	28
8	1435		3						6	9
9	1445								8	8
10	1460				8					8
总计		3	6	1	26	1	5	33	22	97

表 CB08　2020 年交叉型乘用车（CV）后轮距数值汇总表

单位：mm

序号	后轮距	北汽福田	东风小康	福建新龙马	华晨鑫源	卡威汽车	南京金龙	上汽通用五菱	长安汽车	合计
1	1290							7		7
2	1310		3							3
3	1360	3							4	7
4	1408			1				13		14
5	1425				4					4
6	1435		3		18	1	5		10	37
7	1440							13	6	19
8	1452				4					4
9	1506								2	2
总计		3	6	1	26	1	5	33	22	97

2020 年交叉型乘用车 8 家全部为自主品牌，共计有 97 车型。制造厂家中上汽通用五菱车型有 33 个，位居第一，占比为 34.0%。详细数据见表 CH01 2020 年交叉型乘用车（CV）制造商派系数量表。

表 CH01　2020 年交叉型乘用车（CV）制造商派系数量表

序号	制造商	自主	合计	占比
1	北汽福田	3	3	3.1%
2	东风小康	6	6	6.2%
3	福建新龙马	1	1	1.0%
4	华晨鑫源	26	26	26.8%
5	卡威汽车	1	1	1.0%
6	南京金龙	5	5	5.2%
7	上汽通用五菱	33	33	34.0%
8	长安汽车	22	22	22.7%
总计		97	97	100.0%

通过对 2020 年交叉型乘用车 8 家 97 车型按照排量数据分析，排量共计有 6 个外加纯电车类，纯电车有 15 个车型，占比为 15.5%。排量为 1.5L 有 44 个车型，占比为 45.4%，位居第一。详细数据见表 CH02 2020 年交叉型乘用车（CV）发动机排量数值表。

表 CH02　2020 年交叉型乘用车（CV）发动机排量数值表

序号	排量	北汽福田	东风小康	福建新龙马	华晨鑫源	卡威汽车	南京金龙	上汽通用五菱	长安汽车	合计	占比
1	1.0L		1							1	1.0%
2	1.2L	1	2	1				16	4	24	24.7%
3	1.3L				2					2	2.1%
4	1.4L				2				4	6	6.2%
5	1.5L	1	2		15			14	12	44	45.4%
6	1.6L				4				1	5	5.2%
7	纯电	1	1		3	1	5	3	1	15	15.5%
总计		3	6	1	26	1	5	33	22	97	100.0%

表 CX01　2020 年交叉型乘用车（CV）车型与外廓尺寸参数一览表

单位：mm

序号	制造商	车型	排量	外廓长度	外廓宽度	外廓高度	汇总
1	北汽福田	风景 V5	1.5L	4495	1680	1875	1
2			纯电	4495	1680	1890	1
3		伽途 V5	1.2L	4200	1680	1875	1
4	东风小康	东风小康 C36	1.5L	4500	1680	2000	1
5			纯电	4500	1680	2000	1
6		东风小康 C37	1.5L	4500	1680	2000	1
7		东风小康 K07S	1.0L	4070	1560	1910	1
8			1.2L	4070	1560	1910	2
9	福建新龙马	启腾 M70	1.2L	4071	1677	1902	1
10	华晨鑫源	金杯小海狮 X30	1.3L	4200	1680	1930	1
11			1.4L	4200	1680	1930	1
12			1.5L	4200	1680	1930	6
13			纯电	4200	1680	1930	1
14		金杯小海狮 X30L	1.3L	4495	1680	1990	1
15			1.4L	4495	1680	1990	1
16			1.5L	4495	1680	1990	5
17						1995	4
18			1.6L	4495	1680	1995	4
19			纯电	4495	1680	1990	2
20	卡威汽车	卡威	纯电	4495	1680	1990	1
21	南京金龙	开沃 D07	纯电	4165	1680	1930	4
22				4495	1680	1920	1
23	上汽通用五菱	五菱宏光 V	1.2L	4425	1670	1860	3
24			1.5L	4425	1670	1860	5
25		五菱荣光 EV	纯电	4490	1615	1915	3
26		五菱荣光 S	1.2L	4135	1625	1870	6
27			1.5L	4135	1625	1870	2
28		五菱荣光 V	1.5L	4415	1665	1850	5
29		五菱荣光加长版	1.5L	4490	1615	1900	2
30		新五菱之光	1.2L	3797	1510	1820	7
31	长安汽车	睿行 M60	1.5L	4498	1680	1990	6
32			1.6L	4498	1680	1990	1
33			纯电	4498	1680	1990	1
34		长安 V3	1.2L	4040	1645	1910	4
35		长安之星 5	1.4L	3980	1600	1890	2
36				4005	1600	1890	2
37		长安之星 9	1.5L	4430	1655	1935	6
总计							97

表 CX02　2020 年交叉型乘用车（CV）排量与总质量参数一览表

单位：kg

序号	排量	总质量	制造商	品牌	汇总
1	1.0L	1800	东风小康	东风	1
2	1.2L	1575	上汽通用五菱	五菱	7
3		1725	长安汽车	长安	2
4		1755	上汽通用五菱	五菱	1
5		1795	上汽通用五菱	五菱	1
6		1800	东风小康	东风	2
7		1810	北汽福田	福田	1
8		1850	福建新龙马	福建	1
9			上汽通用五菱	五菱	7
10		2245	长安汽车	长安	2
11	1.3L	1860	华晨鑫源	金杯	1
12		1980	华晨鑫源	金杯	1
13	1.4L	1730	长安汽车	长安	4
14		1860	华晨鑫源	金杯	1
15		1980	华晨鑫源	金杯	1
16	1.5L	1815	长安汽车	长安	2
17		1825	上汽通用五菱	五菱	2
18		1830	华晨鑫源	金杯	2
19		1850	上汽通用五菱	五菱	10
20		1860	华晨鑫源	金杯	2
21		1870	华晨鑫源	金杯	1
22		1875	华晨鑫源	金杯	1
23			长安汽车	长安	2
24		1915	华晨鑫源	金杯	1
25		1925	长安汽车	长安	2
26		1970	东风小康	东风	2
27		1980	华晨鑫源	金杯	2
28		2000	长安汽车	长安	3
29		2050	北汽福田	福田	1
30			华晨鑫源	金杯	1
31		2070	华晨鑫源	金杯	1
32		2110	上汽通用五菱	五菱	2
33		2120	华晨鑫源	金杯	1
34		2160	华晨鑫源	金杯	3
35		2170	长安汽车	长安	2
36		2180	长安汽车	长安	1
37	1.6L	1850	华晨鑫源	金杯	2
38		2160	华晨鑫源	金杯	2
39		2295	长安汽车	长安	1
40	纯电	1960	华晨鑫源	金杯	1
41		2080	南京金龙	开沃	2
42		2135	东风小康	东风	1
43		2175	南京金龙	开沃	1
44		2300	上汽通用五菱	五菱	1
45		2310	南京金龙	开沃	1
46		2330	南京金龙	开沃	1
47		2350	上汽通用五菱	五菱	2
48		2420	华晨鑫源	金杯	1
49		2500	北汽福田	福田	1
50		2510	华晨鑫源	金杯	1
51		2520	卡威汽车	卡威	1
52		2580	长安汽车	长安	1
总计					97

通过对2020年交叉型乘用车8家97车型轮胎参数数据分析，共计配置有9款轮胎。其中规格型号为175/70R14的轮胎被7家交叉型乘用车厂家使用，有35个车型，位居第一位，占比达36.1%。具体数据参见表CT01 2020年交叉型乘用车（CV）轮胎规格一览表。

表CT01　2020年交叉型乘用车（CV）轮胎规格一览表

序号	轮胎规格	北汽福田	东风小康	福建新龙马	华晨鑫源	卡威汽车	南京金龙	上汽通用五菱	长安汽车	合计	占比
1	165/70R13							7		7	7.2%
2	165/70R14		3						4	7	7.2%
3	165/80R13								4	4	4.1%
4	165/80R14							15		15	15.5%
5	175/70R14	2		1	18	1	5	8		35	36.1%
6	175/75R14							3		3	3.1%
7	185/80R14	1	3						8	12	12.4%
8	195/65R15				8					8	8.2%
9	195/70R15								6	6	6.2%
总计		3	6	1	26	1	5	33	22	97	100.0%

通过对2020年交叉型乘用车8家97车型轮胎参数数据分析，共计使用有4个轮胎宽度。其中轮胎宽度为175的轮胎被6家汽车厂家使用，有38个车型，位居第一位，占比达39.2%。具体数据参见表CT02 2020年交叉型乘用车（CV）轮胎宽度分析表。

表CT02　2020年交叉型乘用车（CV）轮胎宽度分析表

序号	轮胎宽度	北汽福田	东风小康	福建新龙马	华晨鑫源	卡威汽车	南京金龙	上汽通用五菱	长安汽车	合计	占比
1	165		3					22	8	33	34.0%
2	175	2		1	18	1	5	11		38	39.2%
3	185	1	3						8	12	12.4%
4	195				8				6	14	14.4%
总计		3	6	1	26	1	5	33	22	97	100.0%

通过对2020年交叉型乘用车8家97车型轮胎高宽比参数数据分析，共计使用有4个轮胎高宽比。其中轮胎高宽比为70的轮胎被8家汽车厂家使用，有55个车型，位居第一位，占比达56.7%。具体数据参见表CT03 2020年交叉型乘用车（CV）轮胎高宽比分析表。

表CT03　2020年交叉型乘用车（CV）轮胎高宽比分析表

序号	轮胎高宽比	北汽福田	东风小康	福建新龙马	华晨鑫源	卡威汽车	南京金龙	上汽通用五菱	长安汽车	合计	占比
1	/65				8					8	8.2%
2	/70	2	3	1	18	1	5	15	10	55	56.7%
3	/75							3		3	3.1%
4	/80	1	3					15	12	31	32.0%
总计		3	6	1	26	1	5	33	22	97	100.0%

通过对2020年交叉型乘用车8家97车型轮胎内径参数数据分析，共计使用有3个轮胎内径。其中轮胎内径为R14的轮胎被8家汽车厂家使用，有72个车型，位居第一位，占比达74.2%。具体数据参见表CT04 2020年交叉型乘用车（CV）轮胎内径分析表。

表CT04　2020年交叉型乘用车（CV）轮胎内径分析表

序号	轮胎内径	北汽福田	东风小康	福建新龙马	华晨鑫源	卡威汽车	南京金龙	上汽通用五菱	长安汽车	合计	占比
1	R13							7	4	11	11.3%
2	R14	3	6	1	18	1	5	26	12	72	74.2%
3	R15				8				6	14	14.4%
总计		3	6	1	26	1	5	33	22	97	100.0%

表 CT05　2020 年交叉型乘用车（CV）车型与轮胎规格一览表

序号	制造商	品牌	排量	轮胎规格	汇总
1	北汽福田	福田	1.2L	175/70R14	1
2			1.5L	175/70R14	1
3			纯电	185/80R14	1
4	东风小康	东风	1.0L	165/70R14	1
5			1.2L	165/70R14	2
6			1.5L	185/80R14	2
7			纯电	185/80R14	1
8	福建新龙马	福建	1.2L	175/70R14	1
9	华晨鑫源	金杯	1.3L	175/70R14	2
10			1.4L	175/70R14	2
11			1.5L	175/70R14	11
12				195/65R15	4
13			1.6L	195/65R15	4
14			纯电	175/70R14	3
15	卡威汽车	卡威	纯电	175/70R14	1
16	南京金龙	开沃	纯电	175/70R14	5
17	上汽通用五菱	五菱	1.2L	165/70R13	7
18				165/80R14	6
19				175/70R14	3
20			1.5L	165/80R14	9
21				175/70R14	5
22			纯电	175/75R14	3
23	长安汽车	长安	1.2L	165/80R13	4
24			1.4L	165/70R14	4
25			1.5L	185/80R14	6
26				195/70R15	6
27			1.6L	185/80R14	1
28			纯电	185/80R14	1
总计					97

表 CM01　2020 年交叉型乘用车（CV）特征参数（末位 0 和 5）明细表

序号	制造商	品牌	车型	排量	总质量/kg	整备质量/kg	外廓长度/mm	外廓宽度/mm	外廓高度/mm	轴距/mm	前轮距/mm	后轮距/mm	轮胎规格	派系
1	北汽福田	福田	伽途 V5	1.2L	1810	1110	4200	1680	1875	2700	1360	1360	175/70R14	自主
2	北汽福田	福田	风景 V5	纯电	2500	1520	4495	1680	1890	2995	1360	1360	185/80R14	自主
3	东风小康	东风	东风小康 K07S	1.0L	1800	1000	4070	1560	1910	2760	1310	1310	165/70R14	自主
4	东风小康	东风	东风小康 K07S	1.2L	1800	1000	4070	1560	1910	2760	1310	1310	165/70R14	自主
5	东风小康	东风	东风小康 K07S	1.2L	1800	1065	4070	1560	1910	2760	1310	1310	165/70R14	自主
6	东风小康	东风	东风小康 C37	1.5L	1970	1290	4500	1680	2000	3050	1435	1435	185/80R14	自主
7	东风小康	东风	东风小康 C36	1.5L	1970	1370	4500	1680	2000	3050	1435	1435	185/80R14	自主
8	东风小康	东风	东风小康 C36	纯电	2135	1575	4500	1680	2000	3050	1435	1435	185/80R14	自主
9	华晨鑫源	金杯	金杯小海狮 X30	1.3L	1860	1140	4200	1680	1930	2700	1425	1435	175/70R14	自主
10	华晨鑫源	金杯	金杯小海狮 X30	1.4L	1860	1140	4200	1680	1930	2700	1425	1435	175/70R14	自主
11	华晨鑫源	金杯	金杯小海狮 X30	1.5L	1860	1140	4200	1680	1930	2700	1425	1435	175/70R14	自主
12	华晨鑫源	金杯	金杯小海狮 X30	1.5L	1915	1160	4200	1680	1930	2700	1425	1435	175/70R14	自主
13	华晨鑫源	金杯	金杯小海狮 X30	1.5L	1860	1190	4200	1680	1930	2700	1425	1435	175/70R14	自主
14	华晨鑫源	金杯	金杯小海狮 X30	1.5L	1870	1200	4200	1680	1930	2700	1425	1435	175/70R14	自主
15	华晨鑫源	金杯	金杯小海狮 X30L	1.3L	1980	1230	4495	1680	1990	2925	1425	1435	175/70R14	自主
16	华晨鑫源	金杯	金杯小海狮 X30L	1.4L	1980	1230	4495	1680	1990	2925	1425	1435	175/70R14	自主
17	华晨鑫源	金杯	金杯小海狮 X30L	1.5L	1980	1230	4495	1680	1990	2925	1425	1435	175/70R14	自主
18	华晨鑫源	金杯	金杯小海狮 X30	1.5L	2050	1265	4200	1680	1930	2700	1425	1435	175/70R14	自主
19	华晨鑫源	金杯	金杯小海狮 X30L	1.5L	2070	1290	4495	1680	1990	2925	1425	1435	175/70R14	自主
20	华晨鑫源	金杯	金杯小海狮 X30L	1.5L	2160	1300	4495	1680	1995	2945	1460	1425	195/65R15	自主
21	华晨鑫源	金杯	金杯小海狮 X30L	1.6L	2160	1335	4495	1680	1995	2945	1460	1425	195/65R15	自主
22	华晨鑫源	金杯	金杯小海狮 X30L	1.5L	2160	1360	4495	1680	1990	2925	1425	1435	175/70R14	自主
23	华晨鑫源	金杯	金杯小海狮 X30L	纯电	2420	1520	4495	1680	1990	2925	1425	1435	175/70R14	自主
24	华晨鑫源	金杯	金杯小海狮 X30L	纯电	2510	1610	4495	1680	1990	2925	1425	1435	175/70R14	自主
25	卡威汽车	卡威	卡威	纯电	2520	1640	4495	1680	1990	2925	1425	1435	175/70R14	自主
26	南京金龙	开沃	开沃 D07	纯电	2080	1340	4165	1680	1930	2605	1425	1435	175/70R14	自主
27	南京金龙	开沃	开沃 D07	纯电	2310	1430	4165	1680	1930	2605	1425	1435	175/70R14	自主
28	南京金龙	开沃	开沃 D07	纯电	2330	1450	4165	1680	1930	2605	1425	1435	175/70R14	自主
29	南京金龙	开沃	开沃 D07	纯电	2080	1490	4165	1680	1930	2605	1425	1435	175/70R14	自主
30	南京金龙	开沃	开沃 D07	纯电	2175	1510	4495	1680	1920	2935	1425	1435	175/70R14	自主
31	上汽通用五菱	五菱	五菱宏光 V	1.2L	1795	1185	4425	1670	1860	2850	1420	1440	165/80R14	自主
32	上汽通用五菱	五菱	五菱宏光 V	1.5L	1850	1220	4425	1670	1860	2850	1420	1440	165/80R14	自主
33	上汽通用五菱	五菱	五菱宏光 V	1.2L	1850	1230	4425	1670	1860	2850	1420	1440	165/80R14	自主
34	上汽通用五菱	五菱	五菱宏光 V	1.5L	1850	1230	4425	1670	1860	2850	1420	1440	165/80R14	自主
35	上汽通用五菱	五菱	五菱宏光 V	1.5L	1850	1240	4425	1670	1860	2850	1420	1440	165/80R14	自主
36	上汽通用五菱	五菱	五菱荣光 V	1.5L	1850	1250	4415	1665	1850	2720	1420	1440	165/80R14	自主
37	上汽通用五菱	五菱	五菱宏光 V	1.5L	1850	1265	4425	1670	1860	2850	1420	1440	175/70R14	自主
38	上汽通用五菱	五菱	五菱宏光 V	1.5L	1850	1265	4425	1670	1860	2850	1420	1440	165/80R14	自主
39	上汽通用五菱	五菱	五菱荣光 V	1.5L	1850	1275	4415	1665	1850	2720	1420	1440	165/80R14	自主
40	上汽通用五菱	五菱	五菱荣光 V	1.5L	1850	1280	4415	1665	1850	2720	1420	1440	165/80R14	自主
41	长安汽车	长安	长安 V3	1.2L	2245	1120	4040	1645	1910	2605	1425	1435	165/80R13	自主
42	长安汽车	长安	长安 V3	1.2L	1725	1120	4040	1645	1910	2605	1425	1435	165/80R13	自主
43	长安汽车	长安	长安之星 5	1.4L	1730	1125	3980	1600	1890	2560	1360	1360	165/70R14	自主
44	长安汽车	长安	长安之星 5	1.4L	1730	1125	4005	1600	1890	2560	1360	1360	165/70R14	自主
45	长安汽车	长安	长安 V3	1.2L	1725	1125	4040	1645	1910	2605	1425	1435	165/80R13	自主
46	长安汽车	长安	长安之星 5	1.4L	1730	1135	3980	1600	1890	2560	1360	1360	165/70R14	自主
47	长安汽车	长安	长安之星 5	1.4L	1730	1135	4005	1600	1890	2560	1360	1360	165/70R14	自主
48	长安汽车	长安	长安 V3	1.2L	2245	1145	4040	1645	1910	2605	1425	1435	165/80R13	自主
49	长安汽车	长安	长安之星 9	1.5L	1815	1210	4430	1655	1935	2800	1435	1435	185/80R14	自主
50	长安汽车	长安	长安之星 9	1.5L	1815	1235	4430	1655	1935	2800	1435	1435	185/80R14	自主
51	长安汽车	长安	长安之星 9	1.5L	1875	1245	4430	1655	1935	2800	1435	1435	185/80R14	自主
52	长安汽车	长安	长安之星 9	1.5L	1875	1260	4430	1655	1935	2800	1435	1435	185/80R14	自主
53	长安汽车	长安	长安之星 9	1.5L	1925	1290	4430	1655	1935	2800	1435	1435	185/80R14	自主
54	长安汽车	长安	长安之星 9	1.5L	1925	1325	4430	1655	1935	2800	1435	1435	185/80R14	自主

表 CM02　2020 年交叉型乘用车（CV）特征参数明细表

序号	制造商	品牌	车型	排量	总质量/kg	整备质量/kg	外廓长度/mm	外廓宽度/mm	外廓高度/mm	轴距/mm	前轮距/mm	后轮距/mm	轮胎规格	派系
1	北汽福田	福田	伽途 V5	1.2L	1810	1110	4200	1680	1875	2700	1360	1360	175/70R14	自主
2	北汽福田	福田	风景 V5	1.5L	2050	1220	4495	1680	1875	2995	1360	1360	175/70R14	自主
3	北汽福田	福田	风景 V5	纯电	2500	1520	4495	1680	1890	2995	1360	1360	185/80R14	自主
4	东风小康	东风	东风小康 K07S	1.0L	1800	1000	4070	1560	1910	2760	1310	1310	165/70R14	自主
5	东风小康	东风	东风小康 K07S	1.2L	1800	1000	4070	1560	1910	2760	1310	1310	165/70R14	自主
6	东风小康	东风	东风小康 K07S	1.2L	1800	1065	4070	1560	1910	2760	1310	1310	165/70R14	自主
7	东风小康	东风	东风小康 C37	1.5L	1970	1290	4500	1680	2000	3050	1435	1435	185/80R14	自主
8	东风小康	东风	东风小康 C36	1.5L	1970	1370	4500	1680	2000	3050	1435	1435	185/80R14	自主
9	东风小康	东风	东风小康 C36	纯电	2135	1575	4500	1680	2000	3050	1435	1435	185/80R14	自主
10	福建新龙马	福建	启腾 M70	1.2L	1850	1180	4071	1677	1902	2700	1377	1408	175/70R14	自主
11	华晨鑫源	金杯	金杯小海狮 X30L	1.3L	1980	1230	4495	1680	1990	2925	1425	1435	175/70R14	自主
12	华晨鑫源	金杯	金杯小海狮 X30L	1.4L	1980	1230	4495	1680	1990	2925	1425	1435	175/70R14	自主
13	华晨鑫源	金杯	金杯小海狮 X30L	1.5L	1980	1230	4495	1680	1990	2925	1425	1435	175/70R14	自主
14	华晨鑫源	金杯	金杯小海狮 X30L	1.5L	1875	1240	4495	1680	1990	2925	1425	1435	175/70R14	自主
15	华晨鑫源	金杯	金杯小海狮 X30L	1.5L	2070	1290	4495	1680	1990	2925	1425	1435	175/70R14	自主
16	华晨鑫源	金杯	金杯小海狮 X30L	1.5L	2160	1300	4495	1680	1995	2945	1460	1425	195/65R15	自主
17	华晨鑫源	金杯	金杯小海狮 X30L	1.5L	2160	1300	4495	1680	1995	2945	1460	1452	195/65R15	自主
18	华晨鑫源	金杯	金杯小海狮 X30L	1.6L	1850	1300	4495	1680	1995	2945	1460	1425	195/65R15	自主
19	华晨鑫源	金杯	金杯小海狮 X30L	1.6L	1850	1300	4495	1680	1995	2945	1460	1452	195/65R15	自主
20	华晨鑫源	金杯	金杯小海狮 X30L	1.5L	1830	1300	4495	1680	1995	2945	1460	1425	195/65R15	自主
21	华晨鑫源	金杯	金杯小海狮 X30L	1.5L	1830	1300	4495	1680	1995	2945	1460	1452	195/65R15	自主
22	华晨鑫源	金杯	金杯小海狮 X30L	1.6L	2160	1335	4495	1680	1995	2945	1460	1425	195/65R15	自主
23	华晨鑫源	金杯	金杯小海狮 X30L	1.6L	2160	1335	4495	1680	1995	2945	1460	1452	195/65R15	自主
24	华晨鑫源	金杯	金杯小海狮 X30L	1.5L	2120	1360	4495	1680	1990	2925	1425	1435	175/70R14	自主
25	华晨鑫源	金杯	金杯小海狮 X30L	1.5L	2160	1360	4495	1680	1990	2925	1425	1435	175/70R14	自主
26	华晨鑫源	金杯	金杯小海狮 X30L	纯电	2420	1520	4495	1680	1990	2925	1425	1435	175/70R14	自主
27	华晨鑫源	金杯	金杯小海狮 X30L	纯电	2510	1610	4495	1680	1990	2925	1425	1435	175/70R14	自主
28	华晨鑫源	金杯	金杯小海狮 X30	1.3L	1860	1140	4200	1680	1930	2700	1425	1435	175/70R14	自主
29	华晨鑫源	金杯	金杯小海狮 X30	1.4L	1860	1140	4200	1680	1930	2700	1425	1435	175/70R14	自主
30	华晨鑫源	金杯	金杯小海狮 X30	1.5L	1860	1140	4200	1680	1930	2700	1425	1435	175/70R14	自主
31	华晨鑫源	金杯	金杯小海狮 X30	1.5L	1915	1160	4200	1680	1930	2700	1425	1435	175/70R14	自主
32	华晨鑫源	金杯	金杯小海狮 X30	1.5L	1980	1180	4200	1680	1930	2700	1425	1435	175/70R14	自主
33	华晨鑫源	金杯	金杯小海狮 X30	1.5L	1860	1190	4200	1680	1930	2700	1425	1435	175/70R14	自主
34	华晨鑫源	金杯	金杯小海狮 X30	1.5L	1870	1200	4200	1680	1930	2700	1425	1435	175/70R14	自主
35	华晨鑫源	金杯	金杯小海狮 X30	1.5L	2050	1265	4200	1680	1930	2700	1425	1435	175/70R14	自主
36	华晨鑫源	金杯	金杯小海狮 X30	纯电	1960	1338	4200	1680	1930	2700	1425	1435	175/70R14	自主
37	卡威汽车	卡威	卡威	纯电	2520	1640	4495	1680	1990	2925	1425	1435	175/70R14	自主
38	南京金龙	开沃	开沃 D07	纯电	2080	1340	4165	1680	1930	2605	1425	1435	175/70R14	自主
39	南京金龙	开沃	开沃 D07	纯电	2310	1430	4165	1680	1930	2605	1425	1435	175/70R14	自主
40	南京金龙	开沃	开沃 D07	纯电	2330	1450	4165	1680	1930	2605	1425	1435	175/70R14	自主
41	南京金龙	开沃	开沃 D07	纯电	2080	1490	4165	1680	1930	2605	1425	1435	175/70R14	自主
42	南京金龙	开沃	开沃 D07	纯电	2175	1510	4495	1680	1920	2935	1425	1435	175/70R14	自主
43	上汽通用五菱	五菱	新五菱之光	1.2L	1575	940	3797	1510	1820	2500	1290	1290	165/70R13	自主
44	上汽通用五菱	五菱	新五菱之光	1.2L	1575	960	3797	1510	1820	2500	1290	1290	165/70R13	自主
45	上汽通用五菱	五菱	新五菱之光	1.2L	1575	965	3797	1510	1820	2500	1290	1290	165/70R13	自主
46	上汽通用五菱	五菱	新五菱之光	1.2L	1575	970	3797	1510	1820	2500	1290	1290	165/70R13	自主
47	上汽通用五菱	五菱	新五菱之光	1.2L	1575	981	3797	1510	1820	2500	1290	1290	165/70R13	自主
48	上汽通用五菱	五菱	新五菱之光	1.2L	1575	997	3797	1510	1820	2500	1290	1290	165/70R13	自主
49	上汽通用五菱	五菱	新五菱之光	1.2L	1575	997	3797	1510	1820	2500	1290	1290	165/70R13	自主
50	上汽通用五菱	五菱	五菱荣光加长版	1.5L	2110	1270	4490	1615	1900	3050	1386	1408	175/70R14	自主
51	上汽通用五菱	五菱	五菱荣光加长版	1.5L	2110	1270	4490	1615	1900	3050	1386	1408	175/70R14	自主
52	上汽通用五菱	五菱	五菱荣光 V	1.5L	1825	1236	4415	1665	1850	2720	1420	1440	165/80R14	自主
53	上汽通用五菱	五菱	五菱荣光 V	1.5L	1850	1250	4415	1665	1850	2720	1420	1440	165/80R14	自主
54	上汽通用五菱	五菱	五菱荣光 V	1.5L	1825	1256	4415	1665	1850	2720	1420	1440	165/80R14	自主
55	上汽通用五菱	五菱	五菱荣光 V	1.5L	1850	1275	4415	1665	1850	2720	1420	1440	165/80R14	自主
56	上汽通用五菱	五菱	五菱荣光 V	1.5L	1850	1280	4415	1665	1850	2720	1420	1440	165/80R14	自主

序号	制造商	品牌	车型	排量	总质量 /kg	整备质量 /kg	外廓长度 /mm	外廓宽度 /mm	外廓高度 /mm	轴距 /mm	前轮距 /mm	后轮距 /mm	轮胎规格	派系
57	上汽通用五菱	五菱	五菱荣光 S	1.2L	1850	1140	4135	1625	1870	2700	1386	1408	175/70R14	自主
58	上汽通用五菱	五菱	五菱荣光 S	1.2L	1755	1145	4135	1625	1870	2700	1386	1408	165/80R14	自主
59	上汽通用五菱	五菱	五菱荣光 S	1.2L	1850	1160	4135	1625	1870	2700	1386	1408	175/70R14	自主
60	上汽通用五菱	五菱	五菱荣光 S	1.2L	1850	1165	4135	1625	1870	2700	1386	1408	165/80R14	自主
61	上汽通用五菱	五菱	五菱荣光 S	1.2L	1850	1205	4135	1625	1870	2700	1386	1408	175/70R14	自主
62	上汽通用五菱	五菱	五菱荣光 S	1.5L	1850	1206	4135	1625	1870	2700	1386	1408	175/70R14	自主
63	上汽通用五菱	五菱	五菱荣光 S	1.2L	1850	1206	4135	1625	1870	2700	1386	1408	165/80R14	自主
64	上汽通用五菱	五菱	五菱荣光 S	1.5L	1850	1230	4135	1625	1870	2700	1386	1408	175/70R14	自主
65	上汽通用五菱	五菱	五菱荣光 EV	纯电	2300	1420	4490	1615	1915	3050	1386	1408	175/75R14	自主
66	上汽通用五菱	五菱	五菱荣光 EV	纯电	2350	1470	4490	1615	1915	3050	1386	1408	175/75R14	自主
67	上汽通用五菱	五菱	五菱荣光 EV	纯电	2350	1470	4490	1615	1915	3050	1386	1408	175/75R14	自主
68	上汽通用五菱	五菱	五菱宏光 V	1.2L	1795	1185	4425	1670	1860	2850	1420	1440	165/80R14	自主
69	上汽通用五菱	五菱	五菱宏光 V	1.2L	1850	1206	4425	1670	1860	2850	1420	1440	165/80R14	自主
70	上汽通用五菱	五菱	五菱宏光 V	1.5L	1850	1220	4425	1670	1860	2850	1420	1440	165/80R14	自主
71	上汽通用五菱	五菱	五菱宏光 V	1.2L	1850	1230	4425	1670	1860	2850	1420	1440	165/80R14	自主
72	上汽通用五菱	五菱	五菱宏光 V	1.5L	1850	1230	4425	1670	1860	2850	1420	1440	165/80R14	自主
73	上汽通用五菱	五菱	五菱宏光 V	1.5L	1850	1240	4425	1670	1860	2850	1420	1440	165/80R14	自主
74	上汽通用五菱	五菱	五菱宏光 V	1.5L	1850	1265	4425	1670	1860	2850	1420	1440	175/70R14	自主
75	上汽通用五菱	五菱	五菱宏光 V	1.5L	1850	1265	4425	1670	1860	2850	1420	1440	165/80R14	自主
76	长安汽车	长安	长安之星 9	1.5L	1815	1210	4430	1655	1935	2800	1435	1435	185/80R14	自主
77	长安汽车	长安	长安之星 9	1.5L	1815	1235	4430	1655	1935	2800	1435	1435	185/80R14	自主
78	长安汽车	长安	长安之星 9	1.5L	1875	1245	4430	1655	1935	2800	1435	1435	185/80R14	自主
79	长安汽车	长安	长安之星 9	1.5L	1875	1260	4430	1655	1935	2800	1435	1435	185/80R14	自主
80	长安汽车	长安	长安之星 9	1.5L	1925	1290	4430	1655	1935	2800	1435	1435	185/80R14	自主
81	长安汽车	长安	长安之星 9	1.5L	1925	1325	4430	1655	1935	2800	1435	1435	185/80R14	自主
82	长安汽车	长安	长安之星 5	1.4L	1730	1125	3980	1600	1890	2560	1360	1360	165/70R14	自主
83	长安汽车	长安	长安之星 5	1.4L	1730	1125	4005	1600	1890	2560	1360	1360	165/70R14	自主
84	长安汽车	长安	长安之星 5	1.4L	1730	1135	3980	1600	1890	2560	1360	1360	165/70R14	自主
85	长安汽车	长安	长安之星 5	1.4L	1730	1135	4005	1600	1890	2560	1360	1360	165/70R14	自主
86	长安汽车	长安	长安 V3	1.2L	2245	1120	4040	1645	1910	2605	1425	1435	165/80R13	自主
87	长安汽车	长安	长安 V3	1.2L	1725	1120	4040	1645	1910	2605	1425	1435	165/80R13	自主
88	长安汽车	长安	长安 V3	1.2L	1725	1125	4040	1645	1910	2605	1425	1435	165/80R13	自主
89	长安汽车	长安	长安 V3	1.2L	2245	1145	4040	1645	1910	2605	1425	1435	165/80R13	自主
90	长安汽车	长安	睿行 M60	1.5L	2000	1400	4498	1680	1990	3000	1445	1440	195/70R15	自主
91	长安汽车	长安	睿行 M60	1.5L	2000	1400	4498	1680	1990	3000	1445	1506	195/70R15	自主
92	长安汽车	长安	睿行 M60	1.5L	2170	1420	4498	1680	1990	3000	1445	1440	195/70R15	自主
93	长安汽车	长安	睿行 M60	1.5L	2170	1420	4498	1680	1990	3000	1445	1506	195/70R15	自主
94	长安汽车	长安	睿行 M60	1.5L	2180	1435	4498	1680	1990	3000	1445	1440	195/70R15	自主
95	长安汽车	长安	睿行 M60	1.5L	2000	1435	4498	1680	1990	3000	1445	1440	195/70R15	自主
96	长安汽车	长安	睿行 M60	1.6L	2295	1545	4498	1680	1990	3000	1445	1440	185/80R14	自主
97	长安汽车	长安	睿行 M60	纯电	2580	1700	4498	1680	1990	3000	1445	1440	185/80R14	自主

附录　部分乘用车铭牌（总质量末位为 1）

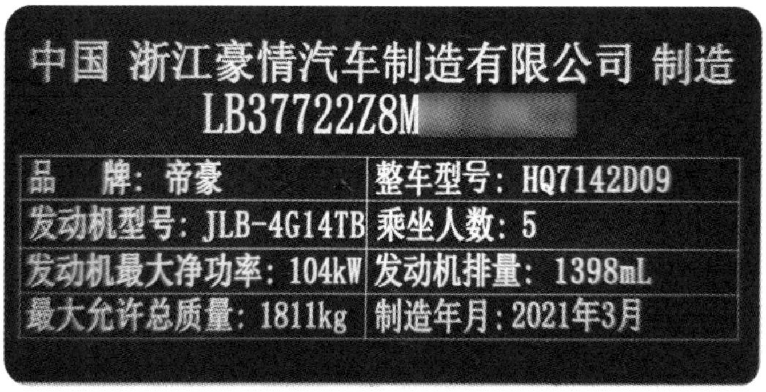

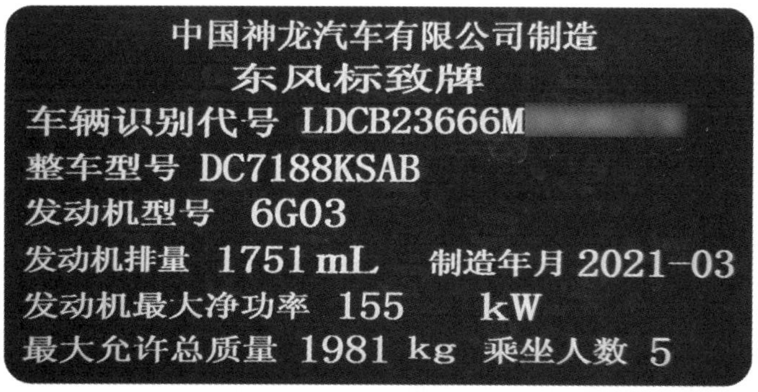

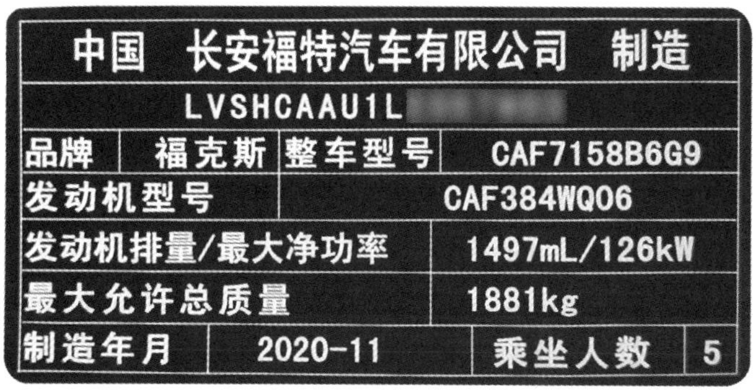

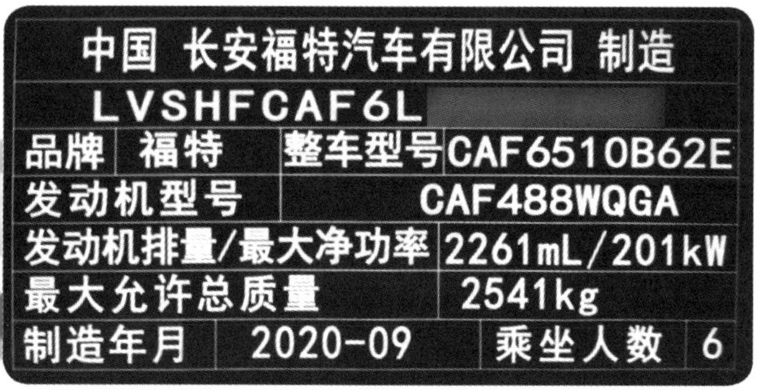

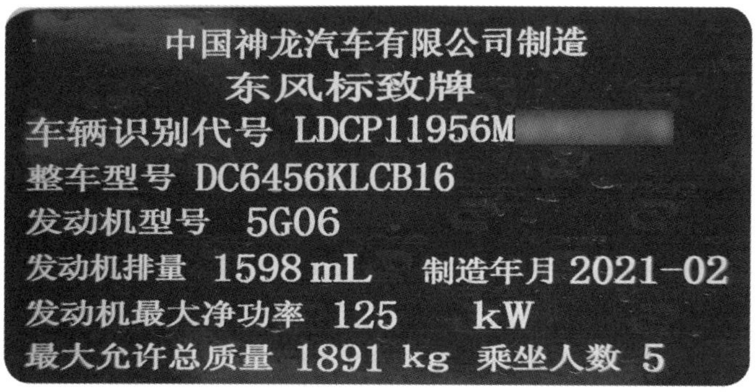

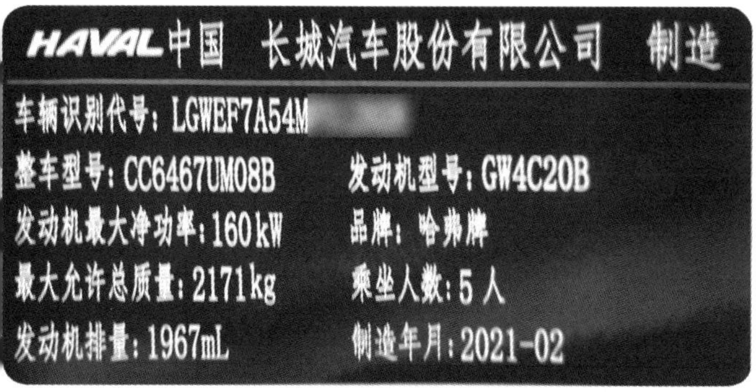

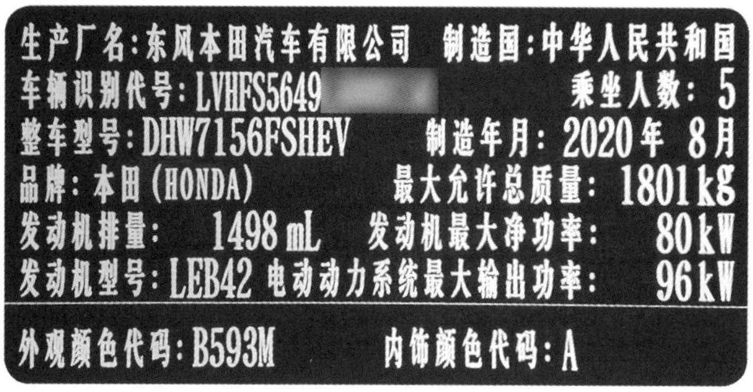

部分乘用车铭牌（总质量末位为 2）

中国 浙江豪情汽车制造有限公司 制造

LB37622ZXL[redacted]

品　牌：帝豪	整车型号：JL6432D16
发动机型号：JLH-3G15TD	乘坐人数：5
发动机最大净功率：130kW	发动机排量：1477mL
最大允许总质量：1732kg	制造年月：2020 年 11月

品牌：荣威

整车型号	CSA7151GEAA	乘坐人数	5
发动机型号	15S4C	发动机排量	1498 mL
最大允许总质量	1692kg	制造年月	2021-04
…最大净功率	84 kW	制造国	中国
…号	LSJA36E37M[redacted]		

…海汽车集团股份有限公司

中国 长安福特汽车有限公司 制造

LVSHFCAF9M[redacted]

品牌	福特	整车型号	CAF6510B62E
发动机型号		CAF488WQGA	
发动机排量/最大净功率		2261mL/201kW	
最大允许总质量		2642kg	
制造年月	2021-01	乘坐人数	7

HAVAL 中国 长城汽车股份有限公司 制造

车辆识别代号：LGWEF7A61L[redacted]

整车型号：CC6473GM01A	发动机型号：GW4C20B
发动机最大净功率：162 kW	品牌：哈弗牌
最大允许总质量：2502 kg	乘坐人数：5 人
发动机排量：1967 mL	制造年月：2020-07

奇瑞商用车(安徽)有限公司 制造

品牌：捷途牌　整车型号：SQR6484F01T9

发动机型号：SQRE4T15C　制造国：中国

发动机最大净功率：108 kW

车辆识别代号：* LVUDB21B8L[redacted] *

最大允许总质量：1952 kg　乘坐人数：5 人

发动机排量：1498 mL　制造年月：2020-01

中国 长安福特汽车有限公司 制造

LVSHFFAL2M[redacted]

品牌	福特	整车型号	CAF7153A6
发动机型号		CAF479WQ4	
发动机排量/最大净功率		1499mL/133kW	
最大允许总质量		2002kg	
制造年月	2021-03	乘坐人数	5

中国 奇瑞汽车股份有限公司 制造

品牌：奇瑞　整车型号：SQR7150J69T9

发动机型号：SQRE4G15C

发动机最大净功率：83 kW

车辆识别代号：* LVVDB21B5L[redacted] *

最大允许总质量：1662kg　乘坐人数：5人

发动机排量：1499 mL　制造年月：2020-12

中国神龙汽车有限公司制造

东风标致牌

车辆识别代号 LDC973Z4XM[redacted]

整车型号 DC7166KSAB

发动机型号 5G06

发动机排量 1598 mL　制造年月 2021-01

发动机最大净功率 125 kW

最大允许总质量 1802 kg　乘坐人数 5

中国 上汽通用汽车有限公司 制造

品牌：别克　车辆识别代号：LSGFC6R22M[redacted]

整车型号：SGM7008GCBEV　制造年月：2021-03

最大允许总质量(kg)：2092　乘坐人数：5

动力电池系统额定电压(V)：334

动力电池系统额定容量(Ah)：166.5

驱动电机峰值功率(kW)：130

驱动电机型号：TZ204XYMMF

中国神龙汽车有限公司制造

东风雪铁龙牌

车辆识别代号 LDCC61A18L4017629

整车型号 DC6456KXBB16HEVA

发动机型号 5G10

发动机排量 1598 mL 发动机最大净功率 147kW

驱动电机型号 TZ270-XS001/TZ 166 X S

驱动电机峰值功率 81.2/83 kW

动力电池系统额定电压 350 V

动力电池系统额定容量 37 Ah

最大允许总质量 2302 kg

乘坐人数 5　制造年月 2020-12

部分乘用车铭牌（总质量末位为3）

中国 长安福特汽车有限公司 制造
LVSHMFAC7M[redacted]
品牌 金牛座 整车型号 CAF7202A66
发动机型号 CAF488WQA6
发动机排量/最大净功率 1999mL/180kW
最大允许总质量 2213kg
制造年月 2021-01 乘坐人数 5

品牌：荣威
整车型号 CSA7162UEAE 乘坐人数 5
发动机型号 16S4C 发动机排量 1598 mL
最大允许总质量 1753kg 制造年月 2021-03
发动机最大净功率 86 kW 制造国 中国
车辆识别代号 LSJW74U61M[redacted]
生产厂名：上海汽车集团股份有限公司

中国 重庆长安汽车股份有限公司 制造
LS4ASE2EXL[redacted]
品牌 长安
整车型号 SC6482CD6
发动机型号 JL476ZQCF 发动机排量 1499mL
发动机最大净功率 123kW
最大允许总质量 2223kg
制造年月 2020-10-20 乘坐人数 7

中国 浙江豪情汽车制造有限公司 制造
LB37622Z9L[redacted]
品牌：领克 整车型号：JL6432D14
发动机型号：JLH-3G15TD 乘坐人数：5
发动机最大净功率：130kW 发动机排量：1477mL
最大允许总质量：1853kg 制造年月：2020-12
铭牌零件号：8890619009

中国 浙江吉利汽车有限公司 制造
[redacted]
品牌：领克 整车型号：MR6453D49
发动机型号：JLH-4G20TD 乘坐人数：5
发动机最大净功率：140kW 发动机排量：1969mL
最大允许总质量：2033kg 制造年月：2020-08
铭牌零件号：8889518888

东风汽车集团有限公司 制造
风神牌 整车型号：DFM7150N1D1
车辆识别代号：LGJE1EE06M[redacted]
最大允许总质量：1663 kg 乘坐人数：5 人
发动机型号：DFMA15T 发动机排量：1460 mL
发动机最大净功率：105 kW
制造年月：2021-03 制造国：中国

中国 奇瑞汽车股份有限公司 制造
品牌：奇瑞 整车型号：SQR6471T1DT9
发动机型号：SQRF4J16
发动机最大净功率：136.5 kW
车辆识别代号：*LVTDB21B7L[redacted]*
最大允许总质量：2143 kg 乘坐人数：5人
发动机排量：1598mL 制造年月：2020-12

品牌：荣威 乘坐人数 5
整车型号 CSA6471FBEV2 制造年月 2021-03
最大允许总质量 2373 kg 制造国 中国
驱动电机型号 TZ204XS85K02 /峰值功率 85 kW
TZ204XS85K01 85 kW
TZ204XS52K01 52 kW
— — kW
动力电池系统额定电压 351 V /额定容量 199 Ah
车辆识别代号 LSJE24099M[redacted]
生产厂名：上海汽车集团股份有限公司

品牌：科莱威 乘坐人数 2
整车型号 CSA7001KBEV5 制造年月 2021-03
最大允许总质量 1153 kg 制造国 中国
驱动电机型号 TZ154XS1001 /峰值功率 37 kW
动力电池系统额定电压 146V /额定容量 199 Ah
车辆识别代号 LSJWE7833M[redacted]
生产厂名：上海汽车集团股份有限公司

中国 上汽通用汽车有限公司 制造
品牌：别克 车辆识别代号：LSGNR83L3M[redacted]
整车型号：SGM6502NBA1 制造年月：2021-03
发动机型号：LSY 最大允许总质量(kg)：2483
发动机排量(mL)：1998 乘坐人数：7
发动机最大净功率(kW)：169

部分乘用车铭牌（总质量末位为 4）

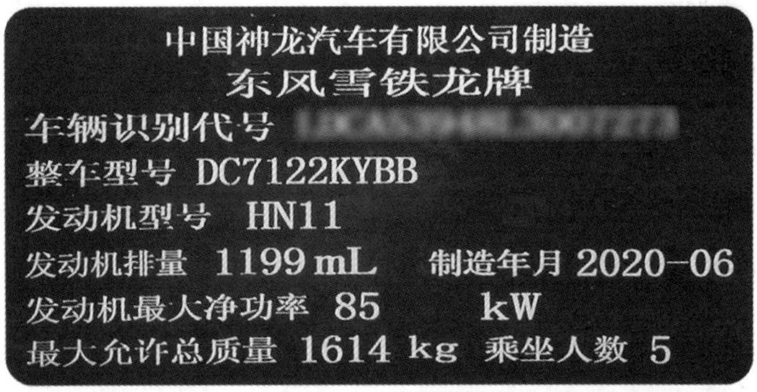

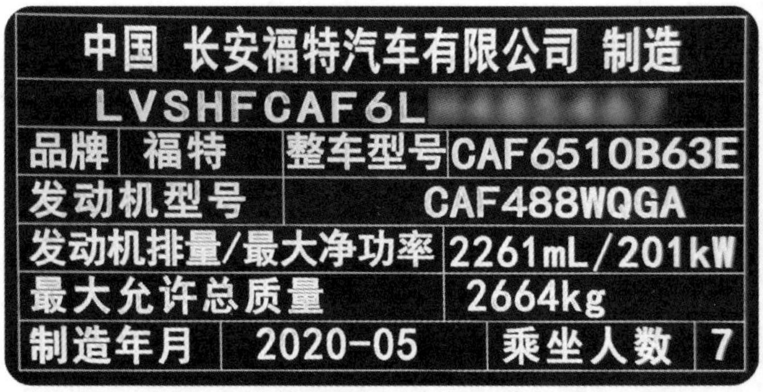

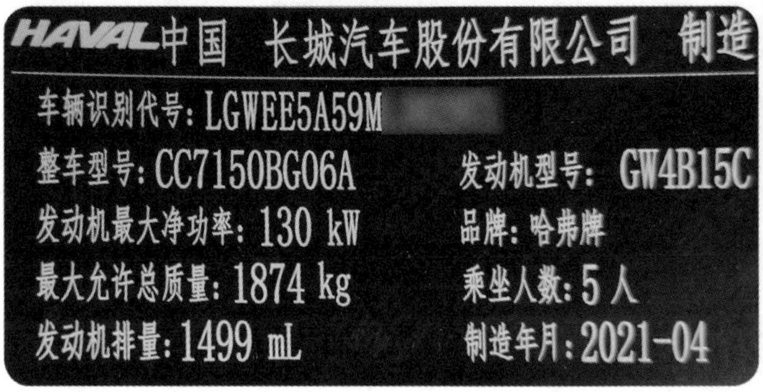

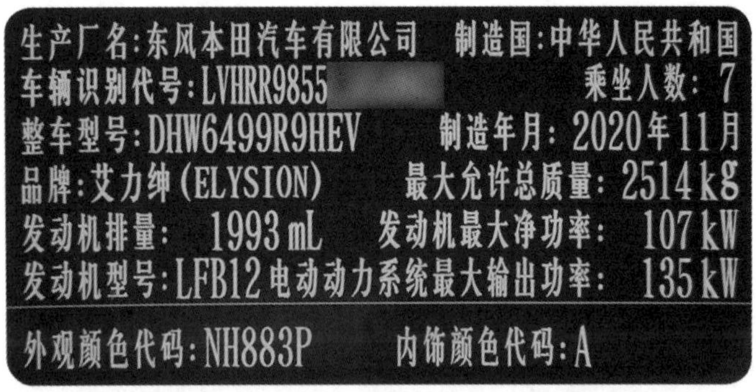

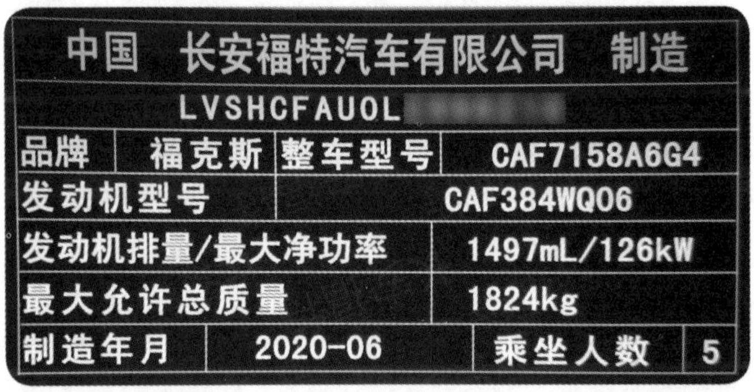

部分乘用车铭牌（总质量末位为 5）

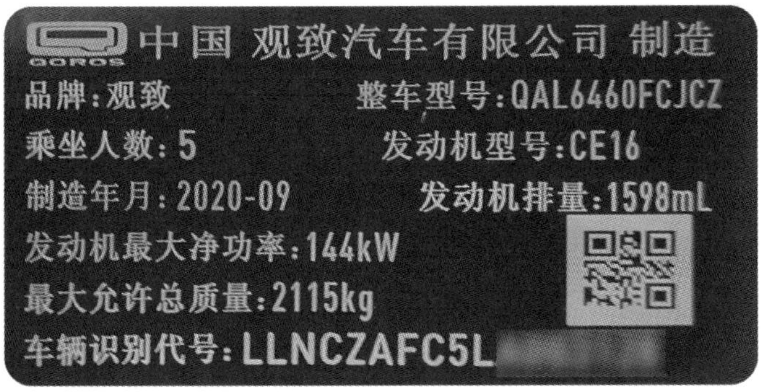

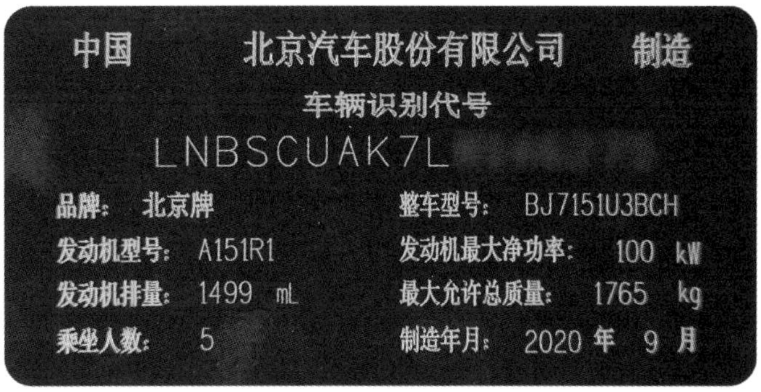

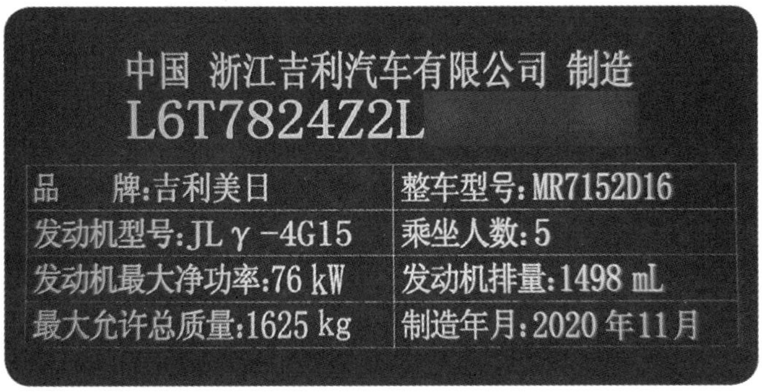

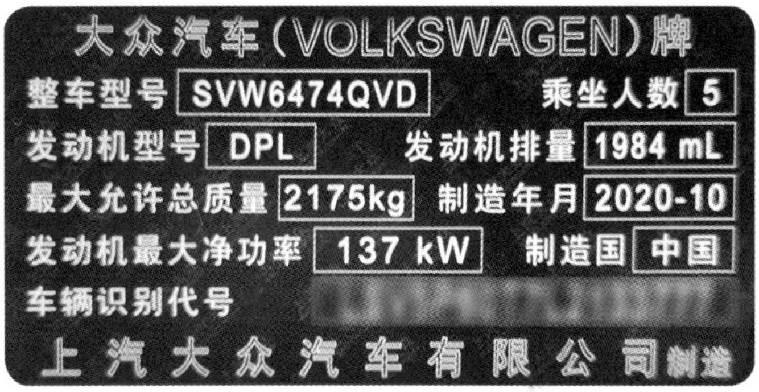

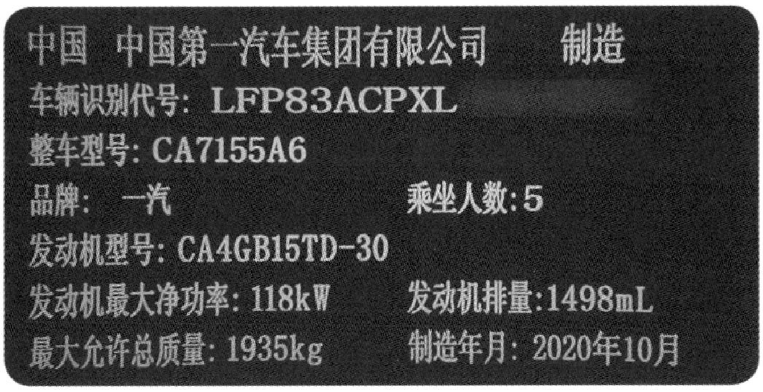

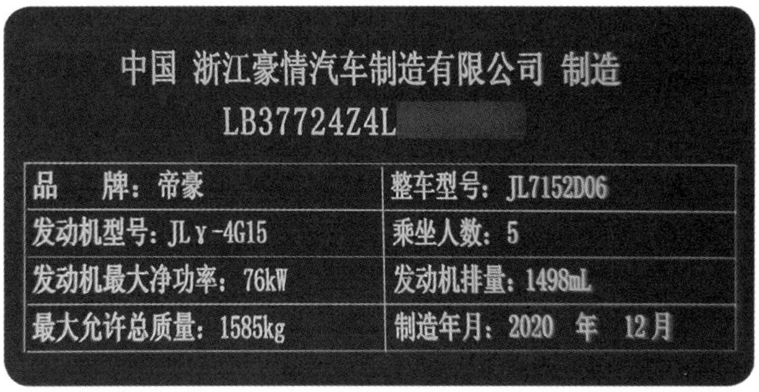

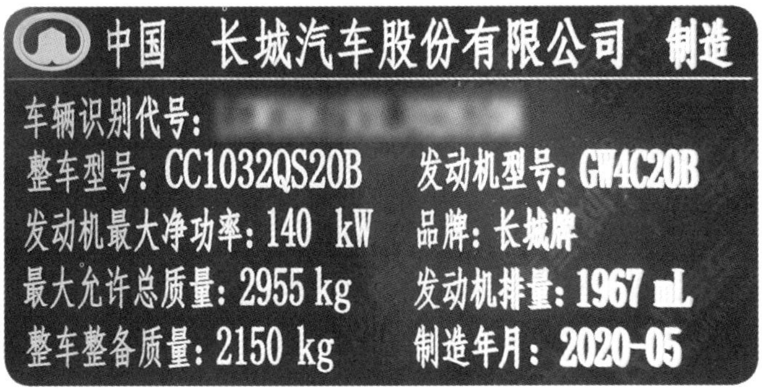

部分乘用车铭牌（总质量末位为 6）

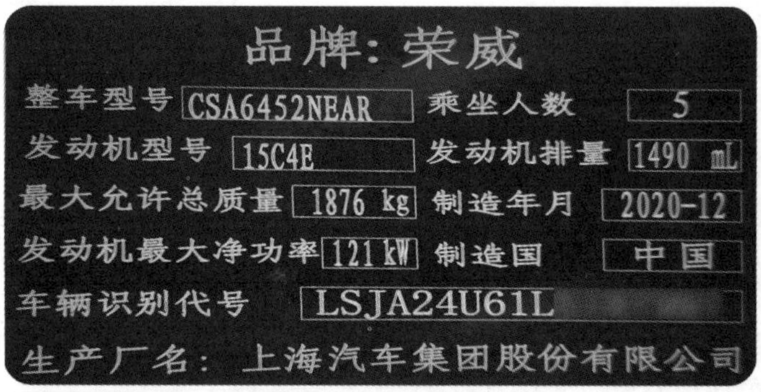

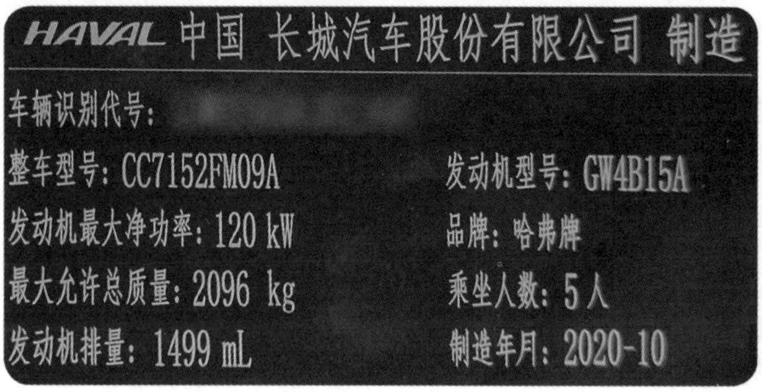

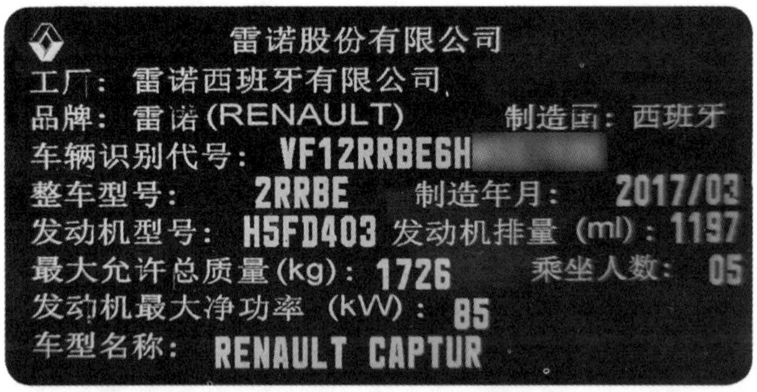

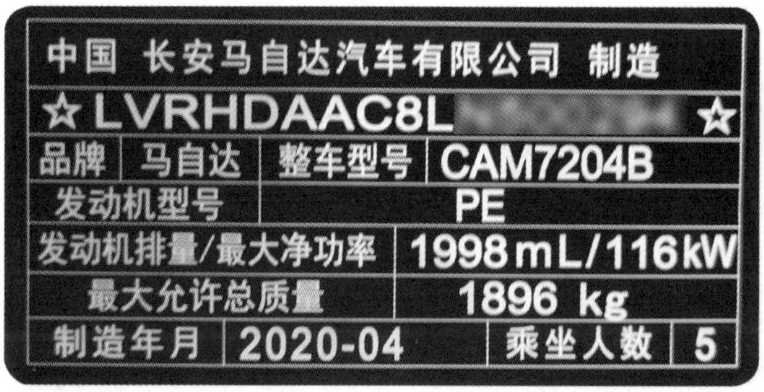

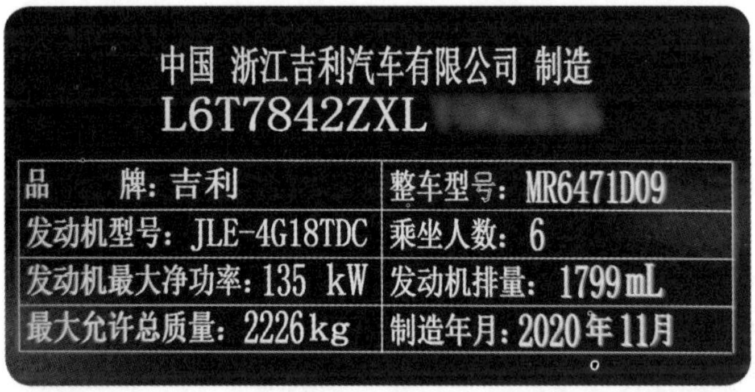

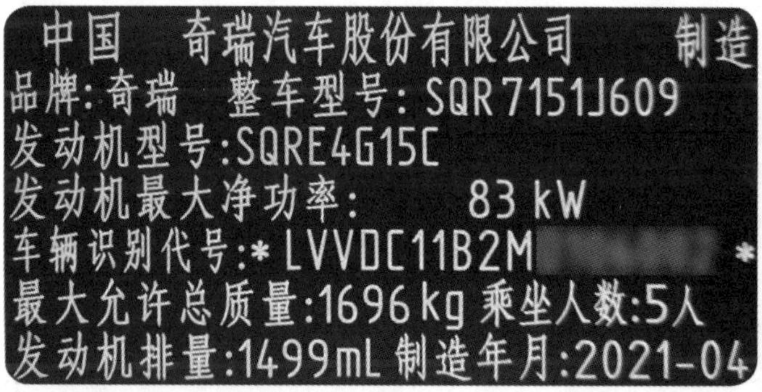

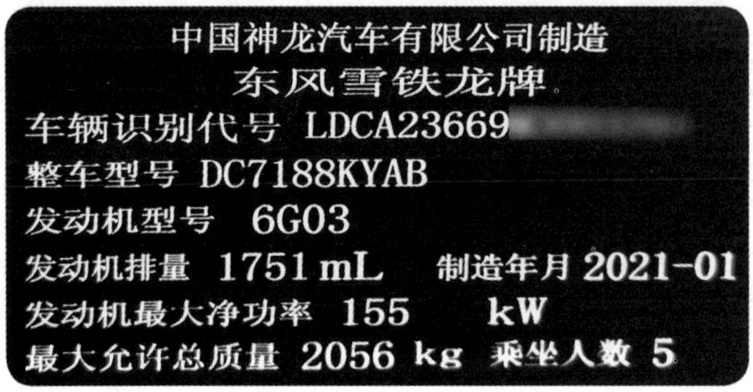

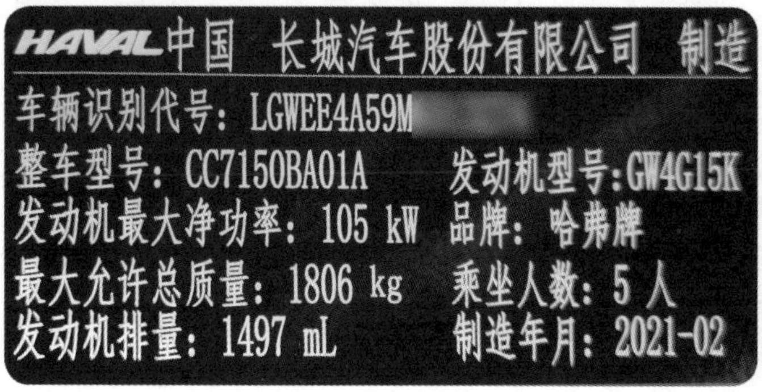

部分乘用车铭牌（总质量末位为 7）

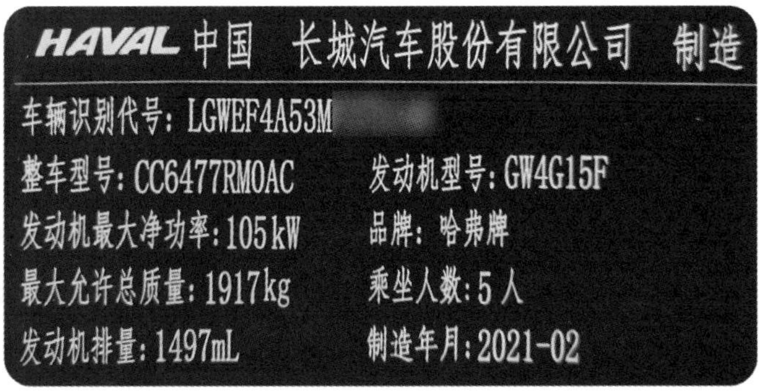

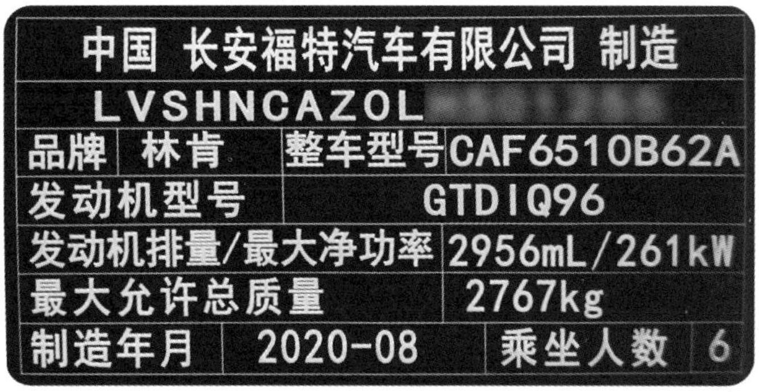

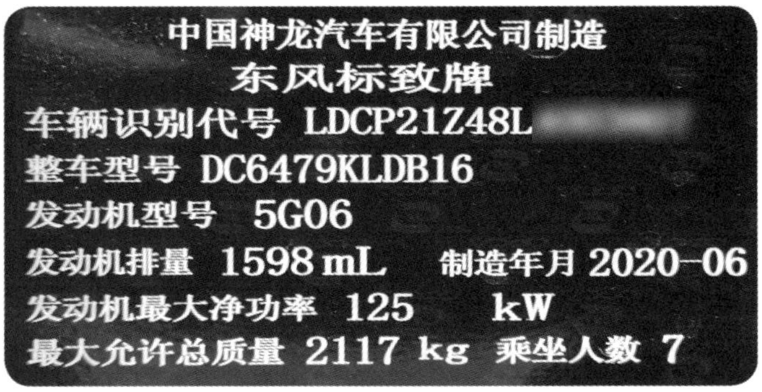

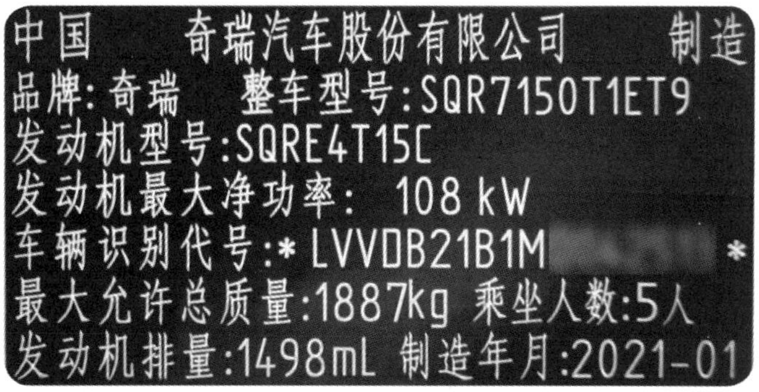

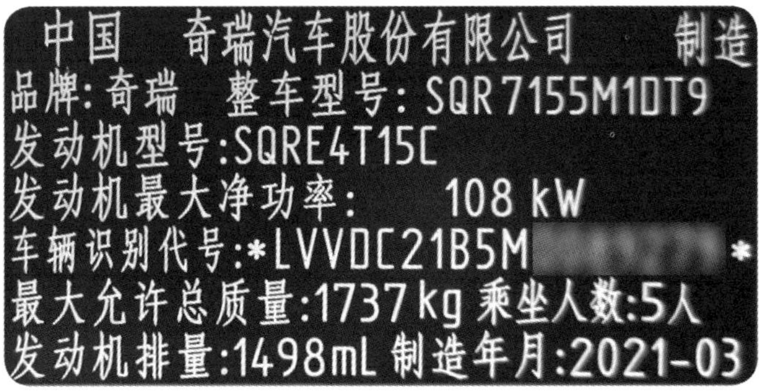

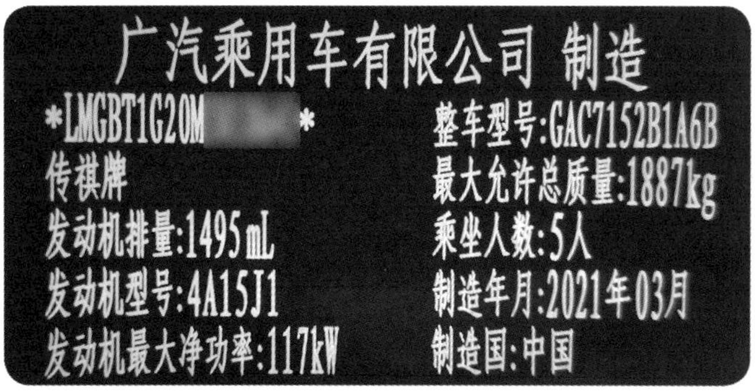

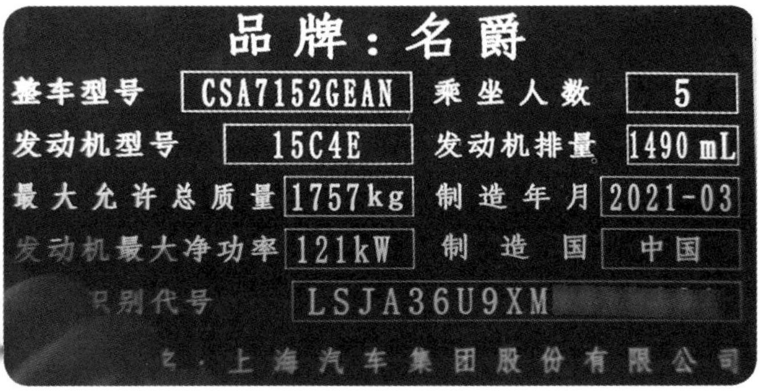

部分乘用车铭牌（总质量末位为 8）

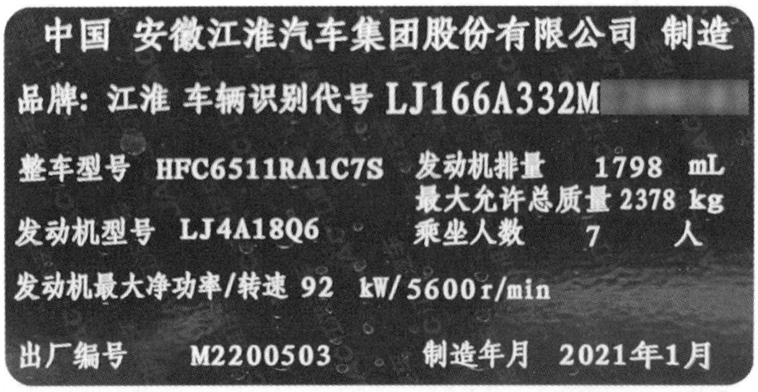

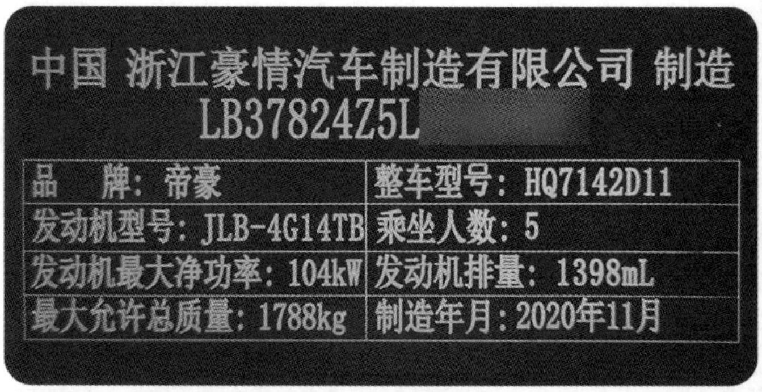

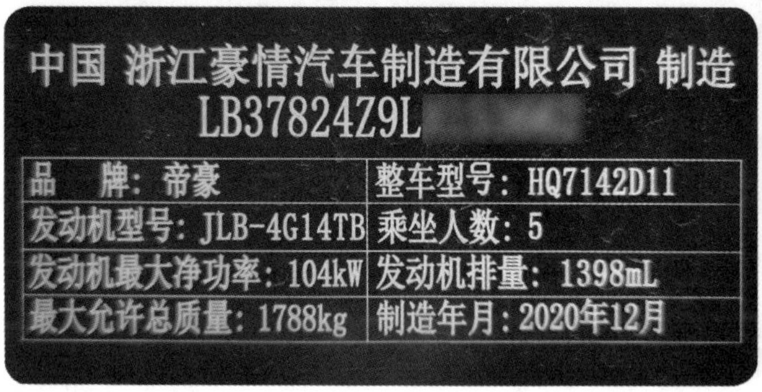

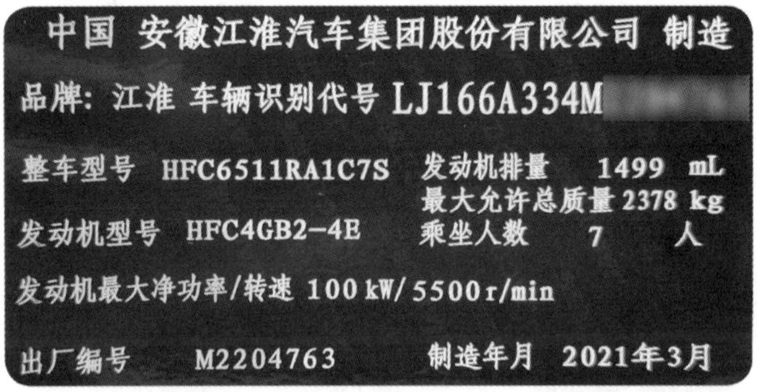

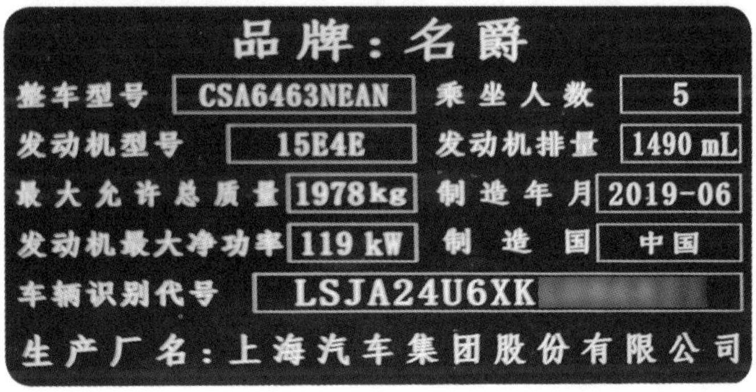

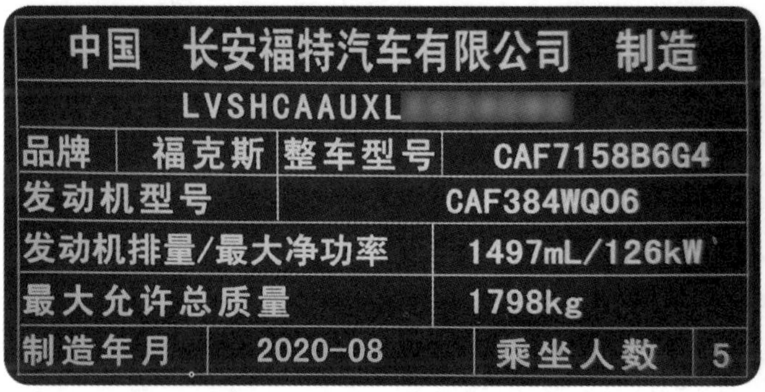

部分乘用车铭牌（总质量末位为 9）

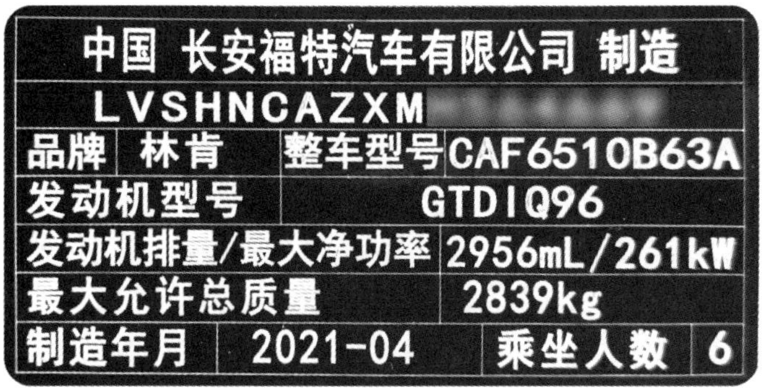

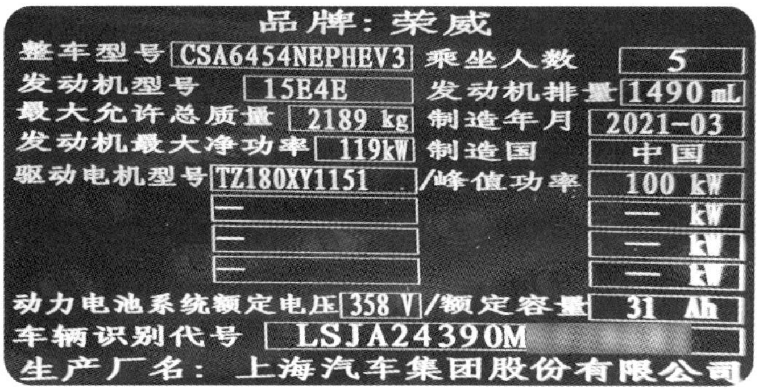

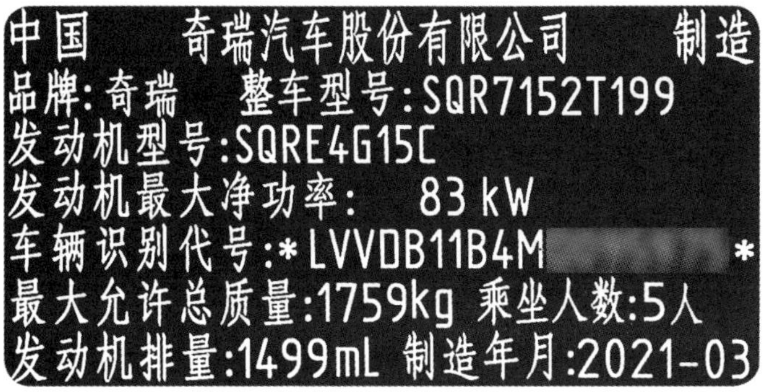

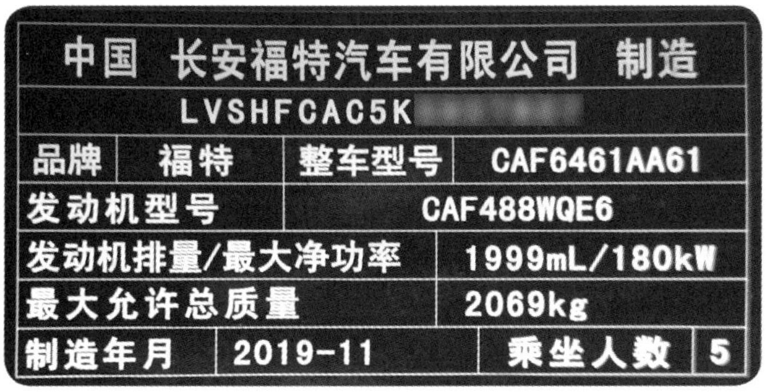

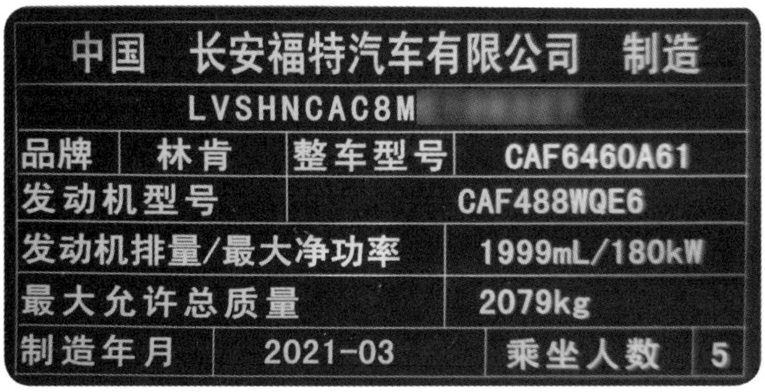

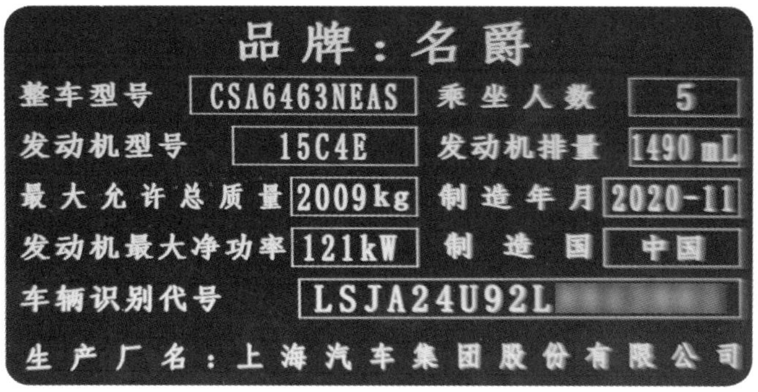

部分乘用车铭牌（总质量末位为 0）

奇瑞商用车(安徽)有限公司 制造
品牌：捷途牌 整车型号：SQR6493F08T9
发动机型号：SQRF4J16 制造国：中国
发动机最大净功率：140 kW
车辆识别代号：*[redacted]*
最大允许总质量：2210 kg 乘坐人数：6 人
发动机排量：1598mL 制造年月：2019-11

中国上汽通用汽车有限公司制造
品牌：雪佛兰 车辆识别代号：LSGZG53L4L[redacted]
整车型号：SGM7206EBA2 制造年月：2020-07
发动机型号：LSY 最大允许总质量(kg)：1960
发动机排量(mL)：1998 乘坐人数：5
发动机最大净功率(kW)：169

品牌 丰田（TOYOTA） 制造国 中华人民共和国
整车型号 GTM6492HWM
车辆识别代号 [redacted]
发动机型号 8AR 发动机排量 1998mL
发动机最大净功率 162kW 制造年月 2020 年 8 月
最大允许总质量 2720 kg 乘坐人数 7
生产厂名 广汽丰田汽车有限公司
制造厂专用号 ASU55L-BRTMTC
089LB20U661F-02A

品牌 丰田（TOYOTA） 制造国 中华人民共和国
整车型号 TV7204G6
车辆识别代号 [redacted]
发动机型号 M20D 发动机排量 1987 mL
发动机最大净功率 131 kW 制造年月 2020 年 8月
最大允许总质量 2070 kg 乘坐人数 5
生产厂名 天津一汽丰田汽车有限公司
制造厂专用号 MXXA50L-JEXGBC
209LC20K120 -03A

北京现代汽车有限公司 制造 BHMC
品牌： 车辆识别代号： 制造国：
北京现代 [redacted] 中国
整车型号： 最大允许总质量： 制造年月：
BH6442YAS 1930 kg 2020-09
发动机型号： 发动机排量： 发动机最大净功率： 乘坐人数：
G4NA 1999 mL 118 kW 5人
变速器：P 主减速比：Y 漆色：P5B 内装色：TRY

北京奔驰汽车有限公司制造
Mercedes-Benz
整车型号 BJ6469L3E 乘坐人数 5
整车标志 GLB 180
发动机型号 282 914 制造年月 2020-10
梅赛德斯-奔驰牌
1.0 %
发动机最大净功率 100 kW 发动机排量 1332 mL
最大允许总质量 2080 kg
中国 制造 车辆识别代号 LE44M8EB2[redacted]

中国 重庆长安汽车股份有限公司 制造
[redacted]
品牌 长安
整车型号 SC7151AAB6
发动机型号 JL473ZQ5 发动机排量 1494mL
发动机最大净功率 123kW
最大允许总质量 1840kg
制造年月 2020-12-21 乘坐人数 5

北京现代汽车有限公司 制造 BHMC
品牌： 车辆识别代号(VIN)： 制造国：
北京现代 [redacted] 中国
整车型号： 最大允许总质量： 制造年月：
BH6451MAAS 2090 kg 2020-08
发动机型号： 发动机排量： 发动机最大净功率： 乘坐人数：
G4FJ 1591 mL 130 kW 5人
变速器：P 主减速比：Z 漆色：7F 内装色：TRY

广汽菲亚特克莱斯勒汽车有限公司制造
整车型号：GFA6491FGDAA
发动机型号： 46338538 发动机排量： 1995 mL
发动机最大净功率：172kW 乘坐人数： 7
最大允许总质量：2450 kg 品牌：吉普(JEEP)
车辆识别代号：LWVFB6742L[redacted]
制造国：中国 制造年月：2020 年 8 月

制造国： 中国
生产厂名： 中国第一汽车集团有限公司
车辆识别代号： LFPH4BCP7K[redacted]
品牌： 红旗 乘坐人数：5
整车型号： CA7208 最大允许总质量：2200 kg
发动机型号：CA4GC20TD-11 发动机最大净功率：145 kW
发动机排量：1995 mL 制造年月：2019年 12月

后 记

2020年量产乘用车特征参数分析报告

八大特点

特征参数　信息量大　系统梳理　归纳整合

对比分析　探寻规律　标准建议　延伸思考

1. **特征参数：**总质量、整备质量、外廓长度、外廓宽度、外廓高度、轴距、前轮距、后轮距。

2. **信息量大：**101乘用车厂家、4类车型、8个特征参数、131个轮胎规格、31个发动机排量、3318条数据。

3. **系统梳理：**对于8个特征参数，采用计算机软件进行统计，系统梳理，找出特征参数末位数值的规律。

4. **归纳整合：**把3318条数据分成4类车型，单独成章。

5. **对比分析：**对于3318条数据，分别建立了2个数据分析模型，一是制造商车型与排量和外廓尺寸参数数据分析模型；二是排量和总质量与制造商品牌对应参数分析数据模型。

6. **探寻规律：**通过对8个特征参数，每一个特征参数末位数值分析，发现末位数值为0的第一多，其次是末位数值为5。

7. **标准建议：**建议1：总质量、整备质量、外廓长度、外廓宽度、外廓高度、轴距6个特征参数，末位数值为0。建议2：前轮距、后轮距2个特征参数，末位数值取0和5。

8. **延伸思考：**在标准建议的基础上，结合轮胎特征参数的数值，进一步建议对乘用车总质量指标，进行系统化，标准化顶层设计。建议总质量指标为：轮胎载荷数值乘以4作为乘用车总质量系列化指标。

铝车轮质量协会简介

铝车轮质量协会成立于 2014 年，由从事汽车铝车轮产品的生产、研发、销售的公司、事业单位和少部分从事与汽车相配套的设备生产、研发、销售的企业，以及从事业务管理的部门和热心人士组成，是国内汽车后市场领域铝车轮行业唯一的第三方权威组织。

长期以来，铝车轮质量协会严格执行党的各项路线、方针、政策，遵守国家法律法规和组织章程，以“集聚、创新、高端”为铝车轮产业发展理念，以“合抱群生、共同发展”为工作口号，本着自愿合作、平等协商、互惠互利、形式多样的原则，规范铝车轮行业行为，统一铝车轮产品质量标准，力争铝车轮产品质量达标，为消费者提供满意放心的铝合金车轮产品，逐步促进和规范全国铝车轮行业公平竞争、有序发展。

经过 7 年时间的发展，协会会员单位由当初成立时的 22 家发展到 198 家，增长了 9 倍，其中理事单位 21 家，副会长单位 14 家。目前，协会是中国铸造协会的理事单位，是中国质量协会、中国汽车工业协会、中国机械工程学会铸造分会、中国机械工业企业管理协会的团体会员单位。

7 年来，铝车轮质量协会以实现中国铝车轮由跟跑、并跑到领跑世界各国铝车轮行业为目标，由小变大，协会服务日渐丰富，目前已成为国内外知名的铝车轮行业组织。

服务内容：

1. 资讯服务：编辑刊印《铝车轮》会刊；整理《中国铝车轮厂家格局图》；整理分析《中国铝车轮出口情况简要分析》白皮书；整理《铝车轮相关标准汇编》；铝车轮网站服务，内容齐全，特别是此网站链接了国内为相关组织的网站，可以快速查找到国内外的行业信息。

2. 专业展览：自 2017 年开始在上海连续举办三届铝车轮展览会，展览规模逐年提升，并在疫情期间开通了云展示平台，深受业内关注及好评。

3. 行业背书：定制荣誉纪念章，授予为铝车轮行业奉献 30 年、25 年、20 年的行业有影响力的人物，现在已经颁发出近 100 枚铜色纪念章、近 50 枚银色纪念章和近 50 枚金色纪念章。纪念章没有国界，先后授予日本、美国、德国等多位符合条件的铝车轮行业有影响力的个人。2019 年协会精心设计制作了协会成立五周年纪念章 200 枚，颁发给为协会工作有突出贡献的先进个人。

4. 质量认可：学习日本先进的质量管理经验，在中国铝车轮维修升级市场（后市场）推行质量认可标签，此项工作已经有近 20 家公司在采用此质量认可标签。

5. 国际交流：先后与日本 JAWA 协会密切交流、与德国 TUV 交流。

6. 设计大赛：连续举办十届铝车轮设计大赛，把设计大赛办出了规模，办出了国际影响力。

7. 行业交流：围绕车轮行业，建立起来与相关组织的密切联系，汽车方面商协会、铝工业协会、轮胎工业协会、铸造协会等。